# 郑州统计年鉴
# ZHENGZHOU STATISTICAL YEARBOOK

## 2013

（总第十五期　NO.15）

郑　州　市　统　计　局
国家统计局郑州调查队　编

中国统计出版社
China Statistics Press

（京）新登字041号



图书在版编目(CIP)数据

郑州统计年鉴. 2013 / 郑州市统计局，国家统计局郑州调查队编. -- 北京 ：中国统计出版社，2013.8
ISBN 978-7-5037-6876-7

Ⅰ. ①郑… Ⅱ. ①郑… ②国… Ⅲ. ①统计资料－郑州市－2013－年鉴 Ⅳ. ①C832.611-54

中国版本图书馆CIP数据核字(2013)第169002号

郑州统计年鉴-2013

作　　者/郑州市统计局　国家统计局郑州调查队
责任编辑/陈越月　白雅茜
封面设计/王西海
出版发行/中国统计出版社
通信地址/北京市西城区月坛南街57号
邮　　编/100826
办公地址/北京市丰台区西三环南路甲6号
印　　刷/河南新华印刷集团有限公司
开　　本/890×1240毫米　1/16
字　　数/140.6万字
印　　张/31印张
印　　数/1-800册
版　　别/2013年8月第1版
版　　次/2013年8月第1次印刷
书　　号/ISBN 978-7-5037-6876-7
定　　价/300.00元

《郑州统计年鉴——2013》

# 编委会和编辑人员

## 一、编委会



## 二、编辑部工作人员

# 郑州统计年鉴

## 编 辑 说 明

一、《郑州统计年鉴—2013》是一部全面反映郑州地区国民经济和社会发展的资料性统计年刊。本书收录了郑州市及所辖县（市）区2012年经济和社会发展各方面大量的统计数据，以及重要年份的主要统计数据，是认识和研究郑州市情、经济社会发展、制定宏观政策、指导工作和进行决策的重要经济类工具书。

二、本年鉴以丰富、翔实的统计资料为主，全面反映了郑州国民经济和社会发展状况。全书分为15部分。即1.综合；2.从业人员和劳动工资；3.固定资产投资；4.价格；5.人民生活；6.城市公用事业和环保；7.农业；8.工业；9.建筑业；10.交通运输和邮电通讯；11.国内贸易；12.对外经济贸易和旅游；13.财政金融；14.教育、科技、文化、卫生和体育；15.统计工作大事记。各篇末均附有《主要统计指标解释》，对主要统计指标的含义、范围、计算方法作了简要说明。

三、本年鉴中使用的计量单位均采用国际统一标准计量单位；统计口径除特别注明外，均包括郑州市及所辖各县（市）区。资料取自郑州市统计局、郑州市经济社会调查队、国家统计局郑州调查队及有关部门的统计报表。

四、本年鉴部分数据合计数或相对数不等于分项之和，是由于单位取舍和不同产业的计算误差，部分指标未作机械调整。

五、本年鉴表中的符号使用说明：

“空格”表示该项统计指标数据不详或无该项数据；

“…”表示数据不足本表最小单位；

“#”表示其中的主要项。

# 目　录

## 一、综　合



## 二、从业人员和劳动工资

## 三、固定资产投资及房地产开发

## 四、价　格



## 五、人民生活

## 六、城市公用事业和环保

## 七、农 业



## 八、工 业

## 九、建　筑　业

## 十、交通运输、邮电通讯



## 十一、国内贸易

## 十二、对外经济贸易和旅游



## 十三、财政金融

## 十四、教育、文化、卫生、体育和科技

# 十五、统计工作大事记

# 一、综　合

## 1-1 行政区划

(2012 年底)

单位:个

| 县(市)区 | 街道办事处 | 镇 | 乡 | 社区 | 村委会 |
|---|---|---|---|---|---|
| **总　计** | **102** | **73** | **15** | **700** | **2239** |
| **市辖区** | **82** | **5** | **2** | **551** | **325** |
| 中原区 | 12 | | | 100 | 46 |
| 二七区 | 13 | 1 | 1 | 141 | 14 |
| 管城区 | 9 | 1 | 1 | 71 | 28 |
| 金水区 | 17 | | | 153 | 40 |
| 上街区 | 5 | 1 | | 26 | 28 |
| 惠济区 | 6 | 2 | | 9 | 54 |
| 高新开发区 | 5 | | | 7 | 39 |
| 经济开发区 | 3 | | | 16 | 15 |
| 郑东新区 | 8 | | | 28 | 19 |
| 航空港区 | 4 | | | | 42 |
| **县(市)** | 20 | 68 | 13 | 149 | 1914 |
| 中牟县 | 3 | 15 | 1 | 9 | 438 |
| 巩义市 | 5 | 15 | | 26 | 289 |
| 荥阳市 | 2 | 9 | 3 | 14 | 288 |
| 新密市 | 4 | 12 | 2 | 47 | 303 |
| 新郑市 | 3 | 9 | 3 | 33 | 293 |
| 登封市 | 3 | 8 | 4 | 20 | 303 |

## 1-2 主要气象情况

(2012 年)

| 指　　标 | 一月 | 二月 | 三月 | 四月 | 五月 | 六月 | 七月 | 八月 | 九月 | 十月 | 十一月 | 十二月 |
|---|---|---|---|---|---|---|---|---|---|---|---|---|
| 月平均气温 | 0.3 | 2.9 | 9.1 | 18.5 | 23.8 | 27.8 | 28.9 | 25.9 | 21.9 | 17.3 | 8.6 | 0.5 |
| 月日照时数 | 88.8 | 105.0 | 152.6 | 176.3 | 194.9 | 215.2 | 202.6 | 166.2 | 176.4 | 169.6 | 144.8 | 91.3 |
| 月降水量 | 1.8 | | 16.9 | 53.3 | 12.4 | 7.2 | 89.1 | 174.1 | 105.2 | 18.0 | 11.6 | 9.1 |
| 月内降水量≥0.1mm 的日数 | 3 | | 7 | 6 | 4 | 5 | 11 | 11 | 7 | 4 | 5 | 5 |
| 月极端最高气温 | 13.1 | 15.1 | 27.2 | 32.0 | 33.1 | 41.0 | 38.9 | 36.0 | 30.3 | 29.4 | 20.3 | 12.1 |
| 出现日期 | 31 | 22 | 27 | 27 | 6 | 13 | 11 | 29 | 3 | 3 | 2 | 4 |
| 月极端最低气温 | -7.1 | -6.4 | -0.6 | 4.5 | 13.6 | 19.0 | 20.9 | 14.2 | 11.3 | 6.5 | -1.6 | -7.6 |
| 出现日期 | 23 | 2 | 12 | 3 | 16 | 2 | 3 | 23 | 30 | 23 | 24 | 24 |

# 1-3　县(市)、区所辖乡、镇办事处

(2012 年底)

| 县(市)区 | 乡　镇 | 街道办事处 |
|---|---|---|
| 中原区 | | 林山寨　桐柏路　绿东村　棉纺路　三官庙　建设路　秦岭路　汝河路　中原西路　航海西路　西流湖　须水 |
| 二七区 | 马寨镇　侯寨乡 | 大学路　五里堡　德化街　解放路　铭功路　嵩山路　长江路　京广南路　一马路　蜜蜂张　福华街　建中街　淮河路 |
| 管城区 | 十八里河镇　南曹乡 | 北下街　西大街　南关街　城东路　东大街　二里岗　陇海马路　紫荆南路　航海东路 |
| 金水区 | | 经八路　花园路　人民路　杜岭　大石桥　南阳路　南阳新村　文化路　丰产路　东风路　北林路　未来路　兴达路　凤凰台　国基路　杨金路　丰庆路 |
| 上街区 | 峡窝镇 | 济源路　新安路　矿山　中心路　工业路 |
| 惠济区 | 古荥镇　花园口镇 | 刘寨　老鸦陈　新城　迎宾路　长兴路　大河路 |
| 高新开发区 | | 石佛　沟赵　枫杨　梧桐　双桥 |
| 经济开发区 | | 潮河　京航　明湖 |
| 郑东新区 | | 祭城路　龙子湖　商都路　博学路　如意湖　龙湖　龙源　金光路 |
| 航空港区 | | 新港　郑港　滨河　银河 |
| 中牟县 | 白沙镇　韩寺镇　官渡镇　郑庵镇　狼城岗镇　万滩镇　张庄镇　黄店镇　大孟镇　九龙镇　刘集镇　八岗镇　刁家乡　三官庙镇　姚家镇　雁鸣湖镇 | 青年路　东风路　广惠街 |
| 巩义市 | 米河镇　新中镇　小关镇　竹林镇　大峪沟镇　河洛镇　站街镇　康店镇　北山口镇　鲁庄镇　芝田镇　西村镇　回郭镇　夹津口镇　涉村镇 | 孝义　紫荆路　新华路　杜甫路　永安路 |
| 荥阳市 | 豫龙镇　广武镇　王村镇　汜水镇　高山镇　刘河镇　崔庙镇　贾峪镇　乔楼镇　高村乡　城关乡　金寨回族乡 | 索河　京城路 |
| 新密市 | 米村镇　牛店镇　平陌镇　超化镇　苟堂镇　大隗镇　刘寨镇　白寨镇　岳村镇　城关镇　来集镇　袁庄乡　曲梁镇　尖山景区管委会(原尖山乡) | 新华路　青屏街　西大街　矿区 |
| 新郑市 | 辛店镇　观音寺镇　梨河镇　和庄镇　薛店镇　孟庄镇　龙湖镇　郭店镇　新村镇　城关乡　八千乡　龙王乡 | 新建路　新华路　新烟 |
| 登封市 | 颍阳镇　大金店镇　卢店镇　告成镇　大冶镇　宣化镇　徐庄镇　东华镇　君召乡　石道乡　白坪乡　唐庄乡 | 少林　中岳　嵩阳 |

# 1-4 年末人口基本情况

（2012 年底）

| 县(市)区 | 总户数(户) | 总人口(人) | | | | |
|---|---|---|---|---|---|---|
| | | 合　计 | #女　性 | #非农业人口 | 城镇人口 | 城镇化率(%) |
| 全市 | 2715974 | 9031090 | 4385281 | 3530790 | 5985806 | 66.3 |
| 中原区 | 240790 | 722370 | 354450 | 577896 | 646521 | 89.5 |
| 二七区 | 252092 | 738629 | 362126 | 454109 | 652948 | 88.4 |
| 管城区 | 173161 | 522945 | 254884 | 266022 | 439064 | 84.0 |
| 金水区 | 487509 | 1402077 | 673895 | 827225 | 1269020 | 90.5 |
| 上街区 | 44895 | 134548 | 68743 | 84497 | 121766 | 90.5 |
| 惠济区 | 91208 | 274536 | 139778 | 66163 | 186959 | 68.1 |
| 中牟县 | 175017 | 710568 | 349311 | 113975 | 267174 | 37.6 |
| 巩义市 | 229083 | 813243 | 396863 | 154736 | 390357 | 48.0 |
| 荥阳市 | 174585 | 614546 | 276960 | 132327 | 289451 | 47.1 |
| 新密市 | 213631 | 799910 | 389876 | 225310 | 388196 | 48.5 |
| 新郑市 | 171851 | 687405 | 341868 | 156639 | 325877 | 47.4 |
| 登封市 | 177302 | 677602 | 329333 | 203887 | 317795 | 46.9 |
| 经济开发区 | 43643 | 123073 | 56257 | 37027 | 100919 | 82.0 |
| 高新开发区 | 77883 | 224218 | 105382 | 112109 | 181617 | 81.0 |
| 郑东新区 | 86859 | 291386 | 142369 | 74366 | 186487 | 64.0 |
| 航空港区 | 76465 | 294034 | 143186 | 44502 | 231022 | 78.6 |

# 1-5 人口自然变动情况

（2012 年底）

| 县(市)区 | 年平均人口（人） | 出生人口（人） | 死亡人口（人） | 出生率（‰） | 死亡率（‰） | 自然增长率（‰） |
|---|---|---|---|---|---|---|
| 全 市 | 8936291 | 87332 | 38646 | 9.77 | 4.32 | 5.45 |
| 中原区 | 715948 | 7189 | 2327 | 10.04 | 3.25 | 6.79 |
| 二七区 | 734247 | 6323 | 2739 | 8.61 | 3.73 | 4.88 |
| 管城区 | 516283 | 4519 | 1600 | 8.75 | 3.10 | 5.65 |
| 金水区 | 1400328 | 12440 | 3123 | 8.88 | 2.23 | 6.65 |
| 上街区 | 134056 | 1027 | 724 | 7.66 | 5.40 | 2.26 |
| 惠济区 | 274282 | 2976 | 1234 | 10.85 | 4.50 | 6.35 |
| 中牟县 | 709918 | 8243 | 4437 | 11.61 | 6.25 | 5.36 |
| 巩义市 | 811742 | 7556 | 4318 | 9.31 | 5.32 | 3.99 |
| 荥阳市 | 614335 | 6008 | 2998 | 9.78 | 4.88 | 4.90 |
| 新密市 | 799856 | 7343 | 4263 | 9.18 | 5.33 | 3.85 |
| 新郑市 | 687355 | 7579 | 5087 | 11.03 | 7.40 | 3.63 |
| 登封市 | 675397 | 6794 | 3120 | 10.06 | 4.62 | 5.44 |
| 经济开发区 | 116116 | 1094 | 361 | 9.42 | 3.11 | 6.31 |
| 高新开发区 | 219602 | 1691 | 427 | 7.70 | 1.94 | 5.76 |
| 郑东新区 | 288060 | 3671 | 945 | 12.74 | 3.28 | 9.46 |
| 航空港区 | 238716 | 2879 | 943 | 12.06 | 3.95 | 8.11 |

# 1-6　国民经济和社会发展总量及速度指标

| 指　标 | 单位 | 1990 | 1995 | 2000 | 2005 | 2009 | 2010 | 2011 | 2012 | 2012 比上年±% |
|---|---|---|---|---|---|---|---|---|---|---|
| **人口与面积** | | | | | | | | | | |
| 人口 | 万人 | 557.8 | 600.3 | 665.9 | 716.0 | 831.5 | 866.1 | 885.7 | 903.1 | 2.0 |
| 建城区面积 | 平方公里 | 112.0 | 108.3 | 133.2 | 262.0 | 310.0 | 316.1 | 328.1 | 346.4 | 5.6 |
| **宏观经济** | | | | | | | | | | |
| **国民经济核算** | | | | | | | | | | |
| 地区生产总值 | 亿元 | 116.4 | 386.4 | 728.4 | 1660.6 | 3308.5 | 4040.9 | 4979.8 | 5549.8 | 12.2 |
| 　第一产业 | 亿元 | 14.4 | 28.5 | 42.4 | 72.4 | 103.1 | 124.6 | 131.7 | 142.4 | 4.0 |
| 　第二产业 | 亿元 | 62.5 | 203.5 | 343.3 | 872.8 | 1786.5 | 2269.9 | 2874.2 | 3132.9 | 14.2 |
| 　第三产业 | 亿元 | 39.5 | 154.3 | 342.7 | 715.4 | 1418.9 | 1646.4 | 1974 | 2274.5 | 10.0 |
| **固定资产投资** | | | | | | | | | | |
| 全社会固定资产投资额 | 亿元 | 26.9 | 165.6 | 258.4 | 820.0 | 2289.1 | 2757.0 | 3002.5 | 3669.8 | 22.1 |
| 固定资产投资 | 亿元 | 20.0 | 132.4 | 159.4 | 610.2 | 2002.2 | 2432.5 | 2900.0 | 3561.2 | 22.7 |
| **财政** | | | | | | | | | | |
| 地方公共财政预算收入 | 亿元 | 10.5 | 17.1 | 43.6 | 136.1 | 301.9 | 386.8 | 502.3 | 606.7 | 20.8 |
| 地方公共财政预算支出 | 亿元 | 6.5 | 17.8 | 49.0 | 136.7 | 353.1 | 426.8 | 566.6 | 700.6 | 23.7 |
| **价格总指数** | | | | | | | | | | |
| 商品零售价格指数 | 以上年为100 | 100.8 | 110.4 | 99.1 | 101.2 | 100.3 | 102.7 | 104.9 | 102.4 | 2.4 |
| 居民消费价格指数 | 以上年为100 | 101.8 | 114.5 | 99.0 | 102.4 | 99.8 | 103.0 | 104.9 | 102.7 | 2.7 |
| **外商投资** | | | | | | | | | | |
| **利用外资** | | | | | | | | | | |
| 合同利用外资额 | 万美元 | 1132 | 21086 | 12860 | 63766 | 188896 | 191632 | 238133 | 202058 | -15.1 |
| 实际利用外资额 | 万美元 | 768 | 15020 | 9211 | 33549 | 162400 | 190015 | 310000 | 342898 | 10.6 |
| **产业** | | | | | | | | | | |
| **农业** | | | | | | | | | | |
| 农林牧渔业总产值 | 亿元 | 24.6 | 51.5 | 73.2 | 126.2 | 184.1 | 221.4 | 235.5 | 254.6 | 4.0 |
| 粮食总产量 | 万吨 | 154.2 | 140.1 | 158.7 | 153.0 | 166.1 | 166.7 | 166.7 | 169.5 | 1.7 |

1-6 续表1

| 指 标 | 单位 | 1990 | 1995 | 2000 | 2005 | 2009 | 2010 | 2011 | 2012 | 2012比上年±% |
|---|---|---|---|---|---|---|---|---|---|---|
| **工业** | | | | | | | | | | |
| 工业总产值 | 亿元 | 174.4 | 647.9 | 1005.3 | 2411.5 | 4395.3 | 7958.3 | 8459.7 | 10632.4 | 21.9 |
| 工业增加值 | 亿元 | 39.8 | 87.1 | 187.5 | 569.7 | 1298.5 | 1996.0 | 2316.0 | 2541.5 | 17.2 |
| 规模以上工业 | | | | | | | | | | |
| 资产总计 | 亿元 | 142.3 | 470.3 | 749.8 | 1473.6 | 3185.0 | 3898.8 | 5173.0 | 7036.7 | 33.8 |
| 负债合计 | 亿元 | 89.6 | 328.6 | 477.5 | 946.3 | 1747.9 | 2134.9 | 2762.8 | 3915.4 | 38.3 |
| 主营业务收入 | 亿元 | 104.6 | 307.8 | 530.9 | 1673.0 | 4726.6 | 5942.3 | 8144.4 | 9603.4 | 19.6 |
| 利税总额 | 亿元 | 18.0 | 37.9 | 67.2 | 230.2 | 780.4 | 1058.1 | 1351.7 | 1415.1 | 4.4 |
| **建筑业** | | | | | | | | | | |
| 建筑业总产值 | 亿元 | 12.7 | 45.5 | 106.0 | 299.4 | 1126.0 | 1352.3 | 1547.6 | 1816.6 | 17.4 |
| 施工房屋面积 | 万平方米 | 325 | 805 | 1217 | 2937 | 7106.6 | 8876.9 | 10505.5 | 12001.6 | 14.2 |
| 竣工房屋面积 | 万平方米 | 148 | 306 | 440 | 765 | 2277.8 | 2601.7 | 3403.6 | 3667.8 | 7.8 |
| 交通运输 | | | | | | | | | | |
| 旅客周转量 | 亿人公里 | 69.3 | 92.0 | 125.1 | 189.6 | 263.4 | 301.4 | 325.6 | 348.2 | 6.9 |
| #铁路 | 亿人公里 | 46.0 | 53.0 | 60.0 | 80.0 | 103.2 | 113.9 | 111.2 | 119.4 | 7.4 |
| 公路 | 亿人公里 | 23.3 | 32.1 | 56.3 | 82.7 | 113.5 | 137.7 | 161.1 | 174.1 | 8.1 |
| 航空 | 亿人公里 | 1.0 | 6.8 | 8.8 | 26.9 | 46.7 | 49.8 | 53.3 | 54.7 | 2.6 |
| 货物周转量 | 亿吨公里 | 196.2 | 212.9 | 226.5 | 287.7 | 404.2 | 479.8 | 564.1 | 630.9 | 11.8 |
| #铁路 | 亿吨公里 | 181.6 | 181.9 | 156.2 | 187.9 | 192.8 | 199.4 | 210.2 | 216.2 | 2.9 |
| 公路 | 亿吨公里 | 14.7 | 30.9 | 70.1 | 99.4 | 210.9 | 279.8 | 353.3 | 414.2 | 17.2 |
| 航空 | 万吨公里 | 150.0 | 574 | 1281 | 3385 | 5034 | 5641 | 5744 | 5477 | -0.5 |
| **邮电通讯** | | | | | | | | | | |
| 邮电业务总量 | 万元 | 1.2 | 8.5 | 42 | 108.2 | 256.2 | 296.3 | 116.8 | 131.3 | 12.4 |
| **国内商业** | | | | | | | | | | |
| 社会消费品零售总额 | 亿元 | 47.4 | 164.1 | 381.8 | 706.7 | 1434.8 | 1702.1 | 2015.6 | 2322.7 | 15.2 |
| 批零贸易企业销售额 | 亿元 | 44.9 | 401.0 | 437.4 | 1274.3 | 2311.7 | 2339.1 | 2943.9 | 3247.5 | 10.3 |
| **对外贸易和旅游** | | | | | | | | | | |

1-6 续表 2

| 指　标 | 单位 | 1990 | 1995 | 2000 | 2005 | 2009 | 2010 | 2011 | 2012 | 2012 比上年±% |
|---|---|---|---|---|---|---|---|---|---|---|
| 直接进出口总值 | 万美元 |  | 16129 | 19216 | 110193 | 297863 | 452442 | 1535929 | 3528949 | 129.8 |
| #直接出口总值 | 万美元 | 1119 | 13072 | 12313 | 75659 | 200166 | 331272 | 941400 | 2022563 | 110.5 |
| 旅游外汇收入 | 万美元 |  |  | 4653 | 7769 | 12279 | 13384 | 14760 | 15800 | 7.1 |
| **金融** |  |  |  |  |  |  |  |  |  |  |
| 金融机构各项存款 | 亿元 | 86.3 | 464.4 | 1215.4 | 3116.1 | 6540.3 | 7990.9 | 8964.9 | 10448.3 | 16.5 |
| 金融机构各项贷款 | 亿元 | 87.0 | 373.7 | 881.9 | 2428.1 | 4922.2 | 5717.5 | 6112.8 | 6794.1 | 11.1 |
| **教育** |  |  |  |  |  |  |  |  |  |  |
| 在校学生数 | 万人 | 84.4 | 114.9 | 139.7 | 191.3 | 217.4 | 222.3 | 227.4 | 231.6 | 1.8 |
| 专任教师数 | 万人 | 6.2 | 5.9 | 7.1 | 9.4 | 12.0 | 12.5 | 12.9 | 13.6 | 5.4 |
| **人民生活** |  |  |  |  |  |  |  |  |  |  |
| 市区城镇居民人均可支配收入 | 元 | 1496 | 4535 | 6458 | 10977 | 17417 | 19376 | 22477 | 25301 | 12.6 |
| 农村居民人均纯收入 | 元 | 692 | 1555 | 2912 | 4774 | 8121 | 9225 | 11050 | 12531 | 13.4 |
| 城市居民人均居住建筑面积 | 平方米 |  |  | 19.8 | 23.0 | 26.6 | 28.2 | 29.5 |  |  |
| 农村居民人均居住面积 | 平方米 | 21.5 | 23.8 | 35.4 | 43.7 | 49.7 | 52.0 | 54.9 | 55.7 | 1.5 |
| 城乡居民储蓄余额 | 亿元 | 56.1 | 254.2 | 565.8 | 1436.1 | 2511.2 | 2911.0 | 3252.1 | 3845.5 | 18.2 |
| **工资** |  |  |  |  |  |  |  |  |  |  |
| 在岗职工年平均工资 | 元 | 2126 | 5226 | 9017 | 16694 | 29837 | 32779 | 35541 | 41480 | 16.7 |
| **卫生** |  |  |  |  |  |  |  |  |  |  |
| 医疗机构数 | 个 | 935 | 879 | 688 | 1637 | 1437 | 1347 | 4044 | 3810 | -5.8 |
| 卫生技术人员 | 个 | 28410 | 30590 | 31137 | 33568 | 47004 | 49519 | 56891 | 65403 | 14.9 |
| 医疗床位数 | 张 | 20937 | 22122 | 24472 | 29295 | 42971 | 47094 | 52750 | 59664 | 13.1 |
| **市政建设** |  |  |  |  |  |  |  |  |  |  |
| 自来水供水量 | 万吨 | 23037 | 32506 | 28783 | 30448 | 35475 | 37724 | 35785 | 35825 | 0.1 |
| 城市集中供热面积 | 万平方米 |  | 851 | 1383 | 1777 | 2051 | 2261 | 2285 | 3349 | 46.6 |
| 用气人口 | 万人 | 59.5 | 107.9 | 149.2 | 230 | 386 | 439 | 457 | 533 | 16.6 |
| 城市道路长度 | 公里 | 428 | 563 | 684 | 1131 | 1304 | 1338 | 1390 | 1446 | 4.0 |
| 公共汽(电)车总数 | 辆 | 404 | 728 | 1342 | 3077 | 4427 | 4788 | 5271 | 5548 | 5.3 |

注:1. 1990 年城市居民人均可支配收入以人均生活费收入代替;2. 直接进出口总值、直接出口总值统计范围不包括省属进出口公司,1995 年、1990 年为业务统计数,2000 年以来为海关数;3. 2011 年邮电业务总量按 2010 年可比价格计算,2001-2010 年按 2000 年可比价格计算,2000 年以前按 1990 年可比价格计算;4. 固定资产投资 2010 年以前为城镇投资;5. 2010 年以后,工业总产值和增加值包含河南中烟工业公司和河南电力公司。

## 1-7 国民经济和社会发展比例和效益指标

| 指　　标 | 单位 | 1990 | 1995 | 2000 | 2005 | 2009 | 2010 | 2011 | 2012 |
|---|---|---|---|---|---|---|---|---|---|
| **就业** | | | | | | | | | |
| **每一就业者负担人口** | **人** | **1.66** | **1.85** | **1.90** | **2.15** | **2.11** | **2.01** | **2.04** | **1.99** |
| **三次产业从业者比例** | | | | | | | | | |
| 第一产业 | % | 50.1 | 40.4 | 41.9 | 31.5 | 23.5 | 21.5 | 20.4 | |
| 第二产业 | % | 31.3 | 32.3 | 27.0 | 30.0 | 34.7 | 33.8 | 36.1 | |
| 第三产业 | % | 18.6 | 27.3 | 31.1 | 38.5 | 41.8 | 44.6 | 43.5 | |
| 城镇登记失业率 | % | | | 2.0 | 3.0 | 2.1 | 2.8 | 2.0 | 2.0 |
| **宏观经济** | | | | | | | | | |
| **国民经济核算** | | | | | | | | | |
| 三次产业增加值比例 | | | | | | | | | |
| 第一产业 | % | 12.4 | 7.4 | 5.8 | 4.4 | 3.1 | 3.1 | 2.6 | 2.6 |
| 第二产业 | % | 53.7 | 52.6 | 47.1 | 52.5 | 54 | 56.2 | 57.7 | 56.4 |
| 第三产业 | % | 33.9 | 40.0 | 47.1 | 43.1 | 42.9 | 40.7 | 39.6 | 41.0 |
| 人均生产总值 | 元 | 2118 | 6499 | 11227 | 23320 | 44237 | 47608 | 56856 | 62049 |
| **固定资产投资** | | | | | | | | | |
| 全社会固定资产占 GDP 比例 | % | 23.1 | 42.8 | 35.5 | 49.4 | 69.2 | 68.2 | 60.3 | 66.1 |
| **财政** | | | | | | | | | |
| 地方财政收入占 GDP 比例 | % | 9.0 | 4.4 | 6.5 | 9.1 | 13.6 | 14.6 | 14.4 | 17.0 |
| **产业** | | | | | | | | | |
| **工业** | | | | | | | | | |
| 产品销售率 | % | 96.6 | 96.4 | 97.4 | 98.1 | 97.7 | 98.2 | 97.9 | 98.0 |

1-7 续表

| 指　　标 | 单位 | 1990 | 1995 | 2000 | 2005 | 2009 | 2010 | 2011 | 2012 |
|---|---|---|---|---|---|---|---|---|---|
| 总资产贡献率 | % | 30.1 | 12.8 | 11.2 | 18.0 | 25.7 | 28.4 | 27.4 | 21.3 |
| 成本费用利润率 | % | 5.8 | 3.3 | 5.2 | 7.8 | 12 | 13.8 | 12.6 | 10.3 |
| 资产负债率 | % | 63.0 | 69.9 | 63.7 | 64.6 | 54.9 | 54.8 | 53.4 | 55.6 |
| **建筑业** | | | | | | | | | |
| 产值利税率 | % | 7.39 | 4.84 | 3.27 | 4.57 | 6.56 | 8.0 | 7.8 | 7.9 |
| 全员劳动生产率 | 元/人 | 12902 | 28440 | 60305 | 117785 | 235651 | 221621 | 285024 | 380470 |
| **教育** | | | | | | | | | |
| 适龄儿童入学率 | % | 99.40 | 99.71 | 99.95 | 100 | 100 | 100 | 100 | 100 |
| 学校教师负担人数 | 人 | 13.56 | 19.48 | 17.2 | 15.5 | 18.16 | 17.8 | 17.6 | 17.9 |
| **卫生** | | | | | | | | | |
| 每万人拥有医疗机构数 | 个 | 1.68 | 1.46 | 1.05 | 2.29 | 1.91 | 1.56 | 4.57 | 4.22 |
| 每万人拥有卫生技术人员 | 人 | | | 48.6 | 46.9 | 62.5 | 57.2 | 64.2 | 72.4 |
| 每万人拥有医院床位数 | 张 | 37.5 | 36.9 | 37.4 | 40.9 | 57.1 | 54.4 | 59.6 | 66.1 |
| **市政建设** | | | | | | | | | |
| 城市自来水普及率 | % | | 97.6 | 100 | 100 | 100 | 100 | 100 | 100 |
| 人均公共绿地面积 | 平方米 | 2.6 | 3.2 | 4.6 | 8.0 | 9.7 | 10.5 | 10.8 | 11.3 |

# 1-8 主要指标年人均水平

| 指　　标 | 单　位 | 2000 | 2005 年 | 2007 年 | 2008 年 | 2009 年 | 2010 年 | 2011 年 | 2012 年 |
|---|---|---|---|---|---|---|---|---|---|
| 生产总值 | 元 | 11227 | 23320 | 34063 | 40617 | 44237 | 47608 | 56856 | 62049 |
| 地方公共财政预算收入 | 元 | 672 | 1912 | 3007 | 3521 | 4037 | 4781 | 5735 | 6783 |
| 社会消费品零售总额 | 元 | 5885 | 9924 | 13406 | 16310 | 19184 | 21038 | 22686 | 25969 |
| 在岗职工平均工资 | 元 | 8263 | 16694 | 23025 | 26476 | 29837 | 32779 | 35541 | 41480 |
| 城镇居民可支配收入 | 元 | 5935 | 10640 | 13692 | 15732 | 17117 | 18897 | 22477 | 25301 |
| 农民人均纯收入 | 元 | 2912 | 4774 | 6594 | 7548 | 8121 | 9225 | 11050 | 12531 |
| 城乡居民储蓄存款余额 | 元 | 8721 | 20195 | 22721 | 27951 | 33577 | 35980 | 37129 | 42994 |
| 市区居民居住面积 | 平方米 | 9.5 | 23.0 | 25.1 | 26 | 26.6 | 28.2 | 29.5 | |
| 城市生活用电量 | 千瓦时 | 594 | 506 | 689 | 728 | 819 | 840 | 791 | 947 |
| 城市生活用水量 | 吨 | 73 | 81 | 50.7 | 54.2 | 56.1 | 49.8 | 43.8 | 48.4 |
| 市区公共绿地面积 | 平方米 | 4.6 | 8.0 | 9.2 | 9.3 | 9.7 | 10.5 | 10.8 | 11.3 |
| 市区每万人拥有公交车辆 | 辆 | 4.8 | 10.2 | 12.0 | 13.2 | 13.3 | 12.6 | 11.9 | 11.9 |
| 每万人拥有医疗床位数 | 张 | 37.7 | 41.2 | 46.3 | 52.1 | 57.5 | 55.5 | 60.2 | 66.7 |
| 每万人拥有卫生技术人员 | 人 | 48 | 47.2 | 54.8 | 57.1 | 62.8 | 58.3 | 65.0 | 73.1 |

## 1-9 郑州一日

| 指　　标 | 单　位 | 2000 | 2005 年 | 2007 年 | 2008 年 | 2009 年 | 2010 年 | 2011 年 | 2012 年 |
|---|---|---|---|---|---|---|---|---|---|
| 生产总值 | 万元 | 19956 | 45496 | 68130 | 82301 | 90644 | 110709 | 136434 | 151634 |
| 第一产业 | 万元 | 1161 | 1983 | 2175 | 2595 | 2824 | 3413 | 3607 | 3891 |
| 第二产业 | 万元 | 9405 | 23913 | 36016 | 45466 | 48945 | 62189 | 78746 | 85599 |
| 第三产业 | 万元 | 9389 | 19600 | 29939 | 34241 | 38874 | 45108 | 54081 | 62144 |
| 粮食总产量 | 吨 | 4348 | 4192 | 4504 | 4527 | 4550 | 4567 | 4567 | 4630 |
| 全社会固定资产投资 | 万元 | 7079 | 22466 | 37461 | 48567 | 62715 | 75534 | 82261 | 100266 |
| 社会消费品零售总额 | 万元 | 10460 | 19361 | 26814 | 33049 | 39309 | 46633 | 55222 | 63462 |
| 地方公共财政预算收入 | 万元 | 1192 | 3729 | 6014 | 7114 | 8272 | 10597 | 13762 | 16575 |
| 货运量 | 万吨 | 43.2 | 65.1 | 87.0 | 102.3 | 46.5 | 56.5 | 66.9 | 72.8 |
| 客运量 | 万人 | 35.8 | 50.2 | 69.1 | 77.9 | 71.5 | 82.5 | 92.5 | 97.4 |
| 邮电业务总量 | 万元 | 1161 | 2963 | 5268 | 6233 | 7019 | 8118 | 3201 | 3588 |
| 出口总值 | 万美元 | 33.7 | 207 | 483 | 692 | 548 | 908 | 2579 | 5526 |
| 自来水供水量 | 万吨 | 79 | 83 | 76 | 88 | 97 | 103 | 98 | 98 |
| 售电量 | 万千瓦小时 | 2156 | 3852 | 5810 | 7833 | 8225 | 9753 | 10684 | 10792 |
| 接待境外人数 | 人次 | 222 | 573 | 718 | 800 | 879 | 956 | 1052 | 1153 |

# 1-10 按行政区划分重要经济指标

(2012 年)

| 指　　标 | 郑州市 | 中原区 | 二七区 | 管城区 | 金水区 | 上街区 | 惠济区 |
|---|---|---|---|---|---|---|---|
| 生产总值(万元) | 55497869 | 4026113 | 3638709 | 4399827 | 8557094 | 986688 | 844883 |
| 第一产业(万元) | 1424047 | 20635 | 7189 | 14154 | 16100 | 7047 | 52146 |
| 第二产业(万元) | 31329217 | 1967147 | 772255 | 2299224 | 941858 | 746584 | 411990 |
| 工业(万元) | 28024685 | 1466474 | 459877 | 1891865 | 178079 | 660930 | 231060 |
| 第三产业(万元) | 22744605 | 2038331 | 2859265 | 2086449 | 7599136 | 233057 | 380747 |
| 生产总值指数(%) | 112.2 | 111.2 | 108.1 | 112.4 | 107.9 | 113.7 | 109.0 |
| 第一产业(%) | 104.0 | 99.5 | 100.5 | 99.1 | 97.6 | 103.1 | 103.3 |
| 第二产业(%) | 114.2 | 112.9 | 106.7 | 114.1 | 101.9 | 115.4 | 108.9 |
| 工业(%) | 115.2 | 114.5 | 107.7 | 115.5 | 100.8 | 116.4 | 111.9 |
| 第三产业(%) | 110.0 | 109.3 | 108.6 | 110.4 | 108.9 | 107.0 | 110.0 |
| 总人口(人) | 9031090 | 946588 | 738629 | 705111 | 1634370 | 134548 | 274536 |
| 固定资产投资(万元) | 35612211 | 3139638 | 2517921 | 3531243 | 5882497 | 807310 | 1059616 |
| 社会消费品零售总额(万元) | 23227139 | 1501733 | 2654449 | 3139495 | 6736291 | 333738 | 746821 |

1-10　续表　　(2012 年)

| 指　　标 | 中牟县 | 巩义市 | 荥阳市 | 新密市 | 新郑市 | 登封市 |
|---|---|---|---|---|---|---|
| 生产总值(万元) | 4829216 | 5278013 | 4580493 | 5129160 | 5313974 | 4311803 |
| 第一产业(万元) | 488360 | 101528 | 246066 | 155800 | 199846 | 121207 |
| 第二产业(万元) | 3422531 | 3736918 | 3188829 | 3484293 | 3659830 | 3120991 |
| 工业(万元) | 3194249 | 3560665 | 3015600 | 3308033 | 3480247 | 3008234 |
| 第三产业(万元) | 918325 | 1439567 | 1145598 | 1489067 | 1454298 | 1069605 |
| 生产总值指数(%) | 115.6 | 110.9 | 111.1 | 112.9 | 115.3 | 111.4 |
| 第一产业(%) | 104.3 | 104.1 | 104.0 | 104.4 | 103.8 | 104.2 |
| 第二产业(%) | 121.8 | 111.8 | 112.8 | 112.6 | 116.9 | 112.4 |
| 工业(%) | 123.0 | 111.9 | 112.9 | 112.5 | 117.2 | 112.5 |
| 第三产业(%) | 107.4 | 108.3 | 107.6 | 114.7 | 112.8 | 108.1 |
| 总人口(人) | 923489 | 813243 | 614546 | 799910 | 768518 | 677602 |
| 固定资产投资(万元) | 3070534 | 3047430 | 3046874 | 3069708 | 3863236 | 2576204 |
| 社会消费品零售总额(万元) | 1018350 | 1684318 | 1373092 | 1542785 | 1480243 | 1197707 |

# 1-11　社会总产出

（2012 年）　　　　单位：万元

| 项　　目 | 郑州市 | 中原区 | 二七区 | 管城区 | 金水区 | 上街区 | 惠济区 | 中牟县 |
|---|---|---|---|---|---|---|---|---|
| **总产出** | **174509024** | **7773769** | **8915324** | **6329903** | **15119717** | **3799061** | **2339326** | **9397269** |
| **第一产业** | **2545817** | **23382** | **15276** | **14330** | **17585** | **12584** | **98921** | **855062** |
| 农林牧渔业 | 2545817 | 23382 | 15276 | 14330 | 17585 | 12584 | 98921 | 855062 |
| **第二产业** | **131403406** | **4821154** | **3675221** | **3726631** | **3006849** | **3159051** | **1549122** | **7262674** |
| 工业 | 119727217 | 3603094 | 1911153 | 3050807 | 753617 | 2820498 | 992414 | 6533339 |
| 采掘业 | 5615204 | | 23232 | | | 125373 | | 216298 |
| 制造业 | 99779105 | 1678315 | 1745050 | 3050807 | 753617 | 2265962 | 981910 | 6218809 |
| 电力、燃气及水的生产和供应业 | 14332908 | 1924779 | 142871 | | | 429163 | 10504 | 98232 |
| 建筑业 | 11676189 | 1218060 | 1764068 | 675824 | 2253232 | 338553 | 556708 | 729335 |
| **第三产业** | **40559801** | **2929233** | **5224827** | **2588942** | **12095283** | **627426** | **691283** | **1279533** |
| 交通运输、仓储和邮政业 | 8045601 | 119952 | 1189702 | 333588 | 418505 | 67823 | 100355 | 345816 |
| 信息传输、计算机服务和软件业 | 1342026 | 50456 | 332036 | 40521 | 940363 | 12322 | 5696 | 82338 |
| 批发和零售业 | 5717079 | 295653 | 1440937 | 691855 | 1414457 | 297816 | 74770 | 166796 |
| 住宿和餐饮业 | 4618739 | 359455 | 395978 | 316966 | 1482664 | 75132 | 153260 | 163450 |
| 金融业 | 4805118 | 398657 | 605720 | 306468 | 1678001 | 32292 | 46398 | 73434 |
| 房地产业 | 3293466 | 273087 | 288896 | 400872 | 680436 | 35286 | 100308 | 124794 |
| 租赁和商务服务业 | 1655627 | 98391 | 53594 | 116127 | 1868723 | 6249 | 14955 | 22372 |
| 科学研究、技术服务和地质勘查业 | 1767965 | 519298 | 90437 | 43385 | 511002 | 15737 | 7999 | 9270 |
| 水利、环境和公共设施管理业 | 230839 | 13878 | 7659 | 11687 | 68741 | 1407 | 21837 | 26008 |
| 居民服务和其他服务业 | 1566437 | 65865 | 76496 | 57708 | 250181 | 18547 | 18146 | 22655 |
| 教育 | 2154407 | 136870 | 171344 | 60791 | 581274 | 22551 | 64096 | 108801 |
| 卫生、社会保障和社会福利业 | 1602421 | 176735 | 317973 | 82804 | 873958 | 6461 | 13929 | 44744 |
| 文化、体育和娱乐业 | 1453972 | 49106 | 46628 | 24604 | 570962 | 1375 | 12142 | 3366 |
| 公共管理和社会组织 | 2306104 | 371829 | 207427 | 101566 | 756016 | 34428 | 57392 | 85689 |

1-11 续表 (2012年) 单位:万元

| 项 目 | 巩义市 | 荥阳市 | 新密市 | 新郑市 | 登封市 | 经济开发区 | 高新开发区 | 郑东新区 | 航空港区 |
|---|---|---|---|---|---|---|---|---|---|
| **总产出** | **20155711** | **15341840** | **15748866** | **15083743** | **13021225** | **5161936** | **5059807** | **2376743** | **13480639** |
| **第一产业** | **175349** | **424253** | **296824** | **340295** | **216082** | **11220** | **12692** | **12961** | **30689** |
| 农林牧渔业 | 175349 | 424253 | 296824 | 340295 | 216082 | 11220 | 12692 | 12961 | 30689 |
| **第二产业** | **17573088** | **13041583** | **12878328** | **12924528** | **10939334** | **4286944** | **4299308** | **317139** | **12727005** |
| 工业 | 16979644 | 12631954 | 12369725 | 12339843 | 10583634 | 3503973 | 3760598 | | 12722037 |
| 采掘业 | 486705 | 224911 | 1375787 | 712662 | 1913716 | | | | |
| 制造业 | 15986988 | 12103489 | 10550466 | 11440450 | 6677541 | 3498099 | 3581110 | | 12722037 |
| 电力、燃气及水的生产和供应业 | 505951 | 303554 | 443472 | 186731 | 1992377 | 5874 | 179488 | | |
| 建筑业 | 593444 | 409629 | 508603 | 584685 | 355700 | 782971 | 538710 | 317139 | 4968 |
| **第三产业** | **2407274** | **1876004** | **2573714** | **1818920** | **1865809** | **863772** | **747807** | **2046643** | **722945** |
| 交通运输、仓储和邮政业 | 1090618 | 703979 | 1060628 | 627226 | 769978 | 46282 | 36303 | 82655 | 592477 |
| 信息传输、计算机服务和软件业 | 37525 | 35049 | 39939 | 49191 | 44461 | 37105 | 98156 | 10191 | 1581 |
| 批发和零售业 | 266145 | 196595 | 353489 | 213663 | 119308 | 527225 | 89846 | 242338 | 40861 |
| 住宿和餐饮业 | 319820 | 264160 | 354527 | 243071 | 184952 | 23366 | 85419 | 145592 | 27446 |
| 金融业 | 120973 | 99926 | 123854 | 88945 | 93357 | 11743 | 49430 | 886928 | 2434 |
| 房地产业 | 231521 | 163921 | 142453 | 71391 | 87596 | 61230 | 104659 | 379319 | 3038 |
| 租赁和商务服务业 | 17171 | 14609 | 22646 | 12320 | 23945 | 45944 | 22888 | 34649 | 2292 |
| 科学研究、技术服务和地质勘查业 | 11813 | 39111 | 9519 | 10489 | 3036 | 21569 | 48447 | 80423 | |
| 水利、环境和公共设施管理业 | 6031 | 7550 | 2711 | 15074 | 47614 | 237 | 1408 | 13197 | |
| 居民服务和其他服务业 | 35104 | 19314 | 23197 | 27900 | 20742 | 6206 | 4608 | 15312 | 7782 |
| 教育 | 73754 | 67618 | 95054 | 247306 | 198351 | 4829 | 177937 | 28451 | 416 |
| 卫生、社会保障和社会福利业 | 118596 | 42452 | 141394 | 54415 | 53848 | 8683 | 6473 | 30098 | 446 |
| 文化、体育和娱乐业 | 7004 | 10770 | 3717 | 7177 | 60072 | 6234 | 1263 | 10506 | 36 |
| 公共管理和社会组织 | 71199 | 210950 | 200586 | 150752 | 158549 | 63119 | 20970 | 86984 | 44136 |

# 1-12　生产总值

（2012 年）

单位:万元

| 项　　目 | 郑州市 | 中原区 | 二七区 | 管城区 | 金水区 | 上街区 | 惠济区 | 中牟县 |
|---|---|---|---|---|---|---|---|---|
| **地区生产总值** | **55497869** | **2654531** | **3638709** | **2891245** | **7063773** | **986688** | **844883** | **3326795** |
| **第一产业** | **1424047** | **13535** | **7189** | **7746** | **8850** | **7047** | **52146** | **483397** |
| 农林牧渔业 | 1424047 | 13535 | 7189 | 7746 | 8850 | 7047 | 52146 | 483397 |
| **第二产业** | **31329217** | **1075775** | **772255** | **1238835** | **879113** | **746584** | **411990** | **1925073** |
| 工业 | 28024685 | 733500 | 459877 | 1047576 | 178079 | 660930 | 231060 | 1696791 |
| 采掘业 | 2088652 |  | 10830 |  |  | 23194 |  | 56386 |
| 制造业 | 23494912 | 385115 | 427869 | 1047576 | 178079 | 563920 | 226270 | 1616302 |
| 电力、燃气及水的生产和供应业 | 2441121 | 348385 | 21178 |  |  | 73816 | 4790 | 24103 |
| 建筑业 | 3304532 | 342275 | 312378 | 191259 | 701034 | 85654 | 180930 | 228282 |
| **第三产业** | **22744605** | **1565221** | **2859265** | **1644664** | **6175810** | **233057** | **380747** | **918325** |
| 交通运输、仓储和邮政业 | 3217524 | 59048 | 607276 | 101035 | 244051 | 30385 | 42149 | 214301 |
| 信息传输、计算机服务和软件业 | 906185 | 30405 | 266625 | 23038 | 485661 | 9157 | 4075 | 59782 |
| 批发和零售业 | 4122040 | 154481 | 553269 | 488995 | 824629 | 45268 | 31752 | 130077 |
| 住宿和餐饮业 | 1820109 | 133132 | 216420 | 127526 | 497843 | 31180 | 54096 | 92461 |
| 金融业 | 3799257 | 320505 | 499783 | 250059 | 1236999 | 23558 | 39533 | 57575 |
| 房地产业 | 2517465 | 202562 | 190279 | 319720 | 549861 | 30523 | 70821 | 100925 |
| 租赁和商务服务业 | 704557 | 55439 | 29209 | 88580 | 482548 | 4068 | 7719 | 11910 |
| 科学研究、技术服务和地质勘查业 | 686919 | 212526 | 46641 | 31600 | 254191 | 5477 | 3644 | 5598 |
| 水利、环境和公共设施管理业 | 123965 | 8660 | 5185 | 6971 | 36459 | 1148 | 13222 | 21294 |
| 居民服务和其他服务业 | 748655 | 40984 | 30675 | 36230 | 202375 | 12167 | 10066 | 12538 |
| 教育 | 1452070 | 90743 | 141873 | 49568 | 331020 | 14703 | 50719 | 103025 |
| 卫生、社会保障和社会福利业 | 762377 | 55635 | 106839 | 28603 | 311155 | 2843 | 8437 | 35246 |
| 文化、体育和娱乐业 | 547433 | 27085 | 25179 | 19453 | 332272 | 1265 | 8425 | 2365 |
| 公共管理和社会组织 | 1336049 | 174016 | 140012 | 73286 | 386746 | 21315 | 36089 | 71228 |

1-12　续表　　（2012 年）　　单位:万元

| 项　目 | 巩义市 | 荥阳市 | 新密市 | 新郑市 | 登封市 | 经　济开发区 | 高　新开发区 | 郑东新区 | 航空港区 |
|---|---|---|---|---|---|---|---|---|---|
| **地区生产总值** | **5278013** | **4580493** | **5129160** | **4753768** | **4311803** | **1508582** | **1371582** | **1493321** | **2062627** |
| **第一产业** | **101528** | **246066** | **155800** | **186894** | **121207** | **6408** | **7100** | **7250** | **17915** |
| 农林牧渔业 | 101528 | 246066 | 155800 | 186894 | 121207 | 6408 | 7100 | 7250 | 17915 |
| **第二产业** | **3736918** | **3188829** | **3484293** | **3364440** | **3120991** | **1060389** | **891372** | **62745** | **1792848** |
| 工业 | 3560665 | 3015600 | 3308033 | 3186238 | 3008234 | 844289 | 732974 | | 1791467 |
| 采掘业 | 166813 | 64134 | 584073 | 231836 | 999209 | | | | |
| 制造业 | 3301392 | 2896195 | 2646959 | 2923627 | 1853081 | 842844 | 698600 | | 1791467 |
| 电力、燃气及水的生产和供应业 | 92460 | 55271 | 77001 | 30775 | 155944 | 1445 | 34374 | | |
| 建筑业 | 176253 | 173229 | 176260 | 178202 | 112757 | 216100 | 158398 | 62745 | 1381 |
| **第三产业** | **1439567** | **1145598** | **1489067** | **1202434** | **1069605** | **441785** | **473110** | **1423326** | **251864** |
| 交通运输、仓储和邮政业 | 548251 | 311115 | 479677 | 310380 | 367993 | 19475 | 20731 | 9164 | 172855 |
| 信息传输、计算机服务和软件业 | 28110 | 28097 | 34864 | 44498 | 39210 | 11012 | 56576 | 5265 | 1332 |
| 批发和零售业 | 206913 | 172771 | 189795 | 174663 | 98530 | 280424 | 48763 | 179860 | 22788 |
| 住宿和餐饮业 | 159851 | 137239 | 154002 | 113784 | 89198 | 9483 | 36418 | 47106 | 17720 |
| 金融业 | 94713 | 81024 | 95549 | 72629 | 73866 | 10060 | 42316 | 729574 | 1699 |
| 房地产业 | 177697 | 127392 | 129096 | 64800 | 80593 | 48768 | 78088 | 308678 | 2954 |
| 租赁和商务服务业 | 11929 | 9982 | 13266 | 8029 | 4261 | 15166 | 20306 | 22674 | 1498 |
| 科学研究、技术服务和地质勘查业 | 6836 | 10919 | 5957 | 8204 | 2477 | 8075 | 14905 | 50767 | |
| 水利、环境和公共设施管理业 | 4322 | 6150 | 2127 | 11201 | 23452 | 101 | 775 | 2681 | |
| 居民服务和其他服务业 | 22529 | 13604 | 16276 | 18587 | 10921 | 3268 | 2471 | 8656 | 2724 |
| 教育 | 63207 | 59204 | 82604 | 205991 | 163405 | 3071 | 134630 | 22883 | 363 |
| 卫生、社会保障和社会福利业 | 60669 | 26146 | 108179 | 39491 | 22147 | 749 | 3282 | 9648 | 410 |
| 文化、体育和娱乐业 | 5128 | 4496 | 2562 | 6279 | 22943 | 3603 | 997 | 6909 | 24 |
| 公共管理和社会组织 | 49412 | 157459 | 175113 | 123898 | 70609 | 28530 | 12852 | 19461 | 27497 |

# 1-13 生产总值指数

（2012 年）　　单位：%

| 项　目 | 郑州市 | 中原区 | 二七区 | 管城区 | 金水区 | 上街区 | 惠济区 | 中牟县 |
|---|---|---|---|---|---|---|---|---|
| **生产总值** | **112.2** | **108.1** | **108.1** | **112.6** | **106.5** | **113.7** | **109.0** | **109.0** |
| **第一产业** | **104.0** | **101.4** | **100.5** | **101.3** | **98.5** | **103.1** | **103.3** | **104.4** |
| 农林牧渔业 | 104.0 | 101.4 | 100.5 | 101.3 | 98.5 | 103.1 | 103.3 | 104.4 |
| **第二产业** | **114.2** | **108.2** | **106.7** | **115.3** | **101.5** | **115.4** | **108.9** | **111.0** |
| 工业 | 115.2 | 109.4 | 107.7 | 117.5 | 101.2 | 116.4 | 111.9 | 111.1 |
| 采掘业 | 75.7 | | 142.7 | | | 125.2 | | 113.8 |
| 制造业 | 120.2 | 110.3 | 103.9 | 117.5 | 101.2 | 115.7 | 112.2 | 111.0 |
| 电力、燃气及水的生产和供应业 | 123.2 | 107.7 | 153.0 | | | 115.2 | 98.9 | 114.2 |
| 建筑业 | 105.8 | 104.4 | 104.6 | 104.5 | 101.6 | 104.4 | 104.5 | 110.2 |
| **第三产业** | **110.0** | **108.0** | **108.6** | **110.5** | **107.4** | **107.0** | **110.0** | **107.4** |
| 交通运输、仓储和邮政业 | 105.6 | 103.8 | 101.3 | 102.4 | 102.1 | 101.9 | 103.9 | 105.6 |
| 信息传输、计算机服务和软件业 | 95.4 | 113.0 | 107.0 | 105.9 | 107.9 | 105.9 | 106.4 | 114.1 |
| 批发和零售业 | 118.1 | 59.4 | 102.5 | 115.0 | 109.2 | 112.6 | 104.7 | 94.4 |
| 住宿和餐饮业 | 109.8 | 80.9 | 106.0 | 103.2 | 106.3 | 105.2 | 105.5 | 110.9 |
| 金融业 | 113.4 | 135.5 | 130.8 | 113.6 | 111.2 | 106.4 | 143.2 | 142.2 |
| 房地产业 | 106.0 | 139.8 | 120.6 | 111.8 | 110.4 | 93.5 | 113.5 | 188.7 |
| 租赁和商务服务业 | 100.1 | 120.4 | 106.2 | 106.2 | 101.2 | 114.6 | 105.2 | 88.8 |
| 科学研究、技术服务和地质勘查业 | 92.3 | 118.3 | 106.2 | 113.2 | 104.3 | 114.5 | 107.3 | 98.3 |
| 水利、环境和公共设施管理业 | 87.5 | 115.1 | 106.2 | 106.1 | 114.6 | 114.5 | 107.3 | 127.9 |
| 居民服务和其他服务业 | 111.7 | 121.9 | 107.6 | 98.5 | 107.4 | 114.6 | 105.1 | 97.3 |
| 教育 | 122.8 | 113.1 | 107.5 | 113.5 | 103.2 | 114.5 | 107.3 | 103.7 |
| 卫生、社会保障和社会福利业 | 104.6 | 127.3 | 106.2 | 98.8 | 106.1 | 115.1 | 107.8 | 119.7 |
| 文化、体育和娱乐业 | 122.9 | 131.5 | 108.9 | 115.4 | 108.1 | 116.0 | 105.6 | 172.1 |
| 公共管理和社会组织 | 114.9 | 115.5 | 103.1 | 111.2 | 105.9 | 114.5 | 104.8 | 68.3 |

1-13 续表　　(2012 年)　　单位:%

| 项　目 | 巩义市 | 荥阳市 | 新密市 | 新郑市 | 登封市 | 经济开发区 | 高新开发区 | 郑东新区 | 航空港区 |
|---|---|---|---|---|---|---|---|---|---|
| **生产总值** | **110.9** | **111.1** | **112.9** | **112.2** | **111.4** | **112.1** | **117.5** | **118.2** | **177.7** |
| **第一产业** | **104.1** | **104.0** | **104.4** | **104.3** | **104.2** | **96.5** | **96.0** | **96.0** | **97.6** |
| 农林牧渔业 | 104.1 | 104.0 | 104.4 | 104.3 | 104.2 | 96.5 | 96.0 | 96.0 | 97.6 |
| **第二产业** | **111.8** | **112.8** | **112.6** | **112.5** | **112.4** | **112.9** | **119.4** | **109.4** | **202.2** |
| 工业 | 111.9 | 112.9 | 112.5 | 112.6 | 112.5 | 113.3 | 120.7 | | 202.3 |
| 采掘业 | 79.9 | 107.1 | 67.2 | 99.8 | 75.8 | | | | |
| 制造业 | 114.2 | 113.5 | 130.5 | 113.7 | 135.1 | 113.3 | 120.7 | | 202.3 |
| 电力、燃气及水的生产和供应业 | 107.0 | 91.2 | 183.9 | 116.6 | 114.2 | 112.2 | 120.7 | | |
| 建筑业 | 110.2 | 110.5 | 113.1 | 110.4 | 108.8 | 111.2 | 111.7 | 112.2 | 145.0 |
| **第三产业** | **108.3** | **107.6** | **114.7** | **112.8** | **108.1** | **109.5** | **113.8** | **119.1** | **113.3** |
| 交通运输、仓储和邮政业 | 105.2 | 105.6 | 113.3 | 106.1 | 106.8 | 104.2 | 107.5 | 100.4 | 102.0 |
| 信息传输、计算机服务和软件业 | 113.2 | 118.8 | 102.9 | 109.7 | 109.9 | 126.9 | 97.8 | 114.2 | 106.4 |
| 批发和零售业 | 111.3 | 109.6 | 114.7 | 126.1 | 113.4 | 117.8 | 106.4 | 193.7 | 161.3 |
| 住宿和餐饮业 | 109.5 | 106.3 | 119.0 | 132.9 | 107.2 | 119.7 | 112.2 | 125.2 | 104.6 |
| 金融业 | 112.2 | 115.4 | 119.4 | 121.2 | 121.4 | 143.3 | 143.2 | 115.1 | 140.7 |
| 房地产业 | 105.5 | 100.5 | 110.1 | 100.4 | 89.7 | 91.1 | 122.6 | 108.1 | 105.5 |
| 租赁和商务服务业 | 124.7 | 103.9 | 111.4 | 114.4 | 85.3 | 97.8 | 110.6 | 124.2 | 119.0 |
| 科学研究、技术服务和地质勘查业 | 110.4 | 103.3 | 113.1 | 120.9 | 107.7 | 126.8 | 110.2 | 108.2 | |
| 水利、环境和公共设施管理业 | 109.6 | 108.1 | 114.8 | 126.8 | 121.6 | 112.0 | 109.0 | 108.2 | |
| 居民服务和其他服务业 | 118.1 | 102.7 | 114.3 | 115.2 | 131.7 | 108.2 | 114.6 | 159.1 | 119.1 |
| 教育 | 113.8 | 113.8 | 112.6 | 108.0 | 106.5 | 108.0 | 115.3 | 106.8 | 104.8 |
| 卫生、社会保障和社会福利业 | 112.6 | 110.0 | 133.9 | 114.8 | 122.2 | 108.7 | 110.1 | 102.2 | 105.3 |
| 文化、体育和娱乐业 | 121.8 | 115.2 | 109.0 | 121.0 | 97.7 | 109.4 | 114.6 | 132.9 | 103.1 |
| 公共管理和社会组织 | 105.4 | 108.3 | 110.3 | 110.4 | 108.0 | 108.0 | 104.0 | 112.6 | 123.6 |

# 1-14 全市法人单位数(按地域划分)

(2012 年底)

单位:个

| 行　业 | 全市 | 中原区 | 二七区 | 管城区 | 金水区 | 上街区 | 惠济区 | 经济开发区 |
|---|---|---|---|---|---|---|---|---|
| **总计** | **67994** | **4765** | **4128** | **4665** | **21081** | **1089** | **1335** | **2230** |
| 农、林、牧、渔业 | 1026 | 21 | 32 | 16 | 38 | 6 | 53 | 29 |
| 采矿业 | 615 | 2 | 1 | 1 | 2 | 4 | 1 | 3 |
| 制造业 | 11926 | 963 | 508 | 205 | 536 | 296 | 354 | 506 |
| 电力、燃气及水的生产和供应业 | 126 | 8 | 3 | 2 | 7 | 2 | 3 | 2 |
| 建筑业 | 3540 | 312 | 242 | 209 | 1386 | 42 | 88 | 205 |
| 交通运输、仓储和邮政业 | 994 | 44 | 32 | 102 | 238 | 29 | 35 | 70 |
| 信息传输、计算机服务和软件业 | 2164 | 151 | 121 | 92 | 1136 | 29 | 47 | 100 |
| 批发和零售业 | 19701 | 1404 | 1497 | 2674 | 8545 | 255 | 182 | 503 |
| 住宿和餐饮业 | 1136 | 56 | 120 | 68 | 438 | 27 | 23 | 15 |
| 金融业 | 431 | 17 | 19 | 18 | 246 | 2 | 4 | 27 |
| 房地产业 | 3430 | 288 | 288 | 211 | 1309 | 57 | 80 | 140 |
| 租赁和商务服务业 | 7582 | 376 | 416 | 444 | 4447 | 47 | 66 | 304 |
| 科学研究、技术服务和地质勘查业 | 2045 | 236 | 126 | 66 | 815 | 14 | 28 | 103 |
| 水利、环境和公共设施管理业 | 355 | 22 | 23 | 15 | 96 | 12 | 18 | 8 |
| 居民服务和其他服务业 | 891 | 53 | 72 | 63 | 389 | 16 | 14 | 12 |
| 教育 | 2571 | 201 | 212 | 131 | 404 | 34 | 96 | 40 |
| 卫生、社会保障和社会福利业 | 3019 | 65 | 55 | 44 | 79 | 9 | 59 | 73 |
| 文化、体育和娱乐业 | 753 | 47 | 55 | 47 | 289 | 18 | 30 | 13 |
| 公共管理和社会组织 | 5689 | 499 | 306 | 257 | 681 | 190 | 154 | 77 |

1-14 续表 （2012年底） 单位:个

| 行　业 | 高新开发区 | 郑东新区 | 航空港区 | 中牟县 | 巩义市 | 荥阳市 | 新密市 | 新郑市 | 登封市 |
|---|---|---|---|---|---|---|---|---|---|
| **总计** | **1676** | **5321** | **560** | **2553** | **4284** | **3480** | **4243** | **3415** | **3169** |
| 农、林、牧、渔业 | 7 | 32 | 14 | 106 | 45 | 233 | 75 | 117 | 202 |
| 采矿业 | | | | 3 | 76 | 47 | 290 | 39 | 146 |
| 制造业 | 786 | 269 | 156 | 425 | 2199 | 1304 | 1370 | 1466 | 583 |
| 电力、燃气及水的生产和供应业 | 5 | 9 | 4 | 8 | 23 | 11 | 10 | 16 | 13 |
| 建筑业 | 117 | 508 | 18 | 92 | 36 | 89 | 77 | 62 | 57 |
| 交通运输、仓储和邮政业 | 7 | 63 | 24 | 109 | 45 | 42 | 57 | 50 | 47 |
| 信息传输、计算机服务和软件业 | 100 | 138 | 6 | 7 | 68 | 31 | 53 | 12 | 73 |
| 批发和零售业 | 211 | 2061 | 31 | 291 | 407 | 345 | 481 | 416 | 398 |
| 住宿和餐饮业 | 2 | 76 | 8 | 36 | 65 | 25 | 28 | 72 | 77 |
| 金融业 | 3 | 54 | | 11 | 7 | 4 | 7 | 4 | 8 |
| 房地产业 | 85 | 503 | 17 | 115 | 60 | 81 | 51 | 81 | 64 |
| 租赁和商务服务业 | 57 | 859 | 14 | 87 | 67 | 78 | 156 | 47 | 117 |
| 科学研究、技术服务和地质勘查业 | 130 | 284 | 2 | 28 | 34 | 59 | 54 | 26 | 40 |
| 水利、环境和公共设施管理业 | 6 | 24 | 1 | 11 | 28 | 32 | 28 | 14 | 17 |
| 居民服务和其他服务业 | 9 | 109 | 2 | 29 | 16 | 20 | 18 | 35 | 34 |
| 教育 | 45 | 63 | 35 | 198 | 165 | 150 | 389 | 149 | 259 |
| 卫生、社会保障和社会福利业 | 36 | 75 | 105 | 508 | 364 | 327 | 509 | 253 | 458 |
| 文化、体育和娱乐业 | 5 | 38 | | 14 | 42 | 26 | 24 | 79 | 26 |
| 公共管理和社会组织 | 65 | 156 | 123 | 475 | 537 | 576 | 566 | 477 | 550 |

## 1-15 基本单位按登记注册类型分组情况

（2012 年底）

单位：个

| 注册类型 | 单位数 | 注册类型 | 单位数 |
|---|---|---|---|
| **总计** | **67994** | 私营合伙企业 | 1213 |
| 内资企业 | 67422 | 私营有限责任公司 | 25311 |
| 国有企业 | 5230 | 私营股份有限公司 | 1176 |
| 集体企业 | 2164 | 其他企业 | 7402 |
| 股份合作企业 | 374 | **港、澳、台商投资企业** | **243** |
| 联营企业 | 73 | 合资经营企业（港或澳、台资） | 97 |
| 国有联营企业 | 15 | 合作经营企业（港或澳、台资） | 10 |
| 集体联营企业 | 33 | 港、澳、台商独资经营企业 | 123 |
| 国有与集体联营企业 | 0 | 港、澳、台商投资股份有限公司 | 12 |
| 其他联营企业 | 25 | 其他港、澳、台商投资 | 1 |
| 有限责任公司 | 15388 | 外商投资企业 | 329 |
| 国有独资公司 | 112 | 中外合资经营企业 | 172 |
| 其他有限责任公司 | 15276 | 中外合作经营企业 | 15 |
| 股份有限公司 | 1156 | 外资企业 | 123 |
| 私营企业 | 35635 | 外商投资股份有限公司 | 18 |
| 私营独资企业 | 7935 | 其他外商投资 | 1 |

# 主要统计指标解释

**生产总值** 是一个国家(地区)所有常住单位在一定时期内生产活动的最终成果。地区生产总值有三种表现形态,即价值形态、收入形态和产品形态。从价值形态看,它是所有常住单位在一定时期内所生产的全部货物和服务价值超过同期投入的全部非固定资产货物和服务价值的差额,即所有常住单位的增加值之和;从收入形态看,它是所有常住单位在一定时期内所创造并分配给常住单位和非常住单位的初次分配收入之和;从产品形态看,它是最终使用的货物和服务减去进口货物和服务。在实际核算中,地区生产总值的三种表现形态表现为三种计算方法,即生产法、收入法和支出法。三种方法分别从不同的方面反映地区生产总值及其构成。

**平均每年增长速度** 在我国计算平均增长速度有两种方法,一种是习惯上经常使用的"水平法",又称几何平均法,是以间隔期最后一年的水平同基期水平对比来计算平均每年增长(或下降)速度。另一种是"累计法",又称代数平均法或方程法,是以间隔期内各年水平的总和同基期水平对比来计算平均每年增长(或下降)速度。在一般正常情况下,两种方法计算的平均每年增长速度比较接近,但在经济发展不平衡,出现大起大落时,两种方法计算的结果差别较大。本《年鉴》内所列的平均每年增长速度,除固定资产投资是用"累计法"计算以外,其余均用"水平法"计算。

**企业(单位)登记注册类型** 是以在工商行政管理机关登记注册的具有法人资格的各类企业为划分对象。行政机关、事业单位和社会团体及其他经济组织参照执行。本项以工商行政管理部门对企业(单位)登记注册的类型为依据,将企业(单位)登记注册类型分为以下几种:

1. 国有企业是指企业全部资产归国家所有,并按《中华人民共和国企业法人登记管理条例》规定登记注册的非公司制的经济组织。不包括有限责任公司中的国有独资公司。

2. 集体企业是指企业资产归集体所有,并按《中华人民共和国企业法人登记管理条例》规定登记注册的经济组织。

3. 股份合作企业是指以合作制为基础,由企业职工共同出资入股,吸收一定比例的社会资产投资组建,实行自主经营,自负盈亏,共同劳动,民主管理,按劳分配与按股分红相结合的一种集体经济组织。

4. 联营企业是指两个及两个以上相同或不同所有制性质的企业法人或事业单位法人,按自愿、平等、互利的原则,共同投资组成的经济组织。联营企业包括国有联营企业、集体联营企业、国有与集体联营企业和其他联营企业。

5. 有限责任公司是指根据《中华人民共和国登记管理条例》规定登记注册,由两个以上,五十个以下的股东共同出资,每个股东以其所认缴的出资额对公司承担有限责任,公司以其全部资产对其债务承担责任的经济组织。

有限责任公司包括国有独资公司以及其他有限责任公司:

(1)国有独资公司是指国家授权的投资机构或者国家授权的部门单独投资设立的有限责任公司。

(2)其他有限责任公司是指国有独资公司以外的其他有限责任公司。

6. 股份有限公司是指根据《中华人民共和国登记管理条例》规定登记注册,其全部注册资本由等额股份构成并通过发行股票筹集资本,股东以其认购的股份对公司承担有限责任,公司以其全部资产对其债务承担责任的经济组织。

7. 私营企业是指由自然人投资设立或由自然人控股,以雇佣劳动为基础的营利性经济组织。包括按照《公司法》、《合伙企业法》、《私营企业暂行条例》规定登记注册的私营有限责任公司、私营股份有限公司、私营合伙企业和私营独资企业。

(1)私营独资企业是指按《私营企业暂行条例》的规定,由一名自然人投资经营,以雇佣劳动为基础,投资者对企业债务承担无限责任的企业。

(2)私营合伙企业是指按《合伙企业法》或《私营企业暂行条例》的规定,由两个以上自然人按照协议共同投资、共同经营、共负盈亏,以雇佣劳动为基础,对债务承担无限责任的企业。

(3)私营有限责任公司是指按《公司法》、《私营企业暂行条例》的规定,由两个以上自然人投资或由单个自然人控股的有限责任公司。

(4)私营股份有限公司是指按《公司法》的规定,由五个以上自然人投资,或由单个自然人控股的有限公司。

8. 其他内资企业是指上述第 1 条至第 7 条之外的其他内资经济组织。

9. 与港澳台商合资经营企业是指港澳台地区投资者与内地的企业依照《中华人民共和国中外合资经营企业法》及有关法律的规定，按合同规定的比例投资设立、分享利润和分担风险的企业。

10. 与港澳台商合作经营企业是指港澳台地区投资者与内地企业依照《中华人民共和国中外合作经营企业法》及有关法律的规定，依照合作合同的约定进行投资或提供条件设立、分配利润和分担风险的企业。

11. 港澳台商独资经营企业是指依照《中华人民共和国外资企业法》及有关法律的规定，在内地由港澳台地区投资者全额投资设立的企业。

12. 港澳台商投资股份有限公司是指根据国家有关规定，经外经贸部依法批准设立，其中港、澳、台商的股本占公司注册资本的比例达 25% 以上的股份有限公司。凡其中港、澳、台商的股本占公司注册资本的比例小于 25% 的，属于内资企业中的股份有限公司。

13. 中外合资经营企业是指外国企业或外国人与中国内地企业依照《中华人民共和国中外合资经营企业法》及有关法律的规定，按合同规定的比例投资设立、分享利润和分担风险的企业。

14. 中外合作经营企业是指外国企业或外国人与中国内地企业依照《中华人民共和国中外合作经营企业法》及有关法律的规定，依照合作合同的约定进行投资或提供条件设立、分配利润和分担风险的企业。

15. 外资企业是指依照《中华人民共和国外资企业法》及有关法律的规定，在中国内地由外国投资者全额投资设立的企业。

16. 外商投资股份有限公司是指根据国家有关规定，经外经贸部依法批准设立，其中外资的股本占公司注册资本的比例达 25% 以上的股份有限公司。凡其中外资股本占公司注册资本的比例小于 25% 的，属于内资企业中的股份有限公司。机关、事业单位和社会团体参照《企业登记注册类型与代码》，主要按其经费来源和管理方式划分。

具体规定如下：

1. 机关包括国家机关和党政机关，原则上均列为“国有”。但有特殊规定的，如供销社等，则列为“集体”。

2. 事业单位包括经国家机构编制部门和有关业务主管部门批准成立的各类事业单位，不包括实行企业化管理的事业单位。事业单位的划分办法如下：

（1）由国家财政预算拨款或列入财政预算外资金管理以及经费主要来源于国有主管部门或国有上级单位的事业单位，列为“国有”。

（2）经费主要来源于集体单位的事业单位，列为“集体”。

（3）公民个人（或个人合伙）开办的事业单位，列为“私营”。

（4）上述以外的其他事业单位，如果其经费来源不明确，按管理方式进行归类。

3. 社会团体包括经民政部门批准成立以及未纳入社会团体管理条例范围的工会、妇联等各类社会团体。社会团体的划分办法如下：

（1）未纳入民政部社会团体管理条例范围的工会、妇联、共青团、青联、工商联、科协、侨联等社会团体，国家拨款设立的基金会或基金管理组织以及经费主要来源于国有业务主管部门或国有上级单位的社会团体，列为“国有”。

（2）经费主要来源于集体单位的社会团体，列为“集体”。

（3）公民个人（或个人合伙）开办的社会团体，划为“私营”。

（4）上述以外的其他社会团体，如果其经费来源不明确，改按管理方式进行归类。

**三次产业** 根据社会生产活动历史发展的顺序对产业结构的划分，产品直接取自自然界的部门称为第一产业，对初级产品进行再加工的部门称为第二产业。为生产和消费提供各种服务的部门称为第三产业。它是世界上通用的产业结构分类，但各国的划分不尽一致。我国的三次产业划分是：

第一产业是指农、林、牧、渔业。

第二产业是指采矿业，制造业，电力、燃气及水的生产和供应业，建筑业。

第三产业是指除第一、二产业以外的其他行业。第三产业包括：交通运输、仓储和邮政业，信息传输、计算机服务和软件业，批发和零售业，住宿和餐饮业，金融业，房地产业，租赁和商务服务业，科学研究、技术服务和地质勘查业，水利、环境和公共设施管理业，居民服务和其他服务业，教育，卫生、社会保障和社会福利业，文化、体育和娱乐业，公共管理和社会组织，国际组织。

**总产出** 总产出是指一定时期内一个国家（或地区）常住单位生产的所有货物和服务的价值，即包括新增价值，也包括转移价值。它反映常住单位生产活动的总规模。总产出按生产者价格计算。

**增加值** 增加值是指常住单位生产过程创造的新增价值和固定资产的转移价值。它可以按生产法计算，也可以按收入法计算，按生产法计算，它等于总产出减去中间投入；按收入法计算，它等于劳动者报酬、生产税净额、固定资产折旧和营业盈余之和。

**人口数** 指一定时点、一定地区范围内的有生命的个人的总和。

年度统计的年末人口数是指每年12月31日24时的人口数。年度统计的全国人口总数内未包括台湾省和港澳同胞以及海外华侨人数。

**出生率（又称粗出生率）**指在一定时期内（通常为一年）平均每千人所出生的人数的比率，一般用千分率表示。计算公式：

$$出生率=\frac{年出生人数}{年平均人数}\times1000‰$$

**出生人数** 是指活产婴儿，即胎儿脱离母体时（不管怀孕月数），有过呼吸或其他生命现象。

**年平均人数** 是指年初、年底人口数的平均数，也可用年中人口数代替。

**死亡率（又称粗死亡率）** 指在一定时期内（通常为一年）一定地区的死亡人数与同期平均人数（或期中人数）之比，一般用千分率表示。计算公式：

$$死亡率=\frac{年死亡人数}{年平均人数}\times1000‰$$

**人口自然增长率** 指在一定时期内（通常为一年）人口自然增加数（出生人数减死亡人数）与该时期内平均人数（或期中人数）之比。一般用千分率表示。计算公式：

$$人口自然增长率=\frac{(本年出生人数-本年死亡人数)}{年平均人数}\times1000‰$$

人口自然增长率=人口出生率-人口死亡率

# 二、从业人员和劳动工资

# 2-1 法人单位数(按地域划分)

(2012 年底)

单位:个

| 行业 | 全市 | 中原区 | 二七区 | 管城区 | 金水区 | 上街区 | 惠济区 | 经济开发区 | 高新开发区 | 郑东新区 | 航空港区 | 中牟县 | 巩义市 | 荥阳市 | 新密市 | 新郑市 | 登封市 |
|---|---|---|---|---|---|---|---|---|---|---|---|---|---|---|---|---|---|
| **合　计** | **2917005** | **296347** | **197851** | **143088** | **702198** | **57309** | **96030** | **117816** | **103959** | **133891** | **35613** | **93042** | **193133** | **160732** | **225160** | **177874** | **182962** |
| 农、林、牧、渔业 | 18696 | 538 | 356 | 155 | 499 | 103 | 1325 | 351 | 127 | 873 | 315 | 2060 | 564 | 3535 | 1148 | 1894 | 4853 |
| 采矿业 | 205314 | 74523 | 937 | 90 | 68 | 2754 | 3 | 53 |  |  |  | 551 | 19109 | 10164 | 34136 | 3903 | 59023 |
| 制造业 | 852463 | 50491 | 27034 | 20839 | 28222 | 32462 | 21030 | 57700 | 50952 | 27512 | 24329 | 41681 | 123392 | 82648 | 113870 | 111052 | 39249 |
| 电力、燃气及水的生产和供应业 | 42502 | 13120 | 3849 | 995 | 336 | 54 | 535 | 60 | 424 | 314 | 47 | 648 | 2372 | 2277 | 2275 | 1658 | 13538 |
| 建筑业 | 616059 | 67328 | 50694 | 34321 | 264045 | 9992 | 44865 | 24075 | 23273 | 25069 | 1140 | 11970 | 4990 | 19352 | 17201 | 9032 | 8712 |
| 交通运输、仓储和邮政业 | 75178 | 3092 | 10695 | 10910 | 22933 | 1328 | 1209 | 3290 | 99 | 3145 | 4004 | 2322 | 2821 | 939 | 3354 | 3303 | 1734 |
| 信息传输、计算机服务和软件业 | 28686 | 1189 | 4309 | 761 | 11729 | 117 | 633 | 2024 | 3920 | 1641 | 48 | 46 | 630 | 139 | 754 | 371 | 375 |
| 批发和零售业 | 260793 | 14019 | 25466 | 31535 | 96399 | 2163 | 3880 | 13637 | 3570 | 21323 | 1582 | 5247 | 7475 | 5443 | 13197 | 5973 | 9884 |
| 住宿和餐饮业 | 75131 | 4181 | 8374 | 2632 | 37038 | 939 | 2600 | 687 | 425 | 5587 | 668 | 944 | 2490 | 1266 | 1932 | 1450 | 3918 |
| 金融业 | 57983 | 2646 | 2066 | 1467 | 43233 | 9 | 51 | 240 | 391 | 4906 |  | 512 | 745 | 289 | 492 | 422 | 514 |
| 房地产业 | 82751 | 7081 | 6904 | 12911 | 26779 | 869 | 3001 | 3195 | 3609 | 8995 | 388 | 1564 | 1420 | 1284 | 1899 | 1668 | 1184 |
| 租赁和商务服务业 | 89341 | 3728 | 7012 | 5936 | 42714 | 498 | 1016 | 2920 | 1726 | 14746 | 360 | 830 | 1163 | 1204 | 2195 | 1247 | 2046 |
| 科学研究、技术服务和地质勘查业 | 71085 | 18990 | 6024 | 2407 | 24307 | 265 | 1175 | 1753 | 2634 | 4339 | 20 | 893 | 575 | 4022 | 2021 | 1146 | 514 |
| 水利、环境和公共设施管理业 | 18155 | 1395 | 529 | 486 | 3960 | 405 | 1659 | 337 | 586 | 1307 | 22 | 465 | 798 | 2727 | 944 | 962 | 1573 |
| 居民服务和其他服务业 | 12230 | 809 | 877 | 957 | 4562 | 342 | 385 | 86 | 112 | 1782 | 23 | 266 | 221 | 404 | 266 | 519 | 619 |
| 教育 | 156615 | 10561 | 14015 | 5830 | 28390 | 1713 | 6245 | 1447 | 10429 | 4965 | 658 | 8591 | 9513 | 8928 | 12374 | 17475 | 15481 |
| 卫生、社会保障和社会福利业 | 60486 | 5032 | 8388 | 2613 | 16862 | 341 | 1188 | 1128 | 217 | 1022 | 524 | 3132 | 4199 | 4116 | 4001 | 4321 | 3402 |
| 文化、体育和娱乐业 | 35710 | 2907 | 2841 | 971 | 18632 | 159 | 1271 | 2522 | 80 | 1406 |  | 1129 | 819 | 794 | 392 | 895 | 892 |
| 公共管理和社会组织 | 157827 | 14717 | 17481 | 7272 | 31490 | 2796 | 3959 | 2311 | 1385 | 4959 | 1485 | 10191 | 9837 | 11201 | 12709 | 10583 | 15451 |

注:按照“郑州航空港经济综合实验区总体发展规划”,中牟县部分单位划转经济开发区、郑东新区、新郑综合保税区(航空港区)代管。

# 2-2 分企事业机关、分行业从业人员人数

（2012年底）　　单位：人、%

| 类　别 | 合　计 | 比上年增长 | 国有 | 比上年增长 | 城镇 | 比上年增长 | 其他所有制 | 比上年增长 |
|---|---|---|---|---|---|---|---|---|
| **单位从业人员年末人数** | **1620570** | **18.6** | **568497** | **6.2** | **50674** | **-5.2** | **1001399** | **28.8** |
| **按企事业机关分** | | | | | | | | |
| 企业 | 1221919 | 24.2 | 223081 | 7.9 | 39277 | -9.2 | 959561 | 30.8 |
| 事业 | 287298 | 6.8 | 255403 | 6.2 | 11302 | 13.1 | 20593 | 10.6 |
| 机关 | 88027 | 1.3 | 87994 | 1.3 | | | 33 | 3.1 |
| 非营利组织 | 12708 | 0.6 | 1335 | 20.4 | 29 | -74.3 | 11344 | -0.6 |
| 其他 | 10618 | -26.8 | 684 | 139.2 | 66 | -34.7 | 9868 | -30.1 |
| **按行业分** | | | | | | | | |
| 农林牧渔业 | 2237 | 10.0 | 1110 | -23.0 | 558 | 1966.7 | 569 | 0.5 |
| 采矿业 | 84770 | -0.8 | 53560 | -5.9 | 633 | 15.3 | 30577 | 9.1 |
| 制造业 | 553104 | 43.8 | 17455 | 8.3 | 8968 | 5.6 | 526681 | 46.3 |
| 电力、热力、燃气及水的生产和供应业 | 36931 | 22.0 | 23945 | 31.3 | 105 | -4.5 | 12881 | 8.1 |
| 建筑业 | 256333 | 13.5 | 54127 | 26.0 | 16760 | -5.7 | 185446 | 12.3 |
| 批发和零售业 | 71495 | 7.3 | 9875 | 20.5 | 4481 | -9.2 | 57139 | 6.8 |
| 交通运输、仓储和邮政业 | 42313 | 7.9 | 25998 | -12.9 | 1014 | 19.3 | 15301 | 79.9 |
| 住宿和餐饮业 | 33763 | -1.1 | 9230 | 2.5 | 1073 | -7.1 | 23460 | -2.1 |
| 信息传输、软件和信息技术服务业 | 12191 | 10.3 | 4970 | 962.0 | 187 | -95.7 | 7034 | 12.0 |
| 金融业 | 45088 | 4.5 | 8135 | 23.1 | 1403 | -6.2 | 35550 | 1.5 |
| 房地产业 | 35714 | 24.1 | 1979 | 35.6 | 479 | 123.8 | 33256 | 22.7 |
| 租赁和商务服务业 | 23561 | 7.7 | 8749 | -20.8 | 1556 | -15.3 | 13256 | 47.4 |
| 科学研究和技术服务业 | 40060 | 23.4 | 23383 | 12.8 | 1443 | 4.8 | 15234 | 47.1 |
| 水利、环境和公共设施管理业 | 22047 | 17.7 | 17143 | 20.9 | 614 | 614.0 | 4290 | -4.0 |
| 居民服务、修理和其他服务业 | 4352 | 11.5 | 552 | -49.1 | 187 | 68.5 | 3613 | 33.4 |
| 教育 | 144549 | 6.1 | 112565 | 3.5 | 6493 | 11.2 | 25491 | 17.8 |
| 卫生和社会工作 | 69517 | 12.5 | 60698 | 13.1 | 4144 | 9.5 | 4675 | 7.4 |
| 文化、体育和娱乐业 | 22743 | 2.7 | 19790 | -2.8 | 38 | -62.7 | 2915 | 74.3 |
| 公共管理、社会保障和社会组织 | 119802 | 1.3 | 115233 | 0.7 | 538 | 32.8 | 4031 | 14.7 |

注：2-2表至2-13表范围为中央和地方各类企业，事业和机关的资料，不包括私营企业、个体共商户和乡镇企业。

## 2-3 分企事业机关、分行业在岗职工人数

（2012 年底）

单位：人、%

| 类 别 | 合 计 | 比上年增长 | 国有 | 比上年增长 | 城镇集体 | 比上年增长 | 其他经济类型 | 比上年增长 |
|---|---|---|---|---|---|---|---|---|
| **在岗职工年末人数** | **1511422** | **18.8** | **538883** | **6.5** | **47992** | **-3.3** | **924547** | **28.9** |
| **按企事业机关分** | | | | | | | | |
| 企业 | 1132015 | 24.8 | 207359 | 9.2 | 36766 | -7.2 | 887890 | 31.0 |
| 事业 | 270340 | 6.1 | 242960 | 5.6 | 11144 | 13.5 | 16236 | 9.2 |
| 机关 | 86590 | 2.1 | 86557 | 2.1 | | | 33 | 3.1 |
| 非营利组织 | 11899 | 1.0 | 1323 | 25.5 | 29 | -73.6 | 10547 | -0.7 |
| 其他 | 10578 | -25.0 | 684 | 139.2 | 53 | -37.6 | 9841 | -28.4 |
| **按行业分** | | | | | | | | |
| 农林牧渔业 | 2054 | 1.2 | 1056 | -26.5 | 558 | 1966.7 | 440 | -22.3 |
| 采矿业 | 84608 | -0.3 | 53560 | -5.9 | 633 | 15.3 | 30415 | 11.0 |
| 制造业 | 535052 | 47.1 | 16428 | 6.2 | 8562 | 4.9 | 510062 | 50.0 |
| 电力、热力、燃气及水的生产和供应业 | 36284 | 22.5 | 23863 | 31.5 | 105 | -4.5 | 12316 | 8.4 |
| 建筑业 | 218217 | 8.7 | 49214 | 27.3 | 15500 | -4.1 | 153503 | 5.2 |
| 批发和零售业 | 67142 | 8.3 | 9267 | 24.8 | 4364 | -5.7 | 53511 | 7.2 |
| 交通运输、仓储和邮政业 | 35374 | 16.9 | 23681 | 5.7 | 993 | 17.0 | 10700 | 52.4 |
| 住宿和餐饮业 | 32217 | -0.2 | 8306 | 5.1 | 1072 | 6.3 | 22839 | -2.2 |
| 信息传输、软件和信息技术服务业 | 8646 | -17.9 | 1671 | 257.1 | 187 | -95.3 | 6788 | 12.3 |
| 金融业 | 41927 | 19.9 | 7657 | 23.3 | 1403 | -4.7 | 32867 | 20.4 |
| 房地产业 | 29268 | 6.6 | 1888 | 43.2 | 479 | 123.8 | 26901 | 3.8 |
| 租赁和商务服务业 | 20061 | -2.8 | 8492 | -20.9 | 1102 | -6.8 | 10467 | 20.2 |
| 科学研究和技术服务业 | 36629 | 21.8 | 20979 | 9.4 | 1191 | 6.1 | 14459 | 48.0 |
| 水利、环境和公共设施管理业 | 20187 | 16.9 | 16001 | 21.7 | 614 | 614.0 | 3572 | -11.5 |
| 居民服务、修理和其他服务业 | 4345 | 15.2 | 547 | -49.3 | 185 | 66.7 | 3613 | 39.9 |
| 教育 | 139618 | 5.2 | 110024 | 2.8 | 6418 | 10.8 | 23176 | 16.8 |
| 卫生和社会工作 | 64000 | 13.2 | 55388 | 13.8 | 4050 | 11.2 | 4562 | 8.5 |
| 文化、体育和娱乐业 | 20790 | 5.2 | 17851 | -0.9 | 38 | -61.6 | 2901 | 74.8 |
| 公共管理、社会保障和社会组织 | 115003 | 1.3 | 113010 | 1.0 | 538 | 32.8 | 1455 | 13.3 |

## 2-4 分企事业机关、分行业在岗职工工资总额

（2012 年底）

单位：千元、%

| 类　别 | 合　计 | 比上年增长 | 国有 | 比上年增长 | 城镇集体 | 比上年增长 | 其他经济类型 | 比上年增长 |
|---|---|---|---|---|---|---|---|---|
| **在岗职工年工资总额** | **58801155** | **31.0** | **24497545** | **17.0** | **1347913** | **-5.8** | **30798480** | **45.0** |
| **按企事业机关分** | | | | | | | | |
| 企业 | 40431365 | 38.0 | 10010787 | 20.2 | 947330 | -14.3 | 29473248 | 48.3 |
| 事业 | 11730176 | 17.2 | 10605408 | 17.0 | 398911 | 24.0 | 725857 | 16.3 |
| 机关 | 3813460 | 8.7 | 3811371 | 8.7 | | | 2089 | 16.2 |
| 非营利组织 | 347848 | -0.3 | 46068 | 67.5 | 664 | -73.5 | 301116 | -5.6 |
| 其他 | 321089 | -26.8 | 23911 | 163.0 | 1008 | -45.2 | 296170 | -30.8 |
| **按行业分** | | | | | | | | |
| 农林牧渔业 | 57279 | 11.4 | 30699 | -16.1 | 11488 | 2179.4 | 15092 | 5.6 |
| 采矿业 | 3837677 | 3.8 | 2948815 | 3.8 | 17900 | -15.6 | 870962 | 4.6 |
| 制造业 | 15955693 | 67.8 | 723094 | 13.7 | 237356 | 28.3 | 14995243 | 72.6 |
| 电力、热力、燃气及水的生产和供应业 | 1724688 | 26.7 | 1009420 | 30.6 | 2692 | -26.5 | 712576 | 21.9 |
| 建筑业 | 7037993 | 17.2 | 2158480 | 42.1 | 368498 | -12.3 | 4511015 | 10.9 |
| 批发和零售业 | 2225838 | 22.0 | 480999 | 22.3 | 92857 | 6.4 | 1651982 | 23.0 |
| 交通运输、仓储和邮政业 | 1579292 | 50.9 | 918710 | 8.8 | 20191 | 32.0 | 640391 | 242.9 |
| 住宿和餐饮业 | 837645 | 14.9 | 240075 | 23.0 | 21960 | -3.8 | 575610 | 12.6 |
| 信息传输、软件和信息技术服务业 | 554152 | -6.3 | 101305 | 569.2 | 7437 | -96.4 | 445410 | 20.3 |
| 金融业 | 3805073 | 45.2 | 679868 | 62.1 | 63992 | -5.2 | 3061213 | 43.5 |
| 房地产业 | 1200283 | 28.8 | 71491 | 39.9 | 12758 | 200.3 | 1116034 | 27.3 |
| 租赁和商务服务业 | 747727 | 17.0 | 375188 | 7.2 | 28882 | -5.6 | 343657 | 33.0 |
| 科学研究和技术服务业 | 1770871 | 39.0 | 1057455 | 20.7 | 47950 | 26.1 | 665466 | 84.8 |
| 水利、环境和公共设施管理业 | 727265 | 24.9 | 600184 | 32.5 | 11545 | 565.0 | 115536 | -9.3 |
| 居民服务、修理和其他服务业 | 122711 | 25.4 | 21239 | -53.8 | 6926 | 184.6 | 94546 | 91.1 |
| 教育 | 6021964 | 15.8 | 5047182 | 15.7 | 245421 | 24.4 | 729361 | 13.5 |
| 卫生和社会工作 | 2550783 | 22.8 | 2297457 | 23.1 | 134556 | 25.4 | 118770 | 15.4 |
| 文化、体育和娱乐业 | 951803 | 24.8 | 874975 | 22.5 | 1344 | -41.4 | 75484 | 63.9 |
| 公共管理、社会保障和社会组织 | 4935201 | 7.2 | 4860909 | 7.1 | 14160 | -16.2 | 60132 | 28.9 |

## 2-5 分企事业机关、分行业在岗职工平均工资

（2012 年底）

单位：元、%

| 类别 | 合计 | 比上年增长 | 国有 | 比上年增长 | 城镇集体 | 比上年增长 | 其他所有制 | 比上年增长 |
|---|---|---|---|---|---|---|---|---|
| **在岗职工年平均工资** | **41480** | **16.7** | **45448** | **10.9** | **28743** | **0.7** | **37181** | **16.3** |
| **按企事业机关分** | | | | | | | | |
| 企业 | 39012 | 14.2 | 48000 | 12.0 | 26482 | -3.7 | 37197 | 16.7 |
| 事业 | 43473 | 10.9 | 43654 | 11.2 | 36383 | 10.1 | 45568 | 7.8 |
| 机关 | 44312 | 7.1 | 44305 | 7.1 | | | 61441 | 9.4 |
| 非营利组织 | 29418 | -1.2 | 35033 | 34.4 | 22897 | 1.6 | 28737 | -4.9 |
| 其他 | 31225 | 15.9 | 34553 | 14.8 | 19019 | -9.8 | 31052 | 15.4 |
| **按行业分** | | | | | | | | |
| 农林牧渔业 | 28540 | 14.2 | 29071 | 14.7 | 23445 | 25.6 | 32738 | 34.2 |
| 采矿业 | 46211 | 6.5 | 54610 | 11.2 | 36089 | 11.1 | 30507 | -2.4 |
| 制造业 | 36515 | 20.9 | 44142 | 10.7 | 28204 | 21.2 | 36382 | 21.7 |
| 电力、热力、燃气及水的生产和供应业 | 47448 | 3.6 | 42383 | -1.2 | 24926 | -25.1 | 57133 | 13.4 |
| 建筑业 | 32688 | 9.0 | 43659 | 14.2 | 24790 | -1.6 | 30032 | 6.3 |
| 批发和零售业 | 33084 | 11.0 | 50738 | -0.5 | 21415 | 13.8 | 30914 | 12.3 |
| 交通运输、仓储和邮政业 | 44064 | 30.1 | 38805 | 6.0 | 20478 | 13.1 | 55040 | 112.4 |
| 住宿和餐饮业 | 25488 | 13.1 | 28807 | 17.2 | 19891 | -0.8 | 24492 | 11.8 |
| 信息传输、软件和信息技术服务业 | 63267 | 15.8 | 61892 | 91.3 | 39770 | -20.8 | 64857 | 9.7 |
| 金融业 | 90583 | 18.5 | 88721 | 30.3 | 45352 | -0.7 | 92914 | 16.1 |
| 房地产业 | 37334 | 10.1 | 38068 | -0.5 | 26469 | 19.0 | 37453 | 10.9 |
| 租赁和商务服务业 | 35847 | 12.6 | 44224 | 33.8 | 26713 | -10.8 | 31201 | 2.2 |
| 科学研究和技术服务业 | 49025 | 15.8 | 50616 | 10.9 | 40058 | 18.3 | 47372 | 29.3 |
| 水利、环境和公共设施管理业 | 35942 | 7.5 | 37420 | 9.2 | 18772 | -7.0 | 32245 | 3.6 |
| 居民服务、修理和其他服务业 | 29134 | 13.8 | 39404 | -8.2 | 38055 | 73.5 | 27083 | 43.3 |
| 教育 | 43251 | 10.5 | 45877 | 12.8 | 38676 | 13.9 | 31858 | -2.0 |
| 卫生和社会工作 | 40177 | 10.1 | 41666 | 10.0 | 34073 | 12.1 | 26570 | 7.1 |
| 文化、体育和娱乐业 | 43924 | 14.8 | 46291 | 17.7 | 35368 | 54.2 | 27493 | -0.4 |
| 公共管理、社会保障和社会组织 | 43144 | 6.3 | 43242 | 6.4 | 26717 | -35.8 | 41520 | 14.4 |

# 2-6 全市及各县(市)区分企事业、机关从业人员人数及工资总额

(2012 年底)

单位:人

| 类　别 | 单位从业人员 | #女性 | 在岗职工合计 | 其他从业人员 | 单位从业人员平均人数 | 在岗职工 | 劳务派遣人员 | 其他从业人员 | 单位从业人员工资总额(千元) | 在岗职工工资总额 | 劳务派遣人员工资总额 | 其他从业人员工资总额 | 在岗职工平均工资(元) |
|---|---|---|---|---|---|---|---|---|---|---|---|---|---|
| **总计** | **1620570** | **634086** | **1511422** | **35388** | **1508940** | **1399620** | **74354** | **34966** | **61996309** | **58801155** | **2339287** | **847842** | **41480** |
| 市直 | 45390 | 8600 | 45390 | | 45896 | 45896 | | | 2609004 | 2609004 | | | 56846 |
| 中原区 | 126200 | 43148 | 110392 | 4967 | 122689 | 108717 | 10101 | 3871 | 5412310 | 4967439 | 364299 | 80572 | 44873 |
| 二七区 | 92683 | 36696 | 81952 | 5255 | 93157 | 81327 | 6520 | 5310 | 3707232 | 3416746 | 180209 | 110277 | 40946 |
| 管城区 | 63547 | 24047 | 53695 | 2920 | 60478 | 51377 | 6663 | 2438 | 2405299 | 2181541 | 164184 | 59574 | 40416 |
| 金水区 | 342256 | 128265 | 317749 | 9798 | 341455 | 314204 | 15870 | 11381 | 15059423 | 14226271 | 561073 | 272079 | 44800 |
| 上街区 | 37603 | 11948 | 36385 | 109 | 38006 | 36830 | 1078 | 98 | 1253779 | 1220999 | 30201 | 2579 | 33006 |
| 惠济区 | 38256 | 13950 | 31696 | 1173 | 35413 | 30702 | 3885 | 826 | 1129936 | 1006933 | 86437 | 36566 | 31612 |
| 中牟县 | 74621 | 27979 | 69303 | 2612 | 72706 | 67028 | 2926 | 2752 | 2463359 | 2316723 | 81390 | 65246 | 34281 |
| 巩义市 | 64113 | 21468 | 61727 | 1240 | 62628 | 60133 | 1302 | 1193 | 2060915 | 2009248 | 34472 | 17195 | 33266 |
| 荥阳市 | 65676 | 20325 | 65230 | 446 | 65021 | 64575 | | 446 | 1955466 | 1947045 | | 8421 | 30152 |
| 新密市 | 71282 | 21895 | 67227 | 953 | 70046 | 66179 | 2902 | 965 | 2150100 | 2035266 | 92254 | 22580 | 30797 |
| 新郑市 | 76313 | 30444 | 74559 | 1707 | 74990 | 73406 | 51 | 1533 | 2570838 | 2522319 | 725 | 47794 | 34347 |
| 登封市 | 78201 | 21742 | 77794 | 325 | 78125 | 77677 | 92 | 356 | 2235133 | 2221971 | 3059 | 10103 | 28611 |
| 经济开发区 | 76065 | 26677 | 67665 | 1409 | 75835 | 66294 | 8110 | 1431 | 3065167 | 2803221 | 212670 | 49276 | 40534 |
| 高新开发区 | 58752 | 9907 | 48838 | 1612 | 58605 | 48790 | 8231 | 1584 | 2495721 | 2159254 | 288951 | 47516 | 42935 |
| 郑东新区 | 34511 | 12066 | 30391 | 743 | 34808 | 30783 | 3369 | 656 | 1644510 | 1532965 | 95122 | 16423 | 47672 |
| 航空港区 | 275101 | 174929 | 271429 | 119 | 179082 | 175702 | 3254 | 126 | 7612875 | 7466993 | 144241 | 1641 | 42531 |
| **企业** | **1221919** | **449000** | **1132015** | **22645** | **1114983** | **1024367** | **68210** | **22406** | **43178580** | **40431365** | **2192132** | **555083** | **39012** |
| 市直 | 45390 | 8600 | 45390 | | 45896 | 45896 | | | 2609004 | 2609004 | | | 56846 |
| 中原区 | 83978 | 23753 | 71626 | 3086 | 81160 | 70305 | 8642 | 2213 | 3272077 | 2907428 | 316575 | 48074 | 40838 |
| 二七区 | 54341 | 17330 | 48607 | 907 | 55487 | 48615 | 5954 | 918 | 2090808 | 1902674 | 167324 | 20810 | 37934 |
| 管城区 | 46287 | 14685 | 38029 | 2215 | 43528 | 35979 | 5801 | 1748 | 1665500 | 1475437 | 147278 | 42785 | 38840 |
| 金水区 | 234092 | 78147 | 214234 | 7828 | 234667 | 212235 | 13271 | 9161 | 9776971 | 9050190 | 503394 | 223387 | 42365 |
| 上街区 | 32718 | 9714 | 31504 | 109 | 33107 | 31935 | 1074 | 98 | 1053800 | 1021071 | 30150 | 2579 | 31846 |
| 惠济区 | 25500 | 7522 | 19544 | 641 | 22763 | 18586 | 3813 | 364 | 572258 | 482181 | 84935 | 5142 | 25319 |
| 中牟县 | 48998 | 16310 | 44192 | 2155 | 47636 | 42457 | 2881 | 2298 | 1589581 | 1457034 | 80700 | 51847 | 33917 |
| 巩义市 | 42876 | 11424 | 41215 | 532 | 41564 | 39787 | 1285 | 492 | 1338415 | 1295377 | 34252 | 8786 | 32373 |
| 荥阳市 | 38600 | 7049 | 38186 | 414 | 38035 | 37621 | | 414 | 981838 | 974303 | | 7535 | 25898 |
| 新密市 | 46380 | 9173 | 42725 | 689 | 45210 | 41747 | 2771 | 692 | 1303135 | 1199244 | 88943 | 14948 | 28936 |
| 新郑市 | 47720 | 17307 | 47530 | 187 | 46901 | 46687 | 3 | 211 | 1512259 | 1502193 | 51 | 10015 | 32175 |
| 登封市 | 51773 | 10279 | 51477 | 214 | 51785 | 51476 | 82 | 227 | 1487332 | 1475820 | 2945 | 8567 | 28682 |

| 类　别 | 单位从业人员 | #女性 | 在岗职工合计 | 其他从业人员 | 单位从业人员平均人数 | 在岗职工 | 劳务派遣人员 | 其他从业人员 | 单位从业人员工资总额（千元） | 在岗职工工资总额 | 劳务派遣人员工资总额 | 其他从业人员工资总额 | 在岗职工平均工资（元） |
|---|---|---|---|---|---|---|---|---|---|---|---|---|---|
| 经济开发区 | 73398 | 25873 | 65369 | 1404 | 73258 | 64038 | 7794 | 1426 | 2960684 | 2703783 | 207715 | 49186 | 40532 |
| 高新开发区 | 50602 | 7587 | 40688 | 1612 | 50351 | 40536 | 8231 | 1584 | 2127214 | 1790747 | 288951 | 47516 | 42646 |
| 郑东新区 | 25407 | 9427 | 21425 | 620 | 25815 | 21928 | 3354 | 533 | 1274441 | 1166027 | 94678 | 13736 | 49866 |
| 航空港区 | 273859 | 174820 | 270274 | 32 | 177820 | 174539 | 3254 | 27 | 7563263 | 7418852 | 144241 | 170 | 42539 |
| **事业** | **287298** | **146711** | **270340** | **10911** | **283721** | **267287** | **5694** | **10740** | **12114573** | **11730176** | **137232** | **247165** | **43473** |
| 中原区 | 32874 | 16328 | 29637 | 1781 | 32371 | 29465 | 1344 | 1562 | 1624608 | 1549235 | 45287 | 30086 | 51755 |
| 二七区 | 32437 | 16722 | 27681 | 4107 | 31826 | 27102 | 566 | 4158 | 1354717 | 1255307 | 12885 | 86525 | 45836 |
| 管城区 | 12930 | 7486 | 11476 | 645 | 12697 | 11279 | 785 | 633 | 558504 | 528936 | 14689 | 14879 | 45062 |
| 金水区 | 76930 | 39329 | 72640 | 1748 | 75897 | 71488 | 2469 | 1940 | 3800657 | 3705435 | 55307 | 39915 | 50850 |
| 上街区 | 2788 | 1485 | 2788 |  | 2794 | 2794 |  |  | 114329 | 114329 |  |  | 40919 |
| 惠济区 | 9555 | 5093 | 9133 | 377 | 9463 | 9110 | 45 | 308 | 416893 | 386417 | 996 | 29480 | 42317 |
| 中牟县 | 17409 | 8823 | 17090 | 294 | 16960 | 16660 | 15 | 285 | 599836 | 593681 | 390 | 5765 | 35626 |
| 巩义市 | 14400 | 7541 | 13769 | 630 | 14223 | 13602 | 1 | 620 | 485797 | 478560 | 6 | 7231 | 35181 |
| 荥阳市 | 20249 | 10998 | 20217 | 32 | 20191 | 20159 |  | 32 | 735729 | 734843 |  | 886 | 36452 |
| 新密市 | 18790 | 10422 | 18522 | 155 | 18764 | 18491 | 108 | 165 | 638761 | 631617 | 2085 | 5059 | 34072 |
| 新郑市 | 19157 | 9772 | 18183 | 930 | 18792 | 17932 | 48 | 812 | 706173 | 682372 | 674 | 23127 | 37989 |
| 登封市 | 13752 | 7707 | 13752 |  | 13747 | 13747 |  |  | 423428 | 423428 |  |  | 30801 |
| 经济开发区 | 1832 | 485 | 1466 | 5 | 1748 | 1432 | 311 | 5 | 61957 | 57002 | 4865 | 90 | 35495 |
| 高新开发区 | 7237 | 2320 | 7237 |  | 7349 | 7349 |  |  | 332019 | 332019 |  |  | 45179 |
| 郑东新区 | 5716 | 2091 | 5594 | 120 | 5637 | 5514 | 2 | 121 | 211553 | 208854 | 48 | 2651 | 37872 |
| 航空港区 | 1242 | 109 | 1155 | 87 | 1262 | 1163 |  | 99 | 49612 | 48141 |  | 1471 | 41394 |
| **机关** | **88027** | **27824** | **86590** | **1085** | **87341** | **85875** | **358** | **1108** | **3842891** | **3813460** | **7696** | **21735** | **44312** |
| 中原区 | 9197 | 2957 | 8978 | 100 | 9008 | 8797 | 115 | 96 | 512368 | 507519 | 2437 | 2412 | 57221 |
| 二七区 | 4581 | 1819 | 4358 | 223 | 4541 | 4325 |  | 216 | 227882 | 225235 |  | 2647 | 52077 |
| 管城区 | 3090 | 1221 | 3072 |  | 3000 | 2982 | 18 |  | 143729 | 143409 | 320 |  | 47910 |
| 金水区 | 21257 | 6367 | 20944 | 186 | 21192 | 20866 | 127 | 199 | 1166645 | 1158321 | 2342 | 5982 | 55288 |
| 上街区 | 1972 | 685 | 1968 |  | 1978 | 1974 | 4 |  | 82445 | 82394 | 51 |  | 41681 |
| 惠济区 | 3093 | 1253 | 2911 | 155 | 3079 | 2898 | 27 | 154 | 139060 | 136610 | 506 | 1944 | 46877 |
| 中牟县 | 7255 | 2356 | 7143 | 112 | 7138 | 7020 |  | 118 | 246642 | 243147 |  | 3495 | 34636 |
| 巩义市 | 5309 | 1384 | 5215 | 78 | 5313 | 5216 | 16 | 81 | 181463 | 180071 | 214 | 1178 | 34458 |

2-6 续表2 （2012 年底） 单位:人

| 类别 | 单位从业人员 | #女性 | 在岗职工合计 | 其他从业人员 | 单位从业人员平均人数 | 在岗职工 | 劳务派遣人员 | 其他从业人员 | 单位从业人员工资总额（千元） | 在岗职工工资总额 | 劳务派遣人员工资总额 | 其他从业人员工资总额 | 在岗职工平均工资（元） |
|---|---|---|---|---|---|---|---|---|---|---|---|---|---|
| 荥阳市 | 6785 | 2252 | 6785 | | 6753 | 6753 | | | 236759 | 236759 | | | 35060 |
| 新密市 | 5763 | 2119 | 5637 | 103 | 5734 | 5609 | 23 | 102 | 199546 | 196111 | 1226 | 2209 | 35039 |
| 新郑市 | 7002 | 2378 | 6964 | 38 | 6930 | 6894 | | 36 | 260519 | 260064 | | 455 | 37723 |
| 登封市 | 8725 | 2656 | 8635 | 90 | 8715 | 8599 | 10 | 106 | 249572 | 248045 | 114 | 1413 | 28826 |
| 经济开发区 | 835 | 319 | 830 | | 829 | 824 | 5 | | 42526 | 42436 | 90 | | 51298 |
| 高新开发区 | 574 | | 574 | | 565 | 565 | | | 22722 | 22722 | | | 40216 |
| 郑东新区 | 2589 | 58 | 2576 | | 2566 | 2553 | 13 | | 131013 | 130617 | 396 | | 51057 |
| **民间非营利组织** | **12708** | **5521** | **11899** | **707** | **12533** | **11808** | **92** | **633** | **371181** | **347848** | **2227** | **21106** | **29418** |
| 中原区 | 122 | 98 | 122 | | 121 | 121 | | | 2314 | 2314 | | | 19124 |
| 二七区 | 830 | 534 | 825 | 5 | 807 | 802 | | 5 | 20627 | 20519 | | 108 | 25585 |
| 管城区 | 1111 | 567 | 989 | 60 | 1126 | 1010 | 59 | 57 | 34618 | 30811 | 1897 | 1910 | 30597 |
| 金水区 | 1208 | 488 | 1183 | 15 | 1194 | 1170 | 3 | 21 | 45053 | 44499 | 30 | 524 | 37962 |
| 惠济区 | 8 | 3 | 8 | | 8 | 8 | | | 76 | 76 | | | 9500 |
| 中牟县 | 720 | 345 | 639 | 51 | 725 | 644 | 30 | 51 | 17198 | 12759 | 300 | 4139 | 19375 |
| 巩义市 | 1149 | 861 | 1149 | | 1149 | 1149 | | | 45156 | 45156 | | | 39300 |
| 荥阳市 | 42 | 26 | 42 | | 42 | 42 | | | 1140 | 1140 | | | 27143 |
| 新密市 | 349 | 181 | 343 | 6 | 338 | 332 | | 6 | 8658 | 8294 | | 364 | 24982 |
| 新郑市 | 2401 | 972 | 1855 | 546 | 2336 | 1868 | | 468 | 90770 | 76868 | | 13902 | 41150 |
| 登封市 | 3951 | 1100 | 3930 | 21 | 3878 | 3855 | | 23 | 74801 | 74678 | | 123 | 19372 |
| 高新开发区 | 339 | | 339 | | 340 | 340 | | | 13766 | 13766 | | | 40488 |
| 郑东新区 | 478 | 346 | 475 | 3 | 469 | 467 | | 2 | 17004 | 16968 | | 36 | 36334 |
| **其他** | **10618** | **5030** | **10578** | **40** | **10362** | **10283** | | **79** | **323842** | **321089** | | **2753** | **31225** |
| 中原区 | 29 | 12 | 29 | | 29 | 29 | | | 943 | 943 | | | 32517 |
| 二七区 | 494 | 291 | 481 | 13 | 496 | 483 | | 13 | 13198 | 13011 | | 187 | 26938 |
| 管城区 | 129 | 88 | 129 | | 127 | 127 | | | 2948 | 2948 | | | 23213 |
| 金水区 | 8769 | 3934 | 8748 | 21 | 8505 | 8445 | | 60 | 270097 | 267826 | | 2271 | 31714 |
| 上街区 | 125 | 64 | 125 | | 127 | 127 | | | 3205 | 3205 | | | 25236 |
| 惠济区 | 100 | 79 | 100 | | 100 | 100 | | | 1649 | 1649 | | | 16490 |
| 中牟县 | 239 | 145 | 239 | | 247 | 247 | | | 10102 | 10102 | | | 40899 |
| 巩义市 | 379 | 258 | 379 | | 379 | 379 | | | 10084 | 10084 | | | 26607 |
| 新郑市 | 33 | 15 | 27 | 6 | 31 | 25 | | 6 | 1117 | 822 | | 295 | 32880 |
| 郑东新区 | 321 | 144 | 321 | | 321 | 321 | | | 10499 | 10499 | | | 32707 |

# 2-7 全市及各县(市)区国有单位分企事业、机关从业人员人数及工资总额

(2012年底)

单位:人

| 类别 | 单位从业人员 | #女性 | 在岗职工合计 | 其他从业人员 | 单位从业人员平均人数 | 在岗职工 | 劳务派遣人员 | 其他从业人员 | 单位从业人员工资总额(千元) | 在岗职工工资总额 | 劳务派遣人员工资总额 | 其他从业人员工资总额 | 在岗职工平均工资(元) |
|---|---|---|---|---|---|---|---|---|---|---|---|---|---|
| **国有单位合计** | **568497** | **214541** | **538883** | **10320** | **564716** | **535793** | **18521** | **10402** | **25446652** | **24497545** | **695043** | **254064** | **45448** |
| 市直 | 45390 | 8600 | 45390 | | 45896 | 45896 | | | 2609004 | 2609004 | | | 56846 |
| 中原区 | 62861 | 25032 | 55513 | 2128 | 62089 | 55128 | 4987 | 1974 | 3165738 | 2939035 | 188819 | 37884 | 52031 |
| 二七区 | 45074 | 19265 | 42392 | 948 | 44412 | 41820 | 1650 | 942 | 2049960 | 1974892 | 56744 | 18324 | 46737 |
| 管城区 | 22734 | 10836 | 20874 | 694 | 22379 | 20535 | 1162 | 682 | 974412 | 920694 | 37609 | 16109 | 44168 |
| 金水区 | 152998 | 61532 | 142435 | 2248 | 151917 | 141355 | 8043 | 2519 | 7550191 | 7162364 | 334130 | 53697 | 50178 |
| 上街区 | 8594 | 3367 | 8394 | 64 | 8569 | 8387 | 132 | 50 | 316273 | 311454 | 3116 | 1703 | 36926 |
| 惠济区 | 14266 | 7054 | 13620 | 487 | 14120 | 13587 | 119 | 414 | 608503 | 574549 | 3678 | 30276 | 42188 |
| 中牟县 | 28529 | 11834 | 27952 | 402 | 27996 | 27436 | 161 | 399 | 1054326 | 1042521 | 3143 | 8662 | 37890 |
| 巩义市 | 18189 | 6369 | 17421 | 712 | 18097 | 17336 | 56 | 705 | 670769 | 661055 | 1329 | 8385 | 38086 |
| 荥阳市 | 31288 | 13652 | 30842 | 446 | 31158 | 30712 | | 446 | 1088204 | 1079783 | | 8421 | 35158 |
| 新密市 | 25377 | 12634 | 24959 | 242 | 25309 | 24897 | 171 | 241 | 923983 | 914954 | 4330 | 4699 | 36672 |
| 新郑市 | 29538 | 12980 | 28849 | 642 | 29255 | 28569 | 51 | 635 | 1238350 | 1214779 | 725 | 22846 | 42470 |
| 登封市 | 41020 | 13093 | 40826 | 112 | 40974 | 40754 | 92 | 128 | 1314617 | 1307761 | 2979 | 3877 | 32090 |
| 经济开发区 | 19493 | 2217 | 17123 | 987 | 19348 | 17050 | 1252 | 1046 | 873429 | 801846 | 36535 | 35048 | 45808 |
| 高新开发区 | 10993 | 2864 | 10540 | 1 | 11097 | 10636 | 460 | 1 | 516211 | 500663 | 15537 | 11 | 46521 |
| 郑东新区 | 10911 | 3103 | 10598 | 120 | 10838 | 10532 | 185 | 121 | 443070 | 434050 | 6369 | 2651 | 41095 |
| 航空港区 | 1242 | 109 | 1155 | 87 | 1262 | 1163 | | 99 | 49612 | 48141 | | 1471 | 41394 |
| **企业** | **223081** | **57141** | **207359** | **2822** | **223026** | **207549** | **12474** | **3003** | **10645281** | **10010787** | **550211** | **84283** | **48000** |
| 市直 | 45390 | 8600 | 45390 | | 45896 | 45896 | | | 2609004 | 2609004 | | | 56846 |
| 中原区 | 21048 | 5919 | 17123 | 280 | 20956 | 17081 | 3528 | 347 | 1035166 | 888053 | 141095 | 6018 | 49937 |
| 二七区 | 19356 | 6789 | 17852 | 419 | 19270 | 17767 | 1084 | 419 | 967427 | 912535 | 43859 | 11033 | 50734 |
| 管城区 | 7549 | 2630 | 7152 | 58 | 7499 | 7082 | 359 | 58 | 308900 | 284744 | 22600 | 1556 | 41304 |
| 金水区 | 55985 | 16457 | 49929 | 407 | 55962 | 50037 | 5450 | 475 | 2643911 | 2357434 | 276529 | 9948 | 47470 |
| 上街区 | 4007 | 1322 | 3811 | 64 | 3970 | 3792 | 128 | 50 | 126455 | 121687 | 3065 | 1703 | 31824 |
| 惠济区 | 1944 | 889 | 1843 | 14 | 1907 | 1849 | 47 | 11 | 61753 | 59250 | 2176 | 327 | 32398 |
| 中牟县 | 5524 | 1539 | 5355 | 19 | 5474 | 5309 | 146 | 19 | 254859 | 251677 | 2753 | 429 | 46642 |
| 巩义市 | 5431 | 1713 | 5366 | 26 | 5412 | 5347 | 39 | 26 | 255445 | 253968 | 1109 | 368 | 47359 |

2-7 续表 1　　　　　　　　　　　　（2012 年底）　　　　　　　　　　　　单位：人

| 类　别 | 单位从业人员 | #女性 | 在岗职工合计 | 其他从业人员 | 单位从业人员平均人数 | 在岗职工 | 劳务派遣人员 | 其他从业人员 | 单位从业人员工资总额（千元） | 在岗职工工资总额 | 劳务派遣人员工资总额 | 其他从业人员工资总额 | 在岗职工平均工资（元） |
|---|---|---|---|---|---|---|---|---|---|---|---|---|---|
| 荥阳市 | 5693 | 1423 | 5279 | 414 | 5638 | 5224 |  | 414 | 174219 | 166684 |  | 7535 | 31907 |
| 新密市 | 3385 | 1326 | 3307 | 38 | 3364 | 3286 | 40 | 38 | 163044 | 161291 | 1019 | 734 | 48800 |
| 新郑市 | 5289 | 1826 | 5208 | 78 | 5264 | 5179 | 3 | 82 | 334936 | 327686 | 51 | 7199 | 63245 |
| 登封市 | 19872 | 3766 | 19768 | 22 | 19846 | 19742 | 82 | 22 | 676508 | 671179 | 2865 | 2464 | 34001 |
| 经济开发区 | 16883 | 1463 | 14884 | 982 | 16821 | 14844 | 936 | 1041 | 771031 | 704493 | 31580 | 34958 | 46646 |
| 高新开发区 | 3188 | 544 | 2735 | 1 | 3189 | 2728 | 460 | 1 | 161576 | 146028 | 15537 | 11 | 50679 |
| 郑东新区 | 2537 | 935 | 2357 |  | 2558 | 2386 | 172 |  | 101047 | 95074 | 5973 |  | 39502 |
| **事业** | **255403** | **128579** | **242960** | **6401** | **252366** | **240396** | **5689** | **6281** | **10890369** | **10605408** | **137136** | **147825** | **43654** |
| 中原区 | 32616 | 16156 | 29412 | 1748 | 32125 | 29250 | 1344 | 1531 | 1618204 | 1543463 | 45287 | 29454 | 51930 |
| 二七区 | 21098 | 10616 | 20143 | 306 | 20563 | 19690 | 566 | 307 | 854591 | 837062 | 12885 | 4644 | 41960 |
| 管城区 | 12033 | 6942 | 10588 | 636 | 11816 | 10407 | 785 | 624 | 520549 | 491307 | 14689 | 14553 | 45211 |
| 金水区 | 75010 | 38390 | 70827 | 1644 | 74022 | 69720 | 2466 | 1836 | 3710401 | 3617545 | 55259 | 37597 | 50880 |
| 上街区 | 2615 | 1360 | 2615 |  | 2621 | 2621 |  |  | 107373 | 107373 |  |  | 40966 |
| 惠济区 | 9229 | 4912 | 8866 | 318 | 9134 | 8840 | 45 | 249 | 407690 | 378689 | 996 | 28005 | 42733 |
| 中牟县 | 15511 | 7794 | 15215 | 271 | 15137 | 14860 | 15 | 262 | 542723 | 537595 | 390 | 4738 | 36167 |
| 巩义市 | 7449 | 3272 | 6840 | 608 | 7372 | 6773 | 1 | 598 | 233861 | 227016 | 6 | 6839 | 33514 |
| 荥阳市 | 18810 | 9977 | 18778 | 32 | 18767 | 18735 |  | 32 | 677226 | 676340 |  | 886 | 36100 |
| 新密市 | 16229 | 9189 | 16015 | 101 | 16211 | 16002 | 108 | 101 | 561393 | 557552 | 2085 | 1756 | 34738 |
| 新郑市 | 17214 | 8762 | 16645 | 525 | 17029 | 16465 | 48 | 516 | 641523 | 625708 | 674 | 15141 | 37933 |
| 登封市 | 11958 | 6430 | 11958 |  | 11953 | 11953 |  |  | 376129 | 376129 |  |  | 31467 |
| 经济开发区 | 1775 | 435 | 1409 | 5 | 1698 | 1382 | 311 | 5 | 59872 | 54917 | 4865 | 90 | 35311 |
| 高新开发区 | 7215 | 2320 | 7215 |  | 7327 | 7327 |  |  | 331367 | 331367 |  |  | 45225 |
| 郑东新区 | 5399 | 1915 | 5279 | 120 | 5329 | 5208 |  | 121 | 197855 | 195204 |  | 2651 | 37482 |
| 航空港区 | 1242 | 109 | 1155 | 87 | 1262 | 1163 |  | 99 | 49612 | 48141 |  | 1471 | 41394 |
| **机关** | **87994** | **27811** | **86557** | **1085** | **87307** | **85841** | **358** | **1108** | **3840802** | **3811371** | **7696** | **21735** | **44305** |
| 中原区 | 9197 | 2957 | 8978 | 100 | 9008 | 8797 | 115 | 96 | 512368 | 507519 | 2437 | 2412 | 57221 |
| 二七区 | 4548 | 1806 | 4325 | 223 | 4507 | 4291 |  | 216 | 225793 | 223146 |  | 2647 | 52003 |

| 类　别 | 单位从业人员 | #女性 | 在岗职工合计 | 其他从业人员 | 单位从业人员平均人数 | 在岗职工 | 劳务派遣人员 | 其他从业人员 | 单位从业人员工资总额（千元） | 在岗职工工资总额 | 劳务派遣人员工资总额 | 其他从业人员工资总额 | 在岗职工平均工资（元） |
|---|---|---|---|---|---|---|---|---|---|---|---|---|---|
| 管城区 | 3090 | 1221 | 3072 | | 3000 | 2982 | 18 | | 143729 | 143409 | 320 | | 47910 |
| 金水区 | 21257 | 6367 | 20944 | 186 | 21192 | 20866 | 127 | 199 | 1166645 | 1158321 | 2342 | 5982 | 55288 |
| 上街区 | 1972 | 685 | 1968 | | 1978 | 1974 | 4 | | 82445 | 82394 | 51 | | 41681 |
| 惠济区 | 3093 | 1253 | 2911 | 155 | 3079 | 2898 | 27 | 154 | 139060 | 136610 | 506 | 1944 | 46877 |
| 中牟县 | 7255 | 2356 | 7143 | 112 | 7138 | 7020 | | 118 | 246642 | 243147 | | 3495 | 34636 |
| 巩义市 | 5309 | 1384 | 5215 | 78 | 5313 | 5216 | 16 | 81 | 181463 | 180071 | 214 | 1178 | 34458 |
| 荥阳市 | 6785 | 2252 | 6785 | | 6753 | 6753 | | | 236759 | 236759 | | | 35060 |
| 新密市 | 5763 | 2119 | 5637 | 103 | 5734 | 5609 | 23 | 102 | 199546 | 196111 | 1226 | 2209 | 35039 |
| 新郑市 | 7002 | 2378 | 6964 | 38 | 6930 | 6894 | | 36 | 260519 | 260064 | | 455 | 37723 |
| 登封市 | 8725 | 2656 | 8635 | 90 | 8715 | 8599 | 10 | 106 | 249572 | 248045 | 114 | 1413 | 28826 |
| 经济开发区 | 835 | 319 | 830 | | 829 | 824 | 5 | | 42526 | 42436 | 90 | | 51298 |
| 高新开发区 | 574 | | 574 | | 565 | 565 | | | 22722 | 22722 | | | 40216 |
| 郑东新区 | 2589 | 58 | 2576 | | 2566 | 2553 | 13 | | 131013 | 130617 | 396 | | 51057 |
| **民间非营利组织** | **1335** | **631** | **1323** | **12** | **1325** | **1315** | | **10** | **46289** | **46068** | | **221** | **35033** |
| 管城区 | 62 | 43 | 62 | | 64 | 64 | | | 1234 | 1234 | | | 19281 |
| 金水区 | 669 | 277 | 658 | 11 | 664 | 655 | | 9 | 27411 | 27241 | | 170 | 41589 |
| 新郑市 | 33 | 14 | 32 | 1 | 32 | 31 | | 1 | 1372 | 1321 | | 51 | 42613 |
| 登封市 | 465 | 241 | 465 | | 460 | 460 | | | 12408 | 12408 | | | 26974 |
| 高新区 | 16 | | 16 | | 16 | 16 | | | 546 | 546 | | | 34125 |
| 郑东新区 | 90 | 56 | 90 | | 89 | 89 | | | 3318 | 3318 | | | 37281 |
| **其他** | **684** | **379** | **684** | | **692** | **692** | | | **23911** | **23911** | | | **34553** |
| 二七区 | 72 | 54 | 72 | | 72 | 72 | | | 2149 | 2149 | | | 29847 |
| 金水区 | 77 | 41 | 77 | | 77 | 77 | | | 1823 | 1823 | | | 23675 |
| 中牟县 | 239 | 145 | 239 | | 247 | 247 | | | 10102 | 10102 | | | 40899 |
| 郑东新区 | 296 | 139 | 296 | | 296 | 296 | | | 9837 | 9837 | | | 33233 |

# 2-8 全市及各县(市)区城镇集体单位分企事业从业人员人数及工资总额

（2012 年底）

单位：人

| 类　别 | 单位从业人员 | #女性 | 在岗职工合计 | 其他从业人员 | 单位从业人员平均人数 | 在岗职工 | 劳务派遣人员 | 其他从业人员 | 单位从业人员工资总额（千元） | 在岗职工工资总额 | 劳务派遣人员工资总额 | 其他从业人员工资总额 | 在岗职工平均工资（元） |
|---|---|---|---|---|---|---|---|---|---|---|---|---|---|
| **城镇集体** | **50674** | **17230** | **47992** | **1944** | **49400** | **47117** | **689** | **1594** | **1401319** | **1347913** | **26162** | **27244** | **28743** |
| 中原区 | 3186 | 676 | 2621 | 188 | 2825 | 2345 | 344 | 136 | 91605 | 78764 | 10249 | 2592 | 33103 |
| 二七区 | 3154 | 700 | 2862 | 292 | 3191 | 2900 | | 291 | 94990 | 90234 | | 4756 | 31115 |
| 管城区 | 2423 | 928 | 2236 | 10 | 2407 | 2219 | 178 | 10 | 122655 | 112669 | 9635 | 351 | 51024 |
| 金水区 | 4766 | 1942 | 4644 | 119 | 4764 | 4644 | 4 | 116 | 150564 | 147086 | 48 | 3430 | 31655 |
| 上街区 | 1890 | 962 | 1790 | 21 | 1905 | 1806 | 81 | 18 | 36786 | 33867 | 2702 | 217 | 19379 |
| 惠济区 | 9802 | 730 | 9157 | 645 | 8552 | 8186 | | 366 | 181768 | 176279 | | 5489 | 21534 |
| 中牟县 | 3157 | 1272 | 2728 | 429 | 3039 | 2628 | | 411 | 77666 | 71500 | | 6166 | 27207 |
| 巩义市 | 7750 | 4343 | 7627 | 123 | 7629 | 7506 | | 123 | 249179 | 247283 | | 1896 | 32945 |
| 荥阳市 | 2410 | 953 | 2410 | | 2404 | 2404 | | | 47999 | 47999 | | | 19966 |
| 新密市 | 3020 | 1224 | 2855 | 65 | 2930 | 2761 | 80 | 89 | 86137 | 80977 | 3480 | 1680 | 29728 |
| 新郑市 | 3338 | 1250 | 3286 | 52 | 3315 | 3301 | | 14 | 113094 | 112427 | | 667 | 34058 |
| 登封市 | 5277 | 2003 | 5277 | | 5946 | 5946 | | | 128661 | 128661 | | | 21638 |
| 经济开发区 | 120 | 57 | 120 | | 120 | 100 | | 20 | 4124 | 4124 | | | 41240 |
| 高新开发区 | 33 | 3 | 33 | | 33 | 33 | | | 1102 | 1102 | | | 33394 |
| 郑东新区 | 348 | 187 | 346 | | 340 | 338 | 2 | | 14989 | 14941 | 48 | | 44085 |
| **企业** | **39277** | **10272** | **36766** | **1778** | **38183** | **36073** | **684** | **1426** | **996504** | **947330** | **26066** | **23108** | **26482** |
| 中原区 | 2928 | 504 | 2396 | 155 | 2579 | 2130 | 344 | 105 | 85201 | 72992 | 10249 | 1960 | 33646 |
| 二七区 | 2597 | 280 | 2327 | 270 | 2638 | 2369 | | 269 | 74304 | 70033 | | 4271 | 29562 |
| 管城区 | 1582 | 423 | 1404 | 1 | 1582 | 1403 | 178 | 1 | 89085 | 79425 | 9635 | 25 | 56331 |
| 金水区 | 4626 | 1858 | 4507 | 119 | 4631 | 4514 | 1 | 116 | 144632 | 141202 | | 3430 | 31274 |
| 上街区 | 1885 | 958 | 1785 | 21 | 1900 | 1801 | 81 | 18 | 36714 | 33795 | 2702 | 217 | 19393 |
| 惠济区 | 9468 | 546 | 8882 | 586 | 8215 | 7908 | | 307 | 172432 | 168418 | | 4014 | 21297 |
| 中牟县 | 1904 | 613 | 1477 | 427 | 1824 | 1415 | | 409 | 37005 | 30862 | | 6143 | 21811 |
| 巩义市 | 1996 | 761 | 1890 | 106 | 1958 | 1852 | | 106 | 40925 | 39371 | | 1554 | 21259 |
| 荥阳市 | 2318 | 911 | 2318 | | 2312 | 2312 | | | 45194 | 45194 | | | 19548 |

| 类 别 | 单位从业人员 | #女性 | 在岗职工合计 | 其他从业人员 | 单位从业人员平均人数 | 在岗职工 | 劳务派遣人员 | 其他从业人员 | 单位从业人员工资总额（千元） | 在岗职工工资总额 | 劳务派遣人员工资总额 | 其他从业人员工资总额 | 在岗职工平均工资（元） |
|---|---|---|---|---|---|---|---|---|---|---|---|---|---|
| 新密市 | 2112 | 756 | 1971 | 41 | 2037 | 1896 | 80 | 61 | 50865 | 46558 | 3480 | 827 | 25323 |
| 新郑市 | 3338 | 1250 | 3286 | 52 | 3315 | 3301 | | 14 | 113094 | 112427 | | 667 | 34058 |
| 登封市 | 4320 | 1326 | 4320 | | 4989 | 4989 | | | 99643 | 99643 | | | 19973 |
| 经济开发区 | 120 | 57 | 120 | | 120 | 100 | | 20 | 4124 | 4124 | | | 41240 |
| 高新开发区 | 11 | 3 | 11 | | 11 | 11 | | | 450 | 450 | | | 40909 |
| 郑东新区 | 72 | 26 | 72 | | 72 | 72 | | | 2836 | 2836 | | | 39389 |
| **事业** | **11302** | **6897** | **11144** | **153** | **11122** | **10962** | **5** | **155** | **402956** | **398911** | **96** | **3949** | **36383** |
| 中原区 | 258 | 172 | 225 | 33 | 246 | 215 | | 31 | 6404 | 5772 | | 632 | 26847 |
| 二七区 | 527 | 397 | 518 | 9 | 523 | 514 | | 9 | 20117 | 19819 | | 298 | 38558 |
| 管城区 | 817 | 483 | 808 | 9 | 801 | 792 | | 9 | 33006 | 32680 | | 326 | 41263 |
| 金水区 | 138 | 84 | 135 | | 131 | 128 | 3 | | 5857 | 5809 | 48 | | 44710 |
| 上街区 | 5 | 4 | 5 | | 5 | 5 | | | 72 | 72 | | | 14400 |
| 惠济区 | 326 | 181 | 267 | 59 | 329 | 270 | | 59 | 9203 | 7728 | | 1475 | 28622 |
| 中牟县 | 1253 | 659 | 1251 | 2 | 1215 | 1213 | | 2 | 40661 | 40638 | | 23 | 33502 |
| 巩义市 | 5723 | 3569 | 5706 | 17 | 5640 | 5623 | | 17 | 207736 | 207394 | | 342 | 36883 |
| 荥阳市 | 92 | 42 | 92 | | 92 | 92 | | | 2805 | 2805 | | | 30489 |
| 新密市 | 908 | 468 | 884 | 24 | 893 | 865 | | 28 | 35272 | 34419 | | 853 | 39791 |
| 登封市 | 957 | 677 | 957 | | 957 | 957 | | | 29018 | 29018 | | | 30322 |
| 高新开发区 | 22 | | 22 | | 22 | 22 | | | 652 | 652 | | | 29636 |
| 郑东新区 | 276 | 161 | 274 | | 268 | 266 | 2 | | 12153 | 12105 | 48 | | 45347 |
| **民间非营利组织** | **29** | **24** | **29** | | **29** | **29** | | | **664** | **664** | | | **22897** |
| 管城区 | 24 | 22 | 24 | | 24 | 24 | | | 564 | 564 | | | 23500 |
| 金水区 | 2 | | 2 | | 2 | 2 | | | 75 | 75 | | | 37500 |
| 惠济区 | 3 | 2 | 3 | | 3 | 3 | | | 25 | 25 | | | 8333 |
| **其他** | **66** | **37** | **53** | **13** | **66** | **53** | | **13** | **1195** | **1008** | | **187** | **19019** |
| 二七区 | 30 | 23 | 17 | 13 | 30 | 17 | | 13 | 569 | 382 | | 187 | 22471 |
| 惠济区 | 5 | 1 | 5 | | 5 | 5 | | | 108 | 108 | | | 21600 |
| 巩义市 | 31 | 13 | 31 | | 31 | 31 | | | 518 | 518 | | | 16710 |

## 2-9 全市及各县(市)区其他单位分企事业从业人员人数及工资总额

(2012 年底)

单位:人

| 类别 | 单位从业人员 | #女性 | 在岗职工合计 | 其他从业人员 | 单位从业人员平均人数 | 在岗职工 | 劳务派遣人员 | 其他从业人员 | 单位从业人员工资总额(千元) | 在岗职工工资总额 | 劳务派遣人员工资总额 | 其他从业人员工资总额 | 在岗职工平均工资(元) |
|---|---|---|---|---|---|---|---|---|---|---|---|---|---|
| **总计** | **1001399** | **402315** | **924547** | **23124** | **894824** | **816710** | **55144** | **22970** | **32983096** | **30798480** | **1618082** | **566534** | **37181** |
| 中原区 | 60153 | 17440 | 52258 | 2651 | 57775 | 51244 | 4770 | 1761 | 2154967 | 1949640 | 165231 | 40096 | 37756 |
| 二七区 | 44455 | 16731 | 36698 | 4015 | 45554 | 36607 | 4870 | 4077 | 1562282 | 1351620 | 123465 | 87197 | 35564 |
| 管城区 | 38390 | 12283 | 30585 | 2216 | 35692 | 28623 | 5323 | 1746 | 1308232 | 1148178 | 116940 | 43114 | 37269 |
| 金水区 | 184492 | 64791 | 170670 | 7431 | 184774 | 168205 | 7823 | 8746 | 7358668 | 6916821 | 226895 | 214952 | 40583 |
| 上街区 | 27119 | 7619 | 26201 | 24 | 27532 | 26637 | 865 | 30 | 900720 | 875678 | 24383 | 659 | 32727 |
| 惠济区 | 14188 | 6166 | 8919 | 41 | 12741 | 8929 | 3766 | 46 | 339665 | 256105 | 82759 | 801 | 26693 |
| 中牟县 | 42935 | 14873 | 38623 | 1781 | 41671 | 36964 | 2765 | 1942 | 1331367 | 1202702 | 78247 | 50418 | 32242 |
| 巩义市 | 38174 | 10756 | 36679 | 405 | 36902 | 35291 | 1246 | 365 | 1140967 | 1100910 | 33143 | 6914 | 31038 |
| 荥阳市 | 31978 | 5720 | 31978 |  | 31459 | 31459 |  |  | 819263 | 819263 |  |  | 26042 |
| 新密市 | 42885 | 8037 | 39413 | 646 | 41807 | 38521 | 2651 | 635 | 1139980 | 1039335 | 84444 | 16201 | 27295 |
| 新郑市 | 43437 | 16214 | 42424 | 1013 | 42420 | 41536 |  | 884 | 1219394 | 1195113 |  | 24281 | 28773 |
| 登封市 | 31904 | 6646 | 31691 | 213 | 31205 | 30977 |  | 228 | 791855 | 785549 | 80 | 6226 | 25362 |
| 经济开发区 | 56452 | 24403 | 50422 | 422 | 56367 | 49144 | 6858 | 365 | 2187614 | 1997251 | 176135 | 14228 | 38809 |
| 高新开发区 | 47726 | 7040 | 38265 | 1611 | 47475 | 38121 | 7771 | 1583 | 1978408 | 1657489 | 273414 | 47505 | 42075 |
| 郑东新区 | 23252 | 8776 | 19447 | 623 | 23630 | 19913 | 3182 | 535 | 1186451 | 1083974 | 88705 | 13772 | 50776 |
| 航空港区 | 273859 | 174820 | 270274 | 32 | 177820 | 174539 | 3254 | 27 | 7563263 | 7418852 | 144241 | 170 | 42539 |
| **企业** | **959561** | **381587** | **887890** | **18045** | **853774** | **780745** | **55052** | **17977** | **31536795** | **29473248** | **1615855** | **447692** | **37197** |
| 中原区 | 60002 | 17330 | 52107 | 2651 | 57625 | 51094 | 4770 | 1761 | 2151710 | 1946383 | 165231 | 40096 | 37799 |
| 二七区 | 32388 | 10261 | 28428 | 218 | 33579 | 28479 | 4870 | 230 | 1049077 | 920106 | 123465 | 5506 | 31292 |
| 管城区 | 37156 | 11632 | 29473 | 2156 | 34447 | 27494 | 5264 | 1689 | 1267515 | 1111268 | 115043 | 41204 | 37435 |

2-9 续表 1 （2012 年底） 单位：人

| 类 别 | 单位从业人员 | #女性 | 在岗职工合计 | 其他从业人员 | 单位从业人员平均人数 | 在岗职工 | 劳务派遣人员 | 其他从业人员 | 单位从业人员工资总额（千元） | 在岗职工工资总额 | 劳务派遣人员工资总额 | 其他从业人员工资总额 | 在岗职工平均工资（元） |
|---|---|---|---|---|---|---|---|---|---|---|---|---|---|
| 金水区 | 173481 | 59832 | 159798 | 7302 | 174074 | 157684 | 7820 | 8570 | 6988428 | 6551554 | 226865 | 210009 | 40956 |
| 上街区 | 26826 | 7434 | 25908 | 24 | 27237 | 26342 | 865 | 30 | 890631 | 865589 | 24383 | 659 | 32711 |
| 惠济区 | 14088 | 6087 | 8819 | 41 | 12641 | 8829 | 3766 | 46 | 338073 | 254513 | 82759 | 801 | 26778 |
| 中牟县 | 41570 | 14158 | 37360 | 1709 | 40338 | 35733 | 2735 | 1870 | 1297717 | 1174495 | 77947 | 45275 | 32558 |
| 巩义市 | 35449 | 8950 | 33959 | 400 | 34194 | 32588 | 1246 | 360 | 1042045 | 1002038 | 33143 | 6864 | 30596 |
| 荥阳市 | 30589 | 4715 | 30589 |  | 30085 | 30085 |  |  | 762425 | 762425 |  |  | 25342 |
| 新密市 | 40883 | 7091 | 37447 | 610 | 39809 | 36565 | 2651 | 593 | 1089226 | 991395 | 84444 | 13387 | 27434 |
| 新郑市 | 39093 | 14231 | 39036 | 57 | 38322 | 38207 |  | 115 | 1064229 | 1062080 |  | 2149 | 27798 |
| 登封市 | 27581 | 5187 | 27389 | 192 | 26950 | 26745 |  | 205 | 711181 | 704998 | 80 | 6103 | 26363 |
| 经济开发区 | 56395 | 24353 | 50365 | 422 | 56317 | 49094 | 6858 | 365 | 2185529 | 1995166 | 176135 | 14228 | 38806 |
| 高新开发区 | 47403 | 7040 | 37942 | 1611 | 47151 | 37797 | 7771 | 1583 | 1965188 | 1644269 | 273414 | 47505 | 42084 |
| 郑东新区 | 22798 | 8466 | 18996 | 620 | 23185 | 19470 | 3182 | 533 | 1170558 | 1068117 | 88705 | 13736 | 51069 |
| 航空港区 | 273859 | 174820 | 270274 | 32 | 177820 | 174539 | 3254 | 27 | 7563263 | 7418852 | 144241 | 170 | 42539 |
| **事业** | **20593** | **11235** | **16236** | **4357** | **20233** | **15929** |  | **4304** | **821248** | **725857** |  | **95391** | **45568** |
| 二七区 | 10812 | 5709 | 7020 | 3792 | 10740 | 6898 |  | 3842 | 480009 | 398426 |  | 81583 | 57760 |
| 管城区 | 80 | 61 | 80 |  | 80 | 80 |  |  | 4949 | 4949 |  |  | 61863 |
| 金水区 | 1782 | 855 | 1678 | 104 | 1744 | 1640 |  | 104 | 84399 | 82081 |  | 2318 | 50049 |
| 上街区 | 168 | 121 | 168 |  | 168 | 168 |  |  | 6884 | 6884 |  |  | 40976 |
| 中牟县 | 645 | 370 | 624 | 21 | 608 | 587 |  | 21 | 16452 | 15448 |  | 1004 | 26317 |
| 巩义市 | 1228 | 700 | 1223 | 5 | 1211 | 1206 |  | 5 | 44200 | 44150 |  | 50 | 36609 |
| 荥阳市 | 1347 | 979 | 1347 |  | 1332 | 1332 |  |  | 55698 | 55698 |  |  | 41815 |
| 新密市 | 1653 | 765 | 1623 | 30 | 1660 | 1624 |  | 36 | 42096 | 39646 |  | 2450 | 24413 |
| 新郑市 | 1943 | 1010 | 1538 | 405 | 1763 | 1467 |  | 296 | 64650 | 56664 |  | 7986 | 38626 |
| 登封市 | 837 | 600 | 837 |  | 837 | 837 |  |  | 18281 | 18281 |  |  | 21841 |
| 经济开发区 | 57 | 50 | 57 |  | 50 | 50 |  |  | 2085 | 2085 |  |  | 41700 |

| 类　别 | 单位从业人员 | #女性 | 在岗职工合计 | 其他从业人员 | 单位从业人员平均人数 | 在岗职工 | 劳务派遣人员 | 其他从业人员 | 单位从业人员工资总额（千元） | 在岗职工工资总额 | 劳务派遣人员工资总额 | 其他从业人员工资总额 | 在岗职工平均工资（元） |
|---|---|---|---|---|---|---|---|---|---|---|---|---|---|
| 郑东新区 | 41 | 15 | 41 | | 40 | 40 | | | 1545 | 1545 | | | 38625 |
| **机关** | **33** | **13** | **33** | | **34** | **34** | | | **2089** | **2089** | | | **61441** |
| 二七区 | 33 | 13 | 33 | | 34 | 34 | | | 2089 | 2089 | | | 61441 |
| **民间非营利组织** | **11344** | **4866** | **10547** | **695** | **11179** | **10464** | **92** | **623** | **324228** | **301116** | **2227** | **20885** | **28737** |
| 中原区 | 122 | 98 | 122 | | 121 | 121 | | | 2314 | 2314 | | | 19124 |
| 二七区 | 830 | 534 | 825 | 5 | 807 | 802 | | 5 | 20627 | 20519 | | 108 | 25585 |
| 管城区 | 1025 | 502 | 903 | 60 | 1038 | 922 | 59 | 57 | 32820 | 29013 | 1897 | 1910 | 31509 |
| 金水区 | 537 | 211 | 523 | 4 | 528 | 513 | 3 | 12 | 17567 | 17183 | 30 | 354 | 33359 |
| 惠济区 | 5 | 1 | 5 | | 5 | 5 | | | 51 | 51 | | | 10200 |
| 中牟县 | 720 | 345 | 639 | 51 | 725 | 644 | 30 | 51 | 17198 | 12759 | 300 | 4139 | 19375 |
| 巩义市 | 1149 | 861 | 1149 | | 1149 | 1149 | | | 45156 | 45156 | | | 39300 |
| 荥阳市 | 42 | 26 | 42 | | 42 | 42 | | | 1140 | 1140 | | | 27143 |
| 新密市 | 349 | 181 | 343 | 6 | 338 | 332 | | 6 | 8658 | 8294 | | 364 | 24982 |
| 新郑市 | 2368 | 958 | 1823 | 545 | 2304 | 1837 | | 467 | 89398 | 75547 | | 13851 | 41125 |
| 登封市 | 3486 | 859 | 3465 | 21 | 3418 | 3395 | | 23 | 62393 | 62270 | | 123 | 18342 |
| 高新开发区 | 323 | | 323 | | 324 | 324 | | | 13220 | 13220 | | | 40802 |
| 郑东新区 | 388 | 290 | 385 | 3 | 380 | 378 | | 2 | 13686 | 13650 | | 36 | 36111 |
| **其他** | **9868** | **4614** | **9841** | **27** | **9604** | **9538** | | **66** | **298736** | **296170** | | **2566** | **31052** |
| 中原区 | 29 | 12 | 29 | | 29 | 29 | | | 943 | 943 | | | 32517 |
| 二七区 | 392 | 214 | 392 | | 394 | 394 | | | 10480 | 10480 | | | 26599 |
| 管城区 | 129 | 88 | 129 | | 127 | 127 | | | 2948 | 2948 | | | 23213 |
| 金水区 | 8692 | 3893 | 8671 | 21 | 8428 | 8368 | | 60 | 268274 | 266003 | | 2271 | 31788 |
| 上街区 | 125 | 64 | 125 | | 127 | 127 | | | 3205 | 3205 | | | 25236 |
| 惠济区 | 95 | 78 | 95 | | 95 | 95 | | | 1541 | 1541 | | | 16221 |
| 巩义市 | 348 | 245 | 348 | | 348 | 348 | | | 9566 | 9566 | | | 27489 |
| 新郑市 | 33 | 15 | 27 | 6 | 31 | 25 | | 6 | 1117 | 822 | | 295 | 32880 |
| 郑东新区 | 25 | 5 | 25 | | 25 | 25 | | | 662 | 662 | | | 26480 |

# 2-10　全市及各县(市)区分行业从业人员人数及工资总额

(2012 年底)　　单位:人

| 行业 | 单位从业人员 | #女性 | 在岗职工合计 | 其他从业人员 | 单位从业人员平均人数 | 在岗职工 | 劳务派遣人员 | 其他从业人员 | 单位从业人员工资总额(千元) | 在岗职工工资总额 | 劳务派遣人员工资总额 | 其他从业人员工资总额 | 在岗职工平均工资(元) |
|---|---|---|---|---|---|---|---|---|---|---|---|---|---|
| **农、林、牧、渔业** | **2237** | **760** | **2054** | **183** | **2192** | **2007** | | **185** | **59495** | **57279** | | **2216** | **28540** |
| 中原区 | 26 | 6 | 26 | | 26 | 26 | | | 2110 | 2110 | | | 81154 |
| 金水区 | 704 | 255 | 575 | 129 | 728 | 597 | | 131 | 22072 | 20605 | | 1467 | 34514 |
| 上街区 | 22 | 10 | 22 | | 22 | 22 | | | 504 | 504 | | | 22909 |
| 惠济区 | 200 | 46 | 146 | 54 | 201 | 147 | | 54 | 5818 | 5069 | | 749 | 34483 |
| 中牟县 | 1139 | 395 | 1139 | | 1068 | 1068 | | | 25440 | 25440 | | | 23820 |
| 巩义市 | 44 | 14 | 44 | | 43 | 43 | | | 1332 | 1332 | | | 30977 |
| 新密市 | 9 | 2 | 9 | | 9 | 9 | | | 121 | 121 | | | 13444 |
| 新郑市 | 91 | 31 | 91 | | 93 | 93 | | | 2070 | 2070 | | | 22258 |
| 经济开发区 | 2 | 1 | 2 | | 2 | 2 | | | 28 | 28 | | | 14000 |
| **采矿业** | **84770** | **13150** | **84608** | **154** | **83204** | **83043** | **8** | **153** | **3840877** | **3837677** | **220** | **2980** | **46211** |
| 市直 | 45390 | 8600 | 45390 | | 45896 | 45896 | | | 2609004 | 2609004 | | | 56846 |
| 金水区 | 25 | 12 | 25 | | 25 | 25 | | | 529 | 529 | | | 21160 |
| 上街区 | 280 | 46 | 280 | | 270 | 270 | | | 4410 | 4410 | | | 16333 |
| 巩义市 | 12241 | 1708 | 12120 | 121 | 11666 | 11543 | | 123 | 381549 | 379127 | | 2422 | 32845 |
| 荥阳市 | 2738 | 410 | 2738 | | 2710 | 2710 | | | 74084 | 74084 | | | 27337 |
| 新密市 | 12801 | 1506 | 12760 | 33 | 11505 | 11467 | 8 | 30 | 320689 | 319911 | 220 | 558 | 27898 |
| 新郑市 | 1982 | 124 | 1982 | | 2008 | 2008 | | | 81783 | 81783 | | | 40729 |
| 登封市 | 9313 | 744 | 9313 | | 9124 | 9124 | | | 368829 | 368829 | | | 40424 |
| **制造业** | **553104** | **270385** | **535052** | **2038** | **453234** | **433886** | **16322** | **3026** | **16502920** | **15955693** | **483721** | **63506** | **36515** |
| 中原区 | 23198 | 7869 | 21155 | 175 | 22449 | 20523 | 1746 | 180 | 764523 | 680297 | 80003 | 4223 | 34142 |
| 二七区 | 13212 | 4008 | 13116 | 36 | 13138 | 13054 | 50 | 34 | 434120 | 431412 | 1890 | 818 | 33066 |
| 管城区 | 13630 | 2779 | 13148 | 33 | 12811 | 12328 | 446 | 37 | 699674 | 682391 | 16376 | 907 | 54702 |
| 金水区 | 14917 | 6538 | 14259 | 461 | 16033 | 13423 | 1259 | 1351 | 427818 | 398366 | 13020 | 16432 | 28020 |
| 上街区 | 22474 | 6309 | 21949 | 45 | 22739 | 22236 | 469 | 34 | 779360 | 767779 | 11119 | 462 | 34305 |
| 惠济区 | 8372 | 4395 | 3149 | | 7027 | 3266 | 3761 | | 162412 | 79861 | 82551 | | 23113 |
| 中牟县 | 28320 | 11436 | 25613 | 438 | 27936 | 24928 | 2553 | 455 | 894463 | 808432 | 71570 | 14461 | 32022 |
| 巩义市 | 21635 | 5982 | 20688 | 262 | 20470 | 19590 | 660 | 220 | 646616 | 623249 | 19280 | 4087 | 31730 |
| 荥阳市 | 9479 | 2563 | 9479 | | 9371 | 9371 | | | 205565 | 205565 | | | 21936 |
| 新密市 | 14201 | 3243 | 13685 | 195 | 14735 | 14235 | 306 | 194 | 364157 | 349239 | 10524 | 4394 | 24741 |
| 新郑市 | 34196 | 13966 | 34175 | 21 | 34000 | 33917 | | 83 | 1065546 | 1064220 | | 1326 | 31377 |
| 登封市 | 14411 | 2527 | 14411 | | 14094 | 14081 | | 13 | 333818 | 333818 | | | 23707 |

2-10　续表 1　　（2012 年底）　　单位:人

| 行　业 | 单位从业人员 | #女性 | 在岗职工合计 | 其他从业人员 | 单位从业人员平均人数 | 在岗职工 | 劳务派遣人员 | 其他从业人员 | 单位从业人员工资总额（千元） | 在岗职工工资总额 | 劳务派遣人员工资总额 | 其他从业人员工资总额 | 在岗职工平均工资（元） |
|---|---|---|---|---|---|---|---|---|---|---|---|---|---|
| 经济开发区 | 39793 | 19217 | 36879 | 108 | 39196 | 35731 | 3342 | 123 | 1545810 | 1424539 | 115057 | 6214 | 39403 |
| 高新开发区 | 30329 | 6358 | 28411 | 262 | 29878 | 27848 | 1730 | 300 | 1246407 | 1180833 | 55512 | 10062 | 41799 |
| 郑东新区 | 23 | 10 | 23 |  | 23 | 23 |  |  | 828 | 828 |  |  | 36000 |
| 航空港区 | 264914 | 173185 | 264912 | 2 | 169334 | 169332 |  | 2 | 6931803 | 6924864 | 6819 | 120 | 40935 |
| **电力、热力、燃气及水生产和供应业** | **36931** | **9682** | **36284** | **99** | **36737** | **36090** | **545** | **102** | **1741357** | **1724688** | **13574** | **3095** | **47448** |
| 中原区 | 10098 | 3399 | 9613 | 2 | 10143 | 9661 | 480 | 2 | 619665 | 610302 | 9231 | 132 | 61092 |
| 二七区 | 1608 | 520 | 1608 |  | 1547 | 1547 |  |  | 213212 | 213212 |  |  | 137823 |
| 金水区 | 2955 | 649 | 2953 | 2 | 2793 | 2791 |  | 2 | 98070 | 97998 |  | 72 | 35112 |
| 上街区 | 34 | 15 | 34 |  | 34 | 34 |  |  | 750 | 750 |  |  | 22059 |
| 惠济区 | 562 | 203 | 562 |  | 562 | 562 |  |  | 22620 | 22620 |  |  | 40249 |
| 中牟县 | 705 | 163 | 695 | 4 | 705 | 696 | 6 | 3 | 38146 | 37923 | 108 | 115 | 54175 |
| 巩义市 | 1247 | 461 | 1247 |  | 1243 | 1243 |  |  | 54095 | 54095 |  |  | 43520 |
| 荥阳市 | 801 | 230 | 725 | 76 | 797 | 716 |  | 81 | 35960 | 33852 |  | 2108 | 47279 |
| 新密市 | 1932 | 751 | 1870 | 3 | 1929 | 1866 | 59 | 4 | 124860 | 120574 | 4235 | 51 | 64836 |
| 新郑市 | 677 | 299 | 677 |  | 659 | 659 |  |  | 33134 | 33134 |  |  | 50279 |
| 登封市 | 15704 | 2944 | 15704 |  | 15711 | 15711 |  |  | 471426 | 471426 |  |  | 30006 |
| 经济开发区 | 29 | 12 | 29 |  | 26 | 26 |  |  | 905 | 905 |  |  | 34808 |
| 高新开发区 | 579 | 36 | 567 | 12 | 588 | 578 |  | 10 | 28514 | 27897 |  | 617 | 48265 |
| **建筑业** | **256333** | **30491** | **218217** | **14460** | **252540** | **215327** | **24259** | **12954** | **8163387** | **7037993** | **793508** | **331886** | **32688** |
| 中原区 | 34685 | 4743 | 26206 | 2591 | 33041 | 25960 | 5338 | 1743 | 1193531 | 960063 | 195570 | 37898 | 36924 |
| 二七区 | 14192 | 2023 | 10434 | 225 | 15329 | 10445 | 4672 | 212 | 511165 | 386958 | 118152 | 6055 | 33413 |
| 管城区 | 12179 | 1804 | 9872 | 1967 | 10598 | 9011 | 95 | 1492 | 336153 | 299218 | 2067 | 34868 | 33086 |
| 金水区 | 81598 | 12073 | 72228 | 5800 | 81281 | 71487 | 3878 | 5916 | 2617116 | 2328546 | 130266 | 158304 | 32625 |
| 上街区 | 5620 | 1302 | 4966 | 34 | 5742 | 5103 | 600 | 39 | 159791 | 140189 | 18864 | 738 | 27889 |
| 惠济区 | 11107 | 530 | 10521 | 586 | 9677 | 9370 |  | 307 | 211642 | 207628 |  | 4014 | 22159 |
| 中牟县 | 10579 | 825 | 10056 | 431 | 9961 | 9361 | 42 | 558 | 402252 | 384623 | 2168 | 15461 | 41135 |
| 巩义市 | 1516 | 115 | 1345 |  | 1992 | 1637 | 355 |  | 49699 | 41468 | 8231 |  | 24949 |
| 荥阳市 | 21878 | 2493 | 21610 | 268 | 21466 | 21206 |  | 260 | 562090 | 557669 |  | 4421 | 26298 |
| 新密市 | 12627 | 1637 | 9796 | 391 | 12225 | 9568 | 2260 | 397 | 308506 | 228149 | 71630 | 8727 | 25345 |
| 新郑市 | 5956 | 948 | 5901 | 55 | 5377 | 5360 |  | 17 | 158221 | 157494 |  | 727 | 29383 |
| 登封市 | 4242 | 413 | 4242 |  | 4762 | 4762 |  |  | 99613 | 99613 |  |  | 20918 |
| 经济开发区 | 17426 | 730 | 16277 | 719 | 17465 | 16224 | 563 | 678 | 660705 | 621851 | 15635 | 23219 | 37975 |
| 高新开发区 | 16969 | 550 | 9109 | 1338 | 17082 | 9385 | 6423 | 1274 | 759098 | 491510 | 230751 | 36837 | 45690 |

| 行业 | 单位从业人员 | #女性 | 在岗职工合计 | 其他从业人员 | 单位从业人员平均人数 | 在岗职工 | 劳务派遣人员 | 其他从业人员 | 单位从业人员工资总额（千元） | 在岗职工工资总额 | 劳务派遣人员工资总额 | 其他从业人员工资总额 | 在岗职工平均工资（元） |
|---|---|---|---|---|---|---|---|---|---|---|---|---|---|
| 郑东新区 | 5599 | 297 | 5574 | 25 | 6427 | 6388 | 3 | 36 | 132365 | 131774 | 24 | 567 | 20622 |
| 航空港区 | 160 | 8 | 80 | 30 | 115 | 60 | 30 | 25 | 1440 | 1240 | 150 | 50 | 15444 |
| **批发和零售业** | **71495** | **31318** | **67142** | **917** | **71516** | **66917** | **3828** | **771** | **2356215** | **2225838** | **114717** | **15660** | **33084** |
| 中原区 | 4540 | 2152 | 4426 | 39 | 4508 | 4409 | 80 | 19 | 176394 | 174181 | 1830 | 383 | 39209 |
| 二七区 | 6076 | 2677 | 5957 | 23 | 6215 | 6112 | 81 | 22 | 185899 | 183349 | 1944 | 606 | 29920 |
| 管城区 | 6530 | 2610 | 4582 | 18 | 6459 | 4544 | 1896 | 19 | 210249 | 150605 | 59279 | 365 | 32591 |
| 金水区 | 29569 | 13516 | 28798 | 511 | 29195 | 28486 | 225 | 484 | 871220 | 861398 | 2644 | 7178 | 30094 |
| 上街区 | 805 | 375 | 797 | 3 | 809 | 801 | 5 | 3 | 18487 | 18288 | 167 | 32 | 22897 |
| 惠济区 | 799 | 346 | 794 |  | 804 | 799 | 5 |  | 27745 | 27657 | 88 |  | 34509 |
| 中牟县 | 1858 | 767 | 1706 | 11 | 1844 | 1692 | 141 | 11 | 71427 | 66894 | 4303 | 230 | 38842 |
| 巩义市 | 1990 | 884 | 1851 | 109 | 1956 | 1817 | 30 | 109 | 44148 | 41726 | 850 | 1572 | 23051 |
| 荥阳市 | 1411 | 453 | 1411 |  | 1410 | 1410 |  |  | 32432 | 32432 |  |  | 23001 |
| 新密市 | 2108 | 936 | 1977 | 15 | 2112 | 1981 | 116 | 15 | 65377 | 63398 | 1654 | 325 | 31021 |
| 新郑市 | 1584 | 780 | 1570 | 14 | 1575 | 1564 |  | 11 | 35632 | 35415 |  | 217 | 22644 |
| 登封市 | 2470 | 1240 | 2405 | 22 | 2445 | 2380 | 43 | 22 | 69894 | 65978 | 1452 | 2464 | 27829 |
| 经济开发区 | 7532 | 2937 | 6910 | 1 | 8102 | 6968 | 1133 | 1 | 399944 | 362013 | 37904 | 27 | 49366 |
| 高新开发区 | 655 | 77 | 541 |  | 595 | 522 | 73 |  | 17563 | 14961 | 2602 |  | 29518 |
| 郑东新区 | 2782 | 1294 | 2631 | 151 | 2736 | 2681 |  | 55 | 105451 | 103190 |  | 2261 | 38489 |
| 航空港区 | 786 | 274 | 786 |  | 751 | 751 |  |  | 24353 | 24353 |  |  | 32427 |
| **交通运输、仓储和邮政业** | **42313** | **12655** | **35374** | **517** | **41214** | **34814** | **5889** | **511** | **1807349** | **1579292** | **214254** | **13803** | **44064** |
| 中原区 | 254 | 74 | 248 | 6 | 257 | 251 |  | 6 | 10772 | 10684 |  | 88 | 42566 |
| 二七区 | 5813 | 2296 | 5698 |  | 5849 | 5734 | 115 |  | 251318 | 246672 | 4646 |  | 42968 |
| 管城区 | 3478 | 1308 | 3246 | 73 | 3468 | 3228 | 166 | 74 | 105811 | 99763 | 3858 | 2190 | 30531 |
| 金水区 | 14783 | 4276 | 12800 | 16 | 14307 | 12491 | 1796 | 20 | 597763 | 536170 | 60808 | 785 | 41785 |
| 上街区 | 604 | 124 | 604 |  | 601 | 601 |  |  | 17501 | 17501 |  |  | 29120 |
| 惠济区 | 598 | 256 | 580 | 18 | 592 | 577 |  | 15 | 22979 | 22558 |  | 421 | 39095 |
| 中牟县 | 1040 | 315 | 910 | 3 | 1026 | 900 | 123 | 3 | 18719 | 16648 | 2057 | 14 | 18284 |
| 巩义市 | 1915 | 834 | 1915 |  | 1900 | 1900 |  |  | 41785 | 41785 |  |  | 21992 |
| 荥阳市 | 464 | 238 | 394 | 70 | 462 | 389 |  | 73 | 11245 | 10239 |  | 1006 | 26321 |
| 新密市 | 467 | 170 | 446 | 21 | 469 | 448 |  | 21 | 9681 | 9550 |  | 131 | 21317 |
| 新郑市 | 919 | 296 | 919 |  | 922 | 922 |  |  | 18958 | 18958 |  |  | 20562 |
| 登封市 | 1629 | 609 | 1437 | 192 | 1625 | 1433 |  | 192 | 39361 | 33330 |  | 6031 | 23259 |
| 经济开发区 | 1538 | 412 | 970 | 17 | 1378 | 895 | 466 | 17 | 40274 | 32861 | 6779 | 634 | 29126 |

| 行业 | 单位从业人员 | #女性 | 在岗职工合计 | 其他从业人员 | 单位从业人员平均人数 | 在岗职工 | 劳务派遣人员 | 其他从业人员 | 单位从业人员工资总额（千元） | 在岗职工工资总额 | 劳务派遣人员工资总额 | 其他从业人员工资总额 | 在岗职工平均工资（元） |
|---|---|---|---|---|---|---|---|---|---|---|---|---|---|
| 郑东新区 | 1589 | 450 | 1266 | 101 | 1515 | 1225 | 200 | 90 | 44058 | 36721 | 4834 | 2503 | 29161 |
| 航空港区 | 7222 | 997 | 3941 |  | 6843 | 3820 | 3023 |  | 577124 | 445852 | 131272 |  | 84338 |
| **住宿和餐饮业** | **33763** | **18383** | **32217** | **544** | **34527** | **32890** | **1059** | **578** | **876845** | **837645** | **27633** | **11567** | **25488** |
| 中原区 | 3205 | 1768 | 2986 | 19 | 3147 | 2888 | 241 | 18 | 100775 | 93342 | 7093 | 340 | 32098 |
| 二七区 | 5346 | 2836 | 4782 | 226 | 5400 | 4795 | 365 | 240 | 150654 | 136591 | 8609 | 5454 | 28140 |
| 管城区 | 765 | 484 | 713 | 52 | 754 | 702 |  | 52 | 19926 | 18826 |  | 1100 | 26818 |
| 金水区 | 15525 | 7919 | 15051 | 232 | 16264 | 15768 | 252 | 244 | 401210 | 391198 | 5811 | 4201 | 24782 |
| 上街区 | 363 | 260 | 363 |  | 367 | 367 |  |  | 6850 | 6850 |  |  | 18665 |
| 惠济区 | 1925 | 1099 | 1925 |  | 1989 | 1985 |  | 4 | 47042 | 46922 | 120 |  | 23699 |
| 中牟县 | 647 | 437 | 644 | 3 | 641 | 638 |  | 3 | 12145 | 12106 |  | 39 | 18975 |
| 巩义市 | 706 | 342 | 706 |  | 713 | 713 |  |  | 12928 | 12928 |  |  | 18132 |
| 荥阳市 | 150 | 114 | 150 |  | 149 | 149 |  |  | 2883 | 2883 |  |  | 19349 |
| 新密市 | 332 | 220 | 328 | 4 | 325 | 321 |  | 4 | 7895 | 7751 |  | 144 | 24146 |
| 新郑市 | 639 | 374 | 637 | 2 | 633 | 632 |  | 1 | 14658 | 14615 |  | 43 | 23125 |
| 登封市 | 1803 | 1174 | 1803 |  | 1789 | 1789 |  |  | 32473 | 32473 |  |  | 18151 |
| 经济开发区 | 426 | 232 | 426 |  | 429 | 429 |  |  | 11102 | 11102 |  |  | 25879 |
| 高新开发区 | 415 | 329 | 415 |  | 405 | 405 |  |  | 12886 | 12886 |  |  | 31817 |
| 郑东新区 | 993 | 546 | 987 | 6 | 997 | 985 |  | 12 | 27862 | 27616 |  | 246 | 28037 |
| 航空港区 | 523 | 249 | 301 |  | 525 | 324 | 201 |  | 15556 | 9556 | 6000 |  | 29630 |
| **信息传输、软件和信息技术服务业** | **12191** | **5932** | **8646** | **71** | **12085** | **8560** | **3441** | **84** | **766692** | **554152** | **205117** | **7423** | **63267** |
| 中原区 | 178 | 73 | 178 |  | 145 | 145 |  |  | 5177 | 5177 |  |  | 35703 |
| 二七区 | 3180 | 1533 | 3177 | 1 | 3192 | 3189 | 2 | 1 | 261528 | 261472 | 44 | 12 | 81954 |
| 管城区 | 66 | 26 | 66 |  | 52 | 52 |  |  | 1886 | 1886 |  |  | 36269 |
| 金水区 | 6787 | 3626 | 3548 |  | 6709 | 3498 | 3209 | 2 | 376906 | 177364 | 199463 | 79 | 56184 |
| 上街区 | 146 | 93 | 146 |  | 147 | 147 |  |  | 2973 | 2973 |  |  | 20224 |
| 巩义市 | 423 | 161 | 190 |  | 418 | 188 | 230 |  | 12492 | 6882 | 5610 |  | 29885 |
| 荥阳市 | 108 | 46 | 108 |  | 106 | 106 |  |  | 5527 | 5527 |  |  | 52142 |
| 新密市 | 116 | 41 | 116 |  | 117 | 117 |  |  | 4947 | 4947 |  |  | 42282 |
| 新郑市 | 234 | 72 | 164 | 70 | 237 | 163 |  | 74 | 31200 | 24082 |  | 7118 | 147742 |
| 登封市 | 104 | 46 | 104 |  | 105 | 105 |  |  | 2400 | 2400 |  |  | 22857 |
| 经济开发区 | 155 | 18 | 155 |  | 168 | 161 |  | 7 | 6972 | 6758 |  | 214 | 41975 |
| 高新开发区 | 70 | 4 | 70 |  | 115 | 115 |  |  | 5966 | 5966 |  |  | 51878 |
| 郑东新区 | 605 | 187 | 605 |  | 555 | 555 |  |  | 47494 | 47494 |  |  | 85575 |

| 行业 | 单位从业人员 | #女性 | 在岗职工合计 | 其他从业人员 | 单位从业人员平均人数 | 在岗职工 | 劳务派遣人员 | 其他从业人员 | 单位从业人员工资总额（千元） | 在岗职工工资总额 | 劳务派遣人员工资总额 | 其他从业人员工资总额 | 在岗职工平均工资（元） |
|---|---|---|---|---|---|---|---|---|---|---|---|---|---|
| 航空港区 | 19 | 6 | 19 | | 19 | 19 | | | 1224 | 1224 | | | 64421 |
| **金融业** | **45088** | **24031** | **41927** | **1032** | **44148** | **40885** | **2204** | **1059** | **3923372** | **3805073** | **98052** | **20247** | **90583** |
| 中原区 | 2090 | 1184 | 2060 | | 1956 | 1926 | 30 | | 167998 | 167578 | 420 | | 85889 |
| 二七区 | 1307 | 569 | 1223 | 84 | 1313 | 1227 | | 86 | 48970 | 46884 | | 2086 | 38210 |
| 管城区 | 928 | 629 | 656 | | 931 | 639 | 292 | | 78565 | 57995 | 20570 | | 84388 |
| 金水区 | 29022 | 15840 | 27302 | 335 | 28434 | 26634 | 1456 | 344 | 2717587 | 2650612 | 58284 | 8691 | 96436 |
| 上街区 | 57 | 32 | 57 | | 58 | 58 | | | 2196 | 2196 | | | 37862 |
| 惠济区 | 91 | 41 | 91 | | 91 | 91 | | | 2132 | 2132 | | | 23429 |
| 中牟县 | 1430 | 786 | 801 | 613 | 1443 | 798 | 16 | 629 | 52675 | 42711 | 494 | 9470 | 53077 |
| 巩义市 | 1073 | 603 | 1065 | | 1083 | 1075 | 8 | | 99971 | 99734 | 237 | | 92309 |
| 荥阳市 | 815 | 274 | 815 | | 809 | 809 | | | 30124 | 30124 | | | 37236 |
| 新密市 | 987 | 477 | 967 | | 990 | 970 | 20 | | 67400 | 66870 | 530 | | 68081 |
| 新郑市 | 776 | 364 | 773 | | 775 | 772 | 3 | | 53701 | 53650 | 51 | | 69292 |
| 登封市 | 849 | 425 | 810 | | 855 | 816 | 39 | | 33273 | 31860 | 1413 | | 38916 |
| 经济开发区 | 42 | 39 | 42 | | 41 | 41 | | | 2133 | 2133 | | | 52024 |
| 高新开发区 | 131 | | 131 | | 137 | 137 | | | 6327 | 6327 | | | 46182 |
| 郑东新区 | 5226 | 2759 | 4870 | | 4949 | 4609 | 340 | | 550620 | 534567 | 16053 | | 111259 |
| 航空港区 | 264 | 9 | 264 | | 283 | 283 | | | 9700 | 9700 | | | 34276 |
| **房地产业** | **35714** | **14903** | **29268** | **403** | **35129** | **28574** | **6158** | **397** | **1309279** | **1200283** | **96404** | **12592** | **37334** |
| 中原区 | 4355 | 1908 | 3892 | 195 | 4267 | 3806 | 275 | 186 | 166410 | 157591 | 5437 | 3382 | 39948 |
| 二七区 | 2453 | 915 | 2444 | 4 | 2348 | 2338 | 5 | 5 | 101403 | 100804 | 384 | 215 | 43187 |
| 管城区 | 5748 | 3543 | 2842 | 13 | 5540 | 2619 | 2906 | 15 | 147385 | 100483 | 45128 | 1774 | 26355 |
| 金水区 | 13224 | 4988 | 12371 | 68 | 13083 | 12201 | 814 | 68 | 490865 | 470012 | 16779 | 4074 | 37402 |
| 上街区 | 676 | 344 | 676 | | 671 | 671 | | | 17948 | 17948 | | | 26748 |
| 惠济区 | 546 | 274 | 509 | 37 | 545 | 507 | | 38 | 17894 | 17187 | | 707 | 33899 |
| 中牟县 | 1116 | 379 | 1079 | 37 | 1088 | 1051 | | 37 | 34737 | 33861 | | 876 | 32218 |
| 巩义市 | 287 | 118 | 277 | 10 | 287 | 277 | | 10 | 5318 | 5083 | | 235 | 18350 |
| 荥阳市 | 490 | 138 | 490 | | 489 | 489 | | | 13432 | 13432 | | | 27468 |
| 新密市 | 314 | 59 | 309 | 3 | 304 | 299 | 2 | 3 | 11066 | 10739 | 150 | 177 | 36176 |
| 新郑市 | 233 | 82 | 227 | 6 | 220 | 214 | | 6 | 8941 | 8803 | | 138 | 41136 |
| 登封市 | 184 | 53 | 184 | | 186 | 186 | | | 4908 | 4756 | 80 | 72 | 26000 |
| 经济开发区 | 3370 | 1141 | 1287 | 3 | 3338 | 1184 | 2151 | 3 | 113377 | 84787 | 28360 | 230 | 33927 |
| 高新开发区 | 454 | 123 | 444 | | 465 | 460 | 5 | | 19238 | 19152 | 86 | | 41372 |

| 行业 | 单位从业人员 | #女性 | 在岗职工合计 | 其他从业人员 | 单位从业人员平均人数 | 在岗职工 | 劳务派遣人员 | 其他从业人员 | 单位从业人员工资总额（千元） | 在岗职工工资总额 | 劳务派遣人员工资总额 | 其他从业人员工资总额 | 在岗职工平均工资（元） |
|---|---|---|---|---|---|---|---|---|---|---|---|---|---|
| 郑东新区 | 2039 | 764 | 2012 | 27 | 2093 | 2067 | | 26 | 144524 | 143812 | | 712 | 69575 |
| 航空港区 | 225 | 74 | 225 | | 205 | 205 | | | 11833 | 11833 | | | 57722 |
| **租赁和商务服务业** | **23561** | **9389** | **20061** | **684** | **23600** | **20059** | **2846** | **695** | **833044** | **747727** | **73343** | **11974** | **35847** |
| 中原区 | 1189 | 635 | 1169 | 10 | 1154 | 1133 | 10 | 11 | 35652 | 35117 | 289 | 246 | 30976 |
| 二七区 | 305 | 149 | 286 | 19 | 305 | 286 | | 19 | 12652 | 12429 | | 223 | 43458 |
| 管城区 | 1319 | 657 | 1260 | 59 | 1333 | 1274 | | 59 | 39288 | 37707 | | 1581 | 29597 |
| 金水区 | 11801 | 4294 | 11592 | 114 | 11815 | 11586 | 95 | 134 | 501912 | 496641 | 3061 | 2210 | 42779 |
| 上街区 | 436 | 194 | 434 | 2 | 444 | 442 | | 2 | 10911 | 10885 | | 26 | 24627 |
| 惠济区 | 179 | 44 | 179 | | 179 | 179 | | | 4453 | 4453 | | | 24877 |
| 中牟县 | 930 | 237 | 506 | 424 | 902 | 496 | | 406 | 17328 | 11295 | | 6033 | 22772 |
| 巩义市 | 315 | 135 | 313 | | 315 | 313 | 2 | | 7905 | 7861 | 44 | | 25095 |
| 荥阳市 | 513 | 86 | 513 | | 510 | 510 | | | 10399 | 10399 | | | 20390 |
| 新密市 | 250 | 47 | 248 | 2 | 246 | 244 | | 2 | 4863 | 4833 | | 30 | 19807 |
| 新郑市 | 1213 | 159 | 1194 | 19 | 1184 | 1165 | | 19 | 25830 | 25384 | | 446 | 21789 |
| 登封市 | 168 | 145 | 168 | | 167 | 167 | | | 1563 | 1563 | | | 9359 |
| 经济开发区 | 614 | 265 | 495 | 10 | 608 | 490 | 109 | 9 | 23235 | 20679 | 2383 | 173 | 38501 |
| 高新开发区 | 264 | 105 | 264 | | 290 | 290 | | | 7744 | 7744 | | | 26703 |
| 郑东新区 | 4037 | 2223 | 1412 | 25 | 4120 | 1456 | 2630 | 34 | 126720 | 58148 | 67566 | 1006 | 30767 |
| 航空港区 | 28 | 14 | 28 | | 28 | 28 | | | 2589 | 2589 | | | 92464 |
| **科学研究和技术服务业** | **40060** | **11362** | **36629** | **1631** | **39502** | **35869** | **1729** | **1904** | **1899857** | **1770871** | **72365** | **56621** | **49025** |
| 中原区 | 7806 | 2499 | 7107 | 122 | 7666 | 6969 | 575 | 122 | 501067 | 477738 | 20132 | 3197 | 65995 |
| 二七区 | 3289 | 919 | 2350 | 261 | 3238 | 2311 | 664 | 263 | 139260 | 103176 | 31655 | 4429 | 45321 |
| 管城区 | 1170 | 263 | 586 | 584 | 1172 | 588 | | 584 | 39299 | 25476 | | 13823 | 43327 |
| 金水区 | 18727 | 5515 | 17989 | 293 | 18391 | 17354 | 430 | 607 | 823599 | 784768 | 18207 | 20624 | 45152 |
| 上街区 | 319 | 121 | 294 | 25 | 322 | 302 | | 20 | 16919 | 15598 | | 1321 | 51649 |
| 惠济区 | 1224 | 323 | 1125 | 12 | 1175 | 1116 | 47 | 12 | 49192 | 46744 | 2176 | 272 | 42064 |
| 中牟县 | 380 | 118 | 374 | 6 | 380 | 374 | | 6 | 9313 | 9177 | | 136 | 24537 |
| 巩义市 | 304 | 136 | 304 | | 303 | 303 | | | 9050 | 9050 | | | 29868 |
| 荥阳市 | 271 | 73 | 271 | | 270 | 270 | | | 8225 | 8225 | | | 30463 |
| 新密市 | 621 | 200 | 621 | | 630 | 630 | | | 25024 | 25024 | | | 39721 |
| 新郑市 | 991 | 223 | 773 | 218 | 951 | 774 | | 177 | 52050 | 43737 | | 8313 | 56508 |
| 登封市 | 9 | 4 | 9 | | 9 | 9 | | | 316 | 316 | | | 35111 |

| 行业 | 单位从业人员 | #女性 | 在岗职工合计 | 其他从业人员 | 单位从业人员平均人数 | 在岗职工 | 劳务派遣人员 | 其他从业人员 | 单位从业人员工资总额(千元) | 在岗职工工资总额 | 劳务派遣人员工资总额 | 其他从业人员工资总额 | 在岗职工平均工资(元) |
|---|---|---|---|---|---|---|---|---|---|---|---|---|---|
| 经济开发区 | 1013 | 112 | 1013 | | 1020 | 1019 | | 1 | 100644 | 100624 | | 20 | 98748 |
| 高新开发区 | 732 | | 732 | | 797 | 797 | | | 24746 | 24746 | | | 31049 |
| 郑东新区 | 3204 | 856 | 3081 | 110 | 3178 | 3053 | 13 | 112 | 101153 | 96472 | 195 | 4486 | 31529 |
| **水利、环境和公共设施管理业** | **22047** | **7431** | **20187** | **1739** | **21997** | **20215** | **131** | **1651** | **757603** | **727265** | **4020** | **26318** | **35942** |
| 中原区 | 1621 | 497 | 1295 | 325 | 1589 | 1338 | 1 | 250 | 71253 | 66278 | 36 | 4939 | 49525 |
| 二七区 | 802 | 186 | 542 | 260 | 811 | 553 | | 258 | 27140 | 23796 | | 3344 | 43031 |
| 管城区 | 925 | 527 | 925 | | 871 | 871 | | | 33032 | 33032 | | | 37924 |
| 金水区 | 5916 | 1946 | 5705 | 102 | 5934 | 5710 | 121 | 103 | 270631 | 264716 | 3673 | 2242 | 46028 |
| 上街区 | 1136 | 597 | 1136 | | 1139 | 1139 | | | 27065 | 27065 | | | 23762 |
| 惠济区 | 1084 | 312 | 1064 | 20 | 1118 | 1098 | | 20 | 49364 | 48932 | | 432 | 44565 |
| 中牟县 | 1452 | 557 | 1268 | 184 | 1425 | 1239 | | 186 | 39030 | 34046 | | 4984 | 27479 |
| 巩义市 | 1097 | 171 | 528 | 569 | 1097 | 538 | | 559 | 22992 | 16847 | | 6145 | 31314 |
| 荥阳市 | 2186 | 570 | 2186 | | 2180 | 2180 | | | 50588 | 50588 | | | 23206 |
| 新密市 | 460 | 153 | 440 | 20 | 460 | 440 | | 20 | 12072 | 11692 | | 380 | 26573 |
| 新郑市 | 952 | 383 | 949 | 3 | 960 | 956 | 1 | 3 | 30167 | 30115 | 24 | 28 | 31493 |
| 登封市 | 2911 | 979 | 2911 | | 2938 | 2938 | | | 67929 | 67929 | | | 23121 |
| 经济开发区 | 244 | 115 | 244 | | 242 | 242 | | | 8866 | 8866 | | | 36636 |
| 高新开发区 | 184 | | 184 | | 187 | 187 | | | 6445 | 6445 | | | 34465 |
| 郑东新区 | 1054 | 434 | 787 | 256 | 1023 | 763 | 8 | 252 | 40212 | 36101 | 287 | 3824 | 47196 |
| 航空港区 | 23 | 4 | 23 | | 23 | 23 | | | 817 | 817 | | | 35522 |
| **居民服务、修理和其他服务业** | **4352** | **1884** | **4345** | **7** | **4219** | **4210** | **2** | **7** | **127624** | **122711** | | **4913** | **29134** |
| 中原区 | 38 | 11 | 38 | | 38 | 38 | | | 1454 | 1454 | | | 38263 |
| 二七区 | 215 | 94 | 215 | | 215 | 215 | | | 7606 | 7606 | | | 35377 |
| 管城区 | 1413 | 694 | 1413 | | 1356 | 1356 | | | 20470 | 20470 | | | 15096 |
| 金水区 | 1485 | 617 | 1485 | | 1470 | 1468 | 2 | | 70064 | 65246 | | 4818 | 44385 |
| 上街区 | 217 | 140 | 217 | | 217 | 217 | | | 2942 | 2942 | | | 13558 |
| 惠济区 | 39 | 5 | 39 | | 39 | 39 | | | 829 | 829 | | | 21256 |
| 中牟县 | 48 | 10 | 46 | 2 | 48 | 46 | | 2 | 1545 | 1522 | | 23 | 33087 |
| 巩义市 | 35 | 10 | 35 | | 35 | 35 | | | 799 | 799 | | | 22829 |
| 荥阳市 | 113 | 24 | 113 | | 113 | 113 | | | 3544 | 3544 | | | 31363 |
| 新密市 | 69 | 11 | 69 | | 69 | 69 | | | 2240 | 2240 | | | 32464 |
| 新郑市 | 73 | 17 | 68 | 5 | 65 | 60 | | 5 | 1685 | 1613 | | 72 | 26883 |

| 行　业 | 单位从业人员 | #女性 | 在岗职工合计 | 其他从业人员 | 单位从业人员平均人数 | 在岗职工 | 劳务派遣人员 | 其他从业人员 | 单位从业人员工资总额（千元） | 在岗职工工资总额 | 劳务派遣人员工资总额 | 其他从业人员工资总额 | 在岗职工平均工资（元） |
|---|---|---|---|---|---|---|---|---|---|---|---|---|---|
| 登封市 | 31 | 7 | 31 | | 31 | 31 | | | 651 | 651 | | | 21000 |
| 经济开发区 | 54 | | 54 | | 54 | 54 | | | 1143 | 1143 | | | 21167 |
| 高新开发区 | 54 | 5 | 54 | | 52 | 52 | | | 1267 | 1267 | | | 24365 |
| 郑东新区 | 468 | 239 | 468 | | 417 | 417 | | | 11385 | 11385 | | | 27302 |
| **教育** | **144549** | **80561** | **139618** | **3576** | **143480** | **138643** | **1334** | **3503** | **6182432** | **6021964** | **32135** | **128333** | **43251** |
| 中原区 | 12137 | 6847 | 11440 | 508 | 12073 | 11391 | 190 | 492 | 596924 | 582370 | 5255 | 9299 | 50740 |
| 二七区 | 12759 | 7345 | 11691 | 1032 | 12719 | 11633 | 38 | 1048 | 547155 | 500644 | 733 | 45778 | 42959 |
| 管城区 | 5087 | 3123 | 4844 | 64 | 5064 | 4828 | 176 | 60 | 236591 | 228364 | 6094 | 2133 | 46854 |
| 金水区 | 29519 | 16918 | 28345 | 316 | 29389 | 28050 | 845 | 494 | 1542069 | 1512094 | 18934 | 11041 | 52986 |
| 上街区 | 1618 | 866 | 1618 | | 1609 | 1609 | | | 69919 | 69919 | | | 43455 |
| 惠济区 | 5980 | 3405 | 5779 | 201 | 5871 | 5735 | | 136 | 261576 | 235639 | | 25937 | 41088 |
| 中牟县 | 11213 | 5925 | 10930 | 233 | 10904 | 10640 | 40 | 224 | 391379 | 383360 | 660 | 7359 | 35957 |
| 巩义市 | 8857 | 5655 | 8836 | 21 | 8763 | 8742 | | 21 | 319670 | 319428 | | 242 | 36539 |
| 荥阳市 | 12081 | 7571 | 12078 | 3 | 12038 | 12035 | | 3 | 501870 | 501833 | | 37 | 41698 |
| 新密市 | 9952 | 6772 | 9868 | 84 | 9948 | 9860 | | 88 | 380470 | 378524 | | 1946 | 38390 |
| 新郑市 | 13739 | 6872 | 12613 | 1085 | 13559 | 12609 | 43 | 907 | 546342 | 521619 | 411 | 24312 | 41261 |
| 登封市 | 11383 | 5187 | 11362 | 21 | 11308 | 11285 | | 23 | 331012 | 330889 | | 123 | 29321 |
| 经济开发区 | 747 | 481 | 742 | 5 | 728 | 723 | | 5 | 35260 | 35170 | | 90 | 48645 |
| 高新开发区 | 7236 | 2320 | 7236 | | 7343 | 7343 | | | 332901 | 332901 | | | 45336 |
| 郑东新区 | 2241 | 1274 | 2236 | 3 | 2164 | 2160 | 2 | 2 | 89294 | 89210 | 48 | 36 | 41285 |
| **卫生和社会工作** | **69517** | **42856** | **64000** | **1842** | **67306** | **62119** | **3343** | **1844** | **2668194** | **2550783** | **79311** | **38100** | **40177** |
| 中原区 | 5458 | 3978 | 4330 | 51 | 5238 | 4221 | 964 | 53 | 220500 | 183765 | 35831 | 904 | 42352 |
| 二七区 | 10823 | 5536 | 10102 | 108 | 10237 | 9592 | 528 | 117 | 373931 | 360100 | 12152 | 1679 | 36784 |
| 管城区 | 4210 | 2932 | 3462 | 56 | 4139 | 3426 | 668 | 45 | 177405 | 166098 | 10492 | 815 | 43134 |
| 金水区 | 24425 | 15849 | 22415 | 1141 | 23496 | 21570 | 808 | 1118 | 1079396 | 1044326 | 14388 | 20682 | 47310 |
| 上街区 | 469 | 294 | 469 | | 468 | 468 | | | 17756 | 17756 | | | 37940 |
| 惠济区 | 1443 | 992 | 1353 | 90 | 1449 | 1363 | | 86 | 59137 | 57047 | | 2090 | 41854 |
| 中牟县 | 3015 | 1782 | 2901 | 109 | 2966 | 2852 | 5 | 109 | 122225 | 119683 | 30 | 2512 | 41902 |
| 巩义市 | 3318 | 2185 | 3264 | 54 | 3232 | 3178 | | 54 | 112265 | 111119 | | 1146 | 34965 |
| 荥阳市 | 2765 | 1779 | 2736 | 29 | 2758 | 2729 | | 29 | 90540 | 89691 | | 849 | 32866 |
| 新密市 | 4464 | 2253 | 4368 | 41 | 4470 | 4368 | 55 | 47 | 128007 | 123821 | 1314 | 2872 | 28292 |
| 新郑市 | 3701 | 2507 | 3535 | 163 | 3515 | 3325 | 4 | 186 | 111479 | 106689 | 239 | 4551 | 32120 |
| 登封市 | 3304 | 2193 | 3304 | | 3296 | 3296 | | | 102318 | 102318 | | | 31043 |
| 经济开发区 | 1366 | 178 | 1005 | | 1281 | 970 | 311 | | 39573 | 34708 | 4865 | | 30892 |
| 高新开发区 | 66 | | 66 | | 66 | 66 | | | 2069 | 2069 | | | 31348 |

| 行业 | 单位从业人员 | #女性 | 在岗职工合计 | 其他从业人员 | 单位从业人员平均人数 | 在岗职工 | 劳务派遣人员 | 其他从业人员 | 单位从业人员工资总额(千元) | 在岗职工工资总额 | 劳务派遣人员工资总额 | 其他从业人员工资总额 | 在岗职工平均工资(元) |
|---|---|---|---|---|---|---|---|---|---|---|---|---|---|
| 郑东新区 | 690 | 398 | 690 |  | 695 | 695 |  |  | 31593 | 31593 |  |  | 45458 |
| **文化、体育和娱乐业** | **22743** | **8537** | **20790** | **1379** | **23363** | **21432** | **579** | **1352** | **1000448** | **951803** | **15009** | **33636** | **43924** |
| 中原区 | 2766 | 1364 | 2019 | 690 | 2629 | 2014 | 57 | 558 | 105367 | 93789 | 771 | 10807 | 45659 |
| 二七区 | 506 | 181 | 466 | 40 | 508 | 468 |  | 40 | 18866 | 17651 |  | 1215 | 37716 |
| 管城区 | 438 | 208 | 438 |  | 438 | 438 |  |  | 14568 | 14568 |  |  | 33260 |
| 金水区 | 14377 | 4701 | 13890 | 44 | 15291 | 14735 | 446 | 110 | 719420 | 705593 | 11639 | 2188 | 47245 |
| 上街区 | 48 | 22 | 48 |  | 48 | 48 |  |  | 1508 | 1508 |  |  | 31417 |
| 惠济区 | 451 | 188 | 406 |  | 454 | 409 | 45 |  | 17259 | 16263 | 996 |  | 38015 |
| 中牟县 | 893 | 452 | 892 | 1 | 695 | 694 |  | 1 | 13539 | 13511 |  | 28 | 19468 |
| 巩义市 | 494 | 217 | 477 | 16 | 492 | 475 | 1 | 16 | 12780 | 12606 | 6 | 168 | 26496 |
| 荥阳市 | 594 | 262 | 594 |  | 593 | 593 |  |  | 20837 | 20837 |  |  | 35138 |
| 新密市 | 333 | 85 | 328 | 5 | 334 | 329 |  | 5 | 9091 | 9063 |  | 28 | 27547 |
| 新郑市 | 211 | 95 | 211 |  | 209 | 209 |  |  | 5815 | 5815 |  |  | 27823 |
| 登封市 | 225 | 130 | 225 |  | 226 | 226 |  |  | 5430 | 5430 |  |  | 24027 |
| 经济开发区 | 879 | 468 | 305 | 546 | 928 | 311 | 30 | 587 | 32670 | 12618 | 1597 | 18455 | 41686 |
| 高新开发区 | 22 |  | 22 |  | 22 | 22 |  |  | 1227 | 1227 |  |  | 55773 |
| 郑东新区 | 506 | 164 | 469 | 37 | 496 | 461 |  | 35 | 22071 | 21324 |  | 747 | 46256 |
| **公共管理、社会保障和社会组织** | **119802** | **40376** | **115003** | **4112** | **118947** | **114080** | **677** | **4190** | **5014077** | **4935201** | **15904** | **62972** | **43144** |
| 中原区 | 12556 | 4141 | 12204 | 234 | 12363 | 12018 | 114 | 231 | 672738 | 665603 | 2401 | 4734 | 55061 |
| 二七区 | 10797 | 4909 | 7861 | 2936 | 10793 | 7828 |  | 2965 | 422353 | 383990 |  | 38363 | 49053 |
| 管城区 | 5661 | 2460 | 5642 | 1 | 5492 | 5473 | 18 | 1 | 244997 | 244659 | 320 | 18 | 44615 |
| 金水区 | 26897 | 8733 | 26418 | 234 | 26817 | 26330 | 234 | 253 | 1431176 | 1420089 | 4096 | 6991 | 53613 |
| 上街区 | 2279 | 804 | 2275 |  | 2299 | 2295 | 4 |  | 95989 | 95938 | 51 |  | 41753 |
| 惠济区 | 3656 | 1491 | 3474 | 155 | 3640 | 3459 | 27 | 154 | 167842 | 165392 | 506 | 1944 | 47590 |
| 中牟县 | 9856 | 3395 | 9743 | 113 | 9674 | 9555 |  | 119 | 318996 | 315491 |  | 3505 | 33018 |
| 巩义市 | 6616 | 1737 | 6522 | 78 | 6620 | 6523 | 16 | 81 | 225521 | 224129 | 214 | 1178 | 34308 |
| 荥阳市 | 8819 | 3001 | 8819 |  | 8790 | 8790 |  |  | 296121 | 296121 |  |  | 33688 |
| 新密市 | 9239 | 3332 | 9022 | 136 | 9169 | 8958 | 76 | 135 | 303634 | 298820 | 1997 | 2817 | 33298 |
| 新郑市 | 8146 | 2852 | 8100 | 46 | 8048 | 8004 |  | 44 | 293626 | 293123 |  | 503 | 36622 |
| 登封市 | 9461 | 2922 | 9371 | 90 | 9454 | 9338 | 10 | 106 | 269919 | 268392 | 114 | 1413 | 28723 |
| 经济开发区 | 835 | 319 | 830 |  | 829 | 824 | 5 |  | 42526 | 42436 | 90 |  | 51298 |
| 高新开发区 | 592 |  | 592 |  | 583 | 583 |  |  | 23323 | 23323 |  |  | 40005 |
| 郑东新区 | 3455 | 171 | 3280 | 2 | 3420 | 3245 | 173 | 2 | 168880 | 162730 | 6115 | 35 | 49399 |
| 航空港区 | 937 | 109 | 850 | 87 | 956 | 857 |  | 99 | 36436 | 34965 |  | 1471 | 40799 |

# 2-11 全市及各县(市)区国有单位分行业从业人员人数及工资总额

(2012年底)

单位:人

| 行业 | 单位从业人员 | #女性 | 在岗职工合计 | 其他从业人员 | 单位从业人员平均人数 | 在岗职工 | 劳务派遣人员 | 其他从业人员 | 单位从业人员工资总额(千元) | 在岗职工工资总额 | 劳务派遣人员工资总额 | 其他从业人员工资总额 | 在岗职工平均工资(元) |
|---|---|---|---|---|---|---|---|---|---|---|---|---|---|
| **农、林、牧、渔业** | **1110** | **372** | **1056** | **54** | **1111** | **1056** | | **55** | **31490** | **30699** | | **791** | **29071** |
| 中原区 | 26 | 6 | 26 | | 26 | 26 | | | 2110 | 2110 | | | 81154 |
| 金水区 | 263 | 105 | 263 | | 262 | 261 | | 1 | 9312 | 9270 | | 42 | 35517 |
| 惠济区 | 178 | 40 | 124 | 54 | 179 | 125 | | 54 | 5290 | 4541 | | 749 | 36328 |
| 中牟县 | 533 | 185 | 533 | | 532 | 532 | | | 12380 | 12380 | | | 23271 |
| 巩义市 | 10 | 3 | 10 | | 10 | 10 | | | 207 | 207 | | | 20700 |
| 新密市 | 9 | 2 | 9 | | 9 | 9 | | | 121 | 121 | | | 13444 |
| 新郑市 | 91 | 31 | 91 | | 93 | 93 | | | 2070 | 2070 | | | 22258 |
| **采矿业** | **53560** | **9519** | **53560** | | **53998** | **53998** | | | **2948815** | **2948815** | | | **54610** |
| 市直 | 45390 | 8600 | 45390 | | 45896 | 45896 | | | 2609004 | 2609004 | | | 56846 |
| 巩义市 | 2480 | 372 | 2480 | | 2480 | 2480 | | | 126116 | 126116 | | | 50853 |
| 荥阳市 | 2738 | 410 | 2738 | | 2710 | 2710 | | | 74084 | 74084 | | | 27337 |
| 新密市 | 202 | 7 | 202 | | 172 | 172 | | | 4702 | 4702 | | | 27337 |
| 登封市 | 2750 | 130 | 2750 | | 2740 | 2740 | | | 134909 | 134909 | | | 49237 |
| **制造业** | **17455** | **5821** | **16428** | **67** | **17156** | **16225** | **878** | **53** | **755914** | **723094** | **31874** | **946** | **44142** |
| 中原区 | 2988 | 1032 | 2954 | 27 | 2978 | 2949 | 7 | 22 | 107767 | 107002 | 212 | 553 | 36270 |
| 二七区 | 3290 | 1141 | 3290 | | 3282 | 3282 | | | 132423 | 132423 | | | 40348 |
| 管城区 | 1145 | 347 | 1085 | | 1177 | 1117 | 60 | | 33809 | 31944 | 1865 | | 28725 |
| 金水区 | 1622 | 542 | 1622 | | 1440 | 1440 | | | 40752 | 40752 | | | 28300 |
| 上街区 | 2567 | 870 | 2401 | 39 | 2536 | 2383 | 123 | 30 | 83778 | 80498 | 2898 | 382 | 33279 |
| 惠济区 | 49 | 16 | 49 | | 67 | 67 | | | 1754 | 1754 | | | 26179 |
| 中牟县 | 805 | 479 | 805 | | 815 | 815 | | | 20149 | 20149 | | | 24723 |
| 荥阳市 | 509 | 110 | 509 | | 505 | 505 | | | 9111 | 9111 | | | 18042 |
| 新郑市 | 2374 | 929 | 2374 | | 2384 | 2384 | | | 214954 | 214954 | | | 90165 |
| 经济开发区 | 1074 | 139 | 510 | | 972 | 491 | 481 | | 47749 | 31087 | 16662 | | 49124 |
| 高新开发区 | 1032 | 216 | 829 | 1 | 1000 | 792 | 207 | 1 | 63668 | 53420 | 10237 | 11 | 63721 |
| **电力、热力、燃气及水生产和供应业** | **23945** | **6066** | **23863** | **76** | **23900** | **23813** | **6** | **81** | **1011636** | **1009420** | **108** | **2108** | **42383** |
| 中原区 | 3605 | 1425 | 3605 | | 3636 | 3636 | | | 154739 | 154739 | | | 42557 |
| 二七区 | 1608 | 520 | 1608 | | 1547 | 1547 | | | 213212 | 213212 | | | 137823 |
| 上街区 | 34 | 15 | 34 | | 34 | 34 | | | 750 | 750 | | | 22059 |
| 中牟县 | 406 | 112 | 400 | | 408 | 402 | 6 | | 26134 | 26026 | 108 | | 64054 |

| 行　业 | 单位从业人员 | #女性 | 在岗职工合计 | 其他从业人员 | 单位从业人员平均人数 | 在岗职工 | 劳务派遣人员 | 其他从业人员 | 单位从业人员工资总额（千元） | 在岗职工工资总额 | 劳务派遣人员工资总额 | 其他从业人员工资总额 | 在岗职工平均工资（元） |
|---|---|---|---|---|---|---|---|---|---|---|---|---|---|
| 巩义市 | 816 | 243 | 816 |  | 814 | 814 |  |  | 47150 | 47150 |  |  | 57924 |
| 荥阳市 | 478 | 152 | 402 | 76 | 476 | 395 |  | 81 | 28956 | 26848 |  | 2108 | 67970 |
| 新密市 | 1316 | 601 | 1316 |  | 1322 | 1322 |  |  | 51453 | 51453 |  |  | 38921 |
| 新郑市 | 677 | 299 | 677 |  | 659 | 659 |  |  | 33134 | 33134 |  |  | 50279 |
| 登封市 | 14967 | 2687 | 14967 |  | 14969 | 14969 |  |  | 454924 | 454924 |  |  | 30391 |
| 经济开发区 | 29 | 12 | 29 |  | 26 | 26 |  |  | 905 | 905 |  |  | 34808 |
| 高新开发区 | 9 |  | 9 |  | 9 | 9 |  |  | 279 | 279 |  |  | 31000 |
| **建筑业** | **54127** | **6742** | **49214** | **1265** | **53967** | **49115** | **3493** | **1359** | **2331296** | **2158480** | **138317** | **34499** | **43659** |
| 中原区 | 11974 | 1875 | 8394 | 182 | 12011 | 8485 | 3240 | 286 | 553266 | 415419 | 133017 | 4830 | 46775 |
| 二七区 | 3759 | 637 | 3571 | 188 | 3743 | 3568 |  | 175 | 174091 | 168918 |  | 5173 | 47342 |
| 管城区 | 3734 | 755 | 3734 |  | 3671 | 3671 |  |  | 139369 | 139369 |  |  | 37965 |
| 金水区 | 15072 | 2363 | 14889 | 183 | 14997 | 14821 |  | 176 | 637437 | 633858 |  | 3579 | 42768 |
| 上街区 | 585 | 81 | 585 |  | 585 | 585 |  |  | 14380 | 14380 |  |  | 24581 |
| 中牟县 | 2743 | 374 | 2743 |  | 2696 | 2696 |  |  | 150019 | 150019 |  |  | 55645 |
| 荥阳市 | 318 | 10 | 50 | 268 | 308 | 48 |  | 260 | 5736 | 1315 |  | 4421 | 27396 |
| 新密市 | 45 | 7 | 40 | 5 | 44 | 39 |  | 5 | 844 | 766 |  | 78 | 19641 |
| 经济开发区 | 13938 | 334 | 13499 | 439 | 13917 | 13460 |  | 457 | 566182 | 549764 |  | 16418 | 40844 |
| 高新开发区 | 1959 | 306 | 1709 |  | 1995 | 1742 | 253 |  | 89972 | 84672 | 5300 |  | 45099 |
| **批发和零售业** | **9875** | **4233** | **9267** | **52** | **9932** | **9266** | **558** | **108** | **501815** | **480999** | **17453** | **3363** | **50738** |
| 中原区 | 856 | 373 | 856 |  | 852 | 852 |  |  | 45640 | 45640 |  |  | 53568 |
| 二七区 | 425 | 199 | 420 | 5 | 441 | 437 |  | 4 | 23802 | 23703 |  | 99 | 54240 |
| 管城区 | 197 | 146 | 197 |  | 185 | 185 |  |  | 5729 | 5729 |  |  | 30968 |
| 金水区 | 2477 | 1023 | 2449 | 3 | 2487 | 2400 | 27 | 60 | 96369 | 95019 | 894 | 456 | 39519 |
| 上街区 | 81 | 42 | 76 |  | 81 | 76 | 5 |  | 3267 | 3100 | 167 |  | 40333 |
| 中牟县 | 569 | 172 | 561 |  | 565 | 557 | 8 |  | 24859 | 24579 | 280 |  | 43998 |
| 巩义市 | 198 | 65 | 165 | 3 | 198 | 165 | 30 | 3 | 16271 | 15403 | 850 | 18 | 83349 |
| 荥阳市 | 300 | 123 | 300 |  | 299 | 299 |  |  | 13396 | 13396 |  |  | 44803 |
| 新密市 | 727 | 199 | 696 | 11 | 727 | 696 | 20 | 11 | 39489 | 38755 | 489 | 245 | 54810 |
| 新郑市 | 531 | 219 | 523 | 8 | 540 | 532 |  | 8 | 13900 | 13819 |  | 81 | 25976 |
| 登封市 | 1028 | 337 | 963 | 22 | 1023 | 958 | 43 | 22 | 47855 | 43939 | 1452 | 2464 | 45346 |
| 经济开发区 | 1093 | 530 | 668 |  | 1109 | 684 | 425 |  | 122517 | 109196 | 13321 |  | 110475 |
| 郑东新区 | 1393 | 805 | 1393 |  | 1425 | 1425 |  |  | 48721 | 48721 |  |  | 34190 |
| **交通运输、仓储和邮政业** | **25998** | **9042** | **23681** | **101** | **25520** | **23378** | **2041** | **101** | **988291** | **918710** | **67676** | **1905** | **38805** |

| 行业 | 单位从业人员 | #女性 | 在岗职工合计 | 其他从业人员 | 单位从业人员平均人数 | 在岗职工 | 劳务派遣人员 | 其他从业人员 | 单位从业人员工资总额（千元） | 在岗职工工资总额 | 劳务派遣人员工资总额 | 其他从业人员工资总额 | 在岗职工平均工资（元） |
|---|---|---|---|---|---|---|---|---|---|---|---|---|---|
| 中原区 | 207 | 67 | 201 | 6 | 208 | 202 |  | 6 | 9199 | 9111 |  | 88 | 45104 |
| 二七区 | 5796 | 2287 | 5681 |  | 5832 | 5717 | 115 |  | 251042 | 246396 | 4646 |  | 43046 |
| 管城区 | 1354 | 696 | 1347 |  | 1337 | 1330 | 7 |  | 44163 | 43998 | 165 |  | 33031 |
| 金水区 | 13377 | 3792 | 11402 | 8 | 12903 | 11099 | 1796 | 8 | 548009 | 486731 | 60808 | 470 | 42461 |
| 上街区 | 92 | 27 | 92 |  | 92 | 92 |  |  | 1913 | 1913 |  |  | 20793 |
| 惠济区 | 381 | 159 | 367 | 14 | 376 | 365 |  | 11 | 15694 | 15367 |  | 327 | 42101 |
| 中牟县 | 438 | 225 | 308 | 3 | 432 | 306 | 123 | 3 | 9973 | 7902 | 2057 | 14 | 23214 |
| 巩义市 | 1825 | 803 | 1825 |  | 1810 | 1810 |  |  | 40229 | 40229 |  |  | 22226 |
| 荥阳市 | 464 | 238 | 394 | 70 | 462 | 389 |  | 73 | 11245 | 10239 |  | 1006 | 26321 |
| 新密市 | 171 | 71 | 171 |  | 172 | 172 |  |  | 4441 | 4441 |  |  | 25820 |
| 新郑市 | 856 | 275 | 856 |  | 859 | 859 |  |  | 17851 | 17851 |  |  | 20781 |
| 登封市 | 559 | 397 | 559 |  | 558 | 558 |  |  | 14184 | 14184 |  |  | 25419 |
| 郑东新区 | 173 | 5 | 173 |  | 173 | 173 |  |  | 7172 | 7172 |  |  | 41457 |
| 航空港区 | 305 |  | 305 |  | 306 | 306 |  |  | 13176 | 13176 |  |  | 43059 |
| **住宿和餐饮业** | **9230** | **4968** | **8306** | **228** | **9259** | **8262** | **748** | **249** | **264794** | **240075** | **19473** | **5246** | **28807** |
| 中原区 | 781 | 451 | 581 |  | 819 | 578 | 241 |  | 28768 | 21675 | 7093 |  | 35126 |
| 二七区 | 1694 | 882 | 1168 | 206 | 1693 | 1154 | 319 | 220 | 51579 | 38730 | 8003 | 4846 | 31726 |
| 金水区 | 4931 | 2516 | 4733 | 22 | 4933 | 4716 | 188 | 29 | 141052 | 136275 | 4377 | 400 | 28681 |
| 上街区 | 31 | 22 | 31 |  | 31 | 31 |  |  | 457 | 457 |  |  | 14742 |
| 惠济区 | 1046 | 621 | 1046 |  | 1046 | 1046 |  |  | 28236 | 28236 |  |  | 26994 |
| 巩义市 | 200 | 80 | 200 |  | 202 | 202 |  |  | 3927 | 3927 |  |  | 19441 |
| 荥阳市 | 105 | 82 | 105 |  | 104 | 104 |  |  | 2218 | 2218 |  |  | 21327 |
| 登封市 | 442 | 314 | 442 |  | 431 | 431 |  |  | 8557 | 8557 |  |  | 19854 |
| **信息传输、软件和信息技术服务业** | **4970** | **2889** | **1671** | **70** | **4928** | **1663** | **3190** | **75** | **307517** | **101305** | **199056** | **7156** | **61892** |
| 中原区 | 37 | 12 | 37 |  | 37 | 37 |  |  | 1618 | 1618 |  |  | 43730 |
| 金水区 | 4401 | 2646 | 1172 |  | 4356 | 1165 | 3190 | 1 | 265224 | 66130 | 199056 | 38 | 60892 |
| 上街区 | 86 | 67 | 86 |  | 87 | 87 |  |  | 1548 | 1548 |  |  | 17793 |
| 荥阳市 | 108 | 46 | 108 |  | 106 | 106 |  |  | 5527 | 5527 |  |  | 52142 |
| 新郑市 | 234 | 72 | 164 | 70 | 237 | 163 |  | 74 | 31200 | 24082 |  | 7118 | 147742 |
| 登封市 | 104 | 46 | 104 |  | 105 | 105 |  |  | 2400 | 2400 |  |  | 22857 |
| **金融业** | **8135** | **4025** | **7657** | **10** | **7963** | **7475** | **478** | **10** | **705880** | **679868** | **25733** | **279** | **88721** |
| 中原区 | 1931 | 1124 | 1901 |  | 1797 | 1767 | 30 |  | 159835 | 159415 | 420 |  | 88945 |
| 管城区 | 928 | 629 | 656 |  | 931 | 639 | 292 |  | 78565 | 57995 | 20570 |  | 84388 |

| 行　业 | 单位从业人员 | #女性 | 在岗职工合计 | 其他从业人员 | 单位从业人员平均人数 | 在岗职工 | 劳务派遣人员 | 其他从业人员 | 单位从业人员工资总额（千元） | 在岗职工工资总额 | 劳务派遣人员工资总额 | 其他从业人员工资总额 | 在岗职工平均工资（元） |
|---|---|---|---|---|---|---|---|---|---|---|---|---|---|
| 金水区 | 2270 | 900 | 2203 | | 2247 | 2182 | 65 | | 284674 | 282724 | 1950 | | 126691 |
| 中牟县 | 292 | 117 | 273 | 10 | 292 | 273 | 9 | 10 | 17283 | 16696 | 308 | 279 | 60298 |
| 巩义市 | 479 | 252 | 471 | | 480 | 472 | 8 | | 35951 | 35714 | 237 | | 74898 |
| 荥阳市 | 520 | 186 | 520 | | 515 | 515 | | | 18994 | 18994 | | | 36882 |
| 新密市 | 861 | 398 | 841 | | 864 | 844 | 20 | | 60805 | 60275 | 530 | | 70376 |
| 新郑市 | 341 | 147 | 338 | | 338 | 335 | 3 | | 19041 | 18990 | 51 | | 56334 |
| 登封市 | 371 | 204 | 332 | | 370 | 331 | 39 | | 23121 | 21708 | 1413 | | 62489 |
| 郑东新区 | 142 | 68 | 122 | | 129 | 117 | 12 | | 7611 | 7357 | 254 | | 59000 |
| **房地产业** | **1979** | **700** | **1888** | **91** | **1933** | **1878** | | **55** | **72911** | **71491** | | **1420** | **38068** |
| 中原区 | 461 | 179 | 388 | 73 | 429 | 388 | | 41 | 18172 | 17492 | | 680 | 45082 |
| 二七区 | 35 | 12 | 35 | | 35 | 35 | | | 1260 | 1260 | | | 36000 |
| 管城区 | 84 | 27 | 84 | | 91 | 91 | | | 3462 | 3462 | | | 38044 |
| 金水区 | 1250 | 412 | 1233 | 17 | 1232 | 1219 | | 13 | 41224 | 40603 | | 621 | 33308 |
| 巩义市 | 48 | 26 | 48 | | 48 | 48 | | | 1355 | 1355 | | | 28229 |
| 经济开发区 | 42 | 16 | 41 | 1 | 41 | 40 | | 1 | 5348 | 5229 | | 119 | 130725 |
| 高新开发区 | 47 | 22 | 47 | | 45 | 45 | | | 1514 | 1514 | | | 33644 |
| 郑东新区 | 12 | 6 | 12 | | 12 | 12 | | | 576 | 576 | | | 48000 |
| **租赁和商务服务业** | **8749** | **2076** | **8492** | **165** | **8717** | **8457** | **90** | **170** | **381360** | **375188** | **2797** | **3375** | **44224** |
| 中原区 | 289 | 126 | 289 | | 290 | 290 | | | 16359 | 16359 | | | 56410 |
| 二七区 | 163 | 79 | 163 | | 161 | 161 | | | 8628 | 8628 | | | 53590 |
| 管城区 | 98 | 21 | 40 | 58 | 98 | 40 | | 58 | 3500 | 1944 | | 1556 | 48600 |
| 金水区 | 5352 | 1298 | 5154 | 107 | 5353 | 5152 | 89 | 112 | 282308 | 277714 | 2775 | 1819 | 53518 |
| 上街区 | 194 | 56 | 194 | | 194 | 194 | | | 4064 | 4064 | | | 20948 |
| 惠济区 | 71 | 28 | 71 | | 71 | 71 | | | 2132 | 2132 | | | 30028 |
| 中牟县 | 289 | 108 | 289 | | 289 | 289 | | | 7587 | 7587 | | | 26253 |
| 巩义市 | 210 | 103 | 209 | | 210 | 209 | 1 | | 5070 | 5048 | 22 | | 24143 |
| 荥阳市 | 476 | 76 | 476 | | 473 | 473 | | | 9119 | 9119 | | | 19279 |
| 新密市 | 70 | 33 | 70 | | 70 | 70 | | | 1945 | 1945 | | | 27786 |
| 新郑市 | 1161 | 140 | 1161 | | 1132 | 1132 | | | 24609 | 24609 | | | 21739 |
| 经济开发区 | 11 | 5 | 11 | | 11 | 11 | | | 258 | 258 | | | 23455 |
| 高新开发区 | 24 | | 24 | | 24 | 24 | | | 1072 | 1072 | | | 44667 |
| 郑东新区 | 341 | 3 | 341 | | 341 | 341 | | | 14709 | 14709 | | | 43135 |
| **科学研究和技术服务业** | **23383** | **7120** | **20979** | **1262** | **23088** | **20766** | **1092** | **1230** | **1142626** | **1057455** | **48905** | **36266** | **50616** |

| 行　业 | 单位从业人员 | #女性 | 在岗职工合计 | 其他从业人员 | 单位从业人员平均人数 | 在岗职工 | 劳务派遣人员 | 其他从业人员 | 单位从业人员工资总额（千元） | 在岗职工工资总额 | 劳务派遣人员工资总额 | 其他从业人员工资总额 | 在岗职工平均工资（元） |
|---|---|---|---|---|---|---|---|---|---|---|---|---|---|
| 中原区 | 5586 | 1834 | 5378 | 65 | 5518 | 5309 | 143 | 66 | 410734 | 405269 | 3783 | 1682 | 75028 |
| 二七区 | 1612 | 472 | 958 | 4 | 1608 | 954 | 650 | 4 | 72066 | 40748 | 31210 | 108 | 44862 |
| 管城区 | 1121 | 234 | 537 | 584 | 1123 | 539 |  | 584 | 38002 | 24179 |  | 13823 | 44859 |
| 金水区 | 9449 | 3136 | 8920 | 267 | 9325 | 8796 | 252 | 277 | 425717 | 405239 | 11736 | 8742 | 46085 |
| 上街区 | 244 | 98 | 219 | 25 | 232 | 212 |  | 20 | 13466 | 12145 |  | 1321 | 57288 |
| 惠济区 | 357 | 63 | 258 | 12 | 307 | 248 | 47 | 12 | 11843 | 9395 | 2176 | 272 | 39224 |
| 中牟县 | 352 | 107 | 346 | 6 | 352 | 346 |  | 6 | 8593 | 8457 |  | 136 | 24442 |
| 巩义市 | 289 | 126 | 289 |  | 289 | 289 |  |  | 8647 | 8647 |  |  | 29920 |
| 荥阳市 | 271 | 73 | 271 |  | 270 | 270 |  |  | 8225 | 8225 |  |  | 30463 |
| 新密市 | 348 | 125 | 348 |  | 349 | 349 |  |  | 9811 | 9811 |  |  | 28112 |
| 新郑市 | 901 | 187 | 683 | 218 | 861 | 684 |  | 177 | 50162 | 41849 |  | 8313 | 61183 |
| 登封市 | 9 | 4 | 9 |  | 9 | 9 |  |  | 316 | 316 |  |  | 35111 |
| 经济开发区 | 35 | 4 | 35 |  | 35 | 35 |  |  | 1823 | 1823 |  |  | 52086 |
| 高新开发区 | 206 |  | 206 |  | 205 | 205 |  |  | 8542 | 8542 |  |  | 41668 |
| 郑东新区 | 2603 | 657 | 2522 | 81 | 2605 | 2521 |  | 84 | 74679 | 72810 |  | 1869 | 28881 |
| **水利、环境和公共设施管理业** | **17143** | **5738** | **16001** | **1032** | **17085** | **16016** | **123** | **946** | **617963** | **600184** | **3733** | **14046** | **37420** |
| 中原区 | 1606 | 495 | 1280 | 325 | 1574 | 1323 | 1 | 250 | 70853 | 65878 | 36 | 4939 | 49784 |
| 二七区 | 245 | 98 | 245 |  | 249 | 249 |  |  | 10465 | 10465 |  |  | 42028 |
| 管城区 | 911 | 524 | 911 |  | 857 | 857 |  |  | 32434 | 32434 |  |  | 37846 |
| 金水区 | 5697 | 1854 | 5486 | 102 | 5718 | 5496 | 121 | 101 | 264138 | 258223 | 3673 | 2242 | 46626 |
| 上街区 | 475 | 250 | 475 |  | 479 | 479 |  |  | 15490 | 15490 |  |  | 32338 |
| 惠济区 | 1006 | 301 | 986 | 20 | 1012 | 992 |  | 20 | 46654 | 46222 |  | 432 | 46595 |
| 中牟县 | 568 | 208 | 568 |  | 551 | 551 |  |  | 17133 | 17133 |  |  | 31094 |
| 巩义市 | 1017 | 146 | 455 | 562 | 1016 | 464 |  | 552 | 21241 | 15216 |  | 6025 | 32793 |
| 荥阳市 | 2186 | 570 | 2186 |  | 2180 | 2180 |  |  | 50588 | 50588 |  |  | 23206 |
| 新密市 | 435 | 146 | 415 | 20 | 435 | 415 |  | 20 | 11712 | 11332 |  | 380 | 27306 |
| 新郑市 | 952 | 383 | 949 | 3 | 960 | 956 | 1 | 3 | 30167 | 30115 | 24 | 28 | 31493 |
| 登封市 | 1666 | 671 | 1666 |  | 1666 | 1666 |  |  | 28713 | 28713 |  |  | 17235 |
| 高新开发区 | 145 |  | 145 |  | 151 | 151 |  |  | 5516 | 5516 |  |  | 36530 |
| 郑东新区 | 234 | 92 | 234 |  | 237 | 237 |  |  | 12859 | 12859 |  |  | 54257 |
| **居民服务、修理和其他服务业** | **552** | **152** | **547** | **5** | **544** | **539** |  | **5** | **21311** | **21239** |  | **72** | **39404** |
| 二七区 | 88 | 27 | 88 |  | 88 | 88 |  |  | 3280 | 3280 |  |  | 37273 |
| 管城区 | 60 | 18 | 60 |  | 60 | 60 |  |  | 1811 | 1811 |  |  | 30183 |
| 金水区 | 188 | 76 | 188 |  | 188 | 188 |  |  | 10608 | 10608 |  |  | 56426 |

| 行　业 | 单位从业人员 | #女性 | 在岗职工合计 | 其他从业人员 | 单位从业人员平均人数 | 在岗职工 | 劳务派遣人员 | 其他从业人员 | 单位从业人员工资总额（千元） | 在岗职工工资总额 | 劳务派遣人员工资总额 | 其他从业人员工资总额 | 在岗职工平均工资（元） |
|---|---|---|---|---|---|---|---|---|---|---|---|---|---|
| 惠济区 | 20 | 3 | 20 | | 20 | 20 | | | 544 | 544 | | | 27200 |
| 新密市 | 69 | 11 | 69 | | 69 | 69 | | | 2240 | 2240 | | | 32464 |
| 新郑市 | 73 | 17 | 68 | 5 | 65 | 60 | | 5 | 1685 | 1613 | | 72 | 26883 |
| 经济开发区 | 54 | | 54 | | 54 | 54 | | | 1143 | 1143 | | | 21167 |
| **教育** | **112565** | **62713** | **110024** | **1287** | **112012** | **109427** | **1238** | **1347** | **5124642** | **5047182** | **29818** | **47642** | **45877** |
| 中原区 | 11934 | 6704 | 11270 | 475 | 11882 | 11231 | 190 | 461 | 592091 | 578169 | 5255 | 8667 | 51083 |
| 二七区 | 8062 | 4715 | 7974 | 52 | 8064 | 7972 | 38 | 54 | 377889 | 375968 | 733 | 1188 | 47029 |
| 管城区 | 3662 | 2386 | 3541 | 4 | 3629 | 3509 | 117 | 3 | 183131 | 178711 | 4197 | 223 | 50443 |
| 金水区 | 24153 | 13197 | 23120 | 182 | 24036 | 22876 | 840 | 320 | 1368238 | 1343533 | 18862 | 5843 | 57446 |
| 上街区 | 1442 | 730 | 1442 | | 1436 | 1436 | | | 63005 | 63005 | | | 43875 |
| 惠济区 | 5909 | 3340 | 5708 | 201 | 5800 | 5664 | | 136 | 260493 | 234556 | | 25937 | 41412 |
| 中牟县 | 9143 | 4844 | 8962 | 161 | 8901 | 8739 | 10 | 152 | 331888 | 329312 | 360 | 2216 | 37681 |
| 巩义市 | 2924 | 1818 | 2908 | 16 | 2850 | 2834 | | 16 | 104864 | 104672 | | 192 | 36934 |
| 荥阳市 | 10692 | 6566 | 10689 | 3 | 10664 | 10661 | | 3 | 445032 | 444995 | | 37 | 41740 |
| 新密市 | 8609 | 5943 | 8550 | 59 | 8627 | 8568 | | 59 | 337787 | 336718 | | 1069 | 39299 |
| 新郑市 | 9501 | 4971 | 9331 | 129 | 9568 | 9387 | 43 | 138 | 393449 | 390858 | 411 | 2180 | 41492 |
| 登封市 | 7295 | 3858 | 7295 | | 7284 | 7284 | | | 249035 | 249035 | | | 34189 |
| 经济开发区 | 690 | 431 | 685 | 5 | 678 | 673 | | 5 | 33175 | 33085 | | 90 | 49160 |
| 高新开发区 | 6891 | 2320 | 6891 | | 6997 | 6997 | | | 319029 | 319029 | | | 45595 |
| 郑东新区 | 1658 | 890 | 1658 | | 1596 | 1596 | | | 65536 | 65536 | | | 41063 |
| **卫生和社会工作** | **60698** | **37477** | **55388** | **1635** | **58676** | **53700** | **3343** | **1633** | **2409169** | **2297457** | **79311** | **32401** | **41666** |
| 中原区 | 5285 | 3835 | 4157 | 51 | 5067 | 4050 | 964 | 53 | 216905 | 180170 | 35831 | 904 | 43080 |
| 二七区 | 10335 | 5208 | 9641 | 81 | 9746 | 9137 | 528 | 81 | 359147 | 345970 | 12152 | 1025 | 37053 |
| 管城区 | 3547 | 2496 | 2808 | 47 | 3490 | 2786 | 668 | 36 | 155723 | 144742 | 10492 | 489 | 44943 |
| 金水区 | 23229 | 15182 | 21279 | 1081 | 22379 | 20502 | 808 | 1069 | 1049374 | 1014416 | 14388 | 20570 | 48278 |
| 上街区 | 469 | 294 | 469 | | 468 | 468 | | | 17756 | 17756 | | | 37940 |
| 惠济区 | 1198 | 834 | 1167 | 31 | 1204 | 1177 | | 27 | 52168 | 51553 | | 615 | 43800 |
| 中牟县 | 2770 | 1647 | 2656 | 109 | 2721 | 2607 | 5 | 109 | 114743 | 112201 | 30 | 2512 | 42967 |
| 巩义市 | 627 | 394 | 590 | 37 | 622 | 585 | | 37 | 22966 | 22162 | | 804 | 37884 |
| 荥阳市 | 2710 | 1747 | 2681 | 29 | 2703 | 2674 | | 29 | 89015 | 88166 | | 849 | 32972 |
| 新密市 | 3171 | 1753 | 3110 | 6 | 3169 | 3108 | 55 | 6 | 92976 | 91580 | 1314 | 82 | 29369 |
| 新郑市 | 3489 | 2363 | 3323 | 163 | 3302 | 3112 | 4 | 186 | 106687 | 101897 | 239 | 4551 | 32778 |
| 登封市 | 2143 | 1393 | 2143 | | 2139 | 2139 | | | 75254 | 75254 | | | 35182 |
| 经济开发区 | 1050 | | 689 | | 985 | 674 | 311 | | 24874 | 20009 | 4865 | | 25253 |
| 高新开发区 | 66 | | 66 | | 66 | 66 | | | 2069 | 2069 | | | 31348 |

| 行　业 | 单位从业人员 | #女性 | 在岗职工合计 | 其他从业人员 | 单位从业人员平均人数 | 在岗职工 | 劳务派遣人员 | 其他从业人员 | 单位从业人员工资总额（千元） | 在岗职工工资总额 | 劳务派遣人员工资总额 | 其他从业人员工资总额 | 在岗职工平均工资（元） |
|---|---|---|---|---|---|---|---|---|---|---|---|---|---|
| 郑东新区 | 609 | 331 | 609 | | 615 | 615 | | | 29512 | 29512 | | | 47987 |
| **文化、体育和娱乐业** | **19790** | **7080** | **17851** | **1374** | **20569** | **18655** | **569** | **1345** | **923389** | **874975** | **14915** | **33499** | **46291** |
| 中原区 | 2739 | 1353 | 1992 | 690 | 2602 | 1987 | 57 | 558 | 104944 | 93366 | 771 | 10807 | 46055 |
| 二七区 | 486 | 169 | 446 | 40 | 488 | 448 | | 40 | 18431 | 17216 | | 1215 | 38429 |
| 管城区 | 242 | 99 | 242 | | 248 | 248 | | | 9987 | 9987 | | | 40270 |
| 金水区 | 13022 | 3966 | 12544 | 44 | 13887 | 13343 | 436 | 108 | 676849 | 663191 | 11545 | 2113 | 48968 |
| 上街区 | 36 | 19 | 36 | | 36 | 36 | | | 1312 | 1312 | | | 36444 |
| 惠济区 | 395 | 158 | 350 | | 398 | 353 | 45 | | 15853 | 14857 | 996 | | 39832 |
| 中牟县 | 70 | 32 | 70 | | 70 | 70 | | | 1552 | 1552 | | | 22171 |
| 巩义市 | 482 | 210 | 465 | 16 | 480 | 463 | 1 | 16 | 12317 | 12143 | 6 | 168 | 26183 |
| 荥阳市 | 594 | 262 | 594 | | 593 | 593 | | | 20837 | 20837 | | | 35138 |
| 新密市 | 333 | 85 | 328 | 5 | 334 | 329 | | 5 | 9091 | 9063 | | 28 | 27547 |
| 新郑市 | 211 | 95 | 211 | | 209 | 209 | | | 5815 | 5815 | | | 27823 |
| 登封市 | 225 | 130 | 225 | | 226 | 226 | | | 5430 | 5430 | | | 24027 |
| 经济开发区 | 642 | 427 | 72 | 542 | 691 | 78 | 30 | 583 | 26929 | 6911 | 1597 | 18421 | 78778 |
| 高新开发区 | 22 | | 22 | | 22 | 22 | | | 1227 | 1227 | | | 55773 |
| 郑东新区 | 291 | 75 | 254 | 37 | 285 | 250 | | 35 | 12815 | 12068 | | 747 | 48272 |
| **公共管理、社会保障和社会组织** | **115233** | **37808** | **113010** | **1546** | **114358** | **112104** | **674** | **1580** | **4905833** | **4860909** | **15874** | **29050** | **43242** |
| 中原区 | 12556 | 4141 | 12204 | 234 | 12363 | 12018 | 114 | 231 | 672738 | 665603 | 2401 | 4734 | 55061 |
| 二七区 | 7476 | 2819 | 7104 | 372 | 7435 | 7071 | | 364 | 352645 | 347975 | | 4670 | 49212 |
| 管城区 | 5651 | 2458 | 5632 | 1 | 5482 | 5463 | 18 | 1 | 244727 | 244389 | 320 | 18 | 44647 |
| 金水区 | 26245 | 8524 | 25778 | 232 | 26174 | 25699 | 231 | 244 | 1408906 | 1398078 | 4066 | 6762 | 54074 |
| 上街区 | 2258 | 796 | 2254 | | 2278 | 2274 | 4 | | 95087 | 95036 | 51 | | 41741 |
| 惠济区 | 3656 | 1491 | 3474 | 155 | 3640 | 3459 | 27 | 154 | 167842 | 165392 | 506 | 1944 | 47590 |
| 中牟县 | 9551 | 3224 | 9438 | 113 | 9372 | 9253 | | 119 | 312033 | 308528 | | 3505 | 33344 |
| 巩义市 | 6584 | 1728 | 6490 | 78 | 6588 | 6491 | 16 | 81 | 224458 | 223066 | 214 | 1178 | 34314 |
| 荥阳市 | 8819 | 3001 | 8819 | | 8790 | 8790 | | | 296121 | 296121 | | | 33688 |
| 新密市 | 9011 | 3253 | 8794 | 136 | 8946 | 8735 | 76 | 135 | 296566 | 291752 | 1997 | 2817 | 33339 |
| 新郑市 | 8146 | 2852 | 8100 | 46 | 8048 | 8004 | | 44 | 293626 | 293123 | | 503 | 36622 |
| 登封市 | 9461 | 2922 | 9371 | 90 | 9454 | 9338 | 10 | 106 | 269919 | 268392 | 114 | 1413 | 28723 |
| 经济开发区 | 835 | 319 | 830 | | 829 | 824 | 5 | | 42526 | 42436 | 90 | | 51298 |
| 高新开发区 | 592 | | 592 | | 583 | 583 | | | 23323 | 23323 | | | 40005 |
| 郑东新区 | 3455 | 171 | 3280 | 2 | 3420 | 3245 | 173 | 2 | 168880 | 162730 | 6115 | 35 | 49399 |
| 航空港区 | 937 | 109 | 850 | 87 | 956 | 857 | | 99 | 36436 | 34965 | | 1471 | 40799 |

## 2-12 全市及各县(市)区城镇集体单位分行业从业人员人数及工资总额

(2012 年底)

单位:人

| 行　业 | 单位从业人员 | #女性 | 在岗职工合计 | 其他从业人员 | 单位从业人员平均人数 | 在岗职工 | 劳务派遣人员 | 其他从业人员 | 单位从业人员工资总额(千元) | 在岗职工工资总额 | 劳务派遣人员工资总额 | 其他从业人员工资总额 | 在岗职工平均工资(元) |
|---|---|---|---|---|---|---|---|---|---|---|---|---|---|
| **农、林、牧、渔业** | **558** | **208** | **558** | | **490** | **490** | | | **11488** | **11488** | | | **23445** |
| 惠济区 | 22 | 6 | 22 | | 22 | 22 | | | 528 | 528 | | | 24000 |
| 中牟县 | 536 | 202 | 536 | | 468 | 468 | | | 10960 | 10960 | | | 23419 |
| **采矿业** | **633** | **116** | **633** | | **496** | **496** | | | **17900** | **17900** | | | **36089** |
| 巩义市 | 295 | 31 | 295 | | 289 | 289 | | | 14294 | 14294 | | | 49460 |
| 新密市 | 108 | 25 | 108 | | 17 | 17 | | | 216 | 216 | | | 12706 |
| 登封市 | 230 | 60 | 230 | | 190 | 190 | | | 3390 | 3390 | | | 17842 |
| **制造业** | **8968** | **3652** | **8562** | **111** | **9014** | **8593** | **294** | **127** | **253966** | **237356** | **13297** | **3313** | **28204** |
| 中原区 | 730 | 218 | 686 | 5 | 711 | 672 | 34 | 5 | 18690 | 17550 | 960 | 180 | 26218 |
| 二七区 | 5 | 1 | 5 | | 5 | 5 | | | 375 | 375 | | | 75000 |
| 管城区 | 688 | 258 | 511 | | 694 | 516 | 178 | | 59198 | 49563 | 9635 | | 85300 |
| 金水区 | 1217 | 611 | 1111 | 106 | 1228 | 1125 | 1 | 102 | 34688 | 31555 | | 3133 | 28024 |
| 上街区 | 1526 | 822 | 1447 | | 1542 | 1461 | 81 | | 30037 | 27335 | 2702 | | 19479 |
| 惠济区 | 69 | 35 | 69 | | 68 | 68 | | | 1542 | 1542 | | | 22676 |
| 中牟县 | 30 | 2 | 30 | | 45 | 45 | | | 2033 | 2033 | | | 45178 |
| 巩义市 | 103 | 44 | 103 | | 103 | 103 | | | 2152 | 2152 | | | 20893 |
| 荥阳市 | 1015 | 485 | 1015 | | 1010 | 1010 | | | 17534 | 17534 | | | 17360 |
| 新密市 | 1019 | 367 | 1019 | | 1034 | 1034 | | | 24281 | 24281 | | | 23483 |
| 新郑市 | 1578 | 595 | 1578 | | 1594 | 1594 | | | 37917 | 37917 | | | 23787 |
| 登封市 | 868 | 157 | 868 | | 860 | 860 | | | 21395 | 21395 | | | 24878 |
| 经济开发区 | 120 | 57 | 120 | | 120 | 100 | | 20 | 4124 | 4124 | | | 41240 |
| **电力、热力、燃气及水生产和供应业** | **105** | **36** | **105** | | **108** | **108** | | | **2692** | **2692** | | | **24926** |
| 惠济区 | 105 | 36 | 105 | | 108 | 108 | | | 2692 | 2692 | | | 24926 |
| **建筑业** | **16760** | **1594** | **15500** | **832** | **15850** | **14988** | **380** | **482** | **388462** | **368498** | **12480** | **7484** | **24790** |
| 中原区 | 1996 | 193 | 1518 | 150 | 1668 | 1268 | 300 | 100 | 56231 | 45451 | 9000 | 1780 | 34726 |
| 二七区 | 2000 | 125 | 2000 | | 2020 | 2020 | | | 60000 | 60000 | | | 29703 |
| 金水区 | 583 | 140 | 583 | | 565 | 565 | | | 13568 | 13568 | | | 24014 |
| 上街区 | 63 | 12 | 42 | 21 | 62 | 44 | | 18 | 888 | 671 | | 217 | 15250 |
| 惠济区 | 9249 | 443 | 8663 | 586 | 7997 | 7690 | | 307 | 167419 | 163405 | | 4014 | 21249 |
| 中牟县 | 211 | 68 | 208 | 3 | 211 | 208 | | 3 | 6368 | 6258 | | 110 | 30087 |
| 新密市 | 160 | 30 | 40 | 20 | 160 | 40 | 80 | 40 | 5568 | 1392 | 3480 | 696 | 40600 |
| 新郑市 | 868 | 269 | 816 | 52 | 827 | 813 | | 14 | 31438 | 30771 | | 667 | 37849 |
| 登封市 | 1630 | 314 | 1630 | | 2340 | 2340 | | | 46982 | 46982 | | | 20078 |
| **批发和零售业** | **4481** | **1532** | **4364** | **117** | **4454** | **4336** | | **118** | **94676** | **92857** | | **1819** | **21415** |
| 中原区 | 32 | 20 | 32 | | 32 | 32 | | | 1029 | 1029 | | | 32156 |

| 行 业 | 单位从业人员 | | | | 单位从业人员平均人数 | | | | 单位从业人员工资总额（千元） | | | | 在岗职工平均工资（元） |
|---|---|---|---|---|---|---|---|---|---|---|---|---|---|
| | | #女性 | 在岗职工合计 | 其他从业人员 | | 在岗职工 | 劳务派遣人员 | 其他从业人员 | | 在岗职工工资总额 | 劳务派遣人员工资总额 | 其他从业人员工资总额 | |
| 二七区 | 39 | 16 | 39 | | 39 | 39 | | | 420 | 420 | | | 10769 |
| 管城区 | 633 | 29 | 633 | | 639 | 639 | | | 23619 | 23619 | | | 36962 |
| 金水区 | 648 | 271 | 637 | 11 | 644 | 632 | | 12 | 23487 | 23222 | | 265 | 36744 |
| 上街区 | 5 | 1 | 5 | | 5 | 5 | | | 98 | 98 | | | 19600 |
| 惠济区 | 24 | 11 | 24 | | 24 | 24 | | | 448 | 448 | | | 18667 |
| 中牟县 | 72 | 19 | 72 | | 72 | 72 | | | 388 | 388 | | | 5389 |
| 巩义市 | 1299 | 505 | 1193 | 106 | 1267 | 1161 | | 106 | 18831 | 17277 | | 1554 | 14881 |
| 荥阳市 | 963 | 306 | 963 | | 963 | 963 | | | 15865 | 15865 | | | 16475 |
| 新密市 | 166 | 109 | 166 | | 169 | 169 | | | 2487 | 2487 | | | 14716 |
| 新郑市 | 140 | 32 | 140 | | 140 | 140 | | | 2059 | 2059 | | | 14707 |
| 登封市 | 460 | 213 | 460 | | 460 | 460 | | | 5945 | 5945 | | | 12924 |
| **交通运输、仓储和邮政业** | **1014** | **365** | **993** | **21** | **1007** | **986** | | **21** | **20322** | **20191** | | **131** | **20478** |
| 管城区 | 160 | 65 | 160 | | 153 | 153 | | | 4159 | 4159 | | | 27183 |
| 金水区 | 43 | 15 | 43 | | 43 | 43 | | | 943 | 943 | | | 21930 |
| 上街区 | 102 | 27 | 102 | | 102 | 102 | | | 2407 | 2407 | | | 23598 |
| 中牟县 | 22 | 4 | 22 | | 22 | 22 | | | 144 | 144 | | | 6545 |
| 巩义市 | 19 | 11 | 19 | | 19 | 19 | | | 207 | 207 | | | 10895 |
| 新密市 | 285 | 97 | 264 | 21 | 286 | 265 | | 21 | 5035 | 4904 | | 131 | 18506 |
| 新郑市 | 63 | 21 | 63 | | 63 | 63 | | | 1107 | 1107 | | | 17571 |
| 登封市 | 320 | 125 | 320 | | 319 | 319 | | | 6320 | 6320 | | | 19812 |
| **住宿和餐饮业** | **1073** | **622** | **1072** | **1** | **1105** | **1104** | | **1** | **21977** | **21960** | | **17** | **19891** |
| 中原区 | 41 | 26 | 41 | | 41 | 41 | | | 667 | 667 | | | 16268 |
| 二七区 | 122 | 60 | 122 | | 145 | 145 | | | 2807 | 2807 | | | 19359 |
| 金水区 | 438 | 219 | 437 | 1 | 446 | 445 | | 1 | 10397 | 10380 | | 17 | 23326 |
| 巩义市 | 119 | 85 | 119 | | 119 | 119 | | | 2157 | 2157 | | | 18126 |
| 荥阳市 | 45 | 32 | 45 | | 45 | 45 | | | 665 | 665 | | | 14778 |
| 登封市 | 308 | 200 | 308 | | 309 | 309 | | | 5284 | 5284 | | | 17100 |
| **信息传输、软件和信息技术服务业** | **187** | **67** | **187** | | **187** | **187** | | | **7437** | **7437** | | | **39770** |
| 中原区 | 24 | 10 | 24 | | 24 | 24 | | | 1081 | 1081 | | | 45042 |
| 金水区 | 6 | 1 | 6 | | 6 | 6 | | | 187 | 187 | | | 31167 |
| 巩义市 | 41 | 15 | 41 | | 40 | 40 | | | 1222 | 1222 | | | 30550 |
| 新密市 | 116 | 41 | 116 | | 117 | 117 | | | 4947 | 4947 | | | 42282 |
| **金融业** | **1403** | **642** | **1403** | | **1411** | **1411** | | | **63992** | **63992** | | | **45352** |
| 惠济区 | 91 | 41 | 91 | | 91 | 91 | | | 2132 | 2132 | | | 23429 |
| 荥阳市 | 295 | 88 | 295 | | 294 | 294 | | | 11130 | 11130 | | | 37857 |

2-12 续表 2　　　　（2012 年底）　　　　单位：人

| 行　业 | 单位从业人员 | #女性 | 在岗职工合计 | 其他从业人员 | 单位从业人员平均人数 | 在岗职工 | 劳务派遣人员 | 其他从业人员 | 单位从业人员工资总额（千元） | 在岗职工工资总额 | 劳务派遣人员工资总额 | 其他从业人员工资总额 | 在岗职工平均工资（元） |
|---|---|---|---|---|---|---|---|---|---|---|---|---|---|
| 新密市 | 126 | 79 | 126 | | 126 | 126 | | | 6595 | 6595 | | | 52341 |
| 新郑市 | 435 | 217 | 435 | | 437 | 437 | | | 34660 | 34660 | | | 79314 |
| 登封市 | 456 | 217 | 456 | | 463 | 463 | | | 9475 | 9475 | | | 20464 |
| **房地产业** | **479** | **189** | **479** | | **482** | **482** | | | **12758** | **12758** | | | **26469** |
| 金水区 | 324 | 133 | 324 | | 327 | 327 | | | 9917 | 9917 | | | 30327 |
| 巩义市 | 91 | 35 | 91 | | 91 | 91 | | | 1047 | 1047 | | | 11505 |
| 新郑市 | 58 | 18 | 58 | | 58 | 58 | | | 1505 | 1505 | | | 25948 |
| 高新开发区 | 6 | 3 | 6 | | 6 | 6 | | | 289 | 289 | | | 48167 |
| **租赁和商务服务业** | **1556** | **609** | **1102** | **444** | **1518** | **1082** | **10** | **426** | **35452** | **28882** | **289** | **6281** | **26713** |
| 中原区 | 109 | 49 | 99 | | 107 | 97 | 10 | | 4120 | 3831 | 289 | | 38505 |
| 二七区 | 24 | 16 | 5 | 19 | 24 | 5 | | 19 | 289 | 66 | | 223 | 13200 |
| 管城区 | 101 | 71 | 100 | 1 | 96 | 95 | | 1 | 2109 | 2084 | | 25 | 21937 |
| 金水区 | 410 | 266 | 410 | | 411 | 411 | | | 14138 | 14138 | | | 34399 |
| 上街区 | 12 | 10 | 12 | | 12 | 12 | | | 180 | 180 | | | 15000 |
| 中牟县 | 620 | 120 | 196 | 424 | 592 | 186 | | 406 | 9126 | 3093 | | 6033 | 16629 |
| 巩义市 | 25 | 15 | 25 | | 25 | 25 | | | 640 | 640 | | | 25600 |
| 荥阳市 | 37 | 10 | 37 | | 37 | 37 | | | 1280 | 1280 | | | 34595 |
| 新密市 | 170 | 12 | 170 | | 166 | 166 | | | 2718 | 2718 | | | 16373 |
| 登封市 | 48 | 40 | 48 | | 48 | 48 | | | 852 | 852 | | | 17750 |
| **科学研究和技术服务业** | **1443** | **272** | **1191** | **252** | **1448** | **1197** | | **251** | **52013** | **47950** | | **4063** | **40058** |
| 中原区 | 69 | 22 | 69 | | 69 | 69 | | | 5704 | 5704 | | | 82667 |
| 二七区 | 388 | 55 | 137 | 251 | 386 | 136 | | 250 | 10152 | 6104 | | 4048 | 44882 |
| 金水区 | 806 | 130 | 805 | 1 | 813 | 812 | | 1 | 30902 | 30887 | | 15 | 38038 |
| 惠济区 | 5 | 1 | 5 | | 5 | 5 | | | 108 | 108 | | | 21600 |
| 新密市 | 8 | 2 | 8 | | 8 | 8 | | | 262 | 262 | | | 32750 |
| 新郑市 | 90 | 36 | 90 | | 90 | 90 | | | 1888 | 1888 | | | 20978 |
| 高新开发区 | 5 | | 5 | | 5 | 5 | | | 161 | 161 | | | 32200 |
| 郑东新区 | 72 | 26 | 72 | | 72 | 72 | | | 2836 | 2836 | | | 39389 |
| **水利、环境和公共设施管理业** | **614** | **295** | **614** | | **615** | **615** | | | **11545** | **11545** | | | **18772** |
| 二七区 | 2 | 1 | 2 | | 2 | 2 | | | 36 | 36 | | | 18000 |
| 上街区 | 182 | 90 | 182 | | 182 | 182 | | | 3176 | 3176 | | | 17451 |
| 中牟县 | 413 | 198 | 413 | | 414 | 414 | | | 7986 | 7986 | | | 19290 |
| 巩义市 | 17 | 6 | 17 | | 17 | 17 | | | 347 | 347 | | | 20412 |
| **居民服务、修理和其他服务业** | **187** | **48** | **185** | **2** | **184** | **182** | | **2** | **6949** | **6926** | | **23** | **38055** |

| 行业 | 单位从业人员 | #女性 | 在岗职工合计 | 其他从业人员 | 单位从业人员平均人数 | 在岗职工 | 劳务派遣人员 | 其他从业人员 | 单位从业人员工资总额（千元） | 在岗职工工资总额 | 劳务派遣人员工资总额 | 其他从业人员工资总额 | 在岗职工平均工资（元） |
|---|---|---|---|---|---|---|---|---|---|---|---|---|---|
| 二七区 | 17 | 6 | 17 |  | 17 | 17 |  |  | 225 | 225 |  |  | 13235 |
| 金水区 | 84 | 22 | 84 |  | 81 | 81 |  |  | 4402 | 4402 |  |  | 54346 |
| 中牟县 | 48 | 10 | 46 | 2 | 48 | 46 |  | 2 | 1545 | 1522 |  | 23 | 33087 |
| 巩义市 | 7 | 3 | 7 |  | 7 | 7 |  |  | 126 | 126 |  |  | 18000 |
| 登封市 | 31 | 7 | 31 |  | 31 | 31 |  |  | 651 | 651 |  |  | 21000 |
| **教育** | **6493** | **3991** | **6418** | **70** | **6420** | **6343** | **5** | **72** | **247189** | **245421** | **96** | **1672** | **38676** |
| 中原区 | 185 | 138 | 152 | 33 | 173 | 142 |  | 31 | 4083 | 3451 |  | 632 | 24303 |
| 二七区 | 321 | 248 | 308 | 13 | 320 | 307 |  | 13 | 12497 | 12310 |  | 187 | 40098 |
| 管城区 | 274 | 133 | 274 |  | 273 | 273 |  |  | 14354 | 14354 |  |  | 52579 |
| 金水区 | 180 | 119 | 177 |  | 173 | 170 | 3 |  | 6818 | 6770 | 48 |  | 39410 |
| 中牟县 | 681 | 360 | 681 |  | 646 | 646 |  |  | 25331 | 25331 |  |  | 39212 |
| 巩义市 | 3318 | 1979 | 3318 |  | 3315 | 3315 |  |  | 124757 | 124757 |  |  | 37634 |
| 新密市 | 634 | 383 | 610 | 24 | 624 | 596 |  | 28 | 26960 | 26107 |  | 853 | 43804 |
| 登封市 | 602 | 470 | 602 |  | 606 | 606 |  |  | 19584 | 19584 |  |  | 32317 |
| 高新开发区 | 22 |  | 22 |  | 22 | 22 |  |  | 652 | 652 |  |  | 29636 |
| 郑东新区 | 276 | 161 | 274 |  | 268 | 266 | 2 |  | 12153 | 12105 | 48 |  | 45347 |
| **卫生和社会工作** | **4144** | **2715** | **4050** | **94** | **4043** | **3949** |  | **94** | **136997** | **134556** |  | **2441** | **34073** |
| 二七区 | 233 | 171 | 224 | 9 | 230 | 221 |  | 9 | 8135 | 7837 |  | 298 | 35462 |
| 管城区 | 567 | 372 | 558 | 9 | 552 | 543 |  | 9 | 19216 | 18890 |  | 326 | 34788 |
| 金水区 | 3 | 1 | 3 |  | 3 | 3 |  |  | 86 | 86 |  |  | 28667 |
| 惠济区 | 221 | 145 | 162 | 59 | 221 | 162 |  | 59 | 6511 | 5036 |  | 1475 | 31086 |
| 中牟县 | 219 | 118 | 219 |  | 219 | 219 |  |  | 6822 | 6822 |  |  | 31151 |
| 巩义市 | 2416 | 1614 | 2399 | 17 | 2337 | 2320 |  | 17 | 83399 | 83057 |  | 342 | 35800 |
| 荥阳市 | 55 | 32 | 55 |  | 55 | 55 |  |  | 1525 | 1525 |  |  | 27727 |
| 新郑市 | 106 | 62 | 106 |  | 106 | 106 |  |  | 2520 | 2520 |  |  | 23774 |
| 登封市 | 324 | 200 | 324 |  | 320 | 320 |  |  | 8783 | 8783 |  |  | 27447 |
| **文化、体育和娱乐业** | **38** | **26** | **38** |  | **38** | **38** |  |  | **1344** | **1344** |  |  | **35368** |
| 金水区 | 22 | 14 | 22 |  | 22 | 22 |  |  | 956 | 956 |  |  | 43455 |
| 惠济区 | 16 | 12 | 16 |  | 16 | 16 |  |  | 388 | 388 |  |  | 24250 |
| **公共管理、社会保障和社会组织** | **538** | **251** | **538** |  | **530** | **530** |  |  | **14160** | **14160** |  |  | **26717** |
| 二七区 | 3 | 1 | 3 |  | 3 | 3 |  |  | 54 | 54 |  |  | 18000 |
| 金水区 | 2 |  | 2 |  | 2 | 2 |  |  | 75 | 75 |  |  | 37500 |
| 中牟县 | 305 | 171 | 305 |  | 302 | 302 |  |  | 6963 | 6963 |  |  | 23056 |
| 新密市 | 228 | 79 | 228 |  | 223 | 223 |  |  | 7068 | 7068 |  |  | 31695 |

# 2-13 全市及各县(市)区其他单位分行业从业人员人数及工资总额

(2012 年底)

单位:人

| 行业 | 单位从业人员 | #女性 | 在岗职工合计 | 其他从业人员 | 单位从业人员平均人数 | 在岗职工 | 劳务派遣人员 | 其他从业人员 | 单位从业人员工资总额(千元) | 在岗职工工资总额 | 劳务派遣人员工资总额 | 其他从业人员工资总额 | 在岗职工平均工资(元) |
|---|---|---|---|---|---|---|---|---|---|---|---|---|---|
| **农、林、牧、渔业** | **569** | **180** | **440** | **129** | **591** | **461** | | **130** | **16517** | **15092** | | **1425** | **32738** |
| 金水区 | 441 | 150 | 312 | 129 | 466 | 336 | | 130 | 12760 | 11335 | | 1425 | 33735 |
| 上街区 | 22 | 10 | 22 | | 22 | 22 | | | 504 | 504 | | | 22909 |
| 中牟县 | 70 | 8 | 70 | | 68 | 68 | | | 2100 | 2100 | | | 30882 |
| 巩义市 | 34 | 11 | 34 | | 33 | 33 | | | 1125 | 1125 | | | 34091 |
| 经济开发区 | 2 | 1 | 2 | | 2 | 2 | | | 28 | 28 | | | 14000 |
| **采矿业** | **30577** | **3515** | **30415** | **154** | **28710** | **28549** | **8** | **153** | **874162** | **870962** | **220** | **2980** | **30507** |
| 金水区 | 25 | 12 | 25 | | 25 | 25 | | | 529 | 529 | | | 21160 |
| 上街区 | 280 | 46 | 280 | | 270 | 270 | | | 4410 | 4410 | | | 16333 |
| 巩义市 | 9466 | 1305 | 9345 | 121 | 8897 | 8774 | | 123 | 241139 | 238717 | | 2422 | 27207 |
| 新密市 | 12491 | 1474 | 12450 | 33 | 11316 | 11278 | 8 | 30 | 315771 | 314993 | 220 | 558 | 27930 |
| 新郑市 | 1982 | 124 | 1982 | | 2008 | 2008 | | | 81783 | 81783 | | | 40729 |
| 登封市 | 6333 | 554 | 6333 | | 6194 | 6194 | | | 230530 | 230530 | | | 37218 |
| **制造业** | **526681** | **260912** | **510062** | **1860** | **427064** | **409068** | **15150** | **2846** | **15493040** | **14995243** | **438550** | **59247** | **36382** |
| 中原区 | 19480 | 6619 | 17515 | 143 | 18760 | 16902 | 1705 | 153 | 638066 | 555745 | 78831 | 3490 | 34104 |
| 二七区 | 9917 | 2866 | 9821 | 36 | 9851 | 9767 | 50 | 34 | 301322 | 298614 | 1890 | 818 | 30611 |
| 管城区 | 11797 | 2174 | 11552 | 33 | 10940 | 10695 | 208 | 37 | 606667 | 600884 | 4876 | 907 | 55559 |
| 金水区 | 12078 | 5385 | 11526 | 355 | 13365 | 10858 | 1258 | 1249 | 352378 | 326059 | 13020 | 13299 | 27986 |
| 上街区 | 18381 | 4617 | 18101 | 6 | 18661 | 18392 | 265 | 4 | 665545 | 659946 | 5519 | 80 | 35668 |
| 惠济区 | 8254 | 4344 | 3031 | | 6892 | 3131 | 3761 | | 159116 | 76565 | 82551 | | 23087 |
| 中牟县 | 27485 | 10955 | 24778 | 438 | 27076 | 24068 | 2553 | 455 | 872281 | 786250 | 71570 | 14461 | 32223 |
| 巩义市 | 21532 | 5938 | 20585 | 262 | 20367 | 19487 | 660 | 220 | 644464 | 621097 | 19280 | 4087 | 31785 |
| 荥阳市 | 7955 | 1968 | 7955 | | 7856 | 7856 | | | 178920 | 178920 | | | 22775 |
| 新密市 | 13182 | 2876 | 12666 | 195 | 13701 | 13201 | 306 | 194 | 339876 | 324958 | 10524 | 4394 | 24838 |
| 新郑市 | 30244 | 12442 | 30223 | 21 | 30022 | 29939 | | 83 | 812675 | 811349 | | 1326 | 27100 |
| 登封市 | 13543 | 2370 | 13543 | | 13234 | 13221 | | 13 | 312423 | 312423 | | | 23631 |
| 经济开发区 | 38599 | 19021 | 36249 | 108 | 38104 | 35140 | 2861 | 103 | 1493937 | 1389328 | 98395 | 6214 | 39150 |
| 高新开发区 | 29297 | 6142 | 27582 | 261 | 28878 | 27056 | 1523 | 299 | 1182739 | 1127413 | 45275 | 10051 | 41033 |
| 郑东新区 | 23 | 10 | 23 | | 23 | 23 | | | 828 | 828 | | | 36000 |
| 航空港区 | 264914 | 173185 | 264912 | 2 | 169334 | 169332 | | 2 | 6931803 | 6924864 | 6819 | 120 | 40935 |
| **电力、热力、燃气及水生产和供应业** | **12881** | **3580** | **12316** | **23** | **12729** | **12169** | **539** | **21** | **727029** | **712576** | **13466** | **987** | **57133** |
| 中原区 | 6493 | 1974 | 6008 | 2 | 6507 | 6025 | 480 | 2 | 464926 | 455563 | 9231 | 132 | 71452 |
| 金水区 | 2955 | 649 | 2953 | 2 | 2793 | 2791 | | 2 | 98070 | 97998 | | 72 | 35112 |
| 惠济区 | 457 | 167 | 457 | | 454 | 454 | | | 19928 | 19928 | | | 43894 |
| 中牟县 | 299 | 51 | 295 | 4 | 297 | 294 | | 3 | 12012 | 11897 | | 115 | 40466 |

（2012年底）　单位：人

| 行　业 | 单位从业人员 | #女性 | 在岗职工合计 | 其他从业人员 | 单位从业人员平均人数 | 在岗职工 | 劳务派遣人员 | 其他从业人员 | 单位从业人员工资总额（千元） | 在岗职工工资总额 | 劳务派遣人员工资总额 | 其他从业人员工资总额 | 在岗职工平均工资（元） |
|---|---|---|---|---|---|---|---|---|---|---|---|---|---|
| 巩义市 | 431 | 218 | 431 | | 429 | 429 | | | 6945 | 6945 | | | 16189 |
| 荥阳市 | 323 | 78 | 323 | | 321 | 321 | | | 7004 | 7004 | | | 21819 |
| 新密市 | 616 | 150 | 554 | 3 | 607 | 544 | 59 | 4 | 73407 | 69121 | 4235 | 51 | 161252 |
| 登封市 | 737 | 257 | 737 | | 742 | 742 | | | 16502 | 16502 | | | 22240 |
| 高新开发区 | 570 | 36 | 558 | 12 | 579 | 569 | | 10 | 28235 | 27618 | | 617 | 48538 |
| **建筑业** | **185446** | **22155** | **153503** | **12363** | **182723** | **151224** | **20386** | **11113** | **5443629** | **4511015** | **642711** | **289903** | **30032** |
| 中原区 | 20715 | 2675 | 16294 | 2259 | 19362 | 16207 | 1798 | 1357 | 584034 | 499193 | 53553 | 31288 | 30700 |
| 二七区 | 8433 | 1261 | 4863 | 37 | 9566 | 4857 | 4672 | 37 | 277074 | 158040 | 118152 | 882 | 28984 |
| 管城区 | 8445 | 1049 | 6138 | 1967 | 6927 | 5340 | 95 | 1492 | 196784 | 159849 | 2067 | 34868 | 29791 |
| 金水区 | 65943 | 9570 | 56756 | 5617 | 65719 | 56101 | 3878 | 5740 | 1966111 | 1681120 | 130266 | 154725 | 30200 |
| 上街区 | 4972 | 1209 | 4339 | 13 | 5095 | 4474 | 600 | 21 | 144523 | 125138 | 18864 | 521 | 28380 |
| 惠济区 | 1858 | 87 | 1858 | | 1680 | 1680 | | | 44223 | 44223 | | | 26323 |
| 中牟县 | 7625 | 383 | 7105 | 428 | 7054 | 6457 | 42 | 555 | 245865 | 228346 | 2168 | 15351 | 35469 |
| 巩义市 | 1516 | 115 | 1345 | | 1992 | 1637 | 355 | | 49699 | 41468 | 8231 | | 24949 |
| 荥阳市 | 21560 | 2483 | 21560 | | 21158 | 21158 | | | 556354 | 556354 | | | 26295 |
| 新密市 | 12422 | 1600 | 9716 | 366 | 12021 | 9489 | 2180 | 352 | 302094 | 225991 | 68150 | 7953 | 25207 |
| 新郑市 | 5088 | 679 | 5085 | 3 | 4550 | 4547 | | 3 | 126783 | 126723 | | 60 | 27870 |
| 登封市 | 2612 | 99 | 2612 | | 2422 | 2422 | | | 52631 | 52631 | | | 21730 |
| 经济开发区 | 3488 | 396 | 2778 | 280 | 3548 | 2764 | 563 | 221 | 94523 | 72087 | 15635 | 6801 | 26367 |
| 高新开发区 | 15010 | 244 | 7400 | 1338 | 15087 | 7643 | 6170 | 1274 | 669126 | 406838 | 225451 | 36837 | 45775 |
| 郑东新区 | 5599 | 297 | 5574 | 25 | 6427 | 6388 | 3 | 36 | 132365 | 131774 | 24 | 567 | 20622 |
| 航空港区 | 160 | 8 | 80 | 30 | 115 | 60 | 30 | 25 | 1440 | 1240 | 150 | 50 | 15444 |
| **批发和零售业** | **57139** | **25553** | **53511** | **748** | **57130** | **53315** | **3270** | **545** | **1759724** | **1651982** | **97264** | **10478** | **30914** |
| 中原区 | 3652 | 1759 | 3538 | 39 | 3624 | 3525 | 80 | 19 | 129725 | 127512 | 1830 | 383 | 35879 |
| 二七区 | 5612 | 2462 | 5498 | 18 | 5735 | 5636 | 81 | 18 | 161677 | 159226 | 1944 | 507 | 28191 |
| 管城区 | 5700 | 2435 | 3752 | 18 | 5635 | 3720 | 1896 | 19 | 180901 | 121257 | 59279 | 365 | 32147 |
| 金水区 | 26444 | 12222 | 25712 | 497 | 26064 | 25454 | 198 | 412 | 751364 | 743157 | 1750 | 6457 | 29039 |
| 上街区 | 719 | 332 | 716 | 3 | 723 | 720 | | 3 | 15122 | 15090 | | 32 | 20958 |
| 惠济区 | 775 | 335 | 770 | | 780 | 775 | 5 | | 27297 | 27209 | 88 | | 34996 |
| 中牟县 | 1217 | 576 | 1073 | 11 | 1207 | 1063 | 133 | 11 | 46180 | 41927 | 4023 | 230 | 38420 |
| 巩义市 | 493 | 314 | 493 | | 491 | 491 | | | 9046 | 9046 | | | 18424 |
| 荥阳市 | 148 | 24 | 148 | | 148 | 148 | | | 3171 | 3171 | | | 21426 |
| 新密市 | 1215 | 628 | 1115 | 4 | 1216 | 1116 | 96 | 4 | 23401 | 22156 | 1165 | 80 | 19242 |
| 新郑市 | 913 | 529 | 907 | 6 | 895 | 892 | | 3 | 19673 | 19537 | | 136 | 21902 |
| 登封市 | 982 | 690 | 982 | | 962 | 962 | | | 16094 | 16094 | | | 16730 |
| 经济开发区 | 6439 | 2407 | 6242 | 1 | 6993 | 6284 | 708 | 1 | 277427 | 252817 | 24583 | 27 | 39674 |

| 行业 | 单位从业人员 | #女性 | 在岗职工合计 | 其他从业人员 | 单位从业人员平均人数 | 在岗职工 | 劳务派遣人员 | 其他从业人员 | 单位从业人员工资总额(千元) | 在岗职工工资总额 | 劳务派遣人员工资总额 | 其他从业人员工资总额 | 在岗职工平均工资(元) |
|---|---|---|---|---|---|---|---|---|---|---|---|---|---|
| 高新开发区 | 655 | 77 | 541 | | 595 | 522 | 73 | | 17563 | 14961 | 2602 | | 29518 |
| 郑东新区 | 1389 | 489 | 1238 | 151 | 1311 | 1256 | | 55 | 56730 | 54469 | | 2261 | 43367 |
| 航空港区 | 786 | 274 | 786 | | 751 | 751 | | | 24353 | 24353 | | | 32427 |
| **交通运输、仓储和邮政业** | **15301** | **3248** | **10700** | **395** | **14687** | **10450** | **3848** | **389** | **798736** | **640391** | **146578** | **11767** | **55040** |
| 中原区 | 47 | 7 | 47 | | 49 | 49 | | | 1573 | 1573 | | | 32102 |
| 二七区 | 17 | 9 | 17 | | 17 | 17 | | | 276 | 276 | | | 16235 |
| 管城区 | 1964 | 547 | 1739 | 73 | 1978 | 1745 | 159 | 74 | 57489 | 51606 | 3693 | 2190 | 29044 |
| 金水区 | 1363 | 469 | 1355 | 8 | 1361 | 1349 | | 12 | 48811 | 48496 | | 315 | 35950 |
| 上街区 | 410 | 70 | 410 | | 407 | 407 | | | 13181 | 13181 | | | 32386 |
| 惠济区 | 217 | 97 | 213 | 4 | 216 | 212 | | 4 | 7285 | 7191 | | 94 | 33920 |
| 中牟县 | 580 | 86 | 580 | | 572 | 572 | | | 8602 | 8602 | | | 15038 |
| 巩义市 | 71 | 20 | 71 | | 71 | 71 | | | 1349 | 1349 | | | 19000 |
| 新密市 | 11 | 2 | 11 | | 11 | 11 | | | 205 | 205 | | | 18636 |
| 登封市 | 750 | 87 | 558 | 192 | 748 | 556 | | 192 | 18857 | 12826 | | 6031 | 23068 |
| 经济开发区 | 1538 | 412 | 970 | 17 | 1378 | 895 | 466 | 17 | 40274 | 32861 | 6779 | 634 | 29126 |
| 郑东新区 | 1416 | 445 | 1093 | 101 | 1342 | 1052 | 200 | 90 | 36886 | 29549 | 4834 | 2503 | 27462 |
| 航空港区 | 6917 | 997 | 3636 | | 6537 | 3514 | 3023 | | 563948 | 432676 | 131272 | | 86270 |
| **住宿和餐饮业** | **23460** | **12793** | **22839** | **315** | **24163** | **23524** | **311** | **328** | **590074** | **575610** | **8160** | **6304** | **24492** |
| 中原区 | 2383 | 1291 | 2364 | 19 | 2287 | 2269 | | 18 | 71340 | 71000 | | 340 | 31291 |
| 二七区 | 3530 | 1894 | 3492 | 20 | 3562 | 3496 | 46 | 20 | 96268 | 95054 | 606 | 608 | 27007 |
| 管城区 | 765 | 484 | 713 | 52 | 754 | 702 | | 52 | 19926 | 18826 | | 1100 | 26818 |
| 金水区 | 10156 | 5184 | 9881 | 209 | 10885 | 10607 | 64 | 214 | 249761 | 244543 | 1434 | 3784 | 23051 |
| 上街区 | 332 | 238 | 332 | | 336 | 336 | | | 6393 | 6393 | | | 19027 |
| 惠济区 | 879 | 478 | 879 | | 943 | 939 | | 4 | 18806 | 18686 | 120 | | 20028 |
| 中牟县 | 647 | 437 | 644 | 3 | 641 | 638 | | 3 | 12145 | 12106 | | 39 | 18975 |
| 巩义市 | 387 | 177 | 387 | | 392 | 392 | | | 6844 | 6844 | | | 17459 |
| 新密市 | 332 | 220 | 328 | 4 | 325 | 321 | | 4 | 7895 | 7751 | | 144 | 24146 |
| 新郑市 | 639 | 374 | 637 | 2 | 633 | 632 | | 1 | 14658 | 14615 | | 43 | 23125 |
| 登封市 | 1053 | 660 | 1053 | | 1049 | 1049 | | | 18632 | 18632 | | | 17762 |
| 经济开发区 | 426 | 232 | 426 | | 429 | 429 | | | 11102 | 11102 | | | 25879 |
| 高新开发区 | 415 | 329 | 415 | | 405 | 405 | | | 12886 | 12886 | | | 31817 |
| 郑东新区 | 993 | 546 | 987 | 6 | 997 | 985 | | 12 | 27862 | 27616 | | 246 | 28037 |
| 航空港区 | 523 | 249 | 301 | | 525 | 324 | 201 | | 15556 | 9556 | 6000 | | 29630 |
| **信息传输、软件和信息技术服务业** | **7034** | **2976** | **6788** | **1** | **6970** | **6710** | **251** | **9** | **451738** | **445410** | **6061** | **267** | **64857** |
| 中原区 | 117 | 51 | 117 | | 84 | 84 | | | 2478 | 2478 | | | 29500 |

| 行　业 | 单位从业人员 | #女性 | 在岗职工合计 | 其他从业人员 | 单位从业人员平均人数 | 在岗职工 | 劳务派遣人员 | 其他从业人员 | 单位从业人员工资总额（千元） | 在岗职工工资总额 | 劳务派遣人员工资总额 | 其他从业人员工资总额 | 在岗职工平均工资（元） |
|---|---|---|---|---|---|---|---|---|---|---|---|---|---|
| 二七区 | 3180 | 1533 | 3177 | 1 | 3192 | 3189 | 2 | 1 | 261528 | 261472 | 44 | 12 | 81954 |
| 管城区 | 66 | 26 | 66 | | 52 | 52 | | | 1886 | 1886 | | | 36269 |
| 金水区 | 2380 | 979 | 2370 | | 2347 | 2327 | 19 | 1 | 111495 | 111047 | 407 | 41 | 47508 |
| 上街区 | 60 | 26 | 60 | | 60 | 60 | | | 1425 | 1425 | | | 23750 |
| 巩义市 | 382 | 146 | 149 | | 378 | 148 | 230 | | 11270 | 5660 | 5610 | | 29815 |
| 经济开发区 | 155 | 18 | 155 | | 168 | 161 | | 7 | 6972 | 6758 | | 214 | 41975 |
| 高新开发区 | 70 | 4 | 70 | | 115 | 115 | | | 5966 | 5966 | | | 51878 |
| 郑东新区 | 605 | 187 | 605 | | 555 | 555 | | | 47494 | 47494 | | | 85575 |
| 航空港区 | 19 | 6 | 19 | | 19 | 19 | | | 1224 | 1224 | | | 64421 |
| **金融业** | **35550** | **19364** | **32867** | **1022** | **34774** | **31999** | **1726** | **1049** | **3153500** | **3061213** | **72319** | **19968** | **92914** |
| 中原区 | 159 | 60 | 159 | | 159 | 159 | | | 8163 | 8163 | | | 51340 |
| 二七区 | 1307 | 569 | 1223 | 84 | 1313 | 1227 | | 86 | 48970 | 46884 | | 2086 | 38210 |
| 金水区 | 26752 | 14940 | 25099 | 335 | 26187 | 24452 | 1391 | 344 | 2432913 | 2367888 | 56334 | 8691 | 93806 |
| 上街区 | 57 | 32 | 57 | | 58 | 58 | | | 2196 | 2196 | | | 37862 |
| 中牟县 | 1138 | 669 | 528 | 603 | 1151 | 525 | 7 | 619 | 35392 | 26015 | 186 | 9191 | 49250 |
| 巩义市 | 594 | 351 | 594 | | 603 | 603 | | | 64020 | 64020 | | | 106169 |
| 登封市 | 22 | 4 | 22 | | 22 | 22 | | | 677 | 677 | | | 30773 |
| 经济开发区 | 42 | 39 | 42 | | 41 | 41 | | | 2133 | 2133 | | | 52024 |
| 高新开发区 | 131 | | 131 | | 137 | 137 | | | 6327 | 6327 | | | 46182 |
| 郑东新区 | 5084 | 2691 | 4748 | | 4820 | 4492 | 328 | | 543009 | 527210 | 15799 | | 112657 |
| 航空港区 | 264 | 9 | 264 | | 283 | 283 | | | 9700 | 9700 | | | 34276 |
| **房地产业** | **33256** | **14014** | **26901** | **312** | **32714** | **26214** | **6158** | **342** | **1223610** | **1116034** | **96404** | **11172** | **37453** |
| 中原区 | 3894 | 1729 | 3504 | 122 | 3838 | 3418 | 275 | 145 | 148238 | 140099 | 5437 | 2702 | 39409 |
| 二七区 | 2418 | 903 | 2409 | 4 | 2313 | 2303 | 5 | 5 | 100143 | 99544 | 384 | 215 | 43296 |
| 管城区 | 5664 | 3516 | 2758 | 13 | 5449 | 2528 | 2906 | 15 | 143923 | 97021 | 45128 | 1774 | 26159 |
| 金水区 | 11650 | 4443 | 10814 | 51 | 11524 | 10655 | 814 | 55 | 439724 | 419492 | 16779 | 3453 | 38039 |
| 上街区 | 676 | 344 | 676 | | 671 | 671 | | | 17948 | 17948 | | | 26748 |
| 惠济区 | 546 | 274 | 509 | 37 | 545 | 507 | | 38 | 17894 | 17187 | | 707 | 33899 |
| 中牟县 | 1116 | 379 | 1079 | 37 | 1088 | 1051 | | 37 | 34737 | 33861 | | 876 | 32218 |
| 巩义市 | 148 | 57 | 138 | 10 | 148 | 138 | | 10 | 2916 | 2681 | | 235 | 19428 |
| 荥阳市 | 490 | 138 | 490 | | 489 | 489 | | | 13432 | 13432 | | | 27468 |
| 新密市 | 314 | 59 | 309 | 3 | 304 | 299 | 2 | 3 | 11066 | 10739 | 150 | 177 | 36176 |
| 新郑市 | 175 | 64 | 169 | 6 | 162 | 156 | | 6 | 7436 | 7298 | | 138 | 46782 |
| 登封市 | 184 | 53 | 184 | | 186 | 186 | | | 4908 | 4756 | 80 | 72 | 26000 |
| 经济开发区 | 3328 | 1125 | 1246 | 2 | 3297 | 1144 | 2151 | 2 | 108029 | 79558 | 28360 | 111 | 32752 |
| 高新开发区 | 401 | 98 | 391 | | 414 | 409 | 5 | | 17435 | 17349 | 86 | | 42114 |

| 行业 | 单位从业人员 | #女性 | 在岗职工合计 | 其他从业人员 | 单位从业人员平均人数 | 在岗职工 | 劳务派遣人员 | 其他从业人员 | 单位从业人员工资总额（千元） | 在岗职工工资总额 | 劳务派遣人员工资总额 | 其他从业人员工资总额 | 在岗职工平均工资（元） |
|---|---|---|---|---|---|---|---|---|---|---|---|---|---|
| 郑东新区 | 2027 | 758 | 2000 | 27 | 2081 | 2055 | | 26 | 143948 | 143236 | | 712 | 69701 |
| 航空港区 | 225 | 74 | 225 | | 205 | 205 | | | 11833 | 11833 | | | 57722 |
| **租赁和商务服务业** | **13256** | **6704** | **10467** | **75** | **13365** | **10520** | **2746** | **99** | **416232** | **343657** | **70257** | **2318** | **31201** |
| 中原区 | 791 | 460 | 781 | 10 | 757 | 746 | | 11 | 15173 | 14927 | | 246 | 20009 |
| 二七区 | 118 | 54 | 118 | | 120 | 120 | | | 3735 | 3735 | | | 31125 |
| 管城区 | 1120 | 565 | 1120 | | 1139 | 1139 | | | 33679 | 33679 | | | 29569 |
| 金水区 | 6039 | 2730 | 6028 | 7 | 6051 | 6023 | 6 | 22 | 205466 | 204789 | 286 | 391 | 34015 |
| 上街区 | 230 | 128 | 228 | 2 | 238 | 236 | | 2 | 6667 | 6641 | | 26 | 28140 |
| 惠济区 | 108 | 16 | 108 | | 108 | 108 | | | 2321 | 2321 | | | 21491 |
| 中牟县 | 21 | 9 | 21 | | 21 | 21 | | | 615 | 615 | | | 29286 |
| 巩义市 | 80 | 17 | 79 | | 80 | 79 | 1 | | 2195 | 2173 | 22 | | 27438 |
| 新密市 | 10 | 2 | 8 | 2 | 10 | 8 | | 2 | 200 | 170 | | 30 | 21250 |
| 新郑市 | 52 | 19 | 33 | 19 | 52 | 33 | | 19 | 1221 | 775 | | 446 | 23485 |
| 登封市 | 120 | 105 | 120 | | 119 | 119 | | | 711 | 711 | | | 5975 |
| 经济开发区 | 603 | 260 | 484 | 10 | 597 | 479 | 109 | 9 | 22977 | 20421 | 2383 | 173 | 38782 |
| 高新开发区 | 240 | 105 | 240 | | 266 | 266 | | | 6672 | 6672 | | | 25083 |
| 郑东新区 | 3696 | 2220 | 1071 | 25 | 3779 | 1115 | 2630 | 34 | 112011 | 43439 | 67566 | 1006 | 29641 |
| 航空港区 | 28 | 14 | 28 | | 28 | 28 | | | 2589 | 2589 | | | 92464 |
| **科学研究和技术服务业** | **15234** | **3970** | **14459** | **117** | **14966** | **13906** | **637** | **423** | **705218** | **665466** | **23460** | **16292** | **47372** |
| 中原区 | 2151 | 643 | 1660 | 57 | 2079 | 1591 | 432 | 56 | 84629 | 66765 | 16349 | 1515 | 41085 |
| 二七区 | 1289 | 392 | 1255 | 6 | 1244 | 1221 | 14 | 9 | 57042 | 56324 | 445 | 273 | 45967 |
| 管城区 | 49 | 29 | 49 | | 49 | 49 | | | 1297 | 1297 | | | 26469 |
| 金水区 | 8472 | 2249 | 8264 | 25 | 8253 | 7746 | 178 | 329 | 366980 | 348642 | 6471 | 11867 | 44815 |
| 上街区 | 75 | 23 | 75 | | 90 | 90 | | | 3453 | 3453 | | | 38367 |
| 惠济区 | 862 | 259 | 862 | | 863 | 863 | | | 37241 | 37241 | | | 43153 |
| 中牟县 | 28 | 11 | 28 | | 28 | 28 | | | 720 | 720 | | | 25714 |
| 巩义市 | 15 | 10 | 15 | | 14 | 14 | | | 403 | 403 | | | 28786 |
| 新密市 | 265 | 73 | 265 | | 273 | 273 | | | 14951 | 14951 | | | 54766 |
| 经济开发区 | 978 | 108 | 978 | | 985 | 984 | | 1 | 98821 | 98801 | | 20 | 100408 |
| 高新开发区 | 521 | | 521 | | 587 | 587 | | | 16043 | 16043 | | | 27330 |
| 郑东新区 | 529 | 173 | 487 | 29 | 501 | 460 | 13 | 28 | 23638 | 20826 | 195 | 2617 | 44442 |
| **水利、环境和公共设施管理业** | **4290** | **1398** | **3572** | **707** | **4297** | **3584** | **8** | **705** | **128095** | **115536** | **287** | **12272** | **32245** |
| 中原区 | 15 | 2 | 15 | | 15 | 15 | | | 400 | 400 | | | 26667 |
| 二七区 | 555 | 87 | 295 | 260 | 560 | 302 | | 258 | 16639 | 13295 | | 3344 | 44023 |

2-13 续表5 （2012年底） 单位：人

| 行业 | 单位从业人员 | #女性 | 在岗职工合计 | 其他从业人员 | 单位从业人员平均人数 | 在岗职工 | 劳务派遣人员 | 其他从业人员 | 单位从业人员工资总额（千元） | 在岗职工工资总额 | 劳务派遣人员工资总额 | 其他从业人员工资总额 | 在岗职工平均工资（元） |
|---|---|---|---|---|---|---|---|---|---|---|---|---|---|
| 管城区 | 14 | 3 | 14 | | 14 | 14 | | | 598 | 598 | | | 42714 |
| 金水区 | 219 | 92 | 219 | | 216 | 214 | | 2 | 6493 | 6493 | | | 30341 |
| 上街区 | 479 | 257 | 479 | | 478 | 478 | | | 8399 | 8399 | | | 17571 |
| 惠济区 | 78 | 11 | 78 | | 106 | 106 | | | 2710 | 2710 | | | 25566 |
| 中牟县 | 471 | 151 | 287 | 184 | 460 | 274 | | 186 | 13911 | 8927 | | 4984 | 32580 |
| 巩义市 | 63 | 19 | 56 | 7 | 64 | 57 | | 7 | 1404 | 1284 | | 120 | 22526 |
| 新密市 | 25 | 7 | 25 | | 25 | 25 | | | 360 | 360 | | | 14400 |
| 登封市 | 1245 | 308 | 1245 | | 1272 | 1272 | | | 39216 | 39216 | | | 30830 |
| 经济开发区 | 244 | 115 | 244 | | 242 | 242 | | | 8866 | 8866 | | | 36636 |
| 高新开发区 | 39 | | 39 | | 36 | 36 | | | 929 | 929 | | | 25806 |
| 郑东新区 | 820 | 342 | 553 | 256 | 786 | 526 | 8 | 252 | 27353 | 23242 | 287 | 3824 | 44062 |
| 航空港区 | 23 | 4 | 23 | | 23 | 23 | | | 817 | 817 | | | 35522 |
| **居民服务、修理和其他服务业** | **3613** | **1684** | **3613** | | **3491** | **3489** | **2** | | **99364** | **94546** | | **4818** | **27083** |
| 中原区 | 38 | 11 | 38 | | 38 | 38 | | | 1454 | 1454 | | | 38263 |
| 二七区 | 110 | 61 | 110 | | 110 | 110 | | | 4101 | 4101 | | | 37282 |
| 管城区 | 1353 | 676 | 1353 | | 1296 | 1296 | | | 18659 | 18659 | | | 14397 |
| 金水区 | 1213 | 519 | 1213 | | 1201 | 1199 | 2 | | 55054 | 50236 | | 4818 | 41828 |
| 上街区 | 217 | 140 | 217 | | 217 | 217 | | | 2942 | 2942 | | | 13558 |
| 惠济区 | 19 | 2 | 19 | | 19 | 19 | | | 285 | 285 | | | 15000 |
| 巩义市 | 28 | 7 | 28 | | 28 | 28 | | | 673 | 673 | | | 24036 |
| 荥阳市 | 113 | 24 | 113 | | 113 | 113 | | | 3544 | 3544 | | | 31363 |
| 高新开发区 | 54 | 5 | 54 | | 52 | 52 | | | 1267 | 1267 | | | 24365 |
| 郑东新区 | 468 | 239 | 468 | | 417 | 417 | | | 11385 | 11385 | | | 27302 |
| **教育** | **25491** | **13857** | **23176** | **2219** | **25048** | **22873** | **91** | **2084** | **810601** | **729361** | **2221** | **79019** | **31858** |
| 中原区 | 18 | 5 | 18 | | 18 | 18 | | | 750 | 750 | | | 41667 |
| 二七区 | 4376 | 2382 | 3409 | 967 | 4335 | 3354 | | 981 | 156769 | 112366 | | 44403 | 33502 |
| 管城区 | 1151 | 604 | 1029 | 60 | 1162 | 1046 | 59 | 57 | 39106 | 35299 | 1897 | 1910 | 33662 |
| 金水区 | 5186 | 3602 | 5048 | 134 | 5180 | 5004 | 2 | 174 | 167013 | 161791 | 24 | 5198 | 32324 |
| 上街区 | 176 | 136 | 176 | | 173 | 173 | | | 6914 | 6914 | | | 39965 |
| 惠济区 | 71 | 65 | 71 | | 71 | 71 | | | 1083 | 1083 | | | 15254 |
| 中牟县 | 1389 | 721 | 1287 | 72 | 1357 | 1255 | 30 | 72 | 34160 | 28717 | 300 | 5143 | 22581 |
| 巩义市 | 2615 | 1858 | 2610 | 5 | 2598 | 2593 | | 5 | 90049 | 89999 | | 50 | 34708 |
| 荥阳市 | 1389 | 1005 | 1389 | | 1374 | 1374 | | | 56838 | 56838 | | | 41367 |
| 新密市 | 709 | 446 | 708 | 1 | 697 | 696 | | 1 | 15723 | 15699 | | 24 | 22556 |
| 新郑市 | 4238 | 1901 | 3282 | 956 | 3991 | 3222 | | 769 | 152893 | 130761 | | 22132 | 40584 |

2-13 续表6 （2012年底） 单位：人

| 行　业 | 单位从业人员 | #女性 | 在岗职工合计 | 其他从业人员 | 单位从业人员平均人数 | 在岗职工 | 劳务派遣人员 | 其他从业人员 | 单位从业人员工资总额（千元） | 在岗职工工资总额 | 劳务派遣人员工资总额 | 其他从业人员工资总额 | 在岗职工平均工资（元） |
|---|---|---|---|---|---|---|---|---|---|---|---|---|---|
| 登封市 | 3486 | 859 | 3465 | 21 | 3418 | 3395 | | 23 | 62393 | 62270 | | 123 | 18342 |
| 经济开发区 | 57 | 50 | 57 | | 50 | 50 | | | 2085 | 2085 | | | 41700 |
| 高新开发区 | 323 | | 323 | | 324 | 324 | | | 13220 | 13220 | | | 40802 |
| 郑东新区 | 307 | 223 | 304 | 3 | 300 | 298 | | 2 | 11605 | 11569 | | 36 | 38822 |
| **卫生和社会工作** | **4675** | **2664** | **4562** | **113** | **4587** | **4470** | | **117** | **122028** | **118770** | | **3258** | **26570** |
| 中原区 | 173 | 143 | 173 | | 171 | 171 | | | 3595 | 3595 | | | 21023 |
| 二七区 | 255 | 157 | 237 | 18 | 261 | 234 | | 27 | 6649 | 6293 | | 356 | 26893 |
| 管城区 | 96 | 64 | 96 | | 97 | 97 | | | 2466 | 2466 | | | 25423 |
| 金水区 | 1193 | 666 | 1133 | 60 | 1114 | 1065 | | 49 | 29936 | 29824 | | 112 | 28004 |
| 惠济区 | 24 | 13 | 24 | | 24 | 24 | | | 458 | 458 | | | 19083 |
| 中牟县 | 26 | 17 | 26 | | 26 | 26 | | | 660 | 660 | | | 25385 |
| 巩义市 | 275 | 177 | 275 | | 273 | 273 | | | 5900 | 5900 | | | 21612 |
| 新密市 | 1293 | 500 | 1258 | 35 | 1301 | 1260 | | 41 | 35031 | 32241 | | 2790 | 25588 |
| 新郑市 | 106 | 82 | 106 | | 107 | 107 | | | 2272 | 2272 | | | 21234 |
| 登封市 | 837 | 600 | 837 | | 837 | 837 | | | 18281 | 18281 | | | 21841 |
| 经济开发区 | 316 | 178 | 316 | | 296 | 296 | | | 14699 | 14699 | | | 49659 |
| 郑东新区 | 81 | 67 | 81 | | 80 | 80 | | | 2081 | 2081 | | | 26013 |
| **文化、体育和娱乐业** | **2915** | **1431** | **2901** | **5** | **2756** | **2739** | **10** | **7** | **75715** | **75484** | **94** | **137** | **27493** |
| 中原区 | 27 | 11 | 27 | | 27 | 27 | | | 423 | 423 | | | 15667 |
| 二七区 | 20 | 12 | 20 | | 20 | 20 | | | 435 | 435 | | | 21750 |
| 管城区 | 196 | 109 | 196 | | 190 | 190 | | | 4581 | 4581 | | | 24111 |
| 金水区 | 1333 | 721 | 1324 | | 1382 | 1370 | 10 | 2 | 41615 | 41446 | 94 | 75 | 30101 |
| 上街区 | 12 | 3 | 12 | | 12 | 12 | | | 196 | 196 | | | 16333 |
| 惠济区 | 40 | 18 | 40 | | 40 | 40 | | | 1018 | 1018 | | | 25450 |
| 中牟县 | 823 | 420 | 822 | 1 | 625 | 624 | | 1 | 11987 | 11959 | | 28 | 19165 |
| 巩义市 | 12 | 7 | 12 | | 12 | 12 | | | 463 | 463 | | | 38583 |
| 经济开发区 | 237 | 41 | 233 | 4 | 237 | 233 | | 4 | 5741 | 5707 | | 34 | 24494 |
| 郑东新区 | 215 | 89 | 215 | | 211 | 211 | | | 9256 | 9256 | | | 43867 |
| **公共管理、社会保障和社会组织** | **4031** | **2317** | **1455** | **2566** | **4059** | **1446** | **3** | **2610** | **94084** | **60132** | **30** | **33922** | **41520** |
| 二七区 | 3318 | 2089 | 754 | 2564 | 3355 | 754 | | 2601 | 69654 | 35961 | | 33693 | 47694 |
| 管城区 | 10 | 2 | 10 | | 10 | 10 | | | 270 | 270 | | | 27000 |
| 金水区 | 650 | 209 | 638 | 2 | 641 | 629 | 3 | 9 | 22195 | 21936 | 30 | 229 | 34756 |
| 上街区 | 21 | 8 | 21 | | 21 | 21 | | | 902 | 902 | | | 42952 |
| 巩义市 | 32 | 9 | 32 | | 32 | 32 | | | 1063 | 1063 | | | 33219 |

# 主要统计指标解释

**从业人员年末人数**　指期末最后一日24时在本单位中工作，并取得工资或其他形式劳动报酬的人员数。该指标为时点指标，不包括最后一日当天及以前已经与单位解除劳动合同关系的人员。是在岗职工、劳务派遣人员及其他从业人员之和。从业人员不包括：

(1)离开本单位仍保留劳动关系，并定期领取生活费的人员；

(2)利用课余时间打工的学生及在本单位实习的各类在校学生；

(3)本单位因劳务外包而使用的人员。

**在岗职工**　指在本单位工作且与本单位签订劳动合同，并由单位支付各项工资和社会保险、住房公积金的人员，以及上述人员中由于学习、病伤、产假等原因暂未工作仍由单位支付工资的人员。在岗职工还包括：

(1)应订立劳动合同而未订立劳动合同人员(如使用的农村户籍人员)；

(2)处于试用期人员；

(3)编制外招用的人员；

(4)派往外单位工作，但工资仍由本单位发放的人员(如挂职锻炼、外派工作等情况)。

在岗职工不包括：

(1)本单位使用的且由本单位直接支付工资的劳务派遣人员，应统计在本单位"劳务派遣人员"指标中；

(2)本单位因劳务外包而使用的人员，由承包劳务的单位统计为在岗职工。

**劳务派遣人员**　根据《中华人民共和国劳动合同法》规定，指与劳务派遣单位签订劳动合同，并被劳务派遣单位派遣到实际用工单位工作，且劳务派遣单位与实际用工单位签订《劳务派遣协议》的人员。

注意：无论用工单位是否直接支付劳动报酬，劳务派遣人员均由实际用工单位填报，而劳务派遣单位(派出单位)不填报这些人员。

**其他从业人员**　指本单位中不能归到在岗职工、劳务派遣人员中的人员。此类人员是实际参加本单位生产或工作并从本单位取得劳动报酬的人员。具体包括：非全日制人员、聘用的正式离退休人员、兼职人员和第二职业者等，以及在本单位中工作的外籍和港澳台方人员。

**从业人员工资总额**　指根据《关于工资总额组成的规定》(1990年1月1日国家统计局发布的一号令)进行修订，本单位在报告期内(季度或年度)直接支付给本单位全部从业人员的劳动报酬总额。包括计时工资、计件工资、奖金、津贴和补贴、加班加点工资、特殊情况下支付的工资，是在岗职工工资总额、劳务派遣人员工资总额和其他从业人员工资总额之和。

工资总额是税前工资，包括单位从个人工资中直接为其代扣或代缴的房费、水费、电费、住房公积金和社会保险基金个人缴纳部分等。

工资总额不论是计入成本的还是不计入成本的，不论是以货币形式支付的还是以实物形式支付的，均应列入工资总额的计算范围。

**在岗职工工资**　总额指本单位在报告期内直接支付给本单位全部在岗职工的劳动报酬总额。在岗职工工资总额从构成角度分解为四部分：基本工资、绩效工资、工资性津贴和补贴、其他工资。工资总额不包括人员的病假、事假等情况扣款，单位在填报在岗职工工资总额四项构成时，应根据实际情况调整对应项目；如不能确定调整项，可扣减基本工资项。

**劳务派遣人员工资总额**　指实际用工单位(派遣人员的使用方)在一定时期内为使用劳务派遣人员而付出的劳动报酬总额，包括用工单位负担的基本工资、加班工资、绩效工资以及各种津贴、补贴等，但不包含因使用派遣人员而支付的管理费用和其他用工成本。

**其他从业人员工资总额**　指本单位在报告期内直接支付给本单位其他从业人员的全部劳动报酬。

# 三、固定资产投资及房地产开发

# 3-1 全社会固定资产投资

（2012 年）　　　　单位：万元、万平方米

| 指　　标 | 全社会投资 | 固定资产投资 | 房地产开发 | 农户投资 |
|---|---|---|---|---|
| **总　　计** | **36697509** | **35612211** | **10951368** | **1085298** |
| 住宅投资 | 7641583 | 6970614 | 6756524 | 670969 |
| **按经济类型分** | | | | |
| **内资** | **33081229** | **33081229** | **10066210** | |
| 国有经济 | 6001029 | 6001029 | 165436 | |
| 集体经济 | 1381340 | 1381340 | 9369 | |
| 股份合作 | 294895 | 294895 | 771 | |
| 国有联营 | 55600 | 55600 | | |
| 集体联营 | 568 | 568 | | |
| 国有与集体联营 | 4350 | 4350 | | |
| 其他联营 | 34150 | 34150 | | |
| 国有独资 | 421785 | 421785 | 75802 | |
| 其他有限责任公司 | 11088989 | 11088989 | 6184103 | |
| 股份有限公司 | 2713391 | 2713391 | 764785 | |
| 私营 | 7590372 | 7590372 | 2617966 | |
| 其他内资 | 3494760 | 3494760 | 247978 | |
| **港澳台商投资** | **1258932** | **1258932** | **366749** | |
| 合资经营 | 276648 | 276648 | 134555 | |
| 合作经营 | 181535 | 181535 | 64088 | |
| 独　资 | 787949 | 787949 | 168106 | |
| 股份有限 | 12800 | 12800 | | |
| **外商投资** | **1013859** | **1013859** | **518409** | |
| 合资经营 | 424966 | 424966 | 112511 | |
| 合作经营 | 38879 | 38879 | | |
| 独　资 | 487342 | 487342 | 403570 | |
| 股份有限 | 21148 | 21148 | 2328 | |
| 其　他 | 2643 | 2643 | | |
| **个体经营** | **1343489** | **258191** | | **1085298** |
| **本年新增固定资产** | **21127766** | **20042468** | **4352245** | **1085298** |
| **本年施工房屋面积** | **14244** | **12950** | **8254** | **1294** |
| #住宅 | 6996 | 5955 | 5604 | 1041 |
| **本年竣工房屋面积** | **3422** | **2187** | **1450** | **1235** |
| #住宅 | 2109 | 1113 | 1043 | 996 |
| **本年竣工房屋价值** | **5243758** | **4562342** | **3037592** | **681416** |
| #住宅 | 3397890 | 2835631 | 2109198 | 562259 |

# 3-2 分县(市)区全社会固定资产投资

(2012 年)

单位:万元

| 县(市)区 | 全社会投资 | 固定资产投资 | 房地产开发 | 农户投资 |
|---|---|---|---|---|
| **总　计** | **36697509** | **35612211** | **10951368** | **1085298** |
| **各区小计** | **17515541** | **17350951** | **9425130** | **164590** |
| 中原区 | 1554157 | 1533496 | 1235422 | 20661 |
| 二七区 | 2369145 | 2365639 | 2054097 | 3506 |
| 管城区 | 1871948 | 1841378 | 753021 | 30570 |
| 金水区 | 3133155 | 3104384 | 2182580 | 28771 |
| 上街区 | 817268 | 807310 | 364272 | 9958 |
| 惠济区 | 1001236 | 932539 | 492122 | 68697 |
| 高新开发区 | 1514384 | 1514384 | 495955 | |
| 经济开发区 | 1421821 | 1421256 | 102514 | 565 |
| 郑东新区 | 2670251 | 2670251 | 1565291 | |
| 航空港区 | 1162176 | 1160314 | 179856 | 1862 |
| **各县(市)小计** | **18432380** | **17511672** | **1526238** | **920708** |
| 中牟县 | 3302664 | 3068534 | 177497 | 234130 |
| 巩义市 | 3161961 | 3047430 | 372200 | 114531 |
| 荥阳市 | 3150705 | 3046874 | 340038 | 103831 |
| 新密市 | 3216990 | 3069708 | 134686 | 147282 |
| 新郑市 | 2863373 | 2702922 | 419718 | 160451 |
| 登封市 | 2736687 | 2576204 | 82099 | 160483 |

## 3-3 分产业及行业全社会固定资产投资

（2012 年）　　单位：万元

| 指　　标 | 全社会投资 | 固定资产投资 | 房地产开发 | 农户投资 |
|---|---|---|---|---|
| **合　计** | **36697509** | **35612211** | **10951368** | **1085298** |
| **按产业及国民经济行业分** | | | | |
| **第一产业** | **860347** | **739080** | | **121267** |
| 农林牧渔业服务业 | 860347 | 739080 | | 121267 |
| **第二产业** | **13745072** | **13606651** | | **138421** |
| 工　业 | 13699619 | 13561198 | | 138421 |
| 采矿业 | 1368420 | 1368420 | | |
| 制造业 | 11460299 | 11321885 | | 138414 |
| 电力煤气及水的生产和供业业 | 870900 | 870893 | | 7 |
| 建筑业 | 45453 | 45453 | | |
| **第三产业** | **22092090** | **21266480** | **10951368** | **825610** |
| 交通运输、仓储和邮政业 | 2208451 | 2128976 | | 79475 |
| 信息传输、计算机服务和软件业 | 187316 | 177325 | | 9991 |
| 批发和零售业 | 676117 | 669184 | | 6933 |
| 住宿和餐饮业 | 359485 | 346077 | | 13408 |
| 金融业 | 76091 | 76091 | | |
| 房地产业 | 13230318 | 12517022 | 10951368 | 713296 |
| 租赁和商务服务业 | 231939 | 231939 | | |
| 科学研究、技术服务和地质勘查业 | 242128 | 242128 | | |
| 水利、环境和公共设施管理业 | 3026648 | 3026648 | | |
| 居民服务和其他服务业 | 58141 | 58141 | | |
| 教育 | 852467 | 850879 | | 1588 |
| 卫生、社会保障和社会福利业 | 395086 | 394557 | | 529 |
| 文化、体育和娱乐业 | 400266 | 399876 | | 390 |
| 公共管理和社会组织 | 147637 | 147637 | | |

## 3-4 分类型固定资产投资

（2012 年）　　单位：万元

| 类　　别 | 固定资产投资 | 类　　别 | 固定资产投资 |
|---|---|---|---|
| **投资总额** | **35612211** | 国内贷款 | 4107601 |
| **按登记注册类型分** | | 利用外资 | 116171 |
| 国有经济 | 241238 | 自筹资金 | 24092503 |
| 集体经济 | 10140 | 其他资金来源 | 7340746 |
| 股份制经济 | 6948888 | **按构成分** | |
| 港澳台投资经济 | 366749 | 建筑安装工程 | 19786648 |
| 外商投资经济 | 518409 | 设备工器具购置 | 6660008 |
| 私营经济 | 2617966 | 其他费用 | 9165555 |
| 其他经济 | 247978 | **房屋建筑面积** | |
| 按隶属关系分 | | 施工面积 | 129500231 |
| 中央 | 496780 | #住宅 | 59559290 |
| 地方 | 35115431 | 竣工面积 | 21866677 |
| **按资金来源分** | | #住宅 | 11133557 |
| 国家预算内资金 | 1233368 | | |

# 3-5 分行业固定资产投资资金来源

（2012 年）

单位：万元

| 行　　业 | 本年资金来源小计 | 国家预算内资金 | 国内贷款 | 利用外资 | 自筹资金 | 其他资金来源 |
|---|---|---|---|---|---|---|
| **总　　计** | **36890389** | **1233368** | **4107601** | **116171** | **24092503** | **7340746** |
| **农、林、牧、渔业** | **731306** | **10674** | **84975** | | **598957** | **36700** |
| 畜牧业 | 301557 | | 43405 | | 256552 | 1600 |
| **工业** | **13274578** | **71488** | **1637743** | **101171** | **11251721** | **212455** |
| **采矿业** | **1351105** | **3000** | **99850** | | **1247155** | **1100** |
| 煤炭开采和洗选业 | 1051832 | 3000 | 98950 | | 948782 | 1100 |
| 石油和天然气开采业 | 45000 | | | | 45000 | |
| 黑色金属矿采选业 | 13480 | | 200 | | 13280 | |
| 有色金属矿采选业 | 19560 | | | | 19560 | |
| 非金属矿采选业 | 217597 | | 700 | | 216897 | |
| 开采辅助活动 | 3636 | | | | 3636 | |
| **制造业** | **11079591** | **1950** | **1305204** | **78446** | **9572373** | **121618** |
| 农副食品加工业 | 368177 | 1450 | 44232 | | 320608 | 1887 |
| 食品制造业 | 370947 | | 36712 | 2470 | 311713 | 20052 |
| 酒、饮料和精制茶制造业 | 226873 | | 20328 | | 201306 | 5239 |
| 烟草制品业 | 34042 | | | | 34042 | |
| 纺织业 | 91891 | | 2009 | | 88188 | 1694 |
| 纺织服装、服饰业 | 289129 | | 24774 | | 264355 | |
| 皮革、毛皮、羽毛及其制品业和制鞋业 | 31150 | | 16600 | | 13250 | 1300 |
| 木材加工及木、竹、藤、棕、草制品业 | 46564 | | 6313 | | 40251 | |
| 家具制造业 | 162007 | | 37774 | | 124233 | |
| 造纸及纸制品业 | 225530 | | 6024 | | 216130 | 3376 |
| 印刷和记录媒介复制业 | 48147 | | 6300 | | 41847 | |
| 文教、工美、体育和娱乐用品制造业 | 42741 | | 13400 | | 29341 | |
| 石油加工、炼焦和核燃料加工业 | 22128 | | | | 22128 | |
| 化学原料及化学制品制造业 | 306999 | | 15733 | | 286066 | 5200 |
| 医药制造业 | 210836 | | 9700 | | 201136 | |
| 化学纤维制造业 | 3900 | | | | 3900 | |
| 橡胶和塑料制品业 | 170352 | | 10870 | | 127885 | 31597 |
| 非金属矿物制品业 | 2521049 | | 164443 | 3300 | 2320436 | 32870 |
| 黑色金属冶炼和压延加工业 | 276650 | | 14341 | | 261709 | 600 |
| 有色金属冶炼和压延加工业 | 1147029 | 500 | 153350 | 11000 | 981679 | 500 |
| 金属制品业 | 388096 | | 47356 | | 339740 | 1000 |
| 通用设备制造业 | 553378 | | 19220 | | 527855 | 6303 |
| 专用设备制造业 | 1224944 | | 84080 | | 1137864 | 3000 |

3-5 续表 （2012 年） 单位：万元

| 行　　业 | 本年资金来源小计 | 国家预算内资金 | 国内贷款 | 利用外资 | 自筹资金 | 其他资金来源 |
|---|---|---|---|---|---|---|
| 汽车制造业 | 880867 | | 109550 | 676 | 770641 | |
| 铁路、船舶、航空航天和其他运输设备制造业 | 31126 | | | | 31126 | |
| 电气机械及器材制造业 | 364392 | | 27700 | | 336692 | |
| 计算机、通信和其他电子设备制造业 | 835986 | | 409270 | 61000 | 358716 | 7000 |
| 仪器仪表制造业 | 105011 | | 12800 | | 92211 | |
| 其他制造业 | 22325 | | | | 22325 | |
| 废弃资源综合利用业 | 64425 | | 12325 | | 52100 | |
| 金属制品、机械和设备修理业 | 12900 | | | | 12900 | |
| **电力、燃气及水的生产和供应业** | **843882** | **66538** | **232689** | **22725** | **432193** | **89737** |
| 电力、热力的生产和供应业 | 507402 | 46254 | 209770 | 22725 | 228029 | 624 |
| 燃气生产和供应业 | 51384 | | 2101 | | 49283 | |
| 水的生产和供应业 | 285096 | 20284 | 20818 | | 154881 | 89113 |
| **建筑业** | **45453** | | **13970** | | **30583** | **900** |
| **交通运输、仓储和邮政业** | **1936468** | **239957** | **567654** | | **1059822** | **69035** |
| 路运输业 | 270102 | 84096 | 63000 | | 123006 | |
| 道路运输业 | 1073689 | 155861 | 418823 | | 436470 | 62535 |
| 航空运输业 | 3508 | | 1000 | | 2508 | |
| 仓储业 | 530498 | | 84831 | | 439167 | 6500 |
| **信息传输、软件和信息技术服务业** | **176575** | | **13500** | | **163075** | |
| **批发和零售业** | **67311** | | **1600** | | **63221** | **2490** |
| **住宿和餐饮业** | **14695716** | **27693** | **1268623** | | **7210988** | **6188412** |
| **金融业** | **225607** | **2000** | **33900** | | **189707** | |
| **房地产业** | **232991** | **12550** | **1635** | | **206376** | **12430** |
| **租赁和商务服务业** | **2774861** | **694596** | **249019** | | **1086067** | **745179** |
| **科学研究、技术服务和地质勘查业** | **176748** | **32089** | **51600** | | **92123** | **936** |
| **水利、环境和公共设施管理业** | **45707** | **1260** | | | **44447** | |
| 水利管理业 | 2552406 | 661247 | 197419 | | 949497 | 744243 |
| 生态保护和环境治理业 | 56141 | | 1000 | | 55141 | |
| 公共设施管理业 | 773329 | 89654 | 87110 | 15000 | 570321 | 11244 |
| **居民服务和其他服务业** | **364076** | **22769** | **31560** | | **287621** | **22126** |
| **教育** | **334744** | **18922** | **29560** | | **264136** | **22126** |
| **卫生、社会保障和社会福利业** | **399369** | **18725** | **79350** | | **296564** | **4730** |
| 卫生 | 144258 | 43262 | 2200 | | 81977 | 16819 |
| **文化、体育和娱乐业** | **399876** | **399876** | **399876** | **399876** | **399876** | **399876** |
| **公共管理和社会组织** | **147637** | **147637** | **147637** | **147637** | **147637** | **147637** |

# 3-6 按行业和注册类型

（2012 年）

| 行 业 | 本年完成投资 | 中央 | 地方 | 内资 | 港澳台投资 |
|---|---|---|---|---|---|
| **总 计** | **35612211** | **375505** | **35236706** | **33081229** | **1258932** |
| **农、林、牧、渔业** | **739080** | | **739080** | **683662** | |
| 畜牧业 | 307007 | | 307007 | 292207 | |
| **工业** | **13561198** | **158267** | **13402931** | **12278286** | **740853** |
| 采矿业 | 1368420 | 5809 | 1362611 | 1340990 | 27430 |
| 煤炭开采和洗选业 | 1065411 | 5809 | 1059602 | 1037981 | 27430 |
| 石油和天然气开采业 | 45000 | | 45000 | 45000 | |
| 黑色金属矿采选业 | 13480 | | 13480 | 13480 | |
| 有色金属矿采选业 | 19860 | | 19860 | 19860 | |
| 非金属矿采选业 | 221033 | | 221033 | 221033 | |
| 开采辅助活动 | 3636 | | 3636 | 3636 | |
| 制造业 | 11321885 | 134561 | 11187324 | 10210236 | 569590 |
| 农副食品加工业 | 378206 | | 378206 | 360606 | |
| 食品制造业 | 382892 | | 382892 | 329920 | |
| 酒、饮料和精制茶制造业 | 222075 | | 222075 | 199987 | 5000 |
| 烟草制品业 | 34039 | 25000 | 9039 | 34039 | |
| 纺织业 | 92170 | | 92170 | 72793 | 19377 |
| 纺织服装、服饰业 | 289107 | | 289107 | 268177 | |
| 皮革、毛皮、羽毛及其制品业和制鞋业 | 31150 | | 31150 | 20250 | |
| 木材加工及木、竹、藤、棕、草制品业 | 46564 | | 46564 | 46564 | |
| 家具制造业 | 160701 | | 160701 | 136501 | |
| 造纸及纸制品业 | 225712 | | 225712 | 225712 | |
| 印刷和记录媒介复制业 | 48197 | | 48197 | 41897 | |

# 分固定资产投资

单位:万元

| 外商投资 | 个体经营 | 国有控股 | 集体控股 | 私人控股 | 港澳台控股 | 外商控股 | 其他控股 |
|---|---|---|---|---|---|---|---|
| **1013859** | **258191** | **7738173** | **2115338** | **20078754** | **1035231** | **956556** | **3688159** |
| **21438** | **33980** | **54871** | **37586** | **546281** | | | **100342** |
| | 14800 | | 17130 | 278367 | | | 11510 |
| **359819** | **182240** | **1307853** | **796533** | **9472643** | **676246** | **258165** | **1049758** |
| | | 247722 | 314525 | 677369 | | | 128804 |
| | | 202722 | 314525 | 446300 | | | 101864 |
| | | 45000 | | | | | |
| | | | | 13480 | | | |
| | | | | 19860 | | | |
| | | | | 194093 | | | 26940 |
| | | | | 3636 | | | |
| 359819 | 182240 | 461876 | 460845 | 8694112 | 532413 | 258165 | 914474 |
| | 17600 | 29336 | 20693 | 321209 | | | 6968 |
| 44014 | 8958 | 37395 | 1120 | 312708 | | 23384 | 8285 |
| | 17088 | | 9200 | 176095 | | 5000 | 31780 |
| | | 31396 | | 2643 | | | |
| | | | 12150 | 77334 | | | 2686 |
| | 20930 | | 78053 | 207043 | | | 4011 |
| | 10900 | | | 22750 | | | 8400 |
| | | | 5950 | 33142 | | | 7472 |
| | 24200 | | | 148471 | | | 12230 |
| | | | | 191203 | | | 34509 |
| | 6300 | 335 | | 46190 | | | 1672 |

3-6 续表 1

| 行 业 | 本年完成投资 | 中央 | 地方 | 内资 | 港澳台投资 |
|---|---|---|---|---|---|
| 文教、工美、体育和娱乐用品制造业 | 43279 | | 43279 | 38079 | |
| 石油加工、炼焦和核燃料加工业 | 22128 | | 22128 | 22128 | |
| 化学原料及化学制品制造业 | 305976 | 21393 | 284583 | 288276 | 9100 |
| 医药制造业 | 212273 | | 212273 | 206573 | |
| 化学纤维制造业 | 3900 | | 3900 | 3900 | |
| 橡胶和塑料制品业 | 170465 | | 170465 | 167465 | |
| 非金属矿物制品业 | 2533959 | 5000 | 2528959 | 2495559 | 10000 |
| 黑色金属冶炼和压延加工业 | 273918 | 26000 | 247918 | 273918 | |
| 有色金属冶炼和压延加工业 | 1161296 | 15806 | 1145490 | 962874 | 8900 |
| 金属制品业 | 392254 | | 392254 | 382704 | |
| 通用设备制造业 | 556947 | 11462 | 545485 | 526948 | 29999 |
| 专用设备制造业 | 1224691 | 29900 | 1194791 | 1211592 | |
| 汽车制造业 | 887255 | | 887255 | 769107 | 3700 |
| 铁路、船舶、航空航天和其他运输设备制造业 | 31126 | | 31126 | 31126 | |
| 电气机械及器材制造业 | 366818 | | 366818 | 366818 | |
| 计算机、通信和其他电子设备制造业 | 1015537 | | 1015537 | 529520 | 483117 |
| 仪器仪表制造业 | 109711 | | 109711 | 109314 | 397 |
| 其他制造业 | 22275 | | 22275 | 22275 | |
| 废弃资源综合利用业 | 64364 | | 64364 | 60714 | |
| 金属制品、机械和设备修理业 | 12900 | | 12900 | 4900 | |
| 电力、燃气及水的生产和供应业 | 870893 | 17897 | 852996 | 727060 | 143833 |
| 电力、热力的生产和供应业 | 514719 | 17897 | 496822 | 374547 | 140172 |
| 燃气生产和供应业 | 51383 | | 51383 | 47722 | 3661 |
| 水的生产和供应业 | 304791 | | 304791 | 304791 | |

单位:万元

| 外商投资 | 个体经营 | 国有控股 | 集体控股 | 私人控股 | 港澳台控股 | 外商控股 | 其他控股 |
|---|---|---|---|---|---|---|---|
| | 5200 | | | 40268 | | | 3011 |
| | | | | 17000 | | | 5128 |
| 2000 | 6600 | 21393 | 12851 | 181058 | | 2000 | 88674 |
| | 5700 | | 34958 | 163890 | | 3350 | 10075 |
| | | | | 3900 | | | |
| | 3000 | | | 158024 | | | 12441 |
| 5185 | 23215 | 59396 | 87452 | 2246708 | 10000 | | 130403 |
| | | 26000 | 19267 | 222211 | | | 6440 |
| 189522 | | 33570 | | 904378 | 8900 | 189522 | 24926 |
| 1500 | 8050 | | 1295 | 336948 | | | 54011 |
| | | 11462 | | 456691 | 29999 | | 58795 |
| | 13099 | 163398 | 44156 | 953404 | | | 63733 |
| 109598 | 4850 | 10000 | 132200 | 570909 | | 34909 | 139237 |
| | | | | 21146 | | | 9980 |
| | | 799 | 1500 | 354349 | | | 10170 |
| | 2900 | 21400 | | 339344 | 483117 | | 171676 |
| | | | | 105736 | 397 | | 3578 |
| | | | | 22275 | | | |
| | 3650 | 15996 | | 44185 | | | 4183 |
| 8000 | | | | 12900 | | | |
| | | 598255 | 21163 | 101162 | 143833 | | 6480 |
| | | 329950 | 1340 | 43257 | 140172 | | |
| | | 5737 | 3045 | 34030 | 3661 | | 4910 |
| | | 262568 | 16778 | 23875 | | | 1570 |

| 行　　业 | 本年完成投资 | 中央 | 地方 | 内资 | 港澳台投资 |
|---|---|---|---|---|---|
| **建筑业** | **45453** | | **45453** | **45453** | |
| **交通运输、仓储和邮政业** | **2128976** | **112791** | **2016185** | **2072057** | **51387** |
| 铁路运输业 | 328665 | 108820 | 219845 | 328665 | |
| 道路运输业 | 1175191 | | 1175191 | 1174048 | |
| 航空运输业 | 4208 | 508 | 3700 | 4208 | |
| 仓储业 | 553386 | 3463 | 549923 | 501697 | 47300 |
| **信息传输、软件和信息技术服务业** | **177325** | | **177325** | **177325** | |
| **批发和零售业** | **669184** | **12693** | **656491** | **598307** | **52363** |
| **住宿和餐饮业** | **346077** | | **346077** | **339677** | |
| **金融业** | **76091** | **14677** | **61414** | **76091** | |
| **房地产业** | **12517022** | **10963894** | **12504496** | **11544777** | **366749** |
| **租赁和商务服务业** | **231939** | **10489** | **221450** | **224439** | |
| **科学研究、技术服务和地质勘查业** | **242128** | **27572** | **214556** | **242051** | |
| **水利、环境和公共设施管理业** | **3026648** | **8496** | **3018152** | **2993068** | **32580** |
| 水利管理业 | 192226 | | 192226 | 192226 | |
| 生态保护和环境治理业 | 45657 | | 45657 | 45657 | |
| 公共设施管理业 | 2788765 | 8496 | 2780269 | 2755185 | 32580 |
| **居民服务和其他服务业** | **58141** | | **58141** | **58141** | |
| **教育** | **850879** | **15444** | **835435** | **817721** | **15000** |
| **卫生、社会保障和社会福利业** | **394557** | **2000** | **392557** | **394557** | |
| 卫生 | 364610 | 2000 | 362610 | 364610 | |
| **文化、体育和娱乐业** | **399876** | **550** | **399326** | **387980** | |
| **公共管理和社会组织** | **147637** | | **147637** | **147637** | |

单位:万元

| 外商投资 | 个体经营 | 国有控股 | 集体控股 | 私人控股 | 港澳台控股 | 外商控股 | 其他控股 |
|---|---|---|---|---|---|---|---|
| | | | | **45453** | | | |
| **1143** | **4389** | **1391187** | **88251** | **457491** | **51387** | | **140660** |
| | | 309165 | | 19500 | | | |
| 1143 | | 988836 | 45104 | 61533 | | | 79718 |
| | | 4208 | | | | | |
| | 4389 | 70437 | 23650 | 351057 | 47300 | | 60942 |
| | | **33501** | **13760** | **77214** | | | **52850** |
| **7889** | **10625** | **79375** | **58492** | **351150** | **52363** | **7889** | **119915** |
| | **6400** | **15115** | **20897** | **269984** | | | **40081** |
| | | **46927** | **20027** | **9137** | | | |
| **600396** | **5100** | **1301247** | **628738** | **7784638** | **207655** | **681385** | **1913359** |
| | **7500** | **14710** | **45289** | **171940** | | | |
| | **77** | **89214** | **23850** | **113714** | | | **15350** |
| **1000** | | **2317534** | **273734** | **243273** | **32580** | | **159527** |
| | | 171469 | 10877 | 9880 | | | |
| | | 8874 | 11383 | 10300 | | | 15100 |
| 1000 | | 2137191 | 251474 | 223093 | 32580 | | 144427 |
| | | **22848** | **14430** | **18234** | | | **2629** |
| **18158** | | **587428** | **34107** | **169309** | **15000** | **5101** | **39934** |
| | | **302270** | **17145** | **55615** | | | **19527** |
| | | 294246 | 17145 | 33692 | | | 19527 |
| **4016** | **7880** | **59500** | **30282** | **287922** | | **4016** | **18156** |
| | | **114593** | **12217** | **4756** | | | **16071** |

# 3-7 县(市)区按三次产业分固定资产投资

(2012年)

单位:万元

| 县(市)区 | 投资总额 | 第一产业 | 第二产业 | 工业 | 第三产业 |
|---|---|---|---|---|---|
| **全市** | **35612211** | **739080** | **13606651** | **13561198** | **21266480** |
| 中原区 | 1533496 | | 48676 | 48676 | 1484820 |
| 二七区 | 2365639 | 6650 | 182819 | 182819 | 2176170 |
| 管城区 | 1841378 | | 272532 | 268032 | 1568846 |
| 金水区 | 3104384 | 598 | 174400 | 174400 | 2929386 |
| 上街区 | 807310 | 8000 | 335125 | 335125 | 464185 |
| 惠济区 | 932539 | 28480 | 98480 | 98480 | 805579 |
| 中牟县 | 3068534 | 191639 | 1108854 | 1067901 | 1768041 |
| 巩义市 | 3047430 | 55580 | 2050811 | 2050811 | 941039 |
| 荥阳市 | 3046874 | 102290 | 1987393 | 1987393 | 957191 |
| 新密市 | 3069708 | 57378 | 2150572 | 2150572 | 861758 |
| 新郑市 | 2702922 | 85771 | 1214881 | 1214881 | 1402270 |
| 登封市 | 2576204 | 202694 | 1486323 | 1486323 | 887187 |
| 经济开发区 | 1421256 | | 1177439 | 1177439 | 243817 |
| 高新开发区 | 1514384 | | 625577 | 625577 | 888807 |
| 郑东新区 | 2670251 | | | | 2670251 |
| 航空港区 | 1160314 | | 692769 | 692769 | 467545 |

# 3-8 县(市)区按建设性质分固定资产投资

(2012年)

单位:万元

| 县(市)区 | 投资总额 | 新建 | 扩建 | 改建 |
|---|---|---|---|---|
| **郑州市** | **35612211** | **16400744** | **4571514** | **3159458** |
| 中原区 | 1533496 | 296513 | 1561 | |
| 二七区 | 2365639 | 216766 | 25805 | 61073 |
| 管城区 | 1841378 | 606501 | 125319 | 327581 |
| 金水区 | 3104384 | 737171 | 10878 | 69755 |
| 上街区 | 807310 | 254305 | 102948 | 80493 |
| 惠济区 | 932539 | 410869 | 18596 | 8852 |
| 中牟县 | 3068534 | 2559533 | 279232 | 36522 |
| 巩义市 | 3047430 | 1444978 | 960999 | 262137 |
| 荥阳市 | 3046874 | 1912677 | 525884 | 256184 |
| 新密市 | 3069708 | 1283584 | 459418 | 1172117 |
| 新郑市 | 2702922 | 1599302 | 405697 | 210799 |
| 登封市 | 2576204 | 264199 | 1522886 | 511274 |
| 经济开发区 | 1421256 | 1089007 | 95931 | 133804 |
| 高新开发区 | 1514384 | 932006 | 29720 | 9372 |
| 郑东新区 | 2670251 | 1080160 | | 15562 |
| 航空港区 | 1160314 | 964585 | 5640 | 3933 |

## 3-9 县(市)区按构成性质分固定资产投资

(2012 年)

单位:万元

| 县(市)区 | 投资总额 | 建筑工程 | 安装工程 | 设备工器具购置 | 其他费用 |
|---|---|---|---|---|---|
| **郑州市** | **35612211** | **19457687** | **328961** | **6660008** | **9165555** |
| 中原区 | 1533496 | 930245 | 1469 | 40844 | 560938 |
| 二七区 | 2365639 | 1764735 | 11225 | 75385 | 514294 |
| 管城区 | 1841378 | 1107643 | 1201 | 32543 | 699991 |
| 金水区 | 3104384 | 2297845 | 8384 | 40761 | 757394 |
| 上街区 | 807310 | 623037 | 8794 | 63899 | 111580 |
| 惠济区 | 932539 | 592028 | 2952 | 70 | 337489 |
| 中牟县 | 3068534 | 961689 | 3734 | 75519 | 2027592 |
| 巩义市 | 3047430 | 1351193 | 115110 | 1415902 | 165225 |
| 荥阳市 | 3046874 | 997743 | 32390 | 1019919 | 996822 |
| 新密市 | 3069708 | 1091055 | 85298 | 1356609 | 536746 |
| 新郑市 | 2702922 | 1503943 | 27871 | 517249 | 653859 |
| 登封市 | 2576204 | 676686 | 1388 | 1157574 | 740556 |
| 经济开发区 | 1421256 | 915961 | 3818 | 495045 | 6432 |
| 高新开发区 | 1514384 | 957454 | 16258 | 159675 | 380997 |
| 郑东新区 | 2670251 | 2318655 | 5369 | 48149 | 298078 |
| 航空港区 | 1160314 | 977213 | 3700 | 150875 | 28526 |

# 3-10　分行业固定资产投资

（2012 年）

单位:万元

| 行　　业 | 本年完成投资 | 建筑工程 | 安装工程 | 设备工器具购置 | 其他费用 | 新建 | 改建 | 扩建 |
|---|---|---|---|---|---|---|---|---|
| **总　计** | **35612211** | **19457687** | **328961** | **6660008** | **9165555** | **16400744** | **3159458** | **4571514** |
| **农、林、牧、渔业** | **739080** | **234143** | **6943** | **162844** | **335150** | **461789** | **47861** | **218645** |
| 畜牧业 | 307007 | 88841 | 2632 | 79534 | 136000 | 132446 | 28640 | 142721 |
| **工业** | **13561198** | **5237664** | **238507** | **5603370** | **2481657** | **7943524** | **2310169** | **3112631** |
| 采矿业 | 1368420 | 374899 | 21945 | 680428 | 291148 | 232628 | 932877 | 195799 |
| 煤炭开采和洗选业 | 1065411 | 268145 | 20097 | 528203 | 248966 | 132803 | 800388 | 125104 |
| 石油和天然气开采业 | 45000 | 45000 | | | | 45000 | | |
| 黑色金属矿采选业 | 13480 | 5981 | | 6719 | 780 | | 5100 | 8380 |
| 有色金属矿采选业 | 19860 | 9203 | 207 | 8304 | 2146 | | 1300 | 18560 |
| 非金属矿采选业 | 221033 | 45770 | 1641 | 135902 | 37720 | 54825 | 126089 | 40119 |
| 开采辅助活动 | 3636 | 800 | | 1300 | 1536 | | | 3636 |
| 制造业 | 11321885 | 4500317 | 192972 | 4624675 | 2003921 | 7117362 | 1285808 | 2741111 |
| 农副食品加工业 | 378206 | 158061 | 747 | 127052 | 92346 | 297364 | 16325 | 57917 |
| 食品制造业 | 382892 | 151252 | 1343 | 168343 | 61954 | 308786 | 11705 | 61401 |
| 酒、饮料和精制茶制造业 | 222075 | 138381 | 789 | 51068 | 31837 | 56817 | 7364 | 49345 |
| 烟草制品业 | 34039 | 28368 | | 5671 | | | 25000 | 4628 |
| 纺织业 | 92170 | 30978 | 1383 | 28634 | 31175 | 53487 | 19686 | 7847 |
| 纺织服装、服饰业 | 289107 | 80881 | 9889 | 121522 | 76815 | 213790 | 53040 | 22277 |
| 皮革、毛皮、羽毛及其制品业和制鞋业 | 31150 | 9980 | 10 | 6800 | 14360 | 25250 | 5900 | |
| 木材加工及木、竹、藤、棕、草制品业 | 46564 | 13023 | 166 | 6240 | 27135 | 36124 | 3690 | 6750 |
| 家具制造业 | 160701 | 42759 | 1121 | 37790 | 79031 | 114271 | 1410 | 45020 |
| 造纸及纸制品业 | 225712 | 70010 | 3528 | 124347 | 27827 | 71750 | 116623 | 37339 |
| 印刷和记录媒介复制业 | 48197 | 27573 | 517 | 8407 | 11700 | 43525 | 1662 | 1010 |
| 文教、工美、体育和娱乐用品制造业 | 43279 | 11572 | 1042 | 19703 | 10962 | 18298 | 7800 | 14170 |

3-10 续表1 (2012年) 单位:万元

| 行业 | 本年完成投资 | 建筑工程 | 安装工程 | 设备工器具购置 | 其他费用 | 新建 | 改建 | 扩建 |
|---|---|---|---|---|---|---|---|---|
| 石油加工、炼焦和核燃料加工业 | 22128 | 5032 | 85 | 4349 | 12662 | 22128 | | |
| 化学原料及化学制品制造业 | 305976 | 124214 | 9874 | 109671 | 62217 | 176223 | 15166 | 114587 |
| 医药制造业 | 212273 | 77879 | 1290 | 83987 | 49117 | 152492 | 16920 | 42861 |
| 化学纤维制造业 | 3900 | 2640 | 180 | 764 | 316 | | | 3900 |
| 橡胶和塑料制品业 | 170465 | 45265 | 2910 | 85004 | 37286 | 112661 | 11244 | 46560 |
| 非金属矿物制品业 | 2533959 | 756283 | 62334 | 1292551 | 422791 | 1034857 | 572841 | 911153 |
| 黑色金属冶炼和压延加工业 | 273918 | 82389 | 3249 | 153923 | 34357 | 173951 | 18686 | 71781 |
| 有色金属冶炼和压延加工业 | 1161296 | 267384 | 37237 | 738948 | 117727 | 665493 | 119556 | 375303 |
| 金属制品业 | 392254 | 146311 | 14965 | 114945 | 116033 | 274254 | 26100 | 91900 |
| 通用设备制造业 | 556947 | 321531 | 4502 | 163781 | 67133 | 385760 | 44874 | 115712 |
| 专用设备制造业 | 1224691 | 535132 | 10461 | 413111 | 265987 | 872101 | 53757 | 298833 |
| 汽车制造业 | 887255 | 431681 | 12285 | 274756 | 168533 | 574680 | 102804 | 205041 |
| 铁路、船舶、航空航天和其他运输设备制造业 | 31126 | 22316 | | 6930 | 1880 | 20126 | | 11000 |
| 电气机械及器材制造业 | 366818 | 161034 | 9723 | 126257 | 69804 | 256142 | 12400 | 98276 |
| 计算机、通信和其他电子设备制造业 | 1015537 | 668752 | 1806 | 296478 | 48501 | 969782 | 11955 | 33800 |
| 仪器仪表制造业 | 109711 | 65462 | 679 | 25065 | 18505 | 100611 | 5900 | 3200 |
| 其他制造业 | 22275 | 7745 | 172 | 7990 | 6368 | 17675 | | 4600 |
| 废弃资源综合利用业 | 64364 | 15029 | 685 | 9988 | 38662 | 60964 | 3400 | |
| 金属制品、机械和设备修理业 | 12900 | 1400 | | 10600 | 900 | 8000 | | 4900 |
| 电力、燃气及水的生产和供应业 | 870893 | 362448 | 23590 | 298267 | 186588 | 593534 | 91484 | 175721 |
| 电力、热力的生产和供应业 | 514719 | 164487 | 20377 | 239058 | 90797 | 328776 | 45792 | 140151 |
| 燃气生产和供应业 | 51383 | 21203 | 720 | 12238 | 17222 | 33360 | 5097 | 5726 |
| 水的生产和供应业 | 304791 | 176758 | 2493 | 46971 | 78569 | 231398 | 40595 | 29844 |

3-10 续表2 （2012年） 单位:万元

| 行 业 | 本年完成投资 | 建筑工程 | 安装工程 | 设备工器具购置 | 其他费用 | 新建 | 改建 | 扩建 |
|---|---|---|---|---|---|---|---|---|
| **建筑业** | **45453** | **6153** | **95** | **318** | **38887** | **45453** | | |
| **交通运输、仓储和邮政业** | **2128976** | **1117857** | **3988** | **133886** | **873245** | **1731826** | **108570** | **284372** |
| 铁路运输业 | 328665 | 246856 | 300 | 16700 | 64809 | 328665 | | |
| 道路运输业 | 1175191 | 568602 | 2579 | 63680 | 540330 | 879393 | 78648 | 217150 |
| 航空运输业 | 4208 | | | 4208 | | | | |
| 仓储业 | 553386 | 248161 | 844 | 40628 | 263753 | 462872 | 23292 | 67222 |
| **信息传输、软件和信息技术服务业** | **177325** | **65755** | **2016** | **20878** | **88676** | **168568** | **2060** | **5850** |
| **批发和零售业** | **669184** | **307161** | **4387** | **98230** | **259406** | **417392** | **134064** | **108480** |
| **住宿和餐饮业** | **346077** | **208101** | **563** | **45168** | **92245** | **255062** | **26448** | **59727** |
| **金融业** | **76091** | **60856** | **70** | **5680** | **9485** | **72799** | | **600** |
| **房地产业** | **12517022** | **8905253** | **57654** | **290796** | **3263319** | **1005693** | **122620** | **206328** |
| **租赁和商务服务业** | **231939** | **200670** | **21** | **148** | **31100** | **229439** | **2500** | |
| **科学研究、技术服务和地质勘查业** | **242128** | **169318** | **1532** | **18095** | **53183** | **211711** | **6779** | **14400** |
| **水利、环境和公共设施管理业** | **3026648** | **1768041** | **8585** | **137999** | **1112023** | **2332183** | **345398** | **346867** |
| 水利管理业 | 192226 | 121913 | 862 | 13220 | 56231 | 136851 | 38298 | 17077 |
| 生态保护和环境治理业 | 45657 | 12313 | 330 | 12574 | 20440 | 27874 | 11383 | 6400 |
| 公共设施管理业 | 2788765 | 1633815 | 7393 | 112205 | 1035352 | 2167458 | 295717 | 323390 |
| **居民服务和其他服务业** | **58141** | **51381** | **9** | **2771** | **3980** | **46767** | **2610** | **7844** |
| **教育** | **850879** | **582336** | **1481** | **42133** | **224929** | **699343** | **12809** | **118317** |
| **卫生、社会保障和社会福利业** | **394557** | **278753** | **265** | **37921** | **77618** | **338037** | **10063** | **24193** |
| 卫生 | 364610 | 266555 | 115 | 28630 | 69310 | 310851 | 10063 | 21432 |
| **文化、体育和娱乐业** | **399876** | **164402** | **1597** | **46913** | **186964** | **322628** | **13470** | **50830** |
| **公共管理和社会组织** | **147637** | **99843** | **1248** | **12858** | **33688** | **118530** | **14037** | **12430** |

# 3-11 各县(市)区分行业

(2012年)

| 县(市)区 | 郑州市 | 中原区 | 二七区 | 管城区 | 金水区 | 上街区 | 惠济区 |
|---|---|---|---|---|---|---|---|
| **总　计** | **35612211** | **1533496** | **2365639** | **1841378** | **3104384** | **807310** | **932539** |
| **农、林、牧、渔业** | **739080** | | **6650** | | **598** | **8000** | **28480** |
| 畜牧业 | 307007 | | | | | | |
| **工业** | **13561198** | **48676** | **182819** | **268032** | **174400** | **335125** | **98480** |
| 采矿业 | 1368420 | | | | | 2300 | |
| 煤炭开采和洗选业 | 1065411 | | | | | | |
| 石油和天然气开采业 | 45000 | | | | | | |
| 黑色金属矿采选业 | 13480 | | | | | | |
| 有色金属矿采选业 | 19860 | | | | | 2300 | |
| 非金属矿采选业 | 221033 | | | | | | |
| 开采辅助活动 | 3636 | | | | | | |
| 制造业 | 11321885 | 33600 | 172595 | 115957 | 143954 | 311500 | 91332 |
| 农副食品加工业 | 378206 | | 12050 | 13400 | | | 40230 |
| 食品制造业 | 382892 | | 19850 | 7000 | 1744 | | 29350 |
| 酒、饮料和精制茶制造业 | 222075 | | 500 | 4549 | 104000 | | |
| 烟草制品业 | 34039 | | | 4411 | | | |
| 纺织业 | 92170 | | | 6379 | 1000 | | |
| 纺织服装、服饰业 | 289107 | | | | | | |
| 皮革、毛皮、羽毛及其制品业和制鞋业 | 31150 | | | | | | |
| 木材加工及木、竹、藤、棕、草制品业 | 46564 | | | | | | |
| 家具制造业 | 160701 | | | | | 4000 | |
| 造纸及纸制品业 | 225712 | | 1200 | | | | |
| 印刷和记录媒介复制业 | 48197 | | 4050 | | | | |
| 文教、工美、体育和娱乐用品制造业 | 43279 | | | | | 5495 | |
| 石油加工、炼焦和核燃料加工业 | 22128 | | | | | | |
| 化学原料及化学制品制造业 | 305976 | | 1120 | | 18000 | 4000 | |
| 医药制造业 | 212273 | | | | | | |
| 化学纤维制造业 | 3900 | | | | | | |
| 橡胶和塑料制品业 | 170465 | | 4100 | | | 9550 | |
| 非金属矿物制品业 | 2533959 | | 3000 | 43834 | 2200 | 34750 | 2200 |
| 黑色金属冶炼和压延加工业 | 273918 | | | | 1150 | | |
| 有色金属冶炼和压延加工业 | 1161296 | | | | | 41206 | |
| 金属制品业 | 392254 | | 7688 | | | 16200 | |

# 固定资产投资

单位:万元

| 中牟县 | 巩义市 | 荥阳市 | 新密市 | 新郑市 | 登封市 | 经济开发区 | 高新开发区 | 郑东新区 | 航空港区 |
|---|---|---|---|---|---|---|---|---|---|
| **3068534** | **3047430** | **3046874** | **3069708** | **2702922** | **2576204** | **1421256** | **1514384** | **2670251** | **1160314** |
| **191639** | **55580** | **102290** | **57378** | **85771** | **202694** | | | | |
| 81882 | 31800 | 9570 | 34635 | 1248 | 147872 | | | | |
| **1067901** | **2050811** | **1987393** | **2150572** | **1214881** | **1486323** | **1177439** | **625577** | | **692769** |
| 820 | 130323 | 148642 | 496549 | 103347 | 441439 | 45000 | | | |
| | 96784 | | 469307 | 103347 | 395973 | | | | |
| | | | | | | 45000 | | | |
| | 13480 | | | | | | | | |
| | 5900 | | | | 11660 | | | | |
| 820 | 14159 | 148642 | 27242 | | 30170 | | | | |
| | | | | | 3636 | | | | |
| 1011242 | 1898849 | 1830720 | 1415487 | 1060605 | 833606 | 1132439 | 582870 | | 687129 |
| 69821 | 2900 | 79463 | 8355 | 74257 | 57730 | 20000 | | | |
| 12048 | | 45932 | 10959 | 120868 | 34470 | 100671 | | | |
| 23774 | 13800 | 33111 | 14366 | 7975 | 5800 | 14200 | | | |
| | | | | 4628 | | 25000 | | | |
| 16850 | 22877 | 34276 | | 10788 | | | | | |
| 21725 | | 49589 | 174624 | 43169 | | | | | |
| 14700 | | 8400 | | 8050 | | | | | |
| 20852 | 800 | 7790 | 12622 | 4500 | | | | | |
| 63731 | 22000 | 40770 | | 30200 | | | | | |
| 13820 | 500 | 21188 | 156788 | 32216 | | | | | |
| 7700 | | 5350 | 1662 | 19600 | | 335 | 9500 | | |
| 5200 | 8400 | 7373 | 3011 | 3200 | 10600 | | | | |
| 2000 | | 15000 | 5128 | | | | | | |
| 24062 | 74750 | 82524 | 36886 | 27510 | | 2000 | 29624 | | 5500 |
| 22268 | 7000 | 73887 | 19961 | 43047 | 6800 | 2300 | 37010 | | |
| | 3000 | | | | 900 | | | | |
| 10350 | 19800 | 19240 | 13843 | 89382 | 4200 | | | | |
| 100715 | 553389 | 334822 | 797734 | 224594 | 343608 | 71101 | 19212 | | 2800 |
| 6000 | 30470 | 85543 | 16437 | 60543 | 22760 | 51015 | | | |
| 3335 | 751991 | 48889 | 26862 | 85557 | 176284 | | 27172 | | |
| 88968 | 104846 | 75440 | 3943 | 73719 | | | 12227 | | 9223 |

3-11 续表 1

| 县(市)区 | 郑州市 | 中原区 | 二七区 | 管城区 | 金水区 | 上街区 | 惠济区 |
|---|---|---|---|---|---|---|---|
| 通用设备制造业 | 556947 | | 44580 | | | 74803 | |
| 专用设备制造业 | 1224691 | 33600 | 66557 | 15249 | 2860 | 51579 | 19552 |
| 汽车制造业 | 887255 | | | 4730 | | 6000 | |
| 铁路、船舶、航空航天和其他运输设备制造业 | 31126 | | 6400 | | | 4600 | |
| 电气机械及器材制造业 | 366818 | | 1500 | 6300 | 13000 | 38317 | |
| 计算机、通信和其他电子设备制造业 | 1015537 | | | 3955 | | 18000 | |
| 仪器仪表制造业 | 109711 | | | 5900 | | | |
| 其他制造业 | 22275 | | | 250 | | 3000 | |
| 废弃资源综合利用业 | 64364 | | | | | | |
| 金属制品、机械和设备修理业 | 12900 | | | | | | |
| 电力、燃气及水的生产和供应业 | 870893 | 15076 | 10224 | 152075 | 30446 | 21325 | 7148 |
| 电力、热力的生产和供应业 | 514719 | 9876 | 9724 | 5247 | 9217 | 16945 | 4496 |
| 燃气生产和供应业 | 51383 | | 500 | | | 787 | |
| 水的生产和供应业 | 304791 | 5200 | | 146828 | 21229 | 3593 | 2652 |
| **建筑业** | **45453** | | | **4500** | | | |
| **交通运输、仓储和邮政业** | **2128976** | | **7425** | **155803** | **16936** | **19278** | **86784** |
| 铁路运输业 | 328665 | | | | | 3700 | 63719 |
| 道路运输业 | 1175191 | | 795 | | 16936 | | |
| 航空运输业 | 4208 | | | | | 508 | |
| 仓储业 | 553386 | | | 155803 | | 15070 | 23065 |
| **信息传输、软件和信息技术服务业** | **177325** | | | | **34963** | | **7220** |
| **批发和零售业** | **669184** | **57000** | **21246** | **177941** | **55803** | **100** | **10600** |
| **住宿和餐饮业** | **346077** | | **11307** | **10408** | **101065** | | **25052** |
| **金融业** | **76091** | | | | **15000** | | |
| **房地产业** | **12517022** | **1294622** | **2077847** | **765176** | **2277452** | **381767** | **530107** |
| **租赁和商务服务业** | **231939** | | | **2500** | **132653** | | |
| **科学研究、技术服务和地质勘查业** | **242128** | | | **15800** | **74920** | **4270** | **15160** |
| **水利、环境和公共设施管理业** | **3026648** | **115152** | **20201** | **351303** | **72239** | **41595** | **70819** |
| 水利管理业 | 192226 | | | | | 200 | 890 |
| 生态保护和环境治理业 | 45657 | | | | | | |
| 公共设施管理业 | 2788765 | 115152 | 20201 | 351303 | 72239 | 41395 | 69929 |
| **居民服务和其他服务业** | **58141** | | | **3000** | **300** | **1000** | **7700** |
| **教育** | **850879** | **4389** | **5795** | **10179** | **15328** | **15575** | **41091** |
| **卫生、社会保障和社会福利业** | **394557** | **8758** | **32349** | **74906** | **106585** | | **11046** |
| 卫生 | 364610 | 6000 | 32349 | 74906 | 106585 | | 7780 |
| **文化、体育和娱乐业** | **399876** | | | **1830** | **5923** | **550** | |
| **公共管理和社会组织** | **147637** | **4899** | | | **20219** | **50** | |

单位:万元

| 中牟县 | 巩义市 | 荥阳市 | 新密市 | 新郑市 | 登封市 | 经济开发区 | 高新开发区 | 郑东新区 | 航空港区 |
|---|---|---|---|---|---|---|---|---|---|
| | 38404 | 207800 | 19306 | 6787 | 4170 | 83894 | 77203 | | |
| 108086 | 112132 | 367997 | 59524 | 14840 | 89184 | 161500 | 122031 | | |
| 256441 | 15100 | 95027 | | | 17500 | 483827 | 8630 | | |
| | | 5380 | | | 1800 | | 12946 | | |
| 16940 | 81290 | 53324 | 4819 | 49400 | 15100 | 47699 | 37629 | | 1500 |
| 74110 | 21000 | 21205 | 20896 | 2800 | 13000 | 60500 | 111965 | | 668106 |
| | | | 3578 | 4650 | 29700 | 397 | 65486 | | |
| | 11000 | 4600 | | 3425 | | | | | |
| 27746 | 3400 | 6800 | 4183 | 10000 | | | 12235 | | |
| | | | | 4900 | | 8000 | | | |
| 55839 | 21639 | 8031 | 238536 | 50929 | 211278 | | 42707 | | 5640 |
| 44356 | 2229 | 5491 | 207269 | 11521 | 151511 | | 36837 | | |
| | | 2540 | 15451 | 19700 | 12405 | | | | |
| 11483 | 19410 | | 15816 | 19708 | 47362 | | 5870 | | 5640 |
| **40953** | | | | | | | | | |
| **682131** | **214779** | **175303** | **74317** | **37961** | **53469** | **47300** | | **256579** | **3700** |
| 69216 | 19500 | | | | | | | 172530 | |
| 393267 | 195279 | 175303 | 9894 | 13600 | 53469 | | | 19437 | |
| | | | | | | | | | 3700 |
| 219648 | | | 36939 | 21861 | | 47300 | | 33700 | |
| **27600** | | | **13760** | **2060** | **6697** | | **85025** | | |
| **69600** | **10664** | **54979** | **69580** | **40097** | **26312** | **59824** | **6233** | **2672** | **6533** |
| **25495** | | **44144** | **22099** | **18920** | **72587** | | | **15000** | |
| **7200** | **14600** | | | **8722** | **2692** | | | **27877** | |
| **321916** | **538808** | **487017** | **269769** | **682859** | **388894** | **104114** | **556980** | **1575213** | **264481** |
| **12000** | | | | **65289** | | | | **19497** | |
| **14215** | **19817** | | **9813** | **4957** | **9345** | | **39494** | **34337** | |
| **233927** | **58475** | **129861** | **351958** | **322886** | **136531** | **30007** | **98774** | **347712** | **192831** |
| 26231 | 1125 | 11720 | | 29413 | 20477 | | | 102170 | |
| 1260 | 6400 | 15000 | 11383 | | 3900 | 100 | 7614 | | |
| 206436 | 50950 | 103141 | 340575 | 293473 | 112154 | 29907 | 91160 | 245542 | 192831 |
| | **12630** | | **2899** | **4408** | **5966** | | **20238** | | |
| **137517** | **48171** | **32623** | **12169** | **168441** | **63208** | **2572** | **46613** | **247208** | |
| **35821** | **7500** | **5955** | **18755** | **8101** | **35363** | | | **49418** | |
| 35821 | 7500 | 5955 | 12336 | 6101 | 19859 | | | 49418 | |
| **187296** | **1995** | **26203** | **10516** | **17599** | **77287** | | **34650** | **36027** | |
| **13323** | **13600** | **1106** | **6123** | **19970** | **8836** | | **800** | **58711** | |

# 3-12 农户固定

（2012 年）

| 指　　标 | 全市 | 中原区 | 二七区 | 管城区 | 金水区 | 上街区 | 惠济区 |
|---|---|---|---|---|---|---|---|
| **本年固定资产投资完成额** | **1085298** | **20661** | **3506** | **30570** | **28771** | **9958** | **68697** |
| **按投资来源成分** | | | | | | | |
| 国内贷款 | 8602 | | | 5898 | | 2704 | |
| 自筹资金 | 1043701 | 20661 | 3506 | 16889 | 28771 | 7254 | 68697 |
| 其他资金 | 32995 | | | 7783 | | | |
| **按投资构成分** | | | | | | | |
| 建筑工程 | 736318 | 20661 | 3506 | 30570 | 17370 | 1076 | 51214 |
| #水利 | 74 | | | | | | |
| 房屋 | 713296 | 20661 | 3506 | 30570 | 17370 | 1076 | 50378 |
| #住宅 | 596034 | 20661 | 3506 | 30570 | 17370 | 1076 | 50378 |
| 设备工器具购置 | 247697 | | | | 11401 | 8882 | 8213 |
| #生产设备 | 176536 | | | | | | 7142 |
| 其它 | 101286 | | | | | | 9270 |
| **按投资方向分** | | | | | | | |
| 农林牧渔业 | 121267 | | | | 5858 | 8882 | 9392 |
| 制造业 | 138414 | | | | | | |
| 电力煤气及水的生产和供应业 | 7 | | | | | | |
| 交通运输仓储和邮政业 | 79475 | | | | 3821 | | 8213 |
| 计算机服务和软件业 | 9991 | | | | | | |
| 批发和零售业 | 6935 | | | | 1723 | | |
| 住宿和餐饮业 | 13408 | | | | | | 714 |
| 房地产业 | 713296 | 20661 | 3506 | 30570 | 17370 | 1076 | 50378 |
| 教育 | 1588 | | | | | | |
| 社会保障和社会福利业 | 529 | | | | | | |
| 体育和娱乐业 | 390 | | | | | | |
| **按具体投资项目分** | | | | | | | |
| 房屋 | 713296 | 20661 | 3506 | 30570 | 17370 | 1076 | 50378 |
| #住宅 | 596034 | 20661 | 3506 | 30570 | 17370 | 1076 | 50378 |
| 设备 | 247697 | | | | 11401 | 8882 | 8213 |
| 水利 | 74 | | | | | | |
| 其它 | 124233 | | | | | | 10106 |
| **本年施工房屋面积** | **1294** | **51** | **8** | **80** | **42** | **8** | **98** |
| #住宅 | 1041 | 51 | 8 | 80 | 42 | 8 | 98 |
| #当年新开工 | 1067 | 51 | 8 | 80 | 42 | 8 | 98 |
| **本年竣工房屋面积** | **1235** | **51** | **8** | **80** | **42** | **8** | **98** |
| #住宅 | 996 | 51 | 8 | 80 | 42 | 8 | 98 |
| **本年竣工房屋投资完成额** | **681416** | **20661** | **3506** | **30570** | **17370** | **1076** | **50378** |
| #住宅 | 562259 | 20661 | 3506 | 30570 | 17370 | 1076 | 50378 |

## 资产投资

单位:万元、万平方米

| 中牟县 | 巩义市 | 荥阳市 | 新密市 | 新郑市 | 登封市 | 经济开发区 | 航空港区 |
|---|---|---|---|---|---|---|---|
| **234130** | **114531** | **103831** | **147282** | **160451** | **160483** | **565** | **1862** |
| 234130 | 114531 | 103831 | 147282 | 160451 | 135345 | 491 | 1862 |
| | | | | | 25138 | 74 | |
| 184623 | 101910 | 23967 | 128856 | 93227 | 77402 | 74 | 1862 |
| | | | | | | 74 | |
| 184623 | 101910 | 2557 | 128154 | 93227 | 77402 | | 1862 |
| 99481 | 79548 | 1841 | 127166 | 88971 | 73604 | | 1862 |
| 49507 | 11104 | 35618 | 13566 | 56746 | 52393 | 267 | |
| 45444 | 11104 | 28481 | 117 | 56746 | 27255 | 247 | |
| | 1517 | 44247 | 4861 | 10478 | 30688 | 225 | |
| 18809 | 1517 | 25692 | 6538 | 33397 | 10849 | 333 | |
| 30697 | 11104 | 44182 | 81 | 33827 | 18523 | | |
| | | | | | | 7 | |
| | | 14273 | 7297 | | 45646 | 225 | |
| | | 9991 | | | | | |
| | | | 5212 | | | | |
| | | 7137 | | | 5557 | | |
| 184623 | 101910 | 2557 | 128154 | 93227 | 77402 | | 1862 |
| | | | | | 1588 | | |
| | | | | | 529 | | |
| | | | | | 390 | | |
| 184623 | 101910 | 2557 | 128154 | 93227 | 77402 | | 1862 |
| 99481 | 79548 | 1841 | 127166 | 88971 | 73604 | | 1862 |
| 49507 | 11104 | 35618 | 13566 | 56746 | 52393 | 267 | |
| | | | | | | 74 | |
| | 1517 | 65656 | 5563 | 10478 | 30688 | 225 | |
| **460** | **130** | **5** | **158** | **101** | **147** | | **6** |
| 237 | 107 | 4 | 157 | 96 | 147 | | 6 |
| 256 | 130 | 5 | 141 | 95 | 147 | | 6 |
| **460** | **76** | **5** | **158** | **96** | **147** | | **6** |
| 237 | 67 | 4 | 157 | 91 | 147 | | 6 |
| **184623** | **80513** | **2557** | **128154** | **86542** | **73604** | | **1862** |
| 99481 | 63185 | 1841 | 127166 | 71559 | 73604 | | 1862 |

## 3-13 分行业投资项目个数及新增固定资产

（2012 年）

单位：万元

| 行 业 | 在建规模 | 新开工规模 | 施工项目个数 | #亿元以上项目个数 | 新开工 | 全部投产项目个数 | 新增固定资产 |
|---|---|---|---|---|---|---|---|
| **总 计** | **72850897** | **29021003** | **3745** | **1063** | **1909** | **2406** | **15690223** |
| **农、林、牧、渔业** | **1433605** | **646138** | **187** | **31** | **85** | **146** | **595907** |
| 畜牧业 | 569897 | 158017 | 84 | 8 | 32 | 71 | 270470 |
| **工业** | **33215859** | **11729081** | **2058** | **578** | **1000** | **1370** | **9284304** |
| 采矿业 | 3178435 | 610704 | 211 | 97 | 62 | 152 | 1087297 |
| 煤炭开采和洗选业 | 2609692 | 501543 | 151 | 71 | 41 | 99 | 842914 |
| 石油和天然气开采业 | 100000 | | 1 | 1 | | | |
| 黑色金属矿采选业 | 13480 | 13480 | 3 | | 3 | 3 | 13480 |
| 有色金属矿采选业 | 36790 | 10160 | 7 | | 2 | 6 | 17846 |
| 非金属矿采选业 | 413637 | 85521 | 48 | 25 | 16 | 43 | 209421 |
| 开采辅助活动 | 4836 | | 1 | | | 1 | 3636 |
| 制造业 | 26659816 | 9638756 | 1749 | 456 | 884 | 1143 | 7628399 |
| 农副食品加工业 | 765442 | 206331 | 68 | 14 | 28 | 48 | 237009 |
| 食品制造业 | 910573 | 305884 | 72 | 18 | 35 | 44 | 264106 |
| 酒、饮料和精制茶制造业 | 538889 | 20685 | 26 | 7 | 6 | 18 | 188601 |
| 烟草制品业 | 288130 | | 4 | 2 | | 3 | 13498 |

 （2012年） 单位:万元

| 行业 | 在建规模 | 新开工规模 | 施工项目个数 | #亿元以上项目个数 | 新开工 | 全部投产项目个数 | 新增固定资产 |
|---|---|---|---|---|---|---|---|
| 纺织业 | 302238 | 110537 | 16 | 4 | 8 | 8 | 42269 |
| 纺织服装、服饰业 | 626811 | 81543 | 32 | 6 | 11 | 22 | 152911 |
| 皮革、毛皮、羽毛及其制品业和制鞋业 | 45700 | 14700 | 8 |  | 3 | 6 | 28100 |
| 木材加工及木、竹、藤、棕、草制品业 | 84989 | 46253 | 12 | 1 | 6 | 7 | 40047 |
| 家具制造业 | 222273 | 96880 | 29 | 5 | 12 | 23 | 137882 |
| 造纸及纸制品业 | 308208 | 137499 | 49 | 5 | 20 | 36 | 200637 |
| 印刷和记录媒介复制业 | 93165 | 72100 | 16 | 2 | 11 | 9 | 45415 |
| 文教、工美、体育和娱乐用品制造业 | 92800 | 63100 | 16 | 3 | 11 | 7 | 20031 |
| 石油加工、炼焦和核燃料加工业 | 24068 | 20200 | 3 | 1 | 2 | 2 | 17000 |
| 化学原料及化学制品制造业 | 689286 | 339523 | 83 | 13 | 45 | 55 | 243992 |
| 医药制造业 | 522193 | 304823 | 30 | 14 | 17 | 19 | 126298 |
| 化学纤维制造业 | 8900 |  | 2 |  |  | 2 | 3378 |
| 橡胶和塑料制品业 | 353365 | 124574 | 49 | 4 | 23 | 32 | 114144 |
| 非金属矿物制品业 | 4883661 | 2079384 | 549 | 82 | 293 | 382 | 1820880 |
| 黑色金属冶炼和压延加工业 | 426216 | 148612 | 37 | 13 | 16 | 27 | 235878 |
| 有色金属冶炼和压延加工业 | 3099212 | 1007234 | 96 | 60 | 52 | 53 | 534196 |
| 金属制品业 | 927149 | 417192 | 80 | 21 | 40 | 46 | 315352 |
| 通用设备制造业 | 1300074 | 551854 | 103 | 29 | 55 | 56 | 308125 |

3-13 续表2 （2012年） 单位：万元

| 行 业 | 在建规模 | 新开工规模 | 施工项目个数 | #亿元以上项目个数 | 新开工 | 全部投产项目个数 | 新增固定资产 |
|---|---|---|---|---|---|---|---|
| 专用设备制造业 | 3211531 | 1411947 | 197 | 67 | 109 | 123 | 816148 |
| 汽车制造业 | 2343397 | 454539 | 49 | 25 | 11 | 33 | 374097 |
| 铁路、船舶、航空航天和其他运输设备制造业 | 94200 | 25900 | 7 | 2 | 4 | 5 | 15580 |
| 电气机械及器材制造业 | 1201567 | 807244 | 55 | 21 | 31 | 39 | 248725 |
| 计算机、通信和其他电子设备制造业 | 2396591 | 607575 | 33 | 23 | 18 | 19 | 954691 |
| 仪器仪表制造业 | 735709 | 92250 | 12 | 7 | 8 | 6 | 33868 |
| 其他制造业 | 56243 | 54993 | 5 | 2 | 4 | 3 | 18275 |
| 废弃资源综合利用业 | 88536 | 35400 | 9 | 4 | 5 | 8 | 57951 |
| 金属制品、机械和设备修理业 | 18700 | | 2 | 1 | | 2 | 19315 |
| 电力、燃气及水的生产和供应业 | 3377608 | 1479621 | 98 | 25 | 54 | 75 | 568608 |
| 电力、热力的生产和供应业 | 2847194 | 1270065 | 36 | 11 | 20 | 26 | 281580 |
| 燃气生产和供应业 | 127837 | 63287 | 18 | 4 | 11 | 14 | 64582 |
| 水的生产和供应业 | 402577 | 146269 | 44 | 10 | 23 | 35 | 222446 |
| **建筑业** | **65334** | **11623** | **10** | | **2** | **9** | **46111** |
| **交通运输、仓储和邮政业** | **2610436** | **1659112** | **133** | **27** | **72** | **93** | **312881** |
| 铁路运输业 | 10290940 | 2419036 | 199 | 73 | 104 | 126 | 1337325 |
| 道路运输业 | 1637073 | | 6 | 6 | | 2 | 91300 |
| 航空运输业 | 5739904 | 792415 | 125 | 37 | 76 | 85 | 1047999 |

3-13 续表3 （2012年） 单位:万元

| 行　业 | 在建规模 | 新开工规模 | 施工项目个数 | #亿元以上项目个数 | 新开工 | 全部投产项目个数 | 新增固定资产 |
|---|---|---|---|---|---|---|---|
| 仓储业 | 6427 | | 2 | | | 1 | 3700 |
| **信息传输、软件和信息技术服务业** | **2601662** | **1584217** | **55** | **22** | **24** | **37** | **189201** |
| **批发和零售业** | **586454** | **376283** | **71** | **15** | **41** | **44** | **136645** |
| **住宿和餐饮业** | **1419953** | **928259** | **20** | **12** | **13** | **8** | **24240** |
| **金融业** | **317872** | **137292** | **13** | **6** | **6** | **8** | **35471** |
| **房地产业** | **5856188** | **3068495** | **310** | **91** | **158** | **166** | **865578** |
| **租赁和商务服务业** | **1843871** | **1755338** | **13** | **7** | **7** | **6** | **146892** |
| **科学研究、技术服务和地质勘查业** | **881504** | **550298** | **35** | **18** | **20** | **11** | **33233** |
| **水利、环境和公共设施管理业** | **8346350** | **4394178** | **354** | **103** | **217** | **231** | **1852611** |
| 水利管理业 | 384654 | 137573 | 28 | 5 | 14 | 19 | 66150 |
| 生态保护和环境治理业 | 164707 | 121733 | 8 | 4 | 5 | 6 | 28824 |
| 公共设施管理业 | 7796989 | 4134872 | 318 | 94 | 198 | 206 | 1757637 |
| **居民服务和其他服务业** | **108522** | **34051** | **21** | **2** | **14** | **12** | **24542** |
| **教育** | **2658043** | **681812** | **157** | **46** | **84** | **92** | **596441** |
| **卫生、社会保障和社会福利业** | **1144638** | **193370** | **55** | **29** | **18** | **25** | **181827** |
| 卫生 | 1055476 | 150242 | 48 | 25 | 15 | 23 | 177361 |
| **文化、体育和娱乐业** | **1735653** | **232726** | **70** | **17** | **43** | **40** | **129198** |
| **公共管理和社会组织** | **335675** | **203911** | **39** | **8** | **25** | **19** | **87017** |

# 3-14 各县(市)区投资项目个数和在建规模

(2012 年)

| 县(市)区 | 施工项目个数 | #亿元以上项目个数 | #本年新开工 | 本年投产项目个数 | 全部建成投产率(%) | 计划总投资(万元) | #亿元以上项目总投资 | #新开工 |
|---|---|---|---|---|---|---|---|---|
| **郑州市** | **3730** | **1063** | **1909** | **2400** | **64.3** | **72850897** | **60095013** | **29021003** |
| 中原区 | 33 | 19 | 24 | | | 1947136 | 1856373 | 1607107 |
| 二七区 | 91 | 20 | 74 | 66 | 72.5 | 782013 | 592166 | 486343 |
| 管城区 | 112 | 32 | 76 | 90 | 80.4 | 1629804 | 1295881 | 846459 |
| 金水区 | 115 | 33 | 60 | 64 | 55.7 | 1554759 | 1288813 | 676383 |
| 上街区 | 103 | 34 | 69 | 66 | 64.1 | 1213108 | 894426 | 786211 |
| 惠济区 | 50 | 32 | 23 | 22 | 44 | 1723957 | 1632211 | 651908 |
| 中牟县 | 440 | 98 | 210 | 311 | 70.7 | 11010677 | 9253907 | 4640585 |
| 巩义市 | 444 | 106 | 320 | 320 | 72.1 | 6856192 | 5363506 | 3773126 |
| 荥阳市 | 511 | 175 | 241 | 263 | 51.5 | 7393749 | 5243181 | 3258284 |
| 新密市 | 567 | 112 | 245 | 377 | 66.5 | 7309389 | 5082111 | 2247268 |
| 新郑市 | 395 | 101 | 181 | 243 | 61.5 | 6743327 | 5097717 | 3596657 |
| 登封市 | 578 | 113 | 263 | 436 | 75.4 | 7181388 | 5479542 | 2452032 |
| 经济开发区 | 67 | 46 | 14 | 44 | 65.7 | 3794722 | 3694620 | 365058 |
| 高新开发区 | 97 | 64 | 59 | 48 | 49.5 | 3356755 | 3201801 | 2097477 |
| 郑东新区 | 103 | 60 | 40 | 39 | 37.9 | 4246833 | 4046362 | 1123129 |
| 航空港区 | 18 | 12 | 10 | 8 | 44.4 | 1801067 | 1766375 | 412976 |

# 3-15 房地产开发企业(单位)财务情况

(2012 年)

单位:千元

| 类 别 | 数 值 | 类 别 | 数 值 |
|---|---|---|---|
| **年初存货** | **120994309** | 其他业务利润 | 454851 |
| **期末资产负债** | | 销售费用 | 2147697 |
| 流动资产合计 | 336531410 | 管理费用 | 4048867 |
| #应收账款 | 12058138 | #税金 | 372015 |
| #存货 | 159722452 | #差旅费 | 121261 |
| 固定资产合计 | 13394862 | #工会经费 | 12608 |
| 固定资产原价 | 15623858 | 财务费用 | 1695490 |
| 累计折旧 | 2872375 | #利息收入 | 12786318 |
| #本年折旧 | 520700 | #利息支出 | 1208577 |
| 在建工程 | 7859388 | 资产减值损失 | 88102 |
| 资产总计 | 399271131 | 公允价值变动收益(损失以“-”号记) | -4267 |
| 流动负债合计 | 279825397 | 投资收益(损失以“-”号记) | 1591406 |
| #应付账款 | 19355928 | 营业利润 | 9070978 |
| 非流动负债合计 | 37038681 | 营业外收入 | 1188398 |
| 负债合计 | 316864078 | #补贴收入 | 116414 |
| 所有者权益合计 | 82407053 | 营业外支出 | 851286 |
| 实收资本 | 53748482 | 利润总额 | 9738495 |
| **损益及分配** | | 应交所得税 | 2328439 |
| 主营业务收入 | 56323576 | **人工成本** | |
| 土地转让收入 | 12137 | 应付职工薪酬(本年贷方累计发生额) | 1531662 |
| 商品房屋销售收入 | 54485549 | 土地和固定资产支出 | 1102761 |
| 房屋出租收入 | 890568 | 土地购置 | 10635338 |
| 其他收入 | 935322 | 房屋和建筑物 | 167749 |
| 营业成本 | 35619454 | 机器设备 | 31514 |
| 主营业务成本 | 35043732 | 运输工具 | 57278087 |
| 营业税金及附加 | 5975659 | 其他费用 | 848956 |
| 主营业务税金及附加 | 5567031 | | |

## 3-16 分县(市)区

(2012 年)

| 县(市)区 | 实收资本合计 | 资产总计 | 累计折旧 | #本年折旧 | 负债合计 | 流动资产合计 | 非流动负债合计 | 所有者权益合计 |
|---|---|---|---|---|---|---|---|---|
| 郑州市 | 53748482 | 399271131 | 2872375 | 520700 | 316864078 | 279825397 | 37038681 | 82407053 |
| 中原区 | 7472597 | 43663482 | 170205 | 31799 | 35705328 | 31823316 | 3882012 | 7958154 |
| 二七区 | 3349753 | 39736699 | 216393 | 43208 | 36471796 | 32592038 | 3879758 | 3264903 |
| 管城区 | 2779031 | 33667998 | 690411 | 93460 | 27223111 | 23101970 | 4121141 | 6444887 |
| 金水区 | 14379717 | 114635899 | 960689 | 133631 | 87949414 | 78835391 | 9114023 | 26686485 |
| 上街区 | 761443 | 4993443 | 10031 | 2666 | 3844874 | 3609895 | 234979 | 1148569 |
| 惠济区 | 1966396 | 13743391 | 110710 | 12314 | 10804807 | 9096827 | 1707980 | 2938584 |
| 中牟县 | 2444724 | 9123386 | 36578 | 11265 | 6661611 | 6568017 | 93594 | 2461775 |
| 巩义市 | 535409 | 4574467 | 55886 | 20654 | 3021444 | 2824689 | 196755 | 1553023 |
| 荥阳市 | 622914 | 7181876 | 34757 | 4796 | 5706082 | 4689687 | 1016395 | 1475794 |
| 新密市 | 496405 | 4531533 | 25735 | 7927 | 3619688 | 3362171 | 257517 | 911845 |
| 新郑市 | 1092020 | 12124433 | 53598 | 10352 | 11023553 | 10077571 | 945982 | 1100880 |
| 登封市 | 611292 | 2593145 | 8975 | 1756 | 1668304 | 1414464 | 253840 | 924841 |
| 经济开发区 | 3846556 | 15378592 | 119751 | 37829 | 9470179 | 8343799 | 1126380 | 5908413 |
| 高新开发区 | 1348743 | 11223220 | 53516 | 13127 | 9524132 | 8324809 | 1199323 | 1699088 |
| 郑东新区 | 11826482 | 79286235 | 319023 | 92614 | 61463304 | 52490302 | 8973002 | 17822931 |
| 航空港区 | 215000 | 2813332 | 6117 | 3302 | 2706451 | 2670451 | 36000 | 106881 |

## 房地产开发企业财务状况

单位:千元

| 资产负债率(%) | 主营业务收入 | 土地转让收入 | 商品房屋销售收入 | 房屋出租收入 | 其他收入 | 营业税金及附加 | 主营业务税金及附加 | 利润总额 |
|---|---|---|---|---|---|---|---|---|
| 79.4 | 56323576 | 12137 | 54485549 | 890568 | 935322 | 5975659 | 5567031 | 9738495 |
| 81.8 | 6383175 | 12047 | 6238425 | 52100 | 80603 | 707219 | 702439 | 1094135 |
| 91.8 | 2492207 | 20 | 2237500 | 222701 | 31986 | 208828 | 203626 | 15467 |
| 80.9 | 9122970 | | 8883137 | 56511 | 183322 | 749334 | 748998 | 1661774 |
| 76.7 | 13461315 | | 13079054 | 261122 | 121139 | 1382945 | 1320625 | 3256823 |
| 77.0 | 881817 | | 797863 | 3850 | 80104 | 77852 | 76644 | 111927 |
| 78.6 | 2302497 | | 2232919 | 1503 | 68075 | 195522 | 187206 | 372304 |
| 73.0 | 2014176 | | 1999223 | 20 | 14933 | 119371 | 119069 | 104515 |
| 66.1 | 772145 | 20 | 711386 | 48794 | 11945 | 63733 | 62918 | 41025 |
| 79.5 | 1740446 | | 1656011 | 959 | 83476 | 131903 | 118932 | 348819 |
| 79.9 | 991221 | | 959195 | 7130 | 24896 | 56751 | 55359 | 223012 |
| 90.9 | 1506194 | | 1489691 | 1253 | 15250 | 188952 | 187042 | -178892 |
| 64.3 | 366151 | 50 | 349611 | 106 | 16384 | 17735 | 16929 | 5834 |
| 61.6 | 1492304 | | 1374674 | 46818 | 70812 | 122289 | 122289 | 453869 |
| 84.9 | 1423207 | | 1383458 | 22771 | 16978 | 114928 | 101310 | 75826 |
| 77.5 | 11287060 | | 11011424 | 161577 | 114059 | 1823675 | 1529026 | 2203443 |
| 96.2 | 86691 | | 81978 | 3353 | 1360 | 14622 | 14619 | -51386 |

# 3-17 房地产开发企业(单位)投资、资金和土地情况

(2012 年)

单位:万元

| 类　别 | 数　值 | 类　别 | 数　值 |
|---|---|---|---|
| **计划总投资** | **51232562** | **按工程用途分** | |
| **自开始建设累计完成投资** | **29497376** | 住宅 | 6756524 |
| **本年完成投资** | **10951368** | #90 平方米以下 | 3246857 |
| #本月完成 | 1124969 | #140 平方米以上 | 959044 |
| #配套工程投资 | 189321 | #别墅、高档公寓 | 140764 |
| **按登记注册类型分** | | 办公楼 | 1054159 |
| 内资 | 10066210 | 商业营业用房 | 1200155 |
| 国有 | 165436 | 其他 | 1940530 |
| 集体 | 9369 | 本年新增固定资产 | 4352245 |
| 股份合作 | 771 | 待开发土地面积 | 3105280 |
| 有限责任公司 | 6259905 | 本年土地购置面积 | 3498592 |
| 国有独自公司 | 75802 | 本年土地成交价款 | 773593 |
| 其他有限责任公司 | 6184103 | #拆迁补偿费 | 136010 |
| 股份有限公司 | 764785 | 土地使用权出让金 | 566929 |
| 私营 | 2617966 | **契税** | **16765** |
| 其他内资 | 247978 | **本年资金来源合计** | **16409762** |
| **港澳台商投资** | **366749** | 年末结余资金 | 3243871 |
| 与港澳台商合资经营 | 134555 | 本年资金来源小计 | 13165891 |
| 与港澳台商合作经营 | 64088 | #省外资金 | 175594 |
| 港澳台商独资 | 168106 | 国内贷款 | 1109440 |
| **外商投资** | **518409** | #银行贷款 | 908404 |
| 中外合资经营 | 112511 | #非银行金融机构贷款 | 201036 |
| 外资企业 | 403570 | 自筹资金 | 5925561 |
| 外商投资股份有限公司 | 2328 | #自有资金 | 2258814 |
| **按构成分** | | 股东投入资金 | 512325 |
| 建筑工程 | 7879556 | 借入资金 | 1105491 |
| 安装工程 | 51124 | 其他资金来源 | 6130890 |
| 设备工器具购置 | 173945 | #定金及预收款 | 3195507 |
| 其他费用 | 2846743 | #个人按揭贷款 | 1858546 |
| 旧建筑物购置费 | 75422 | **本年各项应付款合计** | 2054700 |
| 土地购置费 | 1140532 | #工程款 | 887644 |

## 3-18 房地产开发企业(单位)施工、销售和空置情况

(2012 年)

单位:万元、万平方米

| 类别 | 合计 | 住宅 | | | | 办公楼 | 商业营业用房 | 其他房屋 |
|---|---|---|---|---|---|---|---|---|
| | | | 90 平米以下住房 | 140 平米以上住房 | 别墅、高档公寓 | | | |
| 房屋施工面积 | 82539411 | 56036379 | 23166957 | 6582920 | 2042362 | 6499298 | 8774498 | 11229236 |
| #新开工面积 | 21693449 | 13635130 | 5361141 | 1425690 | 303873 | 2487846 | 2172628 | 3397845 |
| 房屋竣工面积 | 14498289 | 10432012 | 4447287 | 1640775 | 313100 | 584180 | 1680068 | 1802029 |
| #不可销售面积 | 1032622 | 344434 | 220616 | 21649 | | 17747 | 94667 | 575774 |
| 商品住宅竣工套数(套) | | 106923 | 58355 | 9072 | 3814 | | | |
| 竣工房屋价值 | 3037592 | 2109198 | 842174 | 329190 | 73199 | 165120 | 397252 | 366022 |
| 批准预售面积 | 15317767 | 12792199 | 4367299 | 1579047 | 284565 | 1027060 | 1009347 | 489161 |
| 批准预售套数(套) | | 127765 | 57623 | 8399 | 2738 | | | |
| 出租房屋面积 | 400296 | 4258 | 1 | | | | 396038 | |
| 商品房销售面积 | 14418690 | 12261821 | 4865829 | 1481333 | 297985 | 1101148 | 657709 | 398012 |
| #现房销售面积 | 2571158 | 1744058 | 516867 | 397727 | 18706 | 243322 | 259413 | 324365 |
| #期房销售面积 | 11847532 | 10517763 | 4348962 | 1083606 | 279279 | 857826 | 398296 | 73647 |
| 商品房销售额 | 9016159 | 6919432 | 3045139 | 838598 | 276867 | 1041156 | 899919 | 155652 |
| #现房销售额 | 1110472 | 588474 | 201959 | 136647 | 11348 | 162125 | 244080 | 115793 |
| #期房销售额 | 7905687 | 6330958 | 2843180 | 701951 | 265519 | 879031 | 655839 | 39859 |
| 商品住宅销售套数(套) | | 123758 | 63788 | 8468 | 2216 | | | |
| #现房销售套数 | | 16823 | 7279 | 2406 | 133 | | | |
| #期房销售套数 | | 106935 | 56509 | 6062 | 2083 | | | |
| 待售面积 | 2980195 | 2103006 | 876693 | 326110 | 76078 | 84340 | 613322 | 179527 |
| #待售 1-3 年面积 | 1458049 | 942481 | 417220 | 44557 | | 45036 | 395313 | 75219 |
| #待售 3 年以上面积 | 50793 | 6969 | | 770 | 5935 | 715 | 37796 | 5313 |

## 3-19 分县(市)区按工程用途分房地产开发投资情况

(2012年)

单位:万元

| 县(市)区 | 本年完成投资 | 住宅 | 90平米以下住房 | 办公楼 | 商业营业用房 | 其他 |
|---|---|---|---|---|---|---|
| **郑州市** | **10951368** | **6756524** | **3246857** | **1054159** | **1200155** | **1940530** |
| 中原区 | 1235422 | 791680 | 384008 | 61117 | 202334 | 180291 |
| 二七区 | 2054097 | 1298502 | 899417 | 112686 | 290747 | 352162 |
| 管城区 | 753021 | 569909 | 255554 | 39757 | 71462 | 71893 |
| 金水区 | 2182580 | 1459943 | 792966 | 46881 | 146313 | 529443 |
| 上街区 | 364272 | 262920 | 115746 | 7050 | 44750 | 49552 |
| 惠济区 | 492122 | 331805 | 134312 | 909 | 55398 | 104010 |
| 中牟县 | 177497 | 134134 | 25546 | 8718 | 22204 | 12441 |
| 巩义市 | 372200 | 257700 | 128983 | 3500 | 57500 | 53500 |
| 荥阳市 | 340038 | 283867 | 34835 | 1312 | 13419 | 41440 |
| 新密市 | 134686 | 91961 | 6911 | 10 | 11425 | 31290 |
| 新郑市 | 419718 | 364492 | 25281 |  | 10585 | 44641 |
| 登封市 | 82099 | 58871 | 7438 |  | 10954 | 12274 |
| 经济开发区 | 102514 | 71117 | 39588 | 4424 | 10404 | 16569 |
| 高新开发区 | 495955 | 168901 | 81034 | 144617 | 23785 | 158652 |
| 郑东新区 | 1565291 | 473492 | 231660 | 609616 | 208038 | 274145 |
| 航空港区 | 179856 | 137230 | 83578 | 13562 | 20837 | 8227 |

# 3-20 分县(市)区商品房施工房屋面积

(2012 年)

单位:平方米

| 县(市)区 | 施工房屋面积 | 住宅 | 90 平方米以下 | 办公楼 | 商业营业用房 | 其他 |
|---|---|---|---|---|---|---|
| **郑州市** | **82539411** | **56036379** | **23166957** | **6499298** | **8774498** | **11229236** |
| 中原区 | 12012827 | 8990692 | 4055877 | 237054 | 1214441 | 1570640 |
| 二七区 | 9519469 | 6472879 | 3596886 | 302809 | 1377950 | 1365831 |
| 管城区 | 7077633 | 5550191 | 2843052 | 128221 | 1003769 | 395452 |
| 金水区 | 18453237 | 12861060 | 6101080 | 868097 | 2123961 | 2600119 |
| 上街区 | 1717454 | 1521014 | 633319 | 23115 | 121491 | 51834 |
| 惠济区 | 2721935 | 2342282 | 924333 | 9351 | 130599 | 239703 |
| 中牟县 | 2311296 | 1890443 | 300023 | 93114 | 99841 | 227898 |
| 巩义市 | 1294283 | 899563 | 410714 | 10000 | 273720 | 111000 |
| 荥阳市 | 3096690 | 2500556 | 242178 | 482 | 142002 | 453650 |
| 新密市 | 1758405 | 1482909 | 132124 | 210 | 83674 | 191612 |
| 新郑市 | 2503569 | 2399015 | 135065 | | 82218 | 22336 |
| 登封市 | 822664 | 672645 | 108370 | | 69754 | 80265 |
| 经济开发区 | 1800480 | 1417828 | 638929 | 50034 | 70092 | 262526 |
| 高新开发区 | 3829227 | 1610316 | 697208 | 1390560 | 191688 | 636663 |
| 郑东新区 | 12676015 | 4757872 | 1976375 | 3342244 | 1590153 | 2985746 |
| 航空港区 | 944227 | 667114 | 371424 | 44007 | 199145 | 33961 |

# 3-21 分县(市)区商品房竣工房屋面积

(2012年)

单位:平方米

| 县(市)区 | 竣工房屋面积 | 住宅 | 90平方米以下 | 办公楼 | 商业营业用房 | 其他房屋 |
|---|---|---|---|---|---|---|
| **郑州市** | **14498289** | **10432012** | **4447287** | **584180** | **1680068** | **1802029** |
| 中原区 | 2003894 | 1507166 | 773473 | 61276 | 239561 | 195891 |
| 二七区 | 962321 | 741439 | 409680 | | 60775 | 160107 |
| 管城区 | 1257873 | 1112294 | 665429 | 4192 | 44443 | 96944 |
| 金水区 | 4492879 | 3024743 | 1502587 | 217156 | 773475 | 477505 |
| 上街区 | 22000 | 22000 | 22000 | | | |
| 中牟县 | 43720 | 42504 | | | 1216 | |
| 巩义市 | 894950 | 618150 | 267700 | | 198800 | 78000 |
| 荥阳市 | 643301 | 456055 | 30093 | | 18767 | 168479 |
| 新密市 | 471799 | 430130 | 45772 | | 5940 | 35729 |
| 新郑市 | 519211 | 475191 | 39051 | | 42070 | 1950 |
| 登封市 | 307581 | 269664 | 14333 | | 35674 | 2243 |
| 经济开发区 | 697567 | 579307 | 64244 | | 25835 | 92425 |
| 高新开发区 | 745170 | 451367 | 247458 | 190614 | 21617 | 81572 |
| 郑东新区 | 1366906 | 702002 | 365467 | 110942 | 142778 | 411184 |
| 航空港区 | 69117 | | | | 69117 | |

# 3-22 分县(市)区商品房竣工房屋价值

(2012 年)

单位:平元

| 县(市)区 | 竣工房屋价值 | 住宅 | 90平方米以下 | 办公楼 | 商业营业用房 | 其他房屋 |
|---|---|---|---|---|---|---|
| **郑州市** | **3037592** | **2109198** | **842174** | **165120** | **397252** | **366022** |
| 中原区 | 469351 | 320020 | 150211 | 24045 | 78941 | 46345 |
| 二七区 | 263217 | 201009 | 108510 | | 20240 | 41968 |
| 管城区 | 208698 | 185873 | 104114 | 521 | 6032 | 16272 |
| 金水区 | 834827 | 555033 | 241590 | 43566 | 153598 | 82630 |
| 上街区 | 4800 | 4800 | 4800 | | | |
| 中牟县 | 7554 | 7286 | | | 268 | |
| 巩义市 | 173519 | 109335 | 43438 | | 43784 | 20400 |
| 荥阳市 | 132137 | 91809 | 5238 | | 4694 | 35634 |
| 新密市 | 98492 | 89151 | 11159 | | 968 | 8373 |
| 新郑市 | 96955 | 89894 | 7565 | | 6766 | 295 |
| 登封市 | 51372 | 41983 | 3096 | | 8898 | 491 |
| 经济开发区 | 151626 | 131519 | 12869 | | 6382 | 13725 |
| 高新开发区 | 239611 | 147262 | 82642 | 59978 | 10859 | 21512 |
| 郑东新区 | 292433 | 134224 | 66942 | 37010 | 42822 | 78377 |
| 航空港区 | 13000 | | | | 13000 | |

# 3-23 分县(市)区商品房屋销售面积

(2012 年)

单位:平方米

| 县(市)区 | 销售面积 | 住宅 | 90 平方米以下 | 办公楼 | 商业营业用房 | 其他房屋 |
|---|---|---|---|---|---|---|
| **郑州市** | **14418690** | **12261821** | **4865829** | **1101148** | **657709** | **398012** |
| 中原区 | 1790468 | 1649427 | 768975 | 93431 | 46608 | 1002 |
| 二七区 | 1305033 | 1126054 | 670001 | 94295 | 82958 | 1726 |
| 管城区 | 1188256 | 1125612 | 615935 | 13611 | 42034 | 6999 |
| 金水区 | 2153832 | 2031712 | 1037306 | 54654 | 59726 | 7740 |
| 上街区 | 366033 | 348342 | 78375 | | 10628 | 7063 |
| 惠济区 | 425331 | 407326 | 218794 | | 15445 | 2560 |
| 中牟县 | 292792 | 288676 | 61209 | | 4116 | |
| 巩义市 | 777812 | 591960 | 246055 | | 168420 | 17432 |
| 荥阳市 | 981887 | 826226 | 57511 | | 10878 | 144783 |
| 新密市 | 663430 | 655923 | 142207 | | 6125 | 1382 |
| 新郑市 | 1056043 | 1029186 | 184860 | | 26857 | |
| 登封市 | 222235 | 209670 | 29431 | | 10322 | 2243 |
| 经济开发区 | 288075 | 186312 | 23245 | 72936 | 10896 | 17931 |
| 高新开发区 | 1294552 | 631083 | 283018 | 453405 | 35913 | 174151 |
| 郑东新区 | 1612911 | 1154312 | 448907 | 318816 | 126783 | 13000 |

# 3-24 分县(市)区房地产开发商品房屋销售额

(2012 年)

单位:万元

| 县(市)区 | 商品房屋销售额 | 住宅 | 90 平方米以下 | 办公楼 | 商业营业用房 | 其他房屋 |
|---|---|---|---|---|---|---|
| **郑州市** | **9016159** | **6919432** | **3045139** | **1041156** | **899919** | **155652** |
| 中原区 | 1019818 | 869914 | 427099 | 79031 | 70083 | 790 |
| 二七区 | 939182 | 726494 | 468142 | 88073 | 124398 | 217 |
| 管城区 | 830398 | 754743 | 410624 | 16062 | 57103 | 2490 |
| 金水区 | 1588745 | 1399391 | 755322 | 53358 | 127771 | 8225 |
| 上街区 | 192566 | 182305 | 25837 | | 9167 | 1094 |
| 惠济区 | 327596 | 300302 | 151197 | | 24226 | 3068 |
| 中牟县 | 146423 | 142229 | 32086 | | 4194 | |
| 巩义市 | 348110 | 197920 | 84089 | | 139844 | 10346 |
| 荥阳市 | 315240 | 269008 | 18032 | | 8422 | 37810 |
| 新密市 | 216866 | 213677 | 56935 | | 2495 | 694 |
| 新郑市 | 443994 | 422103 | 77097 | | 21891 | |
| 登封市 | 83263 | 75918 | 13576 | | 6827 | 518 |
| 经济开发区 | 194055 | 105044 | 16405 | 64734 | 9896 | 14381 |
| 高新开发区 | 619117 | 291908 | 140264 | 221718 | 34472 | 71019 |
| 郑东新区 | 1750786 | 968476 | 368434 | 518180 | 259130 | 5000 |

# 3-25 分地区房地产开发资金来源

（2012 年）

单位：万元

| 县(市)区 | 本年资金来源小计 | 国内贷款 | #银行贷款 | 自筹资金 | #自有资金 | #股东投入资金 | #借入资金 | 其他资金来源 | 定金及预收款 | #个人按揭贷款 |
|---|---|---|---|---|---|---|---|---|---|---|
| **郑州市** | **13165891** | **1109440** | **908404** | **5925561** | **2258814** | **512325** | **1105491** | **6130890** | **3195507** | **1858546** |
| 中原区 | 1392865 | 125020 | 51400 | 298237 | 91195 | 58922 | 50380 | 969608 | 331743 | 210722 |
| 二七区 | 2258895 | 100700 | 80500 | 1494831 | 472027 | 34239 | 247363 | 663364 | 341748 | 216687 |
| 管城区 | 1129459 | 104100 | 89100 | 279312 | 181724 | 8000 | 71203 | 746047 | 321779 | 413448 |
| 金水区 | 2367397 | 272072 | 218670 | 1007148 | 290392 | 137552 | 316465 | 1088177 | 704420 | 232416 |
| 上街区 | 338378 | 30600 | 28000 | 261377 | 156692 | 45563 | 13735 | 46401 | 20230 | 13671 |
| 惠济区 | 580559 | 35000 | 33900 | 361672 | 181345 | 54212 | 7900 | 183887 | 40150 | 25378 |
| 中牟县 | 258454 | 17660 | 15850 | 114996 | 76035 | 13367 | 15525 | 125798 | 58561 | 67236 |
| 巩义市 | 372200 | 2000 | 2000 | 370200 | 51000 | | | | | |
| 荥阳市 | 531664 | 82281 | 76277 | 252624 | 87139 | 25065 | 77181 | 196759 | 57979 | 49890 |
| 新密市 | 147602 | 1500 | 1500 | 100126 | 49859 | 4000 | 17448 | 45976 | 21263 | 19457 |
| 新郑市 | 449385 | 16500 | 16500 | 290204 | 79994 | 33600 | 6508 | 142681 | 53935 | 57399 |
| 登封市 | 105264 | 6142 | 3642 | 30657 | 18195 | 67 | 7400 | 68465 | 35264 | 28117 |
| 经济开发区 | 191879 | | | 40081 | 35881 | | | 151798 | 88208 | 56108 |
| 高新开发区 | 664487 | 60460 | 55460 | 442529 | 269980 | 11126 | 152047 | 161498 | 134473 | 25589 |
| 郑东新区 | 2248702 | 234055 | 229305 | 474216 | 202986 | 85612 | 35355 | 1540431 | 985754 | 442428 |
| 航空港区 | 128701 | 21350 | 6300 | 107351 | 14370 | 1000 | 86981 | | | |

# 3-26　分地区房地产土地购置和开发情况

（2012 年）

单位:万元

| 县(市)区 | 土地购置费 | 本年购置土地面积(平方米) | 本年土地成交价款 | 拆迁补偿费 | 土地使用权出让金 | 契税 |
|---|---|---|---|---|---|---|
| **郑州市** | **1140532** | **3498592** | **773593** | **136010** | **566929** | **16765** |
| 中原区 | 59620 | 150187 | 70170 | 11637 | 58533 | 1282 |
| 二七区 | 296045 | 229050 | 86568 | 1274 | 63898 | 476 |
| 管城区 | 173923 | 354531 | 139184 | 7655 | 115853 | 3329 |
| 金水区 | 243797 | 197712 | 31490 | 4156 | 27334 | 391 |
| 上街区 | 44294 | 463866 | 38534 | 10 | 37911 | 1778 |
| 惠济区 | 58243 | 242386 | 78806 | 6298 | 72508 | 2901 |
| 中牟县 | 11887 | | | | | |
| 巩义市 | 25900 | 35000 | 2600 | | | |
| 荥阳市 | 7357 | 533455 | 46299 | 9440 | 20859 | 809 |
| 新密市 | 7905 | 50000 | 4800 | 700 | 4100 | 28 |
| 新郑市 | 27780 | 331693 | 43654 | 2164 | 28998 | 693 |
| 登封市 | 10294 | 135523 | 8094 | 4000 | 2500 | 92 |
| 经济开发区 | | 20057 | 5715 | | 5715 | 327 |
| 高新开发区 | 56669 | 615274 | 149019 | 88396 | 60623 | 1939 |
| 郑东新区 | 114818 | 139858 | 68660 | 280 | 68097 | 2720 |
| 航空港区 | 2000 | | | | | |

# 主要统计指标解释

**固定资产投资额** 是以货币表现的建造和购置固定资产活动的工作量，它是反映固定资产投资规模、速度、比例关系和使用方向的综合性指标。全社会固定资产投资包括国有经济单位投资、城乡集体经济单位投资、各种经济类型的单位的投资和城乡居民个人投资。按照我国现行计划管理体制，国有经济单位固定资产投资总额分为基本建设、更新改造、商品房屋建设投资和其他固定资产投资四个部分；城乡集体经济单位投资包括城镇集体所有制单位投资和农村集体所有制单位投资；各种经济类型的单位投资包括联营经济、股份制经济、中外合资经营、中外合作经营、外资、与大陆合资经营、与大陆合作经营、港澳台独资及其他经济类型的单位投资。城镇居民个人投资包括城市、县城、镇、工矿区所辖范围内的个人建房和农村个人建房及购买生产性固定资产的投资。

**固定资产投资的资金来源** 根据固定资产投资的资金来源不同，分为国家预算内资金、国内贷款、利用外资、自筹资金和其他资金来源。

1. 国家预算内资金 指中央财政和地方财政中由国家统筹安排的基本建设拨款和更新改造拨款，以及中央财政安排的专项拨款中用于基本建设的资金和基本建设拨款改贷款的资金等。

2. 国内贷款 指报告期内企、事业单位向银行及非银行金融机构借入的用于固定资产投资的各种国内贷款。包括银行利用自有资金及吸收的存款发放的贷款、上级主管部门拨入的国内贷款、国家专项贷款（包括煤代油贷款、劳改煤矿专项贷款等）、地方财政专项资金安排的贷款、国内储备贷款、周转贷款等。

3. 利用外资 指报告期内收到的用于固定资产投资的国外资金，包括统借统还、自借自还的国外贷款，中外合资项目中的外资，以及对外发行债券和股票等。国家统借统还的外资指由我国政府出面同外国政府、团体或金融组织签订贷款协议、并负责偿还本息的国外贷款。

4. 自筹资金 指建设单位报告期内收到的，用于进行固定资产投资的上级主管部门、地方和企、事业单位自筹资金。

5. 其他资金来源 指报告期内收到的除以上各种拨款、借款、自筹资金以外，其他用于固定资产投资的资金。

**固定资产投资按国民经济行业分** 建设项目归哪个行业，按其建成投产后的主要产品或主要用途及社会经济活动性质来确定。基本建设按建设项目划分国民经济行业，更新改造、国有经济单位其他固定资产投资及城镇集体投资根据整个企业、事业单位所属的行业来划分。一般情况下，一个建设项目或一个企业、事业单位只能属于一种国民经济行业。为了更准确地反映国民经济各行业之间的比例关系，联合企业（总厂）所属分厂属于不同行业的，原则上按分厂划分行业。

**固定资产投资按建设性质分** 建设项目的性质一般分为新建、扩建、改建、迁建、恢复。基本建设按建设项目划分建设性质，更新改造、国有经济单位其他固定资产投资及城镇集体投资按整个企业、事业单位的建设情况确定建设性质。目前基本建设和更新改造是根据我国现行的计划管理体制区分的，所以基本建设和更新改造都可以分别按新建、扩建等划分。

**固定资产投资按用途分** 固定资产投资按工程的经济用途分为用于为农林牧渔业用、工业建筑业用商业、运输邮电业用、其他五部分的建设，是研究不同用途的固定资产投资之间比例关系的重要指标。基本建设投资、国有经济单位其他固定资产投资及城镇集体投资的用途按单项工程确定，现有企业、事业单位更新改造投资的用途按更新改造项目确定。

**固定资产投资按构成分** 固定资产投资活动按其工作内容和实现方式分为建筑安装工程，设备、工具、器具购置，其他费用三个部分。

1. 建筑安装工程（建筑工作量）指各种房屋、建筑物的建造工程和各种设备、装置的安装工程。包括各种房屋建造工程，各种用途设备基础和各种工业窑炉的砌筑工程；为施工而进行的各种准备工作和临时工程以及完工后的清理工作等；铁路、道路的铺设，矿井的开凿及石油管道的架设等；水利工程；防空地下建筑等特殊工程；以及各种机械设备的安装工程；为测定安装工程质量，对设备进行的试行工作。在安装工程中，不包括被安装设备本身价值。

2. 设备、工具、器具购置指购置或自制达到固定资产标准的设备、工具、器具的价值，固定资产的标准按财务部门规定。新建单位、扩建单位的新建车间按照设计和计划要求购置或自制的全部设备、工具、器具,不论是否达到固定资产标准均计入“设备、工具、器具购置”中。

3. 其他费用指除建筑安装工程和设备、工具、器具购置以外的投资完成额。它包括两种性质的费用,一种是属于增加固定资产的费用,主要有:建设单位管理费,土地、青苗等补偿费和安置补助费、勘察设计费、研究实验费、农林单位牲畜购置费、各种经济林木的营造费、办公和生活家具、器具购置费、引进技术和进口设备项目的其他费用、联合试运转费等;一种是属于不增加固定资产的费用,主要有:施工机械转移费、生产职工培训费、农业开荒费用及报废工程损失费等。

**基本建设项目按大中小型划分** 基本建设划分大中小型项目原则上应按照上级批准的设计任务书或初步设计所确定的总规模或总投资划分,没有正式批准设计任务书或初步设计的,按国家或省、自治区、直辖市年度基本建设投资计划中所列的总规模或总投资划分。上述两条均不具备的,按本年计划施工工程的建设总规模或总投资划分。生产单一产品的工业项目,按产品的设计能力划分;生产多种产品的工业项目,按其主要产品的设计能力划分。品种繁多,难以按生产能力划分的,按全部计划投资额划分。划分标准以国家颁发的《大中小型建设项目划分标准》依据。国家曾在 1958 年、1962 年、1977 年和 1979 年先后四次修订《大中小型建设项目划分标准》,因此各历史时期的大中型项目数不完全可比。

**建筑业统计单位** 指从事房屋、构筑物建造和设备安装活动的法人企业。建筑业法人企业应具有建筑业资质并能够独立核算,同时其应具备以下条件:1. 依法成立,有自己的名称、组织机构和场所,能够承担民事责任;2. 独立拥有和使用资产,承担负债,有权与其他单位签订合同;3. 独立核算盈亏,能够编制资产负债表。

**施工项目** 指报告期内曾进行建筑或安装工程施工活动的建设项目。包括报告期内新开工项目,报告期以前开工跨入报告期继续施工的项目以及报告期施过工并在报告期内全部建设投产或停缓建的项目。

**全部建成投产项目工业项目** 是指设计文件规定形成生产能力的主体工程及其相应配套的辅助设施全部建成,经负荷试运转,证明具备生产设计规定合格产品的条件,并经过验收鉴定合格或达到竣工验收标准,与生产性工程配套的生产福利设施可以满足近期正常生产的需要,正式移交生产的建设项目。

**施工和竣工房屋建筑面积** 房屋建筑面积是从房屋外墙线算起的各层平面面积的总和,包括房屋结构(如柱、墙)占用的面积和地下室面积。多层建筑按各自然层面积总和计算,包括房屋内的楼隔层,突出墙面的眺望间、门斗、有柱雨罩的面积。不包括突出墙面结构的构件、艺术装饰等所占的面积,如台阶等。凹阳台、挑阳台按其水平投影面积一半计算建筑面积。

**住宅建筑面积** 指施工和竣工房屋建筑面积中供居住用的施工和竣工房屋建筑面积。

**竣工面积** 指在报告期内房屋建筑按照设计要求已全部完工,达到住人和使用条件,经验收鉴定合格,正式移交使用单位的建筑面积。

**房屋建筑面积竣工率** 指一定时期内房屋竣工面积占同期房屋施工面积的比率。它是从房屋建筑施工速度的角度反映投资效果和建筑业经济效益的指标。

**新增固定资产** 指通过投资活动所形成的新的固定资产价值。包括已经建成投入生产或交付使用的工程价值和达到固定资产标准的设备、工具、器具的价值及有关应摊入的费用。它是以价值形式表示的固定资产投资成果的综合性指标,可以综合反映不同时期、不同部门、不同地区的固定资产投资成果。

**建设项目投产率** 指一定时期内全部建成投入生产项目个数占同期正式施工项目个数的比率。它是从项目建设速度的角度反映投资效果的指标。

**固定资产交付使用率** 指一定时期新增固定资产与同期完成投资额的比率。它是反映各个时期固定资产动用速度,衡量建设过程中投资效果的一个综合性指标。未完工程占用率指年末未完工程累计完成投资额占全年实际完成投资额的比率。它反映未完工程的相对规模,并可从资金占用的角度反映固定资产投资效果。由于未完工程是指已经开工,但尚未建成交付使用的工程,有个跨年度问题,因此未完工程占用率会出现大于 1 的情况。

**实收资本** 指企业实际吸收到的所有投资人投入的资金。该指标来源于会计“资产负债表”中“实收资本”项目的期末数。

**资产总计** 指企业拥有或控制的全部资产,包括活动资产、长期投资、固定资产、无形及递延资产、其他长期资产。该指标来源于会计“资产负债表”中“资产总计”项的期末数。

**负债总计** 指企业的流动负债和长期负债的合计。

**本年施工规模** 指报告期内施工的单项工程(或更新改造项目)的设计能力(或工程效益),包括报告期以前已开工跨入本年继续施工的工程的设计能力和报告期新开工工程的设计能力。也包括报告期内建成投产或报告期施工后又停缓建的单项工程设计能力。不包括在报告期以前建成投产或已经停、缓建的工程,以及报告期内尚未正式开工的工程的设计能力。

**商品房销售面积** 指报告期内出售商品房屋的合同总面积(即双方签署的正式买卖合同中所确定的建筑面积)。由现房销售面积和期房销售面积两部分组成。

**商品房销售额** 指报告期内出售商品房屋的合同总价款(即双方签署的正式买卖合同中所确定的合同总价)。该指标与商品房销售面积同口径,由现房销售额和期房销售额两部分组成。

# 四、价　格

# 4-1　市区居民消费价格指数(2012 年)

（以上年价格为 100）

| 类别 | 年度 | 月份 | | | | | | | | | | | |
|---|---|---|---|---|---|---|---|---|---|---|---|---|---|
| | | 一 | 二 | 三 | 四 | 五 | 六 | 七 | 八 | 九 | 十 | 十一 | 十二 |
| **居民消费价格总指数** | **102.7** | **105.1** | **103.3** | **103.9** | **103.8** | **103.1** | **102.0** | **101.7** | **102.2** | **101.8** | **101.4** | **101.8** | **102.2** |
| **非食品价格指数** | **101.6** | **101.6** | **101.7** | **101.8** | **101.5** | **101.4** | **101.5** | **101.4** | **101.5** | **101.7** | **101.7** | **101.5** | **101.4** |
| **服务项目价格指数** | **101.9** | **101.5** | **101.7** | **101.7** | **101.5** | **101.5** | **102.1** | **102.0** | **102.0** | **102.2** | **102.4** | **102.2** | **102.3** |
| **工业品价格指数** | **101.3** | **101.6** | **101.8** | **101.8** | **101.5** | **101.3** | **101.1** | **101.1** | **101.2** | **101.4** | **101.3** | **101.0** | **100.9** |
| **扣除食品和能源价格指数** | **101.2** | **101.1** | **101.2** | **101.3** | **101.1** | **101.0** | **101.1** | **101.1** | **101.2** | **101.4** | **101.4** | **101.2** | **101.3** |
| **扣除鲜菜鲜果总指数** | **102.3** | **104.0** | **103.2** | **103.2** | **102.9** | **102.4** | **101.9** | **101.4** | **101.4** | **101.4** | **101.6** | **101.7** | **102.0** |
| **消费品价格指数** | **103.0** | **106.5** | **103.9** | **104.8** | **104.6** | **103.7** | **102.0** | **101.6** | **102.2** | **101.6** | **101.0** | **101.6** | **102.1** |
| **食品** | **105.1** | **113.4** | **106.7** | **108.7** | **108.9** | **107.1** | **103.1** | **102.3** | **103.7** | **101.9** | **100.6** | **102.4** | **103.7** |
| 粮食 | 107.8 | 109.6 | 109.0 | 107.9 | 108.9 | 108.5 | 108.6 | 107.8 | 107.6 | 106.8 | 106.2 | 106.4 | 106.7 |
| 大米 | 106.7 | 113.1 | 111.2 | 109.1 | 108.7 | 107.2 | 105.2 | 105.2 | 105.0 | 105.1 | 104.1 | 103.9 | 103.9 |
| 面粉 | 102.9 | 103.0 | 102.7 | 101.4 | 101.5 | 101.7 | 101.8 | 101.8 | 101.9 | 103.9 | 104.3 | 104.2 | 107.1 |
| 粮食制品 | 110.8 | 110.8 | 110.5 | 109.3 | 111.6 | 111.4 | 112.7 | 111.7 | 111.5 | 109.7 | 109.7 | 110.3 | 110.3 |
| 其他 | 104.2 | 106.6 | 106.6 | 106.6 | 106.6 | 106.6 | 105.9 | 104.7 | 104.1 | 102.8 | 100.5 | 100.0 | 100.0 |
| 淀粉 | 117.5 | 119.5 | 119.5 | 116.4 | 113.5 | 114.1 | 116.2 | 118.2 | 115.9 | 115.8 | 117.7 | 121.3 | 121.9 |
| 淀粉 | 117.5 | 119.5 | 119.5 | 116.4 | 113.5 | 114.1 | 116.2 | 118.2 | 115.9 | 115.8 | 117.7 | 121.3 | 121.9 |
| 干豆类及豆制品 | 98.6 | 97.1 | 96.7 | 95.7 | 95.4 | 95.4 | 94.3 | 95.0 | 96.9 | 100.0 | 104.9 | 105.3 | 106.9 |
| 干豆 | 87.6 | 85.1 | 84.8 | 84.0 | 83.0 | 83.1 | 81.1 | 82.8 | 87.3 | 92.5 | 95.4 | 97.9 | 99.4 |
| 豆制品 | 105.4 | 105.0 | 104.6 | 103.4 | 103.7 | 103.7 | 103.1 | 102.8 | 102.8 | 104.4 | 110.2 | 109.3 | 110.9 |
| 油脂 | 104.5 | 105.8 | 105.8 | 105.6 | 105.8 | 105.5 | 105.7 | 105.6 | 104.5 | 102.1 | 102.2 | 102.5 | 102.9 |
| 食用植物油 | 104.6 | 106.1 | 106.1 | 106.0 | 106.1 | 105.7 | 106.0 | 106.2 | 104.1 | 102.4 | 102.5 | 102.4 | 102.4 |
| 植物油制品 | 104.1 | 105.0 | 105.0 | 104.7 | 105.0 | 105.0 | 105.1 | 104.6 | 105.4 | 101.6 | 101.6 | 102.8 | 103.8 |
| 其他 | 110.1 | 141.3 | 139.2 | 136.3 | 132.8 | 125.1 | 107.4 | 101.0 | 98.4 | 94.5 | 92.0 | 92.7 | 93.2 |
| 肉禽及其制品 | 103.6 | 127.1 | 114.8 | 112.6 | 110.8 | 108.0 | 100.1 | 95.3 | 94.9 | 93.9 | 95.5 | 98.4 | 100.2 |
| 食用畜肉及副产品 | 101.5 | 131.9 | 116.2 | 112.1 | 109.8 | 106.5 | 96.7 | 90.7 | 91.0 | 90.0 | 91.1 | 95.2 | 98.8 |
| 猪肉 | 94.3 | 135.0 | 115.0 | 108.9 | 105.1 | 100.1 | 87.6 | 80.3 | 80.6 | 80.5 | 81.0 | 85.8 | 91.6 |
| 牛肉 | 126.0 | 130.6 | 121.2 | 119.9 | 120.8 | 121.6 | 121.6 | 120.6 | 126.6 | 125.6 | 131.8 | 135.7 | 132.7 |
| 羊肉 | 115.2 | 123.0 | 118.1 | 119.7 | 120.6 | 120.8 | 121.1 | 121.4 | 116.5 | 108.0 | 106.8 | 106.6 | 105.4 |
| 畜肉副产品 | 106.1 | 130.9 | 123.1 | 121.1 | 120.2 | 118.9 | 106.6 | 99.4 | 95.4 | 93.7 | 94.0 | 93.8 | 92.8 |
| 其他 | 98.1 | 108.8 | 98.5 | 100.0 | 100.0 | 100.0 | 100.0 | 100.0 | 100.0 | 98.5 | 90.9 | 90.9 | 90.9 |
| 禽 | 101.2 | 110.2 | 101.2 | 108.0 | 106.3 | 102.8 | 98.4 | 97.6 | 93.9 | 94.6 | 101.0 | 103.4 | 99.9 |
| 鸡 | 100.8 | 109.3 | 99.8 | 107.1 | 105.3 | 101.7 | 97.5 | 97.1 | 93.1 | 94.3 | 101.8 | 104.3 | 100.4 |
| 鸭 | 104.1 | 116.0 | 109.8 | 114.3 | 113.3 | 110.6 | 104.1 | 100.5 | 98.6 | 96.0 | 96.5 | 97.9 | 97.1 |

4-1 续表1

| 类别 | 年度 | 月份 | | | | | | | | | | | |
|---|---|---|---|---|---|---|---|---|---|---|---|---|---|
| | | 一 | 二 | 三 | 四 | 五 | 六 | 七 | 八 | 九 | 十 | 十一 | 十二 |
| 其他 | 102.7 | 106.4 | 104.2 | 104.2 | 104.2 | 104.2 | 104.2 | 104.2 | 102.0 | 100.0 | 100.0 | 100.0 | 100.0 |
| 加工肉禽 | 110.6 | 123.0 | 117.9 | 116.0 | 115.9 | 114.6 | 110.5 | 107.7 | 106.7 | 104.9 | 105.6 | 104.8 | 104.0 |
| 畜肉制品 | 111.7 | 129.1 | 122.4 | 119.2 | 119.0 | 117.1 | 110.7 | 106.5 | 105.5 | 104.6 | 106.1 | 104.7 | 103.6 |
| 禽制品 | 108.6 | 112.8 | 110.4 | 110.6 | 110.6 | 110.5 | 110.2 | 110.0 | 108.8 | 105.6 | 104.8 | 105.0 | 104.9 |
| 蛋 | 95.4 | 92.0 | 81.0 | 90.3 | 88.0 | 84.5 | 93.0 | 93.1 | 98.7 | 99.9 | 102.6 | 107.0 | 113.3 |
| 鲜蛋 | 94.4 | 90.5 | 78.6 | 88.4 | 85.9 | 82.3 | 91.5 | 91.7 | 97.8 | 99.4 | 102.9 | 107.7 | 114.5 |
| 蛋制品 | 107.8 | 111.3 | 111.3 | 111.3 | 111.3 | 111.3 | 111.3 | 111.3 | 111.3 | 106.4 | 100.0 | 100.0 | 100.0 |
| 水产品 | 112.5 | 117.5 | 111.5 | 120.7 | 123.3 | 121.3 | 113.1 | 107.9 | 107.1 | 107.5 | 108.4 | 106.6 | 107.3 |
| 鱼 | 113.5 | 119.6 | 112.7 | 123.7 | 126.8 | 124.4 | 115.3 | 109.2 | 107.8 | 107.7 | 108.1 | 105.1 | 105.3 |
| 淡水鱼 | 112.0 | 114.8 | 109.6 | 128.1 | 133.5 | 128.2 | 113.7 | 105.3 | 102.7 | 104.2 | 104.8 | 100.5 | 103.7 |
| 海水鱼 | 115.5 | 126.4 | 116.9 | 117.9 | 117.9 | 119.0 | 117.8 | 115.1 | 115.4 | 112.4 | 112.3 | 111.0 | 107.4 |
| 其他水产品 | 108.0 | 108.7 | 106.1 | 108.6 | 109.1 | 108.2 | 103.1 | 101.9 | 103.5 | 106.8 | 110.1 | 113.5 | 116.2 |
| 虾蟹类 | 106.6 | 111.7 | 107.8 | 111.4 | 112.1 | 110.8 | 103.1 | 101.3 | 103.8 | 102.1 | 101.4 | 103.4 | 107.8 |
| 其他 | 110.6 | 102.9 | 102.9 | 102.9 | 102.9 | 102.9 | 102.9 | 102.9 | 102.9 | 114.4 | 124.8 | 131.4 | 131.4 |
| 菜 | 116.0 | 133.5 | 106.2 | 121.3 | 131.5 | 132.6 | 108.1 | 108.0 | 121.9 | 111.4 | 96.0 | 108.9 | 112.5 |
| 鲜菜 | 117.6 | 137.9 | 107.7 | 123.9 | 135.7 | 137.4 | 108.5 | 108.2 | 124.3 | 112.2 | 94.7 | 109.0 | 112.8 |
| 干菜及菜制品 | 104.3 | 106.6 | 105.8 | 105.4 | 105.6 | 105.5 | 103.9 | 103.7 | 103.7 | 103.0 | 102.5 | 103.3 | 102.8 |
| 薯类 | 99.3 | 86.3 | 74.1 | 86.1 | 87.0 | 95.2 | 108.1 | 111.0 | 104.1 | 108.9 | 115.7 | 119.6 | 124.1 |
| 调味品 | 105.7 | 105.7 | 105.0 | 107.0 | 105.9 | 108.3 | 106.8 | 104.6 | 103.5 | 100.9 | 102.3 | 105.9 | 112.9 |
| 食用盐 | 108.8 | 104.3 | 102.9 | 103.6 | 101.4 | 102.1 | 101.4 | 101.4 | 102.5 | 100.0 | 100.0 | 128.1 | 156.3 |
| 酱油 | 98.9 | 99.2 | 97.2 | 100.9 | 98.9 | 101.5 | 99.2 | 98.6 | 98.9 | 98.3 | 97.2 | 98.0 | 98.9 |
| 食醋 | 110.7 | 106.3 | 106.8 | 106.4 | 105.2 | 109.2 | 113.9 | 116.2 | 112.3 | 113.4 | 113.3 | 112.4 | 112.0 |
| 味精 | 100.7 | 100.2 | 100.2 | 101.4 | 100.2 | 101.4 | 100.2 | 100.2 | 100.0 | 100.0 | 100.0 | 102.1 | 102.9 |
| 其他 | 107.1 | 114.7 | 114.7 | 118.7 | 119.2 | 121.6 | 114.3 | 103.7 | 101.8 | 93.2 | 99.6 | 93.2 | 100.0 |
| 糖 | 104.4 | 110.5 | 111.3 | 109.5 | 111.7 | 110.1 | 109.2 | 104.1 | 98.5 | 98.5 | 97.1 | 97.6 | 98.2 |
| 食糖 | 104.4 | 117.9 | 117.9 | 111.6 | 111.5 | 107.7 | 101.7 | 98.4 | 100.3 | 100.2 | 96.6 | 97.5 | 97.5 |
| 糖果 | 101.9 | 106.9 | 108.2 | 106.6 | 111.3 | 109.8 | 109.8 | 101.6 | 93.7 | 93.8 | 93.5 | 95.0 | 96.5 |
| 巧克力制品 | 107.2 | 113.2 | 114.0 | 113.2 | 114.3 | 112.8 | 112.8 | 108.7 | 101.1 | 101.4 | 99.6 | 99.6 | 99.6 |
| 糖类小食品 | 103.6 | 104.4 | 104.4 | 104.4 | 104.5 | 104.7 | 104.9 | 104.7 | 104.9 | 103.6 | 102.7 | 100.2 | 100.2 |
| 茶及饮料 | 103.6 | 105.8 | 105.8 | 103.7 | 100.9 | 101.0 | 102.7 | 104.5 | 103.5 | 103.6 | 103.9 | 103.8 | 104.3 |
| 茶叶 | 99.9 | 98.9 | 98.9 | 98.9 | 98.9 | 98.9 | 98.9 | 100.6 | 99.3 | 99.9 | 101.7 | 101.7 | 101.7 |
| 茶叶 | 99.9 | 98.9 | 98.9 | 98.9 | 98.9 | 98.9 | 98.9 | 100.6 | 99.3 | 99.9 | 101.7 | 101.7 | 101.7 |
| 饮料 | 106.2 | 110.9 | 110.9 | 107.1 | 102.3 | 102.5 | 105.1 | 107.1 | 106.2 | 106.0 | 105.4 | 105.2 | 106.0 |
| 固体饮料 | 106.1 | 112.3 | 112.3 | 112.3 | 105.4 | 105.3 | 105.4 | 105.4 | 105.3 | 102.9 | 102.9 | 103.0 | 103.1 |
| 液体饮料 | 102.2 | 101.1 | 101.1 | 101.2 | 102.0 | 102.4 | 104.0 | 104.0 | 101.8 | 103.2 | 101.4 | 100.9 | 103.1 |

4-1 续表2

| 类 别 | 年 度 | 月份 一 | 二 | 三 | 四 | 五 | 六 | 七 | 八 | 九 | 十 | 十一 | 十二 |
|---|---|---|---|---|---|---|---|---|---|---|---|---|---|
| 冷冻饮品 | 110.6 | 122.5 | 122.5 | 109.5 | 100.0 | 100.0 | 106.1 | 111.8 | 111.8 | 111.8 | 111.8 | 111.8 | 111.8 |
| 干鲜瓜果 | 101.0 | 106.2 | 102.5 | 102.9 | 99.5 | 97.9 | 101.3 | 104.7 | 104.8 | 101.3 | 101.1 | 95.6 | 95.5 |
| 鲜 瓜 果 | 98.6 | 104.5 | 99.0 | 97.7 | 93.6 | 92.6 | 98.7 | 106.5 | 107.1 | 101.5 | 100.7 | 92.7 | 91.8 |
| 干(坚)果 | 105.8 | 109.6 | 110.0 | 114.5 | 113.1 | 109.2 | 106.5 | 101.6 | 100.9 | 101.0 | 102.0 | 101.4 | 102.8 |
| 糕点饼干面包 | 102.0 | 104.0 | 104.3 | 103.1 | 102.3 | 102.8 | 100.9 | 101.2 | 101.2 | 100.3 | 101.2 | 101.4 | 101.7 |
| 糕 点 | 103.8 | 103.5 | 104.1 | 102.9 | 104.9 | 104.5 | 104.5 | 104.8 | 104.4 | 100.8 | 102.2 | 103.7 | 105.1 |
| 饼 干 | 102.1 | 108.0 | 108.1 | 104.2 | 102.4 | 102.0 | 99.3 | 99.8 | 100.2 | 100.8 | 101.5 | 100.2 | 99.3 |
| 面 包 | 99.5 | 98.7 | 98.7 | 101.7 | 98.7 | 101.7 | 98.7 | 98.7 | 98.7 | 98.7 | 99.3 | 100.0 | 101.0 |
| 液体乳及乳制品 | 101.8 | 101.0 | 101.0 | 102.1 | 102.0 | 102.0 | 101.9 | 101.9 | 101.8 | 101.7 | 102.1 | 102.1 | 101.9 |
| 巴氏杀菌乳或灭菌乳 | 100.0 | 100.0 | 100.0 | 100.0 | 100.0 | 100.0 | 100.0 | 100.0 | 100.0 | 100.0 | 100.0 | 100.0 | 100.0 |
| 酸 牛 乳 | 110.1 | 106.6 | 106.6 | 113.2 | 110.2 | 110.2 | 110.2 | 110.2 | 109.8 | 109.4 | 111.7 | 111.7 | 110.6 |
| 乳 粉 | 99.9 | 98.7 | 98.7 | 98.7 | 101.1 | 101.1 | 100.2 | 100.0 | 100.0 | 100.0 | 100.0 | 100.0 | 100.0 |
| 其 他 | 100.0 | 100.0 | 100.0 | 100.0 | 100.0 | 100.0 | 100.0 | 100.0 | 100.0 | 100.0 | 100.0 | 100.0 | 99.8 |
| 在外用膳食品 | 103.8 | 106.2 | 106.3 | 105.6 | 105.1 | 102.7 | 102.4 | 103.5 | 103.5 | 103.1 | 102.4 | 102.5 | 102.4 |
| 主 食 | 104.4 | 106.0 | 106.0 | 106.3 | 106.6 | 106.6 | 106.6 | 103.7 | 103.7 | 103.1 | 101.8 | 101.5 | 101.2 |
| 炒 菜 | 100.0 | 100.0 | 100.0 | 100.0 | 100.0 | 100.0 | 100.0 | 100.0 | 100.0 | 100.0 | 100.0 | 100.2 | 100.2 |
| 地方小吃 | 115.2 | 132.8 | 132.8 | 127.7 | 122.7 | 105.8 | 104.3 | 114.0 | 114.0 | 112.3 | 109.3 | 109.3 | 109.3 |
| 其 他 | 105.2 | 105.7 | 106.3 | 105.0 | 105.0 | 105.0 | 105.0 | 105.0 | 105.0 | 105.0 | 105.0 | 105.0 | 105.0 |
| 其他食品 | 100.7 | 96.5 | 97.2 | 97.9 | 100.4 | 102.3 | 100.5 | 102.3 | 102.2 | 102.7 | 101.5 | 102.1 | 102.7 |
| 其他食品 | 100.7 | 96.5 | 97.2 | 97.9 | 100.4 | 102.3 | 100.5 | 102.3 | 102.2 | 102.7 | 101.5 | 102.1 | 102.7 |
| **烟酒** | **101.4** | **103.6** | **103.8** | **102.9** | **102.3** | **102.7** | **102.3** | **101.2** | **100.6** | **99.2** | **99.5** | **98.8** | **99.8** |
| 烟草 | 100.0 | 100.0 | 100.0 | 100.0 | 100.0 | 100.0 | 100.0 | 100.0 | 100.0 | 100.0 | 100.0 | 100.0 | 100.0 |
| 高档卷烟 | 100.0 | 100.0 | 100.0 | 100.0 | 100.0 | 100.0 | 100.0 | 100.0 | 100.0 | 100.0 | 100.0 | 100.0 | 100.0 |
| 中档卷烟 | 100.0 | 100.0 | 100.0 | 100.0 | 100.0 | 100.0 | 100.0 | 100.0 | 100.0 | 100.0 | 100.0 | 100.0 | 100.0 |
| 其 他 | 100.0 | 100.0 | 100.0 | 100.0 | 100.0 | 100.0 | 100.0 | 100.0 | 100.0 | 100.0 | 100.0 | 100.0 | 100.0 |
| 酒 | 102.7 | 107.2 | 107.5 | 105.8 | 104.5 | 105.4 | 104.6 | 102.3 | 101.1 | 98.5 | 99.0 | 97.7 | 99.6 |
| 白 酒 | 102.7 | 108.2 | 108.5 | 106.2 | 105.0 | 106.1 | 105.2 | 102.2 | 100.4 | 97.4 | 98.4 | 97.1 | 99.4 |
| 葡 萄 酒 | 103.1 | 106.9 | 106.9 | 107.8 | 103.8 | 103.8 | 102.5 | 103.3 | 102.7 | 100.0 | 100.0 | 100.0 | 100.0 |
| 啤 酒 | 101.7 | 100.6 | 101.4 | 101.7 | 100.7 | 100.8 | 100.8 | 101.8 | 105.3 | 105.6 | 102.2 | 99.5 | 100.6 |
| 其 他 | 103.6 | 103.4 | 103.4 | 104.1 | 104.8 | 104.8 | 104.8 | 104.8 | 104.8 | 103.0 | 103.0 | 101.3 | 101.3 |
| **衣着** | **100.3** | **100.9** | **101.0** | **101.2** | **100.6** | **100.0** | **99.8** | **100.1** | **100.3** | **100.5** | **100.0** | **99.6** | **99.8** |
| 服 装 | 100.0 | 100.6 | 100.8 | 101.0 | 100.3 | 99.5 | 99.2 | 99.5 | 99.7 | 100.2 | 99.7 | 99.4 | 99.5 |
| 男式服装 | 100.0 | 99.6 | 100.0 | 100.4 | 100.5 | 99.4 | 99.2 | 99.7 | 99.8 | 100.7 | 100.4 | 99.9 | 100.0 |
| 大 衣 | 97.1 | 93.9 | 94.6 | 96.8 | 97.9 | 97.9 | 97.9 | 97.9 | 97.9 | 97.9 | 97.0 | 98.0 | 98.1 |
| 毛 线 衣 | 99.4 | 98.7 | 98.7 | 99.3 | 99.3 | 99.3 | 99.3 | 99.3 | 99.3 | 99.3 | 99.3 | 100.7 | 100.7 |

4-1 续表3

| 类别 | 年度 | 月份 | | | | | | | | | | | |
|---|---|---|---|---|---|---|---|---|---|---|---|---|---|
| | | 一 | 二 | 三 | 四 | 五 | 六 | 七 | 八 | 九 | 十 | 十一 | 十二 |
| 夹克衫 | 103.4 | 100.9 | 102.0 | 103.0 | 103.0 | 103.0 | 103.0 | 103.0 | 103.0 | 104.9 | 104.9 | 104.9 | 104.9 |
| 衬衫 | 99.6 | 100.0 | 100.0 | 100.0 | 100.0 | 98.3 | 98.3 | 97.5 | 98.1 | 99.0 | 100.9 | 101.4 | 101.8 |
| T恤衫 | 97.2 | 103.4 | 103.4 | 103.4 | 103.3 | 96.5 | 92.4 | 93.6 | 93.6 | 95.7 | 93.7 | 93.5 | 94.5 |
| 裤子 | 100.6 | 101.0 | 101.0 | 101.0 | 101.0 | 101.0 | 101.0 | 101.0 | 101.0 | 101.0 | 100.0 | 98.9 | 98.8 |
| 西服 | 99.6 | 98.2 | 97.8 | 98.2 | 98.2 | 98.2 | 98.2 | 100.3 | 100.3 | 101.7 | 101.7 | 101.3 | 101.3 |
| 运动衫裤 | 99.4 | 98.3 | 98.3 | 97.7 | 97.6 | 97.0 | 97.9 | 99.9 | 99.9 | 102.1 | 100.8 | 101.8 | 101.8 |
| 内衣 | 99.9 | 102.1 | 101.0 | 101.0 | 100.0 | 98.3 | 100.0 | 100.0 | 100.0 | 100.0 | 100.0 | 100.0 | 96.5 |
| 羽绒衣 | 104.3 | 101.9 | 105.5 | 105.9 | 105.9 | 105.9 | 105.9 | 105.9 | 105.9 | 105.9 | 105.9 | 98.6 | 99.4 |
| 其他 | 99.6 | 96.5 | 98.2 | 100.0 | 100.0 | 100.0 | 100.0 | 100.0 | 100.0 | 100.0 | 100.0 | 100.3 | 100.6 |
| 女式服装 | 99.6 | 101.0 | 100.8 | 101.0 | 99.7 | 99.0 | 98.9 | 99.1 | 99.3 | 99.5 | 98.9 | 98.6 | 98.8 |
| 大衣 | 97.3 | 98.9 | 97.9 | 96.9 | 96.9 | 96.9 | 96.9 | 96.9 | 96.9 | 96.9 | 96.9 | 97.3 | 98.0 |
| 毛线衣 | 102.3 | 103.0 | 103.0 | 103.0 | 103.0 | 103.0 | 103.0 | 103.0 | 103.0 | 103.0 | 101.1 | 100.1 | 100.1 |
| 羽绒衣 | 95.8 | 94.7 | 95.2 | 95.7 | 95.7 | 95.7 | 95.7 | 95.7 | 95.7 | 95.7 | 95.7 | 96.5 | 98.4 |
| 套装 | 101.8 | 105.7 | 105.7 | 107.2 | 100.7 | 100.7 | 100.4 | 100.7 | 100.7 | 100.7 | 100.1 | 99.6 | 99.6 |
| 衬衫 | 101.1 | 100.0 | 100.0 | 102.3 | 102.3 | 101.0 | 101.0 | 101.0 | 101.0 | 101.0 | 101.0 | 101.0 | 101.0 |
| T恤衫 | 98.4 | 102.7 | 102.1 | 102.3 | 103.1 | 96.6 | 96.0 | 96.0 | 96.0 | 98.2 | 97.1 | 95.4 | 95.2 |
| 裙子 | 101.5 | 104.5 | 104.5 | 104.4 | 100.4 | 100.8 | 100.8 | 100.2 | 101.7 | 101.7 | 99.6 | 99.6 | 99.6 |
| 裤子 | 99.8 | 100.9 | 100.8 | 99.8 | 99.8 | 99.5 | 99.5 | 99.5 | 99.5 | 99.5 | 99.5 | 99.5 | 99.5 |
| 运动衫裤 | 100.1 | 98.4 | 98.0 | 99.4 | 100.1 | 98.6 | 98.6 | 101.6 | 101.6 | 102.3 | 102.3 | 99.4 | 101.4 |
| 内衣 | 97.7 | 102.1 | 101.0 | 101.0 | 96.8 | 96.8 | 96.8 | 96.8 | 96.8 | 96.8 | 96.8 | 96.8 | 94.9 |
| 其他 | 100.0 | 100.0 | 100.0 | 100.0 | 100.0 | 100.0 | 100.0 | 100.0 | 100.0 | 100.0 | 100.0 | 100.0 | 100.0 |
| 儿童服装 | 101.7 | 102.0 | 103.1 | 102.9 | 102.0 | 102.0 | 100.8 | 100.8 | 101.5 | 101.6 | 101.2 | 101.2 | 101.2 |
| 上衣 | 102.1 | 102.5 | 103.2 | 102.3 | 102.3 | 102.3 | 102.3 | 102.3 | 102.3 | 102.3 | 101.3 | 101.3 | 101.3 |
| 裤子 | 104.7 | 105.6 | 106.9 | 106.7 | 103.7 | 103.7 | 103.7 | 103.7 | 103.7 | 105.2 | 104.8 | 104.5 | 104.5 |
| 裙子 | 96.3 | 98.1 | 97.5 | 95.1 | 94.8 | 94.8 | 94.8 | 94.8 | 98.2 | 96.6 | 96.9 | 96.9 | 96.9 |
| 其他 | 102.0 | 100.0 | 103.5 | 107.3 | 107.3 | 107.3 | 100.0 | 100.0 | 100.0 | 100.0 | 100.0 | 100.0 | 100.0 |
| 衣着材料 | 102.6 | 103.5 | 103.3 | 103.5 | 103.5 | 103.5 | 103.5 | 103.5 | 102.8 | 101.6 | 101.4 | 101.4 | 100.5 |
| 棉布 | 100.0 | 100.0 | 100.0 | 100.0 | 100.0 | 100.0 | 100.0 | 100.0 | 100.0 | 100.0 | 100.0 | 100.0 | 100.0 |
| 化纤布 | 100.0 | 100.0 | 100.0 | 100.0 | 100.0 | 100.0 | 100.0 | 100.0 | 100.0 | 100.0 | 100.0 | 100.0 | 100.0 |
| 毛线 | 122.0 | 131.5 | 128.7 | 130.8 | 130.8 | 130.8 | 130.8 | 130.8 | 123.8 | 112.4 | 110.4 | 110.4 | 103.5 |
| 其他 | 100.0 | 100.0 | 100.0 | 100.0 | 100.0 | 100.0 | 100.0 | 100.0 | 100.0 | 100.0 | 100.0 | 100.0 | 100.0 |
| 鞋袜帽 | 101.1 | 101.3 | 101.5 | 101.5 | 101.3 | 101.3 | 101.1 | 101.5 | 101.5 | 101.0 | 100.5 | 100.3 | 100.5 |
| 鞋 | 101.1 | 101.3 | 101.5 | 101.4 | 101.2 | 101.2 | 101.2 | 101.6 | 101.6 | 101.1 | 100.5 | 100.3 | 100.5 |
| 男鞋 | 100.3 | 100.5 | 100.5 | 100.5 | 100.5 | 100.5 | 100.5 | 100.5 | 100.5 | 100.4 | 99.8 | 99.5 | 100.0 |
| 女鞋 | 101.6 | 101.8 | 102.1 | 102.1 | 101.7 | 101.7 | 101.7 | 102.5 | 102.5 | 101.3 | 100.7 | 100.7 | 100.7 |

4-1 续表4

| 类　别 | 年度 | 月份 一 | 二 | 三 | 四 | 五 | 六 | 七 | 八 | 九 | 十 | 十一 | 十二 |
|---|---|---|---|---|---|---|---|---|---|---|---|---|---|
| 童　鞋 | 101.7 | 102.2 | 102.2 | 101.6 | 101.6 | 101.6 | 101.6 | 101.6 | 101.6 | 102.4 | 102.0 | 100.7 | 101.2 |
| 袜子 | 100.0 | 100.0 | 100.0 | 100.0 | 100.0 | 100.0 | 100.0 | 100.0 | 100.0 | 100.0 | 100.0 | 100.0 | 100.0 |
| 男　袜 | 100.0 | 100.0 | 100.0 | 100.0 | 100.0 | 100.0 | 100.0 | 100.0 | 100.0 | 100.0 | 100.0 | 100.0 | 100.0 |
| 女　袜 | 100.0 | 100.0 | 100.0 | 100.0 | 100.0 | 100.0 | 100.0 | 100.0 | 100.0 | 100.0 | 100.0 | 100.0 | 100.0 |
| 帽子 | 102.3 | 103.2 | 103.5 | 104.0 | 103.3 | 103.3 | 101.1 | 101.9 | 101.9 | 101.8 | 101.4 | 101.1 | 101.1 |
| 男　帽 | 104.0 | 104.1 | 104.9 | 106.3 | 107.1 | 107.1 | 102.7 | 103.3 | 103.3 | 102.9 | 101.9 | 102.5 | 102.5 |
| 女　帽 | 101.2 | 102.7 | 102.7 | 102.7 | 101.0 | 101.0 | 100.1 | 101.1 | 101.1 | 101.1 | 101.1 | 100.3 | 100.3 |
| 衣着加工服务费 | 107.9 | 108.9 | 108.9 | 108.9 | 108.9 | 109.5 | 109.5 | 109.5 | 109.5 | 109.5 | 109.5 | 101.5 | 101.5 |
| 缝　纫 | 104.2 | 102.9 | 102.9 | 102.9 | 102.9 | 105.5 | 105.5 | 105.5 | 105.5 | 105.5 | 105.5 | 102.5 | 102.5 |
| 清　洗 | 110.4 | 112.4 | 112.4 | 112.4 | 112.4 | 112.4 | 112.4 | 112.4 | 112.4 | 112.4 | 112.4 | 101.4 | 101.4 |
| 其　他 | 100.0 | 100.0 | 100.0 | 100.0 | 100.0 | 100.0 | 100.0 | 100.0 | 100.0 | 100.0 | 100.0 | 100.0 | 100.0 |
| **家庭设备用品及维修服务** | **102.7** | **102.1** | **102.5** | **102.4** | **102.5** | **102.6** | **102.7** | **103.6** | **103.3** | **103.2** | **102.7** | **102.3** | **102.7** |
| 耐用消费品 | 100.7 | 100.2 | 100.3 | 100.4 | 100.3 | 100.6 | 100.6 | 101.0 | 101.5 | 101.0 | 100.4 | 100.5 | 101.1 |
| 家　具 | 99.8 | 100.0 | 100.0 | 100.0 | 100.0 | 100.0 | 100.0 | 100.0 | 100.0 | 100.0 | 98.8 | 98.8 | 100.0 |
| 柜 | 99.9 | 100.0 | 100.0 | 100.0 | 100.0 | 100.0 | 100.0 | 100.0 | 100.0 | 100.0 | 99.1 | 99.1 | 100.0 |
| 床 | 99.6 | 100.0 | 100.0 | 100.0 | 100.0 | 100.0 | 100.0 | 100.0 | 100.0 | 100.0 | 97.8 | 97.8 | 100.0 |
| 桌 | 100.0 | 100.0 | 100.0 | 100.0 | 100.0 | 100.0 | 100.0 | 100.0 | 100.0 | 100.0 | 100.0 | 100.0 | 100.0 |
| 椅 | 99.6 | 100.0 | 100.0 | 100.0 | 100.0 | 100.0 | 100.0 | 100.0 | 100.0 | 100.0 | 97.9 | 97.9 | 100.0 |
| 沙　发 | 99.8 | 100.0 | 100.0 | 100.0 | 100.0 | 100.0 | 100.0 | 100.0 | 100.0 | 100.0 | 98.9 | 98.9 | 100.0 |
| 其　他 | 100.0 | 100.0 | 100.0 | 100.0 | 100.0 | 100.0 | 100.0 | 100.0 | 100.0 | 100.0 | 100.0 | 100.0 | 100.0 |
| 家庭设备 | 101.3 | 100.3 | 100.6 | 100.6 | 100.6 | 101.1 | 101.0 | 101.6 | 102.5 | 101.8 | 101.6 | 101.6 | 102.0 |
| 洗 衣 机 | 101.3 | 99.9 | 101.0 | 101.0 | 100.9 | 101.0 | 101.0 | 101.7 | 101.7 | 101.3 | 102.0 | 102.0 | 102.0 |
| 电 风 扇 | 100.4 | 95.6 | 95.6 | 95.6 | 95.6 | 97.2 | 96.4 | 103.1 | 103.1 | 103.4 | 106.7 | 106.7 | 106.7 |
| 电冰箱(柜) | 99.3 | 100.4 | 100.4 | 100.0 | 99.3 | 100.0 | 100.0 | 98.1 | 98.1 | 98.1 | 98.1 | 98.8 | 100.4 |
| 吸排油烟机 | 101.1 | 97.8 | 100.6 | 100.0 | 99.7 | 100.0 | 100.0 | 100.8 | 103.0 | 103.0 | 103.0 | 103.0 | 103.0 |
| 空 调 器 | 104.9 | 108.0 | 106.0 | 105.6 | 104.8 | 104.6 | 104.8 | 107.3 | 107.3 | 104.3 | 101.9 | 101.8 | 102.3 |
| 热 水 器 | 100.4 | 105.1 | 102.6 | 97.8 | 98.0 | 100.0 | 100.0 | 100.2 | 100.2 | 100.2 | 100.2 | 100.2 | 100.9 |
| 微 波 炉 | 100.0 | 99.6 | 101.2 | 100.0 | 99.6 | 100.0 | 100.0 | 100.0 | 100.0 | 100.0 | 100.0 | 100.0 | 100.0 |
| 其　他 | 99.0 | 94.3 | 96.0 | 98.7 | 99.9 | 100.5 | 100.0 | 97.3 | 100.3 | 100.3 | 100.3 | 100.3 | 100.3 |
| 室内装饰品 | 96.9 | 95.4 | 95.4 | 96.0 | 96.6 | 96.6 | 97.0 | 96.3 | 95.9 | 95.9 | 99.0 | 99.0 | 99.3 |
| 纺织装饰品 | 95.0 | 93.7 | 93.7 | 93.7 | 93.7 | 93.7 | 94.4 | 93.7 | 93.7 | 93.7 | 98.7 | 98.7 | 99.3 |
| 装饰灯具 | 101.0 | 100.0 | 100.0 | 100.0 | 100.0 | 100.0 | 100.0 | 102.0 | 102.0 | 102.0 | 102.0 | 102.0 | 102.0 |
| 其　他 | 95.3 | 92.8 | 92.8 | 95.9 | 99.1 | 99.1 | 99.1 | 94.3 | 92.6 | 92.6 | 95.2 | 95.2 | 95.2 |
| 床上用品 | 99.0 | 100.0 | 100.0 | 98.8 | 98.8 | 98.8 | 98.8 | 98.8 | 98.8 | 98.8 | 98.8 | 98.8 | 98.8 |
| 被　子 | 100.0 | 100.0 | 100.0 | 100.0 | 100.0 | 100.0 | 100.0 | 100.0 | 100.0 | 100.0 | 100.0 | 100.0 | 100.0 |
| 床上套件 | 98.4 | 100.0 | 100.0 | 98.1 | 98.1 | 98.1 | 98.1 | 98.1 | 98.1 | 98.1 | 98.1 | 98.1 | 98.1 |

4-1 续表5

| 类别 | 年度 | 月份 | | | | | | | | | | | |
|---|---|---|---|---|---|---|---|---|---|---|---|---|---|
| | | 一 | 二 | 三 | 四 | 五 | 六 | 七 | 八 | 九 | 十 | 十一 | 十二 |
| 其他 | 100.0 | 100.0 | 100.0 | 100.0 | 100.0 | 100.0 | 100.0 | 100.0 | 100.0 | 100.0 | 100.0 | 100.0 | 100.0 |
| 家庭日用杂品 | 105.5 | 103.9 | 105.0 | 105.0 | 105.0 | 104.9 | 105.4 | 107.7 | 106.4 | 106.8 | 105.5 | 105.0 | 104.9 |
| 茶具 | 101.1 | 100.0 | 100.0 | 100.0 | 100.0 | 100.0 | 100.0 | 101.9 | 101.9 | 101.9 | 101.7 | 102.5 | 103.0 |
| 餐具 | 107.6 | 111.2 | 111.2 | 111.2 | 111.2 | 111.2 | 111.2 | 109.7 | 109.7 | 109.7 | 101.8 | 98.5 | 97.1 |
| 厨具 | 100.3 | 101.4 | 101.4 | 101.4 | 101.4 | 101.4 | 101.4 | 99.2 | 96.9 | 96.9 | 100.7 | 100.7 | 100.7 |
| 家用手工工具 | 103.4 | 103.9 | 104.8 | 104.8 | 104.8 | 103.9 | 102.9 | 105.0 | 104.6 | 104.6 | 102.3 | 100.1 | 100.0 |
| 洗涤用品 | 109.5 | 105.7 | 108.0 | 108.0 | 108.0 | 108.0 | 109.3 | 113.7 | 111.2 | 112.3 | 110.7 | 109.8 | 109.1 |
| 其他 | 101.3 | 100.0 | 100.0 | 100.0 | 100.0 | 100.0 | 100.0 | 101.9 | 101.9 | 101.9 | 101.9 | 103.1 | 104.4 |
| 家庭服务及加工维修服务 | 121.8 | 125.8 | 123.3 | 122.7 | 125.8 | 125.8 | 124.5 | 123.2 | 118.1 | 118.7 | 122.8 | 116.1 | 116.9 |
| 家庭服务 | 116.4 | 125.3 | 120.6 | 119.4 | 119.4 | 119.4 | 117.2 | 115.0 | 113.5 | 112.1 | 112.1 | 110.1 | 115.2 |
| 加工维修服务 | 128.0 | 126.5 | 126.5 | 126.5 | 133.3 | 133.3 | 133.3 | 133.3 | 123.4 | 126.5 | 135.2 | 122.5 | 118.8 |
| **医疗保健和个人用品** | **101.0** | **100.4** | **101.1** | **100.9** | **101.2** | **101.1** | **101.0** | **100.6** | **100.8** | **100.9** | **101.3** | **100.9** | **101.3** |
| 医疗保健 | 100.3 | 100.0 | 100.0 | 99.8 | 100.4 | 100.4 | 100.2 | 100.2 | 100.4 | 100.2 | 100.3 | 100.4 | 101.0 |
| 医疗器具及用品 | 104.5 | 103.9 | 103.9 | 103.9 | 105.4 | 107.1 | 101.5 | 103.3 | 105.4 | 105.4 | 105.4 | 105.4 | 103.9 |
| 医疗器具及用品 | 104.5 | 103.9 | 103.9 | 103.9 | 105.4 | 107.1 | 101.5 | 103.3 | 105.4 | 105.4 | 105.4 | 105.4 | 103.9 |
| 中药材及中成药 | 101.9 | 102.7 | 101.5 | 101.1 | 100.9 | 100.6 | 100.8 | 103.7 | 102.8 | 101.6 | 102.4 | 102.6 | 102.5 |
| 中药材 | 99.0 | 107.2 | 105.7 | 104.5 | 103.7 | 101.7 | 99.5 | 96.1 | 94.9 | 92.3 | 94.5 | 94.7 | 94.6 |
| 中成药 | 103.5 | 100.3 | 99.4 | 99.4 | 99.4 | 99.9 | 101.5 | 107.9 | 107.2 | 106.7 | 106.7 | 106.9 | 106.9 |
| 西药 | 100.1 | 99.3 | 99.7 | 99.3 | 100.6 | 100.6 | 100.3 | 99.5 | 100.0 | 100.0 | 99.9 | 100.5 | 101.5 |
| 抗菌素(抗感染药) | 96.6 | 88.9 | 91.3 | 91.3 | 101.5 | 101.5 | 100.0 | 97.3 | 97.3 | 97.3 | 97.3 | 97.3 | 100.0 |
| 消化系统用药 | 101.3 | 103.1 | 103.1 | 103.1 | 103.1 | 103.1 | 102.1 | 100.0 | 99.8 | 99.6 | 99.6 | 99.6 | 99.6 |
| 呼吸系统用药 | 100.3 | 100.0 | 100.0 | 100.0 | 100.0 | 100.0 | 100.0 | 100.0 | 100.0 | 100.0 | 100.0 | 101.3 | 102.5 |
| 解热镇痛药 | 97.6 | 98.9 | 98.9 | 98.1 | 98.1 | 98.1 | 98.1 | 98.1 | 97.1 | 95.8 | 95.8 | 96.8 | 96.8 |
| 抗肿瘤药 | 99.9 | 100.0 | 100.0 | 100.0 | 100.0 | 100.0 | 100.0 | 100.0 | 100.0 | 100.0 | 100.0 | 99.3 | 100.0 |
| 激素类药 | 98.8 | 100.4 | 100.4 | 100.4 | 100.4 | 100.4 | 100.4 | 98.7 | 97.1 | 97.1 | 97.1 | 96.3 | 97.1 |
| 心血管系统用药 | 102.8 | 102.7 | 102.7 | 101.3 | 101.3 | 101.3 | 101.3 | 101.3 | 104.4 | 104.4 | 103.1 | 104.3 | 105.5 |
| 中枢神经系统用药 | 102.2 | 100.8 | 100.8 | 100.8 | 100.8 | 100.8 | 100.8 | 100.8 | 103.5 | 103.5 | 102.7 | 104.8 | 106.9 |
| 消毒防腐及创伤外科用药 | 101.1 | 102.2 | 102.2 | 102.2 | 102.2 | 102.2 | 102.2 | 100.0 | 100.0 | 100.0 | 100.0 | 100.0 | 100.0 |
| 泌尿系统用药 | 100.0 | 100.0 | 100.0 | 100.0 | 100.0 | 100.0 | 100.0 | 100.0 | 100.0 | 100.0 | 100.0 | 100.0 | 100.0 |
| 维生素类 | 103.6 | 105.0 | 106.9 | 100.0 | 100.0 | 100.0 | 100.0 | 100.0 | 100.6 | 106.7 | 108.2 | 108.2 | 108.2 |
| 其他 | 97.8 | 97.2 | 97.2 | 97.2 | 97.2 | 97.2 | 97.2 | 97.2 | 97.2 | 97.2 | 100.0 | 100.0 | 100.0 |
| 保健器具及用品 | 99.4 | 99.5 | 99.5 | 99.5 | 99.5 | 99.5 | 99.5 | 99.5 | 99.5 | 99.5 | 99.5 | 98.2 | 100.0 |
| 保健器具 | 100.0 | 100.0 | 100.0 | 100.0 | 100.0 | 100.0 | 100.0 | 100.0 | 100.0 | 100.0 | 100.0 | 100.0 | 100.0 |
| 滋补保健用品 | 99.2 | 99.3 | 99.3 | 99.3 | 99.3 | 99.3 | 99.3 | 99.3 | 99.3 | 99.3 | 99.3 | 97.6 | 100.0 |
| 医疗保健服务 | 100.0 | 99.9 | 99.9 | 99.9 | 100.0 | 100.0 | 100.0 | 100.0 | 100.0 | 100.0 | 100.0 | 100.0 | 100.0 |
| 挂号诊疗费 | 100.0 | 100.0 | 100.0 | 100.0 | 100.0 | 100.0 | 100.0 | 100.0 | 100.0 | 100.0 | 100.0 | 100.0 | 100.0 |

4-1 续表6

| 类 别 | 年 度 | 月份 一 | 二 | 三 | 四 | 五 | 六 | 七 | 八 | 九 | 十 | 十一 | 十二 |
|---|---|---|---|---|---|---|---|---|---|---|---|---|---|
| 注 射 费 | 100.0 | 100.0 | 100.0 | 100.0 | 100.0 | 100.0 | 100.0 | 100.0 | 100.0 | 100.0 | 100.0 | 100.0 | 100.0 |
| 检 查 费 | 100.0 | 100.0 | 100.0 | 100.0 | 100.0 | 100.0 | 100.0 | 100.0 | 100.0 | 100.0 | 100.0 | 100.0 | 100.0 |
| 手 术 费 | 100.0 | 100.0 | 100.0 | 100.0 | 100.0 | 100.0 | 100.0 | 100.0 | 100.0 | 100.0 | 100.0 | 100.0 | 100.0 |
| 床 位 费 | 100.0 | 100.0 | 100.0 | 100.0 | 100.0 | 100.0 | 100.0 | 100.0 | 100.0 | 100.0 | 100.0 | 100.0 | 100.0 |
| 理 疗 费 | 100.0 | 100.0 | 100.0 | 100.0 | 100.0 | 100.0 | 100.0 | 100.0 | 100.0 | 100.0 | 100.0 | 100.0 | 100.0 |
| 化 验 费 | 99.9 | 99.5 | 99.5 | 99.5 | 100.0 | 100.0 | 100.0 | 100.0 | 100.0 | 100.0 | 100.0 | 100.0 | 100.0 |
| 其 他 | 100.0 | 100.0 | 100.0 | 100.0 | 100.0 | 100.0 | 100.0 | 100.0 | 100.0 | 100.0 | 100.0 | 100.0 | 100.0 |
| 个人用品及服务 | 102.2 | 101.2 | 103.0 | 103.1 | 102.7 | 102.4 | 102.4 | 101.1 | 101.7 | 102.2 | 103.3 | 101.7 | 101.7 |
| 化妆美容用品 | 101.4 | 100.9 | 101.0 | 101.3 | 101.3 | 101.3 | 101.3 | 101.0 | 101.4 | 101.8 | 101.7 | 101.8 | 101.5 |
| 化妆美容器具 | 100.0 | 99.7 | 98.7 | 99.7 | 99.7 | 99.7 | 99.7 | 98.4 | 100.4 | 100.2 | 100.3 | 101.3 | 101.9 |
| 美容化妆品 | 101.7 | 100.0 | 101.2 | 102.5 | 102.5 | 102.5 | 102.5 | 102.5 | 102.5 | 102.5 | 101.2 | 100.0 | 100.0 |
| 护 肤 品 | 102.2 | 101.9 | 101.9 | 101.9 | 101.9 | 101.9 | 101.9 | 101.9 | 101.9 | 103.2 | 102.7 | 103.0 | 102.5 |
| 护发美容品 | 99.2 | 100.0 | 99.7 | 98.7 | 99.0 | 99.2 | 99.2 | 98.4 | 99.2 | 97.5 | 99.9 | 100.4 | 99.5 |
| 清洁类化妆品 | 101.2 | 99.5 | 100.5 | 100.9 | 101.1 | 101.7 | 102.2 | 100.6 | 104.8 | 101.2 | 101.0 | 100.7 | 100.2 |
| 洗发用品 | 101.3 | 101.6 | 101.6 | 101.6 | 101.9 | 101.6 | 103.1 | 101.9 | 102.3 | 100.4 | 100.1 | 99.9 | 99.3 |
| 洗浴用品 | 104.4 | 105.1 | 105.1 | 106.0 | 103.8 | 106.2 | 102.9 | 105.0 | 105.7 | 105.5 | 101.4 | 104.0 | 102.3 |
| 其 他 | 99.8 | 95.6 | 97.7 | 98.3 | 99.4 | 99.8 | 101.2 | 97.6 | 106.6 | 100.0 | 101.7 | 100.0 | 100.0 |
| 个人饰品 | 101.4 | 100.7 | 102.4 | 102.1 | 101.0 | 99.7 | 99.5 | 99.8 | 99.3 | 102.2 | 106.0 | 101.7 | 102.1 |
| 首 饰 | 102.5 | 101.4 | 106.3 | 105.4 | 102.3 | 98.7 | 98.2 | 97.2 | 96.1 | 103.7 | 114.2 | 102.9 | 104.6 |
| 皮 件 | 100.4 | 100.0 | 100.0 | 100.0 | 100.0 | 100.0 | 100.0 | 100.7 | 100.7 | 100.7 | 100.7 | 100.7 | 100.7 |
| 手 表 | 100.0 | 100.0 | 100.0 | 100.0 | 100.0 | 100.0 | 100.0 | 100.0 | 100.0 | 100.0 | 100.0 | 100.0 | 100.0 |
| 领 带 | 101.8 | 101.8 | 101.8 | 101.8 | 101.8 | 101.8 | 101.8 | 101.8 | 101.8 | 101.8 | 101.8 | 102.7 | 101.8 |
| 其 他 | 100.8 | 100.0 | 100.0 | 100.0 | 100.0 | 100.0 | 100.0 | 102.1 | 102.1 | 102.1 | 102.1 | 101.2 | 100.3 |
| 个人服务 | 103.8 | 102.6 | 105.6 | 105.7 | 105.8 | 105.8 | 105.8 | 102.7 | 102.7 | 102.7 | 102.2 | 102.2 | 102.2 |
| 美 容 | 101.8 | 101.9 | 101.9 | 101.9 | 101.9 | 101.9 | 101.9 | 101.9 | 101.9 | 101.9 | 101.9 | 101.9 | 100.9 |
| 理(烫)发 | 103.9 | 103.1 | 103.1 | 103.4 | 103.8 | 103.8 | 103.8 | 103.8 | 103.8 | 103.8 | 103.8 | 103.8 | 106.8 |
| 洗 浴 | 111.1 | 106.2 | 121.7 | 121.7 | 121.7 | 121.7 | 121.7 | 106.2 | 106.2 | 106.2 | 103.6 | 103.6 | 101.1 |
| 其 他 | 100.0 | 100.0 | 100.0 | 100.0 | 100.0 | 100.0 | 100.0 | 100.0 | 100.0 | 100.0 | 100.0 | 100.0 | 100.0 |
| **交通和通信** | **100.3** | **100.8** | **100.9** | **101.0** | **100.8** | **100.7** | **100.3** | **99.6** | **99.6** | **99.9** | **100.0** | **100.0** | **99.8** |
| 交通 | 100.7 | 101.6 | 101.7 | 101.7 | 101.2 | 100.9 | 100.1 | 99.6 | 99.7 | 100.2 | 100.6 | 100.4 | 100.3 |
| 交通工具 | 100.4 | 101.2 | 101.2 | 101.2 | 100.5 | 100.5 | 100.0 | 100.0 | 100.0 | 100.0 | 100.0 | 100.0 | 100.0 |
| 助动自行车 | 103.1 | 110.1 | 110.1 | 110.1 | 104.3 | 104.3 | 100.0 | 100.0 | 100.0 | 100.0 | 100.0 | 100.0 | 100.0 |
| 轿 车 | 100.0 | 100.0 | 100.0 | 100.0 | 100.0 | 100.0 | 100.0 | 100.0 | 100.0 | 100.0 | 100.0 | 100.0 | 100.0 |
| 自 行 车 | 100.9 | 104.5 | 104.5 | 104.5 | 99.6 | 99.6 | 99.6 | 99.6 | 99.6 | 100.0 | 100.0 | 100.0 | 100.0 |
| 其 他 | 111.8 | 117.0 | 117.0 | 117.0 | 117.0 | 110.0 | 110.0 | 110.0 | 110.0 | 110.0 | 110.0 | 110.0 | 104.8 |
| 车用燃料及零配件 | 101.7 | 104.7 | 105.3 | 105.6 | 105.5 | 102.7 | 98.8 | 95.1 | 96.3 | 100.1 | 103.3 | 102.1 | 101.3 |

4-1 续表7

| 类别 | 年度 | 一 | 二 | 三 | 四 | 五 | 六 | 七 | 八 | 九 | 十 | 十一 | 十二 |
|---|---|---|---|---|---|---|---|---|---|---|---|---|---|
| 汽　油 | 102.9 | 106.8 | 107.6 | 108.0 | 107.7 | 104.0 | 99.1 | 94.3 | 95.8 | 100.9 | 105.1 | 103.5 | 102.6 |
| 柴　油 | 104.1 | 106.5 | 108.7 | 107.3 | 109.3 | 104.5 | 97.4 | 94.5 | 96.1 | 103.3 | 108.5 | 106.4 | 107.8 |
| 零配件 | 94.5 | 95.0 | 95.0 | 95.0 | 95.0 | 95.0 | 95.0 | 95.0 | 95.0 | 93.6 | 93.6 | 93.6 | 93.6 |
| 其　他 | 100.0 | 100.0 | 100.0 | 100.0 | 100.0 | 100.0 | 100.0 | 100.0 | 100.0 | 100.0 | 100.0 | 100.0 | 100.0 |
| 车辆使用及维修费 | 105.2 | 102.9 | 104.4 | 104.4 | 105.3 | 106.3 | 106.3 | 106.3 | 106.0 | 105.7 | 105.7 | 105.7 | 103.7 |
| 保险费 | 100.0 | 100.0 | 100.0 | 100.0 | 100.0 | 100.0 | 100.0 | 100.0 | 100.0 | 100.0 | 100.0 | 100.0 | 100.0 |
| 停车费 | 100.0 | 100.0 | 100.0 | 100.0 | 100.0 | 100.0 | 100.0 | 100.0 | 100.0 | 100.0 | 100.0 | 100.0 | 100.0 |
| 车辆修理服务费 | 105.8 | 102.1 | 106.6 | 106.6 | 106.6 | 106.6 | 106.6 | 106.6 | 106.1 | 105.5 | 105.5 | 105.5 | 104.4 |
| 其　他 | 113.5 | 111.1 | 105.3 | 105.3 | 111.1 | 117.6 | 117.6 | 117.6 | 117.6 | 117.6 | 117.6 | 117.6 | 108.1 |
| 市区公共交通费 | 100.0 | 100.0 | 100.0 | 100.0 | 100.0 | 100.0 | 100.0 | 100.0 | 100.0 | 100.0 | 100.0 | 100.0 | 100.0 |
| 公共汽车票 | 100.0 | 100.0 | 100.0 | 100.0 | 100.0 | 100.0 | 100.0 | 100.0 | 100.0 | 100.0 | 100.0 | 100.0 | 100.0 |
| 出租汽车 | 100.0 | 100.0 | 100.0 | 100.0 | 100.0 | 100.0 | 100.0 | 100.0 | 100.0 | 100.0 | 100.0 | 100.0 | 100.0 |
| 其　他 | 100.0 | 100.0 | 100.0 | 100.0 | 100.0 | 100.0 | 100.0 | 100.0 | 100.0 | 100.0 | 100.0 | 100.0 | 100.0 |
| 城市间交通费 | 100.3 | 101.9 | 101.1 | 100.8 | 100.8 | 100.6 | 99.8 | 99.8 | 99.7 | 99.7 | 99.7 | 100.0 | 99.9 |
| 飞机票 | 100.9 | 104.5 | 104.1 | 103.1 | 102.9 | 102.2 | 99.4 | 99.2 | 98.9 | 98.9 | 98.9 | 99.9 | 99.7 |
| 火车票 | 100.0 | 100.0 | 100.0 | 100.0 | 100.0 | 100.0 | 100.0 | 100.0 | 100.0 | 100.0 | 100.0 | 100.0 | 100.0 |
| 长途汽车 | 100.0 | 100.0 | 100.0 | 100.0 | 100.0 | 100.0 | 100.0 | 100.0 | 100.0 | 100.0 | 100.0 | 100.0 | 100.0 |
| 短途汽车 | 100.6 | 107.4 | 100.0 | 100.0 | 100.0 | 100.0 | 100.0 | 100.0 | 100.0 | 100.0 | 100.0 | 100.0 | 100.0 |
| 其　他 | 100.0 | 100.0 | 100.0 | 100.0 | 100.0 | 100.0 | 100.0 | 100.0 | 100.0 | 100.0 | 100.0 | 100.0 | 100.0 |
| 通信 | 99.9 | 100.0 | 100.2 | 100.4 | 100.3 | 100.5 | 100.5 | 99.5 | 99.5 | 99.5 | 99.5 | 99.5 | 99.2 |
| 通信工具 | 96.1 | 96.9 | 98.0 | 99.3 | 99.0 | 100.0 | 100.0 | 93.7 | 93.7 | 93.7 | 93.7 | 93.8 | 91.8 |
| 固定电话机 | 99.6 | 96.6 | 100.0 | 100.0 | 99.3 | 100.0 | 100.0 | 100.0 | 100.0 | 100.0 | 100.0 | 100.0 | 100.0 |
| 移动电话机 | 96.0 | 96.9 | 98.0 | 99.2 | 99.0 | 100.0 | 100.0 | 93.5 | 93.5 | 93.5 | 93.5 | 93.6 | 91.5 |
| 其　他 | 99.4 | 95.1 | 100.0 | 100.0 | 98.1 | 100.0 | 100.0 | 100.0 | 100.0 | 100.0 | 100.0 | 100.0 | 100.0 |
| 通信服务 | 100.6 | 100.6 | 100.6 | 100.6 | 100.6 | 100.6 | 100.6 | 100.6 | 100.6 | 100.6 | 100.6 | 100.6 | 100.6 |
| 移动通信费 | 100.0 | 100.0 | 100.0 | 100.0 | 100.0 | 100.0 | 100.0 | 100.0 | 100.0 | 100.0 | 100.0 | 100.0 | 100.0 |
| 市内电话费 | 100.0 | 100.0 | 100.0 | 100.0 | 100.0 | 100.0 | 100.0 | 100.0 | 100.0 | 100.0 | 100.0 | 100.0 | 100.0 |
| 长途电话费 | 100.0 | 100.0 | 100.0 | 100.0 | 100.0 | 100.0 | 100.0 | 100.0 | 100.0 | 100.0 | 100.0 | 100.0 | 100.0 |
| 月租费 | 100.0 | 100.0 | 100.0 | 100.0 | 100.0 | 100.0 | 100.0 | 100.0 | 100.0 | 100.0 | 100.0 | 100.0 | 100.0 |
| 上网费 | 105.4 | 105.4 | 105.4 | 105.4 | 105.4 | 105.4 | 105.4 | 105.4 | 105.4 | 105.4 | 105.4 | 105.4 | 105.4 |
| 邮政邮寄 | 100.0 | 100.0 | 100.0 | 100.0 | 100.0 | 100.0 | 100.0 | 100.0 | 100.0 | 100.0 | 100.0 | 100.0 | 100.0 |
| 其他邮寄 | 100.0 | 100.0 | 100.0 | 100.0 | 100.0 | 100.0 | 100.0 | 100.0 | 100.0 | 100.0 | 100.0 | 100.0 | 100.0 |
| 其　他 | 100.0 | 100.0 | 100.0 | 100.0 | 100.0 | 100.0 | 100.0 | 100.0 | 100.0 | 100.0 | 100.0 | 100.0 | 100.0 |
| **娱乐教育文化用品及服务** | **100.4** | **100.3** | **100.4** | **101.0** | **100.7** | **100.8** | **100.5** | **99.7** | **99.7** | **100.6** | **100.6** | **100.1** | **100.1** |
| 文娱用耐用消费品及服务 | 96.9 | 99.4 | 98.1 | 100.1 | 99.4 | 100.0 | 100.0 | 94.7 | 94.4 | 94.4 | 94.2 | 94.2 | 94.2 |
| 电视机 | 96.0 | 102.6 | 97.9 | 100.0 | 99.3 | 100.0 | 100.0 | 92.1 | 92.1 | 92.1 | 92.1 | 92.1 | 92.1 |

4-1 续表8

| 类别 | 年度 | 月份 一 | 二 | 三 | 四 | 五 | 六 | 七 | 八 | 九 | 十 | 十一 | 十二 |
|---|---|---|---|---|---|---|---|---|---|---|---|---|---|
| 激光视盘机 | 99.3 | 96.0 | 96.0 | 100.0 | 100.0 | 100.0 | 100.0 | 100.0 | 100.0 | 100.0 | 100.0 | 100.0 | 100.0 |
| 摄像机 | 98.4 | 100.0 | 100.0 | 100.0 | 99.4 | 100.0 | 100.0 | 96.3 | 96.9 | 96.9 | 96.9 | 96.9 | 96.9 |
| 照相机 | 97.5 | 101.2 | 101.2 | 101.2 | 99.4 | 100.0 | 100.0 | 95.1 | 95.1 | 95.1 | 93.9 | 93.9 | 93.9 |
| 家用音响 | 99.7 | 98.7 | 98.7 | 100.0 | 99.6 | 100.0 | 100.0 | 100.0 | 100.0 | 100.0 | 100.0 | 100.0 | 100.0 |
| 便携式音响 | 98.3 | 94.5 | 100.0 | 100.0 | 100.0 | 100.0 | 100.0 | 100.0 | 97.2 | 97.2 | 97.2 | 97.2 | 97.2 |
| 电脑 | 96.7 | 97.0 | 97.2 | 100.0 | 99.3 | 100.0 | 100.0 | 94.9 | 94.3 | 94.3 | 94.3 | 94.3 | 94.3 |
| 修理服务 | 100.0 | 100.0 | 100.0 | 100.0 | 100.0 | 100.0 | 100.0 | 100.0 | 100.0 | 100.0 | 100.0 | 100.0 | 100.0 |
| 其他 | 96.4 | 97.0 | 100.0 | 100.0 | 100.0 | 100.0 | 100.0 | 93.3 | 93.3 | 93.3 | 93.3 | 93.3 | 93.3 |
| 教育 | 100.4 | 100.0 | 100.0 | 100.0 | 100.0 | 100.0 | 100.0 | 100.0 | 100.0 | 101.2 | 101.2 | 101.2 | 101.2 |
| 教材及参考书 | 104.7 | 100.0 | 100.0 | 100.0 | 100.0 | 100.0 | 100.0 | 100.0 | 100.0 | 114.0 | 114.0 | 114.0 | 114.0 |
| 工具书 | 100.0 | 100.0 | 100.0 | 100.0 | 100.0 | 100.0 | 100.0 | 100.0 | 100.0 | 100.0 | 100.0 | 100.0 | 100.0 |
| 教材 | 105.7 | 100.0 | 100.0 | 100.0 | 100.0 | 100.0 | 100.0 | 100.0 | 100.0 | 117.1 | 117.1 | 117.1 | 117.1 |
| 参考书 | 100.0 | 100.0 | 100.0 | 100.0 | 100.0 | 100.0 | 100.0 | 100.0 | 100.0 | 100.0 | 100.0 | 100.0 | 100.0 |
| 教育软件 | 100.0 | 100.0 | 100.0 | 100.0 | 100.0 | 100.0 | 100.0 | 100.0 | 100.0 | 100.0 | 100.0 | 100.0 | 100.0 |
| 教育服务 | 100.0 | 100.0 | 100.0 | 100.0 | 100.0 | 100.0 | 100.0 | 100.0 | 100.0 | 100.0 | 100.0 | 100.0 | 100.0 |
| 学前教育 | 100.0 | 100.0 | 100.0 | 100.0 | 100.0 | 100.0 | 100.0 | 100.0 | 100.0 | 100.0 | 100.0 | 100.0 | 100.0 |
| 中等教育 | 100.0 | 100.0 | 100.0 | 100.0 | 100.0 | 100.0 | 100.0 | 100.0 | 100.0 | 100.0 | 100.0 | 100.0 | 100.0 |
| 高等教育 | 100.0 | 100.0 | 100.0 | 100.0 | 100.0 | 100.0 | 100.0 | 100.0 | 100.0 | 100.0 | 100.0 | 100.0 | 100.0 |
| 专业技能培训 | 100.0 | 100.0 | 100.0 | 100.0 | 100.0 | 100.0 | 100.0 | 100.0 | 100.0 | 100.0 | 100.0 | 100.0 | 100.0 |
| 其他 | 100.0 | 100.0 | 100.0 | 100.0 | 100.0 | 100.0 | 100.0 | 100.0 | 100.0 | 100.0 | 100.0 | 100.0 | 100.0 |
| 文化娱乐类 | 102.3 | 101.7 | 102.0 | 102.3 | 101.8 | 101.7 | 102.1 | 102.1 | 103.1 | 104.0 | 102.3 | 102.3 | 102.2 |
| 文化娱乐用品 | 100.6 | 98.0 | 99.6 | 100.8 | 100.9 | 100.5 | 101.2 | 101.9 | 102.3 | 102.3 | 99.9 | 99.7 | 99.8 |
| 乐器 | 100.0 | 100.0 | 100.0 | 100.0 | 100.0 | 100.0 | 100.0 | 100.0 | 100.0 | 100.0 | 100.0 | 100.0 | 100.0 |
| 音像光盘和视盘 | 98.7 | 100.0 | 100.0 | 100.0 | 100.0 | 100.0 | 100.0 | 98.6 | 97.2 | 97.2 | 97.2 | 97.2 | 97.2 |
| 电子存储器 | 95.2 | 89.3 | 94.1 | 100.0 | 100.0 | 100.0 | 100.0 | 96.2 | 96.2 | 96.2 | 90.5 | 90.5 | 90.5 |
| 儿童玩具 | 103.8 | 103.1 | 103.1 | 103.1 | 103.1 | 103.1 | 103.8 | 105.8 | 106.1 | 106.0 | 102.9 | 102.9 | 102.9 |
| 纸张本册 | 106.5 | 104.4 | 104.4 | 105.2 | 106.5 | 107.3 | 107.3 | 107.3 | 107.4 | 108.4 | 106.7 | 107.3 | 106.2 |
| 文具 | 98.7 | 94.2 | 97.1 | 95.7 | 95.8 | 93.2 | 97.2 | 101.1 | 102.3 | 102.6 | 102.3 | 101.1 | 102.3 |
| 体育用品 | 99.8 | 97.9 | 98.5 | 99.0 | 99.2 | 98.2 | 98.2 | 100.2 | 101.3 | 101.3 | 101.3 | 101.3 | 101.3 |
| 其他 | 100.0 | 100.0 | 100.0 | 100.0 | 100.0 | 100.0 | 100.0 | 100.0 | 100.0 | 100.0 | 100.0 | 100.0 | 100.0 |
| 书报杂志 | 110.7 | 108.9 | 108.9 | 108.9 | 108.9 | 108.9 | 108.9 | 108.9 | 115.2 | 120.1 | 110.3 | 110.3 | 110.3 |
| 书籍 | 100.0 | 100.0 | 100.0 | 100.0 | 100.0 | 100.0 | 100.0 | 100.0 | 100.0 | 100.0 | 100.0 | 100.0 | 100.0 |
| 报纸 | 130.0 | 126.0 | 126.0 | 126.0 | 126.0 | 126.0 | 126.0 | 126.0 | 144.2 | 158.7 | 126.0 | 126.0 | 126.0 |
| 杂志 | 100.0 | 100.0 | 100.0 | 100.0 | 100.0 | 100.0 | 100.0 | 100.0 | 100.0 | 100.0 | 100.0 | 100.0 | 100.0 |
| 文娱费 | 100.8 | 101.1 | 101.1 | 101.1 | 100.3 | 100.3 | 100.7 | 100.5 | 100.3 | 100.6 | 101.0 | 101.0 | 100.9 |
| 电影票 | 103.3 | 102.7 | 102.7 | 102.7 | 102.7 | 102.7 | 108.7 | 105.6 | 104.1 | 102.7 | 102.7 | 102.7 | 100.0 |

4-1 续表9

| 类别 | 年度 | 月份 |  |  |  |  |  |  |  |  |  |  |  |
|---|---|---|---|---|---|---|---|---|---|---|---|---|---|
|  |  | 一 | 二 | 三 | 四 | 五 | 六 | 七 | 八 | 九 | 十 | 十一 | 十二 |
| 景点门票 | 100.0 | 100.0 | 100.0 | 100.0 | 100.0 | 100.0 | 100.0 | 100.0 | 100.0 | 100.0 | 100.0 | 100.0 | 100.0 |
| 有线电视 | 100.0 | 100.0 | 100.0 | 100.0 | 100.0 | 100.0 | 100.0 | 100.0 | 100.0 | 100.0 | 100.0 | 100.0 | 100.0 |
| 健身活动 | 101.8 | 102.9 | 102.9 | 102.9 | 102.9 | 102.9 | 102.9 | 102.9 | 101.4 | 100.0 | 100.0 | 100.0 | 100.0 |
| 其　　他 | 103.8 | 107.1 | 107.1 | 107.1 | 100.0 | 100.0 | 100.0 | 100.0 | 100.0 | 103.6 | 107.1 | 107.1 | 107.1 |
| 旅游 | 101.7 | 100.9 | 102.8 | 104.5 | 104.1 | 103.6 | 101.4 | 100.9 | 100.6 | 100.7 | 102.8 | 99.4 | 99.2 |
| 旅行社收费 | 101.8 | 100.9 | 102.8 | 104.6 | 104.2 | 103.8 | 101.4 | 101.0 | 100.6 | 100.8 | 103.0 | 99.3 | 99.2 |
| 宾馆住宿 | 101.0 | 103.5 | 103.5 | 103.5 | 101.3 | 100.0 | 100.0 | 100.0 | 100.0 | 100.0 | 100.0 | 100.0 | 100.0 |
| 其他住宿 | 100.0 | 100.0 | 100.0 | 100.0 | 100.0 | 100.0 | 100.0 | 100.0 | 100.0 | 100.0 | 100.0 | 100.0 | 100.0 |
| **居住** | **103.8** | **103.4** | **103.3** | **103.2** | **102.8** | **102.5** | **103.6** | **104.2** | **104.5** | **104.5** | **104.7** | **104.8** | **104.1** |
| 建房及装修材料 | 100.7 | 103.6 | 102.8 | 102.5 | 101.7 | 100.5 | 100.0 | 100.0 | 100.2 | 99.5 | 99.3 | 99.7 | 99.1 |
| 木　　材 | 108.6 | 111.6 | 111.6 | 111.6 | 111.6 | 111.6 | 111.6 | 107.8 | 107.8 | 107.8 | 107.8 | 103.7 | 100.0 |
| 木 地 板 | 102.5 | 103.0 | 103.0 | 103.0 | 103.0 | 103.0 | 103.0 | 103.0 | 102.5 | 102.0 | 102.0 | 102.0 | 101.0 |
| 砖 | 98.2 | 112.6 | 108.0 | 106.9 | 99.8 | 95.9 | 95.9 | 95.9 | 96.7 | 93.0 | 93.0 | 94.7 | 87.9 |
| 水　　泥 | 87.5 | 85.2 | 84.4 | 85.7 | 88.8 | 82.8 | 82.8 | 83.9 | 87.0 | 89.5 | 89.5 | 94.7 | 98.5 |
| 涂　　料 | 100.0 | 100.0 | 100.0 | 100.0 | 100.0 | 100.0 | 100.0 | 100.0 | 100.0 | 100.0 | 100.0 | 100.0 | 100.0 |
| 板　　材 | 106.4 | 107.8 | 107.8 | 107.8 | 107.8 | 107.8 | 107.8 | 107.8 | 106.9 | 104.8 | 103.6 | 103.6 | 103.6 |
| 玻　　璃 | 92.1 | 111.1 | 105.6 | 100.0 | 88.0 | 88.0 | 88.0 | 88.0 | 88.0 | 88.0 | 88.0 | 88.0 | 88.0 |
| 粘　　胶 | 100.0 | 100.0 | 100.0 | 100.0 | 100.0 | 100.0 | 100.0 | 100.0 | 100.0 | 100.0 | 100.0 | 100.0 | 100.0 |
| 厨卫设备 | 104.3 | 105.0 | 105.0 | 105.0 | 105.0 | 105.0 | 105.0 | 105.0 | 105.0 | 103.0 | 103.0 | 103.0 | 103.0 |
| 其　　他 | 102.1 | 110.6 | 109.6 | 108.5 | 108.5 | 104.1 | 98.1 | 98.1 | 98.1 | 98.1 | 98.1 | 98.1 | 98.1 |
| 住房租金 | 101.0 | 100.6 | 100.6 | 100.5 | 100.3 | 100.4 | 101.4 | 101.3 | 101.3 | 101.4 | 101.4 | 101.5 | 101.4 |
| 公房房租 | 100.0 | 100.0 | 100.0 | 100.0 | 100.0 | 100.0 | 100.0 | 100.0 | 100.0 | 100.0 | 100.0 | 100.0 | 100.0 |
| 私房房租 | 105.8 | 103.5 | 103.4 | 102.7 | 102.0 | 102.5 | 107.7 | 107.6 | 107.6 | 107.8 | 108.2 | 108.3 | 108.2 |
| 其他费用 | 100.0 | 100.0 | 100.0 | 100.0 | 100.0 | 100.0 | 100.0 | 100.0 | 100.0 | 100.0 | 100.0 | 100.0 | 100.0 |
| 自有住房 | 104.1 | 102.8 | 102.8 | 102.6 | 102.1 | 102.2 | 104.4 | 104.4 | 104.9 | 105.2 | 105.6 | 105.8 | 105.9 |
| 住房估算租金 | 104.8 | 103.1 | 103.1 | 102.8 | 102.1 | 102.3 | 105.1 | 105.1 | 106.2 | 106.5 | 107.0 | 107.1 | 107.0 |
| 物业管理费用 | 100.0 | 100.0 | 100.0 | 100.0 | 100.0 | 100.0 | 100.0 | 100.0 | 100.0 | 100.0 | 100.0 | 100.0 | 100.0 |
| 维护修理费用 | 105.5 | 108.3 | 108.3 | 108.3 | 108.3 | 108.3 | 108.3 | 108.3 | 100.0 | 100.0 | 100.0 | 103.1 | 106.3 |
| 其　　他 | 100.0 | 100.0 | 100.0 | 100.0 | 100.0 | 100.0 | 100.0 | 100.0 | 100.0 | 100.0 | 100.0 | 100.0 | 100.0 |
| 水、电、燃料 | 105.3 | 104.6 | 104.7 | 104.9 | 104.7 | 104.4 | 104.4 | 106.5 | 106.5 | 106.5 | 106.5 | 106.3 | 104.1 |
| 水 | 100.0 | 100.0 | 100.0 | 100.0 | 100.0 | 100.0 | 100.0 | 100.0 | 100.0 | 100.0 | 100.0 | 100.0 | 100.0 |
| 电 | 101.6 | 100.0 | 100.0 | 100.0 | 100.0 | 100.0 | 100.0 | 103.2 | 103.2 | 103.2 | 103.2 | 103.2 | 103.2 |
| 液化石油气 | 106.6 | 104.5 | 106.8 | 116.3 | 108.5 | 98.3 | 98.2 | 108.7 | 108.7 | 106.5 | 108.7 | 106.4 | 108.7 |
| 管道燃气 | 117.5 | 118.4 | 118.4 | 118.4 | 118.4 | 118.4 | 118.4 | 118.4 | 118.4 | 118.4 | 118.4 | 118.4 | 108.4 |
| 其他燃料 | 106.3 | 107.3 | 107.3 | 107.3 | 107.3 | 107.3 | 107.3 | 107.3 | 107.3 | 107.3 | 107.3 | 103.3 | 100.0 |

# 4-2　市区商品零售价格指数(2012 年)

(以上年价格为 100)

| 类　　别 | 年　度 | 月 | | | | | 份 | | | | | | |
|---|---|---|---|---|---|---|---|---|---|---|---|---|---|
| | | 一 | 二 | 三 | 四 | 五 | 六 | 七 | 八 | 九 | 十 | 十一 | 十二 |
| **商品零售价格总指数** | **102.4** | **104.9** | **103.5** | **104.0** | **103.7** | **102.9** | **101.7** | **101.0** | **101.5** | **101.5** | **101.3** | **101.4** | **101.6** |
| **食品** | **104.8** | **113.0** | **106.4** | **108.2** | **108.3** | **106.5** | **102.8** | **101.7** | **102.9** | **101.5** | **100.6** | **102.4** | **103.9** |
| 粮食 | 106.8 | 109.1 | 108.3 | 107.0 | 107.6 | 107.1 | 106.8 | 106.3 | 106.2 | 106.0 | 105.6 | 105.6 | 106.3 |
| 淀粉 | 117.5 | 119.5 | 119.5 | 116.4 | 113.5 | 114.1 | 116.2 | 118.2 | 115.9 | 115.8 | 117.7 | 121.3 | 121.9 |
| 干豆类及豆制品 | 101.6 | 100.6 | 100.1 | 99.0 | 99.0 | 99.0 | 98.1 | 98.4 | 99.5 | 102.0 | 107.2 | 107.1 | 108.7 |
| 油脂 | 104.6 | 106.6 | 106.6 | 106.3 | 106.4 | 106.0 | 105.6 | 105.2 | 104.5 | 101.7 | 101.7 | 102.2 | 102.7 |
| 肉禽及其制品 | 102.6 | 127.3 | 114.5 | 112.1 | 110.2 | 107.1 | 98.8 | 93.8 | 93.3 | 92.5 | 94.0 | 97.0 | 99.2 |
| 蛋 | 95.6 | 92.3 | 81.4 | 90.6 | 88.4 | 84.9 | 93.2 | 93.4 | 98.9 | 100.0 | 102.6 | 106.9 | 113.0 |
| 水产品 | 111.9 | 114.7 | 109.9 | 116.2 | 118.0 | 116.8 | 110.8 | 107.0 | 106.7 | 108.9 | 111.4 | 111.5 | 112.0 |
| 菜 | 115.1 | 131.5 | 106.1 | 120.2 | 129.5 | 130.2 | 107.8 | 107.7 | 120.4 | 110.8 | 96.5 | 108.5 | 111.9 |
| 调味品 | 106.2 | 104.9 | 104.2 | 105.8 | 104.4 | 106.6 | 105.8 | 104.5 | 103.7 | 101.6 | 102.5 | 110.1 | 120.0 |
| 糖 | 103.7 | 110.9 | 111.5 | 108.8 | 110.8 | 108.8 | 106.8 | 101.9 | 98.4 | 98.3 | 96.6 | 97.2 | 97.7 |
| 干鲜瓜果 | 100.6 | 105.8 | 101.8 | 101.9 | 98.4 | 96.9 | 100.8 | 105.0 | 105.2 | 101.3 | 101.1 | 95.0 | 94.8 |
| 糕点饼干面包 | 101.6 | 103.2 | 103.5 | 102.9 | 101.7 | 102.6 | 100.5 | 100.8 | 100.8 | 100.0 | 100.9 | 101.1 | 101.5 |
| 液体乳及乳制品 | 101.7 | 100.9 | 100.9 | 102.0 | 102.0 | 102.0 | 101.8 | 101.8 | 101.7 | 101.7 | 102.0 | 102.0 | 101.9 |
| 在外用膳食品 | 103.5 | 105.7 | 105.8 | 105.2 | 104.8 | 102.6 | 102.4 | 103.3 | 103.3 | 102.9 | 102.2 | 102.3 | 102.2 |
| 其他食品 | 100.7 | 96.5 | 97.2 | 97.9 | 100.4 | 102.3 | 100.5 | 102.3 | 102.2 | 102.7 | 101.5 | 102.1 | 102.7 |
| **饮料、烟酒** | **101.7** | **103.4** | **103.5** | **102.6** | **101.6** | **101.9** | **102.1** | **101.9** | **101.4** | **100.7** | **100.6** | **100.1** | **100.9** |
| 茶及饮料 | 103.5 | 105.0 | 105.0 | 103.1 | 101.0 | 101.2 | 103.0 | 104.6 | 103.3 | 103.8 | 103.6 | 103.4 | 104.4 |
| 烟草 | 100.0 | 100.0 | 100.0 | 100.0 | 100.0 | 100.0 | 100.0 | 100.0 | 100.0 | 100.0 | 100.0 | 100.0 | 100.0 |
| 酒 | 102.6 | 106.5 | 106.8 | 105.5 | 104.0 | 104.7 | 104.0 | 102.3 | 101.6 | 99.3 | 99.3 | 98.0 | 99.7 |
| **服装、鞋帽** | **100.4** | **101.1** | **101.2** | **101.3** | **100.6** | **100.2** | **100.0** | **100.2** | **100.4** | **100.5** | **100.0** | **99.8** | **99.9** |
| 服装 | 100.1 | 100.9 | 101.0 | 101.2 | 100.4 | 99.7 | 99.5 | 99.7 | 99.9 | 100.3 | 99.8 | 99.5 | 99.6 |
| 鞋袜帽 | 101.1 | 101.4 | 101.5 | 101.5 | 101.2 | 101.2 | 101.1 | 101.5 | 101.5 | 101.0 | 100.6 | 100.3 | 100.5 |
| 其他 | 101.8 | 101.8 | 101.8 | 101.8 | 101.8 | 101.8 | 101.8 | 101.8 | 101.8 | 101.8 | 101.8 | 102.7 | 101.8 |
| **纺织品** | **100.7** | **101.8** | **101.7** | **101.0** | **101.0** | **101.0** | **101.0** | **101.0** | **100.6** | **100.0** | **99.9** | **99.9** | **99.4** |
| 衣着材料 | 105.9 | 107.9 | 107.3 | 107.9 | 107.9 | 107.9 | 107.9 | 107.9 | 106.3 | 103.5 | 103.0 | 103.0 | 101.1 |
| 床上用品 | 99.1 | 100.0 | 100.0 | 98.9 | 98.9 | 98.9 | 98.9 | 98.9 | 98.9 | 98.9 | 98.9 | 98.9 | 98.9 |
| **家用电器及音像器材** | **100.1** | **101.8** | **101.0** | **101.1** | **100.6** | **101.0** | **101.1** | **99.7** | **99.8** | **99.2** | **98.8** | **98.7** | **99.0** |
| 家庭设备 | 101.9 | 102.9 | 102.4 | 101.6 | 101.2 | 101.7 | 101.7 | 102.7 | 103.0 | 101.9 | 101.2 | 101.3 | 101.9 |
| 文娱用耐用消费品 | 97.3 | 100.4 | 98.8 | 100.2 | 99.5 | 100.0 | 100.0 | 95.0 | 94.8 | 94.8 | 94.6 | 94.6 | 94.6 |

| 类　别 | 年　度 | 月份 一 | 二 | 三 | 四 | 五 | 六 | 七 | 八 | 九 | 十 | 十一 | 十二 |
|---|---|---|---|---|---|---|---|---|---|---|---|---|---|
| 专业音像器材 | 101.5 | 101.8 | 101.8 | 101.8 | 101.8 | 101.8 | 101.8 | 101.8 | 101.8 | 101.8 | 101.8 | 100.0 | 100.0 |
| **文化办公用品** | **99.6** | **98.3** | **99.0** | **100.5** | **100.5** | **100.7** | **101.0** | **99.3** | **99.4** | **99.6** | **99.0** | **98.8** | **98.6** |
| **日用品** | **102.6** | **103.5** | **103.8** | **103.8** | **102.4** | **102.6** | **102.7** | **102.6** | **102.5** | **102.9** | **101.9** | **101.6** | **101.4** |
| 日用百货 | 101.4 | 104.0 | 104.0 | 103.9 | 101.1 | 102.1 | 101.0 | 99.0 | 100.4 | 100.6 | 100.3 | 100.4 | 99.9 |
| 日用杂品 | 103.2 | 104.8 | 104.8 | 104.8 | 104.8 | 104.8 | 104.8 | 103.7 | 102.7 | 102.7 | 101.3 | 100.2 | 99.8 |
| 洗涤用品 | 104.9 | 104.3 | 105.6 | 105.6 | 103.9 | 103.6 | 104.8 | 106.9 | 105.4 | 106.4 | 104.7 | 104.1 | 104.1 |
| 其他日用品 | 101.0 | 100.7 | 100.7 | 100.7 | 100.7 | 100.7 | 100.9 | 101.5 | 101.5 | 101.5 | 100.9 | 100.8 | 100.8 |
| **体育娱乐用品** | **99.7** | **99.2** | **99.2** | **99.2** | **99.7** | **99.4** | **99.4** | **99.6** | **99.9** | **100.4** | **100.1** | **100.3** | **100.3** |
| 体育用品 | 99.7 | 99.0 | 99.0 | 99.0 | 99.4 | 99.1 | 99.1 | 99.7 | 100.1 | 100.6 | 100.4 | 100.7 | 100.7 |
| 娱乐用品 | 99.7 | 99.5 | 99.5 | 99.5 | 100.0 | 99.9 | 99.9 | 99.5 | 99.7 | 100.0 | 99.6 | 99.6 | 99.6 |
| **通信用品** | **99.0** | **99.0** | **99.4** | **99.8** | **99.7** | **100.0** | **100.0** | **98.5** | **98.5** | **98.5** | **98.5** | **98.5** | **98.0** |
| 交通运输机械 | 100.0 | 100.0 | 100.0 | 100.0 | 100.0 | 100.0 | 100.0 | 100.0 | 100.0 | 100.0 | 100.0 | 100.0 | 100.0 |
| 通信器材 | 96.7 | 96.7 | 98.0 | 99.4 | 98.9 | 100.0 | 100.0 | 94.8 | 94.8 | 94.8 | 94.8 | 95.0 | 93.2 |
| **家具** | **99.8** | **100.0** | **100.0** | **100.0** | **100.0** | **100.0** | **100.0** | **100.0** | **100.0** | **100.0** | **98.8** | **98.8** | **100.0** |
| **化妆品** | **101.8** | **101.9** | **102.0** | **102.0** | **101.9** | **102.2** | **101.9** | **101.7** | **102.0** | **102.0** | **101.4** | **101.7** | **101.0** |
| **金银珠宝** | **102.6** | **101.5** | **105.9** | **104.8** | **102.3** | **99.9** | **99.2** | **98.5** | **97.5** | **103.7** | **112.1** | **102.5** | **104.0** |
| **中西药品及医疗保健用品** | **100.5** | **100.0** | **100.0** | **99.6** | **100.6** | **100.6** | **100.4** | **101.0** | **100.8** | **100.5** | **100.7** | **100.8** | **101.5** |
| 医疗器具及用品 | 104.5 | 103.9 | 103.9 | 103.9 | 105.4 | 107.1 | 101.5 | 103.3 | 105.4 | 105.4 | 105.4 | 105.4 | 103.9 |
| 中药材及中成药 | 102.1 | 102.4 | 101.3 | 100.9 | 100.7 | 100.5 | 100.9 | 104.3 | 103.4 | 102.3 | 103.0 | 103.1 | 103.1 |
| 西药 | 99.6 | 98.5 | 99.1 | 98.6 | 100.6 | 100.6 | 100.2 | 99.3 | 99.4 | 99.3 | 99.3 | 99.7 | 100.7 |
| 保健器具及用品 | 99.4 | 99.5 | 99.5 | 99.5 | 99.5 | 99.5 | 99.5 | 99.5 | 99.5 | 99.5 | 99.5 | 98.1 | 100.0 |
| **书报杂志及电子出版物** | **107.3** | **105.2** | **105.2** | **105.2** | **105.2** | **105.2** | **105.2** | **105.1** | **108.7** | **115.0** | **109.3** | **109.3** | **109.3** |
| 教材及参考书 | 102.6 | 100.0 | 100.0 | 100.0 | 100.0 | 100.0 | 100.0 | 100.0 | 100.0 | 107.8 | 107.8 | 107.8 | 107.8 |
| 书报杂志 | 112.4 | 110.4 | 110.4 | 110.4 | 110.4 | 110.4 | 110.4 | 110.4 | 117.7 | 123.5 | 111.9 | 111.9 | 111.9 |
| 电子音像制品 | 99.3 | 100.0 | 100.0 | 100.0 | 100.0 | 100.0 | 100.0 | 99.2 | 98.4 | 98.4 | 98.4 | 98.4 | 98.4 |
| **燃料** | **107.4** | **109.4** | **110.1** | **110.8** | **110.3** | **107.4** | **104.6** | **103.5** | **104.2** | **106.9** | **109.4** | **107.6** | **104.8** |
| 煤炭及制品 | 105.7 | 106.7 | 106.7 | 106.7 | 106.7 | 106.7 | 106.7 | 106.7 | 106.7 | 106.7 | 106.7 | 102.7 | 99.4 |
| 石油及制品 | 107.7 | 109.9 | 110.8 | 111.7 | 111.0 | 107.5 | 104.2 | 102.9 | 103.8 | 106.9 | 109.9 | 108.6 | 105.9 |
| **建筑材料及五金电料** | **100.0** | **102.4** | **101.8** | **101.7** | **101.0** | **99.8** | **99.4** | **99.4** | **99.7** | **99.1** | **98.5** | **98.9** | **98.1** |
| 建筑装璜材料 | 98.6 | 101.6 | 100.9 | 100.7 | 99.9 | 98.6 | 98.4 | 97.6 | 97.9 | 97.2 | 96.4 | 97.5 | 96.6 |
| 五金电料 | 103.3 | 104.1 | 104.1 | 104.1 | 103.7 | 102.7 | 101.9 | 103.8 | 104.0 | 103.7 | 103.7 | 102.4 | 101.7 |

# 4-3 市区居民消费及零售商品平均价格

（2012 年）

| 品 名 | 规 格 | 单位 | 本年平均价格（元） | 品 名 | 规 格 | 单位 | 本年平均价格（元） |
|---|---|---|---|---|---|---|---|
| 大米 | 郑州市一等信阳米散装 | 千克 | 4.44 | 植物油制品 | 山东菏泽福临门天然谷物调和油 5 升 | 升 | 13.85 |
| 大米 | 原阳一等粳米散装 | 千克 | 5.41 | 植物油制品 | 周口金龙鱼 5 升调和油 | 升 | 13.93 |
| 面粉 | 郑州神象特一粉 25 千克袋装 | 千克 | 3.13 | 其他 | 郑州猪板油一级 | 千克 | 16.83 |
| 面粉 | 郑州金苑精制粉 25 千克袋装 | 千克 | 2.74 | 猪肉 | 郑州去骨五花猪肉 | 千克 | 27.04 |
| 粮食制品 | 郑州神象高筋挂面 450 克 | 千克 | 4.24 | 猪肉 | 郑州去骨后腿猪肉 | 千克 | 27.04 |
| 粮食制品 | 郑州三全黑芝麻大汤圆 500 克袋装(15 个) | 千克 | 18.51 | 牛肉 | 郑州牛肉去骨腿肉 | 千克 | 43.42 |
| 粮食制品 | 康师傅红烧牛肉面五连包袋装 110 克＊5(面饼 90 克＊5) | 千克 | 22.86 | 牛肉 | 郑州牛肉肋排肉 | 千克 | 41.67 |
| 粮食制品 | 郑州馒头(袋装) | 千克 | 4.00 | 羊肉 | 郑州羊肉去骨统肉 | 千克 | 55.89 |
| 其他 | 郑州一等小米散装 | 千克 | 7.00 | 羊肉 | 郑州带骨羊排肉 | 千克 | 45.81 |
| 其他 | 郑州一等玉米面散装 | 千克 | 3.68 | 畜肉副产品 | 郑州猪肝 | 千克 | 16.96 |
| 淀粉及制品 | 郑州薯类淀粉 | 千克 | 9.57 | 畜肉副产品 | 郑州猪肚 | 千克 | 33.04 |
| 淀粉及制品 | 禹州红薯粉条 | 千克 | 10.58 | 其他 | 郑州兔肉 | 千克 | 16.10 |
| 干豆 | 郑州一等黄豆散装 | 千克 | 6.02 | 鸡 | 郑州活公鸡上等 | 千克 | 30.37 |
| 干豆 | 郑州一等绿豆散装 | 千克 | 10.18 | 鸡 | 郑州白条鸡上等 | 千克 | 13.92 |
| 豆制品 | 郑州水豆腐 | 千克 | 3.26 | 鸭 | 郑州活鸭上等 | 千克 | 30.16 |
| 豆制品 | 许昌腐竹 | 千克 | 24.60 | 鸭 | 郑州半片鸭 | 千克 | 11.36 |
| 豆制品 | 郑州豆腐干 | 千克 | 6.38 | 其他 | 郑州活鸽子上等 | 千克 | 25.00 |
| 食用植物油 | 郑州小磨香油 | 升 | 40.43 | 畜肉制品 | 郑州香肠 | 千克 | 38.85 |
| 食用植物油 | 周口金龙鱼花生油 5 升 | 升 | 25.87 | 畜肉制品 | 郑州五香熟牛肉 | 千克 | 79.57 |
| 食用植物油 | 周口金龙鱼维生素 A 营养 5 升大豆油 | 升 | 12.47 | 畜肉制品 | 郑州熟猪头肉 | 千克 | 39.91 |

4-3 续表1

| 品　名 | 规　格 | 单位 | 本年平均价格（元） | 品　名 | 规　格 | 单位 | 本年平均价格（元） |
|---|---|---|---|---|---|---|---|
| 禽制品 | 郑州烧鸡 | 千克 | 33.29 | 鲜菜 | 郑州黄瓜一等 | 千克 | 5.69 |
| 禽制品 | 郑州鸡爪 | 千克 | 37.46 | 鲜菜 | 郑州冬瓜一等 | 千克 | 3.46 |
| 禽制品 | 郑州鸡翅 | 千克 | 57.14 | 鲜菜 | 郑州西红柿一等 | 千克 | 5.97 |
| 鲜蛋 | 郑州新鲜完整鸡蛋 | 千克 | 8.24 | 鲜菜 | 郑州茄子一等 | 千克 | 6.43 |
| 蛋制品 | 郑州咸鸭蛋 | 千克 | 16.52 | 鲜菜 | 郑州白萝卜一等 | 千克 | 1.62 |
| 蛋制品 | 郑州松花蛋 | 千克 | 16.80 | 鲜菜 | 郑州胡萝卜一等 | 千克 | 3.96 |
| 淡水鱼 | 郑州鲤鱼0.5千克以上 | 千克 | 13.05 | 鲜菜 | 郑州青椒一等 | 千克 | 7.77 |
| 淡水鱼 | 郑州鲢鱼0.5千克以上 | 千克 | 12.91 | 鲜菜 | 郑州四季豆一等 | 千克 | 8.41 |
| 淡水鱼 | 郑州草鱼0.5千克以上 | 千克 | 12.70 | 鲜菜 | 郑州黄豆芽一等 | 千克 | 3.20 |
| 海水鱼 | 浙江带鱼0.5千克以上 | 千克 | 21.54 | 鲜菜 | 郑州洋葱头一等 | 千克 | 3.45 |
| 海水鱼 | 浙江扒皮鱼中等 | 千克 | 58.84 | 鲜菜 | 郑州大葱一等 | 千克 | 5.32 |
| 海水鱼 | 浙江黄花鱼 | 千克 | 30.00 | 鲜菜 | 郑州生姜一等 | 千克 | 6.55 |
| 虾蟹类 | 河蟹 | 千克 | 60.00 | 鲜菜 | 郑州大蒜一等 | 千克 | 7.41 |
| 虾蟹类 | 浙江竹节虾 | 千克 | 72.93 | 鲜菜 | 郑州莲藕一等 | 千克 | 6.72 |
| 虾蟹类 | 浙江冷冻虾散装 | 千克 | 37.11 | 鲜菜 | 郑州蒜苔一等 | 千克 | 9.43 |
| 其他 | 浙江海带(干) | 千克 | 15.18 | 鲜菜 | 郑州西葫芦一等 | 千克 | 5.21 |
| 鲜菜 | 郑州大白菜一等 | 千克 | 2.77 | 鲜菜 | 郑州丝瓜一等 | 千克 | 8.53 |
| 鲜菜 | 郑州洋白菜一等 | 千克 | 3.01 | 鲜菜 | 郑州莴笋一等 | 千克 | 4.36 |
| 鲜菜 | 郑州菠菜一等 | 千克 | 6.50 | 干菜及菜制品 | 东北木耳(干) | 千克 | 82.79 |
| 鲜菜 | 郑州油菜一等 | 千克 | 5.66 | 干菜及菜制品 | 郑州五香大头菜 | 千克 | 5.00 |
| 鲜菜 | 郑州芹菜一等 | 千克 | 4.22 | 干菜及菜制品 | 柘城甲级干辣椒 | 千克 | 23.83 |
| 鲜菜 | 郑州韭菜一等 | 千克 | 4.87 | 干菜及菜制品 | 淮阳甲级黄花菜 | 千克 | 33.87 |
| 鲜菜 | 郑州菜花一等 | 千克 | 5.65 | 薯类 | 郑州土豆一等 | 千克 | 4.31 |

4-3 续表2

| 品 名 | 规 格 | 单位 | 本年平均价格（元） | 品 名 | 规 格 | 单位 | 本年平均价格（元） |
|---|---|---|---|---|---|---|---|
| 食用盐 | 平顶山卫群500克加碘精盐 | 千克 | 2.57 | 鲜瓜果 | 郑州苹果一级 | 千克 | 7.61 |
| 酱油 | 广东江门李锦记锦珍老抽500ml | 升 | 12.31 | 鲜瓜果 | 郑州梨一级 | 千克 | 3.87 |
| 酱油 | 广东佛山海天金标生抽500ml | 升 | 14.38 | 鲜瓜果 | 两广香蕉一级 | 千克 | 4.89 |
| 食醋 | 江苏恒顺牌瓶装香醋500ml | 升 | 10.46 | 鲜瓜果 | 郑州西瓜一级 | 千克 | 1.81 |
| 食醋 | 山西清徐紫林山西老陈醋420ml | 升 | 9.71 | 鲜瓜果 | 四川橘子一级 | 千克 | 4.15 |
| 味精 | 周口莲花牌含麸酸纳99%味精500克袋装 | 千克 | 19.68 | 鲜瓜果 | 郑州葡萄一级 | 千克 | 7.57 |
| 其他 | 北京房山王致和料酒500ml | 瓶 | 4.73 | 鲜瓜果 | 郑州桃子一级 | 千克 | 5.82 |
| 食糖 | 厨大妈白砂糖450克 | 千克 | 15.00 | 鲜瓜果 | 郑州猕猴桃一级 | 千克 | 9.36 |
| 食糖 | 厨大妈红糖450克袋装 | 千克 | 15.05 | 干（坚）果 | 新郑干红枣一级 | 千克 | 35.87 |
| 糖果 | 上海金丝猴话梅硬糖（散装） | 千克 | 38.12 | 干（坚）果 | 郑州生花生米一级 | 千克 | 14.38 |
| 糖果 | 上海金丝猴奶糖（散装） | 千克 | 56.19 | 干（坚）果 | 郑州核桃一级 | 千克 | 46.80 |
| 巧克力制品 | 北京德芙牌巧克力板糖80克（丝滑牛奶） | 千克 | 160.16 | 糕点 | 特味思极品蜂蜜蛋糕（散装） | 千克 | 12.20 |
| 糖类小食品 | 郑州冬瓜糖（散装） | 千克 | 15.90 | 糕点 | 广东东莞徐福记鸡蛋沙琪玛470克 | 千克 | 32.80 |
| 糖类小食品 | 郑州糖姜片（散装） | 千克 | 22.07 | 糕点 | 特味思桃酥（散装） | 千克 | 14.36 |
| 茶叶 | 湖南长沙猴王牌茉莉花茶特级100克 | 千克 | 96.33 | 饼干 | 苏州卡夫太平梳打饼干（香葱）400克袋装 | 千克 | 28.31 |
| 茶叶 | 信阳柴旺特级绿茶100克 | 千克 | 92.00 | 饼干 | 天津康师傅饼干苏打3+2夹心饼干袋装375克（香巧） | 千克 | 31.62 |
| 固体饮料 | 雀巢咖啡醇品100克瓶装 | 千克 | 403.73 | 饼干 | 广东嘉士力鲜葱薄饼干680克袋装 | 千克 | 21.34 |
| 固体饮料 | 上海生字清凉菊花晶400克袋装 | 千克 | 34.65 | 面包 | 诺蜜欧长条吐司650克 | 千克 | 10.02 |
| 液体饮料 | 河北承德露露杏仁露240ml罐装 | 升 | 13.21 | 面包 | 郑州圆型普通精粉面包90克 | 千克 | 16.67 |
| 液体饮料 | 浙江绍兴王老吉凉茶罐装310ml | 升 | 12.29 | 巴氏杀菌乳或灭菌乳 | 蒙牛纯牛奶250ml盒装 | 升 | 10.00 |
| 液体饮料 | 郑州可口可乐2升瓶装 | 升 | 3.21 | 巴氏杀菌乳或灭菌乳 | 郑州花花牛纯牛奶200ml袋装（30天保质期） | 升 | 7.50 |
| 冷冻饮品 | 天津小神童冰激淋 | 支 | 1.50 | 酸牛乳 | 郑州花花牛酸奶200克袋装 | 袋 | 1.76 |
| 冷冻饮品 | 内蒙伊犁火炬冰激淋 | 支 | 2.27 | 酸牛乳 | 蒙牛活性乳酸菌酸牛奶100克*8盒 | 盒 | 1.34 |

4-3 续表3

| 品 名 | 规 格 | 单位 | 本年平均价格（元） | 品 名 | 规 格 | 单位 | 本年平均价格（元） |
|---|---|---|---|---|---|---|---|
| 乳粉 | 伊利全脂无糖400克奶粉袋装（16＊25克） | 千克 | 56.88 | 高档卷烟 | 蓝硬盒芙蓉王 | 盒 | 35.00 |
| 乳粉 | 黑龙江双城力多精婴儿奶粉400克袋装（1号） | 千克 | 137.94 | 高档卷烟 | 流金岁月黄金叶 | 盒 | 30.00 |
| 其他 | 呼和浩特伊利早餐奶酪180克（10片装） | 袋 | 18.00 | 中档卷烟 | 红塔山国际100硬盒 | 盒 | 10.00 |
| 主食 | 大米饭二两一碗 | 碗 | 1.00 | 中档卷烟 | 黄金叶帝豪 | 盒 | 10.00 |
| 主食 | 烩面四两一碗 | 碗 | 11.58 | 其他 | 红旗渠软盒20支 | 盒 | 5.00 |
| 主食 | 油条 | 千克 | 10.00 | 白酒 | 四川宜宾五粮液52度500ml瓶装 | 瓶 | 1106.80 |
| 炒菜 | 西芹百合 | 盘 | 26.00 | 白酒 | 杜康国色天香500ml瓶装 | 瓶 | 64.50 |
| 炒菜 | 土芹菜炒腊肉 | 盘 | 28.78 | 白酒 | 北京京宫二锅头56度大普450ml | 瓶 | 7.11 |
| 炒菜 | 蒜蓉上海青 | 盘 | 9.33 | 葡萄酒 | 吉林通化红葡萄酒720毫升瓶装 | 瓶 | 17.02 |
| 炒菜 | 酸辣广肚 | 盘 | 67.00 | 葡萄酒 | 山东烟台张裕干红葡萄酒99年份750毫升瓶装 | 瓶 | 39.80 |
| 炒菜 | 清蒸鲈鱼 | 盘 | 48.00 | 啤酒 | 山东青岛啤酒瓶装10度600毫升 | 瓶 | 4.40 |
| 炒菜 | 上汤娃娃菜 | 盘 | 18.00 | 啤酒 | 郑州金星新一代啤酒550ml瓶装 | 瓶 | 2.75 |
| 炒菜 | 香菇菜心 | 盘 | 18.33 | 其他 | 女儿红黄酒 | 瓶 | 9.90 |
| 炒菜 | 银杏蒸南瓜 | 盘 | 23.33 | 大衣 | 皮尔卡丹男式羊毛大衣 | 件 | 7103.75 |
| 炒菜 | 辣子鸡 | 盘 | 29.00 | 大衣 | 宁波雅戈尔男式大衣 | 件 | 2845.83 |
| 炒菜 | 毛血旺 | 盘 | 33.00 | 毛线衣 | 鹿王男式羊绒衫 | 件 | 2812.00 |
| 地方小吃 | 炒凉粉 | 份 | 4.42 | 毛线衣 | 鄂尔多斯男式羊绒衫 | 件 | 3041.67 |
| 地方小吃 | 胡辣汤 | 碗 | 1.63 | 夹克衫 | 宁波雅戈尔男式夹克衫 | 件 | 1880.00 |
| 地方小吃 | 豆腐脑 | 碗 | 1.50 | 夹克衫 | 金利来男式夹克衫 | 件 | 1853.96 |
| 其他 | 西式快餐超级鸡腿堡 | 个 | 13.99 | 衬衫 | 宁波雅戈尔男式衬衫 | 件 | 858.63 |
| 其他食品 | 冠生园蜂蜜500克瓶装 | 瓶 | 19.88 | 衬衫 | 皮尔卡丹男式衬衫 | 件 | 623.13 |
| 其他食品 | 呼和浩特新家园烤馍锅巴75g | 袋 | 1.85 | T恤衫 | 广东李宁牌男式T恤衫 | 件 | 229.00 |
| 其他食品 | 上海上好佳田园薯片55克袋装 | 袋 | 3.18 | T恤衫 | 耐克男T恤衫 | 件 | 493.48 |

4-3 续表4

| 品 名 | 规 格 | 单位 | 本年平均价格（元） | 品 名 | 规 格 | 单位 | 本年平均价格（元） |
|---|---|---|---|---|---|---|---|
| 裤子 | 天津皮尔卡丹男裤 | 条 | 1305.00 | 裙子 | 衣恋短裙 | 条 | 619.00 |
| 裤子 | 宁波雅戈尔男裤 | 条 | 1076.56 | 裙子 | 阿玛施短裙 | 条 | 632.46 |
| 西服 | 金利来男西服 | 套 | 5573.42 | 裤子 | 阿玛施女裤 | 条 | 694.86 |
| 西服 | 宁波雅戈尔男西服 | 套 | 3580.00 | 裤子 | 衣恋女裤 | 条 | 665.33 |
| 运动衫裤 | 广东李宁男运动裤 | 条 | 201.00 | 运动衫裤 | 广东李宁女运动裤 | 条 | 199.00 |
| 运动衫裤 | 青岛耐克男运动裤 | 条 | 397.54 | 运动衫裤 | 青岛耐克女运动裤 | 条 | 442.67 |
| 内衣 | 上海宜而爽男棉毛长袖衫裤(厚棉)(套) | 套 | 81.41 | 内衣 | 上海宜而爽女棉毛长袖衫裤(厚棉) | 套 | 77.81 |
| 内衣 | 上海三枪薄棉舒软圆领男内衣 | 套 | 85.55 | 内衣 | 上海三枪薄棉舒软圆领女内衣 | 套 | 85.69 |
| 羽绒衣 | 李宁男羽绒服 | 件 | 665.67 | 其他 | 皮尔卡丹女棉睡衣 | 套 | 771.33 |
| 羽绒衣 | 江苏波司登羽绒服 | 件 | 1117.00 | 上衣 | 巴布豆毛衣夹里女外套 | 件 | 944.88 |
| 其他 | 皮尔卡丹男棉睡衣 | 套 | 821.63 | 上衣 | 巴布豆连帽铺棉男外套 | 件 | 798.00 |
| 大衣 | 阿玛施女羊毛大衣 | 件 | 1930.00 | 裤子 | 阿迪达斯男儿童梭织男裤 | 条 | 354.67 |
| 大衣 | 衣恋女大衣 | 件 | 2623.00 | 裤子 | 阿迪达斯少女梭织女裤 | 条 | 351.54 |
| 毛线衣 | 鹿王女圆领彩条羊绒衫 | 件 | 2160.67 | 裙子 | 上海巴布豆棉短裙 | 条 | 317.58 |
| 毛线衣 | 衣恋毛衣 | 件 | 798.00 | 裙子 | 侨保马甲裙 | 条 | 321.44 |
| 羽绒衣 | 江苏波司登女羽绒服 | 件 | 890.86 | 其他 | 君品金竹童棉内衣 | 套 | 49.00 |
| 羽绒衣 | 李宁女羽绒服 | 件 | 544.58 | 棉布 | 新疆白棉布3.4m | 米 | 12.00 |
| 套装 | 衣恋女套装(衬衫+裙子) | 套 | 1264.25 | 棉布 | 上海床单布 | 米 | 15.50 |
| 套装 | PRICA女套装(上衣+裙子) | 套 | 1763.60 | 化纤布 | 绍兴化纤布(厚)144cm | 米 | 42.00 |
| 衬衫 | 阿玛施女衬衫 | 件 | 733.33 | 化纤布 | 绍兴化纤布144cm(薄) | 米 | 28.00 |
| 衬衫 | 衣恋女衬衫 | 件 | 672.83 | 毛线 | 上海恒源祥100%纯毛中粗团线 | 千克 | 230.75 |
| T恤衫 | 广东李宁牌女卫衣 | 件 | 251.00 | 毛线 | 河北三利全毛中粗 | 千克 | 225.00 |
| T恤衫 | 耐克女卫衣 | 件 | 484.67 | 其他 | 浙江丝绸 | 米 | 18.00 |

4-3　续表 5

| 品　名 | 规　格 | 单位 | 本年平均价格（元） | 品　名 | 规　格 | 单位 | 本年平均价格（元） |
|---|---|---|---|---|---|---|---|
| 男鞋 | C. veny 男牛皮鞋 | 双 | 1628.67 | 柜 | 东港实木书柜 1.8m＊0.6m＊2.1m | 个 | 2433.33 |
| 男鞋 | 李宁男跑鞋 | 双 | 299.00 | 柜 | 五维空间家私板式衣柜 | 个 | 3200.00 |
| 男鞋 | 暇步士男牛皮鞋(休闲鞋) | 双 | 1492.00 | 柜 | 明杨实木床头柜 0.3m＊0.3m＊0.4m | 个 | 300.00 |
| 女鞋 | 百丽黑色女小牛皮鞋 | 双 | 799.00 | 床 | 名居家私板式双人床 1.8m＊2m | 张 | 2100.00 |
| 女鞋 | 李宁都市新运动(网球鞋) | 双 | 345.56 | 床 | 宝莱实木单人床 1.2m＊2m | 张 | 2033.33 |
| 女鞋 | 李宁女跑鞋 | 双 | 436.08 | 桌 | 明杨实木餐桌 0.8m＊1.6m | 张 | 3133.33 |
| 童鞋 | 阿迪达斯男训练鞋 | 双 | 516.88 | 桌 | 电脑桌 1.2m＊0.8m | 张 | 300.00 |
| 童鞋 | 上海斯乃那男童牛皮鞋 | 双 | 563.00 | 桌 | 广东达之杰实木老板台 1.8m＊0.8m＊1m | 张 | 2790.00 |
| 童鞋 | 斯乃那女童休闲鞋 | 双 | 431.33 | 椅 | 森志普通餐桌椅 | 把 | 170.00 |
| 男袜 | 皮尔卡丹男袜子(厚) | 双 | 45.50 | 椅 | 大康高档实木椅 | 把 | 400.00 |
| 男袜 | 皮尔卡丹男袜(单) | 双 | 45.50 | 沙发 | 成都聚皇牛皮皮沙发(1+2+4) | 套 | 16800.00 |
| 女袜 | 皮尔卡丹女袜(厚) | 双 | 24.00 | 沙发 | 明杨木制沙发(1+2+3+2 个茶几) | 套 | 8266.67 |
| 女袜 | 皮尔卡丹女袜(单) | 双 | 40.00 | 其他 | 茶几 | 件 | 850.00 |
| 男帽 | 李宁男运动帽 | 顶 | 72.27 | 洗衣机 | 青岛海尔洗衣机 XQB50-728E | 台 | 1005.67 |
| 男帽 | 阿迪达斯男运动帽 | 顶 | 177.77 | 洗衣机 | 青岛海尔洗衣机 XQG50-807 | 台 | 1799.00 |
| 女帽 | 阿迪达斯女运动帽 | 顶 | 150.50 | 洗衣机 | 三洋洗衣机 DB6535XS | 台 | 2773.31 |
| 女帽 | 李宁女运动帽 | 顶 | 120.53 | 电风扇 | 先锋电风扇 DD092 | 台 | 175.67 |
| 缝纫 | 男西服缝纫费 | 套 | 134.44 | 电风扇 | 先锋电风扇 DK082 | 台 | 219.33 |
| 缝纫 | 毛料女裤缝纫费 | 条 | 53.33 | 电冰箱(柜) | 青岛海尔电冰箱 BCD-215KS | 台 | 2697.61 |
| 清洗 | 男毛料西服干洗费(深色) | 套/次 | 18.50 | 电冰箱(柜) | 新乡新飞电冰箱 BCD-180TKD(180F) | 台 | 1472.89 |
| 清洗 | 干洗羽绒服 | 件/次 | 31.25 | 电冰箱(柜) | 新飞冰柜 BC/BD-168HD | 台 | 1292.75 |
| 其他 | 缝裤边 | 条 | 4.00 | 吸排油烟机 | 海尔吸排油烟机 CXW-219-12667 | 台 | 2932.47 |

4-3 续表6

| 品名 | 规格 | 单位 | 本年平均价格(元) | 品名 | 规格 | 单位 | 本年平均价格(元) |
|---|---|---|---|---|---|---|---|
| 吸排油烟机 | 老板抽油烟机 CXW-200-8101 | 台 | 3011.81 | 床上套件 | 惠谊四件套 2m*2.3m | 套 | 721.50 |
| 空调器 | 美的变频空调 KFR-26GW/BP2DNIY | 台 | 3008.89 | 其他 | 馨亭舒棉枕 | 个 | 238.00 |
| 空调器 | 格力柜机空调 KFR-72LM(72566)Aa-3 | 台 | 6566.97 | 茶具 | 弓箭直身玻璃杯(53460) | 个 | 8.01 |
| 空调器 | 美的空调 KFR-26GW/DY-MB(R3) | 台 | 2600.97 | 茶具 | 江西景德镇润玉日式茶具七头 | 套 | 59.11 |
| 热水器 | 史密斯热水器 CEWHR-50PE5 | 台 | 2460.36 | 餐具 | 恒源丝雨花开直口碗 | 只 | 3.87 |
| 热水器 | 海尔燃气热水器 JSQ20-TFLRB(12T) | 台 | 2151.61 | 餐具 | 广西俏林铁木筷 J-04 | 把 | 9.88 |
| 微波炉 | 美的微波炉 MM721AAU-PW | 台 | 299.00 | 厨具 | 选夫人十八字刀 | 把 | 37.65 |
| 微波炉 | 格兰仕微波炉 G80F23CSL-Q6H(B0) | 台 | 1097.31 | 厨具 | 广东鸿顺天鹅夹柄平铲 | 个 | 16.83 |
| 其他 | 顺德美的电饭煲 YJ407M | 个 | 157.89 | 家用手工工具 | 昌达钢丝钳 8 寸 | 把 | 13.74 |
| 其他 | 格兰仕电磁炉 CH2065 | 个 | 199.33 | 家用手工工具 | 捷科螺丝刀 | 把 | 9.66 |
| 其他 | 美的豆浆机 DE12G12 | 个 | 397.19 | 雨具 | 天堂折叠伞 338 苏 | 把 | 25.83 |
| 纺织装饰品 | 郑州化纤窗帘 3.6m*2.5m | 幅 | 187.00 | 雨具 | 天堂雨披 N118 | 把 | 32.13 |
| 纺织装饰品 | 广州大元桌布 | 个 | 21.26 | 剃须刀具 | 珠海飞利浦剃须刀 HQ6070 | 只 | 435.35 |
| 日用普通饰品 | 80*80cm 壁画 | 件 | 160.00 | 剃须刀具 | 上海吉列威锋两刀头 | 只 | 12.17 |
| 日用普通饰品 | 180*80cm 挂匾 | 件 | 250.00 | 电池 | 双鹿 1#碳性电池两节装 | 节 | 2.74 |
| 装饰灯具 | 良亮地灯 | 个 | 251.00 | 电池 | 南孚 5#碱性电池两节装 | 节 | 2.41 |
| 装饰灯具 | 广东 8141 吊灯 | 个 | 250.00 | 电池 | 劲量 2032 纽扣电池 | 个 | 4.87 |
| 其他 | 苏州莹辉果盘 | 个 | 26.37 | 其他 | 飞利浦普通灯泡 40 瓦 | 个 | 3.67 |
| 被子 | 馨亭豪华型羊毛被 2m*2.3m | 条 | 1318.00 | 其他 | 联通 28CM 料缸(不锈钢盆) | 个 | 17.79 |
| 被子 | 馨亭高级型馨柔四孔被 2m*2.3m(春秋) | 条 | 648.00 | 洗衣粉(液) | 奥妙净蓝全效洗衣粉 1.1KG | 袋 | 11.15 |
| 床上套件 | 馨亭 2m*2.3m 印花四件套 | 套 | 677.13 | 肥皂类 | 浙江雕牌 242 克增白皂 | 块 | 4.91 |

4-3 续表 7

| 品　名 | 规　格 | 单位 | 本年平均价格（元） | 品　名 | 规　格 | 单位 | 本年平均价格（元） |
|---|---|---|---|---|---|---|---|
| 清洁洗涤剂 | 雕牌全效加浓洗洁精 500 克 | 瓶 | 4.39 | 消化系统用药 | 杭州雷尼替丁胶囊 150mg * 30 粒 | 盒 | 2.24 |
| 清洁洗涤剂 | 万丽洁厕精 500 克 | 瓶 | 3.99 | 消化系统用药 | 广东丽珠得乐胶囊 0.3g * 40 粒 | 盒 | 26.87 |
| 家庭服务 | 家政服务（钟点工） | 小时 | 29.06 | 呼吸系统用药 | 甘草片 100S | 盒 | 5.33 |
| 家庭服务 | 保姆费（看小孩） | 月 | 1663.54 | 呼吸系统用药 | 海南氨茶碱 0.1g * 100 片 | 瓶 | 1.65 |
| 加工维修服务 | 清洗抽油烟机 | 次 | 53.33 | 解热镇痛药 | 天津芬必得 0.3 克 * 10 粒 | 盒 | 8.39 |
| 加工维修服务 | 配门琐铜钥匙 | 把 | 1.72 | 解热镇痛药 | 北京扶他林 25mg * 30 片 | 盒 | 22.79 |
| 医疗器具及用品 | 山东东阿体温计 5ml | 个 | 3.05 | 抗肿瘤药 | 上海甲氨蝶令 2.5mg * 100 片 | 瓶 | 19.16 |
| 医疗器具及用品 | 新乡医用透气胶带 1.25cm * 910cm | 合 | 2.26 | 抗肿瘤药 | 江苏环磷酰胺针 0.2g | 支 | 5.08 |
| 医疗器具及用品 | 上海玉兔牌血压计台式 | 个 | 78.33 | 激素类药 | 浙江强的松 5mg * 100 片 | 瓶 | 3.21 |
| 中药材 | 甘草一级 | 千克 | 46.95 | 激素类药 | 西安平消片 0.23g * 80s/6 | 盒 | 25.95 |
| 中药材 | 银花一级 | 千克 | 353.77 | 心血管系统用药 | 北京益民硝酸甘油片 0.5mg * 50s | 瓶 | 2.48 |
| 中药材 | 菊花一级 | 千克 | 60.49 | 心血管系统用药 | 山东新华尼莫地平 20mg * 50s | 瓶 | 2.11 |
| 中药材 | 陈皮一级 | 千克 | 11.06 | 中枢神经系统用药 | 常州康普盐酸氯丙嗪片 25mg * 100 片 | 瓶 | 2.80 |
| 中药材 | 黄连一级 | 千克 | 225.19 | 中枢神经系统用药 | 上海信宜阿司匹林 25mg * 100s | 瓶 | 1.41 |
| 中成药 | 山西亚宝牛黄解毒片 0.25g * 24 片 | 盒 | 0.49 | 消毒防腐及创伤外科用药 | 上海强生创可贴 100 | 盒 | 15.77 |
| 中成药 | 河北药都银翘解毒丸 9g * 10 丸 | 盒 | 8.00 | 消毒防腐及创伤外科用药 | 云南白药 4g | 瓶 | 11.50 |
| 中成药 | 广州香雪板兰根冲剂 10g * 20 包袋装 | 袋 | 6.70 | 泌尿系统用药 | 江苏四环呋喃妥因肠溶片 20mg * 100s | 瓶 | 1.40 |
| 中成药 | 禹州霍香正气丸 6g * 10 袋 | 盒 | 3.00 | 泌尿系统用药 | 上海健坤盐酸左氧氟沙星 0.1g * 6s | 盒 | 2.87 |
| 中成药 | 广西中华跌打丸 6 克 * 6 丸 | 盒 | 5.09 | 维生素类 | 湖北华中维生素 c100mg * 100s | 瓶 | 1.63 |
| 抗菌素（抗感染药） | 广东丽珠罗红霉素 150mg * 6s | 盒 | 3.33 | 维生素类 | 湖北华中维生素 b25mg * 100s | 瓶 | 1.12 |
| 抗菌素（抗感染药） | 广州康宁阿莫西林 250mg * 20s | 盒 | 5.37 | 其他 | 天津中美史克肠虫清胶囊 200mg * 10s | 盒 | 10.23 |

4-3 续表 8

| 品 名 | 规 格 | 单位 | 本年平均价格（元） | 品 名 | 规 格 | 单位 | 本年平均价格（元） |
|---|---|---|---|---|---|---|---|
| 保健器具 | 北京周林频普仪 W301 | 台 | 480.00 | 化妆美容器具 | 珠海飞利浦电吹风 HP8200 | 个 | 159.94 |
| 保健器具 | 福建晋江舒华健身器瑜伽球 SH34276 | 个 | 62.33 | 化妆美容器具 | 珠海飞利浦电动剃须刀 HQ6070 | 个 | 435.35 |
| 保健器具 | 广州祖迪斯电子健身器 28480 | 个 | 75.00 | 化妆美容器具 | 珠海飞利浦卷发器 HP8300 | 个 | 189.73 |
| 滋补保健用品 | 北京人参蜂王浆 10mg＊10 支 | 盒 | 9.40 | 美容化妆品 | 天津美宝莲无境恒美眉笔（黑）0.78 克 | 支 | 39.00 |
| 滋补保健用品 | 果维康欣 ve+vc 含片 | 盒 | 48.90 | 美容化妆品 | 美宝莲水晶胶原唇膏 1.9 克 | 支 | 69.00 |
| 滋补保健用品 | 哈尔滨葡萄糖酸钙口服液 10mg＊12 支 | 盒 | 15.57 | 美容化妆品 | 广州宝洁玉兰油透白无痕美肌粉底液 28 克 | 瓶 | 140.00 |
| 挂号诊疗费 | 主治医师挂号费 | 次 | 2.75 | 护肤品 | 欧莱雅复颜抗皱紧致滋润日霜 50ml | 瓶 | 182.13 |
| 挂号诊疗费 | 付主任医师挂号费 | 次 | 4.75 | 护肤品 | 欧珀莱时光锁紧实弹润系列醒活柔润乳 130ml | 瓶 | 232.00 |
| 注射费 | 肌肉注射费 | 次 | 2.50 | 护发美容品 | 美涛均衡柔亮焗油膏 285g | 瓶 | 24.08 |
| 注射费 | 静脉注射费 | 次 | 4.00 | 护发美容品 | 迪彩丰盈波浪弹力素 300 克 | 瓶 | 32.30 |
| 检查费 | 检查费（螺旋 CT） | 次 | 220.00 | 护发美容品 | 美涛清爽保湿啫喱 240 克 | 瓶 | 26.57 |
| 检查费 | 检查费（彩色 B 超） | 次 | 80.00 | 护发美容品 | 潘婷乳液修复润发精华素 400ml | 瓶 | 34.48 |
| 手术费 | 阑尾手术费 | 次 | 540.00 | 洗发用品 | 上海海鸥去屑洗发膏 340 克 | 瓶 | 6.33 |
| 手术费 | 剖腹产手术费 | 次 | 585.33 | 洗发用品 | 上海夏士莲黑亮焗油洗焗洗发露 400ML | 瓶 | 22.63 |
| 床位费 | 普通病房住院费（四人间） | 床/天 | 7.33 | 洗发用品 | 广州飘柔焗油护理洗发露 400ML | 瓶 | 28.13 |
| 床位费 | 干部病房住院费（两人间） | 床/天 | 25.00 | 洗浴用品 | 上海力士白皙焕彩 125 克香皂 | 块 | 4.27 |
| 理疗费 | 理疗费（超短波治疗） | 次 | 9.33 | 洗浴用品 | 上海力士滋养柔肤娇肤沐浴乳 200ml | 瓶 | 10.83 |
| 理疗费 | 激光理疗费（每个部位） | 次部位 | 12.00 | 洗浴用品 | 天津舒肤佳纯白清香型香皂 125 克 | 块 | 5.25 |
| 化验费 | 尿常规 | 次 | 8.00 | 药物美容用品 | 旁氏明效透白防晒霜 50 克 | 瓶 | 138.71 |
| 化验费 | 血脂全项 | 次 | 94.50 | 药物美容用品 | 旁氏淡斑美白精华乳 30ml | 瓶 | 175.45 |
| 其他 | 针灸 | 次 | 18.00 | 药物美容用品 | 李医生暗疮祛印霜 15ml | 瓶 | 35.00 |

| 品　名 | 规　格 | 单位 | 本年平均价格（元） | 品　名 | 规　格 | 单位 | 本年平均价格（元） |
|---|---|---|---|---|---|---|---|
| 药物美容用品 | 李医生抗痘保湿美白乳 50+20ml | 瓶 | 38.00 | 钟表眼镜及配件 | 山东烟台北极星挂钟 | 个 | 48.53 |
| 卫生用纸制品 | 维达花之韵 10 卷 850 克 | 包 | 14.36 | 钟表眼镜及配件 | 广州北极星挂钟 | 个 | 76.50 |
| 卫生用纸制品 | 汉兴实芯生活用纸 1350 克（提） | 提 | 15.02 | 领带 | 宁波雅戈尔涤纶领带 | 条 | 281.25 |
| 卫生用纸制品 | 娇爽 360 度超吸收纤巧棉柔日用 10＊1 片 | 包 | 4.88 | 领带 | 宁波雅戈尔桑蚕丝领带 | 条 | 780.00 |
| 卫生用纸制品 | 洁婷侧吸护围护翼卫生巾 16 片 | 包 | 13.22 | 其他 | 六福 18K 彩金项链 | 条 | 922.46 |
| 其他 | 心相印薰衣草香型 3 层手帕纸 10 包装 | 包 | 5.85 | 美容 | 皮肤护理 | 次 | 56.00 |
| 其他 | 维达花之韵 10 卷装 850 克 | 提 | 14.40 | 美容 | 绣眉 | 次 | 852.00 |
| 其他 | 娇爽 360 度超吸收纤巧棉柔日用 10＊1 | 包 | 4.88 | 理（烫）发 | 男理全活 | 次 | 17.08 |
| 首饰 | 六福千足金 | 克 | 432.23 | 理（烫）发 | 女短烫发 | 次 | 74.79 |
| 首饰 | 六福铂金 PT950 | 克 | 514.76 | 洗浴 | 洗澡 | 次 | 14.25 |
| 铂金饰品 | 六福铂金饰品 PT990 | 克 | 546.45 | 洗浴 | 搓背 | 次 | 11.27 |
| 银饰品 | 银耳环 | 副 | 23.50 | 其他 | 保健按摩 | 次 | 29.50 |
| 铂金饰品 | 六福铂金饰品 PT990 | 克 | 546.45 | 助动自行车 | 洪都电动车（金茉莉） | 辆 | 1799.00 |
| 皮件 | 金利来男士皮带 | 件 | 180.00 | 轿车 | 湖北东风雪铁龙爱丽舍 1.6IRP+型 | 辆 | 73800.00 |
| 皮件 | 皮尔卡丹公文包 | 件 | 1811.25 | 轿车 | 桑塔娜志俊 1.8 | 辆 | 94800.00 |
| 皮件 | 金利来男士皮手套 | 件 | 288.00 | 轿车 | 红旗奔腾 2.0MT | 辆 | 136800.00 |
| 日用皮革制品 | 金利来男士皮带 | 件 | 180.00 | 客车 | 江陵全顺 12 座 | 辆 | 133700.00 |
| 日用皮革制品 | 皮尔卡丹公文包 | 件 | 1811.25 | 客车 | 哈飞民意面包车 | 辆 | 33800.00 |
| 日用皮革制品 | 金利来男士皮手套 | 件 | 288.00 | 货车 | 东风天锦中卡 | 辆 | 127900.00 |
| 手表 | RADO（雷达）男士石英表 | 块 | 9900.00 | 货车 | 解放俊威 | 辆 | 121300.00 |
| 手表 | 瑞士梅花机械女表 | 块 | 8000.00 | 其他 | 空气滤芯 | 个 | 5.00 |

4-3 续表 10

| 品 名 | 规 格 | 单位 | 本年平均价格(元) | 品 名 | 规 格 | 单位 | 本年平均价格(元) |
|---|---|---|---|---|---|---|---|
| 自行车 | 哈佛 6.0 自行车 | 辆 | 1098.00 | 其他 | BRT 公交 | 次 | 1.00 |
| 自行车 | 天津飞鸽 26 型女自行车 | 辆 | 400.00 | 飞机票 | 郑州-北京(687 公里)飞机票 | 人百公里 | 118.27 |
| 其他 | 安阳三枪三轮车(24 型 650 * 1000 半轴) | 辆 | 550.00 | 飞机票 | 郑州-广州(1316 公里)飞机票 | 人百公里 | 116.78 |
| 汽油 | 97#乙醇 | 升 | 7.89 | 火车票 | 郑州-北京西 180 次快速空调(座位)火车票 | 人百公里 | 13.64 |
| 汽油 | 93#乙醇 | 升 | 7.47 | 火车票 | 郑州-北京西 D122(动车组)火车票 | 人百公里 | 30.91 |
| 柴油 | 0#柴油 | 升 | 7.39 | 长途汽车 | 郑州-北京豪华车(43 座)700 公里长途汽车票 | 人百公里 | 21.43 |
| 柴油 | -10#柴油 | 升 | 7.91 | 长途汽车 | 郑州-北京豪华车(卧)37 铺长途汽车票 | 人百公里 | 25.71 |
| 零配件 | 电动车蓄电池 | 件 | 650.00 | 短途汽车 | 城市间短途(郑州-偃师 120 公里) | 人百公里 | 29.17 |
| 零配件 | 雨刮器 | 件 | 66.00 | 短途汽车 | 城市间短途(郑州-洛阳 158 公里) | 人百公里 | 28.48 |
| 其他 | 北京 3.5 升机油(润滑油) | 升 | 14.20 | 其他 | 郑州-西安高铁 | 元/次 | 240.00 |
| 保险费 | 交强险费 25 万以内轿车 | 年 | 950.00 | 固定电话机 | 中诺电话机 G027 | 部 | 85.00 |
| 保险费 | 车损险费 25 万以内轿车 | 年 | 2773.00 | 固定电话机 | 西门子 A280(子母机) | 部 | 597.64 |
| 停车费 | 小汽车路边停车费 | 辆/次 | 3.75 | 移动电话机 | 诺基亚 N9 | 部 | 3681.83 |
| 停车费 | 电动车停车费 | 辆/次 | 0.50 | 移动电话机 | 诺基亚 N5233 | 部 | 873.48 |
| 车辆修理服务费 | 小轿车补胎 | 孔 | 11.92 | 移动电话机 | 三星 S5670 黑手机 | 部 | 1477.20 |
| 车辆修理服务费 | 桑塔纳 3000 型换三芯机油(中等) | 次 | 163.33 | 传真机 | 松下(森宝)热敏纸传真机 KX-852 | 部 | 1760.56 |
| 其他 | 小汽车清洗费 | 次 | 20.00 | 其他 | 福建泉州欧讯 639 型对讲机 | 部 | 378.75 |
| 公共汽车票 | 公共汽车市区单程投币票(普通车) | 张 | 1.00 | 其他 | 松下(森宝)热敏纸传真机 KX-852 | 部 | 1760.56 |
| 公共汽车票 | 公共汽车成人月票(每月 80 次) | 月 | 40.00 | 移动通信费 | 联通大众卡(月租 25 元)主叫 | 分钟 | 0.20 |
| 出租汽车 | 市内出租车起步价(排气量 2.0 以下) | 公里 | 3.00 | 移动通信费 | 全球通(带 50 元基本费)主叫 | 分钟 | 0.40 |
| 出租汽车 | 市内出租车(排气量 2.0 以下) | 公里 | 1.50 | 市内电话费 | 住宅固定电话三分钟后 | 分钟 | 0.11 |

4-3 续表 11

| 品 名 | 规 格 | 单位 | 本年平均价格（元） | 品 名 | 规 格 | 单位 | 本年平均价格（元） |
|---|---|---|---|---|---|---|---|
| 长途电话费 | 郑州-北京长途电话费 | 分钟 | 0.70 | 专业音响器材 | 北京 797 型放大器 | 台 | 460.00 |
| 月租费 | 民用住宅固定电话月租费 | 月 | 20.00 | 专业音响器材 | 哈曼音箱＊215 | 对 | 8000.00 |
| 月租费 | 全球通月租费 | 月 | 50.00 | 专业音响器材 | 广东声艺调音台 | 台 | 3600.00 |
| 上网费 | 网吧上网费 | 小时 | 2.50 | 专业声像器材 | SONY-198p 专业摄像机 | 架 | 21600.00 |
| 上网费 | 网通宽带 | 月 | 100.00 | 专业声像器材 | 佳能 XL2 摄像机 | 架 | 36800.00 |
| 邮政邮寄 | 信件邮寄外省 20g 以内 | 封 | 1.20 | 电脑 | 联想电脑主机家悦 E2767AX22602G50GD-713 | 台 | 3539.25 |
| 邮政邮寄 | 包裹邮寄郑州-洛阳 | 件 | 3.60 | 电脑 | 联想笔记本电脑/deapad. Z370At2330w32G500PLXW3(PL)-CN | 台 | 4137.72 |
| 其他邮寄 | 郑州-洛阳快递费 | 件 | 10.00 | 修理服务 | 照相机检验费(理光 30SD) | 次 | 100.00 |
| 其他 | 短信发送 | 条 | 0.10 | 修理服务 | 25 寸彩电带摇控检修费 | 次 | 63.33 |
| 电视机 | 海信彩电 32K316 | 台 | 2827.58 | 其他 | 步步高点读机 T800 | 台 | 964.67 |
| 电视机 | 长虹彩电 3D43A9000I | 台 | 7802.67 | 工具书 | 现代汉语词典 32 开(商务印书馆) | 本 | 78.00 |
| 激光视盘机 | 万利达碟机 DVD-820 | 台 | 291.67 | 工具书 | 牛津高阶双解英汉词典(外语与教学研究出版) | 本 | 118.00 |
| 激光视盘机 | 先锋 DVDDV-1022 | 台 | 342.33 | 工具书 | 辞海 16 开(缩印本) | 本 | 260.00 |
| 摄像机 | 日本松下数码摄像机 HDC-TM90GK-K | 台 | 4844.47 | 教材 | 高一语文 32 开(人民教育)普通班 | 本 | 7.66 |
| 摄像机 | 上海索尼摄像机 HDR-XR160E/BCCN1 | 台 | 4824.56 | 教材 | 初一语文(人民教育)普通班 | 本 | 5.41 |
| 照相机 | 索尼码照相机 TX55 | 架 | 2214.94 | 教材 | 小学一年级语文(人民教育)普通班 | 本 | 5.40 |
| 照相机 | 佳能单反相机 EOS600DKLTCEF-S18-551X | 架 | 5319.50 | 参考书 | 小学生优秀作文(中国对外翻译出版社) | 本 | 19.80 |
| 家用音响 | 索尼迷你音响 CMT-MX5001 | 台 | 2757.94 | 参考书 | 初中生优秀作文(中国对外翻译出版社) | 本 | 19.80 |
| 家用音响 | 飞利浦家庭影院 HTS8140 | 台 | 9817.92 | 参考书 | 高中生优秀作文(中国对外翻译出版社) | 本 | 45.00 |
| 便携式音响 | OPPOMP3X1 | 台 | 358.00 | 教育软件 | 轻轻松松背单词(电脑软件)北京大学出版社 | 册 | 38.00 |
| 便携式音响 | OPPOMP4S334G | 台 | 584.11 | 教育软件 | 新概念 2 同步讲解辅导(北京外语音像社) | 册 | 298.00 |

4-3 续表 12

| 品　名 | 规　格 | 单位 | 本年平均价格（元） | 品　名 | 规　格 | 单位 | 本年平均价格（元） |
|---|---|---|---|---|---|---|---|
| 计算机软件 | 瑞星杀毒软件 | 套 | 130.00 | 纸张本册 | 英语本 | 本 | 1.00 |
| 计算机软件 | XP 电脑操作系统安装盘 | 套 | 1400.00 | 纸张本册 | 六年级完全试卷 | 本 | 9.83 |
| 学前教育 | 日托托幼费 | 月 | 330.00 | 纸张本册 | 稿纸 | 本 | 2.35 |
| 学前教育 | 全托托幼费 | 月 | 400.00 | 纸张本册 | 郑州金阳光软抄本 32 开（40 页） | 本 | 1.26 |
| 中等教育 | 高中一年级 | 学期 | 212.00 | 文具 | 上海英雄纯蓝墨水 20360ml | 瓶 | 3.10 |
| 中等教育 | 中专一年级 | 学期 | 1900.00 | 文具 | 上海真彩 12 色彩笔 2646A-12 | 盒 | 11.11 |
| 高等教育 | 大专一年级（中州大学） | 学年 | 3600.00 | 文具 | 上海英雄正姿笔 6003 | 支 | 13.80 |
| 高等教育 | 成人教育 | 学期 | 600.00 | 文具 | 上海真彩大鲨鱼中性笔 3031A-1 | 支 | 3.91 |
| 专业技能培训 | 中式烹饪培训 | 学期 | 850.00 | 电脑附件 | 罗技鼠标 | 件（只、个） | 96.50 |
| 专业技能培训 | 计算机应用培训 | 学期 | 750.00 | 电脑附件 | 罗技高清摄像头 G110 | 件 | 80.39 |
| 其他 | 择校费 | 三年 | 18000.00 | 打印机及配件 | 联想 LJ2400 型激光打印机 | 台 | 1050.00 |
| 乐器 | 广州星臣 DG220 吉它 | 件 | 680.00 | 打印机及配件 | 北京神舟色带 | 盒 | 10.00 |
| 乐器 | 海伦钢琴 | 件 | 16800.00 | 扫描仪 | 广州清华紫光 B5300 扫描仪 | 台 | 627.50 |
| 乐器 | 小提琴风铃练习琴 | 件 | 380.00 | 扫描仪 | 广州清华紫光 C880 扫描仪 | 台 | 800.00 |
| 乐器 | 雅马哈电子琴 61 键 280 型 | 件 | 2100.00 | 复印机 | 东芝数码复合机 DP-2520 | 台 | 16500.00 |
| 音像光盘和视盘 | 上海音响光盘 CD（双）盒 | 盒 | 9.90 | 计算器 | 中山卡西欧 DX-120v 计算器 | 个 | 118.51 |
| 音像光盘和视盘 | 福建歌碟 DVD | 盒 | 29.14 | 教学设备 | 爱普生多媒体液体投影机 | 台 | 8500.00 |
| 电子存储器 | 金士顿 U 盘 G3-8G | 个 | 88.08 | 教学设备 | 地球仪 32CM | 台 | 89.20 |
| 电子存储器 | 朗科移动硬盘 K206-320G | 卷 | 325.83 | 教学设备 | 显微镜上海红日 | 台 | 1100.00 |
| 儿童玩具 | 浙江丽水兴勇背包积木 9921 | 包 | 33.46 | 其他 | 浙江宁波得力打孔机 0104 | 合 | 38.60 |
| 儿童玩具 | 奥力欢乐伙伴动力火车 | 辆 | 78.99 | 体育用品 | 狮普高 PU 篮球 | 个 | 114.24 |
| 儿童玩具 | 广东群兴铲车载人者 6825S | 盒 | 40.80 | 体育用品 | 天津祖迪斯 IBW 足球 | 个 | 38.00 |

4-3 续表 13

| 品　名 | 规　格 | 单位 | 本年平均价格（元） | 品　名 | 规　格 | 单位 | 本年平均价格（元） |
|---|---|---|---|---|---|---|---|
| 体育用品 | 祖迪斯羽毛球拍套装 | 套 | 29.84 | 景点门票 | 世纪欢乐园门票 | 张 | 120.00 |
| 健身器材 | 弗洛特握力器 1215 | 件 | 18.00 | 有线电视 | 有线电视初装费 | 次 | 240.00 |
| 健身器材 | 奥建包胶哑铃 4 磅 | 对 | 25.33 | 有线电视 | 郑州有线电视费月租费 | 月 | 13.00 |
| 健身器材 | 祖迪斯两用拉力器 6607 | 件 | 34.97 | 健身活动 | 游泳门票 | 次 | 41.50 |
| 游艺器材 | 广州狮普高旱冰鞋套装 0903 | 套 | 325.58 | 健身活动 | 保龄球 | 场 | 12.00 |
| 游艺器材 | S0NYPSP3000 游戏机 | 台 | 1200.00 | 健身活动 | 健身 | 月 | 249.20 |
| 游艺器材 | 小丽明活力板游龙板 | 个 | 98.00 | 其他 | 舞票 | 次 | 4.76 |
| 棋牌 | 浙江丽水星球中国象棋 40＊13 | 副 | 9.07 | 旅行社收费 | 郑州–海南（双飞五日游） | 次/人 | 2333.75 |
| 其他 | 浙江义乌三 A 扑克 2020 | 付 | 2.98 | 旅行社收费 | 郑州–登封少林寺 | 次/人 | 198.33 |
| 书籍 | 草房子（32 开）少年儿童出版社 | 本 | 15.00 | 宾馆住宿 | 三星级宾馆标准间 | 天/间 | 264.33 |
| 书籍 | 红楼梦 | 套 | 59.70 | 宾馆住宿 | 二星级标准间 | 天/套 | 145.00 |
| 书籍 | 操作系统（第三版） | 本 | 55.00 | 其他住宿 | 普通招待所两人间 | 天/间 | 85.00 |
| 书籍 | 十万个为什么 32 开 | 套 | 79.20 | 其他住宿 | 快捷酒店标准间 | 天/床 | 152.33 |
| 报纸 | 大河报 | 份 | 1.00 | 木材 | 进口白松木材 | 立方米 | 2640.00 |
| 报纸 | 郑州晚报 | 份 | 0.69 | 木材 | 东北白松原木 3cm＊5cm | 立方米 | 1900.00 |
| 报纸 | 大河文摘报 | 份 | 1.00 | 木地板 | 北美枫林木地板 400mm＊900mm（实木） | 平方米 | 274.00 |
| 杂志 | 读者 | 本 | 4.00 | 木地板 | 广州木地板 400mm＊900mm（强化） | 平方米 | 114.00 |
| 杂志 | 家庭医生 | 本 | 5.00 | 砖 | 民用砖 | 块 | 0.42 |
| 杂志 | 女友 | 本 | 6.00 | 砖 | 广州佛山地板砖 300mm＊300mm | 块 | 3.91 |
| 电影票 | 电影票（进口片） | 张 | 47.50 | 水泥 | 新乡水泥 500 号（42.5 等级） | 千克 | 0.32 |
| 电影票 | 电影票（国产片） | 张 | 47.50 | 水泥 | 新乡白水泥 | 千克 | 0.31 |
| 景点门票 | 动物园门票 | 张 | 16.00 | 涂料 | 郑州 888 涂料（千克） | 千克 | 1.00 |

| 品　名 | 规　格 | 单位 | 本年平均价格（元） | 品　名 | 规　格 | 单位 | 本年平均价格（元） |
|---|---|---|---|---|---|---|---|
| 涂料 | 顺德聚酯漆 | 千克 | 59.33 | 电工电料 | 湖北孝感电工胶布 | 件 | 1.76 |
| 板材 | 河北三合板 1.22m * 2.44m | 张 | 28.33 | 电工电料 | 郑州二厂电线 4mm | 件 | 6.62 |
| 板材 | 河北五合板 1.22m * 2.44m | 张 | 35.00 | 水暖器材 | 翔鹰快开六角阀门 | 个 | 20.24 |
| 板材 | 河北板材 1.2m * 2.44m | 张 | 92.50 | 水暖器材 | 福建泉州翔鹰洗衣机笼头 | 个 | 29.83 |
| 玻璃 | 洛阳玻璃 5mm | 平方米 | 29.92 | 水暖器材 | 开封水表 | 件 | 30.86 |
| 玻璃 | 洛阳磨砂玻璃 5mm | 平方米 | 29.92 | 其他 | 郑州 8 分钉 | 千克 | 9.00 |
| 粘胶 | 抚顺哥俩好白乳胶 | 瓶 | 12.25 | 公房房租 | 公房房租一级砖混楼房 | 平方米 | 1.70 |
| 粘胶 | 广东鱼珠万能胶 | 瓶 | 20.17 | 私房房租 | 高档住房 | 元/平方米·月 | 26.91 |
| 厨卫设备 | 广东佛山座便器 | 件 | 273.33 | 私房房租 | 中档住房 | 元/平方米·月 | 15.77 |
| 厨卫设备 | 不锈钢水池 | 件 | 78.33 | 私房房租 | 低档住房 | 元/平方米·月 | 9.31 |
| 其他 | 步阳防盗门 2050cm * 960cm * 8cm | 樘 | 1704.17 | 其他费用 | 卫生费 | 月 | 5.00 |
| 钢材 | 盘元 | 吨 | 4220.83 | 住房估算租金 | 高档住房 | 元/平方米·月 | 26.85 |
| 钢材 | 角钢 | 吨 | 4367.71 | 住房估算租金 | 中档住房 | 元/平方米·月 | 15.75 |
| 管材 | 金德 pvc 上水管 | 米 | 7.00 | 物业管理费用 | 物业管理费小区一级 | 平方米 | 0.41 |
| 管材 | 铝塑管下水管 | 米 | 5.00 | 物业管理费用 | 维护修理费用疏通下水道 | 次 | 53.75 |
| 管材 | 浙江金属软管 | 根 | 17.00 | 其他 | 暖气费 | 10 ㎡/天 | 1.90 |
| 五金工具 | 昌达钢丝钳 8 吋 | 把 | 13.76 | 水 | 居民用水 | 吨 | 2.40 |
| 五金工具 | 捷科螺丝刀 | 把 | 9.66 | 电 | 居民生活用电 | 百度 | 56.91 |
| 五金工具 | 昌达中号锤子 | 把 | 23.33 | 液化石油气 | 液化气 | 千克 | 8.31 |
| 五金工具 | 长江固力发扳手 250mm | 个 | 17.55 | 管道燃气 | 天燃气 | 立方米 | 2.25 |
| 电工电料 | 子弹头 10A 三相插头 | 个 | 5.30 | 其他燃料 | 蜂窝煤(12 孔) | 百千克 | 73.33 |
| 电工电料 | 子弹头 10A 三相插盘 233 | 个 | 29.68 | 原煤 | 民用煤 | 吨 | 783.71 |
| 电工电料 | 上海华立 20A 电表 | 个 | 19.44 | | | | |

# 主要统计指标解释

**居民消费价格指数** 居民消费价格是居民购买并用于日常生活消费的商品和服务项目的价格。居民消费价格指数是度量消费商品及服务项目的价格水平随时间而变动的相对数,反映居民家庭购买的消费品及服务价格水平的变动情况。它是宏观经济分析和调控、价格总水平监测以及国民经济核算的重要指标。其变动率在一定程度上反映了通货膨胀(或紧缩)的程度。编制居民消费价格指数是根据各调查商品和服务项目的基期和报告期的平均价格采用加权算术平均公式计算。目前,编制居民消费价格指数的商品和服务项目计 8 个大类,263 个基本分类。权数根据住户调查中居民的实际消费构成计算。

**商品零售价格指数** 商品零售价格是工业、商业、餐饮业和其他零售企业向城乡居民、机关团体出售生活消费品和办公用品的价格。商品零售价格指数是反映市场商品零售价格的变动趋势和变动程度。编制商品零售价格指数是根据各调查商品的基期和报告期的平均价格采用加权算术平均公式计算。目前,编制商品零售价格指数的商品计 16 个大类,229 个基本分类。权数根据典型调查、商品流转统计中商品销售构成及商品零售额计算。

# 五、人民生活

# 5-1　全市及县(市)城镇居民家庭基本情况

(2012 年)

| 项　　目 | 单位 | 全市 | 中牟县 | 巩义市 | 荥阳市 | 新密市 | 新郑市 | 登封市 |
|---|---|---|---|---|---|---|---|---|
| 调查户数 | 户 | 1200 | 100 | 100 | 100 | 100 | 100 | 100 |
| 现住房总建筑面积 | 平方米/人 | 30.99 | 42.61 | 37.91 | 38.75 | 36.61 | 51.21 | 51.29 |
| **家庭人口数** | **人** | **2.88** | **2.8** | **3.01** | **3.05** | **3.49** | **2.81** | **3.53** |
| 有收入者人数 | 人 | 2.14 | 2.06 | 2.23 | 2.17 | 2.14 | 2.18 | 2.07 |
| 就业人口数 | 人 | 1.45 | 1.62 | 1.94 | 1.84 | 1.78 | 1.8 | 1.81 |
| 国有经济单位职工人数 | 人 | 0.66 | 0.87 | 0.69 | 0.9 | 0.51 | 0.36 | 0.5 |
| 城镇集体经济单位职工人数 | 人 | 0.07 | 0.03 | 0.14 | 0.05 | 0.06 | 0.12 | 0.18 |
| 其它经济类型单位职工人数 | 人 | 0.14 | 0.08 | 0.18 | 0.23 | 0.11 | 0.22 | 0.13 |
| 城镇个体或私营企业主人数 | 人 | 0.22 | 0.29 | 0.2 | 0.27 | 0.34 | 0.36 | 0.4 |
| 城镇个体或私营企业被雇人数 | 人 | 0.22 | 0.1 | 0.44 | 0.3 | 0.37 | 0.5 | 0.59 |
| 离退休再就业人数 | 人 | 0.05 | 0.01 |  | 0.06 | 0.04 | 0.03 |  |
| 其它就业人数 | 人 | 0.1 | 0.24 | 0.29 | 0.03 | 0.35 | 0.21 | 0.01 |
| 离退休人数 | 人 | 0.66 | 0.29 | 0.27 | 0.29 | 0.32 | 0.36 | 0.19 |
| 其它有收入者人数 | 人 | 0.02 | 0.15 | 0.02 | 0.04 | 0.04 | 0.02 | 0.07 |
| 无收入者人数 | 人 | 0.74 | 0.74 | 0.78 | 0.88 | 1.35 | 0.63 | 1.46 |
| 在外就学人数 | 人 | 0.02 | 0.15 | 0.09 | 0.1 | 0.12 | 0.09 | 0.1 |
| 非家庭人口在家用餐 | 人次 | 1.63 | 0.53 | 1.19 | 7.47 | 4.22 | 2.93 | 1.41 |
| 家庭人口在外用餐 | 人次 | 3.57 |  | 8.71 | 16.4 | 7.04 | 6.17 | 2.68 |
| **家庭总收入** | **元** | **26195** | **20470** | **21717** | **22068** | **22161** | **21680** | **20134** |
| #可支配收入 | 元 | 24246 | 18661 | 20441 | 20436 | 20468 | 20461 | 19778 |
| **家庭总支出** | **元** | **20157** | **16860** | **17949** | **19272** | **23003** | **20959** | **16167** |
| **消费支出** | **元** | **16610** | **12689** | **12910** | **14756** | **19301** | **17966** | **14104** |
| #服务性消费支出 | 元 | 3560 | 3060 | 2762 | 3279 | 4633 | 3880 | 2934 |
| 通过互联网购买商品或服务支出 | 元 | 20.88 | 19.71 | 39.66 | 31.84 | 27.2 | 16.13 | 10.67 |
| 旅游人次 | 人次 | 1.28 | 0.21 | 1.69 | 2.07 | 1.86 | 1.52 | 0.24 |
| 旅游花费总额 | 元 | 447.64 | 117.18 | 287.9 | 272.31 | 598.48 | 593.59 | 95.5 |
| **恩格尔系数** | % | **34.7** | **30.1** | **29.5** | **31.8** | **25.2** | **27.9** | **28.5** |

## 5-2 全市及县(市)城镇居民家庭每人全年现金收入情况

(2012 年)

单位:元

| 项目 | 全市 | 中牟县 | 巩义市 | 荥阳市 | 新密市 | 新郑市 | 登封市 |
|---|---|---|---|---|---|---|---|
| 期初手存现金 | 1595.17 | 598.7 | 956.43 | 979.8 | 3301.66 | 1281.14 | 137.22 |
| 家庭总收入 | 26194.82 | 20470.1 | 21716.8 | 22067.75 | 22161.02 | 21679.87 | 20133.58 |
| #可支配收入 | 24246 | 18661.36 | 20441.26 | 20436.41 | 20468.25 | 20461.3 | 19778.19 |
| 工资性收入 | 14264.75 | 14069.42 | 14290.87 | 14807.11 | 12802.95 | 12448.81 | 10438.58 |
| 工资及补贴收入 | 14010.76 | 11756.23 | 13510.54 | 14649.49 | 11386.27 | 11017.39 | 9614.03 |
| 其它劳动收入 | 253.99 | 2313.19 | 780.34 | 157.62 | 1416.68 | 1431.42 | 824.56 |
| 经营净收入 | 3708.14 | 3145.4 | 4185.57 | 3267.6 | 4241.72 | 4541.12 | 4767.35 |
| 财产性收入 | 579.44 | 110.96 | 811.02 | 402.46 | 1197.94 | 843.63 | 3366.09 |
| 利息收入 | 86.4 | 58.56 | 98.73 | 169.66 | 152.95 | 60.85 | 20.33 |
| 股息与红利收入 | 52.97 |  | 93.14 | 6.59 | 134.77 | 0.78 | 5.67 |
| 其它投资收入 | 9.36 |  | 433.1 |  |  | 7.12 | 4.35 |
| 出租房屋收入 | 352.21 |  | 186.01 | 189.93 | 907.92 | 701.21 | 3312.72 |
| 其它财产性收入 | 74.11 | 39.9 | 0.04 | 13.19 | 2.3 | 73.67 | 23.03 |
| 转移性收入 | 7642.49 | 3144.32 | 2429.34 | 3590.58 | 3918.41 | 3846.31 | 1561.55 |
| 养老金或离退休金 | 6863.05 | 2999.46 | 2156.48 | 2667.75 | 2799.87 | 3271.08 | 1348.92 |
| 社会救济收入 | 25.39 | 5.36 |  | 13.85 | 10.9 |  |  |
| #最低生活保障收入 | 17.76 |  |  | 13.85 | 10.9 |  |  |
| 赡养收入 | 340.2 | 16.75 | 13.31 | 307.64 | 453.23 | 195.91 | 15.58 |
| 捐赠收入 | 300.4 | 52.25 | 83.46 | 491.15 | 563.02 | 125.16 | 77.83 |
| 其它转移性收入 | 11.86 |  | 33.8 | 21.73 | 0.03 | 0.46 | 21.37 |
| 出售财物收入 | 22.95 | 4.64 | 652.3 | 7.24 | 65.07 | 11.18 | 0.89 |
| 出售住房收入 | 18.03 |  | 651.98 |  |  |  |  |
| 出售其它物品收入 | 4.92 | 4.64 | 0.32 | 7.24 | 65.07 | 11.18 | 0.89 |
| 借贷收入 | 3346.53 | 3876.43 | 6011.31 | 4293.43 | 3069.36 | 3112.1 | 698.83 |
| 提取储蓄存款 | 3124.12 | 3876.43 | 5984.7 | 4161.54 | 3068.5 | 3112.1 | 684.67 |
| 借入款 | 6.5 |  | 26.61 | 65.95 | 0.86 |  |  |
| 收回借出款 | 3.45 |  |  | 32.97 |  |  | 14.16 |

# 5-3 全市及县(市)城镇居民家庭每人全年现金支出情况

(2012 年)

单位:元

| 项　　目 | 全市 | 中牟县 | 巩义市 | 荥阳市 | 新密市 | 新郑市 | 登封市 |
|---|---|---|---|---|---|---|---|
| 家庭总支出 | 20157.47 | 16859.72 | 17948.53 | 19272.4 | 23002.88 | 20958.93 | 16166.75 |
| 消费性支出 | 16609.67 | 12689.19 | 12910.18 | 14755.93 | 19300.58 | 17966.16 | 14104.16 |
| #服务性消费支出 | 3560.23 | 3059.84 | 2762.33 | 3278.75 | 4633.49 | 3880.07 | 2934 |
| 通过互联网购买商品或服务支出 | 20.88 | 19.71 | 39.66 | 31.84 | 27.2 | 16.13 | 10.67 |
| 旅游人次 | 1.28 | 0.21 | 1.69 | 2.07 | 1.86 | 1.52 | 0.24 |
| 旅游花费总额 | 447.64 | 117.18 | 287.9 | 272.31 | 598.48 | 593.59 | 95.5 |
| 财产性支出 | 31.67 | 0.96 |  | 209.38 | 0.29 | 41.68 | 3.36 |
| 非生产性贷款利息支出 | 18.26 |  |  | 133.23 |  | 40.61 | 0.03 |
| 其它 | 13.42 | 0.96 |  | 76.15 | 0.29 | 1.07 | 3.33 |
| 转移性支出 | 1575.25 | 1806 | 1566.65 | 2764.27 | 2119.09 | 2058.95 | 1803.85 |
| 交纳所得税 | 48.37 | 7.5 |  | 0.07 | 18.49 | 72.73 | 2.15 |
| 捐赠支出 | 1239.87 | 1549.04 | 1265.06 | 2105.08 | 2001.63 | 1706.47 | 1634.13 |
| 购买彩票 | 22.35 | 6.41 | 2.19 | 14.73 | 17.11 | 1.25 | 9.61 |
| 赡养支出 | 156.84 | 149.48 | 213.89 | 538.36 | 54.22 | 264.27 | 120.48 |
| #在外就学子女费用 | 29.97 | 132.41 | 161.01 | 361.03 | 14.91 | 181 | 97.59 |
| 各种非储蓄性保险支出 | 48.68 | 91.05 | 67.24 | 79.71 | 18.71 | 3.26 | 34.61 |
| #车辆保险支出 | 17.95 | 29.87 | 50.09 | 57.83 |  | 2.37 | 2.12 |
| 其它转移性支出 | 59.14 | 2.52 | 18.27 | 26.33 | 8.92 | 10.98 | 2.87 |
| 社会保障支出 | 1616.27 | 1730.74 | 1133.24 | 1542.81 | 1582.93 | 892.14 | 255.39 |
| 个人交纳的养老基金 | 693.63 | 470.67 | 351.46 | 511.43 | 670.18 | 301.71 | 64.95 |
| 个人交纳的住房公积金 | 670.38 | 889.19 | 596.04 | 789.69 | 516.35 | 465.78 | 94.43 |
| 个人交纳的医疗基金 | 220.63 | 252.67 | 138.86 | 185.31 | 316.49 | 107.26 | 85.1 |
| 个人交纳的失业基金 | 29.75 | 26.98 | 45.09 | 55.34 | 46.18 | 17.34 | 9.17 |
| 其它社会保障支出 | 1.87 | 91.23 | 1.8 | 1.04 | 33.72 | 0.05 | 1.73 |
| 购房与建房支出 | 324.61 | 632.83 | 2338.46 |  |  |  |  |
| 购房 | 296.76 | 357.14 | 2338.46 |  |  |  |  |
| 借贷支出 | 8234.64 | 5406.04 | 6108.53 | 6840.07 | 1083.61 | 734.95 | 524.58 |
| 存入储蓄款 | 8084.98 | 5406.04 | 5930.65 | 6114.75 | 1068.2 | 640.57 | 509.77 |
| 借出款 | 14.07 |  | 83.16 | 52.76 |  |  |  |
| 归还借款 | 27.06 |  | 9.19 | 215.39 | 8.04 | 7.12 | 2.83 |
| 储蓄性保险支出 | 30.96 |  | 58.71 | 133.96 | 5.42 | 22.7 | 7.93 |
| 其它投资支出 | 0.88 |  | 10.18 | 24.74 | 1.95 |  |  |
| 归还住房贷款 | 43.75 |  |  | 297.98 |  | 64.56 |  |
| 其它借贷支出 | 0.36 |  | 16.63 | 0.49 |  |  |  |

# 5-4 全市及县(市)城镇居民家庭年人均消费支出

(2012 年)

| 项　　目 | 单位 | 全市 | 中牟县 | 巩义市 | 荥阳市 | 新密市 | 新郑市 | 登封市 |
|---|---|---|---|---|---|---|---|---|
| **消费支出** | **元** | **16609.67** | **12689.19** | **12910.18** | **14755.93** | **19300.58** | **17966.16** | **14104.16** |
| **#服务性消费支出** | **元** | **3560.23** | **3059.84** | **2762.33** | **3278.75** | **4633.49** | **3880.07** | **2934** |
| 通过互联网购买商品或服务支出 | 元 | 20.88 | 19.71 | 39.66 | 31.84 | 27.2 | 16.13 | 10.67 |
| 旅游人次 | 人次 | 1.28 | 0.21 | 1.69 | 2.07 | 1.86 | 1.52 | 0.24 |
| 旅游花费总额 | 元 | 447.64 | 117.18 | 287.9 | 272.31 | 598.48 | 593.59 | 95.5 |
| **食品** | **元** | **5767.22** | **3822.77** | **3813.2** | **4692.72** | **4859.61** | **5006.73** | **4017.19** |
| 粮油类 | 元 | 748.05 | 524.85 | 516.73 | 556.48 | 583.08 | 985.26 | 716.53 |
| 粮食 | 元 | 450.9 | 337.88 | 316.07 | 299.62 | 322.28 | 595.73 | 477.96 |
| 大米 | 元/千克 | 5.28 | 4.97 | 5.78 | 5.66 | 5.94 | 5.42 | 5.49 |
| 数量 | 千克 | 22 | 35.37 | 9.81 | 10.87 | 11.8 | 13.34 | 14.01 |
| 金额 | 元 | 116.05 | 175.93 | 56.72 | 61.54 | 70.03 | 72.27 | 76.91 |
| 面粉 | 元/千克 | 3.46 | 2.87 | 3.05 | 3.12 | 3.36 | 2.92 | 3.09 |
| 数量 | 千克 | 15.76 | 22.33 | 19.15 | 10.16 | 12.19 | 29.44 | 22.13 |
| 金额 | 元 | 54.53 | 64.19 | 58.33 | 31.7 | 40.96 | 85.94 | 68.32 |
| 其它粮食及制品 | 元 | 280.32 | 97.76 | 201.02 | 206.39 | 211.3 | 437.52 | 332.73 |
| 淀粉及薯类 | 元 | 68.7 | 38.4 | 48.67 | 61.03 | 59.13 | 95.06 | 33.07 |
| 干豆类及豆制品 | 元 | 71.88 | 45.06 | 66.83 | 74.39 | 69 | 82.47 | 53.83 |
| 油脂类 | 元 | 156.57 | 103.5 | 85.16 | 121.44 | 132.67 | 211.99 | 151.67 |
| 食用植物油 | 元/千克 | 18.6 | 23.78 | 14.1 | 15.11 | 17.33 | 17.48 | 18.97 |
| 数量 | 千克 | 8.42 | 4.35 | 6.04 | 8.04 | 7.66 | 12.09 | 7.98 |
| 金额 | 元 | 156.54 | 103.5 | 85.16 | 121.44 | 132.67 | 211.25 | 151.28 |
| 食用动物油 | 元 | 0.03 |  |  |  |  | 0.75 | 0.39 |
| 肉禽蛋水产品类 | 元 | 1309.97 | 756.9 | 718.04 | 896.52 | 634.14 | 1097.63 | 754.74 |
| 肉类 | 元 | 786.64 | 474.37 | 486.26 | 612.59 | 396.34 | 731.34 | 569.18 |
| 猪肉 | 元/千克 | 27.12 | 25.78 | 26.87 | 26.04 | 27.65 | 25.92 | 26.67 |
| 数量 | 千克 | 14.31 | 11.29 | 8.42 | 12.44 | 8.6 | 15.75 | 12.15 |
| 金额 | 元 | 388.22 | 291.01 | 226.15 | 324.03 | 237.87 | 408.36 | 323.91 |
| 牛肉 | 元/千克 | 37.93 | 30.25 | 42.58 | 34.76 | 41.45 | 48.71 | 41.29 |
| 数量 | 千克 | 2.27 | 1.6 | 0.85 | 0.51 | 0.02 | 0.5 | 0.13 |
| 金额 | 元 | 86.08 | 48.43 | 36.26 | 17.79 | 0.65 | 24.13 | 5.54 |
| 羊肉 | 元/千克 | 42.86 | 40.11 | 47.19 | 43.45 | 54.09 | 49.42 | 38.11 |
| 数量 | 千克 | 1.94 | 0.59 | 1.02 | 0.92 | 0.47 | 1.79 | 0.78 |
| 金额 | 元 | 83.04 | 23.48 | 48.03 | 39.93 | 25.24 | 88.33 | 29.66 |
| 其它肉及制品 | 元 | 229.31 | 111.45 | 175.82 | 230.83 | 132.58 | 210.52 | 210.06 |
| 禽类 | 元 | 197.94 | 90.6 | 87.5 | 104.88 | 82.99 | 113.29 | 65.17 |
| 鸡 | 元/千克 | 18.37 | 17.36 | 16.57 | 15.7 | 17.23 | 16.83 | 17.03 |
| 数量 | 千克 | 5.03 | 2.97 | 1.55 | 2.28 | 2.37 | 4.5 | 2.29 |
| 金额 | 元 | 92.45 | 51.62 | 25.61 | 35.87 | 40.76 | 75.8 | 39 |

5-4 续表1 （2012年）

| 项 目 | 单位 | 全市 | 中牟县 | 巩义市 | 荥阳市 | 新密市 | 新郑市 | 登封市 |
|---|---|---|---|---|---|---|---|---|
| 鸭 | 元/千克 | 14.49 | 17.21 | 10.39 | 7.39 | 17.54 | 13.32 | 18.27 |
| 数量 | 千克 | 0.76 | 0.86 | 0.05 | 0.03 | 0.19 | 0.05 | 0.38 |
| 金额 | 元 | 11.01 | 14.85 | 0.48 | 0.23 | 3.37 | 0.64 | 6.99 |
| 其它禽类及制品 | 元 | 94.49 | 24.12 | 61.42 | 68.78 | 38.85 | 36.85 | 19.18 |
| 蛋类 | 元 | 135.21 | 126.13 | 101.21 | 126.05 | 102.5 | 130.91 | 101.47 |
| 鲜蛋 | 元/千克 | 8.37 | 8.09 | 8.18 | 8.23 | 7.94 | 8.15 | 7.73 |
| 数量 | 千克 | 14.65 | 15.6 | 11.91 | 14.83 | 11.89 | 14.89 | 12.63 |
| 金额 | 元 | 122.67 | 126.13 | 97.47 | 121.95 | 94.34 | 121.32 | 97.61 |
| 蛋制品 | 元 | 12.54 |  | 3.75 | 4.09 | 8.16 | 9.6 | 3.86 |
| 水产品类 | 元 | 190.18 | 65.8 | 43.06 | 53 | 52.32 | 122.08 | 18.92 |
| 鱼 | 元/千克 | 18.74 | 15.47 | 16.1 | 15.73 | 16.68 | 14.53 | 15.82 |
| 数量 | 千克 | 5.85 | 3.26 | 1.38 | 1.94 | 1.7 | 4.55 | 0.9 |
| 金额 | 元 | 109.59 | 50.44 | 22.19 | 30.53 | 28.32 | 66.16 | 14.17 |
| 虾 | 元/千克 | 42.07 | 30.36 | 39.55 | 36.03 | 43.77 | 41.05 | 33.02 |
| 数量 | 千克 | 1.13 | 0.45 | 0.17 | 0.23 | 0.13 | 0.47 | 0.1 |
| 金额 | 元 | 47.48 | 13.74 | 6.66 | 8.42 | 5.7 | 19.4 | 3.17 |
| 其它水产品及制品 | 元 | 33.1 | 1.62 | 14.21 | 14.05 | 18.3 | 36.52 | 1.58 |
| 蔬菜类 | 元 | 581.76 | 562.05 | 368.12 | 357.69 | 334.69 | 584.92 | 437.05 |
| 鲜菜 | 元/千克 | 4.14 | 3.57 | 3.46 | 3.25 | 3.51 | 3.61 | 3.19 |
| 数量 | 千克 | 127.65 | 154.85 | 96.17 | 104.93 | 87.05 | 152.52 | 125.6 |
| 金额 | 元 | 527.91 | 552.18 | 333.01 | 341.09 | 305.81 | 550.26 | 400.97 |
| 干菜 | 元 | 33.7 | 8.74 | 18.57 | 10.54 | 25.52 | 27.93 | 22.82 |
| 菜制品 | 元 | 20.15 | 1.13 | 16.54 | 6.06 | 3.36 | 6.73 | 13.26 |
| 调味品 | 元 | 92.11 | 45.95 | 57.32 | 64.33 | 61.44 | 119.24 | 96.22 |
| 糖烟酒饮料类 | 元 | 679.5 | 416.1 | 386.91 | 430.56 | 996.51 | 515.27 | 496.6 |
| 糖类 | 元 | 42.04 | 29.14 | 48.5 | 36.83 | 44.58 | 36.55 | 46.74 |
| 烟草类 | 元 | 212.75 | 99.61 | 114.62 | 153.09 | 357.39 | 227.23 | 195.62 |
| 酒类 | 元 | 268.72 | 231.94 | 85.84 | 115.93 | 340.38 | 112.89 | 102.18 |
| 白酒 | 元/千克 | 109.52 | 106.91 | 80.74 | 69.12 | 266.59 | 62.63 | 56.22 |
| 数量 | 千克 | 1.96 | 2.09 | 0.74 | 1.17 | 1.03 | 1.47 | 0.93 |
| 金额 | 元 | 214.89 | 223.36 | 59.59 | 80.66 | 274.64 | 91.91 | 52.31 |
| 果酒 | 元/千克 | 89.13 | 3.6 | 65.56 | 123.52 | 308.8 | 18.08 | 51.6 |
| 数量 | 千克 | 0.21 |  | 0.15 | 0.08 | 0.15 | 0.24 | 0.1 |
| 金额 | 元 | 18.81 | 0.01 | 9.9 | 9.9 | 45.9 | 4.29 | 5.12 |
| 啤酒 | 元/千克 | 6.46 | 4.38 | 6.69 | 5.79 | 6.34 | 4.7 | 8.22 |
| 数量 | 千克 | 3.02 | 1.96 | 2.36 | 4.24 | 2.53 | 3.41 | 5.26 |

5-4 续表 2　　(2012 年)

| 项　　目 | 单位 | 全市 | 中牟县 | 巩义市 | 荥阳市 | 新密市 | 新郑市 | 登封市 |
|---|---|---|---|---|---|---|---|---|
| 金额 | 元 | 19.48 | 8.58 | 15.75 | 24.52 | 16.06 | 16.02 | 43.22 |
| 其它酒 | 元 | 15.54 |  | 0.59 | 0.85 | 3.78 | 0.67 | 1.53 |
| 饮料 | 元 | 156 | 55.4 | 137.96 | 124.71 | 254.16 | 138.6 | 152.06 |
| 碳酸饮料 | 元/千克 | 6.07 | 4.51 | 5.33 | 5.62 | 7.66 | 5.47 | 8.84 |
| 数量 | 千克 | 3.54 | 1.78 | 1.11 | 2.03 | 0.47 | 2.22 | 2.83 |
| 金额 | 元 | 21.52 | 8.02 | 5.92 | 11.43 | 3.56 | 12.15 | 25.06 |
| 瓶装饮用水 | 元/千克 | 1.81 | 3.28 | 0.65 | 0.87 | 0.8 | 0.74 | 3.72 |
| 数量 | 千克 | 3.51 | 0.92 | 10.96 | 13.12 | 13.44 | 11.39 | 0.7 |
| 金额 | 元 | 6.36 | 3.02 | 7.16 | 11.43 | 10.74 | 8.48 | 2.62 |
| 茶叶 | 元/千克 | 207.17 | 190.69 | 209.41 | 177.5 | 555.95 | 229.76 | 147.55 |
| 数量 | 千克 | 0.31 | 0.11 | 0.11 | 0.08 | 0.26 | 0.2 | 0.22 |
| 金额 | 元 | 63.53 | 21.18 | 23.68 | 13.61 | 144.22 | 45.14 | 33.06 |
| 其它饮料 | 元 | 64.6 | 23.18 | 101.19 | 88.24 | 95.63 | 72.84 | 91.32 |
| 干鲜瓜果类 | 元 | 559.67 | 389.14 | 427.58 | 458.99 | 446.4 | 519.11 | 387.67 |
| 鲜果 | 元/千克 | 6.13 | 4.73 | 5.55 | 5.63 | 5.71 | 5.31 | 5.66 |
| 数量 | 千克 | 49.27 | 59.38 | 37.53 | 44.5 | 43.81 | 56.47 | 38.48 |
| 金额 | 元 | 302.12 | 280.59 | 208.45 | 250.52 | 250.06 | 300 | 217.8 |
| 鲜瓜 | 元/千克 | 2.6 | 1.9 | 2.25 | 2.22 | 2.3 | 1.97 | 2.48 |
| 数量 | 千克 | 21.73 | 17.34 | 18.41 | 24.79 | 21.7 | 30 | 22.28 |
| 金额 | 元 | 56.41 | 32.96 | 41.35 | 55.12 | 49.9 | 59.17 | 55.34 |
| 其它干鲜瓜果类及制品 | 元 | 201.14 | 75.59 | 177.77 | 153.35 | 146.44 | 159.94 | 114.52 |
| 糕点、奶及奶制品 | 元 | 394.5 | 303.42 | 306.53 | 326.62 | 238.93 | 378.71 | 315.36 |
| 糕点 | 元/千克 | 18.68 | 15.91 | 20.46 | 17.27 | 17.81 | 18.68 | 16.08 |
| 数量 | 千克 | 6.8 | 5.69 | 5.25 | 7.17 | 4 | 5.78 | 6.66 |
| 金额 | 元 | 126.95 | 90.57 | 107.31 | 123.74 | 71.33 | 107.98 | 107.05 |
| 奶及奶制品 | 元 | 267.55 | 212.85 | 199.23 | 202.88 | 167.6 | 270.73 | 208.31 |
| 鲜乳品 | 元/千克 | 7.67 | 4.35 | 12.13 | 6.68 | 9.2 | 9.54 | 11.15 |
| 数量 | 千克 | 17.35 | 7.97 | 6.67 | 12.46 | 2.47 | 7.45 | 2.35 |
| 金额 | 元 | 133.17 | 34.66 | 80.9 | 83.29 | 22.77 | 71.09 | 26.23 |
| 奶粉 | 元/千克 | 99.12 | 86.02 | 209.1 | 127.16 | 51.55 | 199.88 | 85.56 |
| 数量 | 千克 | 0.47 | 0.77 | 0.29 | 0.35 | 0.79 | 0.07 | 0.71 |
| 金额 | 元 | 46.46 | 66.39 | 61.14 | 44.11 | 40.7 | 14.16 | 60.67 |
| 酸奶 | 元/千克 | 6.5 | 4.46 | 9.51 | 6.73 | 8.03 | 7.07 | 8.34 |
| 数量 | 千克 | 9.17 | 12.75 | 2.92 | 10.35 | 1 | 15.77 | 3.07 |
| 金额 | 元 | 59.62 | 56.81 | 27.75 | 69.6 | 8.06 | 111.46 | 25.64 |
| 其它奶制品 | 元 | 28.31 | 54.99 | 29.44 | 5.88 | 96.07 | 74.03 | 95.78 |

5-4 续表3 （2012年）

| 项目 | 单位 | 全市 | 中牟县 | 巩义市 | 荥阳市 | 新密市 | 新郑市 | 登封市 |
|---|---|---|---|---|---|---|---|---|
| 其它食品 | 元 | 94.07 | 124.3 | 72.57 | 61.63 | 84.91 | 12.71 | 69.29 |
| 饮食服务 | 元 | 1307.58 | 700.07 | 959.4 | 1539.9 | 1479.52 | 793.88 | 743.73 |
| 食品加工服务费 | 元 | 0.94 |  | 0.65 | 0.4 | 0.35 | 1.53 | 0.49 |
| 在外饮食 | 元 | 1306.64 | 700.07 | 958.75 | 1539.49 | 1479.16 | 792.35 | 743.25 |
| **衣着** | **元** | **2586.2** | **1612.46** | **2074.74** | **2378.4** | **2529.2** | **2232.75** | **2361.24** |
| 服装 | 元/件 | 191.35 | 153.36 | 154.03 | 137.32 | 174.58 | 160.97 | 190.88 |
| 数量 | 件 | 9.85 | 8.48 | 9.85 | 13.17 | 9.78 | 9.84 | 8.97 |
| 金额 | 元 | 1885.21 | 1300.85 | 1517.89 | 1808.5 | 1708.01 | 1583.93 | 1711.96 |
| 衣着材料 | 元 | 9.58 |  | 6.94 | 9.28 | 2.99 | 2.48 | 1.67 |
| 鞋类 | 元/双 | 161.16 | 108.64 | 134.09 | 120.19 | 169.04 | 120.29 | 147.27 |
| 数量 | 双 | 3.77 | 2.78 | 3.66 | 4.08 | 4.5 | 4.86 | 3.86 |
| 金额 | 元 | 607.97 | 301.46 | 491.16 | 490.64 | 761.1 | 585.18 | 567.81 |
| 其它衣着用品 | 元 | 75.89 | 8.24 | 50.52 | 55.31 | 47.07 | 49.73 | 77.62 |
| 衣着加工服务费 | 元 | 7.54 | 1.9 | 8.23 | 14.67 | 10.04 | 11.43 | 2.18 |
| **居住** | **元** | **1119.59** | **1284.46** | **1161.26** | **1006.36** | **1720.51** | **2180.98** | **1364.46** |
| 住房 | 元 | 316.55 | 776.05 | 493.36 | 130.55 | 1046.74 | 1221.08 | 558.46 |
| 租赁房房租 | 元 | 20.08 | 86.07 |  |  | 51.37 | 3.2 | 90.88 |
| 住房装潢支出 | 元 | 254.11 | 578.64 | 379.93 | 75.78 | 627.49 | 814.89 | 399.17 |
| 维修用建筑材料 | 元 | 41.83 | 111.34 | 110.3 | 54.27 | 362.03 | 402.99 | 65.21 |
| 其它住房支出 | 元 | 0.53 |  | 3.13 | 0.49 | 5.85 |  | 3.21 |
| 水电燃料及其它 | 元 | 737.39 | 487.14 | 618.4 | 808.72 | 609.57 | 892.69 | 749.83 |
| 水 | 元/吨 | 2.4 | 2.35 | 2.02 | 2.21 | 3.02 | 2.34 | 2.61 |
| 数量 | 吨 | 35.63 | 29.94 | 26.4 | 29.92 | 33.24 | 39.73 | 20.93 |
| 金额 | 元 | 85.44 | 70.47 | 53.33 | 66.16 | 100.51 | 92.84 | 54.67 |
| 电 | 元/度 | 0.56 | 0.57 | 0.56 | 0.58 | 0.56 | 0.57 | 0.57 |
| 数量 | 度 | 614.45 | 491.24 | 572.88 | 727.45 | 674.62 | 912.99 | 784.6 |
| 金额 | 元 | 345.46 | 278.19 | 321.01 | 422.72 | 379.49 | 518.63 | 450.62 |
| 燃料 | 元 | 176.22 | 108.44 | 114.81 | 168.4 | 112.61 | 201.11 | 244.41 |
| 煤炭 | 元/千克 | 0.8 | 0.62 | 0.72 | 0.72 | 0.76 | 0.59 | 0.85 |
| 数量 | 千克 | 11.39 | 4.29 | 51.7 | 30.52 | 29.88 | 51.57 | 83.5 |
| 金额 | 元 | 9.08 | 2.66 | 37.28 | 21.97 | 22.68 | 30.48 | 71.3 |
| 液化石油气 | 元/千克 | 6.8 | 7.22 | 8.26 | 7.61 | 7.81 | 7.29 | 6.95 |
| 数量 | 千克 | 3.38 | 1.72 | 0.56 | 9.5 | 11.44 | 17.46 | 22.1 |
| 金额 | 元 | 22.97 | 12.43 | 4.62 | 72.37 | 89.36 | 127.32 | 153.53 |
| 管道天然气 | 元/立方米 | 2.26 | 2.22 |  | 2.25 | 2.5 | 1.68 | 19.08 |
| 数量 | 立方米 | 61.34 | 39.05 |  | 8.83 | 0.23 | 25.82 | 0.55 |

5-4 续表4 (2012年)

| 项　目 | 单位 | 全市 | 中牟县 | 巩义市 | 荥阳市 | 新密市 | 新郑市 | 登封市 |
|---|---|---|---|---|---|---|---|---|
| 金额 | 元 | 138.4 | 86.62 | | 19.88 | 0.57 | 43.31 | 10.54 |
| 其它燃料 | 元 | 0.4 | | 0.13 | | | | 2.51 |
| 取暖费 | 元 | 124.6 | 30.04 | 78.74 | 96.71 | 10.65 | 58.17 | 0.11 |
| 其它相关支出 | 元 | 5.67 | | 50.53 | 54.74 | 6.31 | 21.94 | 0.02 |
| 居住服务费 | 元 | 65.65 | 21.27 | 49.5 | 67.1 | 64.21 | 67.21 | 56.16 |
| 物业管理费 | 元 | 56.96 | 21.27 | 37.76 | 62.79 | 9.25 | 23.32 | 13.7 |
| 维修服务费 | 元 | 5.78 | | 9.41 | 2.08 | 54.55 | 43.5 | 36.2 |
| 其它居住服务费 | 元 | 2.91 | | 2.33 | 2.23 | 0.41 | 0.39 | 6.26 |
| **家庭设备用品及服务** | **元** | **1384.04** | **918.38** | **861.23** | **1176.69** | **2061.86** | **1714.21** | **1638.66** |
| 耐用消费品 | 元 | 560.03 | 578.13 | 303.9 | 589.61 | 1081.16 | 1042.25 | 979.94 |
| 家具 | 元 | 155.77 | 237.56 | 92.47 | 206.14 | 553.94 | 390.89 | 152.7 |
| 家庭设备 | 元 | 404.27 | 340.57 | 211.43 | 383.47 | 527.22 | 651.36 | 827.24 |
| 洗衣机 | 元/台 | 1595.86 | 2332.67 | 600 | 1540.98 | 2362.35 | 2454.44 | 1776.83 |
| 数量 | 台 | 7.3 | 3 | 2 | 5.13 | 5.11 | 18 | 12 |
| 金额 | 元 | 40.5 | 24.99 | 3.99 | 25.91 | 34.57 | 157.22 | 60.4 |
| 电冰箱 | 元/台 | 2378.87 | 3031.33 | 1892.5 | 2489.68 | 3663.75 | 2225 | 3239.55 |
| 数量 | 台 | 5.4 | 6 | 4.01 | 3.12 | 8.01 | 6 | 11 |
| 金额 | 元 | 44.68 | 64.96 | 25.18 | 25.45 | 84.11 | 47.51 | 100.95 |
| 微波炉 | 元/台 | 883.53 | 480 | 440 | 1690 | 1347.6 | 775.29 | 1374.5 |
| 数量 | 台 | 2.55 | 1 | 2 | 1.01 | 5.01 | 7 | 6 |
| 金额 | 元 | 7.83 | 1.71 | 2.93 | 5.57 | 19.34 | 19.31 | 23.36 |
| 空调器 | 元/台 | 3241.07 | 2804.88 | 3059.57 | 4149.5 | 4216.84 | 3495.53 | 3700.59 |
| 数量 | 台 | 11.66 | 8 | 7.01 | 12.17 | 23.13 | 19 | 34 |
| 金额 | 元 | 131.36 | 80.14 | 71.24 | 165.56 | 279.53 | 236.35 | 356.43 |
| 淋浴热水器 | 元/台 | 1501.26 | 1930 | 1683.33 | 1428.57 | 5145 | 1260.14 | 2317.33 |
| 数量 | 台 | 7.9 | 2 | 6.01 | 14.08 | 4.01 | 14 | 9 |
| 金额 | 元 | 41.21 | 13.79 | 33.6 | 65.95 | 59.06 | 62.78 | 59.08 |
| 消毒碗柜 | 元/台 | 1004 | 600 | | | | | |
| 数量 | 台 | 1.23 | 1 | | | | | |
| 金额 | 元 | 4.28 | 2.14 | | | | | |
| 其它家庭设备 | 元 | 133.71 | 152.84 | 74.49 | 95.03 | 50.61 | 128.18 | 227.02 |
| 室内装饰品 | 元 | 32.61 | | 14.97 | 20.1 | 334.31 | 6.6 | 14.79 |
| 床上用品 | 元 | 171.06 | 143.42 | 91.44 | 127.59 | 298.1 | 156.59 | 200.88 |
| 家庭日用杂品 | 元 | 567.66 | 145.58 | 390.67 | 382.48 | 322.16 | 487.74 | 401.11 |
| 家具材料 | 元 | 11.6 | 51.25 | 15.85 | | 8.36 | 0.9 | 17.71 |
| 家庭服务 | 元 | 41.08 | | 44.4 | 56.92 | 17.77 | 20.13 | 24.23 |

5-4 续表 5 （2012 年）

| 项　　目 | 单位 | 全市 | 中牟县 | 巩义市 | 荥阳市 | 新密市 | 新郑市 | 登封市 |
|---|---|---|---|---|---|---|---|---|
| 家政服务 | 元 | 21.32 | | 10.42 | 38.63 | 3.2 | 3.63 | 0.33 |
| 加工维修服务费 | 元 | 19.76 | | 33.97 | 18.29 | 14.57 | 16.5 | 23.9 |
| **医疗保健** | **元** | **1171.78** | **989.98** | **583.16** | **925.94** | **1678.97** | **1332.8** | **949.74** |
| 医疗器具 | 元 | 11.07 | 0.91 | 1.48 | 17.41 | 22.96 | 0.35 | 45.68 |
| 保健器具 | 元 | 33.26 | 1.43 | 3.35 | 23.51 | 73.66 | 115.98 | 78.22 |
| 药品费 | 元 | 587.5 | 317.59 | 212.63 | 597.13 | 666.62 | 365.98 | 433.46 |
| 滋补保健品 | 元 | 138.53 | 0.81 | 62.1 | 33.86 | 201.22 | 87.38 | 28.87 |
| 医疗费 | 元 | 392.91 | 644.5 | 302.24 | 254.02 | 709.71 | 746.58 | 224.49 |
| 其它医疗保健支出 | 元 | 8.52 | 24.73 | 1.36 | 0.01 | 4.79 | 16.52 | 139.02 |
| **交通和通讯** | **元** | **1956** | **2354.99** | **2892.59** | **2361.3** | **2613.7** | **3107.3** | **1834.79** |
| 交通 | 元 | 1204.26 | 1802.92 | 2271.34 | 1648.35 | 1738.8 | 2004.45 | 961.63 |
| 家庭交通工具 | 元 | 813.27 | 1507.05 | 1703.34 | 943.62 | 1114.07 | 1509.72 | 436.68 |
| 摩托车 | 元/辆 | 4695.46 | | 4200 | 5800 | 5133.33 | 2650 | 4515 |
| 数量 | 辆 | 0.37 | | 1 | 1.01 | 9.01 | 1 | 8 |
| 金额 | 元 | 5.99 | | 13.97 | 19.12 | 132.58 | 9.43 | 102.32 |
| 助力车 | 元/辆 | 2600.36 | 2520.98 | | 2203.8 | 2640 | 2474.67 | 2042.35 |
| 数量 | 辆 | 9.89 | 60 | | 7.14 | 4.01 | 15 | 17 |
| 金额 | 元 | 89.39 | 540.21 | | 51.59 | 30.3 | 132.1 | 98.36 |
| 家用汽车 | 元/辆 | 90940.29 | 80666.67 | 126325 | 86300 | 36666.67 | 94725 | 39000 |
| 数量 | 辆 | 2.18 | 3 | 4.01 | 3.02 | 9.01 | 4 | 2 |
| 金额 | 元 | 688.31 | 864.29 | 1680.83 | 853.68 | 946.98 | 1348.4 | 220.96 |
| 其它交通工具 | 元 | 29.58 | 102.55 | 8.54 | 19.22 | 4.21 | 19.79 | 15.04 |
| 车辆用燃料及零配件 | 元 | 184.79 | 145.64 | 240.16 | 422.94 | 297.49 | 361.17 | 360.44 |
| 燃料 | 元 | 171.51 | 145.64 | 221.82 | 374.81 | 254.38 | 329.66 | 354.71 |
| 零配件 | 元 | 10.77 | | 9.75 | 44.09 | 6.54 | 25.31 | 1.86 |
| 其它 | 元 | 2.51 | | 8.6 | 4.05 | 36.57 | 6.2 | 3.88 |
| 交通工具服务支出 | 元 | 69.67 | 89.38 | 187.27 | 161.51 | 151.85 | 56.59 | 103.79 |
| 维修费 | 元 | 43.01 | 89.38 | 26.07 | 56.13 | 136.48 | 22.41 | 71.54 |
| 车辆使用税费 | 元 | 21.61 | | 160.26 | 91.54 | 15.09 | 5.82 | 18.64 |
| 其它车辆使用费用 | 元 | 5.06 | | 0.93 | 13.84 | 0.27 | 28.36 | 13.61 |
| 交通费 | 元 | 136.52 | 60.85 | 140.57 | 120.28 | 175.39 | 76.98 | 60.71 |
| 飞机 | 元 | 21.91 | 20.2 | 3.19 | 31.46 | 82.06 | 44.56 | 7.1 |
| 火车 | 元 | 36.74 | 6.38 | 31.74 | 24.03 | 13.13 | 7.37 | 1.55 |
| 长途汽车 | 元 | 14.44 | 0.89 | 19.45 | 15.75 | 23.78 | 12.53 | 22.15 |
| 市内公共交通 | 元 | 30.62 | 0.33 | 41.28 | 12.54 | 33.45 | 2.74 | 7.54 |
| 出租汽车费 | 元 | 32.08 | 10.15 | 37.24 | 36.36 | 18.34 | 8.87 | 15.04 |

| 项　　目 | 单位 | 全市 | 中牟县 | 巩义市 | 荥阳市 | 新密市 | 新郑市 | 登封市 |
|---|---|---|---|---|---|---|---|---|
| 其它交通费 | 元 | 0.73 | 22.9 | 7.67 | 0.14 | 4.62 | 0.92 | 7.33 |
| 通信 | 元 | 751.74 | 552.06 | 621.26 | 712.94 | 874.9 | 1102.85 | 873.17 |
| 通信工具 | 元 | 222.09 | 156.89 | 208.9 | 160.09 | 325.23 | 318.4 | 244.43 |
| 电话机 | 元/部 | 200.54 | 100 | 46.67 | 90.5 | 1021.14 | 335.8 | 140 |
| 数量 | 部 | 4.25 | 1 | 3 |  | 7.01 | 5 | 3 |
| 金额 | 元 | 2.96 | 0.36 | 0.47 | 0.33 | 20.51 | 5.98 | 1.19 |
| 移动电话 | 元/部 | 1620.85 | 1441.6 | 1569.46 | 1122.75 | 2234.49 | 1687.63 | 1339.38 |
| 数量 | 部 | 38.16 | 30 | 39.06 | 42.45 | 47.07 | 52 | 64 |
| 金额 | 元 | 215.03 | 154.46 | 203.61 | 156.23 | 301.37 | 312.3 | 242.83 |
| 其它通信工具 | 元 | 4.1 | 2.07 | 4.83 | 3.53 | 3.34 | 0.12 | 0.41 |
| 通信服务 | 元 | 529.65 | 395.18 | 412.35 | 552.86 | 549.67 | 784.45 | 628.73 |
| 电信费 | 元 | 524.85 | 395.18 | 408.36 | 548.04 | 543.03 | 782.18 | 626.69 |
| #上网费 | 元 | 100 | 64.14 | 86.19 | 95.78 | 68.5 | 139.51 | 117.25 |
| 邮费 | 元 | 1.18 |  | 1.66 | 1.71 | 0.99 | 0.1 |  |
| 其它通信服务费 | 元 | 3.62 |  | 2.33 | 3.1 | 5.66 | 2.17 | 2.05 |
| **教育文化娱乐服务** | **元** | **1797.24** | **1352.43** | **1169.36** | **1486.12** | **2425.24** | **1527.02** | **1333.86** |
| 文化娱乐用品 | 元 | 418.59 | 308.68 | 294.23 | 389.22 | 827.39 | 398.72 | 272.37 |
| 彩色电视机 | 元/台 | 3395.1 | 3476.73 | 5033.33 | 5667.7 | 7249.5 | 3455.33 | 3110 |
| 数量 | 台 | 5.33 | 11 | 3 | 6.14 | 2 | 9 | 6 |
| 金额 | 元 | 62.86 | 136.59 | 50.23 | 114 | 41.61 | 110.67 | 52.86 |
| 家用电脑 | 元 | 84.68 | 53.05 | 61.89 | 75.74 | 220.09 | 102.28 | 89.03 |
| 购买整机 | 元/台 | 4051.62 | 2922.2 | 3445 | 2785.57 | 4987.33 | 4550 | 2936 |
| 数量 | 台 | 5.18 | 5 | 4.01 | 7.04 | 15.02 | 6 | 10 |
| 金额 | 元 | 73.01 | 52.18 | 45.84 | 64.29 | 214.68 | 97.15 | 83.17 |
| 计算机外部设备 | 元 | 4.87 | 0.87 | 10.54 | 6.12 | 0.14 | 2.85 | 3.97 |
| 各种零配件及耗材 | 元 | 6.8 |  | 5.52 | 5.32 | 5.27 | 2.28 | 1.89 |
| 照相机 | 元/架 | 1819.44 | 2286.67 | 1100 | 1875 | 3241.76 | 950 | 2120 |
| 数量 | 架 | 7.16 | 3 | 1 | 2.01 | 17.03 | 1 | 5 |
| 金额 | 元 | 45.29 | 24.5 | 3.66 | 12.37 | 158.15 | 3.38 | 30.03 |
| 其它中高档乐器 | 元/件 | 1591.59 |  |  | 1000 |  |  | 1500 |
| 数量 | 件 | 0.35 |  |  | 1.01 |  |  | 1 |
| 金额 | 元 | 1.96 |  |  | 3.3 |  |  | 4.25 |
| 健身器材 | 元/件 | 1761.24 | 125 |  | 5400 | 2336.07 | 14900 | 100 |
| 数量 | 件 | 1.75 | 2 |  | 1.01 | 14.02 | 2 | 1 |
| 金额 | 元 | 10.71 | 0.89 |  | 17.81 | 93.85 | 106.05 | 0.28 |
| 电子辞典 | 元/部 | 1483.7 | 850 |  |  | 1780 | 830 |  |
| 数量 | 部 | 1.08 | 2 |  |  | 7.01 | 2 |  |
| 金额 | 元 | 5.56 | 6.07 |  |  | 35.76 | 5.91 |  |

5-4 续表 7 （2012 年）

| 项　　目 | 单位 | 全市 | 中牟县 | 巩义市 | 荥阳市 | 新密市 | 新郑市 | 登封市 |
|---|---|---|---|---|---|---|---|---|
| 音像制品及软件 | 元 | 2.87 | 3.11 | 1.32 | 0.79 | 2.49 | 4.29 | 5.16 |
| 体育用品 | 元 | 9.25 | 2.68 | 7.32 | 6.61 | 2.87 | 2.38 | 1.78 |
| 书报杂志 | 元 | 49.59 | 1.07 | 23.63 | 15.16 | 27.27 | 11.15 | 33.7 |
| 纸张文具 | 元 | 21.67 | 77.37 | 21.02 | 27.45 | 27.33 | 9.1 | 23.82 |
| 其它文娱用品 | 元 | 105.59 | 2.5 | 125.17 | 111.98 | 77.38 | 43.44 | 31.46 |
| 文化娱乐服务 | 元 | 815.96 | 624.6 | 444.81 | 352.15 | 1122.34 | 741.98 | 145.43 |
| 参观游览 | 元 | 241.36 | 17.06 | 36.49 | 36.06 | 395.24 | 81.51 | 40.05 |
| 健身活动 | 元 | 31.57 |  | 5.05 | 5.51 | 43.76 | 0.07 | 0.95 |
| 团体旅游 | 元 | 442.33 | 485.85 | 297.06 | 231.27 | 548.52 | 607.07 | 60.06 |
| 其它文娱活动 | 元 | 95.72 | 121.69 | 90.99 | 77.38 | 120.11 | 47.93 | 43.46 |
| 文娱用品修理服务费 | 元 | 4.98 |  | 15.22 | 1.95 | 14.71 | 5.39 | 0.92 |
| 教育 | 元 | 562.69 | 419.15 | 430.31 | 744.75 | 475.51 | 386.32 | 916.06 |
| 教材 | 元 | 29.1 |  | 17.94 | 68.47 | 99.88 | 11.59 | 6.86 |
| 课本及参考书 | 元 | 21.38 |  | 16.61 | 68.47 | 42.38 | 9.37 | 5.37 |
| 教育软件 | 元 | 4.24 |  |  |  | 9.99 |  | 0.18 |
| 其它教材 | 元 | 3.47 |  | 1.33 |  | 47.52 | 2.22 | 1.31 |
| 教育费用 | 元 | 533.59 | 419.15 | 412.37 | 676.28 | 375.62 | 374.73 | 909.2 |
| 非义务教育学杂费 | 元 | 113.44 | 169.18 | 80.46 | 136.7 | 137.7 | 1.01 | 210.88 |
| 义务教育学杂费 | 元 | 1.2 |  | 26.88 |  |  | 0.71 |  |
| 托幼费 | 元 | 77.51 | 38.4 | 103.11 | 112.47 | 23.1 | 102.39 | 67.35 |
| 成人教育费 | 元 | 27.53 | 13.21 | 48.93 | 126.79 | 114.1 | 14.23 | 193.51 |
| 家教费 | 元 | 27.33 | 10.36 |  | 4.98 |  | 1.78 | 24.9 |
| 培训班 | 元 | 226.93 | 186.82 | 124.97 | 255.54 | 85.58 | 69.11 | 166.88 |
| 学校住宿费 | 元 | 26.99 |  | 10.45 | 14.67 | 8.48 |  | 48.97 |
| 其它教育费用 | 元 | 32.66 | 1.18 | 17.57 | 25.14 | 6.67 | 185.49 | 196.7 |
| **其它商品和服务** | **元** | **827.6** | **353.73** | **354.64** | **728.4** | **1411.49** | **864.38** | **604.22** |
| 其它商品 | 元 | 635.92 | 218.28 | 226.04 | 505.88 | 996.88 | 591.26 | 447.81 |
| 金银珠宝饰品 | 元 | 262.86 | 67.35 | 82.42 | 208.47 | 563.35 | 297.82 | 212.13 |
| 手表 | 元/只 | 1391.06 | 823.88 | 112.67 | 885.5 | 2219.42 | 419.6 | 626.17 |
| 数量 | 只 | 0.07 | 0.06 | 0.02 | 0.03 | 0.07 | 0.02 | 0.07 |
| 金额 | 元 | 91.21 | 50.02 | 2.25 | 23.36 | 152.85 | 7.47 | 40.8 |
| 理发美容用具 | 元 | 9.44 | 0.16 | 8.21 | 1.67 | 31.54 | 3.08 | 11.62 |
| 化妆品 | 元 | 207.54 | 78.26 | 120.67 | 202.8 | 234.13 | 271.31 | 163.7 |
| 其它杂品 | 元 | 64.87 | 22.48 | 12.49 | 69.59 | 15 | 11.58 | 19.56 |
| 服务 | 元 | 191.68 | 135.45 | 128.6 | 222.52 | 414.61 | 273.12 | 156.41 |
| 旅馆住宿费 | 元 | 20.4 |  | 6.63 | 29.03 | 17.84 | 18.72 | 3.48 |
| 理发洗澡费 | 元 | 73.01 | 132.23 | 80.59 | 139.45 | 129.42 | 177.63 | 119.19 |
| 美容费 | 元 | 62.5 |  | 28.05 | 34.81 | 253.07 | 60.2 | 29.49 |
| 其它服务 | 元 | 35.76 | 3.23 | 13.33 | 19.23 | 14.27 | 16.57 | 4.25 |

# 5-5 全市及县(市)城镇居民家庭年人均实物收入

(2012 年)

单位:元

| 项　　目 | 全市 | 中牟县 | 巩义市 | 荥阳市 | 新密市 | 新郑市 | 登封市 |
|---|---|---|---|---|---|---|---|
| **非现金(实物与服务)收入总计** | **131.72** | **127.63** | **213.97** | **362.68** | **304.25** | **167.08** | **1.98** |
| **食品** | **72.94** | **127.63** | **154.84** | **262.07** | **225.82** | **64.89** | **1.98** |
| 粮油类 | 13.45 | 16.55 | 28.78 | 72.32 | 42.65 | 18.29 | |
| 肉禽蛋水产品类 | 10.8 | 15.82 | 6.2 | 29.59 | 14.87 | 5.24 | 1.31 |
| 蔬菜类 | 2.63 | 17.55 | 6.67 | 8.53 | 2.78 | 0.91 | |
| 糖烟酒饮料类 | 19.56 | 25.52 | 43.13 | 46.88 | 95.81 | 19.04 | |
| 干鲜瓜果类 | 7.16 | 9.48 | 11.99 | 36.72 | 26.41 | 3.53 | 0.42 |
| 糕点、奶及奶制品 | 10.31 | 16.38 | 22.66 | 44.61 | 34.01 | 17.04 | 0.25 |
| 其它食品 | 3.11 | 25.26 | 0.59 | 4.82 | 7.56 | 0.41 | |
| 饮食服务 | 5.94 | 1.07 | 34.83 | 18.6 | 1.72 | 0.43 | |
| **衣着** | **3.74** | | **10.23** | **27.86** | **11.63** | **1.67** | |
| **居住** | **0.11** | | | | | | |
| 水电燃料及其它 | 0.11 | | | | | | |
| **家庭设备用品及服务** | **0.99** | | **2.53** | **16.29** | **5.8** | **1.6** | |
| **医疗保健** | **48.84** | | **24.59** | **41.03** | **39.07** | **69.38** | |
| 医疗器具 | 0.79 | | | | | | |
| 保健用品 | 0.3 | | | | 4.94 | | |
| 药品费 | 34.91 | | 20.7 | 40.3 | 26.92 | 60.81 | |
| 滋补保健品 | 2.74 | | | 0.73 | 7.22 | 8.57 | |
| 医疗费 | 10.09 | | 3.48 | | | | |
| 其它医疗保健 | 0.01 | | 0.41 | | | | |
| **交通和通讯** | **1.08** | | **0.5** | **1.67** | **1.72** | | |
| 交通 | 0.04 | | | 1.67 | | | |
| 通信 | 1.04 | | 0.5 | | 1.72 | | |
| **教育文化娱乐服务** | **1.61** | | **18.63** | **7.79** | **0.86** | **12.1** | |
| 文化娱乐用品 | 0.54 | | | 6.8 | | | |
| 文化娱乐服务 | 1.07 | | 18.63 | 0.99 | 0.86 | 12.1 | |
| **其它商品和服务** | **2.41** | | **2.66** | **5.98** | **19.34** | **17.44** | |

# 5-6 全市及县(市)城镇居民家庭每百户年末主要耐用消费品拥有量

(2012年)

| 项　　目 | 单位 | 全市 | 中牟县 | 巩义市 | 荥阳市 | 新密市 | 新郑市 | 登封市 |
|---|---|---|---|---|---|---|---|---|
| 摩托车 | 辆 | 6.19 | 20 | 42 | 16 | 22 | 23 | 80 |
| 助力车 | 辆 | 60.76 | 59 | 13 | 79 | 14 | 83 | 18 |
| 家用汽车 | 辆 | 17.44 | 16 | 24 | 20 | 39 | 24 | 33 |
| 洗衣机 | 台 | 98.88 | 97 | 101 | 107 | 103 | 108 | 102 |
| 电冰箱 | 台 | 99.03 | 96 | 99 | 101 | 95 | 100 | 95 |
| 彩色电视机 | 台 | 119.48 | 115 | 123 | 139 | 138 | 149 | 126 |
| 家用计算机 | 台 | 76.14 | 66 | 91 | 89 | 90 | 79 | 86 |
| 组合音响 | 套 | 15.8 | 27 | 12 | 28 | 15 | 17 | 32 |
| 摄像机 | 架 | 8.14 | 1 | 5 | 9 | 3 | 4 | 17 |
| 照相机 | 架 | 48.78 | 22 | 38 | 51 | 60 | 29 | 49 |
| 钢琴 | 架 | 1.62 | 2 | 1 | 1 | 8 |  |  |
| 其它中高档乐器 | 件 | 1.45 | 3 | 3 | 4 | 1 | 2 | 2 |
| 微波炉 | 台 | 59.16 | 47 | 40 | 54 | 42 | 48 | 29 |
| 空调器 | 台 | 147.6 | 99 | 170 | 197 | 152 | 157 | 109 |
| 淋浴热水器 | 台 | 88.3 | 92 | 63 | 78 | 90 | 86 | 42 |
| 消毒碗柜 | 台 | 10.34 | 5 | 6 | 13 | 10 | 10 | 12 |
| 洗碗机 | 台 | 0.14 |  |  | 2 | 2 |  | 1 |
| 健身器材 | 套 | 2.58 | 4 | 3 | 4 | 17 | 1 | 2 |
| 固定电话 | 部 | 64.6 | 30 | 55 | 41 | 48 | 53 | 32 |
| 移动电话 | 部 | 186.24 | 174 | 254 | 257 | 241 | 220 | 218 |

# 5-7　全市及县(市)城镇居民家庭住房情况

(2012年)

| 项　目 | 计量单位 | 全市 | 中牟县 | 巩义市 | 荥阳市 | 新密市 | 新郑市 | 登封市 |
|---|---|---|---|---|---|---|---|---|
| 家庭居住人口 | 人 | 2.87 | 2.8 | 3.01 | 3.03 | 3.49 | 2.81 | 3.53 |
| 现住房总建筑面积 | 平方米/人 | 30.99 | 42.61 | 37.91 | 38.75 | 36.61 | 51.21 | 51.29 |
| 房屋产权 | | | | | | | | |
| 租赁公房 | % | 1.48 | | | 1 | | 2 | |
| 租赁私房 | % | 2.97 | 6 | 1 | 1 | 3 | | 1 |
| 原有私房 | % | 5.43 | 8 | 12 | 1 | 8 | 41 | 60 |
| 房改私房 | % | 60.89 | 23 | 16 | 6 | | 9 | 1 |
| 商品房 | % | 28.12 | 55 | 62 | 91 | 88 | 47 | 38 |
| 其它 | % | 0.04 | | 2 | | | | |
| 住宅建筑式样 | | | | | | | | |
| 单栋住宅 | % | 0.13 | | | | 7 | | |
| 四居室 | % | 5.25 | 5 | 11 | 11 | 10 | 8 | 1 |
| 三居室 | % | 39.78 | 63 | 70 | 76 | 71 | 45 | 31 |
| 二居室 | % | 44.91 | 21 | 9 | 11 | 9 | 7 | 2 |
| 一居室 | % | 3.02 | | | 1 | 1 | 2 | 1 |
| 普通楼房 | % | 5.91 | 5 | 10 | 1 | | 1 | 64 |
| 平房及其它 | % | 1 | 6 | | | 2 | 37 | 1 |
| 建筑年份 | % | 17.98 | 12.61 | 16.1 | 14.9 | 14.25 | 13.57 | 13.53 |
| 装修状况 | | | | | | | | |
| 有装修 | % | 59.85 | 29 | 37 | 73 | 63 | 59 | 38 |
| 未装修 | % | 40.15 | 71 | 63 | 27 | 37 | 41 | 62 |
| 如果装修过最近一次装修年份 | 年 | 7.1 | 1.83 | 2.84 | 6.26 | 6.06 | 4.65 | 3.42 |
| 如果装修过最近一次装修花费 | 元 | 15430 | 7020 | 13049 | 23250 | 22252 | 16458 | 11820 |
| 现有住房按市场价估计值 | 元 | 345928 | 233700 | 183560 | 184700 | 155120 | 271600 | 307900 |
| 租赁房房租 | 元 | 20 | 16 | 2 | 8 | 33 | 4 | 5 |
| 现住房房租折算 | 元 | 876 | 296 | 484 | 612 | 551 | 373 | 847 |
| 购房时间 | 年 | 12.39 | 8.21 | 11.58 | 11.51 | 11.17 | 5.85 | 4.37 |
| 购房总金额 | 元 | 94322 | 63280 | 75030 | 96710 | 77230 | 80233 | 50020 |
| 购房实际支出金额 | 元 | 93884 | 63280 | 74930 | 96710 | 77180 | 78583 | 50020 |
| 饮水情况 | | | | | | | | |
| 自来水 | % | 96.05 | 99 | 98 | 84 | 76 | 88 | 47 |
| 矿泉水 | % | 1.5 | 1 | | 2 | 7 | | 3 |
| 纯净水 | % | 1.39 | | 2 | 14 | 17 | 8 | 3 |

5-7 续表 （2012 年）

| 项　　目 | 计量单位 | 全市 | 中牟县 | 巩义市 | 荥阳市 | 新密市 | 新郑市 | 登封市 |
|---|---|---|---|---|---|---|---|---|
| 井、河水 | % | 1.07 | | | | | 4 | 47 |
| 用水情况 | | | | | | | | |
| 独用自来水 | % | 98.96 | 100 | 100 | 100 | 100 | 98 | 52 |
| 公用自来水 | % | | | | | | | |
| 井、河水 | % | 1.04 | | | | | 2 | 48 |
| 卫生设备 | | | | | | | | |
| 有厕所浴室 | % | 88.98 | 92 | 58 | 95 | 87 | 87 | 79 |
| 有厕所无浴室 | % | 9.32 | 8 | 42 | 5 | 13 | 13 | 21 |
| 公用 | % | 1.7 | | | | | | |
| 取暖设备 | | | | | | | | |
| 无取暖设备 | % | 0.64 | 9 | | 1 | 5 | 11 | 9 |
| 空调设备 | % | 34.19 | 38 | 41 | 43 | 70 | 44 | 46 |
| 暖气 | % | 47.3 | 27 | 16 | 15 | 5 | 12 | 1 |
| 其它 | % | 17.87 | 26 | 43 | 41 | 20 | 33 | 44 |
| 炊用燃料使用情况 | | | | | | | | |
| 煤炭 | % | 2.27 | 7 | 16 | 1 | 2 | 3 | 17 |
| 罐装液化石油气 | % | 17.29 | 33 | 31 | 51 | 93 | 64 | 81 |
| 管道煤气 | % | 2.1 | | 53 | | | | |
| 管道天然气 | % | 77.85 | 60 | | 45 | 4 | 15 | 2 |
| 其他燃料 | % | 0.49 | | | 3 | 1 | 18 | |
| 除了现住房，还有几处其它住房 | 套 | 0.12 | 0.05 | 0.11 | 0.17 | 0.37 | 0.26 | 0.45 |
| 出租房 | 套 | 0.1 | 0.02 | 0.07 | 0.12 | 0.31 | 0.24 | 0.44 |
| #建筑面积 | 平方米 | 8.03 | 2.16 | 6.12 | 10.67 | 34.65 | 22.42 | 48.5 |
| 偶尔居住房 | 套 | 0.02 | 0.03 | 0.03 | 0.05 | 0.01 | 0.01 | |
| #建筑面积 | 平方米 | 1.45 | 3.58 | 3.3 | 6 | 1.2 | 2.8 | |
| 其它用途房 | 套 | | | 0.01 | | 0.05 | 0.01 | 0.01 |
| #建筑面积 | 平方米 | 0.58 | | 1.17 | | 4.1 | 3.5 | 6 |

# 5-8 全市按相对收入分的城镇居民家庭生活基本情况

（2012 年）

| 指 标 | 单位 | 合计 | 最低10% | 更低5% | 低10% | 较低20% | 中间20% | 较高20% | 高10% | 最高10% | 更高5% |
|---|---|---|---|---|---|---|---|---|---|---|---|
| 调查户数 | 户 | 1200 | 120 | 60 | 120 | 240 | 240 | 240 | 120 | 120 | 60 |
| 现住房总建筑面积 | 平方米/人 | 30.99 | 22.58 | 21.16 | 28.03 | 28.84 | 30.7 | 31.98 | 31.96 | 42.32 | 44.02 |
| 家庭人口数 | 人 | 2.88 | 3.26 | 3.39 | 3.3 | 3.07 | 3.02 | 2.81 | 2.73 | 2.23 | 2.12 |
| 有收入者人数 | 人 | 2.14 | 1.86 | 1.75 | 2.04 | 2.09 | 2.23 | 2.22 | 2.26 | 2.08 | 2.04 |
| 就业人口数 | 人 | 1.45 | 1.4 | 1.33 | 1.66 | 1.68 | 1.56 | 1.42 | 1.42 | 1.07 | 1.12 |
| 国有经济单位职工人数 | 人 | 0.66 | 0.58 | 0.4 | 0.73 | 0.66 | 0.74 | 0.67 | 0.67 | 0.53 | 0.55 |
| 城镇集体经济单位职工人数 | 人 | 0.07 | 0.06 | 0.06 | 0.1 | 0.06 | 0.05 | 0.09 | 0.1 | 0.04 | 0.06 |
| 其它经济类型单位职工人数 | 人 | 0.14 | 0.21 | 0.21 | 0.12 | 0.19 | 0.19 | 0.13 | 0.11 | 0.04 | 0.02 |
| 城镇个体或私营企业主人数 | 人 | 0.22 | 0.14 | 0.17 | 0.19 | 0.22 | 0.21 | 0.28 | 0.23 | 0.16 | 0.17 |
| 城镇个体或私营企业被雇人数 | 人 | 0.22 | 0.25 | 0.23 | 0.31 | 0.42 | 0.22 | 0.13 | 0.2 | 0.06 | 0.04 |
| 离退休再就业人数 | 人 | 0.05 | | | | 0.01 | 0.06 | 0.03 | 0.06 | 0.15 | 0.2 |
| 其它就业人数 | 人 | 0.1 | 0.16 | 0.25 | 0.22 | 0.1 | 0.11 | 0.08 | 0.05 | 0.09 | 0.09 |
| 离退休人数 | 人 | 0.66 | 0.42 | 0.37 | 0.37 | 0.37 | 0.65 | 0.78 | 0.82 | 1 | 0.9 |
| 其它有收入者人数 | 人 | 0.02 | 0.05 | 0.06 | 0.01 | 0.04 | 0.01 | 0.02 | 0.01 | 0.01 | 0.02 |
| 无收入者人数 | 人 | 0.74 | 1.4 | 1.64 | 1.25 | 0.98 | 0.79 | 0.59 | 0.48 | 0.15 | 0.08 |
| 在外就学人数 | 人 | 0.02 | 0.01 | 0.01 | 0.02 | 0.02 | 0.02 | 0.05 | 0.01 | 0.02 | 0.02 |
| 非家庭人口在家用餐 | 人次 | 1.63 | 0.64 | 0.88 | 0.61 | 0.91 | 1.42 | 1.93 | 1.56 | 3.57 | 3.03 |
| 家庭人口在外用餐 | 人次 | 3.57 | 1.57 | 1.93 | 2.17 | 3.04 | 3.38 | 4.04 | 3.45 | 5.92 | 5.44 |
| 家庭总收入 | 元 | 26195 | 10407 | 8433 | 15037 | 18304 | 22807 | 28659 | 34673 | 53226 | 64184 |
| #可支配收入 | 元 | 24246 | 9341 | 7610 | 13499 | 16715 | 21190 | 26582 | 32759 | 50979 | 61861 |
| 家庭总支出 | 元 | 20157 | 9563 | 8349 | 13426 | 17040 | 17796 | 21804 | 25417 | 34775 | 36815 |
| 消费支出 | 元 | 16610 | 7976 | 6986 | 10575 | 14277 | 14927 | 17961 | 21531 | 27373 | 30262 |
| #服务性消费支出 | 元 | 3560 | 1613 | 1514 | 2556 | 3070 | 3147 | 3716 | 4705 | 5937 | 6176 |
| 通过互联网购买商品或服务支出 | 元 | 20.88 | 39.62 | 50.55 | 39.87 | 27.97 | 6.51 | 9.7 | 1.96 | 46.46 | 59.49 |
| 旅游人次 | 人次 | 1.28 | 0.88 | 1.24 | 0.87 | 1.54 | 1.2 | 1.25 | 1.3 | 1.61 | 1.21 |
| 旅游花费总额 | 元 | 447.64 | 124.74 | 175.84 | 189.45 | 445.07 | 305.06 | 409.41 | 725.07 | 922.17 | 820.11 |

# 5-9 全市按相对收入分的城镇居民家庭年人均收入情况

（2012 年）

单位:元

| 指　　标 | 合计 | 最低10% | 更低5% | 低10% | 较低20% | 中间20% | 较高20% | 高10% | 最高10% | 更高5% |
|---|---|---|---|---|---|---|---|---|---|---|
| 期初手存现金 | 1595.17 | 1164.72 | 1039.19 | 1527.46 | 1230.53 | 1584.25 | 1365.01 | 2157.99 | 2411.72 | 2648.43 |
| 家庭总收入 | 26194.82 | 10407.32 | 8432.62 | 15036.98 | 18303.69 | 22806.73 | 28659.09 | 34673.26 | 53225.82 | 64183.78 |
| #可支配收入 | 24246 | 9340.56 | 7609.74 | 13499.18 | 16715.24 | 21190.09 | 26581.78 | 32758.82 | 50979.28 | 61861.08 |
| 工资性收入 | 14264.75 | 6993.46 | 5489.37 | 10716.79 | 12759.3 | 13602.1 | 15195 | 18886.49 | 19807.6 | 22901.18 |
| 工资及补贴收入 | 14010.76 | 6920.18 | 5451.11 | 10534.7 | 12573.18 | 13353.3 | 15035.88 | 18397.52 | 19319.26 | 22125.41 |
| 其它劳动收入 | 253.99 | 73.28 | 38.26 | 182.09 | 186.12 | 248.81 | 159.11 | 488.96 | 488.34 | 775.77 |
| 经营净收入 | 3708.14 | 763.49 | 797.5 | 1637.02 | 2039.51 | 2536.01 | 4445.48 | 4517.95 | 10426.32 | 16298 |
| 财产性收入 | 579.44 | 35.21 | 23.69 | 351.87 | 300.1 | 583.59 | 492.34 | 541.18 | 1987.08 | 2905.63 |
| 利息收入 | 86.4 | 9.28 | 14.34 | 44.25 | 34.74 | 107.64 | 130.86 | 136.54 | 90.25 | 83.94 |
| 股息与红利收入 | 52.97 | | | 3.38 | 8.86 | 17.25 | 72.39 | 112.54 | 158.51 | 123.62 |
| 保险收益 | 4.39 | | | | 0.08 | | 10.59 | | 20.02 | 37.86 |
| 其它投资收入 | 9.36 | | | 1.73 | | 0.64 | 0.07 | | 86.25 | 163.09 |
| 出租房屋收入 | 352.21 | 24.38 | 9.28 | 263.8 | 251.09 | 452.37 | 277.14 | 288.95 | 987.54 | 1281.22 |
| 转移性收入 | 7642.49 | 2615.16 | 2122.05 | 2331.31 | 3204.78 | 6085.03 | 8526.28 | 10727.64 | 21004.82 | 22078.98 |
| 养老金或离退休金 | 6863.05 | 2385.96 | 1869 | 2188.69 | 2635.63 | 5708.9 | 7775.56 | 9888.01 | 18163.68 | 19771.06 |
| 社会救济收入 | 25.39 | 111.47 | 138.13 | | 77.89 | 1.26 | 0.52 | | 0.39 | 0.74 |
| #最低生活保障收入 | 17.76 | 37.44 | 43.86 | | 77.89 | 0.9 | 0.52 | | 0.39 | 0.74 |
| 保险收入 | 0.06 | | | | | | | | 0.58 | |
| #失业保险金 | 0.06 | | | | | | | | 0.58 | |
| 赡养收入 | 340.2 | 34.1 | 44.03 | 12.42 | 59.28 | 152.14 | 266.73 | 295.13 | 1900.33 | 1599.92 |
| 捐赠收入 | 300.4 | 15.74 | 10.65 | 61.62 | 356.33 | 131.58 | 371.39 | 372.69 | 721.02 | 400.91 |
| 其它转移性收入 | 11.86 | 1 | 1.05 | 2.79 | 0.59 | 6.33 | 15.2 | 1.94 | 64.44 | 120.12 |
| 出售财物收入 | 22.95 | 0.2 | 0.39 | 11.72 | 4.69 | 7.29 | 20.56 | 6.64 | 137.37 | 246.32 |
| 出售住房收入 | 18.03 | | | | | | 20.28 | | 130.04 | 245.89 |
| 出售其它物品收入 | 4.92 | 0.2 | 0.39 | 11.72 | 4.69 | 7.29 | 0.28 | 6.64 | 7.34 | 0.44 |
| 借贷收入 | 3346.53 | 1510.64 | 1447.09 | 2573.74 | 3402.07 | 2410.8 | 2976.41 | 2937.56 | 8527.06 | 9186.64 |
| 提取储蓄存款 | 3124.12 | 1473.83 | 1377.19 | 2571.4 | 3393.19 | 2406.46 | 2969.18 | 2925.62 | 6504.92 | 9186.64 |
| 借入款 | 6.5 | 36.82 | 69.9 | 2.34 | 2.08 | | 2.2 | 11.94 | | |
| 收回借出款 | 3.45 | | | | 6.8 | | 0.68 | | 20.05 | |
| 住房贷款 | 210.87 | | | | | | 0.41 | | 2002.09 | |

# 5-10 全市按相对收入分的城镇居民家庭年人均支出情况

（2012 年）

单位：元

| 指　　标 | 合计 | 最低10% | 更低5% | 低10% | 较低20% | 中间20% | 较高20% | 高10% | 最高10% | 更高5% |
|---|---|---|---|---|---|---|---|---|---|---|
| 家庭总支出 | 20157.47 | 9562.96 | 8348.59 | 13425.55 | 17040.18 | 17795.8 | 21803.53 | 25416.69 | 34774.53 | 36814.61 |
| 消费性支出 | 16609.67 | 7975.75 | 6985.65 | 10574.8 | 14276.5 | 14926.67 | 17960.54 | 21531.09 | 27373.23 | 30262.45 |
| #服务性消费支出 | 3560.23 | 1613.31 | 1514.45 | 2556.13 | 3069.77 | 3146.57 | 3715.79 | 4705.21 | 5936.8 | 6176.31 |
| 通过互联网购买商品或服务支出 | 20.88 | 39.62 | 50.55 | 39.87 | 27.97 | 6.51 | 9.7 | 1.96 | 46.46 | 59.49 |
| 旅游人次 | 1.28 | 0.88 | 1.24 | 0.87 | 1.54 | 1.2 | 1.25 | 1.3 | 1.61 | 1.21 |
| 旅游花费总额 | 447.64 | 124.74 | 175.84 | 189.45 | 445.07 | 305.06 | 409.41 | 725.07 | 922.17 | 820.11 |
| 财产性支出 | 31.67 | 0.35 | 0.67 | 5.3 | 27.49 | 24.34 | 35.56 | 27.33 | 101.39 | 5.75 |
| 非生产性贷款利息支出 | 18.26 |  |  | 4.75 | 26.04 | 14.35 | 23.88 | 27.33 | 17.26 | 5.75 |
| 其它 | 13.42 | 0.35 | 0.67 | 0.55 | 1.45 | 9.99 | 11.68 |  | 84.14 |  |
| 转移性支出 | 1575.25 | 452.79 | 340.95 | 820.96 | 1142.6 | 1326.09 | 1903.89 | 2095.92 | 3062.64 | 3494.21 |
| 交纳所得税 | 48.37 | 1.49 |  | 3.6 | 9.71 | 13.12 | 80.73 | 56.6 | 176.94 | 320.23 |
| 捐赠支出 | 1239.87 | 377.31 | 285.82 | 668.85 | 934.84 | 1086.96 | 1475.65 | 1637.2 | 2304.72 | 2326.19 |
| 购买彩票 | 22.35 | 10.44 | 0.69 | 14.35 | 5.96 | 7.29 | 17.77 | 79.66 | 24.74 | 0.14 |
| 赡养支出 | 156.84 | 55.03 | 46.7 | 79.05 | 140.52 | 152.73 | 212.01 | 209.28 | 172.75 | 218.76 |
| #在外就学子女费用 | 29.97 | 2.92 | 2.26 | 5.6 | 25.02 | 19.12 | 54.74 | 32.14 | 49.59 | 37.59 |
| 各种非储蓄性保险支出 | 48.68 | 4.75 | 2.89 | 7.11 | 23.01 | 19.69 | 79.71 | 49.36 | 152.66 | 274.93 |
| #车辆保险支出 | 17.95 | 0.75 | 1.43 | 1.23 | 1.8 | 3.55 | 67.91 | 2.58 | 18.36 | 23.92 |
| 其它转移性支出 | 59.14 | 3.76 | 4.85 | 48 | 28.57 | 46.29 | 38.02 | 63.82 | 230.84 | 353.96 |
| 社会保障支出 | 1616.27 | 998.38 | 763.68 | 1468.42 | 1503.68 | 1518.7 | 1899.71 | 1762.35 | 1915.23 | 1816.25 |
| 个人交纳的养老基金 | 693.63 | 567.38 | 409.38 | 718.98 | 672.31 | 601.08 | 684.62 | 789.88 | 870.26 | 783.69 |
| 个人交纳的住房公积金 | 670.38 | 317.33 | 242.97 | 448.8 | 589.5 | 692.26 | 912.95 | 736.38 | 717.73 | 657.51 |
| 个人交纳的医疗基金 | 220.63 | 98.58 | 94.84 | 282.86 | 215.05 | 196.65 | 265.46 | 204.64 | 265.09 | 290.06 |
| 个人交纳的失业基金 | 29.75 | 14.51 | 16.31 | 16.03 | 22.77 | 25 | 36.18 | 30.01 | 62.12 | 84.95 |
| 其它社会保障支出 | 1.87 | 0.58 | 0.18 | 1.76 | 4.06 | 3.7 | 0.5 | 1.43 | 0.02 | 0.03 |
| 购房与建房支出 | 324.61 | 135.69 | 257.63 | 556.07 | 89.92 |  | 3.83 |  | 2322.04 | 1235.95 |
| 购房 | 296.76 |  |  | 539.04 | 23.41 |  |  |  | 2322.04 | 1235.95 |
| 借贷支出 | 8234.64 | 1612.31 | 1206.13 | 3648.47 | 3887.03 | 6480.75 | 8841.06 | 10763.09 | 24014.9 | 33158.77 |
| 存入储蓄款 | 8084.98 | 1604.91 | 1205.68 | 3633 | 3707.75 | 6393.59 | 8645.11 | 10580.4 | 23698.75 | 32819.74 |
| 借出款 | 14.07 | 3.42 |  |  | 57.71 | 7.37 | 2.03 |  | 18.2 | 1.52 |
| 归还借款 | 27.06 |  |  | 1.73 | 37.9 | 0.42 | 1.34 | 94.08 | 62.43 | 118.04 |
| 储蓄性保险支出 | 30.96 | 1.7 |  | 2.08 | 44.61 | 47.69 | 19.12 | 3.28 | 95.19 | 168.93 |
| 购买有价证券 | 1.26 |  |  |  |  | 1.08 |  | 7.61 |  |  |
| 其它投资支出 | 0.88 | 2.24 | 0.37 | 0.05 | 0.65 | 0.06 | 2.07 |  | 0.76 | 1.45 |
| 归还住房贷款 | 43.75 |  |  | 10.45 | 38.41 | 30.48 | 25.6 | 77.73 | 136.26 | 42.82 |
| 其它借贷支出 | 0.36 | 0.04 | 0.08 |  |  | 0.05 |  |  | 3.32 | 6.27 |

# 5-11　全市按相对收入分的城镇居民家庭年人均消费情况

（2012 年）

| 指　　标 | 单位 | 合计 | 最低10% | #更低5% | 低10% | 较低20% | 中间20% | 较高20% | 高10% | 最高10% | #更高5% |
|---|---|---|---|---|---|---|---|---|---|---|---|
| **消费支出** | **元** | **16609.67** | **7975.75** | **6985.65** | **10574.8** | **14276.5** | **14926.67** | **17960.54** | **21531.09** | **27373.23** | **30262.45** |
| #服务性消费支出 | 元 | 3560.23 | 1613.31 | 1514.45 | 2556.13 | 3069.77 | 3146.57 | 3715.79 | 4705.21 | 5936.8 | 6176.31 |
| **食品** | **元** | **5767.22** | **3168.63** | **2851.99** | **4093.4** | **5115.07** | **5271.12** | **6486.29** | **6824.21** | **8721.16** | **9335.48** |
| 粮油类 | 元 | 748.05 | 528.38 | 524.98 | 579.55 | 686.05 | 751.31 | 813.69 | 777.18 | 1029.39 | 1033.57 |
| 粮食 | 元 | 450.9 | 336.48 | 336.22 | 348.29 | 426.05 | 446.6 | 475.9 | 464.48 | 628.32 | 633.99 |
| 淀粉及薯类 | 元 | 68.7 | 43.64 | 45.32 | 61.12 | 56.22 | 63.41 | 74.39 | 68.92 | 117.03 | 116.68 |
| 干豆类及豆制品 | 元 | 71.88 | 45.5 | 52.34 | 58 | 69.08 | 75.35 | 77.28 | 75.49 | 92.39 | 94 |
| 油脂类 | 元 | 156.57 | 102.76 | 91.11 | 112.15 | 134.7 | 165.95 | 186.12 | 168.3 | 191.65 | 188.89 |
| 肉禽蛋水产品类 | 元 | 1309.97 | 837.98 | 738.94 | 986.92 | 1180.19 | 1278.03 | 1440.71 | 1475.15 | 1822.16 | 1875.2 |
| 肉类 | 元 | 786.64 | 535.87 | 467.01 | 592.04 | 717.7 | 762.83 | 873.21 | 851.74 | 1085.2 | 1121.79 |
| 禽类 | 元 | 197.94 | 126.46 | 103.72 | 149.6 | 177.19 | 201.44 | 211.41 | 233.02 | 262.57 | 265.17 |
| 蛋类 | 元 | 135.21 | 86.07 | 82.32 | 116.7 | 121.79 | 136 | 147.86 | 141.33 | 185.64 | 210.7 |
| 水产品类 | 元 | 190.18 | 89.58 | 85.88 | 128.58 | 163.51 | 177.76 | 208.24 | 249.06 | 288.76 | 277.54 |
| 蔬菜类 | 元 | 581.76 | 394.9 | 332.68 | 479.21 | 499.76 | 539.84 | 647.14 | 644.37 | 837.85 | 871.04 |
| 鲜菜 | 元/千克 | 4.14 | 3.72 | 3.44 | 4.07 | 4.01 | 4.06 | 4.26 | 4.31 | 4.25 | 4.15 |
| 数量 | 千克 | 127.65 | 99.86 | 90.81 | 108.61 | 115.4 | 120.83 | 136.41 | 136.31 | 172.82 | 177.34 |
| 金额 | 元 | 527.91 | 371.55 | 312.41 | 442.32 | 463.15 | 490.03 | 581.43 | 586.9 | 733.68 | 735.37 |
| 干菜 | 元 | 33.7 | 13.77 | 9.6 | 25.07 | 27.76 | 39.34 | 43.5 | 28.04 | 48.73 | 44.37 |
| 菜制品 | 元 | 20.15 | 9.58 | 10.68 | 11.82 | 8.86 | 10.46 | 22.21 | 29.43 | 55.44 | 91.3 |
| 调味品 | 元 | 92.11 | 60.13 | 63.1 | 66.53 | 79.86 | 100.01 | 100.97 | 105.36 | 116.51 | 134.76 |
| 糖烟酒饮料类 | 元 | 679.5 | 211.01 | 192.82 | 420.98 | 588.58 | 546.41 | 793.98 | 954.26 | 1119.91 | 1177.09 |
| 糖类 | 元 | 42.04 | 21.99 | 20.46 | 25.11 | 39.3 | 40.74 | 54.63 | 44.38 | 53.78 | 55.04 |
| 烟草类 | 元 | 212.75 | 73.37 | 69.3 | 151.1 | 197.91 | 160.63 | 236.98 | 316.7 | 321.1 | 364.14 |
| 酒类 | 元 | 268.72 | 57.79 | 51.1 | 147.61 | 204.73 | 195.79 | 323.28 | 401.74 | 511.92 | 519.62 |
| 饮料 | 元 | 156 | 57.87 | 51.96 | 97.16 | 146.64 | 149.26 | 179.08 | 191.44 | 233.11 | 238.3 |
| 干鲜瓜果类 | 元 | 559.67 | 316.7 | 256.42 | 394.23 | 477.52 | 503.45 | 628.44 | 651.3 | 901.25 | 924.95 |
| 鲜果 | 元/千克 | 6.13 | 5.23 | 5.12 | 6.28 | 6.03 | 6.06 | 6.35 | 6.02 | 6.46 | 6.54 |
| 数量 | 千克 | 49.27 | 33.87 | 27.97 | 36.7 | 44.83 | 44.95 | 51.69 | 57.71 | 73.05 | 75.94 |
| 金额 | 元 | 302.12 | 177.11 | 143.33 | 230.66 | 270.35 | 272.36 | 328.31 | 347.16 | 471.75 | 496.44 |
| 鲜瓜 | 元/千克 | 2.6 | 2.1 | 2.09 | 2.76 | 2.58 | 2.61 | 2.65 | 2.6 | 2.7 | 2.46 |
| 数量 | 千克 | 21.73 | 17.83 | 13.05 | 18.96 | 18.79 | 20.98 | 22.62 | 23 | 30.46 | 31.32 |
| 金额 | 元 | 56.41 | 37.37 | 27.28 | 52.25 | 48.46 | 54.85 | 59.99 | 59.8 | 82.3 | 76.95 |
| 其它干鲜瓜果类及制品 | 元 | 201.14 | 102.22 | 85.81 | 111.32 | 158.71 | 176.24 | 240.14 | 244.35 | 347.2 | 351.56 |
| 糕点、奶及奶制品 | 元 | 394.5 | 222.07 | 214.07 | 265.47 | 387.73 | 337.34 | 413.51 | 477.87 | 625.36 | 726.58 |
| 糕点 | 元/千克 | 18.68 | 18.23 | 16.97 | 19.6 | 18.26 | 16.8 | 19.23 | 18.69 | 19.98 | 20.75 |
| 数量 | 千克 | 6.8 | 4.68 | 4.67 | 4.34 | 6.37 | 6.32 | 7.2 | 7.26 | 10.96 | 12.58 |

5-11 续表1 （2012年）

| 指标 | 单位 | 合计 | 最低10% | #更低5% | 低10% | 较低20% | 中间20% | 较高20% | 高10% | 最高10% | #更高5% |
|---|---|---|---|---|---|---|---|---|---|---|---|
| 金额 | 元 | 126.95 | 85.42 | 79.25 | 85.02 | 116.34 | 106.21 | 138.52 | 135.8 | 218.98 | 261.14 |
| 奶及奶制品 | 元 | 267.55 | 136.65 | 134.83 | 180.45 | 271.39 | 231.12 | 274.99 | 342.07 | 406.38 | 465.43 |
| 其它食品 | 元 | 94.07 | 44.19 | 29.41 | 42.65 | 65.85 | 77.73 | 115.23 | 150.35 | 140.98 | 135.48 |
| 饮食服务 | 元 | 1307.58 | 553.26 | 499.55 | 857.86 | 1149.54 | 1137 | 1532.62 | 1588.37 | 2127.75 | 2456.81 |
| 食品加工服务费 | 元 | 0.94 | 0.38 | 0.09 | 0.85 | 1.48 | 1.49 | 0.67 | 0.86 | 0.46 | 0.07 |
| 在外饮食 | 元 | 1306.64 | 552.89 | 499.45 | 857.01 | 1148.06 | 1135.51 | 1531.95 | 1587.51 | 2127.28 | 2456.74 |
| **衣着** | **元** | **2586.2** | **1272.6** | **1194.29** | **1627.34** | **2378.6** | **2525.1** | **2771.08** | **3544.75** | **3453.99** | **3468.88** |
| 服装 | 元/件 | 191.35 | 153.24 | 158.64 | 176.61 | 178.17 | 191.83 | 195.68 | 208.81 | 203.89 | 239.87 |
| 数量 | 件 | 9.85 | 6.47 | 5.9 | 6.99 | 9.74 | 9.61 | 10.03 | 12.09 | 12.77 | 11.54 |
| 金额 | 元 | 1885.21 | 991.85 | 936.19 | 1234.18 | 1735.07 | 1843.84 | 1962.95 | 2524.79 | 2603.24 | 2767.8 |
| 衣着材料 | 元 | 9.58 | 4.92 | 3.5 | 3.59 | 9.75 | 10.34 | 6.16 | 15.48 | 16.7 | 23.84 |
| 鞋类 | 元/双 | 161.16 | 102.94 | 94.04 | 146.19 | 145.88 | 153.42 | 177.71 | 184.15 | 168.82 | 164.64 |
| 数量 | 双 | 3.77 | 2.37 | 2.3 | 2.4 | 3.84 | 3.89 | 3.98 | 4.64 | 4.42 | 3.72 |
| 金额 | 元 | 607.97 | 244.41 | 216.42 | 350.8 | 559.75 | 596.76 | 706.74 | 853.76 | 746.02 | 613.08 |
| 其它衣着用品 | 元 | 75.89 | 29.07 | 34.47 | 33.97 | 64.98 | 66.43 | 88.04 | 142.02 | 76.8 | 53.28 |
| 衣着加工服务费 | 元 | 7.54 | 2.35 | 3.71 | 4.81 | 9.06 | 7.74 | 7.19 | 8.7 | 11.23 | 10.89 |
| **居住** | **元** | **1119.59** | **750.1** | **527.16** | **698.25** | **890.77** | **962.1** | **1085.65** | **1889** | **1507.04** | **1678.28** |
| 住房 | 元 | 316.55 | 201.16 | 50.3 | 144.85 | 186.18 | 166.61 | 183.41 | 979.33 | 414.69 | 568.05 |
| 租赁房房租 | 元 | 20.08 | 30.54 |  | 7.94 | 31.83 | 8.77 | 12.37 | 29.73 | 21.91 | 40.84 |
| 住房装潢支出 | 元 | 254.11 | 132.27 | 38.23 | 114.94 | 110.85 | 117.21 | 134.57 | 898.53 | 328.05 | 490.63 |
| 维修用建筑材料 | 元 | 41.83 | 37.76 | 11.92 | 21.79 | 43.15 | 40.09 | 36.26 | 49.3 | 64.7 | 36.52 |
| 其它住房支出 | 元 | 0.53 | 0.58 | 0.15 | 0.19 | 0.36 | 0.54 | 0.21 | 1.77 | 0.03 | 0.06 |
| 水电燃料及其它 | 元 | 737.39 | 512.38 | 437.55 | 502.35 | 648.49 | 732.25 | 832.22 | 829.4 | 994.8 | 1008.11 |
| 水 | 元/吨 | 2.4 | 2.38 | 2.4 | 2.43 | 2.41 | 2.39 | 2.38 | 2.41 | 2.39 | 2.4 |
| 数量 | 吨 | 35.63 | 25.41 | 21.79 | 23.4 | 30.96 | 35.86 | 40.44 | 40.55 | 46.95 | 52.02 |
| 金额 | 元 | 85.44 | 60.59 | 52.22 | 56.91 | 74.64 | 85.77 | 96.34 | 97.85 | 112.31 | 124.99 |
| 电 | 元/度 | 0.56 | 0.56 | 0.56 | 0.56 | 0.56 | 0.56 | 0.56 | 0.56 | 0.56 | 0.56 |
| 数量 | 度 | 614.45 | 469.22 | 419.36 | 453.1 | 546.23 | 607.66 | 682.23 | 678.75 | 792.52 | 885.96 |
| 金额 | 元 | 345.46 | 263.58 | 236.24 | 254.92 | 308.45 | 341.88 | 382.66 | 381.38 | 445.22 | 497.19 |
| 燃料 | 元 | 176.22 | 127.39 | 122.55 | 117.09 | 148.91 | 177.7 | 212.04 | 205.87 | 204.03 | 232.66 |
| 煤炭 | 元/千克 | 0.8 | 0.78 | 0.73 | 1.07 | 0.75 | 0.85 | 0.78 | 0.92 | 0.62 | 0.65 |
| 数量 | 千克 | 11.39 | 11.53 | 14.85 | 3.34 | 11.03 | 10.69 | 18.76 | 9.15 | 7.88 | 9.76 |
| 金额 | 元 | 9.08 | 9 | 10.83 | 3.56 | 8.27 | 9.12 | 14.58 | 8.42 | 4.86 | 6.3 |
| 液化石油气 | 元/千克 | 6.8 | 6.71 | 6.64 | 6.51 | 6.43 | 6.75 | 6.94 | 7.15 | 7.42 | 7.52 |
| 数量 | 千克 | 3.38 | 3.18 | 4.08 | 3.05 | 3.61 | 4.86 | 3.67 | 1.37 | 3.13 | 3.11 |
| 金额 | 元 | 22.97 | 21.35 | 27.1 | 19.84 | 23.24 | 32.8 | 25.49 | 9.83 | 23.2 | 23.38 |
| 管道天然气 | 元/立方米 | 2.26 | 2.24 | 2.25 | 2.24 | 2.25 | 2.26 | 2.26 | 2.26 | 2.25 | 2.25 |

5-11 续表2 （2012年）

| 指　　标 | 单位 | 合计 | 最低10% | #更低5% | 低10% | 较低20% | 中间20% | 较高20% | 高10% | 最高10% | #更高5% |
|---|---|---|---|---|---|---|---|---|---|---|---|
| 数量 | 立方米 | 61.34 | 40.47 | 34.62 | 38.35 | 49.33 | 58.07 | 73.21 | 82.23 | 74.19 | 85.46 |
| 金额 | 元 | 138.4 | 90.71 | 77.96 | 86.09 | 110.96 | 131.51 | 165.52 | 185.94 | 166.8 | 192.06 |
| 其它燃料 | 元 | 0.4 | 1.94 | 3.67 | 1.6 | 0.02 | | 0.24 | | | |
| 取暖费 | 元 | 124.6 | 33.12 | 21.04 | 73.18 | 115.19 | 124.18 | 132.87 | 143.98 | 230.48 | 148.07 |
| 其它相关支出 | 元 | 5.67 | 27.71 | 5.5 | 0.25 | 1.31 | 2.72 | 8.32 | 0.31 | 2.75 | 5.2 |
| 居住服务费 | 元 | 65.65 | 36.56 | 39.32 | 51.05 | 56.09 | 63.24 | 70.02 | 80.27 | 97.55 | 102.13 |
| 物业管理费 | 元 | 56.96 | 34.64 | 37.43 | 40.52 | 50.58 | 50.7 | 60.64 | 74.12 | 82.83 | 82.06 |
| 维修服务费 | 元 | 5.78 | 1.46 | 1.74 | 1.35 | 4.46 | 9.68 | 4.67 | 4.83 | 13.11 | 19.95 |
| 其它居住服务费 | 元 | 2.91 | 0.46 | 0.15 | 9.19 | 1.06 | 2.86 | 4.71 | 1.32 | 1.61 | 0.12 |
| **家庭设备用品及服务** | **元** | **1384.04** | **615.25** | **397.85** | **795.3** | **1075.71** | **1320.69** | **1632.52** | **1868.08** | **2089.28** | **2159.95** |
| 耐用消费品 | 元 | 560.03 | 242.96 | 91.28 | 335.24 | 369.8 | 486.59 | 774.82 | 690.57 | 882.46 | 907.81 |
| 家具 | 元 | 155.77 | 36.27 | 19.61 | 63.24 | 82.86 | 90.61 | 294.01 | 199.63 | 237.9 | 283.65 |
| 家庭设备 | 元 | 404.27 | 206.69 | 71.67 | 272.01 | 286.94 | 395.98 | 480.81 | 490.94 | 644.56 | 624.16 |
| 洗衣机 | 元/台 | 1595.86 | 1755.37 | 1290 | 804.02 | 1378.54 | 1429.36 | 1737.23 | 1191.98 | 2506.92 | 2380.1 |
| 数量 | 台 | 7.3 | 11.48 | 8.31 | 7.39 | 4.38 | 8.37 | 8.27 | 6.15 | 6.41 | 9.15 |
| 金额 | 元 | 40.5 | 61.72 | 31.59 | 18.04 | 19.67 | 39.63 | 51.08 | 26.82 | 71.91 | 102.59 |
| 电冰箱 | 元/台 | 2378.87 | 3177.75 | 1299 | 2197.15 | 2192.67 | 2465.34 | 1975.17 | 2839.32 | 2354.21 | 2413.5 |
| 数量 | 台 | 5.4 | 5.26 | 0.46 | 3.31 | 3.59 | 6.73 | 6.96 | 4.61 | 5.66 | 8.2 |
| 金额 | 元 | 44.68 | 51.23 | 1.75 | 22.06 | 25.64 | 54.96 | 48.86 | 47.85 | 59.62 | 93.19 |
| 微波炉 | 元/台 | 883.53 | 1900 | | 280 | 487.45 | 1142.79 | 717.06 | 692.86 | 1223.18 | 900 |
| 数量 | 台 | 2.55 | 0.16 | | 0.28 | 2.25 | 2.84 | 3.66 | 1.77 | 4.5 | 5.03 |
| 金额 | 元 | 7.83 | 0.96 | | 0.24 | 3.58 | 10.77 | 9.33 | 4.5 | 24.65 | 21.31 |
| 空调器 | 元/台 | 3241.07 | 2650.77 | 2600 | 4645.61 | 3106.37 | 3207.1 | 3838.89 | 2803.02 | 2771.57 | 2524.5 |
| 数量 | 台 | 11.66 | 1.07 | 0.53 | 8.4 | 10.76 | 13.51 | 11.27 | 13.75 | 17.74 | 17.34 |
| 金额 | 元 | 131.36 | 8.68 | 4.09 | 118.47 | 108.89 | 143.57 | 153.88 | 140.98 | 220.06 | 206.18 |
| 淋浴热水器 | 元/台 | 1501.26 | 1118.9 | 775.28 | 1221.9 | 2012.94 | 1420.47 | 1382.24 | 1889.4 | 1167.74 | 1337.75 |
| 数量 | 台 | 7.9 | 5.81 | 5.27 | 6.16 | 5.09 | 4.76 | 11.21 | 11.19 | 8.52 | 12.06 |
| 金额 | 元 | 41.21 | 19.93 | 12.05 | 22.84 | 33.36 | 22.38 | 55.07 | 77.34 | 44.5 | 75.99 |
| 消毒碗柜 | 元/台 | 1004 | 299 | 299 | | 1389.04 | | 999.33 | | | |
| 数量 | 台 | 1.23 | 2.4 | 4.74 | | 2.46 | | 2.77 | | | |
| 金额 | 元 | 4.28 | 2.2 | 4.18 | | 11.14 | | 9.84 | | | |
| 室内装饰品 | 元 | 32.61 | 10.3 | 0.87 | 10.09 | 14.28 | 50.81 | 39.78 | 32.77 | 59.27 | 74.74 |
| 床上用品 | 元 | 171.06 | 29.3 | 27.33 | 97.79 | 115.15 | 171.51 | 169.49 | 320.3 | 265.33 | 230.64 |
| 家庭日用杂品 | 元 | 567.66 | 298.32 | 271.68 | 333.94 | 529.86 | 582.25 | 590.83 | 748.33 | 776.18 | 792.64 |
| 家具材料 | 元 | 11.6 | 29.75 | 0.83 | 1.75 | 4.9 | 2.41 | 5.54 | 33.5 | 11.3 | 0.44 |
| 家庭服务 | 元 | 41.08 | 4.63 | 5.86 | 16.49 | 41.71 | 27.13 | 52.06 | 42.61 | 94.73 | 153.67 |
| 家政服务 | 元 | 21.32 | 0.68 | 1.3 | 11 | 24.96 | 6.3 | 27.87 | 16.98 | 61.14 | 103.98 |

5-11 续表3 （2012年）

| 指　　标 | 单位 | 合计 | 最低10% | #更低5% | 低10% | 较低20% | 中间20% | 较高20% | 高10% | 最高10% | #更高5% |
|---|---|---|---|---|---|---|---|---|---|---|---|
| 加工维修服务费 | 元 | 19.76 | 3.94 | 4.56 | 5.49 | 16.75 | 20.82 | 24.19 | 25.62 | 33.6 | 49.69 |
| **医疗保健** | **元** | **1171.78** | **680.74** | **483.31** | **735.59** | **1006.58** | **975.74** | **1320.75** | **1386.38** | **2022.2** | **1843.34** |
| 医疗器具 | 元 | 11.07 | 0.47 | 0.89 | 6.27 | 1.08 | 6.51 | 19.54 | 20.15 | 20.08 | 33.38 |
| 保健器具 | 元 | 33.26 | 4.26 | 0.87 | 10.91 | 20.67 | 31.36 | 17.95 | 65.73 | 91.81 | 29.05 |
| 药品费 | 元 | 587.5 | 428.24 | 328.09 | 445.38 | 589.02 | 499.53 | 696.17 | 655.95 | 691.01 | 764.17 |
| 滋补保健品 | 元 | 138.53 | 18.03 | 6.3 | 45.86 | 55.38 | 106.9 | 155.13 | 199.99 | 407.59 | 383.11 |
| 医疗费 | 元 | 392.91 | 229.45 | 146.69 | 221.82 | 334.54 | 319.4 | 419.05 | 442.44 | 794.25 | 626.7 |
| 其它医疗保健支出 | 元 | 8.52 | 0.29 | 0.48 | 5.37 | 5.89 | 12.04 | 12.91 | 2.12 | 17.45 | 6.91 |
| **交通和通讯** | **元** | **1956** | **624.06** | **539.49** | **866.07** | **1674.64** | **1431.66** | **2059.94** | **1872.08** | **5401.72** | **7847.9** |
| 交通 | 元 | 1204.26 | 174.7 | 171.87 | 342.79 | 1033.42 | 690.27 | 1264.4 | 861.96 | 4398.77 | 6873.97 |
| 家庭交通工具 | 元 | 813.27 | 81.33 | 85.81 | 144.09 | 671.98 | 401.09 | 794.22 | 436.1 | 3547.93 | 5805.09 |
| 车辆用燃料及零配件 | 元 | 184.79 | 18.5 | 15.75 | 54.48 | 202.57 | 137.3 | 270.66 | 165.89 | 355.88 | 392.22 |
| 交通工具服务支出 | 元 | 69.67 | 14.42 | 22.22 | 28.26 | 57.36 | 50.07 | 82.37 | 70.97 | 183.46 | 213.87 |
| 交通费 | 元 | 136.52 | 60.46 | 48.09 | 115.95 | 101.52 | 101.81 | 117.15 | 189.01 | 311.51 | 462.79 |
| 通信 | 元 | 751.74 | 449.36 | 367.62 | 523.28 | 641.22 | 741.39 | 795.53 | 1010.11 | 1002.95 | 973.93 |
| 通信工具 | 元 | 222.09 | 110.75 | 76.24 | 94.66 | 142.26 | 198.71 | 232.73 | 441.04 | 292.87 | 274.33 |
| 通信服务 | 元 | 529.65 | 338.6 | 291.38 | 428.63 | 498.96 | 542.68 | 562.8 | 569.07 | 710.07 | 699.6 |
| **教育文化娱乐服务** | **元** | **1797.24** | **742.91** | **879.98** | **1375.01** | **1520.33** | **1616.31** | **1758.75** | **2555.4** | **2992.98** | **3101.7** |
| 文化娱乐用品 | 元 | 418.59 | 206.66 | 222.6 | 240.54 | 318.66 | 378 | 380.16 | 669.97 | 747.74 | 900.44 |
| 彩色电视机 | 元/台 | 3395.1 | 3612.53 | 3599 | 3416.43 | 3015.08 | 3938.67 | 2559.95 | 2724.89 | 5443.6 | 7813.61 |
| 数量 | 台 | 5.33 | 2.83 | 4.74 | 3.4 | 6.02 | 3.14 | 7.06 | 5.61 | 6.79 | 6.29 |
| 金额 | 元 | 62.86 | 31.36 | 50.29 | 35.22 | 59.12 | 40.92 | 64.29 | 55.89 | 165.53 | 231.43 |
| 计算机 | 元 | 84.68 | 16.31 | 4.96 | 30.09 | 64.67 | 104.69 | 65.11 | 131.79 | 174.26 | 197.15 |
| 购买整机 | 元/台 | 4051.62 | 2973.3 | 2500 | 3621.36 | 4972.26 | 4394.31 | 3423.32 | 3232.99 | 4977.78 | 6443.82 |
| 数量 | 台 | 5.18 | 0.73 | 0.53 | 2.19 | 3.42 | 6.75 | 4.31 | 8.91 | 7.4 | 6.23 |
| 金额 | 元 | 73.01 | 6.67 | 3.93 | 24.04 | 55.42 | 98.34 | 52.51 | 105.34 | 164.94 | 189.18 |
| 计算机外部设备 | 元 | 4.87 | 3.28 |  | 5.07 | 1.99 | 1.22 | 9.14 | 9.17 | 2.57 | 3.57 |
| 各种零配件及耗材 | 元 | 6.8 | 6.36 | 1.03 | 0.98 | 7.26 | 5.14 | 3.47 | 17.28 | 6.75 | 4.4 |
| 照相机 | 元/架 | 1819.44 | 1557.35 | 1560 | 2474.89 | 1364.48 | 1258.1 | 2037.66 | 2280.63 | 1828.88 | 1403.47 |
| 数量 | 架 | 7.16 | 4.93 | 9.48 | 1.83 | 5.71 | 9.65 | 4.33 | 16.37 | 4.89 | 5.55 |
| 金额 | 元 | 45.29 | 23.55 | 43.6 | 13.73 | 25.39 | 40.24 | 31.39 | 136.47 | 40.03 | 36.72 |
| 其它中高档乐器 | 元/件 | 1591.59 |  |  | 1500 | 1000 |  |  | 1644.25 |  |  |
| 数量 | 件 | 0.35 |  |  | 0.27 | 0.15 |  |  | 2.08 |  |  |
| 金额 | 元 | 1.96 |  |  | 1.21 | 0.48 |  |  | 12.49 |  |  |
| 健身器材 | 元/件 | 1761.24 | 2640 |  | 1500 | 1918.75 | 1480.23 | 671.04 | 1615.66 | 2525.32 | 3779.41 |
| 数量 | 件 | 1.75 | 0.16 |  | 0.38 | 0.36 | 0.34 | 1.09 | 5.7 | 3.71 | 3.46 |
| 金额 | 元 | 10.71 | 1.33 |  | 1.73 | 2.26 | 1.68 | 2.59 | 33.65 | 41.91 | 61.67 |

5-11　续表 4　（2012 年）

| 指　　标 | 单位 | 合计 | 最低 10% | #更低 5% | 低 10% | 较低 20% | 中间 20% | 较高 20% | 高 10% | 最高 10% | #更高 5% |
|---|---|---|---|---|---|---|---|---|---|---|---|
| 电子辞典 | 元/部 | 1483.7 | | | 2362.93 | 1469.09 | 1526.29 | 1580.21 | 1203.41 | 1600 | 1600 |
| 数量 | 部 | 1.08 | | | 0.19 | 0.16 | 1.66 | 2.23 | 1.75 | 0.11 | 0.2 |
| 金额 | 元 | 5.56 | | | 1.36 | 0.78 | 8.42 | 12.51 | 7.69 | 0.78 | 1.48 |
| 音像制品及软件 | 元 | 2.87 | 0.17 | 0.26 | 2.21 | 3.62 | 8.05 | 1.41 | 0.78 | 2.11 | 3.88 |
| 体育用品 | 元 | 9.25 | 0.56 | 0.31 | 2.59 | 5.57 | 8.11 | 9.51 | 19.05 | 17.62 | 18.6 |
| 书报杂志 | 元 | 49.59 | 78.39 | 71.96 | 58.76 | 49.94 | 38.4 | 38.49 | 44.16 | 61.45 | 74.02 |
| 纸张文具 | 元 | 21.67 | 9.78 | 6.6 | 20 | 23.17 | 16.95 | 22.54 | 30.08 | 26.78 | 30.43 |
| 其它文娱用品 | 元 | 105.59 | 45.21 | 44.61 | 73.62 | 83.66 | 105.71 | 123.17 | 113.65 | 180.97 | 176.4 |
| 文化娱乐服务 | 元 | 815.96 | 336.48 | 445.97 | 645.2 | 675.98 | 734.1 | 720.94 | 1240.82 | 1414.16 | 1437.58 |
| 参观游览 | 元 | 241.36 | 196.73 | 303.15 | 381.87 | 223.88 | 202.83 | 147.1 | 230.91 | 463.2 | 711.83 |
| 健身活动 | 元 | 31.57 | 23.14 | 23.98 | 11.4 | 11.13 | 46.8 | 20.16 | 60.6 | 50.09 | 38.81 |
| 团体旅游 | 元 | 442.33 | 84.77 | 94.25 | 206.82 | 344.07 | 385.59 | 427.57 | 830.51 | 752.9 | 524.55 |
| 其它文娱活动 | 元 | 95.72 | 27.54 | 21.38 | 40.9 | 89.68 | 92.51 | 122.74 | 113.3 | 145.09 | 161.98 |
| 文娱用品修理服务费 | 元 | 4.98 | 4.3 | 3.21 | 4.2 | 7.22 | 6.37 | 3.36 | 5.5 | 2.88 | 0.42 |
| 教育 | 元 | 562.69 | 199.78 | 211.4 | 489.27 | 525.68 | 504.21 | 657.65 | 644.61 | 831.08 | 763.68 |
| 教材 | 元 | 29.1 | 19.07 | 17.01 | 33.31 | 30.57 | 21.87 | 35.13 | 35.81 | 23.3 | 23.15 |
| 教育费用 | 元 | 533.59 | 180.71 | 194.39 | 455.97 | 495.11 | 482.34 | 622.52 | 608.79 | 807.77 | 740.53 |
| 非义务教育学杂费 | 元 | 113.44 | 54.13 | 57.92 | 100.34 | 103.68 | 182.61 | 96.8 | 80.76 | 163.07 | 252.69 |
| 义务教育学杂费 | 元 | 1.2 | 1.86 | 2.24 | 1.48 | 0.82 | 3.06 | | | 1.94 | 3.68 |
| 托幼费 | 元 | 77.51 | 10.42 | 2.43 | 137.93 | 67.32 | 46.38 | 80.11 | 104.02 | 118.17 | 89.29 |
| 成人教育费 | 元 | 27.53 | 11.53 | 3.11 | 25.71 | 18.27 | 27.88 | 31.94 | 15.62 | 66.55 | 109.39 |
| 家教费 | 元 | 27.33 | 11.94 | | 10.48 | 26.26 | 26.23 | 24.61 | 65.11 | 14.81 | |
| 培训班 | 元 | 226.93 | 83.71 | 116.55 | 162.56 | 206.3 | 176.46 | 274.95 | 301.65 | 339.23 | 227.5 |
| 学校住宿费 | 元 | 26.99 | 5.29 | 10.04 | 9.7 | 18.36 | 3.15 | 74.05 | 2.8 | 52.93 | 39.14 |
| 其它教育费用 | 元 | 32.66 | 1.83 | 2.1 | 7.78 | 54.1 | 16.56 | 40.06 | 38.83 | 51.07 | 18.85 |
| **其它商品和服务** | **元** | **827.6** | **121.45** | **111.59** | **383.84** | **614.79** | **823.97** | **845.56** | **1591.19** | **1184.86** | **826.91** |
| 其它商品 | 元 | 635.92 | 72.07 | 59.88 | 279.14 | 467.03 | 630.8 | 616.73 | 1322.42 | 890.01 | 563.89 |
| 金银珠宝饰品 | 元 | 262.86 | 6.55 | 1.88 | 163.86 | 171.28 | 244.24 | 235.51 | 652.98 | 308.76 | 184.48 |
| 手表 | 元/只 | 1391.06 | 329.73 | 416.27 | 477.74 | 339.23 | 1057.57 | 1369.07 | 2067.89 | 1503.95 | 1389.4 |
| 数量 | 只 | 0.07 | 0.01 | 0.01 | 0.03 | 0.03 | 0.07 | 0.08 | 0.13 | 0.1 | 0.09 |
| 金额 | 元 | 91.21 | 3.23 | 5.66 | 15 | 10.22 | 71.84 | 105.58 | 265.03 | 144.33 | 125.37 |
| 理发美容用具 | 元 | 9.44 | 3.32 | 0.52 | 3.4 | 7.15 | 9.48 | 10.12 | 21.28 | 6.89 | 8.66 |
| 化妆品 | 元 | 207.54 | 48.86 | 41.73 | 86.83 | 170.34 | 222.37 | 227.02 | 348.07 | 272.85 | 222.84 |
| 其它杂品 | 元 | 64.87 | 10.1 | 10.09 | 10.04 | 108.03 | 82.88 | 38.5 | 35.06 | 157.18 | 22.53 |
| 服务 | 元 | 191.68 | 49.39 | 51.7 | 104.7 | 147.76 | 193.16 | 228.83 | 268.77 | 294.85 | 263.02 |
| 旅馆住宿费 | 元 | 20.4 | 2.02 | 0.31 | 3.84 | 14.8 | 37.22 | 21.87 | 18.03 | 34.31 | 36.65 |
| 理发洗澡费 | 元 | 73.01 | 36.41 | 38.38 | 60.36 | 58.76 | 66.98 | 88.28 | 99.54 | 86.08 | 84.04 |
| 美容费 | 元 | 62.5 | 8.37 | 9.68 | 33.12 | 58.25 | 65.05 | 73.02 | 98.81 | 72.6 | 70.18 |
| 其它服务 | 元 | 35.76 | 2.59 | 3.33 | 7.38 | 15.95 | 23.92 | 45.66 | 52.38 | 101.86 | 72.15 |

# 5-12 全市按人均可支配收入分组的

（2012 年）

| 指　标 | 单位 | 合计 | 400 元以下 | 400—800 元 | 800—1000 元 |
|---|---|---|---|---|---|
| 调查户数 | 户 | 1200 | 19.17 | 86.67 | 77.83 |
| 现住房总建筑面积 | 平方米/人 | 30.99 | 28.63 | 24.98 | 27.77 |
| 家庭人口数 | 人 | 2.88 | 2.95 | 3.25 | 3.25 |
| 有收入者人数 | 人 | 2.14 | 1.79 | 1.86 | 2.10 |
| 就业人口数 | 人 | 1.45 | 1.57 | 1.46 | 1.66 |
| 国有经济单位职工人数 | 人 | 0.66 | 0.55 | 0.59 | 0.69 |
| 城镇集体经济单位职工人数 | 人 | 0.07 | 0.05 | 0.07 | 0.08 |
| 其它经济类型单位职工人数 | 人 | 0.14 | 0.19 | 0.18 | 0.15 |
| 城镇个体或私营企业主人数 | 人 | 0.22 | 0.45 | 0.18 | 0.24 |
| 城镇个体或私营企业被雇人数 | 人 | 0.22 | 0.19 | 0.24 | 0.37 |
| 离退休再就业人数 | 人 | 0.05 | 0.01 | | |
| 其它就业人数 | 人 | 0.10 | 0.12 | 0.19 | 0.13 |
| 离退休人数 | 人 | 0.66 | 0.18 | 0.36 | 0.42 |
| 其它有收入者人数 | 人 | 0.02 | 0.04 | 0.04 | 0.02 |
| 无收入者人数 | 人 | 0.74 | 1.16 | 1.39 | 1.15 |
| 在外就学人数 | 人 | 0.02 | | 0.02 | 0.01 |
| 非家庭人口在家用餐 | 人次 | 1.63 | 0.40 | 0.86 | 1.24 |
| 家庭人口在外用餐 | 人次 | 3.57 | 1.72 | 2.24 | 2.08 |
| 家庭总收入 | 元 | 26194.82 | 4344.20 | 8763.94 | 12696.91 |
| #可支配收入 | 元 | 24246.00 | 2680.14 | 7515.97 | 10943.25 |
| 家庭总支出 | 元 | 20157.47 | 17084.18 | 12406.37 | 13397.72 |
| 消费支出 | 元 | 16609.67 | 14519.86 | 10618.47 | 10713.96 |
| #服务性消费支出 | 元 | 3560.23 | 2723.12 | 2213.12 | 2096.18 |
| 通过互联网购买商品或服务支出 | 人次 | 20.88 | 13.53 | 34.46 | 43.94 |
| 旅游人次 | 元 | 1.28 | 0.93 | 1.38 | 0.37 |
| 旅游花费总额 | 人次 | 447.64 | 532.74 | 240.35 | 53.15 |

## 城市居民家庭基本情况

| 1000—1500 元 | 1500—2000 元 | 2000—2500 元 | 2500—3000 元 | 3000—4000 元 | 4000—5000 元 | 5000 元以上 |
|---|---|---|---|---|---|---|
| 328.42 | 236.17 | 186.83 | 110.50 | 90.25 | 34.50 | 26.33 |
| 27.95 | 31.46 | 31.60 | 34.69 | 33.56 | 43.11 | 48.71 |
| 3.07 | 2.94 | 2.84 | 2.69 | 2.56 | 2.27 | 2.34 |
| 2.11 | 2.19 | 2.29 | 2.16 | 2.15 | 2.07 | 2.07 |
| 1.62 | 1.48 | 1.39 | 1.36 | 1.30 | 1.17 | 1.40 |
| 0.71 | 0.67 | 0.69 | 0.59 | 0.63 | 0.64 | 0.55 |
| 0.07 | 0.07 | 0.07 | 0.09 | 0.06 | 0.05 | 0.02 |
| 0.17 | 0.16 | 0.13 | 0.13 | 0.09 | 0.04 | 0.06 |
| 0.21 | 0.18 | 0.20 | 0.25 | 0.24 | 0.16 | 0.35 |
| 0.33 | 0.22 | 0.17 | 0.18 | 0.12 | 0.06 | 0.10 |
| 0.01 | 0.07 | 0.03 | 0.07 | 0.07 | 0.15 | 0.22 |
| 0.12 | 0.10 | 0.10 | 0.06 | 0.08 | 0.07 | 0.10 |
| 0.46 | 0.70 | 0.89 | 0.78 | 0.83 | 0.89 | 0.64 |
| 0.03 | 0.02 | 0.01 | 0.02 | 0.02 | 0.02 | 0.04 |
| 0.96 | 0.74 | 0.55 | 0.53 | 0.41 | 0.19 | 0.27 |
| 0.03 | 0.02 | 0.03 | 0.01 | 0.03 | 0.02 | 0.02 |
| 1.01 | 1.07 | 1.87 | 2.14 | 2.79 | 4.00 | 2.27 |
| 3.13 | 2.93 | 4.14 | 3.60 | 5.22 | 5.61 | 5.95 |
| 16554.38 | 22264.32 | 28810.88 | 34478.57 | 42675.82 | 54507.78 | 109920.06 |
| 15032.06 | 20661.16 | 26831.18 | 32604.03 | 40531.58 | 52450.07 | 107521.06 |
| 15567.44 | 17496.55 | 22399.95 | 23368.14 | 31166.04 | 36201.57 | 35925.80 |
| 12804.05 | 14657.40 | 18455.04 | 19634.55 | 23870.51 | 31112.11 | 30532.52 |
| 2940.72 | 3012.15 | 3851.30 | 4417.40 | 5361.36 | 5853.46 | 6955.55 |
| 32.49 | 13.65 | 6.24 | 3.76 | 7.80 | 17.07 | 126.48 |
| 1.13 | 1.52 | 1.23 | 1.29 | 1.52 | 1.61 | 1.59 |
| 270.94 | 438.50 | 421.41 | 446.45 | 984.83 | 1057.47 | 1320.97 |

# 5-13 全市按人均可支配收入

（2012 年）

| 项　　目 | 合计 | 400 元以下 | 400—800 元 | 800—1000 元 | 1000—1500 元 |
|---|---|---|---|---|---|
| 期初手存现金 | 1595.17 | 722.35 | 1188.10 | 1266.04 | 1590.54 |
| 家庭总收入 | 26194.82 | 4344.20 | 8763.94 | 12696.91 | 16554.38 |
| #可支配收入 | 24246.00 | 2680.14 | 7515.97 | 10943.25 | 15032.06 |
| 工资性收入 | 14264.75 | 3042.94 | 5843.00 | 8684.53 | 11344.13 |
| 工资性收入 | 14264.75 | 3042.94 | 5843.00 | 8684.53 | 11344.13 |
| 工资及补贴收入 | 14010.76 | 3040.65 | 5793.25 | 8634.90 | 11186.18 |
| 经营净收入 | 3708.14 | 642.92 | 724.02 | 1369.71 | 1760.30 |
| 财产性收入 | 579.44 | 38.98 | 185.69 | 183.02 | 188.36 |
| 利息收入 | 86.40 | 23.34 | 33.30 | 33.70 | 54.42 |
| 股息与红利收入 | 52.97 |  |  |  | 0.91 |
| 保险收益 | 4.39 |  |  |  |  |
| 其它投资收入 | 9.36 |  |  | 2.61 |  |
| 出租房屋收入 | 352.21 | 15.64 | 152.33 | 146.72 | 132.65 |
| 其它财产性收入 | 74.11 |  | 0.05 |  | 0.37 |
| 转移性收入 | 7642.49 | 619.36 | 2011.24 | 2459.65 | 3261.59 |
| 养老金或离退休金 | 6863.05 | 307.51 | 1792.10 | 2284.33 | 3061.45 |
| 社会救济收入 | 25.39 | 251.69 | 68.71 | 40.02 | 28.42 |
| #最低生活保障收入 | 17.76 | 22.10 | 56.85 | 30.76 | 21.43 |
| 保险收入 | 0.06 |  |  |  |  |
| #失业保险金 | 0.06 |  |  |  |  |
| 赡养收入 | 340.20 | 8.74 | 20.17 | 7.36 | 50.47 |
| 捐赠收入 | 300.40 | 0.53 | 56.20 | 57.14 | 37.07 |
| 其它转移性收入 | 11.86 |  | 0.03 |  | 4.91 |
| 出售财物收入 | 22.95 | 0.26 | 0.36 | 5.78 | 11.59 |
| 出售住房收入 | 18.03 |  |  |  |  |
| 出售其它物品收入 | 4.92 | 0.26 | 0.36 | 5.78 | 11.59 |
| 借贷收入 | 3346.53 | 7783.66 | 4261.69 | 3258.58 | 2925.61 |
| 提取储蓄存款 | 3124.12 | 7744.19 | 4252.12 | 3191.47 | 2919.54 |
| 借入款 | 6.50 |  |  | 67.11 | 3.69 |
| 收回借出款 | 3.45 |  | 9.57 |  | 1.99 |
| 住房贷款 | 210.87 |  |  |  | 0.39 |

## 分组的年人均现金收入情况

单位:元

| 1500—2000 元 | 2000—2500 元 | 2500—3000 元 | 3000—4000 元 | 4000—5000 元 | 5000 元以上 |
|---|---|---|---|---|---|
| 1743.72 | 1497.64 | 1426.93 | 1362.64 | 1880.60 | 4185.85 |
| 22264.32 | 28810.88 | 34478.57 | 42675.82 | 54507.78 | 109920.06 |
| 20661.16 | 26831.18 | 32604.03 | 40531.58 | 52450.07 | 107521.06 |
| 13294.54 | 16035.46 | 17895.77 | 20562.23 | 24103.56 | 37462.33 |
| 13294.54 | 16035.46 | 17895.77 | 20562.23 | 24103.56 | 37462.33 |
| 13131.67 | 15863.03 | 17637.21 | 20050.57 | 23566.50 | 34708.87 |
| 2124.52 | 3007.85 | 5050.27 | 6045.65 | 5749.19 | 44009.52 |
| 223.23 | 488.21 | 790.74 | 1144.03 | 1630.93 | 6533.67 |
| 44.47 | 107.13 | 128.48 | 153.21 | 252.77 | 283.21 |
| 1.79 | 44.61 | 45.33 | 161.73 | 163.35 | 927.13 |
|  |  | 12.58 | 3.14 |  | 124.17 |
| 0.66 |  |  |  |  | 415.39 |
| 176.07 | 330.97 | 561.80 | 813.83 | 1210.12 | 1715.95 |
| 0.25 | 5.50 | 42.55 | 12.11 | 4.69 | 3067.82 |
| 6622.02 | 9279.36 | 10741.79 | 14923.91 | 23024.10 | 21914.55 |
| 6240.33 | 8854.23 | 9773.57 | 12619.86 | 19597.35 | 15758.06 |
| 15.92 | 18.99 | 1.81 | 0.30 |  |  |
| 15.60 | 18.99 | 0.14 | 0.30 |  |  |
|  | 0.35 |  |  |  |  |
|  | 0.35 |  |  |  |  |
| 78.94 | 114.14 | 435.65 | 1053.45 | 2568.08 | 3105.06 |
| 198.95 | 193.25 | 424.85 | 1093.03 | 604.29 | 2335.90 |
| 7.16 | 0.96 | 12.92 | 41.12 | 54.87 | 111.67 |
| 23.66 | 0.37 | 7.85 | 0.73 | 24.05 | 626.61 |
| 22.80 |  |  |  |  | 626.27 |
| 0.86 | 0.37 | 7.85 | 0.73 | 24.05 | 0.33 |
| 1804.57 | 3148.97 | 1923.21 | 5668.61 | 8734.65 | 3431.49 |
| 1803.72 | 3139.25 | 1915.63 | 3209.72 | 8734.65 | 3392.78 |
| 0.08 | 9.72 |  |  |  |  |
| 0.76 |  | 7.57 | 14.67 |  |  |
|  |  |  | 2444.23 |  |  |

## 5-14 全市按人均可支配

（2012 年）

| 项　目 | 合计 | 400 元以下 | 400—800 元 | 800—1000 元 | 1000—1500 元 |
|---|---|---|---|---|---|
| 家庭总支出 | 20157.47 | 17084.18 | 12406.37 | 13397.72 | 15567.44 |
| 消费性支出 | 16609.67 | 14519.86 | 10618.47 | 10713.96 | 12804.05 |
| 财产性支出 | 31.67 | 18.48 | 0.10 | 9.48 | 26.10 |
| 非生产性贷款利息支出 | 18.26 | 18.47 | | 5.00 | 25.84 |
| 其它 | 13.42 | 0.01 | 0.10 | 4.48 | 0.27 |
| 转移性支出 | 1575.25 | 948.52 | 565.13 | 846.87 | 1030.95 |
| 交纳所得税 | 48.37 | 15.84 | 13.16 | 8.07 | 12.81 |
| 捐赠支出 | 1239.87 | 742.02 | 462.08 | 697.38 | 862.88 |
| 购买彩票 | 22.35 | 2.45 | 2.54 | 8.86 | 9.81 |
| 赡养支出 | 156.84 | 45.53 | 61.34 | 97.30 | 101.65 |
| #在外就学子女费用 | 29.97 | | 4.28 | 6.18 | 30.06 |
| 各种非储蓄性保险支出 | 48.68 | 133.49 | 9.10 | 25.97 | 8.89 |
| #车辆保险支出 | 17.95 | 133.49 | 0.98 | | 3.02 |
| 其它转移性支出 | 59.14 | 9.19 | 16.91 | 9.28 | 34.90 |
| 社会保障支出 | 1616.27 | 1597.33 | 1160.78 | 1674.80 | 1430.25 |
| 个人交纳的养老基金 | 693.63 | 740.37 | 463.66 | 926.86 | 630.02 |
| 个人交纳的住房公积金 | 670.38 | 674.12 | 519.46 | 520.08 | 546.52 |
| 个人交纳的医疗基金 | 220.63 | 173.82 | 154.35 | 207.97 | 227.25 |
| 个人交纳的失业基金 | 29.75 | 4.20 | 22.39 | 15.84 | 23.79 |
| 其它社会保障支出 | 1.87 | 4.81 | 0.92 | 4.06 | 2.68 |
| 购房与建房支出 | 324.61 | | 61.89 | 152.61 | 276.09 |
| 购房 | 296.76 | | | | 216.87 |
| 借贷支出 | 8234.64 | 1512.23 | 1887.09 | 2708.53 | 3769.34 |
| 存入储蓄款 | 8084.98 | 1472.76 | 1861.19 | 2686.36 | 3679.05 |
| 借出款 | 14.07 | | 19.14 | | 1.57 |
| 归还借款 | 27.06 | | | 0.70 | 23.36 |
| 储蓄性保险支出 | 30.96 | 39.47 | 3.90 | 14.57 | 6.43 |
| 购买有价证券 | 1.26 | | | | |
| 其它投资支出 | 0.88 | | 2.86 | 0.10 | 0.54 |
| 归还住房贷款 | 43.75 | | | 6.74 | 58.39 |
| 归还汽车贷款 | 31.32 | | | | |
| 其它借贷支出 | 0.36 | | | 0.07 | |
| 期末手存现金 | 3085.03 | 4240.84 | 2578.34 | 2237.13 | 2428.74 |

## 收入分组的年人均现金支出情况

单位:元

| 1500—2000 元 | 2000—2500 元 | 2500—3000 元 | 3000—4000 元 | 4000—5000 元 | 5000 元以上 |
|---|---|---|---|---|---|
| 17496.55 | 22399.95 | 23368.14 | 31166.04 | 36201.57 | 35925.80 |
| 14657.40 | 18455.04 | 19634.55 | 23870.51 | 31112.11 | 30532.52 |
| 28.36 | 35.36 | 7.29 | 131.64 | 9.43 | 41.82 |
| 19.27 | 25.04 | 7.29 | 20.84 | 9.43 | 41.82 |
| 9.09 | 10.33 |  | 110.80 |  |  |
| 1290.23 | 1733.85 | 2004.91 | 3121.30 | 3504.65 | 3162.07 |
| 23.40 | 59.28 | 60.16 | 106.82 | 282.83 | 129.74 |
| 1067.06 | 1333.45 | 1542.40 | 2472.06 | 2635.26 | 1926.36 |
| 12.49 | 17.63 | 45.44 | 29.61 | 88.94 | 128.27 |
| 127.10 | 205.73 | 194.67 | 290.62 | 271.26 | 313.90 |
| 24.65 | 57.49 | 21.30 | 37.27 | 18.21 | 76.95 |
| 22.51 | 65.90 | 85.80 | 30.34 | 42.23 | 574.62 |
| 0.82 | 50.17 | 38.82 | 4.25 | 19.91 | 19.36 |
| 37.67 | 51.86 | 76.44 | 191.85 | 184.13 | 89.18 |
| 1499.05 | 1822.97 | 1721.39 | 1921.27 | 1575.38 | 2147.85 |
| 636.32 | 732.07 | 715.26 | 773.50 | 725.59 | 985.61 |
| 637.12 | 817.08 | 750.93 | 845.09 | 551.12 | 821.59 |
| 200.61 | 230.99 | 236.22 | 251.08 | 222.90 | 295.22 |
| 23.02 | 41.63 | 18.68 | 49.84 | 73.66 | 43.85 |
| 1.97 | 1.20 | 0.31 | 1.76 | 2.10 | 1.58 |
| 21.50 | 352.73 |  | 2121.30 |  | 41.54 |
| 21.50 | 348.03 |  | 2121.30 |  | 41.54 |
| 5602.83 | 8543.17 | 10038.65 | 13281.58 | 21441.99 | 69783.62 |
| 5444.37 | 8311.98 | 9968.32 | 13119.87 | 20944.72 | 69017.94 |
| 61.43 | 2.98 |  |  |  |  |
| 6.62 | 4.23 |  | 77.24 | 115.21 | 428.81 |
| 39.17 | 46.95 | 9.59 | 14.17 | 268.35 | 32.11 |
| 0.98 |  | 9.65 |  |  |  |
| 0.14 | 0.51 | 0.28 | 4.22 | 0.05 | 1.01 |
| 49.54 | 33.60 | 22.54 | 29.45 | 113.66 | 287.78 |
| 0.54 | 142.92 | 28.27 | 36.63 |  |  |
| 0.04 |  |  |  |  | 15.98 |
| 2530.45 | 2804.15 | 3669.33 | 4487.67 | 5279.54 | 6693.86 |

# 5-15 市区按相对收入分的城镇居民家庭生活基本情况

（2012 年）

| 指　　标 | 单位 | 合计 | 最低10% | #更低5% | 低10% | 较低20% | 中间20% | 较高20% | 高10% | 最高10% | #更高5% |
|---|---|---|---|---|---|---|---|---|---|---|---|
| 可支配收入 | 元 | 25301.01 | 9875.88 | 7587.41 | 14827.34 | 19442.25 | 25518.65 | 31183.23 | 36037.31 | 48643.73 | 55836.56 |
| 家庭总支出 | 元 | 20425.24 | 9721.44 | 9433.91 | 12817.2 | 17400.03 | 19607.12 | 23643.39 | 32989.59 | 33668.07 | 41226.44 |
| #消费支出 | 元 | 16778.6 | 8008.8 | 7774.71 | 10544.8 | 14659.21 | 16025.16 | 20024.85 | 24331.34 | 28323.87 | 35476.8 |
| #服务性消费支出 | 元 | 3682.13 | 1755.1 | 1875 | 2516.41 | 3200.76 | 3567.11 | 4293.56 | 5761.87 | 5682.42 | 5892.93 |
| 旅游人次 | 次/百人 | 1.41 | 0.73 | 1.35 | 1.35 | 1.71 | 1.29 | 1.69 | 1.22 | 1.43 | 0.8 |
| 旅游花费 | 元/百人 | 477.43 | 111.17 | 225.5 | 270.79 | 475.89 | 449.2 | 653.01 | 821.13 | 542.76 | 560.57 |
| 家庭人口数 | 人 | 2.84 | 3.22 | 3.27 | 3.22 | 2.88 | 2.99 | 2.83 | 2.46 | 2.17 | 1.89 |
| 有收入者人数 | 人 | 2.13 | 1.84 | 1.71 | 2.19 | 2.04 | 2.29 | 2.28 | 2.13 | 2 | 1.84 |
| 就业人口数 | 人 | 1.4 | 1.39 | 1.34 | 1.64 | 1.43 | 1.42 | 1.48 | 1.22 | 1.11 | 1.09 |
| 国有经济单位职工人数 | 人 | 0.65 | 0.62 | 0.63 | 0.61 | 0.67 | 0.69 | 0.69 | 0.64 | 0.54 | 0.61 |
| 城镇集体经济单位职工人数 | 人 | 0.07 | 0.03 | 0.06 | 0.12 | 0.04 | 0.11 | 0.11 |  | 0.06 | 0.05 |
| 其它经济类型单位职工人数 | 人 | 0.14 | 0.22 | 0.16 | 0.1 | 0.19 | 0.14 | 0.14 | 0.03 | 0.07 |  |
| 城镇个体或私营企业主人数 | 人 | 0.19 | 0.1 | 0.11 | 0.24 | 0.15 | 0.21 | 0.26 | 0.24 | 0.14 | 0.05 |
| 城镇个体或私营企业被雇人数 | 人 | 0.19 | 0.16 | 0.06 | 0.51 | 0.19 | 0.16 | 0.19 | 0.16 |  |  |
| 离退休再就业人数 | 人 | 0.06 |  |  |  | 0.06 | 0.02 | 0.04 | 0.13 | 0.21 | 0.31 |
| 其它就业人数 | 人 | 0.09 | 0.26 | 0.31 | 0.06 | 0.12 | 0.09 | 0.04 | 0.03 | 0.09 | 0.05 |
| 离退休人数 | 人 | 0.71 | 0.42 | 0.36 | 0.51 | 0.58 | 0.85 | 0.79 | 0.91 | 0.87 | 0.76 |
| 其它有收入者人数 | 人 | 0.02 | 0.03 | 0.02 | 0.04 | 0.02 | 0.02 | 0.02 | 0.01 | 0.02 |  |
| 无收入者人数 | 人 | 0.71 | 1.38 | 1.56 | 1.03 | 0.84 | 0.71 | 0.55 | 0.33 | 0.16 | 0.05 |
| 非家庭人口在家用餐 | 人次 | 1.22 | 0.09 | 0.05 | 0.69 | 0.42 | 0.9 | 1.42 | 1.32 | 4.31 | 0.89 |
| 家庭人口在外用餐 | 人次 | 3.32 | 0.6 | 0.79 | 1.2 | 2.34 | 3.25 | 4.34 | 4.06 | 7.07 | 5.51 |

# 5-16 市区按相对收入分的城镇居民家庭年人均收入情况

（2012 年）

单位:元

| 指　　标 | 合计 | 最低10% | #更低5% | 低10% | 较低20% | 中间20% | 较高20% | 高10% | 最高10% | #更高5% |
|---|---|---|---|---|---|---|---|---|---|---|
| 期初手存现金 | 1625.35 | 1324.24 | 1157.24 | 1533.12 | 1473.94 | 1327.13 | 1354.22 | 2881.83 | 2635.46 | 3415.9 |
| 家庭总收入 | 27217.72 | 11077.49 | 8571.96 | 16249.76 | 21126.67 | 27779.03 | 33200.15 | 38322.11 | 51313.1 | 58850.92 |
| #可支配收入 | 25301.01 | 9875.88 | 7587.41 | 14827.34 | 19442.25 | 25518.65 | 31183.23 | 36037.31 | 48643.73 | 55836.56 |
| 工资性收入 | 15298.33 | 7844.36 | 5966.52 | 10308.38 | 13871.49 | 15937.98 | 18428.97 | 17885.57 | 23799.31 | 29746.75 |
| 工资及补贴收入 | 15141.56 | 7835.55 | 5947.45 | 10262.31 | 13785.02 | 15910.69 | 18137.15 | 17497.08 | 23382.02 | 29369.06 |
| 其它劳动收入 | 156.77 | 8.81 | 19.07 | 46.08 | 86.48 | 27.3 | 291.82 | 388.49 | 417.3 | 377.7 |
| 经营净收入 | 3104.45 | 637.81 | 555.13 | 2000.49 | 1700.96 | 3004.75 | 5067.67 | 5493.62 | 4320.03 | 2599.13 |
| 财产性收入 | 283.15 | 43.74 | 11.39 | 8.24 | 97.35 | 350.79 | 316.05 | 441.25 | 1018.61 | 471.3 |
| 利息收入 | 61.58 | 43.74 | 11.39 | 8.24 | 64.12 | 64.88 | 94.78 | 89.53 | 30.34 | 18.28 |
| 股息与红利收入 | 47.62 |  |  |  | 10.68 | 16.03 | 172.3 | 6.18 | 77.94 |  |
| 保险收益 | 5.35 |  |  |  |  | 10.68 |  |  | 38.82 |  |
| 出租房屋收入 | 168.59 |  |  |  | 22.56 | 259.2 | 48.97 | 345.55 | 871.51 | 453.02 |
| 转移性收入 | 8531.79 | 2551.58 | 2038.91 | 3932.64 | 5456.87 | 8485.5 | 9387.46 | 14501.67 | 22175.14 | 26033.74 |
| 养老金或离退休金 | 7729.87 | 2373.25 | 1853.29 | 2940.65 | 5213.73 | 7839.96 | 8758.3 | 12669.84 | 19651.45 | 23453.01 |
| 社会救济收入 | 33.84 | 112.43 | 124.82 | 139.98 | 27.01 | 1.07 |  |  |  |  |
| #最低生活保障收入 | 23.42 | 23.75 |  | 139.98 | 27.01 | 1.07 |  |  |  |  |
| 保险收入 | 0.14 |  |  |  |  |  |  |  | 1.69 |  |
| #失业保险金 | 0.14 |  |  |  |  |  |  |  | 1.69 |  |
| 赡养收入 | 330.38 | 1.6 |  | 100.28 | 37.42 | 149.96 | 258.17 | 1310.27 | 1394.49 | 2358.8 |
| #来自城镇居民的赡养收入 | 218.18 | 1.6 |  | 80.29 | 26.73 | 63.34 | 148.13 | 981.06 | 917.54 | 1475.93 |
| 捐赠收入 | 318.66 | 3.2 | 3.47 | 694.95 | 107.2 | 404.01 | 192.98 | 436.62 | 773.1 | 11.45 |
| #来自城镇居民的捐赠收入 | 141.42 | 3.2 | 3.47 | 240.94 | 42.68 | 236.93 | 103.45 | 341.52 | 101.22 |  |
| 提取住房公积金 | 15.07 |  |  |  |  |  | 73.59 |  |  |  |
| 记帐补贴 | 85.99 | 59.1 | 53.02 | 56.78 | 67.96 | 74.42 | 104.42 | 82.64 | 191.58 | 202.79 |
| 其它转移性收入 | 17.84 | 1.99 | 4.31 |  | 3.55 | 16.09 |  | 2.28 | 162.83 | 7.7 |
| 出售财物收入 | 4.53 | 0.12 | 0.27 |  | 10.32 |  | 6.56 | 12.74 |  |  |
| 出售其它物品收入 | 4.53 | 0.12 | 0.27 |  | 10.32 |  | 6.56 | 12.74 |  |  |
| 借贷收入 | 2694.88 | 1477.37 | 2089.63 | 1339.91 | 1859.13 | 2107.38 | 1809.63 | 7702.78 | 6571.24 | 10453.95 |
| 提取储蓄存款 | 2361.58 | 1404.22 | 1931.31 | 1339.91 | 1857 | 2102.02 | 1809.63 | 3997.55 | 6547.95 | 10453.95 |
| 借入款 | 9.68 | 73.15 | 158.31 |  |  | 5.36 |  |  |  |  |
| 收回借出款 | 2.36 |  |  |  | 2.13 |  |  |  | 23.29 |  |
| 住房贷款 | 321.27 |  |  |  |  |  |  | 3705.23 |  |  |

# 5-17　市区按相对收入分的城镇居民家庭年人均支出情况

（2012 年）　　　　单位:元

| 指　　标 | 合计 | 最低10% | #更低5% | 低10% | 较低20% | 中间20% | 较高20% | 高10% | 最高10% | #更高5% |
|---|---|---|---|---|---|---|---|---|---|---|
| 家庭总支出 | 20425.2 | 9721.4 | 9433.9 | 12817 | 17400 | 19607.1 | 23643.4 | 32989.6 | 33668.1 | 41226.4 |
| 消费性支出 | 16778.6 | 8008.8 | 7774.7 | 10545 | 14659 | 16025.2 | 20024.9 | 24331.3 | 28323.9 | 35476.8 |
| 财产性支出 | 28.42 | | | | 0.03 | 23.59 | 43.66 | 169.25 | 0.88 | 1.6 |
| 非生产性贷款利息支出 | 11.53 | | | | 0.03 | 23.59 | 27.06 | 13.63 | 0.88 | 1.6 |
| 其它 | 16.89 | | | | | | 16.6 | 155.62 | | |
| 转移性支出 | 1530.58 | 304.67 | 144.19 | 675.85 | 1146.9 | 1436.63 | 1756.44 | 3237.74 | 3188.73 | 3374.37 |
| 交纳所得税 | 67.24 | 4.14 | | | 22.58 | 64.21 | 94.06 | 38.6 | 323.2 | 437.91 |
| #来自工资性收入的个税 | 63.99 | 4.14 | | | 22.42 | 64.21 | 78.3 | 38.6 | 323.2 | 437.91 |
| #来自经营净收入的个税 | 3.25 | | | | 0.14 | | 15.76 | | | |
| 捐赠支出 | 1163.13 | 185.35 | 126.79 | 613.92 | 818.33 | 1102.22 | 1320.54 | 2755.05 | 2189.15 | 2670.97 |
| 购买彩票 | 28.89 | 0.45 | 0.52 | 4.31 | 9.34 | 12.82 | 61.51 | 88.11 | 44.62 | |
| 赡养支出 | 162.56 | 59.65 | 10.68 | 54.1 | 234.83 | 129.13 | 217.54 | 204.04 | 175.42 | 114.45 |
| #在外就学子女费用 | 10.27 | | | | 6.6 | 12.85 | 20.67 | 24.7 | | |
| 各种非储蓄性保险支出 | 33.08 | | | | 0.7 | 79.83 | 32.7 | 43.12 | 78.52 | 15.1 |
| #车辆保险支出 | 14.51 | | | | | 67.82 | | 10.56 | | |
| 其它转移性支出 | 75.68 | 55.08 | 6.2 | 3.53 | 61.11 | 48.41 | 30.1 | 108.82 | 377.81 | 135.94 |
| 社会保障支出 | 1763.48 | 1138.4 | 931.53 | 1365.7 | 1593.9 | 2121.74 | 1818.45 | 2163.56 | 2154.59 | 2373.66 |
| 个人交纳的养老基金 | 791.85 | 655.76 | 410.87 | 819.62 | 699.61 | 817.58 | 719.62 | 1033.03 | 1036.6 | 1192.39 |
| 个人交纳的住房公积金 | 710.02 | 343.58 | 372.67 | 278.36 | 691.36 | 956.89 | 846.26 | 876.21 | 725.31 | 771.3 |
| 个人交纳的医疗基金 | 231.49 | 127.27 | 124.87 | 250.98 | 179.33 | 307.78 | 223.93 | 238.52 | 307.29 | 339.1 |
| 个人交纳的失业基金 | 30.12 | 11.75 | 23.11 | 16.68 | 23.59 | 39.49 | 28.63 | 15.8 | 85.39 | 70.87 |
| 购房与建房支出 | 324.16 | 269.61 | 583.48 | 230.89 | | | | 3087.7 | | |
| 购房 | 267.73 | | | | | | | 3087.7 | | |
| 建房 | 56.43 | 269.61 | 583.48 | 230.89 | | | | | | |
| 借贷支出 | 8088.19 | 2316.2 | 1210.9 | 4308.5 | 4582.7 | 8876.19 | 9878.72 | 11216.2 | 20061.7 | 20967.8 |
| 存入储蓄款 | 7956.05 | 2316.2 | 1210.9 | 4307.8 | 4571.2 | 8625.24 | 9700.29 | 11032.5 | 19735.8 | 20634.8 |
| 借出款 | 1.35 | | | | | 0.11 | | 15.27 | | |
| 归还借款 | 28.51 | | | 0.7 | | | 91.99 | | 115.92 | 256.31 |
| 储蓄性保险支出 | 20.48 | | | | 9.39 | 28.32 | | | 156.07 | |
| 购买有价证券 | 2.03 | | | | 2.12 | | 7.85 | | | |
| 归还住房贷款 | 35.16 | | | | | | 78.59 | 168.44 | 53.93 | 76.68 |
| 归还汽车贷款 | 44.61 | | | | | 222.52 | | | | |
| 期末手存现金 | 3026.88 | 1841.6 | 1174.2 | 2000.4 | 2487.3 | 2735.22 | 2848.45 | 4713.65 | 6707.35 | 10357.8 |

# 5-18 市区按相对收入分的城镇居民家庭年人均消费情况

（2012 年）

| 指　　标 | 单位 | 合计 | 最低10% | #更低5% | 低10% | 较低20% | 中间20% | 较高20% | 高10% | 最高10% | #更高5% |
|---|---|---|---|---|---|---|---|---|---|---|---|
| **消费支出** | **元** | **16778.6** | **8008.8** | **7774.71** | **10544.8** | **14659.2** | **16025.2** | **20024.9** | **24331.3** | **28323.9** | **35476.8** |
| #服务性消费支出 | 元 | 3682.13 | 1755.1 | 1875 | 2516.41 | 3200.76 | 3567.11 | 4293.56 | 5761.87 | 5682.42 | 5892.93 |
| **食品** | **元** | **6102.4** | **3249.61** | **3151.02** | **4231.29** | **5675.17** | **5935.61** | **6778** | **8297.99** | **10045.1** | **12066.77** |
| 粮油类 | 元 | 767.06 | 531.07 | 549.95 | 644.26 | 800.23 | 728.14 | 785.59 | 915.47 | 1073.86 | 1206.35 |
| 粮食 | 元 | 464.07 | 345.82 | 363.41 | 414.55 | 475.88 | 434.34 | 456.56 | 550.51 | 667.61 | 731.3 |
| 淀粉及薯类 | 元 | 71.44 | 45.42 | 44.5 | 49.32 | 64.48 | 75.16 | 68.99 | 100.45 | 120.56 | 144.51 |
| 干豆类及豆制品 | 元 | 71.95 | 43.55 | 52.06 | 57.98 | 78.89 | 65.86 | 80.03 | 88.13 | 91.44 | 100.01 |
| 油脂类 | 元 | 159.59 | 96.28 | 89.98 | 122.41 | 180.97 | 152.78 | 180.01 | 176.39 | 194.24 | 230.53 |
| 肉禽蛋水产品类 | 元 | 1402.55 | 882.18 | 868.09 | 1047.36 | 1432.89 | 1358.41 | 1525.84 | 1768.19 | 1946.83 | 2352.49 |
| 肉类 | 元 | 818.84 | 543.2 | 558.68 | 613.03 | 827.67 | 805.09 | 852.19 | 1060.05 | 1153.48 | 1463.1 |
| 禽类 | 元 | 220.99 | 136.19 | 120.82 | 173.31 | 237.27 | 206.65 | 243.3 | 286.93 | 274.19 | 302.89 |
| 蛋类 | 元 | 141.98 | 95.17 | 75.38 | 114.5 | 152.98 | 139.91 | 141.4 | 156.97 | 208.12 | 221.3 |
| 水产品类 | 元 | 220.74 | 107.63 | 113.21 | 146.52 | 214.96 | 206.76 | 288.94 | 264.24 | 311.04 | 365.2 |
| 蔬菜类 | 元 | 604.7 | 372.3 | 352.4 | 456.44 | 604.53 | 574.15 | 671.89 | 696.23 | 939.07 | 1083.51 |
| 鲜菜 | 元/千克 | 4.26 | 3.64 | 3.47 | 3.82 | 4.27 | 4.5 | 4.41 | 4.24 | 4.41 | 4.27 |
| 数量 | 千克 | 127.92 | 97.51 | 96.25 | 111.17 | 128.68 | 115.23 | 135.37 | 149.88 | 180.28 | 200.51 |
| 金额 | 元 | 544.46 | 354.87 | 334.18 | 424.64 | 549.95 | 518.15 | 596.59 | 636.02 | 794.39 | 856.26 |
| 干菜 | 元 | 35.95 | 11.27 | 10.19 | 21.05 | 42.83 | 40.44 | 39.11 | 41.32 | 49.31 | 58.83 |
| 菜制品 | 元 | 24.29 | 6.16 | 8.03 | 10.75 | 11.75 | 15.56 | 36.19 | 18.89 | 95.37 | 168.42 |
| 调味品 | 元 | 93.7 | 58.78 | 67.59 | 60.86 | 103.3 | 85.54 | 105.56 | 106.36 | 139.7 | 166.85 |
| 糖烟酒饮料类 | 元 | 725.35 | 250.47 | 198.06 | 513.71 | 538.81 | 670.4 | 902.19 | 1190.36 | 1334.46 | 1601.51 |
| 糖类 | 元 | 42.2 | 19.12 | 24.04 | 29.4 | 39.6 | 47.24 | 51.03 | 45.71 | 60.06 | 69.56 |
| 烟草类 | 元 | 231.19 | 89.56 | 66.12 | 249.38 | 165.63 | 202.32 | 269.05 | 389.81 | 377.81 | 454.48 |
| 酒类 | 元 | 296.98 | 85.22 | 62.8 | 167.28 | 194.1 | 273.59 | 380.25 | 536.02 | 615.21 | 755.5 |
| 饮料 | 元 | 154.99 | 56.57 | 45.1 | 67.65 | 139.47 | 147.24 | 201.86 | 218.82 | 281.37 | 321.97 |
| 干鲜瓜果类 | 元 | 590.23 | 319.24 | 297.93 | 370.02 | 537.99 | 577.35 | 682.69 | 740.23 | 1032.16 | 1175.62 |
| 鲜果 | 元/千克 | 6.08 | 5 | 4.97 | 5.83 | 6.16 | 6.17 | 6.13 | 6.01 | 6.59 | 6.9 |
| 数量 | 千克 | 52.12 | 35.81 | 31.02 | 36.6 | 49.29 | 46.97 | 58.93 | 64.31 | 85.15 | 82.84 |
| 金额 | 元 | 316.84 | 179.03 | 154.26 | 213.4 | 303.47 | 289.67 | 361.42 | 386.6 | 561.34 | 571.32 |
| 鲜瓜 | 元/千克 | 2.59 | 2.15 | 2.17 | 2.24 | 2.79 | 2.78 | 2.6 | 2.66 | 2.61 | 2.41 |
| 数量 | 千克 | 22.17 | 19.3 | 15.94 | 18.14 | 19.36 | 19.67 | 24.2 | 28.51 | 32.62 | 39.7 |
| 金额 | 元 | 57.48 | 41.54 | 34.57 | 40.63 | 53.96 | 54.67 | 62.81 | 75.7 | 85.07 | 95.58 |
| 其它干鲜瓜果类及制品 | 元 | 215.91 | 98.67 | 109.1 | 115.99 | 180.56 | 233.01 | 258.46 | 277.93 | 385.74 | 508.71 |

| 指　　标 | 单位 | 合计 | 最低10% | #更低5% | 低10% | 较低20% | 中间20% | 较高20% | 高10% | 最高10% | #更高5% |
|---|---|---|---|---|---|---|---|---|---|---|---|
| 糕点、奶及奶制品 | 元 | 410.62 | 235.28 | 220.97 | 241.71 | 375.97 | 383.2 | 462.96 | 551.04 | 752.15 | 924.47 |
| 糕点 | 元/千克 | 19.64 | 18.87 | 18.38 | 24.91 | 18.41 | 20.6 | 18.77 | 20.75 | 19.43 | 19.28 |
| 数量 | 千克 | 7.11 | 4.86 | 4.85 | 3.55 | 7.07 | 6.17 | 8.46 | 7.7 | 13.32 | 16.36 |
| 金额 | 元 | 139.63 | 91.7 | 89.09 | 88.45 | 130.12 | 127.13 | 158.8 | 159.9 | 258.65 | 315.35 |
| 奶及奶制品 | 元 | 270.99 | 143.59 | 131.88 | 153.25 | 245.85 | 256.07 | 304.16 | 391.13 | 493.49 | 609.13 |
| 其它食品 | 元 | 99.94 | 40.7 | 27.01 | 26.38 | 69.02 | 101.47 | 148.18 | 152.01 | 176.61 | 153.68 |
| 饮食服务 | 元 | 1408.26 | 559.58 | 569.04 | 870.54 | 1212.43 | 1456.94 | 1493.1 | 2178.1 | 2650.3 | 3402.3 |
| 食品加工服务费 | 元 | 1.04 | 0.54 | 0.04 | 0.18 | 2.55 | 1 | 1.02 | 0.47 |  |  |
| 在外饮食 | 元 | 1407.21 | 559.04 | 569 | 870.37 | 1209.88 | 1455.94 | 1492.09 | 2177.63 | 2650.3 | 3402.3 |
| **衣着** | **元** | **2643.65** | **1179.69** | **1284.93** | **1757.71** | **2605.34** | **2490.7** | **3180.01** | **3931.2** | **3657.5** | **4148.4** |
| 服装 | 元/件 | 191.59 | 165.67 | 180.55 | 166.63 | 191.03 | 188.96 | 196.4 | 188.43 | 228 | 235.01 |
| 数量 | 件 | 9.88 | 5.61 | 5.79 | 7.89 | 9.69 | 9.18 | 11.22 | 14.71 | 12.33 | 14.51 |
| 金额 | 元 | 1893.56 | 929.43 | 1044.67 | 1314.96 | 1851.07 | 1735.52 | 2202.7 | 2772.58 | 2812.19 | 3409.33 |
| 衣着材料 | 元 | 12.85 | 6.7 | 4.78 | 12.43 | 16.28 | 7.01 | 15.43 | 13.73 | 20.66 | 12.79 |
| 鞋类 | 元/双 | 166.11 | 105.68 | 94.99 | 134.05 | 156.71 | 179.17 | 181.07 | 175.19 | 176.92 | 159.58 |
| 数量 | 双 | 3.88 | 2.01 | 2.08 | 2.82 | 4.17 | 3.72 | 4.6 | 5.5 | 4.07 | 4 |
| 金额 | 元 | 643.88 | 212.19 | 197.25 | 378.17 | 653.51 | 666.51 | 832.57 | 964.06 | 720.64 | 637.64 |
| 其它衣着用品 | 元 | 85.26 | 29.15 | 34.76 | 45.86 | 71.14 | 77.09 | 120.79 | 169.98 | 93.32 | 72.11 |
| 衣着加工服务费 | 元 | 8.09 | 2.22 | 3.46 | 6.28 | 13.33 | 4.57 | 8.52 | 10.84 | 10.68 | 16.53 |
| **居住** | **元** | **1056.26** | **702.94** | **575.67** | **672.11** | **833.64** | **782.02** | **1802.73** | **1295.83** | **1161.14** | **1080.61** |
| 住房 | 元 | 273.88 | 224.73 | 152.91 | 131.6 | 102.82 | 18.71 | 931.99 | 164.86 | 46.29 | 11.19 |
| 租赁房房租 | 元 | 17.16 | 37.94 | 82.1 | 64.33 |  | 4.84 | 22.88 |  | 1.87 |  |
| 住房装潢支出 | 元 | 231.23 | 139.73 | 49.08 | 52.57 | 94.98 | 8.34 | 880.15 | 57.18 | 39.21 | 11.19 |
| 维修用建筑材料 | 元 | 25.49 | 47.06 | 21.74 | 14.7 | 7.84 | 5.53 | 28.96 | 107.67 | 5.22 |  |
| 水电燃料及其它 | 元 | 726.87 | 447.79 | 396.46 | 482.05 | 690.93 | 718.8 | 814.81 | 1011.91 | 1030.68 | 981.28 |
| 水 | 元/吨 | 2.4 | 2.41 | 2.42 | 2.42 | 2.4 | 2.4 | 2.39 | 2.39 | 2.39 | 2.41 |
| 数量 | 吨 | 36.52 | 24.72 | 22.78 | 25.38 | 34.01 | 36.16 | 39.64 | 46.4 | 56.59 | 59.86 |
| 金额 | 元 | 87.57 | 59.69 | 55.11 | 61.42 | 81.68 | 86.73 | 94.61 | 110.8 | 135.51 | 144.52 |
| 电 | 元/度 | 0.56 | 0.56 | 0.56 | 0.56 | 0.56 | 0.56 | 0.56 | 0.56 | 0.56 | 0.56 |
| 数量 | 度 | 592.47 | 431.96 | 410.06 | 410.77 | 533.1 | 561.96 | 682.73 | 722.91 | 913.5 | 950.1 |
| 金额 | 元 | 332.2 | 242.24 | 229.65 | 230.19 | 299.02 | 314.49 | 383.3 | 405.98 | 511.65 | 531.99 |
| 燃料 | 元 | 180.46 | 103.08 | 92.19 | 121.55 | 171.77 | 204.18 | 208.9 | 210.55 | 228.36 | 233.53 |
| 煤炭 | 元/千克 | 1.01 |  |  | 1.2 | 1.38 | 0.97 | 1.12 |  | 0.9 | 0.9 |

（2012年）

| 指　　标 | 单位 | 合计 | 最低10% | #更低5% | 低10% | 较低20% | 中间20% | 较高20% | 高10% | 最高10% | #更高5% |
|---|---|---|---|---|---|---|---|---|---|---|---|
| 数量 | 千克 | 5.47 | | | 0.27 | 1.07 | 17.81 | 5.47 | | 6.55 | 14.31 |
| 金额 | 元 | 5.53 | | | 0.32 | 1.47 | 17.28 | 6.1 | | 5.9 | 12.88 |
| 罐装液化石油气 | 元/千克 | 7.36 | 7.11 | 7.11 | 7.24 | 7.19 | 7.48 | 7.2 | 7.31 | 7.69 | 8.24 |
| 数量 | 千克 | 1.83 | 0.63 | 1.36 | 1.15 | 1.44 | 3.38 | 1.68 | 1.85 | 1.96 | 2.04 |
| 金额 | 元 | 13.47 | 4.47 | 9.67 | 8.31 | 10.37 | 25.3 | 12.12 | 13.54 | 15.09 | 16.8 |
| 管道天然气 | 元/立方米 | 2.25 | 2.25 | 2.25 | 2.25 | 2.25 | 2.25 | 2.25 | 2.25 | 2.25 | 2.25 |
| 数量 | 立方米 | 71 | 43.82 | 36.64 | 50.21 | 70.84 | 71.41 | 83.18 | 85.78 | 90.27 | 90.59 |
| 金额 | 元 | 159.9 | 98.61 | 82.52 | 112.92 | 159.69 | 160.94 | 187.22 | 193.34 | 203.1 | 203.85 |
| 取暖费 | 元 | 126.4 | 42.77 | 19.51 | 68.9 | 137.6 | 113.07 | 128 | 284.58 | 155.15 | 71.24 |
| 其它相关支出 | 元 | 0.24 | | | | 0.86 | 0.33 | | | | |
| 居住服务费 | 元 | 55.51 | 30.43 | 26.3 | 58.46 | 39.89 | 44.51 | 55.93 | 119.06 | 84.17 | 88.15 |
| 物业管理费 | 元 | 50.3 | 30.07 | 26.26 | 48.35 | 37.1 | 38.55 | 51.89 | 110.55 | 74.92 | 87.77 |
| 维修服务费 | 元 | 1.3 | | | 0.35 | 1.1 | 0.26 | 0.05 | 2.5 | 9.25 | 0.38 |
| 其它居住服务费 | 元 | 3.91 | 0.35 | 0.04 | 9.76 | 1.7 | 5.7 | 4 | 6.01 | | |
| **家庭设备用品及服务** | **元** | **1353.03** | **644.45** | **457.47** | **652.49** | **1142.81** | **1438.06** | **1689.8** | **1916.33** | **2146.56** | **2211.17** |
| 耐用消费品 | 元 | 522.63 | 246.6 | 89.65 | 218.88 | 319.34 | 734.67 | 688.4 | 557.62 | 840.22 | 1067.73 |
| 家具 | 元 | 150.29 | 32.23 | 11.87 | 44.41 | 52.05 | 342.75 | 184.67 | 81.15 | 214.34 | 131.25 |
| 家庭设备 | 元 | 372.34 | 214.37 | 77.78 | 174.46 | 267.29 | 391.92 | 503.73 | 476.48 | 625.88 | 936.47 |
| 室内装饰品 | 元 | 19.25 | 7.31 | | 4.95 | 24.52 | 18.33 | 12.59 | 58.28 | 19.8 | 9.16 |
| 床上用品 | 元 | 173.87 | 22.42 | 32.21 | 66.37 | 151.47 | 147.24 | 222.57 | 417.62 | 271.09 | 132.14 |
| 家庭日用杂品 | 元 | 592.74 | 329.11 | 332.72 | 352.67 | 620.07 | 518.3 | 697.32 | 813.57 | 901.99 | 970.52 |
| 家具材料 | 元 | 13.41 | 36.38 | | 0.25 | | 1.03 | 15.5 | 50.19 | 16.56 | |
| 家庭服务 | 元 | 31.13 | 2.61 | 2.89 | 9.38 | 27.4 | 18.49 | 53.42 | 19.05 | 96.9 | 31.63 |
| 家政服务 | 元 | 15.2 | 0.56 | 1.21 | 0.3 | 11.49 | 1.31 | 27.79 | 8.74 | 73.49 | 7.97 |
| 加工维修服务费 | 元 | 15.93 | 2.05 | 1.68 | 9.08 | 15.92 | 17.18 | 25.63 | 10.3 | 23.41 | 23.66 |
| **医疗保健** | **元** | **1204.97** | **702.04** | **637.09** | **1029.3** | **905.68** | **1253.8** | **1386.82** | **1858.95** | **1618.85** | **1727.95** |
| 医疗器具 | 元 | 11.82 | 0.03 | | | 2.54 | 8.53 | 33.78 | | 32.35 | 71.53 |
| 保健器具 | 元 | 29.13 | 4.2 | 0.99 | 10.06 | 10.65 | 12.56 | 52.63 | 108.16 | 33.18 | 18.62 |
| 药品费 | 元 | 586.78 | 405.23 | 307.51 | 695.1 | 481.98 | 633.78 | 656.48 | 633.38 | 623.44 | 660.63 |
| 滋补保健品 | 元 | 145.92 | 30.15 | 10.63 | 51.62 | 78.92 | 179.95 | 164.62 | 286.51 | 318.84 | 393.8 |
| 医疗费 | 元 | 427.1 | 262.29 | 317.78 | 269.2 | 328.29 | 415.79 | 476.92 | 829.64 | 587.45 | 577.4 |
| 其它医疗保健支出 | 元 | 4.23 | 0.14 | 0.17 | 3.32 | 3.3 | 3.18 | 2.4 | 1.25 | 23.59 | 5.96 |
| **交通和通讯** | **元** | **1723.69** | **522.75** | **499.14** | **665.29** | **1239.47** | **1736.18** | **1753.7** | **1787.54** | **5802.42** | **10513.26** |

5-18　续表 3　（2012 年）

| 指　　标 | 单位 | 合计 | 最低 10% | #更低 5% | 低 10% | 较低 20% | 中间 20% | 较高 20% | 高 10% | 最高 10% | #更高 5% |
|---|---|---|---|---|---|---|---|---|---|---|---|
| 交通 | 元 | 981.24 | 126.16 | 111.94 | 208.16 | 558.74 | 1091.37 | 805.96 | 633.81 | 4752.13 | 9338.13 |
| 家庭交通工具 | 元 | 599.06 | 51.13 | 35.29 | 3.41 | 277.77 | 712.73 | 353.12 | 124.06 | 3758.38 | 8172.83 |
| 车辆用燃料及零配件 | 元 | 161.21 | 7.59 | 13.97 | 12.81 | 123.56 | 214.83 | 233.09 | 174.99 | 340.66 | 566.34 |
| 交通工具服务支出 | 元 | 64.73 | 6.37 | 10.68 | 21.33 | 43.52 | 76.6 | 77.36 | 60.62 | 199.49 | 219.53 |
| 交通费 | 元 | 156.25 | 61.08 | 52.01 | 170.61 | 113.88 | 87.21 | 142.38 | 274.14 | 453.61 | 379.43 |
| 通信 | 元 | 742.45 | 396.59 | 387.19 | 457.13 | 680.73 | 644.82 | 947.75 | 1153.73 | 1050.29 | 1175.13 |
| 通信工具 | 元 | 232.24 | 70.56 | 81.09 | 64.52 | 159.1 | 144.71 | 427.32 | 458.25 | 348.74 | 294.93 |
| 通信服务 | 元 | 510.21 | 326.03 | 306.1 | 392.61 | 521.63 | 500.11 | 520.42 | 695.47 | 701.54 | 880.2 |
| **教育文化娱乐服务** | **元** | **1878.04** | **898.84** | **1044.16** | **1266.58** | **1674.44** | **1758.19** | **2121.42** | **3298.05** | **2754.56** | **2712.97** |
| 文化娱乐用品 | 元 | 421.97 | 225.95 | 312.07 | 260.41 | 311.44 | 273.41 | 483.33 | 999.1 | 780.86 | 1000.98 |
| 文化娱乐服务 | 元 | 848.93 | 412.85 | 587.65 | 617.7 | 723.77 | 855.15 | 962.53 | 1442.91 | 1152.67 | 1083.35 |
| 参观游览 | 元 | 241.05 | 275.99 | 419.29 | 307.34 | 261.84 | 166.75 | 161.8 | 267.88 | 403.26 | 410.65 |
| 健身活动 | 元 | 32.57 | 36.7 | 33.18 | 5.33 | 12.31 | 25.54 | 38.05 | 70.93 | 74.34 | 46.93 |
| 团体旅游 | 元 | 472.92 | 66.92 | 115.7 | 261.68 | 358.48 | 551.69 | 626.06 | 986.26 | 492.99 | 404.65 |
| 其它文娱活动 | 元 | 98.53 | 30.19 | 19.12 | 40.56 | 86.1 | 109.43 | 130.03 | 112.45 | 181.81 | 221.13 |
| 文娱用品修理服务费 | 元 | 3.86 | 3.04 | 0.36 | 2.8 | 5.05 | 1.74 | 6.58 | 5.39 | 0.27 | |
| 教育 | 元 | 607.15 | 260.05 | 144.44 | 388.47 | 639.23 | 629.64 | 675.56 | 856.04 | 821.04 | 628.64 |
| 教材 | 元 | 29.01 | 21.36 | 17.02 | 30.13 | 23.44 | 35.41 | 20.02 | 51.18 | 35.44 | 14.93 |
| 教育费用 | 元 | 578.14 | 238.69 | 127.42 | 358.33 | 615.8 | 594.23 | 655.54 | 804.87 | 785.6 | 613.72 |
| **其它商品和服务** | **元** | **816.56** | **108.48** | **125.23** | **270.03** | **582.67** | **630.6** | **1312.36** | **1945.45** | **1137.72** | **1015.66** |
| 其它商品 | 元 | 628.8 | 69.84 | 70.8 | 178.25 | 454.9 | 397.3 | 1093.83 | 1552.34 | 870.1 | 718.28 |
| 金银珠宝饰品 | 元 | 239.29 | 0.98 | 2.12 | 59 | 159.74 | 122.61 | 486.97 | 578.11 | 318.75 | 162.63 |
| 手表 | 元/只 | 1706.09 | | | | 222.91 | 2104.24 | 1949.03 | 2065.06 | 1955.79 | 2040.88 |
| 数量 | 只 | 0.06 | | | | 0.05 | 0.04 | 0.12 | 0.13 | 0.13 | 0.11 |
| 金额 | 元 | 110.17 | | | | 11.75 | 76.58 | 231.08 | 277.14 | 255.14 | 226.55 |
| 理发美容用具 | 元 | 9.24 | 6.24 | 0.45 | 4.63 | 4.48 | 5.94 | 14.95 | 22.1 | 11.38 | 13.32 |
| 化妆品 | 元 | 209.51 | 54.96 | 55.41 | 94.28 | 162.64 | 173.38 | 330.55 | 408.6 | 271.25 | 309.74 |
| 其它杂品 | 元 | 60.59 | 7.66 | 12.82 | 20.33 | 116.29 | 18.78 | 30.27 | 266.39 | 13.58 | 6.04 |
| 服务 | 元 | 187.76 | 38.64 | 54.43 | 91.79 | 127.77 | 233.3 | 218.53 | 393.11 | 267.62 | 297.38 |
| 旅馆住宿费 | 元 | 20.53 | | | 5.14 | 22.46 | 42.04 | 6.66 | 34.09 | 33.01 | 6.87 |
| 理发洗澡费 | 元 | 67.98 | 30.16 | 39.13 | 46.03 | 44.37 | 75.62 | 90.29 | 108.73 | 90.96 | 82.5 |
| 美容费 | 元 | 57.42 | 7.02 | 12.93 | 33.37 | 38.34 | 71.32 | 79.45 | 113.83 | 59.12 | 123.22 |
| 其它服务 | 元 | 41.82 | 1.46 | 2.37 | 7.25 | 22.6 | 44.32 | 42.13 | 136.46 | 84.53 | 84.79 |

## 5-19 市区城镇居民平均每人全年现金收支情况

（2012 年）

| 项　目 | 单位 | 中原区 | 二七区 | 管城区 | 金水区 | 上街区 | 惠济区 |
|---|---|---|---|---|---|---|---|
| 调查户数 | 户 | 100 | 100 | 100 | 160 | 80 | 60 |
| 可支配收入 | 元 | 22413 | 23246.37 | 22166 | 28824 | 28216 | 18844 |
| 旅游人次 | 次/百人 | 2.53 | 0.49 | 2.55 | 0.47 | 1.63 | 0.38 |
| 旅游花费 | 元/百人 | 875.49 | 314.59 | 744.14 | 200.46 | 491.14 | 165.33 |
| 家庭总收入 | 元 | 23962.6 | 24337.66 | 23977.48 | 31270.41 | 30167.46 | 20541.05 |
| 工资性收入 | 元 | 13522.43 | 10738.87 | 12522.51 | 17646.77 | 17000.83 | 13488.6 |
| 经营净收入 | 元 | 2060.01 | 5338.48 | 4833.61 | 3522.24 | 3267.27 | 1748.76 |
| 财产性收入 | 元 | 1093.78 | 137.39 | 353.39 | 261.91 | 1214.73 | 193.35 |
| 转移性收入 | 元 | 7286.38 | 8122.93 | 6267.97 | 9839.49 | 8684.63 | 5110.33 |
| 出售财物收入 | 元 | 1.1 |  | 6.88 | 5.81 | 142.41 | 24.44 |
| 借贷收入 | 元 | 3183.64 | 1980.66 | 3126.1 | 4160.69 | 3829.08 | 5178.1 |
| 家庭总支出 | 元 | 16879.44 | 16141.18 | 17775.61 | 25678.24 | 23736.59 | 18701.44 |
| 消费性支出 | 元 | 14164.65 | 13652.63 | 14766.56 | 21072.25 | 18007.95 | 14386 |
| #服务性消费支出 | 元 | 3040.4 | 3445.69 | 3308.97 | 4068.86 | 3936.2 | 3850.34 |
| 食品 | 元 | 5530 | 3840.41 | 6421.52 | 7495.36 | 5639.63 | 4092.82 |
| 衣着 | 元 | 2048.46 | 2152.91 | 2014.22 | 3572.11 | 2640.56 | 1454.98 |
| 居住 | 元 | 862.38 | 1300.2 | 785.13 | 1118.88 | 1057.63 | 2106.53 |
| 家庭设备用品及服务 | 元 | 1093.22 | 918.07 | 990.26 | 1992.09 | 1353.35 | 966.68 |
| 医疗保健 | 元 | 878.35 | 1319.38 | 966.46 | 1383.56 | 1511.81 | 711.41 |
| 交通和通讯 | 元 | 1549.61 | 1842.83 | 1335.04 | 2112.25 | 3140.68 | 2932.22 |
| 教育文化娱乐服务 | 元 | 1741.36 | 1932.88 | 1690.91 | 1891.65 | 1784.68 | 1784.11 |
| 其它商品和服务 | 元 | 461.98 | 345.96 | 563.46 | 1504.05 | 873.52 | 337.7 |
| 财产性支出 | 元 | 15.17 | 49.24 | 18.01 | 33.57 |  | 4.06 |
| 转移性支出 | 元 | 998.97 | 1385.56 | 1225.97 | 1816.72 | 3677.6 | 1326.93 |
| 社会保障支出 | 元 | 1422.74 | 1053.74 | 1764.63 | 2210.55 | 1819.49 | 1575.14 |
| 购房与建房支出 | 元 | 277.19 |  |  | 547.43 | 237.64 | 1408.87 |
| 借贷支出 | 元 | 10455.75 | 8617.63 | 6637.1 | 8719.95 | 10147.96 | 7462.02 |

# 5-20 市区按月人均可支配收入

（2012 年）

| 项　目 | 计量单位 | 合计 | 400 元以下 | 400—800 元 | 800—1000 元 |
|---|---|---|---|---|---|
| 可支配收入 | 元 | 25301.01 | 817.95 | 7359.06 | 11039.24 |
| 家庭总支出 | 元 | 20425.24 | 18028.98 | 10169.23 | 11882.04 |
| #消费支出 | 元 | 16778.6 | 15072.23 | 8578.34 | 9154.14 |
| #服务性消费支出 | 元 | 3682.13 | 3094.52 | 1930.79 | 1927.68 |
| 旅游人次 | 次/百人 | 1.41 | 0.69 | 1.48 | 0.15 |
| 旅游花费 | 元/百人 | 477.43 | 923.26 | 233.7 | 16.51 |
| 家庭人口数 | 人 | 2.84 | 3.12 | 3.31 | 3.27 |
| 有收入者人数 | 人 | 2.13 | 1.75 | 1.8 | 2.12 |
| 就业人口数 | 人 | 1.4 | 1.61 | 1.39 | 1.59 |
| 国有经济单位职工人数 | 人 | 0.65 | 0.37 | 0.65 | 0.61 |
| 城镇集体经济单位职工人数 | 人 | 0.07 | | 0.1 | 0.03 |
| 其它经济类型单位职工人数 | 人 | 0.14 | 0.17 | 0.13 | 0.18 |
| 城镇个体或私营企业主人数 | 人 | 0.19 | 0.67 | 0.13 | 0.24 |
| 城镇个体或私营企业被雇人数 | 人 | 0.19 | 0.07 | 0.11 | 0.41 |
| 离退休再就业人数 | 人 | 0.06 | | | |
| 其它就业人数 | 人 | 0.09 | 0.33 | 0.26 | 0.11 |
| 离退休人数 | 人 | 0.71 | 0.06 | 0.37 | 0.5 |
| 其它有收入者人数 | 人 | 0.02 | 0.08 | 0.03 | 0.03 |
| 无收入者人数 | 人 | 0.71 | 1.38 | 1.52 | 1.15 |
| 在外就学人数 | 人 | 0.02 | | 0.01 | |
| 非家庭人口在家用餐 | 人次 | 1.22 | 0.23 | 0.08 | 0.62 |
| 家庭人口在外用餐 | 人次 | 3.32 | 2.93 | 0.68 | 0.61 |

分组的城市居民家庭基本情况

| 1000—1500 元 | 1500—2000 元 | 2000—2500 元 | 2500—3000 元 | 3000—4000 元 | 4000—5000 元 | 5000 元以上 |
|---|---|---|---|---|---|---|
| 15250.55 | 20659.28 | 27133 | 32702.17 | 40935.36 | 52908.23 | 80541.3 |
| 14996.16 | 16951.19 | 21915.68 | 23173.77 | 33423.29 | 42989.62 | 32974.1 |
| 12454.31 | 14331.43 | 18169.78 | 19318.66 | 24047.74 | 36953.23 | 27390.1 |
| 3010.69 | 2846.74 | 3903.32 | 4419.45 | 5444.42 | 6713.9 | 7090.63 |
| 1.16 | 1.56 | 1.59 | 1.48 | 1.36 | 1.49 | 1.06 |
| 243.25 | 441.76 | 417.27 | 500.17 | 923.13 | 1037.54 | 693.9 |
| 3.05 | 2.91 | 2.87 | 2.77 | 2.54 | 2.23 | 2.11 |
| 2.09 | 2.17 | 2.34 | 2.2 | 2.2 | 2.05 | 1.85 |
| 1.57 | 1.41 | 1.41 | 1.42 | 1.27 | 1.2 | 1.22 |
| 0.73 | 0.66 | 0.75 | 0.65 | 0.64 | 0.69 | 0.53 |
| 0.07 | 0.07 | 0.09 | 0.1 | 0.08 | 0.08 | 0.02 |
| 0.17. | 0.18 | 0.14 | 0.14 | 0.09 | 0.06 | 0.02 |
| 0.16 | 0.14 | 0.15 | 0.25 | 0.18 | 0.1 | 0.22 |
| 0.32 | 0.22 | 0.15 | 0.17 | 0.11 | 0.03 | 0.06 |
| 0.01 | 0.08 | 0.03 | 0.08 | 0.1 | 0.19 | 0.3 |
| 0.11 | 0.07 | 0.1 | 0.04 | 0.08 | 0.05 | 0.06 |
| 0.48 | 0.75 | 0.92 | 0.76 | 0.91 | 0.83 | 0.6 |
| 0.04 | 0.01 | 0.01 | 0.02 | 0.02 | 0.02 | 0.04 |
| 0.95 | 0.74 | 0.53 | 0.57 | 0.35 | 0.19 | 0.26 |
| 0.01 | 0.02 | 0.03 | 0.01 | 0.02 | 0.02 | |
| 0.47 | 0.58 | 1.18 | 1.57 | 3.43 | 2.39 | 2.32 |
| 1.79 | 2.43 | 4.25 | 3.57 | 6 | 6.33 | 6.56 |

# 5-21　市区按月人均可支配收入

（2012 年）

| 项　　目 | 合计 | 400 元以下 | 400—800 元 | 800—1000 元 | 1000—1500 元 |
|---|---|---|---|---|---|
| 家庭总收入 | 27217.72 | 2756.18 | 8643.61 | 12825.79 | 16952.94 |
| #可支配收入 | 25301.01 | 817.95 | 7359.06 | 11039.24 | 15250.55 |
| 工资性收入 | 15298.33 | 1445.44 | 5999.61 | 8536.02 | 12102.63 |
| 工资及补贴收入 | 15141.56 | 1445.44 | 5966.21 | 8536.02 | 12022.65 |
| 其它劳动收入 | 156.77 | | 33.4 | | 79.98 |
| 经营净收入 | 3104.45 | 277.17 | 522.05 | 1410.15 | 1400.02 |
| 财产性收入 | 283.15 | 0.77 | 15.47 | 3.37 | 64.97 |
| 利息收入 | 61.58 | 0.77 | 15.47 | 3.37 | 45.45 |
| 股息与红利收入 | 47.62 | | | | |
| 保险收益 | 5.35 | | | | |
| 出租房屋收入 | 168.59 | | | | 19.52 |
| 转移性收入 | 8531.79 | 1032.8 | 2106.47 | 2876.25 | 3385.33 |
| 养老金或离退休金 | 7729.87 | 306.61 | 1860.69 | 2651.64 | 3214.19 |
| 社会救济收入 | 33.84 | 635.69 | 82.45 | 79.35 | 50.91 |
| #最低生活保障收入 | 23.42 | | 63.76 | 62.28 | 38.74 |
| 保险收入 | 0.14 | | | | |
| #失业保险金 | 0.14 | | | | |
| 赡养收入 | 330.38 | | | 4.11 | 5.65 |
| #来自城镇居民的赡养收入 | 218.18 | | | 4.11 | |
| 捐赠收入 | 318.66 | | 96.16 | 91.38 | 42.46 |
| #来自城镇居民的捐赠收入 | 141.42 | | 51.52 | 50.78 | 22.39 |
| 提取住房公积金 | 15.07 | | | | |
| 记帐补贴 | 85.99 | 90.49 | 67.18 | 49.77 | 64.74 |
| 其它转移性收入 | 17.84 | | | | 7.36 |
| 出售财物收入 | 4.53 | | 0.24 | | 10.86 |
| 出售其它物品收入 | 4.53 | | 0.24 | | 10.86 |
| 借贷收入 | 2694.88 | 8966.39 | 2481.36 | 1513.77 | 2177.22 |
| 提取储蓄存款 | 2361.58 | 8966.39 | 2481.36 | 1326.33 | 2174.96 |
| 借入款 | 9.68 | | | 187.44 | |
| 收回借出款 | 2.36 | | | | 2.26 |
| 住房贷款 | 321.27 | | | | |

## 分组的年人均现金收入情况

单位:元

| 1500—2000 元 | 2000—2500 元 | 2500—3000 元 | 3000—4000 元 | 4000—5000 元 | 5000 元以上 |
|---|---|---|---|---|---|
| 22405.67 | 29402.28 | 34763.33 | 43490.25 | 55633.25 | 83152.62 |
| 20659.28 | 27133 | 32702.17 | 40935.36 | 52908.23 | 80541.3 |
| 13536.91 | 17124.14 | 19074.1 | 22277.04 | 27741 | 41940.75 |
| 13521.18 | 17075.71 | 18962.84 | 21830.77 | 27408.66 | 38720.91 |
| 15.73 | 48.43 | 111.26 | 446.28 | 332.34 | 3219.83 |
| 1711.5 | 2513.56 | 4991.64 | 4572.35 | 4577.53 | 12070.03 |
| 102.01 | 245.64 | 437.2 | 687.46 | 968 | 2145.95 |
| 33.67 | 67.36 | 109.94 | 83.76 | 247.63 | 105.84 |
|  | 71.59 | 43.36 | 176.15 | 200.68 | 328.32 |
|  |  | 15.6 |  |  | 163.55 |
| 68.34 | 106.69 | 268.31 | 427.55 | 519.69 | 1548.24 |
| 7055.24 | 9518.94 | 10260.39 | 15953.39 | 22346.73 | 26995.89 |
| 6663.16 | 9066.13 | 9413.11 | 14014.83 | 19439.02 | 18413.56 |
| 12.52 | 25.51 |  |  |  |  |
| 12.52 | 25.51 |  |  |  |  |
|  | 0.73 |  |  |  |  |
|  | 0.73 |  |  |  |  |
| 76.93 | 126.76 | 349.66 | 810.71 | 2052.76 | 4553.22 |
| 40.22 | 31.7 | 290.22 | 649.26 | 1336.19 | 2622.11 |
| 224.04 | 202.89 | 395.3 | 939.3 | 572.75 | 2981.59 |
| 104.72 | 54.74 | 159.86 | 528.54 | 361.84 | 1015.39 |
|  |  |  |  |  | 767.23 |
| 69.6 | 96.92 | 79.62 | 117.92 | 221.06 | 156.17 |
| 9 |  | 22.7 | 70.64 | 61.14 | 124.11 |
| 0.06 | 0.04 | 8.74 | 0.46 | 34.12 |  |
| 0.06 | 0.04 | 8.74 | 0.46 | 34.12 |  |
| 1282.97 | 2437.78 | 1408.99 | 6796.78 | 13047.85 | 3306.13 |
| 1282.97 | 2437.78 | 1408.99 | 3024.37 | 13047.85 | 3306.13 |
|  |  |  |  |  |  |
|  |  |  | 22.5 |  |  |
|  |  |  | 3749.92 |  |  |

# 5-22 市区按月人均可支配收入

(2012 年)

| 项　目 | 合计 | 400 元以下 | 400—800 元 | 800—1000 元 | 1000—1500 元 |
|---|---|---|---|---|---|
| 家庭总支出 | 20425.24 | 18028.98 | 10169.23 | 11882.04 | 14996.16 |
| 消费支出 | 16778.6 | 15072.23 | 8578.34 | 9154.14 | 12454.31 |
| #服务性消费支出 | 3682.13 | 3094.52 | 1930.79 | 1927.68 | 3010.69 |
| 食品 | 6102.4 | 5593.27 | 3394.37 | 3458.47 | 4678.69 |
| 衣着 | 2643.65 | 3753.16 | 1460.46 | 1347.74 | 2002.47 |
| 居住 | 1056.26 | 868.18 | 570.05 | 914.71 | 727.1 |
| 家庭设备用品及服务 | 1353.03 | 1157.5 | 567.37 | 877.16 | 961.48 |
| 医疗保健 | 1204.97 | 403.23 | 541.04 | 1004.59 | 1081.36 |
| 交通和通讯 | 1723.69 | 1093 | 630.68 | 551.23 | 936.51 |
| 教育文化娱乐服务 | 1878.04 | 1471.03 | 1127.24 | 886.15 | 1581.86 |
| 其它商品和服务 | 816.56 | 732.85 | 287.13 | 114.09 | 484.83 |
| 财产性支出 | 28.42 | | | | 9.47 |
| 转移性支出 | 1530.58 | 1162.79 | 210.5 | 552.8 | 783.36 |
| 交纳所得税 | 67.24 | 53.78 | 21.26 | 11.64 | 19.16 |
| 捐赠支出 | 1163.13 | 949.42 | 146.75 | 417.16 | 622.85 |
| 购买彩票 | 28.89 | 68.33 | 0.26 | 0.53 | 5.74 |
| 赡养支出 | 162.56 | 87.43 | 36.42 | 116.85 | 101.97 |
| #在外就学子女费用 | 10.27 | | | | 2.33 |
| 各种非储蓄性保险支出 | 33.08 | | | | 0.12 |
| #车辆保险支出 | 14.51 | | | | |
| 其它转移性支出 | 75.68 | 3.83 | 5.81 | 6.62 | 33.53 |
| 社会保障支出 | 1763.48 | 1793.96 | 1196.12 | 1725.14 | 1618.49 |
| 个人交纳的养老基金 | 791.85 | 553.23 | 525.16 | 1163.77 | 772.37 |
| 个人交纳的住房公积金 | 710.02 | 991.41 | 509.62 | 335.26 | 586.71 |
| 个人交纳的医疗基金 | 231.49 | 220.19 | 138.46 | 212.84 | 238.83 |
| 个人交纳的失业基金 | 30.12 | 29.13 | 22.87 | 13.27 | 20.59 |
| 购房与建房支出 | 324.16 | | 184.27 | 449.96 | 130.53 |
| 借贷支出 | 8088.19 | 438.02 | 1306.94 | 2254.05 | 3969.34 |
| 存入储蓄款 | 7956.05 | 438.02 | 1306.94 | 2254.05 | 3923.39 |
| 借出款 | 1.35 | | | | |
| 归还借款 | 28.51 | | | | 0.4 |
| 储蓄性保险支出 | 20.48 | | | | |
| 购买有价证券 | 2.03 | | | | |
| 归还住房贷款 | 35.16 | | | | 45.56 |
| 归还汽车贷款 | 44.61 | | | | |

## 分组的年人均现金收支情况

单位:元

| 1500—2000 元 | 2000—2500 元 | 2500—3000 元 | 3000—4000 元 | 4000—5000 元 | 5000 元以上 |
|---|---|---|---|---|---|
| 16951.19 | 21915.68 | 23173.77 | 33423.29 | 42989.62 | 32974.1 |
| 14331.43 | 18169.78 | 19318.66 | 24047.74 | 36953.23 | 27390.1 |
| 2846.74 | 3903.32 | 4419.45 | 5444.42 | 6713.9 | 7090.63 |
| 5654.4 | 6299.02 | 7005.36 | 8428.09 | 11299.31 | 9393.04 |
| 2437.12 | 2873.18 | 3234.18 | 4011.59 | 3539.86 | 3159.91 |
| 880.25 | 1290.2 | 1131.5 | 1221.05 | 2648.79 | 2275.25 |
| 1318.13 | 1527.61 | 1463.57 | 2079.51 | 2426.77 | 1923.47 |
| 867.91 | 1379.86 | 1324.95 | 2044.72 | 1600.29 | 2480.61 |
| 1108.43 | 2039.11 | 1724.41 | 1793.19 | 11192.55 | 3117.73 |
| 1515.77 | 1851.89 | 2312.69 | 2711.38 | 3014.64 | 3044.09 |
| 549.43 | 908.91 | 1122.01 | 1758.21 | 1231.01 | 1996 |
| 3.84 | 39.97 | 5.94 | 183.53 | 12.35 | 67.53 |
| 971.59 | 1612.39 | 1941.64 | 3781.92 | 3953.63 | 3218.24 |
| 32.44 | 78.83 | 74.01 | 151.8 | 433.55 | 156.91 |
| 759.76 | 1212.96 | 1452.22 | 2880.87 | 2874.11 | 2126.96 |
| 13.61 | 23.11 | 55.88 | 43.6 | 112.58 | 216.98 |
| 119.34 | 177.94 | 185.71 | 417.69 | 250.7 | 277.38 |
| 9.69 | 23.4 | 3.6 | 25.31 |  |  |
| 4.63 | 57.97 | 91.42 | 19.48 | 28.6 | 302.03 |
|  | 41.68 | 40.91 |  | 28.6 |  |
| 41.81 | 61.58 | 82.41 | 268.48 | 254.09 | 137.97 |
| 1644.34 | 2093.54 | 1907.54 | 2285.17 | 2070.41 | 2298.23 |
| 733.47 | 844.57 | 806.91 | 1014.53 | 991.87 | 1131.66 |
| 682.35 | 947.77 | 822.64 | 924.5 | 687.22 | 828.52 |
| 207.33 | 254.44 | 260.68 | 288.71 | 296.98 | 301.97 |
| 21.2 | 46.75 | 17.31 | 57.43 | 94.34 | 36.09 |
|  |  |  | 3124.93 |  |  |
| 5829.8 | 9082.33 | 10198.63 | 13031.88 | 20172.75 | 46795.1 |
| 5791.07 | 8864.29 | 10132.99 | 12815.39 | 19428.26 | 45622.17 |
|  | 6.92 |  |  |  |  |
|  |  |  | 109.94 | 169.16 | 692.14 |
| 22.92 | 8.65 | 0.16 | 18.75 | 403.37 |  |
| 2.28 |  | 11.71 |  |  |  |
| 13.53 | 16.6 | 20.89 | 35.11 | 171.95 | 480.79 |
|  | 185.88 | 32.87 | 52.69 |  |  |

# 5-23 农村居民

（2012 年）

| 指　　标 | 单位 | 全市 | 中原区 | 二七区 | 管城区 | 金水区 |
|---|---|---|---|---|---|---|
| 调查户数 | 户 | 950 | 50 | 50 | 50 | 50 |
| 常住人口 | 人 | 3706 | 190 | 188 | 203 | 196 |
| #整半劳动力 | 人 | 2631 | 130 | 120 | 128 | 134 |
| 男劳动力人数 | 人 | 1398 | 74 | 65 | 69 | 71 |
| 劳动力文化程度 | | | | | | |
| 文盲半文盲 | 人 | 47 | 1 | | | 1 |
| 小学程度 | 人 | 264 | 4 | 6 | 3 | 4 |
| 初中程度 | 人 | 1428 | 55 | 64 | 74 | 59 |
| 高中程度 | 人 | 516 | 35 | 33 | 32 | 38 |
| 中专程度 | 人 | 122 | 10 | 3 | 8 | 8 |
| 大专以上程度 | 人 | 132 | 10 | | 11 | 12 |
| 劳动力就业情况 | | | | | | |
| 一产业就业劳动力 | 人 | 654 | 4 | | 15 | 10 |
| 二产业就业劳动力 | 人 | 976 | 20 | 23 | 35 | 21 |
| 三产业就业劳动力 | 人 | 879 | 91 | 83 | 78 | 91 |
| 劳动力就业地点 | | | | | | |
| 乡内就业劳动力 | 人 | 2146 | 114 | 103 | 112 | 119 |
| 县内乡外就业劳动力 | 人 | 175 | | 2 | 15 | 3 |
| 省内县外就业劳动力 | 人 | 139 | | 1 | 1 | |
| 国内省外就业劳动力 | 人 | 48 | | | | |
| 年内人均新建(购)住房面积 | 平方米 | 5.04 | | 1.75 | 16.77 | 21.40 |
| #钢筋混凝土结构面积 | 平方米 | 5.02 | | 1.75 | 16.77 | 21.40 |
| 年内人均新建(购)住房价值 | 元 | 3260.02 | | 456.84 | 9075.22 | 9681.53 |
| 人均新建楼房面积 | 平方米 | 5.01 | | 1.75 | 16.77 | 21.40 |
| 年末人均居住住房面积 | 平方米 | 55.66 | 81.82 | 63.72 | 66.44 | 78.47 |
| #钢筋混凝土结构面积 | 平方米 | 47.90 | 81.02 | 43.16 | 66.44 | 78.47 |
| 砖木结构面积 | 平方米 | 7.70 | 0.79 | 20.56 | | |

| 上街区 | 惠济区 | 中牟县 | 巩义市 | 荥阳市 | 新密市 | 新郑市 | 登封市 |
|---|---|---|---|---|---|---|---|
| 50 | 50 | 150 | 100 | 100 | 100 | 100 | 100 |
| 202 | 189 | 628 | 389 | 349 | 402 | 355 | 416 |
| 128 | 133 | 430 | 298 | 265 | 291 | 281 | 293 |
| 67 | 68 | 229 | 152 | 144 | 155 | 149 | 155 |
| | | | | | | | |
| | 6 | 27 | 5 | 1 | 1 | 2 | 3 |
| 3 | 21 | 83 | 30 | 20 | 21 | 35 | 34 |
| 68 | 63 | 259 | 158 | 165 | 171 | 171 | 121 |
| 20 | 21 | 35 | 69 | 60 | 61 | 44 | 68 |
| 8 | 5 | 8 | 15 | 12 | 22 | 14 | 9 |
| 10 | 12 | 10 | 18 | 7 | 9 | 15 | 18 |
| | | | | | | | |
| 1 | 62 | 269 | 79 | 74 | 44 | 35 | 61 |
| 103 | 29 | 102 | 137 | 94 | 123 | 158 | 131 |
| 5 | 37 | 51 | 79 | 97 | 118 | 88 | 61 |
| | | | | | | | |
| 109 | 112 | 383 | 251 | 187 | 253 | 213 | 190 |
| | 14 | 20 | 14 | 34 | 13 | 32 | 28 |
| | 2 | 15 | 24 | 38 | 16 | 19 | 23 |
| | | 4 | 6 | 6 | 3 | 17 | 12 |
| | | 14.18 | 1.10 | 0.34 | 1.54 | 6.85 | 4.79 |
| | | 14.05 | 1.10 | 0.34 | 1.54 | 6.85 | 4.79 |
| | | 7667.33 | 1260.45 | 580.10 | 3192.43 | 4591.55 | 2126.28 |
| | | 14.05 | 1.10 | 0.34 | 1.54 | 6.85 | 4.71 |
| 40.09 | 86.20 | 79.36 | 48.17 | 48.02 | 45.51 | 59.55 | 36.98 |
| 22.17 | 86.20 | 73.51 | 45.88 | 47.73 | 12.24 | 58.88 | 32.40 |
| 17.92 | | 5.74 | 2.08 | 0.29 | 33.28 | 0.68 | 4.58 |

# 5-24 农民人均

（2012 年）

| 指　标 | 全市 | 中原区 | 二七区 | 管城区 | 金水区 |
|---|---|---|---|---|---|
| **总收入** | **16756.84** | **17325.25** | **18112.93** | **17988.09** | **17626.12** |
| **工资性收入** | **6668.98** | **4778.12** | **13215.84** | **6540.43** | **5131.84** |
| 在非企业组织中劳动得到 | 317.14 | 30.61 | | 281.13 | 557.14 |
| 在本乡地域内劳动得到的 | 5068.42 | 4747.51 | 13084.33 | 6206.28 | 4574.70 |
| 常住人口外出从业得到的 | 1283.43 | | 131.51 | 53.02 | |
| **家庭经营收入** | **8788.98** | **7014.33** | **4603.35** | **5461.30** | **4291.56** |
| 农业收入 | 2300.78 | 163.88 | | 1440.78 | 748.57 |
| 林业收入 | 56.34 | 59.68 | | 232.31 | 17.68 |
| 牧业收入 | 1572.73 | | | 910.01 | |
| 渔业收入 | 336.20 | | | | 2440.76 |
| 工业收入 | 1494.64 | 2197.68 | | | 150.83 |
| 建筑业收入 | 225.78 | 1166.23 | | | 683.57 |
| 交通、运输、邮电业收入 | 1028.21 | 361.48 | | 1265.62 | 31.93 |
| 批发、零售贸易、餐饮业收入 | 1512.35 | 2734.01 | 4603.35 | 1187.17 | 218.22 |
| 社会服务业收入 | 209.83 | 331.37 | | 425.40 | |
| 文教卫生业收入 | 52.12 | | | | |
| **财产性收入** | **639.49** | **4806.84** | **247.97** | **5469.65** | **7986.96** |
| 租金收入（包括农业机械） | 398.29 | 2814.17 | 247.97 | 4889.39 | 6765.31 |
| **转移性收入** | **659.39** | **725.96** | **45.78** | **516.71** | **215.77** |
| 家庭住户成员寄回和带回 | 15.43 | | | | |
| 城市亲友赠送 | 20.30 | | | 98.64 | |
| 农村亲友赠送 | 69.22 | 63.59 | | 9.62 | 85.41 |
| 离退休金、养老金 | 240.22 | 249.99 | | 157.63 | |
| 各项补贴收入 | 204.98 | 22.03 | 45.78 | 108.98 | 104.55 |
| **纯收入** | **12530.93** | **14160.25** | **15153.28** | **16109.05** | **16210.00** |

## 总收入纯收入

单位:元

| 上街区 | 惠济区 | 中牟县 | 巩义市 | 荥阳市 | 新密市 | 新郑市 | 登封市 |
|---|---|---|---|---|---|---|---|
| **14916.69** | **20129.94** | **16563.61** | **15805.53** | **19338.15** | **16406.48** | **16880.61** | **14968.63** |
| **9339.11** | **5852.69** | **4200.56** | **7981.55** | **6856.15** | **7888.43** | **6070.85** | **7158.68** |
| 216.22 | 813.12 | 192.33 | 493.88 | 221.05 | 564.11 | 82.26 | 198.35 |
| 9122.89 | 4179.91 | 2158.23 | 6639.62 | 3745.77 | 6582.35 | 4994.33 | 5710.42 |
|  | 859.66 | 1850.01 | 848.05 | 2889.33 | 741.97 | 994.26 | 1249.91 |
| **2668.56** | **10797.19** | **11656.45** | **6713.59** | **11205.22** | **7665.85** | **10201.24** | **7037.42** |
| 1487.47 | 4277.18 | 6181.95 | 814.47 | 1943.99 | 804.74 | 3036.67 | 1043.67 |
| 41.69 | 86.37 | 84.42 | 3.64 | 53.50 | 20.27 | 111.35 | 57.39 |
|  | 584.11 | 1712.68 | 227.49 | 4376.43 | 1836.18 | 215.52 | 2205.75 |
|  | 3772.28 | 927.04 |  |  |  |  | 0.23 |
|  | 752.72 | 78.28 | 3282.60 | 721.81 | 2393.49 | 1702.00 | 1289.25 |
|  | 807.63 | 107.78 |  | 96.03 |  | 1074.70 |  |
| 624.71 | 389.22 | 555.97 | 605.07 | 2077.47 | 1023.34 | 1902.07 | 829.01 |
| 514.68 | 127.68 | 1917.33 | 741.86 | 1780.99 | 1411.31 | 2043.68 | 1612.13 |
|  |  | 0.56 | 980.32 | 155.00 | 91.53 |  |  |
|  |  | 90.44 | 58.14 |  | 84.98 | 115.24 |  |
| **1315.44** | **2248.76** | **315.58** | **418.49** | **232.74** | **113.94** | **331.81** | **84.25** |
| 491.91 | 1563.16 | 186.11 | 61.12 | 0.29 | 27.27 | 221.58 | 95.01 |
| **1593.58** | **1231.31** | **391.01** | **691.90** | **1044.04** | **738.26** | **276.70** | **688.28** |
|  |  |  |  | 14.32 | 30.14 | 73.24 |  |
| 150.50 | 41.75 | 0.46 | 0.69 | 99.66 | 1.00 | 5.63 | 8.80 |
| 75.15 | 299.18 | 45.13 | 8.62 | 186.29 | 26.15 | 40.23 | 81.58 |
| 724.94 | 210.20 | 23.37 | 473.06 | 309.71 | 490.78 |  | 116.65 |
| 317.95 | 280.54 | 303.03 | 96.94 | 209.52 | 169.52 | 157.04 | 311.48 |
| **13970.00** | **15690.00** | **11631.90** | **12953.20** | **12326.00** | **12325.00** | **12895.00** | **11120.96** |

## 5-25 农民人均

（2012 年）

| 指 标 | 全市 | 中原区 | 二七区 | 管城区 | 金水区 |
|---|---|---|---|---|---|
| **总支出** | **14265.48** | **12369.81** | **10982.14** | **17592.04** | **20959.88** |
| **家庭经营费用支出** | **3720.23** | **2399.39** | **2858.02** | **1693.50** | **1288.05** |
| 农业生产支出 | 583.72 | 65.56 | 6.10 | 297.17 | 242.15 |
| 林业生产支出 | 19.13 | 21.45 | | 93.07 | 45.76 |
| 牧业生产支出 | 1064.11 | | 0.92 | 553.38 | 8.51 |
| 渔业生产支出 | 169.99 | | | | 815.29 |
| 工业生产支出 | 745.10 | 552.77 | | | 5.10 |
| 建筑业支出 | 76.21 | 337.73 | | | 144.03 |
| 交通、运输和邮电业支出 | 329.39 | 59.10 | | 428.73 | 16.51 |
| 批发、零售贸易、餐饮 | 637.33 | 1303.67 | 2851.00 | 206.04 | 10.70 |
| 社会服务业支出 | 83.15 | 59.10 | | 115.11 | |
| 文教卫生业支出 | 12.10 | | | | |
| **购置生产用固定资产支出** | **598.46** | | | **3.06** | |
| **税费支出** | **33.24** | **18.47** | **40.37** | **14.80** | |
| 第二产业税 | 12.81 | 15.83 | | | |
| 第三产业税 | 18.04 | 2.64 | 40.37 | 4.93 | |
| 其他各种收费 | 2.39 | | | 9.86 | |
| **生活消费支出** | **8966.89** | **9436.80** | **7219.18** | **15612.75** | **18834.29** |
| **财产性支出** | **0.68** | **8.97** | | **1.38** | **25.99** |
| **转移性支出** | **945.34** | **506.18** | **864.56** | **266.56** | **811.56** |
| 大中专学生生活费和学杂费 | 237.29 | 198.36 | 743.69 | 137.00 | 120.67 |
| 赠送农村亲友 | 525.42 | 186.92 | 86.87 | 94.80 | 458.18 |
| 赠送城市亲友 | 23.92 | | | 2.47 | 2.19 |

## 总支出

单位:元

| 上街区 | 惠济区 | 中牟县 | 巩义市 | 荥阳市 | 新密市 | 新郑市 | 登封市 |
|---|---|---|---|---|---|---|---|
| **13621.42** | **16507.55** | **12384.07** | **10429.66** | **17297.19** | **15190.74** | **14212.91** | **15932.99** |
| **670.39** | **3929.28** | **4473.32** | **2389.06** | **6380.36** | **3626.07** | **3348.33** | **3327.77** |
| 335.59 | 1241.40 | 1342.73 | 252.92 | 518.03 | 336.91 | 706.28 | 324.57 |
| 32.30 | 5.71 | 17.79 | 2.14 | 36.30 | 3.52 | 27.56 | 25.72 |
|  | 236.23 | 961.75 | 170.22 | 3310.15 | 1341.27 | 177.63 | 1313.30 |
|  | 1350.86 | 630.06 |  |  |  |  |  |
|  | 589.52 | 67.33 | 1256.27 | 302.30 | 1566.36 | 915.97 | 661.89 |
|  | 372.27 | 39.98 |  | 20.04 |  | 360.08 |  |
| 39.46 | 117.31 | 202.22 | 106.89 | 1011.99 | 232.74 | 386.26 | 333.90 |
| 257.69 | 15.97 | 1183.13 | 144.80 | 1135.54 | 127.55 | 745.64 | 668.39 |
|  |  |  | 445.53 | 46.00 | 4.66 |  |  |
| 5.35 |  | 28.33 | 10.29 |  | 13.05 | 28.91 |  |
| **1732.67** | **4.74** | **148.58** | **25.72** | **2031.65** | **445.53** | **1342.78** | **357.82** |
| **13.04** | **8.95** | **45.05** | **34.98** | **73.87** | **18.18** | **26.06** | **19.24** |
| 1.49 | 6.30 |  | 29.84 | 28.06 | 9.22 | 6.76 | 9.62 |
| 11.55 | 2.65 | 45.05 | 5.14 | 28.63 | 8.97 | 19.30 | 9.62 |
|  |  |  |  | 17.18 |  |  |  |
| **10554.22** | **12234.31** | **6964.18** | **6822.41** | **7251.78** | **9825.22** | **9075.35** | **11407.55** |
| **6.44** |  |  |  |  |  |  |  |
| **644.66** | **330.27** | **751.91** | **1157.49** | **1559.52** | **1272.75** | **420.39** | **820.61** |
| 130.12 | 34.89 | 132.33 | 325.96 | 329.91 | 158.37 | 198.17 | 355.22 |
| 145.94 | 119.85 | 436.67 | 714.96 | 842.49 | 967.40 | 72.61 | 307.79 |
| 10.02 | 5.83 |  |  | 172.84 | 2.37 |  | 5.41 |

# 5-26 农民人均

（2012年）

| 指　　标 | 全市 | 中原区 | 二七区 | 管城区 | 金水区 |
| --- | --- | --- | --- | --- | --- |
| 生活消费支出 | 8966.89 | 9436.80 | 7219.18 | 15612.75 | 18834.29 |
| #货币性消费 | 8783.58 | 9408.04 | 7219.18 | 15612.31 | 18800.47 |
| 食品性消费 | 2203.30 | 2803.62 | 2220.05 | 2887.85 | 2941.59 |
| #货币性消费 | 2047.54 | 2774.86 | 2220.05 | 2887.41 | 2907.77 |
| 食品消费服务性支出 | 425.66 | 640.09 | 782.22 | 552.50 | 530.14 |
| 衣着消费支出 | 646.01 | 866.79 | 682.65 | 873.24 | 1083.34 |
| #货币性消费 | 646.01 | 866.79 | 682.65 | 873.24 | 1083.34 |
| 衣着消费服务性支出 | 1.48 | 1.71 | 1.16 | 1.07 | 1.27 |
| 居住消费支出 | 2794.03 | 2291.41 | 633.84 | 8593.67 | 10472.57 |
| #货币性消费 | 2794.03 | 2291.41 | 633.84 | 8593.67 | 10472.57 |
| 居住消费服务性支出 | 871.37 | 1138.87 | 293.05 | 2047.16 | 869.30 |
| 家庭设备用品及服务 | 680.07 | 393.22 | 297.60 | 455.59 | 597.93 |
| #货币性消费 | 652.53 | 393.22 | 297.60 | 455.59 | 597.93 |
| 家庭用品消费服务性支出 | 45.84 | 6.50 | 10.09 | 12.83 | 21.18 |
| 交通和通讯消费支出 | 1110.67 | 1028.57 | 2124.39 | 769.76 | 1329.91 |
| #货币性消费 | 1110.67 | 1028.57 | 2124.39 | 769.76 | 1329.91 |
| 交通和通讯服务消费支出 | 353.61 | 290.37 | 470.14 | 382.34 | 301.37 |
| 文教娱乐用品及服务支出 | 625.41 | 832.84 | 934.47 | 814.92 | 1217.62 |
| #货币性消费 | 625.41 | 832.84 | 934.47 | 814.92 | 1217.62 |
| 教育服务消费支出 | 314.86 | 336.87 | 416.12 | 337.55 | 650.18 |
| 文化娱乐服务消费支出 | 136.70 | 234.40 | 342.42 | 195.46 | 386.87 |
| 医疗保健消费支出 | 655.18 | 946.54 | 51.15 | 749.66 | 901.26 |
| #货币性消费 | 655.18 | 946.54 | 51.15 | 749.66 | 901.26 |
| 医疗保健服务消费支出 | 486.27 | 826.21 | 33.50 | 655.01 | 773.64 |
| 其他商品和服务消费总支出 | 252.21 | 273.80 | 275.04 | 468.06 | 290.07 |
| #货币性消费 | 252.21 | 273.80 | 275.04 | 468.06 | 290.07 |
| 其他消费服务支出 | 64.54 | 147.74 | 122.38 | 115.40 | 38.00 |

## 生活费支出

单位:元

| 上街区 | 惠济区 | 中牟县 | 巩义市 | 荥阳市 | 新密市 | 新郑市 | 登封市 |
|---|---|---|---|---|---|---|---|
| 10554.22 | 12234.31 | 6964.18 | 6822.41 | 7251.78 | 9825.22 | 9075.35 | 11407.55 |
| 8111.79 | 12096.72 | 6880.85 | 6713.26 | 7057.40 | 9650.57 | 8865.66 | 11152.21 |
| 2080.93 | 2831.54 | 1677.37 | 2022.65 | 2086.01 | 2490.99 | 2113.69 | 2485.76 |
| 1955.32 | 2693.94 | 1594.04 | 1913.50 | 1891.62 | 2316.34 | 1903.99 | 2230.42 |
| 686.92 | 812.43 | 239.61 | 404.76 | 497.36 | 563.97 | 300.15 | 363.04 |
| 601.16 | 578.66 | 431.05 | 655.91 | 615.58 | 830.61 | 497.43 | 750.89 |
| 601.16 | 578.66 | 431.05 | 655.91 | 615.58 | 830.61 | 497.43 | 750.89 |
| 2.17 | 0.04 | 0.19 | 1.02 | 1.62 | 0.26 | 0.06 | 6.11 |
| 1076.09 | 4694.77 | 2472.45 | 1385.85 | 1233.88 | 2996.31 | 3461.89 | 3696.17 |
| 1076.09 | 4694.77 | 2472.45 | 1385.85 | 1233.88 | 2996.31 | 3461.89 | 3696.17 |
| 163.34 | 2696.61 | 589.18 | 283.89 | 294.41 | 515.13 | 1017.77 | 2042.71 |
| 491.43 | 791.61 | 460.68 | 637.92 | 544.08 | 700.04 | 577.64 | 1051.75 |
| 491.43 | 791.61 | 460.68 | 637.92 | 544.08 | 700.04 | 577.64 | 1051.75 |
| 9.43 | 87.71 | 18.09 | 31.18 | 17.34 | 17.44 | 19.56 | 175.16 |
| 1778.55 | 1344.03 | 874.57 | 695.48 | 1222.80 | 1161.46 | 1133.63 | 1531.51 |
| 1778.55 | 1344.03 | 874.57 | 695.48 | 1222.80 | 1161.46 | 1133.63 | 1531.51 |
| 169.18 | 264.83 | 215.91 | 209.90 | 221.41 | 307.46 | 195.60 | 1001.15 |
| 1171.82 | 742.75 | 378.80 | 672.10 | 694.56 | 626.16 | 413.36 | 766.05 |
| 1171.82 | 742.75 | 378.80 | 672.10 | 694.56 | 626.16 | 413.36 | 766.05 |
| 366.63 | 230.37 | 284.10 | 330.58 | 365.91 | 266.68 | 205.55 | 400.06 |
| 127.33 | 357.20 | 44.97 | 160.06 | 174.41 | 116.29 | 84.73 | 134.83 |
| 741.20 | 1000.07 | 518.83 | 621.30 | 691.85 | 750.52 | 689.09 | 549.44 |
| 741.20 | 1000.07 | 518.83 | 621.30 | 691.85 | 750.52 | 689.09 | 549.44 |
| 432.13 | 824.13 | 478.14 | 428.99 | 588.79 | 485.87 | 547.98 | 266.86 |
| 296.22 | 250.89 | 150.43 | 131.20 | 163.02 | 269.13 | 188.62 | 575.99 |
| 296.22 | 250.89 | 150.43 | 131.20 | 163.02 | 269.13 | 188.62 | 575.99 |
| 190.99 | 82.57 | 35.57 | 36.36 | 32.44 | 87.99 | 18.21 | 136.98 |

## 5-27 农民人均消费品消费量

(2012 年)

单位:公斤

| 指　　标 | 全市 | 中原区 | 二七区 | 管城区 | 金水区 | 上街区 |
|---|---|---|---|---|---|---|
| 粮食 | 154.72 | 127.88 | 69.29 | 154.91 | 87.40 | 88.76 |
| #小麦 | 106.62 | 39.99 | 36.96 | 93.73 | 64.56 | 77.84 |
| 稻谷 | 15.71 | 34.18 | 20.65 | 53.39 | 13.95 | 5.12 |
| 玉米 | 18.05 | 7.40 | | 1.18 | 0.27 | 0.01 |
| 蔬菜及菜制品 | 82.31 | 68.86 | 113.11 | 75.77 | 52.49 | 47.21 |
| 油脂类 | 9.05 | 6.51 | 6.28 | 11.20 | 7.95 | 4.96 |
| #植物油 | 9.02 | 6.51 | 6.28 | 11.20 | 7.95 | 4.96 |
| 动物油 | 0.02 | | | | | |
| 肉禽及其制品 | 11.89 | 13.60 | 7.76 | 16.21 | 20.86 | 10.25 |
| #猪肉 | 8.10 | 7.58 | 7.05 | 11.71 | 14.68 | 7.29 |
| 牛肉 | 0.51 | 0.73 | 0.07 | 0.21 | 0.67 | 0.19 |
| 羊肉 | 0.31 | 0.25 | 0.06 | 0.12 | 0.27 | 0.28 |
| 家禽 | 1.42 | 0.01 | 0.07 | 2.65 | 4.01 | 1.43 |
| 其他肉禽及制品 | 1.56 | 5.05 | 0.51 | 1.52 | 1.22 | 1.06 |
| 蛋类及蛋制品 | 8.19 | 10.24 | 6.39 | 11.10 | 11.03 | 8.96 |
| 奶和奶制品 | 7.50 | 7.01 | 3.09 | 15.41 | 6.23 | 5.39 |
| 水产品 | 1.22 | 1.52 | 0.17 | 2.47 | 3.26 | 1.36 |
| 食糖 | 0.73 | 0.66 | 0.40 | 0.94 | 0.61 | 0.28 |
| 酒 | 5.17 | 4.59 | 7.23 | 5.37 | 5.54 | 2.40 |
| 水果 | 20.37 | 18.12 | 31.05 | 20.17 | 19.99 | 17.34 |

5-27　续表

(2012 年)

单位:公斤

| 指　　标 | 惠济区 | 中牟县 | 巩义市 | 荥阳市 | 新密市 | 新郑市 | 登封市 |
|---|---|---|---|---|---|---|---|
| 粮食 | 173.45 | 162.21 | 122.78 | 128.80 | 128.80 | 161.62 | 240.73 |
| #小麦 | 143.84 | 139.03 | 96.43 | 83.15 | 82.82 | 101.50 | 141.84 |
| 稻谷 | 11.69 | 7.85 | 10.42 | 31.59 | 20.47 | 13.57 | 8.35 |
| 玉米 | 11.78 | 13.87 | 11.14 | 8.83 | 16.27 | 16.80 | 50.43 |
| 蔬菜及菜制品 | 78.97 | 99.33 | 72.05 | 82.41 | 81.26 | 88.05 | 78.30 |
| 油脂类 | 10.43 | 7.34 | 9.00 | 7.98 | 8.72 | 9.94 | 11.90 |
| #植物油 | 10.43 | 7.34 | 8.95 | 7.97 | 8.72 | 9.88 | 11.85 |
| 动物油 | 0.01 | | 0.05 | 0.01 | | 0.06 | 0.05 |
| 肉禽及其制品 | 19.47 | 11.02 | 11.39 | 10.75 | 10.52 | 14.47 | 10.52 |
| #猪肉 | 11.69 | 8.91 | 6.94 | 6.99 | 7.27 | 9.27 | 7.54 |
| 牛肉 | 0.44 | 0.15 | 0.75 | 0.26 | 0.97 | 0.42 | 0.49 |
| 羊肉 | 0.31 | | 0.41 | 0.40 | 0.37 | 0.04 | 0.65 |
| 家禽 | 3.13 | 1.42 | 1.82 | 0.45 | 0.29 | 3.49 | 0.74 |
| 其他肉禽及制品 | 3.91 | 0.53 | 1.48 | 2.65 | 1.62 | 1.25 | 1.10 |
| 蛋类及蛋制品 | 11.70 | 6.43 | 7.87 | 9.67 | 7.49 | 8.02 | 8.38 |
| 奶和奶制品 | 8.89 | 1.30 | 7.04 | 10.95 | 5.04 | 11.32 | 10.87 |
| 水产品 | 3.49 | 1.37 | 0.94 | 2.00 | 0.79 | 0.74 | 0.63 |
| 食糖 | 0.75 | 0.35 | 0.65 | 0.79 | 0.87 | 1.19 | 0.71 |
| 酒 | 7.12 | 5.15 | 3.30 | 3.50 | 4.90 | 3.64 | 9.89 |
| 水果 | 25.01 | 15.43 | 22.43 | 22.29 | 21.64 | 22.07 | 18.21 |

# 5-28 农民百户耐用消费品拥有量

（2012 年）

| 指　标 | 单位 | 全市总计 | 中原区 | 二七区 | 管城区 | 金水区 | 上街区 |
|---|---|---|---|---|---|---|---|
| 洗衣机 | 台 | 114 | 104 | 104 | 112 | 108 | 104 |
| 电冰箱 | 台 | 95 | 92 | 86 | 96 | 110 | 98 |
| 空调机 | 台 | 101 | 124 | 102 | 104 | 164 | 100 |
| 抽油烟机 | 台 | 29 | 42 | 6 | 28 | 50 | 88 |
| 吸尘器 | 台 | 4 | 8 |  | 6 | 16 | 2 |
| 微波炉 | 台 | 23 | 44 | 16 | 14 | 46 | 16 |
| 热水器 | 台 | 64 | 72 | 18 | 64 | 86 | 96 |
| 自行车 | 辆 | 113 | 114 | 148 | 128 | 166 | 140 |
| 摩托车 | 辆 | 58 |  |  |  | 8 | 46 |
| 汽车(生活用) | 辆 | 22 | 32 | 6 | 36 | 58 | 28 |
| 电话机 | 部 | 41 | 42 | 48 | 48 | 14 | 62 |
| 移动电话 | 部 | 253 | 280 | 164 | 252 | 290 | 302 |
| 彩色电视机 | 台 | 131 | 124 | 130 | 134 | 148 | 130 |
| 黑白电视机 | 台 |  |  |  | 2 |  |  |
| 摄像机 | 台 | 4 | 2 | 6 | 8 |  | 4 |
| 影碟机 | 台 | 28 | 8 |  | 40 | 60 | 2 |
| 照相机 | 架 | 19 | 16 | 10 | 22 | 34 | 26 |
| 家用计算机 | 台 | 44 | 56 | 14 | 42 | 82 | 82 |
| 中高档乐器 | 件 | 2 | 12 |  | 2 | 6 | 4 |

5-28　续表　　（2012 年）

| 指　标 | 单位 | 惠济区 | 中牟县 | 巩义市 | 荥阳市 | 新密市 | 新郑市 | 登封市 |
|---|---|---|---|---|---|---|---|---|
| 洗衣机 | 台 | 110 | 103 | 110 | 101 | 110 | 101 | 183 |
| 电冰箱 | 台 | 104 | 89 | 90 | 86 | 102 | 88 | 108 |
| 空调机 | 台 | 112 | 51 | 97 | 76 | 139 | 73 | 141 |
| 抽油烟机 | 台 | 32 | 6 | 21 | 13 | 48 | 11 | 54 |
| 吸尘器 | 台 | 6 | 7 | 1 |  |  |  | 4 |
| 微波炉 | 台 | 54 | 14 | 15 | 3 | 27 | 15 | 39 |
| 热水器 | 台 | 82 | 52 | 73 | 48 | 78 | 63 | 55 |
| 自行车 | 辆 | 226 | 113 | 88 | 107 | 36 | 142 | 67 |
| 摩托车 | 辆 | 32 | 37 | 96 | 61 | 112 | 31 | 155 |
| 汽车(生活用) | 辆 | 22 | 20 | 21 | 17 | 22 | 11 | 17 |
| 电话机 | 部 | 28 | 15 | 61 | 27 | 58 | 40 | 62 |
| 移动电话 | 部 | 254 | 243 | 239 | 276 | 310 | 232 | 213 |
| 彩色电视机 | 台 | 146 | 131 | 148 | 115 | 144 | 122 | 113 |
| 黑白电视机 | 台 |  |  |  |  |  |  | 2 |
| 摄像机 | 台 | 8 |  | 4 |  | 1 |  | 20 |
| 影碟机 | 台 | 12 | 29 | 20 | 9 | 59 | 21 | 51 |
| 照相机 | 架 | 30 | 4 | 9 | 8 | 24 | 8 | 52 |
| 家用计算机 | 台 | 58 | 17 | 75 | 33 | 69 | 22 | 29 |
| 中高档乐器 | 件 |  |  | 5 |  | 2 |  | 2 |

# 主要统计指标解释

**城镇居民家庭就业人口**　指城镇居民从事社会劳动并取得劳动报酬或经营收入的人口。就业人口包括通过国家统筹规划和指导由劳动部门介绍就业,自愿组织起来就业和自谋职业等方式,在国有制、集体所有制、中外合资、中外合、外资在华独资的企事业单位和私营企业单位工作或从事个体劳动的有固定性职业或临时性职业的人口。被聘用和留用的离退休人员也计入就业人口。

**城镇居民家庭可支配收入**　指被调查城镇居民家庭在支付个人所得税和社会保障支出之后,所余下的收入。

**城镇居民家庭生活费收入**　指调查户可用于最终消费支出和其他非义务性支出以及储蓄的总和,即居民家庭可用来自由支配的收入。它是家庭总收入扣除缴纳的所得税、个人交纳的社会保障费以及调查户的记帐补贴后收入。

**城镇居民家庭消费性支出**　指被调查的城镇居民家庭用于日常生活的全部支出,包括购买商品支出和文化生活、服务等非商品性支出。共分八类:食品、衣着、设备用品及服务、医疗保健、交通和通讯、娱乐文教服务、居住、杂项商品和服务。不论自用的或赠送亲友的都包括在内。不包括罚没、丢失款和缴纳的各种税款(如个人所得税、牌照税、房产税等),也不包括个体劳动者生产经营过程中发生的各项费用。

**农村居民家庭常住人口**　指全年经常在家或在家居住 6 个月以上,而且经济和生活与本户连成一体的人口。外出从业人员在外居住时间虽然在 6 个月以上,但收入主要带回家中,经济与本户连成一体,仍视为家庭常住人口;在家居住,生活和本户连成一体的国家职工、退休人员也为家庭常住人口。但是现役军人、中专及以上(走读生除外)的在校学生,以及常年在外(不包括探亲、看病等)且已有稳定的职业与居住场所的外出从业人员,不应当作家庭常住人口。

**农民总收入**　指农村住户年内从各种来源得到的全部实际收入(包括现金收入和实物收入)。由工资性收入、家庭经营收入、财产性收入和转移性收入四部分组成。

(一)工资性收入:指受雇于单位或个人,出卖劳动而得到的收入。包括在乡村组织中等非企业组织中劳动得到的收入、在企业劳动得到的收入、常住人口外出务工收入和其他单位劳动得到的收入。

(二)家庭经营收入:指农村住户从事各项生产的收入,包括种植业收入、林业收入、牧业收入、渔业收入、工业收入、建筑业收入、交通运输业收入、批发和零售贸易餐饮业收入、社会服务业收入和文教卫生业和其他家庭经营收入。

(三)财产性收入:指金融资产或有形非生产性资产的所有者向其他机构单位提供资金或将有形非生产性资产供其支配,作为回报而从中获得的收入。

(四)转移性收入:指农村住户和住户成员无须付出任何对应物而获得的货物、服务、资金或资产所有权等,不包括无偿提供的用于固定资本形成的资金。一般情况下,指农村住户在二次分配中的所有收入。

**农民纯收入**　指农村住户当年从各个来源得到的总收入相应地扣除所发生的费用后的收入总和。计算方法:

纯收入=总收入-家庭经营费用支出-税费支出-生产性固定资产折旧-赠送农村内部亲友。

**农民总支出**　指农村住户全年用于生产、生活和再分配的全部支出。包括家庭经营费用支出、购置生产用固定资产支出、生产性固定资产折旧、税费支出、生活消费支出、财产性支出和转移性支出。

**农民生活消费支出**　指农民家庭年内用于物质生活和精神生活方面的消费支出。它直接反映农民的生活水平,是研究农民消费结构变化的基本指标。

它包括食品、衣着、居住、家庭设备用品及服务、医疗保健、交通和通讯、文化教育娱乐用品及服务、其他商品和服务等八大类支出。

# 六、城市公用事业和环保

## 6-1 城市设施水平

| 指　　标 | 单位 | 2011 年 | 2012 年 |
| --- | --- | --- | --- |
| 人口密度 | 人/平方公里 | 11745 | 13475 |
| 人均日生活用水量 | 升 | 104.5 | 86.6 |
| 用水普及率 | % | 100 | 100 |
| 每万人拥有公共交通车辆 | 标台 | 16 | 16 |
| 燃气普及率 | % | 90.1 | 90.1 |
| 人均拥有道路面积 | 平方米 | 6.5 | 6.0 |
| 排水管道密度 | 公里/平方公里 | 8.6 | 8.6 |
| 污水处理率 | % | 98.1 | 95.8 |
| 人均公园绿地面积 | 平方米 | 6.5 | 6.0 |
| 建成区绿地率 | % | 30.8 | 32.2 |
| 建成区绿化覆盖率 | % | 35.1 | 36.1 |
| 垃圾粪便无害化处理率 | % | 89.7 | 89.8 |

## 6-2 城市建设用地情况

| 指　　标 | 单位 | 2011 年 | 2012 年 |
| --- | --- | --- | --- |
| 城市市区面积 | 平方公里 | 1010.3 | 1010.3 |
| 建成区面积 | 平方公里 | 354.7 | 373.0 |
| #城市建设用地面积 | 平方公里 | 318.9 | 335.4 |
| #工业 | 平方公里 | 31.2 | 30.3 |
| 物流仓储 | 平方公里 | 13.7 | 13.7 |
| 交通设施 | 平方公里 | 58.9 | 59.5 |
| 居住 | 平方公里 | 82.4 | 86.5 |
| 公共设施 | 平方公里 | 13.3 | 50.4 |
| 市政公共设施 | 平方公里 | 13.3 | 13.6 |
| 绿地 | 平方公里 | 67.1 | 69.2 |
| 商业服务业设施 | 平方公里 |  | 12.2 |
| 本年征用土地面积 | 平方公里 | 10.2 | 9.5 |

## 6-3　城市供水、供电情况

| 指　　标 | 单位 | 2011 年 | 2012 年 |
| --- | --- | --- | --- |
| **供　水** | | | |
| 水厂数 | 个 | 6 | 6 |
| 自来水综合生产能力 | 万立方米/日 | 124 | 109 |
| #地下水 | 万立方米/日 | 51 | 42 |
| 供水管道长度 | 公里 | 2719 | 2838 |
| 全年供水总量 | 万立方米 | 35785 | 35825 |
| #生产用水 | 万立方米 | 8714 | 9717 |
| 生活用水 | 万立方米 | 19371 | 22498 |
| #家庭用量 | 万立方米 | 13382 | 12414 |
| 用水人口 | 万人 | 516 | 592 |
| **节约用水** | | | |
| 取水量 | 万立方米 | 10312 | 11403 |
| 生产用水重复利用量 | 万立方米 | 109995 | 126139 |
| 节约用水量 | 万立方米 | 4200 | 4500 |
| **供　电** | | | |
| 公用配电线路长度 | 公里 | 13451 | 32170 |
| 全年销售总量 | 亿千瓦时 | 390 | 395 |
| #生活用电 | 亿千瓦时 | 35 | 44 |
| 售给居民每千度电售价 | 元 | 501.4 | 520.5 |

# 6-4　城市燃气及供热

| 指　　标 | 单位 | 2011 年 | 2012 年 |
| --- | --- | --- | --- |
| **液化石油气** | | | |
| 储气能力 | 吨 | 970 | 970 |
| 外购气量 | 吨 | 65800 | 67200 |
| 供气总量 | 吨 | 65800 | 67200 |
| #家庭用量 | 吨 | 47320 | 48410 |
| 用气家庭户数 | 户 | 237500 | 361500 |
| 用气人口数 | 万人 | 85 | 110 |
| **天然气** | | | |
| 储气能力 | 万立方米 | 240 | 240 |
| 供气总量 | 万立方米 | 63270 | 75742 |
| #家庭用量 | 万立方米 | 18704 | 21190 |
| 用气家庭户数 | 户 | 1101118 | 1249385 |
| 用气人口数 | 万人 | 372 | 423 |
| 输送管道长度 | 公里 | 3580 | 4540 |
| **供热能力** | | | |
| 蒸汽 | 吨/小时 | 868 | 868 |
| 热水 | 兆瓦 | 1296 | 1296 |
| **供热总量** | | | |
| 蒸汽 | 万吉焦 | 216 | 173 |
| 热水 | 万吉焦 | 732 | 1043 |
| **管道长度** | | | |
| 蒸汽 | 公里 | 199 | 199 |
| 热水 | 公里 | 1000 | 1045 |
| 集中供热面积 | 万平方米 | 2285 | 3349 |
| #住宅 | 万平方米 | 1690 | 2717 |

## 6-5 市政设施及公共交通

| 指　　标 | 单位 | 2011 年 | 2012 年 |
| --- | --- | --- | --- |
| 实有铺装道路长度 | 公里 | 1390 | 1446 |
| 实有铺装道路面积 | 万平方米 | 3363 | 3564 |
| 人行道面积 | 万平方米 | 726 | 764 |
| 实有桥梁数 | 座 | 191 | 194 |
| #立交桥 | 座 | 45 | 48 |
| 路灯盏数 | 盏 | 69046 | 71455 |
| 排水管道长度 | 公里 | 3047 | 3204 |
| 污水年排放量 | 万立方米 | 32082 | 32120 |
| 污水处理厂 | 座 | 4 | 4 |
| 处理能力 | 万立方米/日 | 96 | 96 |
| 污水年处理量 | 万立方米 | 31467 | 30776 |
| 防洪堤长度 | 公里 | 58 | 58 |
| 公共汽、电车运营车数 | 辆 | 5271 | 5548 |
| 标准运营车数 | 标台 | 6626 | 7195 |
| 运营线路网长度 | 公里 | 1391 | 1043 |
| 全年客运总量 | 万人次 | 91192 | 98474 |
| 实有出租汽车数 | 辆 | 10607 | 10607 |

## 6-6 园林绿化及环境卫生

| 名　　称 | 单位 | 2011 年 | 2012 年 |
| --- | --- | --- | --- |
| 绿化覆盖面积 | 公顷 | 13838 | 14836 |
| #建成区 | 公顷 | 12458 | 13456 |
| 园林绿地面积 | 公顷 | 11680 | 12778 |
| #建成区 | 公顷 | 10913 | 12011 |
| 公园绿地面积 | 公顷 | 3344 | 3565 |
| 公园个数 | 个 | 59 | 61 |
| 公园面积 | 公顷 | 1785 | 1893 |
| 实际清扫面积 | 万平方米 | 3521 | 3652 |
| 生活垃圾清运量 | 万吨 | 166 | 173 |
| 垃圾无害化处理厂(场) | 座 | 1 | 2 |
| 无害化处理能力 | 吨/日 | 2400 | 4700 |
| 公厕数量 | 座 | 945 | 959 |
| 市容环卫专用车辆总数 | 台 | 547 | 845 |

## 6-7 房产市场交易

| 名　　称 | 计量单位 | 2011 年 | 2012 年 |
|---|---|---|---|
| **房产买卖** | | | |
| 成交面积 | 万平方米 | 659.91 | 987.09 |
| #住宅 | 万平方米 | 495.9 | 850.11 |
| 办公用房 | 万平方米 | 84.75 | 81.03 |
| 商服用房 | 万平方米 | 72.79 | 55.95 |
| 成交金额 | 万元 | 5239962.8 | 7525413.24 |
| #住宅 | 万元 | 3156088.1 | 5564961.48 |
| 办公用房 | 万元 | 983942.3 | 1055699.91 |
| 商服用房 | 万元 | 1075011.2 | 899978.06 |
| **房产租赁** | | | |
| 出租面积 | 万平方米 | 510.2 | 819.8 |
| #住宅 | 万平方米 | 240 | 407 |
| 办公用房 | 万平方米 | 46 | 82 |
| 商服用房 | 万平方米 | 224.2 | 330.8 |
| 租金收入 | 万元 | 404439 | 744360 |
| #住宅 | 万元 | 86400 | 197360 |
| 办公用房 | 万元 | 52440 | 109000 |
| 商服用房 | 万元 | 265599 | 438000 |
| **向个人出售住宅** | | | |
| 新建住宅出售 | | | |
| 面积 | 万平方米 | 489.31 | 840.7 |
| 销售额 | 万元 | 3117711.2 | 5503849.15 |
| 旧住宅出售 | | | |
| 面积 | 万平方米 | 184.87 | 227.21 |
| 销售额 | 万元 | 881764.9 | 1231928.24 |

# 6-8　全市工业污染排放及处理利用情况

（2012 年）

| 指　　标 | 单位 | 数量 |
| --- | --- | --- |
| **工业废水** | | |
| 废水治理设施数 | 套 | 320 |
| 废水治理处理能力 | 万吨/日 | 130.44 |
| 废水治理设施运行费用 | 万元 | 9793.10 |
| 工业废水处理量 | 万吨 | 12555.65 |
| 工业废水排放量 | 万吨 | 11223.72 |
| 化学需氧量产生量 | 吨 | 50650.38 |
| 化学需氧量排放量 | 吨 | 10066.69 |
| 氨氮产生量 | 吨 | 1097.02 |
| 氨氮排放量 | 吨 | 480.20 |
| **工业废气** | | |
| 工业废气排放量 | 亿立方米 | 3287.01 |
| 废气治理设施数 | 套 | 1242.00 |
| 废气治理设施处理能力 | 万立方米/时 | 8041.34 |
| 废气治理设施运行费用 | 万元 | 71994.80 |
| 二氧化硫产生量 | 吨 | 257567.14 |
| 二氧化硫排放量 | 吨 | 93792.59 |
| 烟（粉）尘产生量 | 吨 | 7135318.53 |
| 烟（粉）尘排放量 | 吨 | 19627.00 |
| **工业固体废物** | | |
| 一般工业固体废物产生量 | 万吨 | 1316.78 |
| 一般工业固体废物综合利用量 | 万吨 | 1004.19 |
| 一般工业固体废物处置量 | 万吨 | 287.74 |
| 危险废物产生量 | 万吨 | 0.58 |
| 危险废物综合利用量 | 万吨 | 0.23 |
| 危险废物处置量 | 万吨 | 0.35 |
| 内部年综合利用/处置能力 | 万吨 | 0.01 |
| **企业基本情况** | | |
| 工业企业数 | 个 | 624 |
| 工业企业工业总产值 | 万元 | 15746546.5 |
| 工业锅炉 | 台/蒸吨 | 468/23307.3 |
| 工业炉窑数 | 座 | 556 |

## 6-9　全市工业污染防治投资情况

（2012 年）

| 指　　标 | 单位 | 数量 | 指　　标 | 单位 | 数量 |
|---|---|---|---|---|---|
| **工业企业数** | **个** | **21** | **施工项目本年投资来源** | | |
| **施工项目总数** | 个 | 25 | 政府其他补助 | 万元 | 160 |
| 废水治理项目 | 个 | 5 | 企业自筹 | 万元 | 4674.4 |
| 废气治理项目 | 个 | 16 | #银行贷款 | 万元 | 7.4 |
| 固体废物治理项目 | 个 | 2 | **竣工项目数** | 个 | 20 |
| 噪声治理项目 | 个 | 1 | 废水治理项目 | 个 | 3 |
| 其他治理项目 | 个 | 1 | 废气治理项目 | 个 | 15 |
| **施工项目本年完成投资** | **万元** | **4834.4** | 固体废物治理项目 | 个 | 1 |
| 废水治理项目 | 万元 | 2201.3 | 噪声治理项目 | 个 | 1 |
| 废气治理项目 | 万元 | 1952.5 | 其他治理项目 | 个 | |
| 固体废物治理项目 | 万元 | 665 | **竣工项目新增设计处理能力** | | |
| 噪声治理项目 | 万元 | 5 | 治理废水 | 吨/日 | 1369.6 |
| 其他治理项目 | 万元 | 10.6 | 治理废气 | 万标立方米/时 | 131.1541 |

## 6-10　城镇生活污染排放情况及污水处理厂运行情况

（2012 年）

| 指　　标 | 单位 | 数值 | 指　　标 | 单位 | 数值 |
|---|---|---|---|---|---|
| **污染排放** | | | 二氧化硫排放量 | 吨 | 9395.41 |
| 城镇生活污水排放系数 | 升/人·日 | 200.00 | 烟尘排放量 | 吨 | 8900.00 |
| 城镇生活污水排放量 | 万吨 | 45345.76 | **污水处理厂运行情况** | | |
| 生活化学需氧量产生量 | 吨 | 129124.80 | 污水处理厂数 | 个 | 19 |
| 生活化学需氧量去除量 | 吨 | 98141.80 | 本年运行费用 | 万元 | 25080.21 |
| 生活化学需氧量排放量 | 吨 | 30983.00 | 污水设计处理能力 | 万吨/日 | 141.50 |
| 生活氨氮产生量 | 吨 | 19368.72 | 污水实际处理量 | 万吨 | 45993.90 |
| 生活氨氮去除量 | 吨 | 10293.72 | 生活污水处理量 | 万吨 | 42890.58 |
| 生活氨氮排放量 | 吨 | 9075.00 | 工业废水处理量 | 万吨 | 3103.32 |

# 主要统计指标解释

**年底自来水生产能力** 指年底城建部门管理的自来水厂和自备水源的社会单位取水、净化、送水、出厂输水干管等环节的实际生产能力。

**年底供水管道长度** 指从送水泵到用户水表之间所有管道的长度。

**全年供水总量** 指公用自来水厂和自备水源的社会单位全年的供水总量,包括有效供水量及损失水量。

**生活用水量** 指居民日常生活与公共福利设施的用水量。包括居民、饮食店、旅馆、医院、理发店、浴池、洗衣店、游泳池、商店、学校、机关、部队等单位的用水量。

**城市人口用水普及率** 指城市用水的非农业人口数(不包括临时人口和流动人口)与城市非农业人口总数之比。计算公式:

$$用水普及率=\frac{城市用水的非农业人口数}{城市非农业人口数}\times100\%$$

**全年供气总量** 指全年售给各类用户的全部煤气量。包括工业用量、家庭用量和其他用量。

**城市供热管道长度** 指热电厂、热力公司和达到标准的集中采暖锅炉房管理的集中供热热源到用户之间的全部供气、供热水的管道长度。

**年底实有铺装道路长度** 指除土路外,路面经过铺装宽度在3.5米以上的道路,包括高级、次高级道路和普通道路。

**城市桥梁** 指城市范围内,修建在河道上的桥梁和道路与道路立交、道路跨越铁路的立交桥,以及人行天桥。包括永久性桥和半永久性桥,不包括临时性桥、铁路桥、涵洞。

**城市下水道总长度** 指所有排水总管、干管、支管及暗渠、检查井、连接井进出水口等长度之和。

**营运线路长度** 指设置的固定营运线路长度,包括郊区营运线路长度。不包括临时行驶的线路长度。

**城市园林绿地面积** 指城市公共绿地、专用绿地、生产绿地、防护绿地、郊区风景名胜区的全部面积。

**公共绿地** 指供游览休息的各种公园、动物园、植物园、陵园以及花园、游园和供游览休息用的林荫道绿地、广场绿地。不包括一般栽植的人行道及林荫道的面积。

**工业废气排放总量** 指企业燃料燃烧和生产工艺过程中产生的各种排入空气的含有污染物的气体的总量,以标准状态下每年万标立方米表示。

**工业固体废物产生量** 指工业企业在生产过程中产生的固体状、半固体状和高浓度液体状废弃物的总量,包括冶炼废渣、粉煤灰、炉渣、煤矸石、化工废渣、尾矿、放射性废渣和其它废渣等;不包括矿山开采的剥离废石和掘进废石(煤矸石和呈酸性或碱性的废石除外)。酸性或碱性废石是指采掘的废石其流经水、雨淋水PH值小于4或PH值大于10.5者。

**工业固体废物处置量** 指以符合环境保护要求的方式将固体废物放置在不再回取的场所的固体废物量,如填埋、焚烧、经封场处理的专业贮存场(库)、深层灌注、回填矿井等(包括当年处置往年的堆存量)。

**工业废水排放量** 指报告期内经过企业厂区所有排放口排到企业外部的工业废水量。包括生产废水、外排的直接冷却水、超标排放的矿井地下水和与工业废水混排的厂区生活污水,不包括外排的间接冷却水(清污不分流的间接冷却水应计算在废水排放量内)。

# 七、农　业

# 7-1 农村基本情况及从业人员

（2012 年）

| 指　　标 | 单位 | 总计 | 中原区 | 二七区 | 管城区 | 金水区 | 上街区 | 惠济区 | 中牟县 |
|---|---|---|---|---|---|---|---|---|---|
| **农村基层组织情况** | | | | | | | | | |
| 乡镇个数 | 个 | 90 | | 2 | 3 | | 1 | 2 | 16 |
| #镇个数 | 个 | 74 | | 1 | 1 | | 1 | 2 | 15 |
| 村民委员会个数 | 个 | 2207 | 35 | 14 | 29 | 30 | 27 | 54 | 428 |
| **乡村人口从业人员** | | | | | | | | | |
| 乡村户数 | 万户 | 105.11 | 2.30 | 0.63 | 1.72 | 1.52 | 1.40 | 4.02 | 15.68 |
| 乡村人口数 | 万人 | 410.26 | 7.93 | 2.98 | 6.69 | 5.77 | 4.57 | 14.54 | 65.18 |
| 乡村从业人员数 | 万人 | 237.29 | 3.53 | 1.86 | 3.35 | 3.05 | 2.37 | 8.23 | 40.56 |
| **按性别分** | | | | | | | | | |
| #男劳动力 | 万人 | 128.01 | 1.91 | 0.99 | 1.77 | 1.61 | 1.22 | 4.52 | 21.01 |
| 女劳动力 | 万人 | 109.28 | 1.62 | 0.87 | 1.58 | 1.44 | 1.14 | 3.71 | 19.56 |
| **按行业分** | | | | | | | | | |
| 农业从业人员 | 万人 | 98.01 | 0.58 | 0.60 | 1.45 | 0.93 | 0.59 | 4.35 | 26.33 |

注：乡镇数不包括县（市）所在地的城关镇。

7-1　续表

| 指　　标 | 单位 | 巩义市 | 荥阳市 | 新密市 | 新郑市 | 登封市 | 经济开发区 | 高新开发区 | 郑东新区 | 航空港区 |
|---|---|---|---|---|---|---|---|---|---|---|
| **农村基层组织情况** | | | | | | | | | | |
| 乡镇个数 | 个 | 15 | 12 | 12 | 12 | 13 | | 2 | | |
| #镇个数 | 个 | 15 | 9 | 11 | 9 | 9 | | 1 | | |
| 村民委员会个数 | 个 | 289 | 288 | 303 | 294 | 303 | 15 | 39 | 17 | 42 |
| 乡村人口从业人员 | | | | | | | | | | |
| 乡村户数 | 万户 | 15.62 | 13.43 | 15.80 | 12.36 | 14.23 | 1.23 | 2.59 | 0.85 | 1.72 |
| 乡村人口数 | 万人 | 63.27 | 49.71 | 60.06 | 46.66 | 57.42 | 5.21 | 9.12 | 3.58 | 7.58 |
| 乡村从业人员数 | 万人 | 33.07 | 31.47 | 33.38 | 29.45 | 34.27 | 2.53 | 4.30 | 1.60 | 4.26 |
| 按性别分 | | | | | | | | | | |
| #男劳动力 | 万人 | 18.55 | 16.71 | 18.16 | 15.53 | 18.76 | 1.53 | 2.31 | 0.86 | 2.57 |
| 女劳动力 | 万人 | 14.52 | 14.76 | 15.22 | 13.92 | 15.51 | 1.00 | 1.99 | 0.74 | 1.69 |
| 按行业分 | | | | | | | | | | |
| 农业从业人员 | 万人 | 8.65 | 11.47 | 8.49 | 14.58 | 14.40 | 1.31 | 2.13 | 0.99 | 1.15 |

注：乡镇数不包括县（市）所在地的城关镇。

# 7-2 农业机械、电气、化学、水利情况

（2012 年）

| 指　　标 | 单位 | 合计 | 中原区 | 二七区 | 管城区 | 金水区 | 上街区 | 惠济区 | 中牟县 |
|---|---|---|---|---|---|---|---|---|---|
| **农业机械化情况** | | | | | | | | | |
| 实际机耕面积 | 千公顷 | 251.75 | 2.00 | 1.45 | 3.47 | 2.00 | 2.97 | 4.67 | 61.74 |
| 当年机播面积 | 千公顷 | 330.59 | 2.71 | 1.40 | 3.29 | 3.30 | 3.38 | 4.55 | 64.40 |
| 当年机收面积 | 千公顷 | 305.56 | 2.63 | 1.19 | 3.08 | 2.70 | 2.97 | 4.60 | 62.06 |
| **农村用电量** | **万千瓦时** | **399220** | **12900** | **1392** | **7002** | **24489** | **3732** | **7562** | **27791** |
| **农用化肥施用量** | | | | | | | | | |
| 按折纯量计算 | 吨 | 240550 | 1545 | 1430 | 2091 | 2193 | 2421 | 4658 | 59675 |
| 氮肥 | 吨 | 77404 | 190 | 483 | 663 | 610 | 622 | 1655 | 18180 |
| 磷肥 | 吨 | 42790 | 100 | 334 | 259 | 347 | 147 | 651 | 12122 |
| 钾肥 | 吨 | 21249 | 15 | 231 | 30 | 230 | 116 | 403 | 8077 |
| 复合肥 | 吨 | 99107 | 1240 | 382 | 1139 | 1006 | 1536 | 1949 | 21296 |
| **农田水利化情况** | | | | | | | | | |
| 有效灌溉面积 | 千公顷 | 198.33 | 1.67 | 1.77 | 4.18 | 2.39 | 1.44 | 6.31 | 56.61 |
| 机电井数量 | 眼 | 49917 | 347 | 697 | 1672 | 1412 | 288 | 3078 | 15984 |

7-2　续表

| 指　　标 | 单位 | 巩义市 | 荥阳市 | 新密市 | 新郑市 | 登封市 | 经济开发区 | 高新开发区 | 郑东新区 | 航空港区 |
|---|---|---|---|---|---|---|---|---|---|---|
| **农业机械化情况** | | | | | | | | | | |
| 实际机耕面积 | 千公顷 | 28.00 | 36.69 | 21.65 | 42.53 | 31.23 | 1.40 | 3.10 | 2.67 | 6.2 |
| 当年机播面积 | 千公顷 | 36.33 | 53.74 | 48.99 | 54.80 | 33.88 | 2.43 | 5.81 | 2.67 | 8.92 |
| 当年机收面积 | 千公顷 | 32.37 | 49.95 | 40.97 | 51.26 | 35.13 | 2.43 | 5.54 | 2.40 | 6.3 |
| **农村用电量** | **万千瓦时** | **137497** | **32532** | **40955** | **44522** | **44320** | **3424** | **7524** | **1138** | **2440** |
| **农用化肥施用量** | | | | | | | | | | |
| 按折纯量计算 | 吨 | 36146 | 30087 | 26860 | 37692 | 21139 | 2698 | 6023 | 1174 | 4718 |
| 氮肥 | 吨 | 13362 | 11976 | 7552 | 14136 | 5516 | 98 | 1856 | 505 | |
| 磷肥 | 吨 | 6001 | 7282 | 5645 | 4191 | 4388 | 328 | 820 | 175 | |
| 钾肥 | 吨 | 1777 | 1726 | 1132 | 3886 | 3036 | 101 | 412 | 77 | |
| 复合肥 | 吨 | 15006 | 9103 | 12531 | 15479 | 8199 | 2171 | 2935 | 417 | 4718 |
| **农田水利化情况** | | | | | | | | | | |
| 有效灌溉面积 | 千公顷 | 15.38 | 28.49 | 21.21 | 31.13 | 16.13 | 0.99 | 3.85 | 0.98 | 5.8 |
| 机电井数量 | 眼 | 1581 | 5942 | 2529 | 10982 | 1754 | 1300 | 821 | 530 | 1000 |

# 7-3　农业机械主要生产情况

（2012 年）

| 指　　标 | 单位 | 总计 | 中原区 | 二七区 | 管城区 | 金水区 | 上街区 | 惠济区 | 中牟县 | 巩义市 | 荥阳市 | 新密市 | 新郑市 | 登封市 | 经开区 | 高新区 | 郑东新区 | 航空港区 |
|---|---|---|---|---|---|---|---|---|---|---|---|---|---|---|---|---|---|---|
| **农业机械总动力** | **千瓦** | **5471852** | **27681** | **88384** | **76348** | **52050** | **39352** | **124190** | **1037796** | **576088** | **772731** | **951124** | **950749** | **612309** | **3140** | **27681** | **49050** | **83179** |
| **拖拉机及配套机械** | | | | | | | | | | | | | | | | | | |
| 拖拉机 | 台 | 129794 | 136 | 442 | 547 | 166 | 775 | 412 | 54647 | 15531 | 4951 | 8955 | 18113 | 23777 | 30 | 136 | 154 | 1022 |
| | 千瓦 | 1694035 | 4846 | 8040 | 11007 | 3347 | 16176 | 15168 | 603339 | 179854 | 99332 | 196355 | 244715 | 294560 | 1001 | 4846 | 3344 | 8105 |
| 大中型拖拉机 | 台 | 12253 | 126 | 92 | 179 | 66 | 271 | 292 | 3369 | 1633 | 1543 | 1644 | 2018 | 770 | 18 | 126 | 64 | 42 |
| | 千瓦 | 561462 | 4745 | 3918 | 6959 | 2647 | 10434 | 14118 | 140868 | 65149 | 56793 | 102887 | 102940 | 39555 | 905 | 4745 | 2694 | 2105 |
| 小型拖拉机 | 台 | 117541 | 10 | 350 | 368 | 100 | 504 | 120 | 51278 | 13898 | 3408 | 7311 | 16095 | 23007 | 12 | 10 | 90 | 980 |
| | 千瓦 | 1132573 | 101 | 4122 | 4048 | 700 | 5742 | 1050 | 462471 | 114705 | 42539 | 93468 | 141775 | 255005 | 96 | 101 | 650 | 6000 |
| 拖拉机配套农具 | 部 | 204740 | 329 | 1635 | 1166 | 150 | 1299 | 1265 | 77083 | 19969 | 11581 | 9153 | 33300 | 45963 | 30 | 329 | 361 | 1127 |
| **种植业机械** | | | | | | | | | | | | | | | | | | |
| 耕整地及种植业机械 | | | | | | | | | | | | | | | | | | |
| 机引犁 | 台 | 82157 | 80 | 1018 | 388 | 30 | 148 | 282 | 40011 | 8561 | 4502 | 2364 | 9318 | 15159 | 6 | 80 | 50 | 160 |
| 机引耙 | 台 | 72326 | 50 | 236 | 244 | 50 | 140 | | 39643 | 4293 | 4303 | 2042 | 7300 | 13909 | 9 | 50 | 50 | 7 |
| 播种机 | 台 | 26988 | 28 | 98 | 140 | 110 | 313 | 93 | 1526 | 3449 | 2220 | 2225 | 4155 | 12011 | 5 | 28 | 147 | 440 |
| 化肥深施机 | 台 | 2445 | | 66 | | | | | 1397 | 164 | 66 | 52 | 350 | 350 | | | | |
| 秸秆粉碎还田机 | 台 | 8639 | 89 | 43 | 67 | 60 | 110 | 180 | 1250 | 594 | 1531 | 1530 | 2187 | 680 | 5 | 89 | 64 | 160 |
| 农用排灌动力机械 | | | | | | | | | | | | | | | | | | |
| 排灌动力机械 | 台 | 96988 | 483 | 684 | 3053 | 1800 | 500 | 2910 | 13062 | 4387 | 7553 | 11914 | 18390 | 26910 | 159 | 483 | 1700 | 3000 |
| | 千瓦 | 760543 | 7954 | 12226 | 18272 | 10550 | 7898 | 12900 | 72212 | 48763 | 105504 | 178263 | 113988 | 151609 | 950 | 7954 | 10000 | 1500 |
| #柴油机 | 台 | 19158 | | 69 | 370 | 500 | 100 | | 6495 | 73 | 872 | 726 | 6400 | 3134 | 19 | | 400 | |
| | 千瓦 | 145715 | | 850 | 3515 | 4500 | 998 | | 52492 | 638 | 9157 | 7248 | 20769 | 41768 | 180 | | 3600 | |
| 电动机 | 台 | 77830 | 483 | 615 | 2683 | 1300 | 400 | 2910 | 6567 | 4314 | 6681 | 11188 | 11990 | 23776 | 140 | 483 | 1300 | 3000 |
| | 千瓦 | 614828 | 7954 | 11376 | 14757 | 6050 | 6900 | 12900 | 19720 | 48125 | 96347 | 171015 | 93219 | 109841 | 770 | 7954 | 6400 | 1500 |
| 农用水泵 | 台 | 103472 | 483 | 760 | 2697 | 2100 | 400 | 2850 | 48826 | 4399 | 6080 | 4805 | 11960 | 12489 | 140 | 483 | 2000 | 3000 |
| 节水喷灌机械 | 套 | 10520 | 4 | 130 | | | 100 | 30 | 5 | 116 | 1102 | 380 | 6018 | 2631 | | 4 | | |
| 植保机械 | | | | | | | | | | | | | | | | | | |
| 机动喷雾（粉）机 | 台 | 11122 | 12 | 244 | 92 | 50 | 100 | 130 | 423 | 469 | 764 | 897 | 7136 | 570 | 3 | 12 | 50 | 170 |
| | 千瓦 | 32307 | 34 | 2139 | 368 | 50 | 100 | 345 | 906 | 607 | 2310 | 1354 | 19189 | 4384 | 12 | 34 | 50 | 425 |

(2012 年)

| 指　　标 | 单位 | 总计 | 中原区 | 二七区 | 管城区 | 金水区 | 上街区 | 惠济区 | 中牟县 | 巩义市 | 荥阳市 | 新密市 | 新郑市 | 登封市 | 经开区 | 高新区 | 郑东新区 | 航空港区 |
|---|---|---|---|---|---|---|---|---|---|---|---|---|---|---|---|---|---|---|
| **收获机械** | | | | | | | | | | | | | | | | | | |
| 联合收获机 | 台 | 6774 | 78 | 50 | 65 | 74 | 62 | 152 | 814 | 661 | 1053 | 1469 | 1347 | 702 | 7 | 86 | 70 | 84 |
| | 千瓦 | 353529 | 3037 | 2449 | 4225 | 3275 | 2667 | 9810 | 36829 | 24997 | 48302 | 103372 | 67196 | 34363 | 462 | 3501 | 3150 | 5361 |
| 脱粒烘干机械 | | | | | | | | | | | | | | | | | | |
| 机动脱粒机 | 台 | 33053 | 75 | 376 | 53 | 200 | 100 | 22 | 1332 | 10585 | 3093 | 4336 | 1149 | 11406 | | 75 | 190 | 61 |
| **农副产品加工机械** | | | | | | | | | | | | | | | | | | |
| 动力机械 | 台 | 47178 | 104 | 400 | 677 | | 400 | 227 | 9404 | 10467 | 7983 | 10005 | 3644 | 3613 | 35 | 104 | | 115 |
| | 千瓦 | 369907 | 377 | 4000 | 5815 | | 2500 | 1981 | 35815 | 59177 | 54106 | 150550 | 28174 | 25578 | 307 | 377 | | 1150 |
| #柴油机 | 台 | 765 | | | | | | | | 9 | 481 | 275 | | | | | | |
| | 千瓦 | 9935 | | | | | | | | 80 | 4355 | 5500 | | | | | | |
| 电动机 | 台 | 46413 | 104 | 400 | 677 | | 400 | 227 | 9404 | 10458 | 7502 | 9730 | 3644 | 3613 | 35 | 104 | | 115 |
| | 千瓦 | 359972 | 377 | 4000 | 5815 | | 2500 | 1981 | 35815 | 59097 | 49751 | 145050 | 28174 | 25578 | 307 | 377 | | 1150 |
| 加工作业机械 | | | | | | | | | | | | | | | | | | |
| 粮食加工机械 | 台 | 21935 | 70 | 263 | 677 | | 300 | 130 | 3247 | 3336 | 3255 | 5136 | 2839 | 2514 | 33 | 70 | 10 | 55 |
| 棉花加工机械 | 台 | 1897 | 7 | 3 | | | 200 | 16 | 286 | 146 | 359 | 411 | 162 | 300 | 7 | | | |
| 油料加工机械 | 台 | 3514 | 29 | 132 | | | 100 | 30 | 509 | 131 | 452 | 688 | 545 | 799 | 20 | 29 | | 50 |
| **运输机械** | | | | | | | | | | | | | | | | | | |
| 农用运输车 | 辆 | 119118 | 636 | 2773 | 2902 | 1500 | 500 | 3760 | 23164 | 5467 | 28902 | 12534 | 28894 | 4800 | | 636 | 1450 | 1200 |
| | 千瓦 | 1682773 | 8306 | 39471 | 31922 | 16500 | 7700 | 52272 | 248268 | 108849 | 439491 | 228510 | 397798 | 57300 | | 8306 | 16000 | 22080 |
| #三轮运输车 | 辆 | 98865 | 573 | 1365 | 2702 | 1000 | 300 | 3080 | 23164 | 3475 | 26098 | 8484 | 24251 | 2000 | | 573 | 1000 | 800 |
| | 千瓦 | 1152419 | 7442 | 14719 | 29722 | 11000 | 3700 | 35129 | 248268 | 38274 | 310789 | 127260 | 276974 | 18700 | | 7442 | 11000 | 12000 |
| 低速载货汽车 | 辆 | 20253 | 63 | 1408 | 200 | 500 | 200 | 680 | | 1992 | 2804 | 4050 | 4643 | 2800 | | 63 | 450 | 400 |
| | 千瓦 | 530304 | 864 | 24752 | 2200 | 5500 | 4000 | 17143 | | 70575 | 128702 | 101250 | 120824 | 38600 | | 864 | 4950 | 10080 |

# 7-4 水果产量

（2012 年）

单位:吨

| 指 标 | 总计 | 中原区 | 二七区 | 管城区 | 金水区 | 上街区 | 惠济区 | 中牟县 |
|---|---|---|---|---|---|---|---|---|
| **水果产量** | **307727** | **700** | **11071** | **1715** | **776** | **1812** | **2466** | **75355** |
| 苹果 | 65017 | 70 | 148 | 107 | 80 | 284 | 269 | 17931 |
| #红富士 | 36490 | 40 | 133 | 70 | 10 | 284 | 253 | 9783 |
| 国光 | 2867 | 30 | 15 | 37 | | | 16 | 1255 |
| 梨 | 23361 | | 633 | 314 | 256 | 1350 | 695 | 9577 |
| #雪花梨 | 7040 | | 389 | 72 | 96 | | | 4587 |
| 鸭梨 | 4035 | | 244 | 242 | | 1350 | 695 | 49 |
| 其它 | 219349 | 630 | 10290 | 1294 | 440 | 178 | 1502 | 47847 |
| #桃子 | 42270 | 545 | 466 | 871 | 280 | 76 | 160 | 14087 |
| 猕猴桃 | 258 | | 15 | | | | | |
| 葡萄 | 38631 | 15 | 7919 | 22 | 50 | 102 | 987 | 5334 |
| 红枣 | 72824 | 70 | 97 | 401 | | | 50 | 19148 |
| 柿子 | 18865 | | 117 | | 110 | | 305 | 4046 |

7-4 续表

（2012 年）

单位:吨

| 指 标 | 巩义市 | 荥阳市 | 新密市 | 新郑市 | 登封市 | 经济开发区 | 高新开发区 | 郑东新区 | 航空港区 |
|---|---|---|---|---|---|---|---|---|---|
| **水果产量** | **26591** | **41515** | **19696** | **92183** | **24502** | **4038** | **10** | **23** | **5274** |
| 苹果 | 14982 | 6695 | 6042 | 7794 | 10097 | 296 | | 23 | 199 |
| #红富士 | 12620 | 3193 | 493 | 3036 | 6353 | | | 23 | 199 |
| 国光 | 520 | 620 | 49 | 87 | 238 | | | | |
| 梨 | 1681 | 2947 | 1899 | 1615 | 2004 | 363 | | | 27 |
| #雪花梨 | 691 | 40 | 52 | 226 | 735 | 125 | | | 27 |
| 鸭梨 | 200 | 87 | | 22 | 1146 | | | | |
| 其它 | 9928 | 31873 | 11755 | 82774 | 12401 | 3379 | 10 | | 5048 |
| #桃子 | 3010 | 5333 | 2684 | 9131 | 2015 | 3084 | 8 | | 520 |
| 猕猴桃 | 1 | 225 | | | 17 | | | | |
| 葡萄 | 2806 | 1374 | 6217 | 12369 | 1434 | | 2 | | |
| 红枣 | 130 | 159 | 115 | 47605 | 234 | 287 | | | 4528 |
| 柿子 | 2230 | 10922 | 467 | 66 | 594 | 8 | | | |

# 7-5 果园面积

（2012 年） 单位:千公顷

| 指　　标 | 总　计 | 中原区 | 二七区 | 管城区 | 金水区 | 上街区 | 惠济区 | 中牟县 |
|---|---|---|---|---|---|---|---|---|
| **果园面积** | **24.97** | **0.05** | **0.58** | **0.55** | **0.15** | **0.06** | **0.21** | **6.57** |
| 苹果园 | 4.33 | 0.01 | 0.02 | 0.02 | 0.01 | 0.02 | 0.03 | 1.15 |
| 梨园 | 1.56 |  | 0.04 | 0.03 | 0.04 | 0.03 | 0.03 | 0.74 |
| 桃园 | 2.91 | 0.04 | 0.03 | 0.25 | 0.08 | 0.01 | 0.01 | 0.87 |
| 猕猴桃园 | 0.01 |  |  |  |  |  |  |  |
| 葡萄园 | 2.00 |  | 0.30 |  |  | 0.01 | 0.08 | 0.22 |
| 枣园 | 9.77 |  | 0.06 | 0.24 |  |  | 0.02 | 2.82 |
| 柿园 | 1.06 |  | 0.02 |  | 0.01 |  | 0.04 | 0.23 |

7-5　续表　（2012 年） 单位:千公顷

| 指　　标 | 巩义市 | 荥阳市 | 新密市 | 新郑市 | 登封市 | 经济开发区 | 航空港区 |
|---|---|---|---|---|---|---|---|
| **果园面积** | **2.01** | **2.30** | **1.45** | **7.84** | **2.49** | **0.24** | **0.48** |
| 苹果园 | 1.28 | 0.37 | 0.57 | 0.30 | 0.53 | 0.01 | 0.01 |
| 梨园 | 0.17 | 0.11 | 0.14 | 0.09 | 0.14 | 0.02 |  |
| 桃园 | 0.24 | 0.36 | 0.20 | 0.39 | 0.24 | 0.18 | 0.02 |
| 猕猴桃园 |  | 0.01 |  |  | 0.01 |  |  |
| 葡萄园 | 0.10 | 0.06 | 0.37 | 0.57 | 0.28 |  |  |
| 枣园 | 0.03 | 0.01 | 0.03 | 5.88 | 0.19 | 0.04 | 0.45 |
| 柿园 | 0.19 | 0.25 | 0.03 | 0.01 | 0.28 |  |  |

# 7-6 林业生产情况

（2012 年）

单位:公顷

| 县(市)区 | 当年造林面积 | 用材林 | 经济林 | 四旁植树(万株) | 育苗面积 | 幼林抚育实际面积 | 成林抚育面积 |
|---|---|---|---|---|---|---|---|
| **总计** | **11443** | **1735** | **6532** | **726.6** | **2376** | **24765** | **6350** |
| 中原区 | | | | 45 | 410 | | |
| 二七区 | | | | 1.6 | 29 | | |
| 管城区 | 5 | | | 20 | 13 | | |
| 金水区 | 42 | 42 | | | 212 | | |
| 上街区 | | | | 7 | 13 | | |
| 惠济区 | 82 | | 82 | | 110 | 133 | |
| 中牟县 | 1464 | 715 | 241 | 210 | 751 | 19762 | 6000 |
| 巩义市 | 608 | 288 | 320 | | 125 | 400 | |
| 荥阳市 | 1526 | 690 | 836 | 21 | 169 | 200 | |
| 新密市 | 2503 | | 1089 | 42 | 274 | 2154 | |
| 新郑市 | 460 | | | 20 | 240 | | 350 |
| 登封市 | 4566 | | 3964 | 360 | 30 | 2116 | |
| 经开区 | 87 | | | | | | |
| 郑东新区 | 70 | | | | | | |
| 航空港区 | 30 | | | | | | |

# 7-7 渔业生产情况

（2012 年）

| 指　　标 | 单位 | 合计 | 二七区 | 管城区 | 金水区 | 惠济区 | 中牟县 | 巩义市 | 荥阳市 | 新密市 | 新郑市 | 登封市 | 郑东新区 |
|---|---|---|---|---|---|---|---|---|---|---|---|---|---|
| **水产品总产量** | **吨** | **148826** | **189** | **60** | **16100** | **24800** | **71300** | **3579** | **17023** | **825** | **735** | **2355** | **11860** |
| #鱼类产量 | 吨 | 148394 | 189 | 60 | 16100 | 24794 | 70997 | 3564 | 16919 | 825 | 735 | 2351 | 11860 |
| 虾蟹类产量 | 吨 | 50 | | | | 1 | 45 | | | | | 4 | |
| #养殖产量 | 吨 | 148795 | 189 | 60 | 16100 | 24794 | 71300 | 3579 | 17003 | 825 | 735 | 2350 | 11860 |
| 天然捕捞产量 | 吨 | 31 | | | | 6 | | | 20 | | | 5 | |
| **养殖面积** | **公顷** | **9588** | **13** | **29** | **503** | **1100** | **3770** | **163** | **1601** | **406** | **248** | **1325** | **430** |
| 池塘 | 公顷 | 7437 | 13 | | 503 | 1100 | 3770 | 163 | 1329 | 78 | 48 | 3 | 430 |
| 水库 | 公顷 | 2148 | | 29 | | | | | 271 | 327 | 200 | 1321 | |
| 河沟 | 公顷 | 1 | | | | | | | | 1 | | | |

# 7-8 牧业主要产品产量

（2012 年）

| 指　　标 | 单位 | 合计 | 中原区 | 二七区 | 管城区 | 金水区 | 上街区 | 惠济区 | 中牟县 |
|---|---|---|---|---|---|---|---|---|---|
| 猪当年出栏头数 | 万头 | 224.69 | 2.30 | 1.29 | 1.96 | 0.75 | 0.61 | 4.34 | 52.85 |
| 牛当年出栏头数 | 万头 | 13.52 | 0.06 | 0.03 | 0.06 | 0.09 | 0.02 | 0.31 | 5.57 |
| 羊当年出栏只数 | 万只 | 53.55 | 0.11 | 0.07 | 0.30 | 0.13 | 0.02 | 0.29 | |
| 禽当年出栏只数 | 万只 | 4399.76 | 40.11 | 43.81 | 25.69 | 1.79 | 10.13 | 273.50 | 792.66 |
| 肉类总产量 | 吨 | 253795 | 2167 | 1622 | 1877 | 738 | 579 | 6855 | 67774 |
| #猪肉产量 | 吨 | 168800 | 1678 | 993 | 1433 | 560 | 424 | 3115 | 42217 |
| 牛肉产量 | 吨 | 20650 | 75 | 39 | 83 | 138 | 30 | 420 | 9347 |
| 羊肉产量 | 吨 | 6935 | 14 | 9 | 37 | 16 | 3 | 35 | 4163 |
| 禽肉产量 | 吨 | 52771 | 400 | 581 | 323 | 24 | 122 | 3250 | 9976 |
| 兔肉产量 | 吨 | 1400 | | | 1 | | | 6 | 93 |
| 奶类总产量 | 吨 | 518857 | 5300 | 1318 | 1996 | 15075 | 710 | 36300 | 235360 |
| #牛奶产量 | 吨 | 486900 | 5300 | 1156 | 1996 | 15075 | 710 | 36190 | 235360 |
| 山羊毛产量 | 公斤 | 64387 | | 149 | | | | | |
| 绵羊毛产量 | 公斤 | 191824 | | | | | | | |
| 蜂蜜产量 | 公斤 | 374000 | | | | | | | 425 |
| 禽蛋产量 | 吨 | 222349 | 740 | 5994 | 600 | 40 | 4479 | 6119 | 30687 |

7-8　续表　　（2012 年）

| 指　　标 | 单位 | 巩义市 | 荥阳市 | 新密市 | 新郑市 | 登封市 | 经济开发区 | 高新开发区 | 郑东新区 | 航空港区 |
|---|---|---|---|---|---|---|---|---|---|---|
| 猪当年出栏头数 | 万头 | 26.04 | 40.65 | 18.48 | 48.11 | 20.49 | 2.83 | 0.69 | 0.27 | 3.04 |
| 牛当年出栏头数 | 万头 | 0.67 | 2.50 | 0.91 | 0.68 | 2.41 | 0.08 | 0.01 | | 0.12 |
| 羊当年出栏只数 | 万只 | 2.20 | 4.59 | 2.21 | 5.25 | 5.21 | 0.16 | 0.03 | | 0.52 |
| 禽当年出栏只数 | 万只 | 188.93 | 820.62 | 454.82 | 1392.83 | 267.31 | 9.14 | 11.26 | 0.60 | 66.56 |
| 肉类总产量 | 吨 | 24317 | 45598 | 20515 | 50617 | 24439 | 2377 | 675 | 208 | 3437 |
| #猪肉产量 | 吨 | 20200 | 31345 | 12849 | 32301 | 16530 | 2131 | 526 | 200 | 2298 |
| 牛肉产量 | 吨 | 924 | 3605 | 1086 | 977 | 3634 | 102 | 10 | | 180 |
| 羊肉产量 | 吨 | 300 | 657 | 267 | 658 | 689 | 21 | 4 | | 62 |
| 禽肉产量 | 吨 | 2286 | 9599 | 5201 | 16515 | 3341 | 123 | 135 | 8 | 887 |
| 兔肉产量 | 吨 | 150 | 110 | 844 | 116 | 70 | | | | 10 |
| 奶类总产量 | 吨 | 5206 | 128381 | 32008 | 49970 | 5058 | 875 | 1120 | | 180 |
| #牛奶产量 | 吨 | 5206 | 100548 | 28156 | 49970 | 5058 | 875 | 1120 | | 180 |
| 山羊毛产量 | 公斤 | 9294 | 180 | 35398 | 781 | 18585 | | | | |
| 绵羊毛产量 | 公斤 | 8253 | 150 | 127852 | 6010 | 49559 | | | | |
| 蜂蜜产量 | 公斤 | 58070 | 53238 | 258284 | 2034 | 1949 | | | | |
| 禽蛋产量 | 吨 | 9950 | 72300 | 27213 | 42267 | 21066 | 53 | 50 | 11 | 780 |

# 7-9 全市粮经比

单位:%

| 县(市)区 | 1995 年 | 2000 年 | 2005 年 | 2009 年 | 2010 年 | 2011 年 | 2012 年 |
|---|---|---|---|---|---|---|---|
| **全　市** | **79.8:20.2** | **74.9:25.1** | **69.0:31.0** | **70.9:29.0** | **70.9:29.1** | **71.2:28.8** | **71.5:28.5** |
| 中原区 | | 59.0:41.0 | 51.3:48.7 | 55.4:44.6 | 53.8:46.2 | 55.0:45.0 | 55.1:44.9 |
| 二七区 | | 73.4:26.6 | 59.9:40.1 | 65.6:34.4 | 63.0:37.0 | 69.9:30.1 | 73.1:26.9 |
| 管城区 | 79.0:21.0 | 76.4:23.6 | 55.2:44.8 | 64.8:25.2 | 60.9:39.1 | 62.2:37.8 | 62.0:38.0 |
| 金水区 | | 87.9:12.1 | 83.5:16.5 | 93.2:6.8 | 94.1:5.9 | 89.1:10.9 | 91.4:8.6 |
| 上街区 | 46.1:53.9 | 66.7:33.3 | 86.8:13.2 | 91.5:8.5 | 91.2:8.8 | 91.1:8.9 | 90.5:9.5 |
| 惠济区 | | 48.8:51.2 | 36.9:63.1 | 38.0:62.0 | 37.4:62.6 | 37.8:62.2 | 38.7:61.3 |
| 中牟县 | 65.9:34.1 | 56.6:43.4 | 47.3:52.7 | 46.1:53.9 | 46.4:53.6 | 46.0:54.0 | 45.8:54.2 |
| 巩义市 | 89.0:11.0 | 90.0:10.0 | 86.6;13.4 | 88.8:11.2 | 88.4:11.6 | 88.4:11.6 | 88.7:11.3 |
| 荥阳市 | 84.9:15.1 | 82.3:17.7 | 74.8:25.2 | 78.4:21.6 | 79.0:21.0 | 79.4:20.6 | 80.1:19.9 |
| 新密市 | 88.7:11.3 | 86.6:13.4 | 86.2:13.8 | 85.8:14.2 | 85.1:14.9 | 84.9:15.1 | 84.4:15.6 |
| 新郑市 | 78.6:21.4 | 71.8:28.2 | 71.0:29.0 | 71.9:28.1 | 72.2:27.8 | 73.8:26.2 | 74.4:25.6 |
| 登封市 | 86.1:13.9 | 84.8:15.2 | 81.4:18.6 | 87.3:12.8 | 86.5:13.5 | 86.7:13.3 | 87.4:12.6 |
| 经济开发区 | | | 64.2:35.8 | 73.6:26.4 | 72.8:27.2 | 74.0:26.0 | 78.7:21.3 |
| 高新开发区 | | | 76.2:23.8 | 84.1:15.9 | 86.2:13.8 | 86.9:13.1 | 89.6:10.4 |
| 郑东新区 | | | | | | 93.4:6.6 | 98.9:1.1 |
| 航空港区 | | | | | | 67.0:33.0 | 69.3:30.7 |

# 7-10 农作物主要

（2012 年）

| 指　　标 | 总计 | 中原区 | 二七区 | 管城区 | 金水区 | 上街区 | 惠济区 | 中牟县 |
|---|---|---|---|---|---|---|---|---|
| **农作物总播种面积** | **507.48** | **5.71** | **1.34** | **3.32** | **3.10** | **2.78** | **12.29** | **130.31** |
| **粮食作物播种面积** | **363.11** | **3.15** | **0.98** | **2.07** | **2.84** | **2.52** | **4.77** | **59.68** |
| 总产量 | 1694696 | 14924 | 3055 | 10227 | 14437 | 12912 | 27168 | 358311 |
| 夏收粮食播种面积 | 176.30 | 1.67 | 0.50 | 1.25 | 1.39 | 1.27 | 2.50 | 25.19 |
| 总产量 | 806894 | 7894 | 1607 | 5991 | 6940 | 6629 | 14687 | 150329 |
| 秋收粮食播种面积 | 186.81 | 1.48 | 0.48 | 0.82 | 1.45 | 1.25 | 2.27 | 34.49 |
| 总产量 | 887802 | 7030 | 1448 | 4236 | 7497 | 6283 | 12481 | 207982 |
| 谷物合计播种面积 | 336.97 | 3.12 | 0.89 | 2.05 | 2.79 | 2.51 | 4.61 | 53.45 |
| 总产量 | 1578797 | 14851 | 2963 | 10097 | 14238 | 12820 | 26599 | 321792 |
| 稻谷播种面积 | 0.64 | | | | | | 0.18 | 0.46 |
| 总产量 | 4671 | | | | 6 | | 1195 | 3470 |
| 小麦播种面积 | 176.30 | 1.67 | 0.50 | 1.25 | 1.39 | 1.27 | 2.50 | 25.19 |
| 总产量 | 806894 | 7894 | 1607 | 5991 | 6940 | 6629 | 14687 | 150329 |
| 玉米播种面积 | 158.32 | 1.46 | 0.40 | 0.79 | 1.40 | 1.23 | 1.93 | 27.80 |
| 总产量 | 762699 | 6957 | 1356 | 4106 | 7292 | 6180 | 10717 | 167993 |
| 谷子播种面积 | 1.67 | | | | | 0.01 | | |
| 总产量 | 3548 | | | | | 11 | | |
| 其它谷物播种面积 | 0.04 | | | | | | | |
| 总产量 | 985 | | | | | | | |
| 豆类合计播种面积 | 12.43 | 0.02 | 0.08 | | 0.05 | | 0.12 | 2.33 |
| 总产量 | 24176 | 43 | 79 | 15 | 199 | | 293 | 6023 |

产品生产情况

单位:千公顷、吨

| 巩义市 | 荥阳市 | 新密市 | 新郑市 | 登封市 | 经济开发区 | 高新开发区 | 郑东新区 | 航空港区 |
|---|---|---|---|---|---|---|---|---|
| **50.76** | **77.44** | **65.76** | **76.35** | **57.31** | **3.05** | **7.17** | **3.01** | **7.78** |
| **45.11** | **62.06** | **55.69** | **56.87** | **50.18** | **2.40** | **6.43** | **2.98** | **5.40** |
| 157272 | 332819 | 207059 | 290485 | 178352 | 11071 | 32456 | 15632 | 28516 |
| 22.78 | 31.19 | 27.38 | 28.84 | 23.51 | 1.19 | 3.42 | 1.49 | 2.74 |
| 80000 | 167887 | 104959 | 142324 | 71975 | 5612 | 17706 | 7844 | 14510 |
| 22.33 | 30.87 | 28.31 | 28.03 | 26.67 | 1.21 | 3.01 | 1.49 | 2.65 |
| 77272 | 164932 | 102100 | 148161 | 106377 | 5459 | 14750 | 7788 | 14006 |
| 42.63 | 58.54 | 51.19 | 54.37 | 44.35 | 2.35 | 6.43 | 2.73 | 4.96 |
| 151547 | 317796 | 197990 | 279885 | 144962 | 10496 | 32456 | 15192 | 25113 |
| | | | | | | | | |
| | | | | | | | | |
| 22.78 | 31.19 | 27.38 | 28.84 | 23.51 | 1.19 | 3.42 | 1.49 | 2.74 |
| 80000 | 167887 | 104959 | 142324 | 71975 | 5612 | 17706 | 7844 | 14510 |
| 19.09 | 26.73 | 23.73 | 25.40 | 20.73 | 1.16 | 3.01 | 1.25 | 2.21 |
| 70347 | 148329 | 92919 | 137055 | 71863 | 4884 | 14750 | 7348 | 10603 |
| 0.76 | 0.62 | 0.08 | 0.13 | 0.08 | | | | |
| 1200 | 1580 | 112 | 506 | 139 | | | | |
| | | | | 0.04 | | | | |
| | | | | 985 | | | | |
| 1.34 | 1.55 | 2.48 | 1.07 | 3.12 | | | 0.24 | 0.04 |
| 1495 | 2095 | 3240 | 2609 | 7550 | | | 440 | 95 |

7-10 续表 (2012 年)

| 指 标 | 总计 | 中原区 | 二七区 | 管城区 | 金水区 | 上街区 | 惠济区 | 中牟县 |
|---|---|---|---|---|---|---|---|---|
| 大豆播种面积 | 9.88 | 0.01 | 0.05 | | 0.05 | | 0.12 | 2.33 |
| 总产量 | 19328 | 27 | 57 | 15 | 199 | | 293 | 6023 |
| 绿豆播种面积 | 2.36 | 0.01 | 0.03 | | | | | |
| 总产量 | 2818 | 16 | 22 | | | | | |
| 红小豆播种面积 | 0.02 | | | | | | | |
| 总产量 | 19 | | | | | | | |
| 红薯播种面积 | 13.71 | 0.01 | 0.01 | 0.02 | | 0.01 | 0.04 | 3.90 |
| 总产量 | 91723 | 30 | 13 | 115 | | 92 | 276 | 30496 |
| **油料合计播种面积** | **51.39** | **0.82** | **0.31** | **0.48** | **0.04** | **0.20** | **0.41** | **20.14** |
| 总产量 | 186557 | 1704 | 443 | 1247 | 67 | 255 | 1289 | 99491 |
| 花生播种面积 | 40.14 | 0.42 | 0.20 | 0.39 | 0.02 | 0.11 | 0.36 | 18.37 |
| 总产量 | 169985 | 1150 | 325 | 1124 | 54 | 174 | 1217 | 95358 |
| 油菜籽播种面积 | 9.67 | 0.40 | 0.11 | 0.09 | 0.02 | 0.05 | 0.01 | 1.72 |
| 总产量 | 14834 | 550 | 115 | 123 | 13 | 24 | 17 | 4087 |
| 芝麻播种面积 | 1.55 | | | | | 0.04 | 0.01 | 0.05 |
| 总产量 | 1693 | 4 | 3 | | | 57 | 10 | 46 |
| 向日葵播种面积 | 0.02 | | | | | | 0.02 | |
| 总产量 | 45 | | | | | | 45 | |
| **棉花播种面积** | **2.59** | | | | | | **0.13** | **1.56** |
| 总产量 | 2300 | | | | 1 | | 69 | 1338 |
| **烟叶播种面积** | **0.85** | | | | | | | |
| 总产量 | 2393 | | | | | | | |
| **药材播种面积** | **0.49** | | | | | | **0.11** | |
| **蔬菜(含菜用瓜)播种面积** | **76.45** | **1.49** | **0.05** | **0.53** | **0.22** | **0.07** | **6.58** | **40.43** |
| 总产量 | 3020606 | 55050 | 916 | 25352 | 5730 | 4035 | 258700 | 1538062 |
| **瓜类(果用瓜)播种面积** | **10.60** | **0.09** | | **0.24** | | | **0.06** | **8.18** |
| 总产量 | 421121 | 1510 | | 3526 | 15 | | 2077 | 356401 |
| #西瓜播种面积 | 9.32 | 0.07 | | 0.03 | | | 0.06 | 7.49 |
| 总产量 | 396605 | 1310 | | 429 | 15 | | 1850 | 343071 |
| **其他作物播种面积** | **2.01** | **0.17** | | | | | **0.23** | **0.33** |

单位:千公顷、吨

| 巩义市 | 荥阳市 | 新密市 | 新郑市 | 登封市 | 经济开发区 | 高新开发区 | 郑东新区 | 航空港区 |
|---|---|---|---|---|---|---|---|---|
| 0.72 | 0.99 | 1.96 | 0.96 | 2.40 | | | 0.24 | 0.04 |
| 775 | 1491 | 2826 | 2381 | 4706 | | | 440 | 95 |
| 0.62 | 0.56 | 0.52 | 0.11 | 0.52 | | | | |
| 720 | 604 | 414 | 228 | 814 | | | | |
| | | | | 0.02 | | | | |
| | | | | 19 | | | | |
| 1.14 | 1.98 | 2.03 | 1.43 | 2.71 | 0.05 | | | 0.40 |
| 4230 | 12928 | 5829 | 7991 | 25840 | 575 | | | 3308 |
| **3.60** | **4.93** | **3.86** | **10.87** | **3.48** | **0.45** | **0.18** | **0.01** | **1.63** |
| 5188 | 12985 | 10988 | 40992 | 4357 | 1232 | 421 | 20 | 5878 |
| 2.24 | 3.13 | 2.01 | 9.23 | 1.44 | 0.44 | 0.16 | | 1.63 |
| 4200 | 9610 | 7930 | 38541 | 2792 | 1228 | 390 | 14 | 5878 |
| 0.88 | 1.38 | 1.63 | 1.53 | 1.83 | | 0.02 | 0.01 | |
| 630 | 2815 | 2729 | 2278 | 1412 | 4 | 31 | 6 | |
| 0.48 | 0.43 | 0.23 | 0.11 | 0.21 | | | | |
| 358 | 560 | 329 | 173 | 153 | | | | |
| | | | | | | | | |
| | | | | | | | | |
| **0.30** | **0.22** | **0.03** | **0.02** | **0.32** | | | | |
| 276 | 290 | 26 | 25 | 273 | | | 2 | |
| | | | | **0.85** | | | | |
| | | | | 2393 | | | | |
| **0.03** | **0.11** | **0.24** | | | | | | |
| **1.25** | **9.51** | **5.22** | **7.84** | **1.92** | **0.07** | **0.56** | **0.02** | **0.70** |
| 49647 | 388632 | 245795 | 322235 | 73592 | 1161 | 15219 | 405 | 36075 |
| **0.41** | **0.12** | **0.22** | **0.60** | **0.48** | **0.14** | | | **0.06** |
| 7510 | 4131 | 5321 | 20668 | 12292 | 5405 | | | 2265 |
| 0.41 | 0.10 | 0.14 | 0.49 | 0.41 | 0.06 | | | 0.06 |
| 7510 | 4085 | 3709 | 18282 | 10839 | 3240 | | | 2265 |
| **0.07** | **0.48** | **0.50** | **0.16** | **0.08** | | | | |

# 7-11 农林牧

(2012 年)

| 指 标 | 全市 | 中原区 | 二七区 | 管城区 | 金水区 | 上街区 | 惠济区 | 中牟县 |
|---|---|---|---|---|---|---|---|---|
| **农林牧渔业总产值** | **2545817** | **23382** | **15276** | **14330** | **17585** | **12584** | **98921** | **855062** |
| **农业** | **1295103** | **14199** | **6165** | **8670** | **4431** | **7423** | **43496** | **479843** |
| 谷物及其他作物 | 550755 | 4291 | 937 | 3092 | 3209 | 6152 | 7086 | 152495 |
| 谷物 | 321657 | 3020 | 602 | 2047 | 2899 | 3366 | 5458 | 65687 |
| #小麦 | 162186 | 1587 | 323 | 1204 | 1395 | 1293 | 2952 | 30216 |
| 稻谷 | 1163 | | | | 1 | | 298 | 864 |
| 玉米 | 157116 | 1433 | 279 | 843 | 1502 | 1236 | 2208 | 34607 |
| 薯类 | 28434 | 9 | 4 | 14 | | 33 | 86 | 9454 |
| 油料 | 120701 | 1028 | 240 | 881 | 42 | 175 | 848 | 65557 |
| #花生 | 111988 | 767 | 30 | 823 | 36 | 101 | 812 | 63604 |
| 油菜籽 | 6913 | 256 | 206 | 58 | 6 | 8 | 8 | 1905 |
| 豆类 | 13143 | 28 | 48 | 7 | 92 | | 135 | 2771 |
| 棉花 | 6301 | | | | 3 | | 189 | 3666 |
| 烟草 | 4413 | | | | | | | |
| 其他农作物 | 56106 | 206 | 43 | 143 | 173 | 2578 | 370 | 5360 |
| 蔬菜园艺作物 | 549952 | 9461 | 81 | 4697 | 972 | 604 | 35211 | 263184 |
| 蔬菜(含菜用瓜) | 543744 | 9461 | 81 | 4678 | 972 | 604 | 35211 | 262971 |
| 花卉 | 2280 | | | 19 | | | | |
| 水果、坚果、饮料和香料作物 | 191336 | 447 | 5147 | 881 | 250 | 667 | 1199 | 64164 |
| 水果(含果用瓜) | 157367 | 447 | 5147 | 881 | 250 | 667 | 1199 | 64164 |
| #苹果 | 26397 | 28 | 60 | 26 | 32 | 179 | 109 | 7280 |
| 梨 | 6191 | | 168 | 80 | 68 | 208 | 184 | 2538 |
| 坚果 | 33969 | | | | | | | |
| 香料作物 | 1923 | | | | | | | |
| 中草药材 | 3060 | | | | | | | |
| **林业** | **27189** | **807** | **325** | **143** | **1170** | **460** | **2840** | **9578** |
| 林木的培育和种植 | 17616 | 776 | 292 | 55 | 1170 | 166 | 2483 | 7591 |
| 竹木采运 | 7257 | 31 | 33 | 88 | | 294 | 357 | 1987 |
| **牧业** | **1041942** | **7741** | **8054** | **5207** | **7155** | **4701** | **30248** | **284323** |
| 牲畜饲养 | 358089 | 2279 | 714 | 1218 | 5926 | 436 | 14668 | 132546 |
| 牛的饲养 | 107652 | 390 | 204 | 420 | 719 | 18 | 2189 | 48727 |
| 羊的饲养 | 48702 | 98 | 65 | 263 | 112 | 3 | 247 | 29236 |
| 其他牲畜饲养 | 33147 | | | | | | | 388 |
| 奶产品 | 164572 | 1791 | 445 | 535 | 5095 | 415 | 12232 | 54195 |
| 猪的饲养 | 354239 | 4385 | 2085 | 3007 | 1175 | 920 | 6537 | 88595 |
| 家禽饲养 | 239111 | 1077 | 5256 | 822 | 54 | 3345 | 9036 | 36571 |
| 肉禽 | 69485 | 522 | 760 | 387 | 24 | 94 | 4340 | 13135 |
| 禽蛋 | 169626 | 555 | 4496 | 435 | 30 | 3251 | 4696 | 23435 |
| 狩猎和捕捉动物 | 10108 | | | | | | | |
| 其他畜牧业 | 80395 | | | 160 | | | 7 | 26611 |
| **渔业** | **150666** | **122** | **142** | **165** | **4829** | | **21907** | **73325** |
| 鱼类 | 148885 | 122 | 142 | 165 | 4829 | | 21907 | 72075 |
| 虾蟹类 | 153 | | | | | | | 153 |
| 其他 | 1624 | | | | | | | 1097 |
| **农林牧渔服务业** | **30917** | **513** | **590** | **145** | | | **430** | **7993** |

# 渔业总产值

单位:万元

| 巩义市 | 荥阳市 | 新密市 | 新郑市 | 登封市 | 经济开发区 | 高新开发区 | 郑东新区 | 航空港区 |
|---|---|---|---|---|---|---|---|---|
| **175349** | **424253** | **296824** | **340295** | **216082** | **11221** | **12695** | **12961** | **30689** |
| **72589** | **200937** | **128354** | **179653** | **94639** | **5572** | **9780** | **3591** | **18940** |
| 42544 | 86391 | 60787 | 91817 | 51129 | 3326 | 7528 | 3515 | 10367 |
| 30898 | 64729 | 40268 | 56977 | 29503 | 2175 | 6621 | 3091 | 5090 |
| 16080 | 33745 | 21097 | 28607 | 14459 | 1169 | 3441 | 1577 | 2917 |
| 14491 | 30556 | 19141 | 28233 | 14804 | 1006 | 3180 | 1514 | 2174 |
| 1311 | 4008 | 1807 | 2477 | 8010 | 178 |  |  | 390 |
| 3472 | 8357 | 7479 | 26951 | 2681 | 821 | 474 | 12 | 4303 |
| 2801 | 6218 | 5805 | 25707 | 1862 | 819 | 466 | 9 | 4303 |
| 294 | 1878 | 1280 | 1062 | 658 | 2 | 8 | 3 |  |
| 1062 | 1278 | 1714 | 1318 | 3491 |  | 17 | 212 | 43 |
| 756 | 221 | 138 | 88 | 942 |  |  | 5 |  |
|  |  |  |  | 4413 |  |  |  |  |
| 5045 | 7798 | 9380 | 4006 | 2088 | 152 | 416 | 195 | 541 |
| 10924 | 79532 | 38874 | 45854 | 17088 | 103 | 2043 | 67 | 5403 |
| 7930 | 69804 | 28323 | 45753 | 16148 | 103 | 2043 | 67 | 5403 |
| 576 | 354 | 1218 |  | 624 |  |  |  |  |
| 18401 | 24614 | 19577 | 41982 | 26421 | 2143 | 209 | 9 | 3170 |
| 12245 | 9476 | 8905 | 41963 | 9681 | 2143 | 209 | 9 | 3170 |
| 6895 | 2721 | 2453 | 3164 | 5109 | 120 |  | 9 | 48 |
| 502 | 793 | 503 | 428 | 531 | 96 |  |  | 7 |
| 5972 | 11250 | 8933 | 19 | 16740 |  |  |  |  |
| 184 |  | 1739 |  |  |  |  |  |  |
| 720 |  | 9116 |  |  |  |  |  |  |
| **7360** | **3748** | **18618** | **6853** | **13210** |  |  |  |  |
| 3588 | 3618 | 15787 | 6853 | 13057 |  |  |  |  |
| 814 | 130 | 1864 |  | 153 |  |  |  |  |
| **87309** | **203386** | **135112** | **149967** | **92897** | **5649** | **2849** | **9370** | **11749** |
| 13829 | 70003 | 41748 | 26604 | 27379 | 976 | 999 | 520 | 1375 |
| 4818 | 20200 | 8560 | 5093 | 20529 | 531 | 569 | 285 | 929 |
| 2008 | 5008 | 3284 | 4621 | 5140 | 149 | 51 | 174 | 446 |
| 393 | 50 | 7586 |  |  |  |  |  |  |
| 1760 | 44745 | 11158 | 16890 | 1710 | 296 | 379 | 61 |  |
| 42392 | 63891 | 40374 | 67786 | 35319 | 4472 | 1030 | 3414 | 4823 |
| 10487 | 68810 | 34592 | 54260 | 20122 | 201 | 595 | 276 | 1664 |
| 2988 | 12570 | 10741 | 21851 | 4029 | 161 | 491 | 223 | 1095 |
| 7499 | 56240 | 23852 | 32409 | 16094 | 40 | 104 | 53 | 569 |
|  | 3036 | 5880 |  |  |  |  |  |  |
| 20601 | 682 | 11837 | 1317 | 10076 |  | 225 | 5160 | 3886 |
| **2038** | **11786** | **1619** |  | **6362** |  |  |  |  |
| 1974 | 11616 | 1123 |  | 5554 |  |  |  |  |
|  |  |  | 679 | 340 |  |  |  |  |
| 64 | 170 | 496 |  | 468 |  |  |  |  |
| **6053** | **4396** | **13121** | **3143** | **8974** |  | **66** |  |  |

# 7-12　农林牧

（2012 年）

| 指　　标 | 全市 | 中原区 | 二七区 | 管城区 | 金水区 | 上街区 | 惠济区 |
|---|---|---|---|---|---|---|---|
| **合计** | | | | | | | |
| 农林牧渔业总产值 | 2545817 | 23382 | 15276 | 14330 | 17585 | 12584 | 98920 |
| 中间消耗 | 1121770 | 9847 | 8087 | 6584 | 8735 | 5537 | 46775 |
| 增加值 | 1424047 | 13535 | 7189 | 7746 | 8850 | 7047 | 52146 |
| 固定资产折旧 | 78637 | 480 | 2340 | 640 | 566 | 779 | 12921 |
| 劳动者报酬 | 1270456 | 12575 | 1050 | 6736 | 7890 | 6255 | 38467 |
| 生产补贴 | 34150 | 420 | 110 | 140 | 185 | 771 | 788 |
| 营业盈余 | 109104 | 900 | 3909 | 510 | 579 | 784 | 1546 |
| **农业** | | | | | | | |
| 总产值 | 1295103 | 14199 | 6165 | 8670 | 4431 | 7423 | 43496 |
| 中间消耗 | 518106 | 5682 | 3268 | 3740 | 2640 | 3266 | 20586 |
| 中间物质消耗 | 443472 | 5682 | 2845 | 3270 | 2484 | 2212 | 19764 |
| 生产服务支出 | 74635 | | 422 | 470 | 156 | 1054 | 822 |
| 增加值 | 776997 | 8517 | 2897 | 4930 | 1790 | 4157 | 22909 |
| **林业** | | | | | | | |
| 总产值 | 27189 | 807 | 325 | 143 | 1170 | 460 | 2840 |
| 中间消耗 | 10559 | 280 | 172 | 108 | 279 | 203 | 1221 |
| 中间物质消耗 | 9276 | 280 | 129 | 58 | 258 | 104 | 1196 |
| 生产服务支出 | 1283 | | 43 | 50 | 21 | 99 | 25 |
| 增加值 | 16630 | 527 | 153 | 35 | 891 | 257 | 1619 |
| **牧业** | | | | | | | |
| 总产值 | 1041942 | 7741 | 8055 | 5207 | 7155 | 4701 | 30248 |
| 中间消耗 | 512321 | 3621 | 4269 | 2588 | 3363 | 2068 | 14438 |
| 中间物质消耗 | 449722 | 3525 | 3764 | 1969 | 2747 | 1579 | 13455 |
| 生产服务支出 | 62599 | 96 | 505 | 619 | 616 | 489 | 983 |
| 增加值 | 529621 | 4120 | 3785 | 2619 | 3793 | 2633 | 15810 |
| **渔业** | | | | | | | |
| 总产值 | 150666 | 122 | 142 | 165 | 4829 | | 21907 |
| 中间消耗 | 69064 | 72 | 75 | 95 | 2453 | | 10320 |
| 中间物质消耗 | 62691 | 72 | 33 | 69 | 2282 | | 9871 |
| 生产服务支出 | 6373 | | 42 | 26 | 171 | | 449 |
| 增加值 | 81602 | 50 | 67 | 70 | 2376 | | 11587 |
| **农林牧渔服务业** | | | | | | | |
| 总产值 | 30917 | 513 | 590 | 145 | | | 430 |
| 中间消耗 | 11720 | 193 | 303 | 53 | | | 210 |
| 增加值 | 19197 | 320 | 287 | 92 | | | 220 |

# 渔业增加值

单位:万元

| 中牟县 | 巩义市 | 荥阳市 | 新密市 | 新郑市 | 登封市 | 经济开发区 | 高新开发区 | 郑东新区 | 航空港区 |
|---|---|---|---|---|---|---|---|---|---|
| 855062 | 175349 | 424253 | 296824 | 340295 | 216082 | 11220 | 12694 | 12960 | 30689 |
| 371665 | 73822 | 178187 | 141024 | 153401 | 94875 | 4811 | 5560 | 5710 | 12774 |
| 483397 | 101528 | 246066 | 155800 | 186894 | 121207 | 6408 | 7134 | 7250 | 17915 |
| 11118 | 6930 | 20520 | 9089 | 10321 | 7135 | 352 | 383 | 400 | 989 |
| 468593 | 80180 | 226786 | 149489 | 166713 | 86788 | 5717 | 6386 | 6469 | 15983 |
| 3565 | 1721 | 5400 | 9352 | 4456 | 8463 | 154 | 166 | 173 | 430 |
| 7251 | 16139 | 4160 | 6574 | 14316 | 35747 | 493 | 531 | 554 | 1373 |
| | | | | | | | | | |
| 479843 | 72589 | 200937 | 128354 | 179653 | 94639 | 5572 | 9780 | 3591 | 18940 |
| 206329 | 30560 | 85027 | 46854 | 77096 | 40591 | 2251 | 4200 | 1295 | 8976 |
| 130021 | 28645 | 83030 | 42070 | 59001 | 40592 | 1927 | 3603 | 1104 | 7683 |
| 76308 | 1915 | 1997 | 4784 | 18095 | | 324 | 597 | 191 | 1293 |
| 273514 | 42029 | 115910 | 81500 | 102557 | 54048 | 3321 | 5580 | 2295 | 9965 |
| | | | | | | | | | |
| 9578 | 7360 | 3748 | 18618 | 6853 | 13210 | | | | |
| 5517 | 3098 | 1550 | 6986 | 2200 | 5010 | | | | |
| 4080 | 2651 | 1310 | 6113 | 2000 | 5010 | | | | |
| 1437 | 447 | 240 | 873 | 200 | | | | | |
| 4061 | 4262 | 2198 | 11632 | 4653 | 8200 | | | | |
| | | | | | | | | | |
| 284323 | 87309 | 203386 | 135112 | 149967 | 92897 | 5649 | 2849 | 9370 | 11749 |
| 123639 | 36757 | 83972 | 79632 | 72501 | 42533 | 2560 | 1335 | 4415 | 3798 |
| 87335 | 34877 | 69800 | 75497 | 70588 | 42534 | 2247 | 1174 | 3859 | 3334 |
| 36304 | 1880 | 14172 | 4135 | 1913 | | 313 | 161 | 556 | 464 |
| 160684 | 50552 | 119414 | 55480 | 77466 | 50364 | 3088 | 1513 | 4955 | 7950 |
| | | | | | | | | | |
| 73325 | 2038 | 11786 | 1619 | | 6362 | | | | |
| 32923 | 859 | 5792 | 676 | 344 | 2991 | | | | |
| 27089 | 759 | 5220 | 587 | 254 | 2990 | | | | |
| 5834 | 100 | 572 | 89 | 90 | | | | | |
| 40402 | 1179 | 5994 | 943 | 335 | 3371 | | | | |
| | | | | | | | | | |
| 7993 | 6053 | 4396 | 13121 | 3143 | 8974 | | 66 | | |
| 3257 | 2548 | 1846 | 6876 | 1260 | 3750 | | 25 | | |
| 4736 | 3505 | 2550 | 6245 | 1883 | 5224 | | 41 | | |

## 7-13 主要牲畜

(2012 年)

| 指　　标 | 合计 | 中原区 | 二七区 | 管城区 | 金水区 | 上街区 | 惠济区 | 中牟县 |
|---|---|---|---|---|---|---|---|---|
| **大牲畜年末总头数** | **25.03** | **0.21** | **0.07** | **0.08** | **0.42** | **0.01** | **0.88** | **11.93** |
| 牛年末总头数 | 24.50 | 0.21 | 0.07 | 0.08 | 0.42 | 0.01 | 0.88 | 11.69 |
| 肉牛年末总头数 | 12.76 | 0.01 | 0.01 | 0.01 | 0.04 |  | 0.01 | 7.14 |
| 奶牛年末总头数 | 9.39 | 0.20 | 0.05 | 0.07 | 0.38 | 0.01 | 0.87 | 4.55 |
| 役用牛年末总头数 | 2.35 |  |  |  |  |  |  |  |
| 马年末存栏数 | 0.15 |  |  |  |  |  |  | 0.04 |
| 驴年末存栏数 | 0.34 |  |  |  |  |  |  | 0.20 |
| 骡年末存栏数 | 0.04 |  |  |  |  |  |  |  |
| 猪年末总头数 | 179.40 | 1.19 | 0.79 | 1.20 | 0.61 | 0.47 | 2.39 | 47.53 |
| 能繁殖母猪 | 20.45 | 0.16 | 0.06 | 0.05 | 0.04 | 0.06 | 0.21 | 4.92 |
| 羊年末总只数 | 48.31 | 0.06 | 0.11 | 0.19 | 0.11 | 0.01 | 0.19 | 27.04 |
| 山羊年末总只数 | 42.92 | 0.06 | 0.11 | 0.19 | 0.05 | 0.01 | 0.13 | 26.52 |
| 绵羊年末总只数 | 5.40 |  |  |  | 0.06 |  | 0.06 | 0.51 |
| **家禽期末存栏数** | **3332.09** | **14.50** | **55.00** | **14.09** | **1.79** | **31.53** | **155.76** | **515.41** |
| **兔期末总只数** | **82.63** |  |  | **0.01** |  |  | **0.07** | **1.94** |

## 年末存栏情况

单位:万头(只)

| 巩义市 | 荥阳市 | 新密市 | 新郑市 | 登封市 | 经济开发区 | 高新开发区 | 郑东新区 | 航空港区 |
|---|---|---|---|---|---|---|---|---|
| **0.77** | **2.48** | **1.83** | **2.75** | **3.29** | **0.12** | **0.11** | **0.01** | **0.07** |
| 0.74 | 2.45 | 1.75 | 2.73 | 3.17 | 0.12 | 0.11 | 0.01 | 0.07 |
| 0.38 | 0.67 | 0.92 | 1.38 | 2.08 | 0.04 | 0.01 | 0.01 | 0.06 |
| 0.14 | 1.50 | 0.45 | 0.71 | 0.27 | 0.08 | 0.10 | | 0.01 |
| 0.22 | 0.28 | 0.38 | 0.64 | 0.83 | 0.01 | | | |
| 0.01 | 0.01 | 0.02 | | 0.07 | | | | |
| 0.01 | 0.01 | 0.05 | 0.02 | 0.04 | | | | |
| 0.01 | 0.01 | 0.01 | | 0.01 | | | | |
| 20.00 | 25.98 | 19.64 | 36.28 | 19.29 | 0.75 | 0.59 | 0.74 | 1.96 |
| 2.10 | 3.56 | 2.27 | 4.03 | 2.26 | 0.17 | 0.09 | 0.16 | 0.30 |
| 2.86 | 7.66 | 2.86 | 3.05 | 3.62 | 0.16 | 0.03 | 0.04 | 0.34 |
| 1.85 | 6.72 | 2.19 | 2.01 | 2.52 | 0.16 | 0.02 | 0.04 | 0.34 |
| 1.01 | 0.93 | 0.68 | 1.04 | 1.10 | | | | |
| **129.24** | **644.91** | **466.06** | **909.56** | **343.91** | **5.70** | **4.33** | **0.44** | **39.87** |
| **5.52** | **20.58** | **26.23** | **2.48** | **25.49** | | | | **0.31** |

# 主要统计指标解释

**农林牧渔业总产值**　是以货币表现的农林牧渔业全部产品的总量和对农林牧渔业生产活动进行的各种支持性服务活动的价值，它反映一定时期内农业生产的总规模和总成果。

农林牧渔五业统计范围是：1. 种植业：包括粮、棉、油、糖料、麻类、烟叶、蔬菜、药材、瓜类、采集野生植物和其他农作物的种植以及茶园、桑园、果园的生产经营。

2. 林业：包括林木的栽培、林产品的采集和竹木采伐。

3. 牧业：包括除渔业以外的一切动物饲养和放牧及捕猎野兽。

4. 渔业：包括水生动物和海藻类植物养殖和捕捞。

5. 农林牧渔服务业：包括农林牧渔服务业营业收入。

农业总产值的计算方法通常是以农林牧渔业产品的产量乘以该项单位价格而得该项产品产值。少数生产周期较长，当年没有产品或产品不易统计的则采用间接方法匡算产值。五业产品产值之和即为农业总产值。

**农业增加值**　指各单位生产经营或劳务活动提供最终产品的货币表现，即本单位或本行业对社会所做的贡献。农业增加值是社会各经济单位，即企业、事业单位和行政单位及个体经营户在报告期内生产经营和业务活动最终成果的货币表现。

农业增加值主要采用生产法和分配法（收入法）两种方法计算。

**农作物种植业**　包括谷物、豆类、薯类、棉、油料、糖料、麻类、烟叶、蔬菜、药材、瓜类和其他农作物的种植，以及茶园、桑园、果园的生产经营。

**其他农业**　包括采集野生植物的果实、纤维、树胶、树脂、油料以及柴草、野生药材、菌类等。

**粮食产量**　指全社会的产量。包括国有经济经营的、集体统一经营的和农民家庭经营的粮食产量，还包括工矿企业家属办的农场和其他生产单位的产量。粮食除包括稻谷、小麦、玉米、高粱、谷子及其他杂粮外，还包括薯类和大豆。其产量计算方法，豆类按去豆荚后的干豆计算；薯类（包括甘薯和马铃薯，不包括芋头和木薯）1963 年以前按每 4 公斤鲜薯折 1 公斤粮食计算，从 1964 年开始及以后改为按 5 公斤鲜薯折 1 公斤粮食计算。郑州辖区作为蔬菜的薯类（如：马铃薯等）按鲜品计算，并且不做为粮食统计。其他粮食一律按脱粒后的原粮计算。

**油料产量**　指全部油料作物的生产量。包括花生、油菜籽、芝麻、向日葵籽、胡麻籽（亚麻籽）和其他油料。不包括大豆，也不包括木本油料和野生油料。花生以带壳干花生计算。

**水产品产量**　指人工养殖的水产品和天然生长的水产品的捕捞量。包括海水的鱼类、虾蟹类、贝类和藻类以及内陆水域的鱼类、虾蟹类和贝类，不包括淡水生植物。

**猪、牛、羊肉产量**　指当年出栏并已屠宰后除去头蹄下水　后带骨肉（即胴体重）的重量。

**耕地面积**　指年初可以用来种植农作物、经常进行耕锄的田地，除包括熟地、当年新开荒地、连续撩荒未满三年的耕地和当年的休闲地（轮歇地）外，还包括以种植农作物为主并附带种植桑树、茶树、果树和其他林木的土地，以及沿海、沿湖地区已围垦利用的“海涂”、“湖田”等面积。但不包括属于专业性的桑园、茶园、果园、果木苗圃、林地、芦苇地、天然或人工草地面积。

**农作物播种面积**　指实际播种或移植有农作物的面积，凡是实际种植有农作物的面积，不论种植在耕地上还是种植在非耕地上，均包括在农作物播种面积中，同时还包括因遭灾而重新改种和补种的农作物面积，种一公顷算一公顷。

**农用化肥施用量**　指本年内实际用于农业生产的化肥数量。包括氮肥、磷肥、钾肥和复合肥。化肥施用量要求按折纯量计算数量。折纯法化肥施用量是把氮肥、磷肥和钾肥分别按含氮、含五氧化二磷、含氧化钾的百分之百有效成份计算。复合肥按其所含主要成分折算。

**农业机械总动力**　指主要用于农、林、牧、渔业的各种动力机械的动力总和。包括耕作机械、排灌机械、收获机械、农产品加工机械、运输机械、植物保护机械、牧业机械、林业机械、渔业机械和其他农业机械〔内燃机按引擎马力折成瓦（特）计算，电动机按功率折成瓦（特）计算〕。不包括专门用于乡、镇、村、组办工业、基本建设、非农业运输、科学试验和教学等非农业生产方面用的动力机械与作业机械。

# 八、工　业

# 8-1 历年工业总产值

单位:万元

| 年份 | 总产值 | 国有企业 | 集体企业 | 城乡个体 | 其他各种经济类型 | 轻工业 | 重工业 |
|---|---|---|---|---|---|---|---|
| 1949 | 2391 | | | | | 1442 | 949 |
| 1952 | 9245 | | | | | 5920 | 3325 |
| 1957 | 39610 | | | | | 31164 | 8446 |
| 1962 | 52525 | | | | | 36771 | 15754 |
| 1965 | 106270 | | | | | 78153 | 28117 |
| 1970 | 183222 | | | | | 100343 | 82879 |
| 1975 | 246211 | | | | | 129373 | 116838 |
| 1978 | 320288 | | | | | 172370 | 147918 |
| 1979 | 370045 | | | | | 202538 | 167507 |
| 1980 | 402306 | | | | | 237482 | 164823 |
| 1981 | 437552 | | | | | 267258 | 170294 |
| 1982 | 461194 | | | | | 269036 | 192158 |
| 1983 | 505017 | | | | | 284771 | 220246 |
| 1984 | 582897 | | | | | 307364 | 275533 |
| 1985 | 701472 | 451080 | 188981 | 61320 | 91 | 352272 | 349200 |
| 1986 | 776624 | 471644 | 201654 | 103104 | 222 | 376233 | 400391 |
| 1987 | 962439 | 572500 | 255739 | 133200 | 1000 | 455922 | 506517 |
| 1988 | 1296981 | 718879 | 378715 | 196431 | 2956 | 583835 | 713146 |
| 1989 | 1599014 | 879788 | 486687 | 228480 | 4059 | 654211 | 944803 |
| 1990 | 1744453 | 936757 | 532972 | 265956 | 8768 | 713715 | 1030738 |
| 1991 | 2063844 | 1025336 | 687014 | 340414 | 11080 | 823051 | 1240793 |
| 1992 | 2672758 | 1208014 | 932739 | 488193 | 43812 | 1016999 | 1655759 |
| 1993 | 3693136 | 1419814 | 1378271 | 747666 | 147385 | 1278879 | 2414257 |
| 1994 | 4803181 | 1459319 | 1755649 | 1061093 | 527120 | 1747437 | 3055774 |
| 1995 | 6479164 | 1799927 | 2188574 | 1711875 | 778788 | 2127630 | 4351534 |
| 1995 | [6058858] | [1602463] | [2054439] | [1711875] | [690081] | [1940774] | [4118084] |
| 1996 | 7919258 | 1832055 | 2738886 | 2019137 | 1329180 | 2362282 | 5556976 |
| 1997 | 8886488 | 1765398 | 3026673 | 2429311 | 1665106 | 2668548 | 6217940 |
| 1998 | 8777675 | 1260921 | 2462846 | 2478534 | 2575374 | 2753908 | 6023767 |
| 1999 | 8872394 | 1881049 | 2474148 | 2470286 | 2046911 | 2508519 | 6363875 |
| 2000 | 10052967 | 2066754 | 2686440 | 2885928 | 2413845 | 2900651 | 7152316 |
| 2001 | 11127574 | 2245286 | 2905406 | 3158835 | 2818047 | 3255391 | 7872183 |
| 2002 | 12122694 | 2265787 | 2660012 | 3346219 | 3850676 | 3355980 | 8766694 |
| 2003 | 14808572 | 3481702 | 2565446 | 3720254 | 5041170 | 3615378 | 11193194 |
| 2004 | 18788506 | 3324293 | 2779359 | 4199844 | 8485010 | 4355337 | 14433169 |
| 2005 | 24115175 | 4477743 | 3675587 | 4333800 | 11628045 | 5446798 | 18668377 |
| 2006 | 30724463 | 5594102 | 3176892 | 4936300 | 17017169 | 6717501 | 24006962 |
| 2007 | 39449890 | 6039166 | 2668328 | 5558403 | 25183993 | 8386083 | 31063808 |
| 2008 | 49300297 | 7226804 | 3714302 | 6024272 | 32334919 | 10485343 | 38814954 |
| 2009 | 53508157 | 8274604 | 1016578 | 7031736 | 37185239 | 12289258 | 41218899 |
| 2010 | 67943895 | 11977551 | 1204497 | 6351282 | 48410565 | 13954697 | 53989198 |
| 2011 | 83405843 | 14182794 | 1114569 | 6620508 | 61487972 | 15592453 | 67813391 |
| 2012 | 104690588 | 15197912 | 1410642 | 6909322 | 81172712 | 17742488 | 86948098 |

注:1. 本表按当年价格计算。

2. 1995 年以前为原规定,括号内及 1996 年始为新规定。

3. 1999 年及以后国有企业为国有及国有控股企业。

# 8-2 历年工业总产值指数

（以 1952 年为 100）

| 年份 | 总产值 | 国有企业 | 集体企业 | 城乡个体 | 其他各种经济类型 | 轻工业 | 重工业 |
|---|---|---|---|---|---|---|---|
| 1949 | 25.9 | | | | | 24.4 | 28.5 |
| 1952 | 100.0 | | | | | 100.0 | 100.0 |
| 1957 | 499.8 | | | | | 614.0 | 2963.3 |
| 1962 | 660.5 | | | | | 722.0 | 550.7 |
| 1965 | 1333.5 | | | | | 1531.4 | 980.9 |
| 1970 | 2291.5 | | | | | 1959.6 | 2881.7 |
| 1975 | 3054.8 | | | | | 2506.4 | 4030.2 |
| 1978 | 3955.3 | | | | | 3321.2 | 5082.9 |
| 1979 | 4562.8 | | | | | 3895.5 | 5749.6 |
| 1980 | 4954.7 | | | | | 4661.3 | 5865.4 |
| 1981 | 5369.9 | | | | | 5121.7 | 5810.4 |
| 1982 | 5655.5 | | | | | 5151.6 | 6551.1 |
| 1983 | 6193.0 | | | | | 5453.0 | 7508.9 |
| 1984 | 6937.8 | | | | | 5712.4 | 9117.4 |
| 1985 | 8097.0 | 100.0 | 100.0 | 100.0 | | 6349.4 | 11206.1 |
| 1986 | 8891.7 | 104.6 | 106.7 | 163.5 | | 6724.0 | 12748.6 |
| 1987 | 10068.7 | 116.7 | 135.3 | 172.8 | | 7776.1 | 14147.7 |
| 1988 | 12274.4 | 130.7 | 200.4 | 243.0 | | 8924.8 | 18234.7 |
| 1989 | 13415.9 | 135.8 | 257.5 | 268.3 | | 9299.6 | 20933.4 |
| 1990 | 14636.7 | 140.1 | 281.9 | 308.0 | 100.0 | 10145.9 | 22838.4 |
| 1991 | 17081.1 | 149.4 | 363.4 | 395.7 | 127.6 | 11272.1 | 27862.8 |
| 1992 | 20804.8 | 166.3 | 493.5 | 550.1 | 501.7 | 13098.1 | 35246.5 |
| 1993 | 26713.3 | 174.1 | 729.4 | 767.9 | 1588.5 | 15901.1 | 47195.0 |
| 1994 | 30399.7 | 152.2 | 920.3 | 926.8 | 4848.0 | 17888.8 | 54179.9 |
| 1995 | 35506.9 | 164.7 | 1238.7 | 1254.0 | 6442.9 | 19767.1 | 65666.0 |
| 1996 | 42324.2 | 171.6 | 1651.2 | 1432.1 | 6713.6 | 21506.6 | 82148.2 |
| 1997 | 48588.2 | 165.8 | 1824.6 | 1722.8 | 8163.7 | 24367.0 | 92170.3 |
| 1998 | 50240.2 | 124.0 | 1554.6 | 1827.9 | 13225.2 | 26413.8 | 93737.2 |
| 1999 | 53321.5 | 194.2 | 1640.1 | 1913.8 | 11043.0 | 25263.2 | 103981.2 |
| 2000 | 58760.3 | 209.3 | 1736.9 | 2149.2 | 12710.5 | 27001.3 | 116084.6 |
| 2001 | 63913.5 | 222.6 | 1795.6 | 2329.1 | 14971.7 | 28575.5 | 127739.5 |
| 2002 | 70304.9 | 245.8 | 1788.4 | 2466.5 | 18385.2 | 29575.6 | 144090.2 |
| 2003 | 83142.6 | 299.6 | 2152.2 | 2606.6 | 23047.7 | 31104.7 | 177562.4 |
| 2004 | 98357.7 | 331.4 | 2490.1 | 2783.8 | 29915.9 | 35023.9 | 213252.4 |
| 2005 | 117153.9 | 351.9 | 3091.7 | 3323.9 | 36850.4 | 41027.0 | 255284.4 |
| 2006 | 140467.5 | 397.8 | 3765.4 | 3583.2 | 46486.8 | 50081.7 | 304120.3 |
| 2007 | 171595.1 | 442.2 | 3934.8 | 3945.1 | 60795.4 | 58996.2 | 375497.3 |
| 2008 | 199805.3 | 483.6 | 4333.0 | 4201.5 | 73635.4 | 70081.6 | 434976.1 |
| 2009 | 219586.0 | 464.3 | 4324.3 | 4655.3 | 83649.8 | 74847.1 | 481953.5 |
| 2010 | 255917.4 | 559.6 | 4537.0 | 4799.6 | 98584.9 | 82895.5 | 569451.1 |
| 2011 | 302929.5 | 691.2 | 4555.1 | 5025.2 | 117601.9 | 87421.6 | 693933.1 |
| 2012 | 362788.3 | 724.4 | 5537.2 | 5120.7 | 146931.9 | 92631.9 | 852982.5 |

# 8-3 规模以上工业总产值、增加值及销售产值

（2012 年）　　单位：万元

| 项　　目 | 工业总产值 | 工业增加值 | 工业销售产值 |
| --- | --- | --- | --- |
| **总　计** | **106324206** | **25415486** | **104923222** |
| **按轻重工业分** | | | |
| 轻工业 | 17482644 | 6327947 | 17364522 |
| 重工业 | 88841561 | 19087539 | 87558700 |
| **按登记注册类型分** | | | |
| 国有控股企业 | 26852373 | 7857239 | 26674887 |
| 国有企业 | 19861466 | 6294916 | 19800273 |
| 集体企业 | 1331238 | 334007 | 1303466 |
| 股份合作企业 | 380284 | 93591 | 374335 |
| 股份制企业 | 43154512 | 10237059 | 42425248 |
| 外商和港澳台商投资企业 | 20131001 | 3482178 | 19804600 |
| 其他 | 21465705 | 4973736 | 21215301 |
| **按所有制类型分** | | | |
| 公有制 | 28913053 | 8371492 | 28701907 |
| 非公有制 | 77411153 | 17043994 | 76221314 |
| **按企业规模分** | | | |
| 大型企业 | 40096981 | 7790788 | 39401458 |
| 中型企业 | 28620922 | 8696769 | 28460591 |
| 小型企业 | 37463921 | 8882747 | 36921048 |
| 微型企业 | 142382 | 45181 | 140125 |

注：本表工业增加值、总产值、销售产值包含河南中烟工业公司和河南电力公司的全口径统计数据。

# 8-4 规模以上工业企业分行业单位数、总产值、增加值及销售产值

(2012 年)

| 行　　业 | 单位数（个） | 工　业总产值（万元） | 工　业增加值（万元） | 工　业销售产值（万元） |
|---|---|---|---|---|
| **总　计** | **2741** | **106324206** | **25415486** | **104923222** |
| 煤炭开采和洗选业 | 126 | 3141011 | 1514486 | 3114260 |
| 黑色金属矿采选业 | 3 | 22758 | 6151 | 22407 |
| 有色金属矿采选业 | 12 | 385404 | 95748 | 385926 |
| 非金属矿采选业 | 41 | 705359 | 183268 | 716098 |
| 农副食品加工业 | 92 | 2748093 | 560243 | 2722520 |
| 食品制造业 | 82 | 2313802 | 566573 | 2425228 |
| 饮料制造业 | 25 | 912005 | 238125 | 752279 |
| 烟草制品业 | 3 | 4045715 | 3119320 | 4033971 |
| 纺织业 | 29 | 553837 | 130061 | 559341 |
| 纺织服装、鞋、帽制造业 | 53 | 989606 | 239043 | 991305 |
| 皮革、毛皮、羽毛(绒)及其制品业 | 5 | 62464 | 16209 | 57657 |
| 木材加工及木、竹、藤、棕、草制品业 | 19 | 300146 | 78933 | 298873 |
| 家具制造业 | 31 | 521079 | 134481 | 516626 |
| 造纸及纸制品业 | 104 | 1958377 | 477391 | 1961762 |
| 印刷业和记录媒介的复制 | 44 | 598105 | 155572 | 602031 |
| 文教体育用品制造业 | 19 | 583404 | 133094 | 545694 |
| 石油加工、炼焦及核燃料加工业 | 6 | 224982 | 32849 | 226053 |
| 化学原料及化学制品制造业 | 168 | 3597153 | 791533 | 3543265 |
| 医药制造业 | 43 | 1005070 | 250086 | 994612 |
| 化学纤维制造业 | 4 | 17193 | 2682 | 17179 |
| 橡胶和塑料制品业 | 79 | 1300626 | 294342 | 1289453 |
| 非金属矿物制品业 | 876 | 21992258 | 5713343 | 21302918 |
| 黑色金属冶炼及压延加工业 | 56 | 2685513 | 560297 | 2642925 |
| 有色金属冶炼及压延加工业 | 121 | 8000168 | 1115242 | 7791356 |
| 金属制品业 | 87 | 1623544 | 369373 | 1663210 |
| 通用设备制造业 | 112 | 4067367 | 944969 | 3804838 |
| 专用设备制造业 | 230 | 6261876 | 1394020 | 6085150 |
| 汽车制造业 | 64 | 6084234 | 1369322 | 6062894 |
| 铁路、船舶、航空航天和其他运输设备制造业 | 13 | 353126 | 101062 | 336470 |
| 电气机械及器材制造业 | 104 | 1774026 | 382148 | 1674540 |
| 通信设备、计算机及其他电子设备制造业 | 25 | 12964821 | 1929131 | 12733779 |
| 仪器仪表及文化、办公用机械制造业 | 20 | 260133 | 69762 | 214122 |
| 工艺品及其他制造业 | 4 | 33980 | 9586 | 34348 |
| 电力、热力的生产和供应业 | 22 | 13906396 | 2349110 | 14469163 |
| 燃气生产和供应业 | 13 | 266612 | 58909 | 268847 |
| 水的生产和供应业 | 6 | 62537 | 28519 | 62124 |

注:本表工业增加值、总产值、销售产值包含河南中烟工业公司和河南电力公司的全口径统计数据。

# 8-5　各县(市)、区工业增加值

(2012 年)

| 县(市)区 | 全部工业增加值(万元) | 规模以上增加值(万元) | 规模以下增加值(万元) |
|---|---|---|---|
| **全　市** | **24469286** | **21859286** | **2610000** |
| 中原区 | 733172 | 694672 | 38500 |
| 二七区 | 459903 | 429203 | 30700 |
| 管城区 | 1047576 | 1029876 | 17700 |
| 金水区 | 178079 | 162479 | 15600 |
| 上街区 | 661865 | 638165 | 23700 |
| 惠济区 | 231060 | 210960 | 20100 |
| 中牟县 | 1697568 | 1373968 | 323600 |
| 巩义市 | 3560933 | 3097933 | 463000 |
| 荥阳市 | 3015544 | 2615944 | 399600 |
| 新密市 | 3308469 | 2877069 | 431400 |
| 新郑市 | 3206538 | 2749038 | 457500 |
| 登封市 | 3006289 | 2714989 | 291300 |
| 经济开发区 | 844663 | 820363 | 24300 |
| 高新开发区 | 732974 | 682574 | 50400 |
| 航空港区 | 1791400 | 1762000 | 29400 |

注:1. 本表按当年价格计算。2. 规模以上工业是指全部年主营业务收入 2000 万元及以上的法人工业企业。3. 规模以下工业是指年主营业务收入 2000 万元以下的工业企业。

# 8-6　规模以上工业企业单位数、总产值、增加值及销售产值

(2012 年)

| 项　　目 | 单位数(个) | 工　业总产值(万元) | 工业总产值指数(上年=100) | 工　业增加值(万元) | 工业销售产值(万元) |
|---|---|---|---|---|---|
| **总　　计** | **2741** | **95110575** | **121.9** | **21859286** | **93170422** |
| #国有及国有控股企业 | 97 | 15147694 | 104.8 | 4301039 | 14922087 |
| 集体企业 | 49 | 1339527 | 122.8 | 334007 | 1303466 |
| 港澳台商投资企业 | 54 | 14417706 | 238.3 | 2243922 | 14172979 |
| 外商投资企业 | 57 | 5728337 | 100.5 | 1238256 | 5631621 |
| **按轻重工业分** | | | | | |
| 轻工业 | 632 | 14968998 | 106.7 | 4315247 | 14740122 |
| 重工业 | 2109 | 80141576 | 125.1 | 17544039 | 78430300 |
| **按企业规模分** | | | | | |
| 大型工业 | 72 | 30968581 | 140.3 | 6247288 | 30273058 |
| 中型工业 | 492 | 26214099 | 109.4 | 6684069 | 25836191 |
| 小型工业 | 2106 | 37784321 | 118.1 | 8882747 | 36921048 |
| 微型工业 | 71 | 143574 | 167.7 | 45181 | 140125 |

## 8-7 各县(市)、区规模以上工业企业单位数

(2012 年底)

单位:个

| 县(市)区 | 合计 | #国有及国有控股 | #集体 | #港澳台投资 | #外商投资 | 轻工业 | 重工业 | #大型 | #中型 |
|---|---|---|---|---|---|---|---|---|---|
| **全 市** | **2741** | **97** | **49** | **54** | **57** | **632** | **2109** | **72** | **492** |
| 中原区 | 64 | 10 | 1 | 2 | 2 | 15 | 49 | 4 | 18 |
| 二七区 | 91 | 2 | 1 | 1 | 4 | 36 | 55 | 4 | 9 |
| 管城区 | 21 | 3 | 2 | 2 |  | 14 | 7 | 3 | 6 |
| 金水区 | 25 | 3 | 2 | 2 | 2 | 17 | 8 | 3 | 7 |
| 上街区 | 88 | 7 | 1 | 1 | 3 | 4 | 84 | 3 | 11 |
| 惠济区 | 27 | 2 |  |  | 3 | 13 | 14 | 2 | 4 |
| 中牟县 | 247 | 5 | 1 | 2 | 5 | 118 | 129 | 3 | 17 |
| 巩义市 | 426 | 7 | 12 | 2 | 4 | 16 | 410 | 12 | 53 |
| 荥阳市 | 363 | 5 | 7 | 2 | 3 | 52 | 311 | 5 | 142 |
| 新密市 | 546 | 6 | 12 | 3 | 2 | 107 | 439 | 6 | 48 |
| 新郑市 | 306 | 7 | 4 | 6 | 8 | 130 | 176 | 5 | 48 |
| 登封市 | 278 | 6 | 6 | 3 | 1 | 18 | 260 | 8 | 71 |
| 经济开发区 | 82 | 14 |  | 13 | 12 | 27 | 55 | 2 | 24 |
| 高新开发区 | 122 | 15 |  | 13 | 7 | 30 | 92 | 7 | 29 |
| 航空港区 | 47 | 1 |  | 2 | 1 | 32 | 15 | 2 | 5 |

## 8-8 各县(市)、区规模以上工业总产值

(2012 年)

单位:万元

| 县(市)区 | 合计 | #国有及国有控股 | #集体 | #港澳台投资 | #外商投资 | 轻工业 | 重工业 | #大型 | #中型 |
|---|---|---|---|---|---|---|---|---|---|
| **全 市** | **95110575** | **15147694** | **1339527** | **14417706** | **5728337** | **14968998** | **80141576** | **30968581** | **26214099** |
| 中原区 | 3552628 | 2314119 | 7875 | 356169 | 44849 | 198290 | 3354339 | 1290938 | 1878771 |
| 二七区 | 1756000 | 383421 | 2040 | 8983 | 342092 | 658336 | 1097664 | 784746 | 275652 |
| 管城区 | 2832996 | 2587721 | 34311 | 53194 |  | 900710 | 1932285 | 1943198 | 816297 |
| 金水区 | 691090 | 161292 | 8879 | 3244 | 224169 | 533750 | 157341 | 320017 | 197086 |
| 上街区 | 3156753 | 1168676 | 75251 | 5175 | 130227 | 37854 | 3118899 | 1354064 | 1350371 |
| 惠济区 | 894191 | 19609 |  |  | 446009 | 634291 | 259901 | 436100 | 85826 |
| 中牟县 | 6196663 | 1000147 | 7629 | 104945 | 919603 | 2351544 | 3845119 | 1025442 | 1293667 |
| 巩义市 | 14941714 | 413988 | 477553 | 467133 | 1132863 | 488396 | 14453318 | 3772185 | 4175235 |
| 荥阳市 | 11229695 | 377805 | 251163 | 126331 | 185560 | 1485621 | 9744074 | 808334 | 5689103 |
| 新密市 | 10509592 | 656272 | 173240 | 45520 | 11122 | 2247340 | 8262252 | 1276480 | 1926451 |
| 新郑市 | 10110253 | 1093224 | 103389 | 201927 | 177935 | 3754682 | 6355571 | 652780 | 3012861 |
| 登封市 | 9931727 | 2202106 | 200606 | 277467 | 63870 | 376748 | 9554979 | 2529908 | 3149323 |
| 经济开发区 | 3576599 | 2049397 |  | 508282 | 1919653 | 490814 | 3085785 | 2172810 | 829925 |
| 高新开发区 | 3270270 | 644858 |  | 22783 | 111009 | 363415 | 2906855 | 326888 | 1333866 |
| 航空港区 | 12305708 | 174 |  | 12246168 | 700 | 183251 | 12122457 | 12246168 | 13691 |

注:本表按当年价格计算。

## 8-9 各县(市)、区规模以上工业销售产值

(2012 年)

单位:万元

| 县(市)区 | 合计 | #国有及国有控股 | #集体 | #港澳台投资 | #外商投资 | 轻工业 | 重工业 | #大型 | #中型 |
|---|---|---|---|---|---|---|---|---|---|
| **全 市** | **93170422** | **14922087** | **1303466** | **14172979** | **5631621** | **14740122** | **78430300** | **30273058** | **25836191** |
| 中原区 | 3437700 | 2283904 | 7630 | 356169 | 43655 | 194653 | 3243047 | 1211242 | 1872143 |
| 二七区 | 1683641 | 363386 | 2375 | 8983 | 312825 | 619530 | 1064110 | 734219 | 269752 |
| 管城区 | 2856251 | 2612699 | 35528 | 51135 |  | 892890 | 1963361 | 1975948 | 803136 |
| 金水区 | 690261 | 148882 | 8351 | 3055 | 233595 | 542706 | 147555 | 310760 | 196838 |
| 上街区 | 3067622 | 1127443 | 65722 | 4960 | 126535 | 37469 | 3030152 | 1285269 | 1336441 |
| 惠济区 | 834670 | 19691 |  |  | 399073 | 586596 | 248074 | 389164 | 77355 |
| 中牟县 | 6115368 | 1005462 | 7138 | 110587 | 923787 | 2339631 | 3775738 | 1030501 | 1272108 |
| 巩义市 | 14499058 | 379662 | 460796 | 457936 | 1092288 | 457464 | 14041594 | 3628326 | 4067852 |
| 荥阳市 | 11096102 | 376449 | 247325 | 127749 | 189875 | 1471241 | 9624861 | 793878 | 5658119 |
| 新密市 | 10454182 | 659885 | 171027 | 45440 | 10796 | 2233225 | 8220956 | 1273632 | 1917012 |
| 新郑市 | 10052079 | 1088437 | 100732 | 202711 | 177234 | 3717703 | 6334377 | 658523 | 3011998 |
| 登封市 | 9712709 | 2159102 | 199170 | 272931 | 63109 | 372298 | 9340411 | 2486635 | 3111590 |
| 经济开发区 | 3466986 | 2043348 |  | 487028 | 1927714 | 478278 | 2988708 | 2153949 | 746278 |
| 高新开发区 | 2950913 | 578566 |  | 23471 | 111151 | 345884 | 2605030 | 282310 | 1284037 |
| 航空港区 | 12088274 | 168 |  | 12029944 | 697 | 188866 | 11899408 | 12029944 | 15403 |

注:本表按当年价格计算。

## 8-10 各县(市)、区规模以上工业增加值

(2012 年)

单位:万元

| 县(市)区 | 合计 | #国有及国有控股 | #集体 | #港澳台投资 | #外商投资 | 轻工业 | 重工业 | #大型 | #中型 |
|---|---|---|---|---|---|---|---|---|---|
| **全 市** | **21859286** | **4301039** | **334007** | **2243922** | **1238256** | **4315247** | **17544039** | **6247288** | **6684069** |
| 中原区 | 694672 | 430726 | 1906 | 70226 | 10830 | 57282 | 637391 | 271201 | 340056 |
| 二七区 | 429203 | 95489 | 437 | 2101 | 89903 | 164370 | 264833 | 209357 | 57831 |
| 管城区 | 1029876 | 972890 | 9484 | 10571 |  | 592211 | 437665 | 441364 | 572858 |
| 金水区 | 162479 | 35292 | 2319 | 759 | 55201 | 126306 | 36172 | 76961 | 42156 |
| 上街区 | 638165 | 187758 | 16585 | 1356 | 23628 | 9463 | 628702 | 271942 | 275394 |
| 惠济区 | 210960 | 6732 |  |  | 113074 | 153770 | 57190 | 108284 | 20055 |
| 中牟县 | 1373968 | 219022 | 1758 | 26257 | 208962 | 527812 | 846156 | 235421 | 275992 |
| 巩义市 | 3097933 | 112217 | 119086 | 122374 | 177720 | 117139 | 2980794 | 676850 | 876313 |
| 荥阳市 | 2615944 | 77535 | 59908 | 21468 | 34610 | 341322 | 2274621 | 178313 | 1344531 |
| 新密市 | 2877069 | 257960 | 48925 | 9412 | 2895 | 546339 | 2330730 | 410913 | 496903 |
| 新郑市 | 2749038 | 663397 | 26379 | 49412 | 40593 | 1250595 | 1498443 | 221938 | 1031521 |
| 登封市 | 2714989 | 615732 | 50325 | 52240 | 14563 | 90930 | 2624060 | 809400 | 878549 |
| 经济开发区 | 820363 | 461626 |  | 125075 | 434777 | 109219 | 711144 | 500600 | 193031 |
| 高新开发区 | 682574 | 140526 |  | 4792 | 28587 | 84481 | 598093 | 72606 | 263206 |
| 航空港区 | 1762000 | 33 |  | 1749667 | 142 | 45580 | 1716420 | 1749667 | 2739 |

注:本表按当年价格计算。

# 8-11 历年主要

（2012 年）

| 产品名称 | 计量单位 | 1978 年 | 1980 年 | 1985 年 | 1990 年 | 1995 年 | 1998 年 | 1999 年 | 2000 年 | 2001 年 |
|---|---|---|---|---|---|---|---|---|---|---|
| 原煤 | 万吨 | 868 | 897 | 1352 | 1628 | 2220 | 2613 | 1724 | 1830 | 2039 |
| 饲料 | 吨 |  | 5319 | 33381 | 53277 | 65580 | 115153 | 162648 | 215885 | 272902 |
| 速冻米面食品 | 吨 |  |  |  |  |  |  |  |  |  |
| 方便面 | 吨 |  |  |  |  |  |  | 54942 | 68514 | 147025 |
| 啤酒 | 千升 |  |  | 6685 | 69301 | 141565 | 344077 | 367024 | 381084 | 371855 |
| 软饮料 | 吨 |  | 1590 | 13624 | 16084 | 44677 | 20164 | 67591 | 63745 | 82490 |
| 卷烟 | 亿支 | 243 | 350 | 443 | 456 | 476 | 412 | 423 | 429 | 393 |
| 纱 | 吨 | 76695 | 85174 | 79366 | 88264 | 88391 | 76245 | 83826 | 69194 | 72798 |
| 布 | 万米 | 41876 | 44804 | 38904 | 40510 | 40981 | 32762 | 30530 | 23391 | 21735 |
| 印染布 | 万米 | 15086 | 19188 | 13210 | 8758 | 20321 | 10321 | 9884 | 14620 | 14833 |
| 服装 | 万件 |  | 1529 | 1730 | 2260 | 1619 | 939 | 912 | 1132 | 1240 |
| 人造板 | 立方米 |  | 1548 | 5622 | 3788 | 196849 | 46744 | 75312 | 51276 | 47750 |
| 家具 | 件 |  | 232101 | 659500 | 721200 | 494176 | 85912 | 82450 | 99407 | 59984 |
| 机制纸机制纸板 | 吨 | 26940 | 36380 | 92237 | 67370 | 353613 | 598722 | 909452 | 923175 | 1012583 |
| 硫酸 | 吨 | 5089 | 8939 | 13321 | 28207 | 133400 | 114976 | 97393 | 93872 | 73233 |
| 化学农药原药 | 吨 |  |  | 435 | 768 | 1976 | 3264 | 4772 | 2684 | 5390 |
| 中成药 | 吨 | 422 | 895 | 1851 | 1322 | 1763 | 2774 | 2634 | 3276 | 4618 |
| 化学肥料 | 吨 | 89175 | 37836 | 34013 | 79752 | 117152 | 181701 | 158962 | 156862 | 150639 |
| 塑料制品 | 吨 |  |  | 15210 | 18997 | 55574 | 42436 | 50374 | 58394 | 63127 |
| 水泥 | 万吨 | 38 | 55 | 119 | 227 | 737 | 881 | 966 | 932 | 1006 |
| 工业陶瓷 | 万件 |  |  |  |  |  |  |  |  |  |
| 耐火材料制品 | 万吨 |  |  |  |  |  |  |  |  |  |
| 日用玻璃制品 | 吨 |  | 17049 | 32002 | 26344 | 72692 | 42836 | 35341 | 21017 | 11080 |
| 石墨及炭素制品 | 万吨 |  |  |  |  |  |  |  |  |  |
| 磨具 | 吨 | 13426 | 15525 | 18006 | 19329 | 41958 | 93966 | 71005 | 52096 | 41484 |
| 粗钢 | 吨 | 21755 | 37114 | 44666 | 59252 | 129927 | 163113 | 118326 | 16368 | 11489 |
| 钢材 | 吨 |  | 19087 | 44666 | 74061 | 154566 | 251181 | 276168 | 140913 | 146538 |
| 原铝（电解铝） | 吨 | 17636 | 28975 | 33796 | 40282 | 59323 | 129791 | 154579 | 157612 | 264902 |
| 氧化铝 | 吨 | 400200 | 406000 | 533000 | 600630 | 665680 | 731320 | 875000 | 965904 | 1070767 |
| 阀门 | 吨 |  | 584 | 1669 | 9717 | 38565 | 34594 | 30357 | 31939 | 36820 |
| 小型拖拉机 | 台 | 8623 | 13954 | 34090 | 59661 | 41916 | 17898 | 13420 | 15048 | 8450 |
| 汽车 | 辆 | 695 | 1577 | 1625 | 1043 | 16187 | 10118 | 7698 | 7689 | 9129 |
| 变压器 | 千伏安 | 548660 | 368803 | 624600 | 501100 | 941719 | 983235 | 1286972 | 1698622 | 1683641 |
| 电力电缆 | 千米 | 2513 | 3533 | 6318 | 7853 | 5732 | 4633 | 11810 | 7801 | 6970 |
| 移动通信手持机（手机） | 万台 |  |  |  |  |  |  |  |  |  |
| 发电量 | 万千瓦小时 | 133304 | 110609 | 106411 | 183327 | 656946 | 877658 | 769910 | 851185 | 951062 |
| 供热量 | 万百万千焦 |  | 451 | 468 | 464 | 1901 | 2297 | 2040 | 2862 | 1166 |
| 自来水生产量 | 万立方米 |  | 13127 | 17570 | 19435 | 30119 | 26427 | 27766 | 26079 | 25465 |

注：2010 年及以后卷烟产量含河南中烟工业有限责任公司。

# 工业产品产量

| 2002 年 | 2003 年 | 2004 年 | 2005 年 | 2006 年 | 2007 年 | 2008 年 | 2009 年 | 2010 年 | 2011 年 | 2012 年 |
|---|---|---|---|---|---|---|---|---|---|---|
| 2581 | 3297 | 4096 | 6217 | 6699 | 6707 | 6629 | 6660 | 5963 | 6914 | 4568 |
| 388150 | 574422 | 627984 | 651306 | 1141275 | 1264825 | 1507563 | 1061907 | 1481061 | 1784205 | 2107323 |
|  | 215278 | 238374 | 323299 | 596415 | 702190 | 871463 | 908581 | 1005700 | 1252990 | 1005803 |
| 187057 | 222911 | 179082 | 204948 | 255170 | 328064 | 240349 | 304187 | 444810 | 282033 | 264343 |
| 359641 | 319754 | 391294 | 415622 | 250905 | 287009 | 452659 | 489865 | 560364 | 483730 | 585608 |
| 211171 | 191715 | 220607 | 254923 | 459977 | 701792 | 1080883 | 1633935 | 2166474 | 2362635 | 2510753 |
| 404 | 405 | 419 | 408 | 437 | 477 | 488 | 560 | 1650 | 1676 | 1691 |
| 74334 | 75441 | 77227 | 83531 | 78289 | 111159 | 114059 | 32883 | 40975 | 44719 | 66751 |
| 21239 | 20442 | 24063 | 24647 | 22513 | 26034 | 27388 | 86063 | 81715 | 75968 | 87995 |
| 16258 | 23138 | 22574 | 23949 | 36615 | 59217 | 67429 | 67446 | 62277 | 53171 | 60895 |
| 1306 | 1483 | 1784 | 2974 | 4804 | 5681 | 7377 | 10117 | 10950 | 11708 | 12987 |
| 34895 | 46920 | 99406 | 104698 | 111770 | 101649 | 76398 | 118077 | 155128 | 170786 | 200844 |
| 46886 | 53916 | 55333 | 71838 | 262296 | 970635 | 819168 | 2495839 | 1966255 | 2335313 | 2846578 |
| 1018756 | 1233327 | 1431509 | 1834159 | 2375044 | 2734377 | 2807885 | 2668569 | 2601669 | 2751127 | 2093885 |
| 61879 | 88111 | 84545 | 89962 | 101958 | 103043 | 107255 | 100142 | 171219 | 294458 | 333912 |
| 5126 | 2770 | 3861 | 5016 | 4615 | 12361 | 3097 | 18255 | 14048 | 20244 | 22171 |
| 2822 | 3664 | 2208 | 3972 | 11334 | 13973 | 65055 | 106412 | 3941 | 3290 | 5957 |
| 138418 | 134344 | 137631 | 138056 | 134045 | 187445 | 403095 | 255735 | 83456 | 14577 | 58098 |
| 64435 | 58558 | 56683 | 75224 | 80372 | 117022 | 143003 | 166234 | 1126294 | 175769 | 207099 |
| 1030 | 1134 | 1278 | 1538 | 1592 | 2109 | 1898 | 2198 | 2096 | 2153 | 2322 |
|  |  | 7397 | 8844 | 10100 | 11211 | 42277 | 37670 | 47209 | 36348 | 49585 |
|  | 265 | 406 | 544 | 810 | 1268 | 1368 | 1533 | 1808 | 2081 | 2417 |
| 8199 | 10957 | 10409 | 6005 |  |  | 43400 | 31841 | 36100 | 42650 |  |
|  |  |  |  |  |  |  | 281 | 312 | 440 | 514 |
| 37898 | 37208 | 48461 | 48011 | 43556 | 61160 | 80125 | 204170 | 93988 | 145808 | 454464 |
| 12336 | 12505 | 75873 | 98261 | 130440 | 122125 | 240871 | 194951 | 173311 | 47761 | 47960 |
| 176183 | 461055 | 1038121 | 1596871 | 2158055 | 3261221 | 3587109 | 3397267 | 3770185 | 4247286 | 4810854 |
| 355455 | 372693 | 422267 | 492674 | 491042 | 670350 | 663611 | 600667 | 583932 | 568436 | 697467 |
| 1270666 | 1383297 | 1480830 | 1713791 | 2343444 | 2378183 | 2197156 | 1672978 | 2217922 | 2460021 | 2530187 |
| 38915 | 55500 | 73501 | 98544 | 183094 | 290257 | 524030 | 653148 | 799041 | 1024632 | 1267164 |
| 5518 | 2525 | 2479 | 3732 | 9811 | 16280 | 4081 | 5861 | 3569 |  |  |
| 15650 | 27327 | 29806 | 35855 | 47688 | 62261 | 74044 | 112874 | 225196 | 354985 | 367597 |
| 1770518 | 1747021 | 1123560 | 1262716 | 2021622 | 1688854 | 1388908 | 2189094 | 2473135 | 3579173 | 3779049 |
| 5823 | 9062 | 3103 | 5758 | 6855 | 41031 | 60818 | 91775 | 83450 | 296201 | 321919 |
|  |  |  |  |  |  |  |  |  | 2445 | 6846 |
| 1080072 | 1189965 | 1597845 | 2045602 | 2060629 | 2543274 | 2852236 | 2668204 | 2927631 | 3863318 | 4474142 |
| 3060 | 3440 | 3369 | 3355 | 3186 | 3050 | 2982 | 2229 | 2851 | 3464 | 4015 |
| 31013 | 31622 | 32772 | 24936 | 25754 | 26044 | 27595 | 27744 | 29368 | 26900 | 29265 |

# 8-12 各县(市)、区

(2012年)

| 产 品 名 称 | 单位 | 全 市 | 市 直 | 中原区 | 二七区 | 管城区 | 金水区 | 上街区 | 惠济区 |
|---|---|---|---|---|---|---|---|---|---|
| 原煤 | 万吨 | 4568 | 46 | | 42 | | | | |
| 小麦粉 | 吨 | 1705975 | | | 25047 | 159131 | 279488 | | |
| 饲料 | 吨 | 2107323 | | | 60953 | 107969 | 22797 | | 232055 |
| 精制食用植物油 | 吨 | 303883 | | | | | | | |
| 速冻米面食品 | 吨 | 1005803 | | | 21926 | | 277907 | | 496049 |
| 方便面 | 吨 | 264343 | | | 71981 | | | | |
| 饮料酒 | 千升 | 604328 | | | | 301288 | 109754 | | |
| 白酒 | 千升 | 18720 | | | | | | | |
| 啤酒 | 千升 | 585608 | | | | 301288 | 109754 | | |
| 软饮料 | 吨 | 2510753 | | | 765405 | | | | |
| 卷烟 | 万支 | 5864434 | | | | 2867958 | | | |
| 纱 | 吨 | 66751 | | | | | | | |
| 布 | 万米 | 87995 | | 810 | | | | | |
| 印染布 | 万米 | 60895 | | 3194 | | | | | |
| 服装 | 万件 | 12987 | | 1016 | 95 | 39 | | | |
| 人造板 | 立方米 | 200844 | | | | | | | |
| 家具 | 件 | 2846578 | | | | 64818 | | | |
| 机制纸及机制纸板 | 吨 | 2093885 | | | | | | | |
| 硫酸(折100%) | 吨 | 333912 | | | | | | | |
| 合成氨 | 吨 | 43104 | | | | | | | |
| 农用氮、磷、钾化学肥料总计 | 吨 | 58098 | 493 | | 447 | | | | |
| 氮肥(折含N100%) | 吨 | 46633 | 493 | | 447 | | | | |
| 化学农药原药 | 吨 | 22171 | | | | 2884 | | | |
| 涂料 | 吨 | 68863 | | | 21048 | | | | 3252 |
| 中成药 | 吨 | 5957 | | | | | | | |
| 化学纤维 | 吨 | 2064 | | | | | | | |
| 塑料制品 | 吨 | 207099 | | 18508 | 4920 | | | 114 | 8927 |

# 主要工业产品产量

| 中牟县 | 巩义市 | 荥阳市 | 新密市 | 新郑市 | 登封市 | 经济开发区 | 高新开发区 | 航空港区 |
|---|---|---|---|---|---|---|---|---|
| | 322 | 50 | 1605 | 442 | 2061 | | | |
| 221721 | | 403098 | 101199 | 268195 | 62446 | 185139 | | 511 |
| 677418 | | | | 246201 | | 415938 | 295101 | 48891 |
| 72940 | | 85590 | | 129438 | | | | 15915 |
| 87069 | | | | 121236 | | | | 1616 |
| 36776 | | | 10077 | 121968 | | | | 23541 |
| 15933 | | 38312 | 2787 | 136254 | | | | |
| 15933 | | 2787 | | | | | | |
| | | 38312 | | 136254 | | | | |
| 329818 | 254127 | 166465 | | 42707 | 341572 | | 286842 | 323817 |
| | | | | 2996475 | | | | |
| 11319 | | | | 45544 | | 9888 | | |
| 1328 | | 85857 | | | | | | |
| 2090 | | 52810 | | | | | 2801 | |
| 1200 | 35 | 3977 | 5232 | 1160 | | | 234 | |
| 110226 | | 32760 | | | 57858 | | | |
| 2779330 | | | | | 2430 | | | |
| 293229 | | | 1800656 | | | | | |
| | | 317877 | 16035 | | | | | |
| | | 43104 | | | | | | |
| | | 39452 | 9106 | 3672 | 4928 | | | |
| | | 27987 | 9106 | 3672 | 4928 | | | |
| 19287 | | | | | | | | |
| 5610 | | 18359 | | | | 20594 | | |
| 6 | | 889 | | 705 | | | 4357 | |
| | 2064 | | | | | | | |
| 48930 | 7495 | 6781 | | 94363 | | 9803 | 7259 | |

8-12 续表 (2012 年)

| 产品名称 | 单位 | 全市 | 市直 | 中原区 | 二七区 | 管城区 | 金水区 | 上街区 | 惠济区 |
|---|---|---|---|---|---|---|---|---|---|
| 水泥 | 万吨 | 2322 | 4 | | 4 | | | 84 | |
| 工业陶瓷 | 万件 | 49585 | | | | | 23991 | | |
| 耐火材料制品 | 万吨 | 2417 | | | 10 | | | | |
| 磨具 | 吨 | 454464 | | 60298 | 1555 | | | | |
| 钢材 | 吨 | 4810854 | | 221516 | 230306 | | | | 103581 |
| 焊接钢管 | 吨 | 772043 | | 110156 | 230306 | | | | 103581 |
| 铁合金 | 吨 | 248818 | | | | | | | |
| 氧化铝 | 吨 | 2530187 | | | | | | 2081064 | |
| 原铝(电解铝) | 吨 | 697467 | | | | | | | |
| 铝材 | 吨 | 2949720 | | 11680 | | | | | |
| 工业锅炉 | 蒸发量吨 | 6052 | | | | | | | |
| 泵 | 台 | 181315 | | | | 236 | | 47387 | |
| 阀门 | 吨 | 1267164 | | | | | | 267048 | |
| 采矿专用设备 | 吨 | 967645 | | 547911 | 189 | | | | |
| 水泥专用设备 | 吨 | 5089 | | | | | 4042 | | |
| 汽车 | 辆 | 367597 | | | | 51435 | | | |
| 运动型多用途乘用车(SUV) | 辆 | 168594 | | | | | | | |
| 客车 | 辆 | 132531 | | | | 51435 | | | |
| 载货汽车 | 辆 | 54528 | | | | | | | |
| 改装汽车 | 辆 | 19726 | | | | | | | |
| 电动自行车 | 辆 | 56708 | | | | | | | |
| 变压器 | 千伏安 | 3779049 | | 729010 | | | | | |
| 通信及电子网络用电缆 | 对千米 | 1072996 | | | | | 20644 | | |
| 电力电缆 | 千米 | 321919 | | | 130466 | | 237 | 137876 | |
| 电线 | 公里 | 603541 | | | | | 40 | | |
| 太阳能电池 | 千瓦 | 13559 | | | | | | | |
| 移动通信手持机(手机) | 万台 | 6846 | | | | | | | |
| 发电量 | 万千瓦小时 | 4474142 | 1027 | 461397 | 932 | | | 97809 | |
| 供电量 | 万千瓦小时 | 5524937 | 2508 | 3082736 | 2276 | | | 867464 | |
| 供热量 | 万百万千焦 | 4015 | | 886 | 921 | | | 881 | |
| 自来水生产量 | 万立方米 | 29265 | | 28111 | | | | | |

| 中牟县 | 巩义市 | 荥阳市 | 新密市 | 新郑市 | 登封市 | 经济<br>开发区 | 高新<br>开发区 | 航空港区 |
|---|---|---|---|---|---|---|---|---|
| 152 | 450 | 439 | 180 | 247 | 762 | | | |
| | 24965 | | | | | | 628 | |
| | 1132 | 1 | 1064 | | 210 | | | |
| | 108311 | 33960 | 250340 | | | | | |
| 884467 | 319972 | 261335 | | 2553806 | 17889 | 191573 | 26409 | |
| | | | | 322845 | | | 5155 | |
| | 164949 | | | | 83869 | | | |
| | | | | | 449123 | | | |
| | 508135 | 29039 | | | 160293 | | | |
| | 2307424 | 124983 | | | 210632 | | 292786 | 2214 |
| 2795 | | | | | | | 3257 | |
| | | 131817 | | | | | 1875 | |
| | | 999760 | | | | | 356 | |
| 5961 | 3250 | 226258 | 2892 | | 1009 | | 180176 | |
| 587 | 460 | | | | | | | |
| 117748 | | 2600 | | | | 195814 | | |
| 6824 | | | | | | 161770 | | |
| 55535 | | 2600 | | | | 22961 | | |
| 54528 | | | | | | | | |
| 4364 | | 10995 | | 4367 | | | | |
| | | | | | | | 56708 | |
| 329404 | | | 226495 | 1974310 | | 171320 | 348510 | |
| | 603389 | 448963 | | | | | | |
| | | | | | | 1142 | 52198 | |
| | 506870 | | | | | | 96631 | |
| | | | | | | | 13559 | |
| | | | | | | | | 6846 |
| 177691 | 702504 | 626291 | 844290 | 7652 | 1177390 | | 377158 | |
| 127928 | 377116 | 198665 | 236141 | 18682 | 611421 | | | |
| 420 | | 48 | | | 546 | | 314 | |
| | | | 1154 | | | | | |

# 8-13 规模以上工业

(2012 年)

| 指　　标 | 合 计 | #国有及国有控股 | #集体 | #股份制工　业 |
|---|---|---|---|---|
| 企业单位数(个) | 2741 | 97 | 49 | 1910 |
| #亏损企业 | 172 | 20 | 1 | 129 |
| 资产总计 | 70366844 | 16253650 | 750807 | 35128902 |
| 应收帐款 | 8952808 | 1130157 | 86697 | 3670045 |
| 存货 | 7469873 | 1878523 | 44973 | 2734437 |
| #产成品 | 1737563 | 355985 | 17858 | 1133191 |
| 负债合计 | 39154200 | 10873374 | 386505 | 16362826 |
| 主营业务收入 | 96034201 | 15061262 | 1177739 | 47207471 |
| 主营业务成本 | 80928448 | 12506164 | 939365 | 38724863 |
| 营业费用 | 2331509 | 345089 | 41449 | 1223032 |
| 主营业务税金及附加 | 1125557 | 758412 | 7882 | 254756 |
| 管理费用 | 2706839 | 734525 | 40722 | 1266567 |
| 财务费用 | 880946 | 303208 | 6510 | 418424 |
| #利息支出 | 935444 | 315346 | 5568 | 419145 |
| 利润总额 | 9137147 | 737147 | 158870 | 5584045 |
| 亏损企业亏损额 | 463688 | 165509 | 102 | 274866 |
| 利税总额 | 14151351 | 2107197 | 227035 | 7493228 |
| 本年应交增值税 | 3879780 | 606440 | 59996 | 1650392 |
| 全部从业人员年平均人数(人) | 1015552 | 154519 | 13971 | 469867 |

# 企业主要经济指标

单位:万元

| #外商及港澳台投资 | 按轻重工业分 | | 按企业规模分 | | | |
|---|---|---|---|---|---|---|
| | 轻工业 | 重工业 | 大型企业 | 中型企业 | 小型企业 | 微型企业 |
| 111 | 632 | 2109 | 72 | 492 | 2106 | 71 |
| 24 | 42 | 130 | 9 | 47 | 111 | 5 |
| 16294049 | 9381682 | 60985162 | 32561259 | 18554267 | 18932131 | 319187 |
| 4146590 | 771440 | 8181368 | 5367284 | 1586961 | 1976682 | 21881 |
| 3141567 | 1303247 | 6166626 | 5058659 | 1039561 | 1360190 | 11463 |
| 247196 | 316850 | 1420713 | 634238 | 451858 | 647003 | 4464 |
| 12767124 | 4134113 | 35020087 | 23166709 | 8902951 | 6943196 | 141345 |
| 20249176 | 15056094 | 80978107 | 35596870 | 25075532 | 34904287 | 457512 |
| 18921229 | 11563204 | 69365243 | 31591789 | 20805406 | 28146502 | 384750 |
| 493762 | 542935 | 1788574 | 856833 | 641248 | 826707 | 6721 |
| 66881 | 720659 | 404898 | 804408 | 143553 | 177034 | 561 |
| 682726 | 428728 | 2278111 | 1302415 | 696845 | 694237 | 13343 |
| 131817 | 88115 | 792830 | 401655 | 271053 | 205776 | 2462 |
| 200019 | 90003 | 845441 | 492047 | 260817 | 180887 | 1694 |
| 612309 | 1771621 | 7365526 | 1515590 | 2818799 | 4754383 | 48375 |
| 158157 | 55529 | 408158 | 238634 | 129667 | 85471 | 9915 |
| 1732696 | 3158782 | 10992569 | 3927311 | 3888912 | 6266425 | 68703 |
| 1053382 | 665835 | 3213946 | 1600936 | 925090 | 1333987 | 19768 |
| 299832 | 166435 | 849117 | 462826 | 262548 | 288720 | 1458 |

# 8-14 规模以上工业企业

（2012 年）

| 项　　目 | 企　业<br>单位数<br>（个） | 资产总计 | 应收帐款 | 存货 | #产成品 |
|---|---|---|---|---|---|
| **总　　计** | **2741** | **70366844** | **8952808** | **7469873** | **1737563** |
| **按轻重工业分** | | | | | |
| 轻工业 | 632 | 9381682 | 771440 | 1303247 | 316850 |
| 重工业 | 2109 | 60985162 | 8181368 | 6166626 | 1420713 |
| **按企业规模分** | | | | | |
| 大型企业 | 72 | 32561259 | 5367284 | 5058659 | 634238 |
| 中型企业 | 492 | 18554267 | 1586961 | 1039561 | 451858 |
| 小型企业 | 2106 | 18932131 | 1976682 | 1360190 | 647003 |
| 微型企业 | 71 | 319187 | 21881 | 11463 | 4464 |
| **按行业分** | | | | | |
| 煤炭开采和洗选业 | 126 | 6681578 | 297748 | 390491 | 73463 |
| 黑色金属矿采选业 | 3 | 23018 | 1794 | 1237 | 1148 |
| 有色金属矿采选业 | 12 | 189515 | 27050 | 4501 | 3458 |
| 非金属矿采选业 | 41 | 464039 | 13995 | 10441 | 6812 |
| 农副食品加工业 | 92 | 1145531 | 68261 | 137312 | 57720 |
| 食品制造业 | 82 | 2102874 | 266015 | 256007 | 60388 |
| 酒、饮料和精制茶制造业 | 25 | 443266 | 33708 | 38574 | 20470 |
| 烟草制品业 | 3 | 882067 | 22089 | 475125 | 8694 |
| 纺织业 | 29 | 652695 | 19383 | 58311 | 16973 |
| 纺织服装、服饰业 | 53 | 450405 | 33872 | 34944 | 13851 |
| 皮革、毛皮、羽毛及其制品和制鞋业 | 5 | 28533 | 2794 | 14621 | 8786 |
| 木材加工和木、竹、藤、棕、草制品业 | 19 | 144181 | 13499 | 9989 | 3879 |

## 分行业主要经济指标

单位:万元

| 负债合计 | 主营业务收　　入 | 营业费用 | 主营业务税金及附加 | 利润总额 | 利税总额 | 全部从业人员平均人数(人) |
|---|---|---|---|---|---|---|
| **39154200** | **96034201** | **2331509** | **1125557** | **9137147** | **14151351** | **1015552** |
| | | | | | | |
| 4134113 | 15056094 | 542935 | 720659 | 1771621 | 3158782 | 166435 |
| 35020087 | 80978107 | 1788574 | 404898 | 7365526 | 10992569 | 849117 |
| | | | | | | |
| 23166709 | 35596870 | 856833 | 804408 | 1515590 | 3927311 | 462826 |
| 8902951 | 25075532 | 641248 | 143553 | 2818799 | 3888912 | 262548 |
| 6943196 | 34904287 | 826707 | 177034 | 4754383 | 6266425 | 288720 |
| 141345 | 457512 | 6721 | 561 | 48375 | 68703 | 1458 |
| | | | | | | |
| 4151490 | 5069307 | 70023 | 49902 | 536842 | 826944 | 111707 |
| 3508 | 21768 | 375 | 59 | 4783 | 5412 | 364 |
| 80422 | 385644 | 5435 | 4157 | 82150 | 102701 | 2341 |
| 178334 | 806227 | 11187 | 6915 | 136615 | 189265 | 7578 |
| 471843 | 2669735 | 46653 | 8008 | 241492 | 312866 | 17272 |
| 1032274 | 2421413 | 129567 | 8878 | 231365 | 331231 | 37266 |
| 230095 | 935569 | 103252 | 16558 | 68968 | 119953 | 9226 |
| 253672 | 1394051 | 33289 | 652291 | 226201 | 1043031 | 5910 |
| 437679 | 531290 | 8841 | 2585 | 11798 | 24831 | 9567 |
| 181313 | 1040328 | 28467 | 5213 | 110271 | 147450 | 20112 |
| 14168 | 48483 | 1670 | 185 | 5755 | 7612 | 1105 |
| 52479 | 289089 | 7651 | 1668 | 48658 | 62548 | 2540 |

| 项　　目 | 企　业<br>单位数<br>(个) | 资产总计 | 应收帐款 | 存货 | #产成品 |
|---|---|---|---|---|---|
| 家具制造业 | 31 | 181254 | 23788 | 17674 | 7819 |
| 造纸和纸制品业 | 104 | 984210 | 72279 | 72701 | 33957 |
| 印刷和记录媒介复制业 | 44 | 474724 | 38616 | 54343 | 22937 |
| 文教、工美、体育和娱乐用品制造业 | 19 | 140017 | 13780 | 11720 | 5703 |
| 石油加工、炼焦和核燃料加工业 | 6 | 71797 | 2994 | 24573 | 4045 |
| 化学原料和化学制品制造业 | 168 | 1896185 | 153842 | 105524 | 56772 |
| 医药制造业 | 43 | 697263 | 67527 | 60578 | 28881 |
| 化学纤维制造业 | 4 | 36216 | 4201 | 7850 | 4548 |
| 橡胶制品业 | 15 | 161503 | 9968 | 6738 | 5185 |
| 塑料制品业 | 64 | 596603 | 41117 | 26647 | 14342 |
| 非金属矿物制品业 | 876 | 11302388 | 1184274 | 566661 | 282770 |
| 黑色金属冶炼和压延加工业 | 56 | 1499235 | 60475 | 133319 | 69393 |
| 有色金属冶炼和压延加工业 | 121 | 6611368 | 371115 | 615653 | 125797 |
| 金属制品业 | 87 | 1384598 | 175806 | 171554 | 90986 |
| 通用设备制造业 | 112 | 2452902 | 310770 | 357761 | 223833 |
| 专用设备制造业 | 230 | 5009584 | 731708 | 579265 | 202734 |
| 汽车制造业 | 64 | 4923917 | 643949 | 324588 | 113452 |
| 铁路、船舶、航空航天和其他运输设备制造业 | 13 | 576577 | 166709 | 88778 | 32344 |
| 电气机械和器材制造业 | 104 | 1307559 | 246845 | 119258 | 51209 |
| 仪器仪表制造业 | 20 | 307914 | 84900 | 33348 | 11054 |
| 其他制造业 | 4 | 24255 | 2633 | 957 | 290 |
| 电力、热力生产和供应业 | 22 | 6488535 | 260543 | 215263 | 28980 |
| 燃气生产和供应业 | 13 | 502594 | 25839 | 9954 | 467 |
| 水的生产和供应业 | 6 | 361732 | 8988 | 537 | 165 |

单位:万元

| 负债合计 | 主营业务收　　入 | 营业费用 | 主营业务税金及附加 | 利润总额 | 利税总额 | 全部从业人员平均人数(人) |
|---|---|---|---|---|---|---|
| 51187 | 491442 | 8591 | 2338 | 67515 | 90341 | 4492 |
| 308963 | 2042373 | 53503 | 6628 | 346665 | 444010 | 18522 |
| 181542 | 614918 | 10760 | 2782 | 63376 | 92302 | 8450 |
| 47555 | 545367 | 43130 | 2662 | 75524 | 102554 | 5045 |
| 35498 | 261181 | 4284 | 901 | 12324 | 25224 | 847 |
| 710397 | 3588117 | 64550 | 19605 | 478183 | 616241 | 28686 |
| 343562 | 1011065 | 39969 | 6402 | 145365 | 202478 | 11537 |
| 25133 | 66112 | 609 | 235 | 8824 | 11768 | 759 |
| 52843 | 330143 | 5507 | 1012 | 50196 | 59769 | 3720 |
| 257527 | 995262 | 13635 | 4810 | 162984 | 208297 | 9713 |
| 3681208 | 21462292 | 717477 | 153590 | 3142674 | 4278328 | 185124 |
| 702543 | 2567467 | 30176 | 8294 | 294999 | 377089 | 14011 |
| 4274427 | 7808921 | 79599 | 12092 | 229289 | 364491 | 48471 |
| 706190 | 1697257 | 34222 | 5379 | 152189 | 210245 | 18731 |
| 1312597 | 3951090 | 79343 | 18676 | 350732 | 494154 | 34568 |
| 1954130 | 6399573 | 189439 | 30822 | 720834 | 957019 | 61054 |
| 2424875 | 5732324 | 280078 | 65553 | 599848 | 832123 | 31760 |
| 346768 | 364151 | 10172 | 1498 | 45347 | 57538 | 7796 |
| 615622 | 1837477 | 39757 | 6956 | 147959 | 202160 | 16268 |
| 115570 | 211121 | 20314 | 2226 | 31669 | 47142 | 3972 |
| 9172 | 34190 | 114 | 484 | 8236 | 9858 | 470 |
| 5366968 | 5264880 | 14377 | 11395 | 7563 | 140672 | 28427 |
| 272721 | 340346 | 32313 | 2543 | 45523 | 56071 | 2754 |
| 262671 | 68022 | 6013 | 430 | -8118 | -3326 | 4218 |

# 8-15 国有及国有控股

（2012 年）

| 项　　目 | 企业单位数（个） | 资产总计 | 应收帐款 | 存货 | #产成品 |
|---|---|---|---|---|---|
| **总　　计** | **97** | **16253650** | **1130157** | **1878523** | **355985** |
| **按轻重工业分** | | | | | |
| 轻工业 | 17 | 1700767 | 43247 | 514289 | 22827 |
| 重工业 | 80 | 14552883 | 1086910 | 1364234 | 333159 |
| **按企业规模分** | | | | | |
| 大型企业 | 18 | 12896067 | 840993 | 1558494 | 221041 |
| 中型企业 | 43 | 2688441 | 235678 | 246399 | 102213 |
| 小型企业 | 35 | 669142 | 53486 | 73629 | 32732 |
| 微型企业 | 1 | | | | |
| **按行业分** | | | | | |
| 煤炭开采和洗选业 | 14 | 4403250 | 84041 | 350526 | 56356 |
| 黑色金属矿采选业 | 1 | 10122 | 661 | 625 | 592 |
| 食品制造业 | 2 | 51139 | 707 | 5015 | 2880 |
| 烟草制品业 | 2 | 871580 | 19189 | 472151 | 6848 |
| 纺织业 | 2 | 213509 | 920 | 15870 | 4030 |
| 纺织服装、服饰业 | 1 | 3392 | 208 | | |
| 印刷和记录媒介复制业 | 5 | 91852 | 6418 | 17542 | 7407 |

## 工业企业主要经济指标

单位:万元

| 负债合计 | 主营业务收入 | 营业费用 | 主营业务税金及附加 | 利润总额 | 利税总额 | 全部从业人员平均人数(人) |
|---|---|---|---|---|---|---|
| **10873374** | **15061262** | **345089** | **758412** | **737147** | **2107197** | **154519** |
| | | | | | | |
| 816395 | 1638906 | 50798 | 653949 | 222155 | 1053257 | 15556 |
| 10056979 | 13422356 | 294291 | 104463 | 514992 | 1053940 | 138963 |
| | | | | | | |
| 8562955 | 12558771 | 290369 | 747617 | 667543 | 1936201 | 117337 |
| 1852561 | 1835155 | 42821 | 8133 | 45096 | 117574 | 32358 |
| 457858 | 667336 | 11899 | 2661 | 24508 | 53422 | 4824 |
| | | | | | | |
| 3365665 | 3465706 | 32807 | 34295 | 85905 | 271009 | 63943 |
| 573 | 12496 | 188 | 13 | 1995 | 2140 | 153 |
| 27966 | 63629 | 4660 | 365 | 14366 | 17009 | 1564 |
| 247388 | 1377707 | 33289 | 652171 | 225300 | 1041027 | 5244 |
| 198689 | 38252 | 615 | 133 | -14689 | -13223 | 1390 |
| 1851 | 2584 | | 47 | 126 | 568 | 366 |
| 20649 | 66180 | 2753 | 547 | 4946 | 8406 | 1862 |

| 项目 | 企业单位数（个） | 资产总计 | 应收帐款 | 存货 | #产成品 |
|---|---|---|---|---|---|
| 石油加工、炼焦和核燃料加工业 | 2 | 29305 | 1769 | 12890 | 3602 |
| 化学原料和化学制品制造业 | 1 | 56809 | 546 | 6472 | 5430 |
| 医药制造业 | 1 | 110056 | 7477 | 3525 | 1662 |
| 橡胶和塑料制品业 | 2 | 20547 | 3689 | 2786 | 1276 |
| 非金属矿物制品业 | 9 | 370902 | 27876 | 71721 | 18743 |
| 黑色金属冶炼和压延加工业 | 1 | 56841 | 410 | 14026 | 7393 |
| 有色金属冶炼和压延加工业 | 3 | 977987 | 30992 | 164839 | 26885 |
| 金属制品业 | 2 | 66747 | 17625 | 10581 | 6334 |
| 通用设备制造业 | 6 | 158729 | 56234 | 27783 | 15335 |
| 专用设备制造业 | 7 | 1925654 | 388770 | 280800 | 78891 |
| 汽车制造业 | 8 | 1215569 | 170723 | 139139 | 49233 |
| 铁路、船舶、航空航天和其他运输设备制造业 | 3 | 372565 | 107581 | 58692 | 18818 |
| 电气机械和器材制造业 | 1 | 25327 | 4179 | 3370 | 1030 |
| 计算机、通信和其他电子设备制造业 | 4 | 421048 | 18629 | 23309 | 13973 |
| 仪器仪表制造业 | 1 | 4399 | 3242 | 607 | 289 |
| 电力、热力生产和供应业 | 13 | 4430912 | 169671 | 196007 | 28980 |
| 燃气生产和供应业 | 2 | 6170 | 271 | 61 | 1 |
| 水的生产和供应业 | 4 | 359239 | 8329 | 185 | |

单位:万元

| 负债合计 | 主营业务收入 | 营业费用 | 主营业务税金及附加 | 利润总额 | 利税总额 | 全部从业人员平均人数(人) |
|---|---|---|---|---|---|---|
| 15054 | 204807 | 3565 | 796 | 3949 | 14822 | 397 |
| 55629 | 17082 | 1217 | 7 | -878 | -695 | 707 |
| 58914 | 33377 | 3750 | 275 | 1335 | 4426 | 971 |
| 9519 | 11912 | 428 | 73 | 617 | 1148 | 316 |
| 207849 | 206154 | 5930 | 782 | 5352 | 13325 | 5327 |
| 43037 | 87983 | 693 | 3 | 2805 | 2808 | 100 |
| 833271 | 549491 | 13855 | 1249 | -111562 | -103736 | 12193 |
| 47657 | 67242 | 2338 | 593 | 5040 | 7009 | 1449 |
| 85695 | 149814 | 4971 | 1022 | 14020 | 21867 | 1627 |
| 766666 | 1186722 | 40113 | 6836 | 202856 | 262669 | 10778 |
| 630760 | 2492857 | 160044 | 47350 | 232524 | 362361 | 9315 |
| 265597 | 205732 | 4598 | 516 | 12366 | 14439 | 5326 |
| 15433 | 8635 | 788 | 90 | 343 | 1051 | 588 |
| 247907 | 95252 | 7708 | 395 | 18865 | 22844 | 2012 |
| 2833 | 4024 | 695 | 12 | -87 | 23 | 89 |
| 3462201 | 4638979 | 13458 | 10387 | 39904 | 159409 | 24549 |
| 1636 | 17470 | 897 | 43 | 977 | 1448 | 94 |
| 260938 | 57178 | 5730 | 410 | -9228 | -4957 | 4159 |

# 8-16　规模以上集体工业

（2012 年）

| 项　　目 | 企　业单位数（个） | 资产总计 | 应收帐款 | 存货 | #产成品 |
|---|---|---|---|---|---|
| **总　　计** | **49** | **750807** | **86697** | **44973** | **17858** |
| **按轻重工业分** | | | | | |
| 轻工业 | 11 | 142793 | 15443 | 12037 | 6669 |
| 重工业 | 38 | 608014 | 71254 | 32936 | 11189 |
| **按企业规模分** | | | | | |
| 大型企业 | 1 | 129779 | 3735 | 2053 | 810 |
| 中型企业 | 12 | 372971 | 59804 | 28985 | 10340 |
| 小型企业 | 35 | 248057 | 23158 | 13935 | 6708 |
| 微型企业 | 1 | | | | |
| **按行业分** | | | | | |
| 煤炭开采和洗选业 | 3 | 47926 | 183 | 2912 | 599 |
| 非金属矿采选业 | 1 | 12093 | 2263 | 2015 | 1015 |
| 烟草制品业 | 1 | 10487 | 2900 | 2974 | 1846 |
| 造纸和纸制品业 | 5 | 31317 | 1646 | 2017 | 860 |
| 印刷和记录媒介复制业 | 3 | 30777 | 4078 | 6450 | 3660 |

## 企业主要经济指标

单位:万元

| 负债合计 | 主营业务收入 | 营业费用 | 主营业务税金及附加 | 利润总额 | 利税总额 | 全部从业人员平均人数(人) |
|---|---|---|---|---|---|---|
| **386505** | **1177739** | **41449** | **7882** | **158870** | **227035** | **13971** |
| 69432 | 230306 | 5184 | 835 | 36924 | 49228 | 2765 |
| 317073 | 947434 | 36265 | 7046 | 121945 | 177807 | 11206 |
| 103820 | 82855 | 492 | 56 | 314 | 933 | 2315 |
| 204856 | 657545 | 27041 | 5483 | 87352 | 127444 | 6846 |
| 77829 | 437339 | 13917 | 2342 | 71204 | 98658 | 4808 |
| 15366 | 9386 | 103 | 186 | 1557 | 2916 | 523 |
| 4706 | 27828 | 1948 | 84 | 5983 | 7458 | 285 |
| 6284 | 16344 |  | 120 | 901 | 2004 | 666 |
| 3915 | 72252 | 3493 | 210 | 15342 | 18669 | 644 |
| 15192 | 41008 | 339 | 44 | 3646 | 6468 | 772 |

8-16 续表

(2012 年)

| 项目 | 企业单位数(个) | 资产总计 | 应收帐款 | 存货 | #产成品 |
|---|---|---|---|---|---|
| 化学原料和化学制品制造业 | 3 | 28704 | 7485 | 3517 | 477 |
| 医药制造业 | 1 | 65920 | 6603 | 486 | 303 |
| 橡胶和塑料制品业 | 2 | 29661 | 735 | 159 | 122 |
| 非金属矿物制品业 | 16 | 237933 | 43421 | 8099 | 3299 |
| 黑色金属冶炼和压延加工业 | 1 | 1481 | 212 | 114 | 101 |
| 有色金属冶炼和压延加工业 | 1 | 129779 | 3735 | 2053 | 810 |
| 金属制品业 | 1 | 1790 | 279 | 88 | 80 |
| 通用设备制造业 | 3 | 82529 | 6483 | 11670 | 2543 |
| 专用设备制造业 | 3 | 19200 | 2427 | 1839 | 1756 |
| 汽车制造业 | 1 | 7952 | 183 | 30 | 19 |
| 铁路、船舶、航空航天和其他运输设备制造业 | 1 | 1128 | 501 | 153 | 141 |
| 电气机械和器材制造业 | 2 | 7839 | 3346 | 288 | 229 |
| 其他制造业 | 1 | 4293 | 217 | 110 | |

单位:万元

| 负债合计 | 主营业务收　入 | 营业费用 | 主营业务税金及附加 | 利润总额 | 利税总额 | 全部从业人员平均人数(人) |
|---|---|---|---|---|---|---|
| 18905 | 34301 | 2246 | 106 | 4264 | 5913 | 1395 |
| 43011 | 93552 | 1287 | 437 | 13891 | 18697 | 623 |
| 12509 | 65106 | 432 | 281 | 11467 | 14701 | 418 |
| 96818 | 440435 | 15984 | 3849 | 64731 | 95638 | 3413 |
| 1354 | 4342 | 154 | 20 | 734 | 975 | 100 |
| 103820 | 82855 | 492 | 56 | 314 | 933 | 2315 |
| 1549 | 7017 | 165 | 15 | 1229 | 1601 | 150 |
| 48008 | 230424 | 11404 | 2043 | 28002 | 41407 | 1687 |
| 2170 | 31555 | 3007 | 154 | 2813 | 4477 | 419 |
| 6146 | 3500 | 65 | 60 | 396 | 765 | 21 |
| 913 | 1998 |  | 27 | 55 | 298 | 258 |
| 4809 | 8687 | 265 | 165 | 401 | 724 | 222 |
| 1030 | 7149 | 65 | 25 | 3145 | 3391 | 60 |

# 8-17 各县(市)、区规模以上工业企业主要经济指标

(2012 年)　　单位:万元

| 县(市)区 | 企业单位数(个) | 资产总计 | 应收帐款 | 存货 | #产成品 | 负债合计 |
|---|---|---|---|---|---|---|
| **全　市** | **2741** | **70366844** | **8952808** | **7469873** | **1737563** | **39154200** |
| 中原区 | 64 | 4063060 | 449324 | 294911 | 95329 | 2438965 |
| 二七区 | 91 | 1246660 | 171036 | 154064 | 58212 | 751868 |
| 管城区 | 21 | 2126276 | 346598 | 402138 | 72670 | 989802 |
| 金水区 | 25 | 612660 | 120163 | 112457 | 28520 | 350372 |
| 上街区 | 88 | 2026532 | 159396 | 265888 | 64567 | 1481397 |
| 惠济区 | 27 | 633433 | 151602 | 89223 | 12431 | 380620 |
| 中牟县 | 247 | 2903875 | 280857 | 273086 | 112753 | 1509761 |
| 巩义市 | 426 | 8906413 | 611761 | 710719 | 262365 | 5020923 |
| 荥阳市 | 363 | 7462341 | 366702 | 294645 | 124486 | 2456255 |
| 新密市 | 546 | 8748524 | 531941 | 440972 | 148076 | 4307964 |
| 新郑市 | 306 | 7588604 | 218788 | 606643 | 138911 | 3271026 |
| 登封市 | 278 | 7442325 | 959589 | 354628 | 95807 | 3682267 |
| 经济开发区 | 82 | 3103852 | 612831 | 305910 | 111260 | 1621116 |
| 高新开发区 | 122 | 5222348 | 757722 | 763103 | 384569 | 3398596 |
| 航空港区 | 47 | 8249796 | 3213907 | 2398745 | 27284 | 7468485 |

8-17　续表　　(2012 年)　　单位:万元

| 县(市)区 | 主营业务收入 | 营业费用 | 主营业务税金及附加 | 利润总额 | 利税总额 | 全部从业人员年平均人数(人) |
|---|---|---|---|---|---|---|
| 全　市 | 96034201 | 2331509 | 1125557 | 9137147 | 14151351 | 1015552 |
| 中原区 | 3635984 | 115681 | 15959 | 252402 | 387285 | 33501 |
| 二七区 | 1648036 | 59030 | 3058 | 57231 | 83983 | 20907 |
| 管城区 | 2839584 | 141332 | 340888 | 294575 | 769987 | 16118 |
| 金水区 | 617146 | 48533 | 4665 | 26450 | 51592 | 14950 |
| 上街区 | 3259524 | 43462 | 8831 | -9649 | 106979 | 34670 |
| 惠济区 | 731611 | 33682 | 2201 | 28417 | 45343 | 10330 |
| 中牟县 | 5973499 | 135512 | 50497 | 640771 | 924235 | 49894 |
| 巩义市 | 14242012 | 447500 | 55557 | 1067204 | 1540377 | 102732 |
| 荥阳市 | 12120246 | 171413 | 62190 | 1289533 | 1770230 | 112146 |
| 新密市 | 11671669 | 326375 | 56980 | 1732953 | 2304609 | 126675 |
| 新郑市 | 10793308 | 184068 | 387421 | 1541747 | 2482713 | 90061 |
| 登封市 | 9488815 | 182712 | 93836 | 1474673 | 1873664 | 99908 |
| 经济开发区 | 3477886 | 160906 | 25075 | 302329 | 423212 | 40778 |
| 高新开发区 | 3229280 | 154957 | 16027 | 201912 | 310454 | 45733 |
| 航空港区 | 12278870 | 126100 | 2133 | 236506 | 1075398 | 216750 |

# 8-18 各县(市)、区国有及国有控股工业企业主要经济指标

(2012 年)

单位:万元

| 县(市)区 | 企业单位数(个) | 资产总计 | 应收帐款 | 存货 | #产成品 | 负债合计 |
|---|---|---|---|---|---|---|
| **全市** | **97** | **16253650** | **1130157** | **1878523** | **355985** | **10873374** |
| 中原区 | 10 | 2894388 | 332698 | 200053 | 55542 | 1697709 |
| 二七区 | 2 | 654273 | 63911 | 52981 | 9286 | 461975 |
| 管城区 | 3 | 516305 | 20853 | 248699 | 17242 | 203423 |
| 金水区 | 3 | 85477 | 2754 | 13859 | 5229 | 21636 |
| 上街区 | 7 | 1493234 | 40308 | 204948 | 28327 | 1208000 |
| 惠济区 | 2 | 37764 | 4103 | 6874 | | 13122 |
| 中牟县 | 5 | 835170 | 34416 | 117678 | 45371 | 537870 |
| 巩义市 | 7 | 831373 | 21667 | 43862 | 23273 | 590138 |
| 荥阳市 | 5 | 694484 | 58473 | 40990 | 9681 | 513720 |
| 新密市 | 6 | 2016614 | 38607 | 177193 | 20934 | 1630799 |
| 新郑市 | 7 | 1334928 | 37857 | 326929 | 19699 | 863610 |
| 登封市 | 6 | 2769099 | 175545 | 232175 | 37204 | 1922553 |
| 经济开发区 | 14 | 1079187 | 199916 | 93416 | 46526 | 552390 |
| 高新开发区 | 15 | 949915 | 98231 | 114255 | 36709 | 619600 |
| 航空港区 | 1 | 31293 | 228 | 1871 | 639 | 12047 |

8-18 续表

(2012 年)

单位:万元

| 县(市)区 | 主营业务收入 | 营业费用 | 主营业务税金及附加 | 利润总额 | 利税总额 | 全部从业人员年平均人数(人) |
|---|---|---|---|---|---|---|
| **全市** | **15061262** | **345089** | **758412** | **737147** | **2107197** | **154519** |
| 中原区 | 2530153 | 41274 | 11087 | 184837 | 290398 | 16219 |
| 二七区 | 354860 | 3412 | 1103 | 9154 | 15150 | 6746 |
| 管城区 | 713469 | 18715 | 319121 | 109719 | 510597 | 3704 |
| 金水区 | 87366 | 6748 | 652 | 5478 | 10016 | 2239 |
| 上街区 | 1194730 | 15468 | 2635 | -105477 | -73161 | 16138 |
| 惠济区 | 39416 | 779 | 96 | 24 | 902 | 822 |
| 中牟县 | 952835 | 57940 | 27132 | 31477 | 76553 | 6299 |
| 巩义市 | 448031 | 4953 | 3468 | -1593 | 23637 | 12551 |
| 荥阳市 | 457853 | 6230 | 1378 | 12683 | 28805 | 3059 |
| 新密市 | 1854384 | 16786 | 15995 | 10053 | 91444 | 27642 |
| 新郑市 | 1504005 | 25745 | 339002 | 108443 | 556526 | 13212 |
| 登封市 | 2429668 | 16878 | 11472 | 100091 | 179726 | 29209 |
| 经济开发区 | 1881070 | 111696 | 21079 | 239338 | 335543 | 7032 |
| 高新开发区 | 586180 | 18152 | 3941 | 33779 | 60711 | 9135 |
| 航空港区 | 512 | 67 | 10 | -950 | -940 | 113 |

# 8-19　各县(市)、区规模以上集体工业企业主要经济指标

(2012 年)　　单位:万元

| 县(市)区 | 企　业<br>单位数<br>(个) | 资产总计 | 应收帐款 | 存　货 | #产成品 | 负债合计 |
|---|---|---|---|---|---|---|
| **全　市** | **49** | **750807** | **86697** | **44973** | **17858** | **386505** |
| 二七区 | 1 | 1588 | 524 | 274 | 229 | 995 |
| 管城区 | 2 | 27976 | 5064 | 5229 | 3660 | 13963 |
| 金水区 | 2 | 3929 | -485 | 1375 | 141 | 2143 |
| 上街区 | 1 | 21607 | 6543 | 2979 | 286 | 17393 |
| 中牟县 | 1 | 4293 | 217 | 110 |  | 1030 |
| 巩义市 | 13 | 238397 | 14409 | 4520 | 2716 | 157222 |
| 荥阳市 | 7 | 190324 | 17988 | 14078 | 4549 | 96637 |
| 新密市 | 12 | 99277 | 3814 | 5533 | 1195 | 18976 |
| 新郑市 | 4 | 51172 | 3674 | 3174 | 1980 | 22072 |
| 登封市 | 6 | 112245 | 34948 | 7702 | 3102 | 56075 |

8-19　续表　　(2012 年)　　单位:万元

| 县(市)区 | 主营业务<br>收　　入 | 营业费用 | 主营业务税金<br>及附加 | 利润总额 | 利税总额 | 全部从业人员<br>平均人数(人) |
|---|---|---|---|---|---|---|
| **全　市** | **1177739** | **41449** | **7882** | **158870** | **227035** | **13971** |
| 二七区 | 2003 | 142 | 13 | 60 | 184 | 86 |
| 管城区 | 36111 | 328 | 27 | 3533 | 6202 | 625 |
| 金水区 | 6895 | 11 | 44 | 168 | 564 | 405 |
| 上街区 | 11836 | 944 | 83 | -102 | 349 | 1181 |
| 中牟县 | 7149 | 65 | 25 | 3145 | 3391 | 60 |
| 巩义市 | 262986 | 8111 | 1059 | 15220 | 31756 | 4152 |
| 荥阳市 | 390017 | 15803 | 2735 | 50116 | 71603 | 2864 |
| 新密市 | 147098 | 7870 | 319 | 27918 | 35528 | 1505 |
| 新郑市 | 102322 | 607 | 530 | 16987 | 22736 | 1374 |
| 登封市 | 211323 | 7570 | 3047 | 41825 | 54722 | 1719 |

# 8-20 规模以上工业企业主要经济效益指标

（2012 年）

单位:%

| 项目 | 总资产贡献率 | 成本费用利润率 | 资产负债率 | 产品销售率 |
|---|---|---|---|---|
| **总计** | **21.27** | **10.29** | **55.64** | **98.00** |
| **按轻重工业分** | | | | |
| 轻工业 | 34.52 | 13.74 | 44.07 | 98.50 |
| 重工业 | 19.23 | 9.70 | 57.42 | 97.90 |
| **按企业规模分** | | | | |
| 大型企业 | 13.27 | 4.25 | 71.15 | 97.80 |
| 中型企业 | 22.28 | 12.41 | 47.98 | 98.60 |
| 小型企业 | 34.02 | 15.86 | 36.67 | 97.70 |
| 微型企业 | 22.04 | 11.87 | 44.28 | 97.60 |
| **按行业分** | | | | |
| 煤炭开采和洗选业 | 14.32 | 11.39 | 62.13 | 98.80 |
| 黑色金属矿采选业 | 24.39 | 28.26 | 15.24 | 97.60 |
| 有色金属矿采选业 | 55.81 | 27.68 | 42.44 | 99.30 |
| 非金属矿采选业 | 41.45 | 20.74 | 38.43 | 100.70 |
| 农副食品加工业 | 28.43 | 9.95 | 41.19 | 98.20 |
| 食品制造业 | 16.19 | 10.32 | 49.09 | 104.30 |
| 酒、饮料和精制茶制造业 | 28.05 | 7.98 | 51.91 | 82.10 |
| 烟草制品业 | 118.17 | 43.94 | 28.76 | 98.40 |
| 纺织业 | 6.19 | 1.64 | 67.06 | 100.20 |
| 纺织服装、服饰业 | 34.25 | 11.89 | 40.26 | 99.60 |
| 皮革、毛皮、羽毛及其制品和制鞋业 | 27.57 | 13.70 | 49.65 | 91.50 |
| 木材加工和木、竹、藤、棕、草制品业 | 44.09 | 21.14 | 36.40 | 98.70 |
| 家具制造业 | 50.67 | 16.02 | 28.24 | 98.30 |
| 造纸和纸制品业 | 45.70 | 20.52 | 31.39 | 99.30 |
| 印刷和记录媒介复制业 | 20.10 | 11.48 | 38.24 | 99.80 |
| 文教、工美、体育和娱乐用品制造业 | 75.23 | 15.66 | 33.96 | 92.60 |
| 石油加工、炼焦和核燃料加工业 | 36.36 | 4.99 | 49.44 | 99.60 |
| 化学原料和化学制品制造业 | 33.27 | 15.39 | 37.46 | 97.70 |
| 医药制造业 | 30.33 | 16.82 | 49.27 | 98.10 |
| 化学纤维制造业 | 32.75 | 15.42 | 69.40 | 99.10 |
| 橡胶和塑料制品业 | 36.02 | 19.28 | 40.94 | 98.30 |
| 非金属矿物制品业 | 38.84 | 17.21 | 32.57 | 96.10 |
| 黑色金属冶炼和压延加工业 | 25.82 | 12.76 | 46.86 | 97.60 |
| 有色金属冶炼和压延加工业 | 7.91 | 2.99 | 64.65 | 96.90 |
| 金属制品业 | 16.75 | 9.57 | 51.00 | 101.70 |
| 通用设备制造业 | 20.76 | 9.62 | 53.51 | 93.00 |
| 专用设备制造业 | 19.59 | 12.51 | 39.01 | 96.60 |
| 汽车制造业 | 17.39 | 10.58 | 49.25 | 99.50 |
| 铁路、船舶、航空航天和其他运输设备制造业 | 11.84 | 12.16 | 60.14 | 95.00 |
| 电气机械和器材制造业 | 16.34 | 8.76 | 47.08 | 93.70 |
| 计算机、通信和其他电子设备制造业 | 11.78 | 1.90 | 87.36 | 98.20 |
| 仪器仪表制造业 | 16.54 | 17.72 | 37.53 | 80.50 |
| 其他制造业 | 41.20 | 32.85 | 37.81 | 100.40 |
| 电力、热力生产和供应业 | 5.45 | 0.13 | 82.71 | 111.1 |
| 燃气生产和供应业 | 10.88 | 15.14 | 54.26 | 100.5 |
| 水的生产和供应业 | 0.47 | -9.91 | 72.61 | 98.5 |

# 8-21 国有及国有控股工业企业主要经济效益指标

(2012 年)

单位:%

| 项　　目 | 总资产贡献率 | 成本费用利润率 | 资　产负债率 | 产　品销售率 |
|---|---|---|---|---|
| **总　　计** | **14.77** | **4.94** | **66.90** | **98.50** |
| **按轻重工业分** | | | | |
| 轻工业 | 62.86 | 24.82 | 48.00 | 98.00 |
| 重工业 | 9.15 | 3.67 | 69.11 | 98.60 |
| **按企业规模分** | | | | |
| 大型企业 | 16.80 | 5.42 | 66.40 | 98.60 |
| 中型企业 | 6.22 | 2.29 | 68.91 | 99.20 |
| 小型企业 | 10.10 | 3.77 | 68.42 | 93.80 |
| **按行业分** | | | | |
| 煤炭开采和洗选业 | 8.69 | 2.41 | 76.44 | 98.20 |
| 黑色金属矿采选业 | 21.99 | 19.02 | 5.66 | 98.70 |
| 食品制造业 | 37.21 | 21.06 | 54.69 | 78.40 |
| 烟草制品业 | 119.35 | 45.12 | 28.38 | 99.20 |
| 纺织业 | -2.79 | -9.46 | 93.06 | 105.50 |
| 纺织服装、服饰业 | 16.46 | 4.83 | 54.57 | 100.00 |
| 印刷和记录媒介复制业 | 9.16 | 7.77 | 22.48 | 93.10 |
| 石油加工、炼焦和核燃料加工业 | 52.34 | 1.97 | 51.37 | 100.80 |
| 化学原料和化学制品制造业 | -1.16 | -4.89 | 97.92 | 48.50 |
| 医药制造业 | 6.10 | 3.94 | 53.53 | 100.20 |
| 橡胶和塑料制品业 | 7.95 | 5.16 | 46.33 | 98.80 |
| 非金属矿物制品业 | 3.98 | 2.19 | 56.04 | 19.40 |
| 黑色金属冶炼和压延加工业 | 5.63 | 3.29 | 75.71 | 62.10 |
| 有色金属冶炼和压延加工业 | -8.95 | -16.64 | 85.20 | 57.50 |
| 金属制品业 | 11.47 | 7.56 | 71.40 | 175.00 |
| 通用设备制造业 | 13.89 | 10.00 | 54.0 | 83.20 |
| 专用设备制造业 | 13.39 | 19.10 | 39.8 | 90.30 |
| 汽车制造业 | 30.04 | 9.01 | 51.9 | 101.10 |
| 铁路、船舶、航空航天和其他运输设备制造业 | 6.56 | 4.99 | 71.3 | 92.90 |
| 电气机械和器材制造业 | 5.05 | 3.70 | 60.9 | 84.10 |
| 计算机、通信和其他电子设备制造业 | 5.38 | 23.63 | 58.9 | 107.20 |
| 仪器仪表制造业 | 1.17 | -2.12 | 64.4 | 98.50 |
| 电力、热力生产和供应业 | 6.72 | 0.79 | 78.1 | 120.60 |
| 燃气生产和供应业 | 23.56 | 5.93 | 26.5 | 100.00 |
| 水的生产和供应业 | 0.01 | -12.78 | 72.6 | 98.70 |

# 8-22 集体工业企业主要经济效益指标

（2012 年）

单位:%

| 项目 | 总资产贡献率 | 成本费用利润率 | 资产负债率 | 产品销售率 |
|---|---|---|---|---|
| **总计** | **30.97** | **15.42** | **51.48** | **97.40** |
| **按轻重工业分** | | | | |
| 轻工业 | 35.45 | 19.03 | 48.62 | 99.40 |
| 重工业 | 29.92 | 14.58 | 52.15 | 96.90 |
| **按企业规模分** | | | | |
| 大型企业 | 0.72 | 0.38 | 80.00 | 94.40 |
| 中型企业 | 35.07 | 14.98 | 54.93 | 97.70 |
| 小型企业 | 40.65 | 19.51 | 31.38 | 98.60 |
| **按行业分** | | | | |
| 煤炭开采和洗选业 | 6.18 | 19.31 | 32.06 | 92.60 |
| 非金属矿采选业 | 61.92 | 27.49 | 38.92 | 98.40 |
| 烟草制品业 | 19.55 | 5.82 | 59.92 | 58.10 |
| 造纸和纸制品业 | 62.21 | 27.06 | 12.50 | 98.80 |
| 印刷和记录媒介复制业 | 21.19 | 9.44 | 49.36 | 133.90 |
| 化学原料和化学制品制造业 | 20.65 | 13.57 | 65.86 | 110.50 |
| 医药制造业 | 28.93 | 17.53 | 65.25 | 99.60 |
| 橡胶和塑料制品业 | 49.93 | 21.53 | 42.17 | 95.70 |
| 非金属矿物制品业 | 41.25 | 16.68 | 40.69 | 95.60 |
| 黑色金属冶炼和压延加工业 | 66.79 | 20.44 | 91.44 | 98.20 |
| 有色金属冶炼和压延加工业 | 0.72 | 0.38 | 80.00 | 116.10 |
| 金属制品业 | 91.27 | 21.28 | 86.57 | 194.70 |
| 通用设备制造业 | 51.01 | 13.97 | 58.17 | 96.10 |
| 专用设备制造业 | 26.31 | 9.84 | 11.30 | 96.50 |
| 汽车制造业 | 10.77 | 13.00 | 77.28 | 100.00 |
| 铁路、船舶、航空航天和其他运输设备制造业 | 26.45 | 2.87 | 80.98 | 75.80 |
| 电气机械和器材制造业 | 9.24 | 4.93 | 61.35 | 14.10 |
| 其他制造业 | 81.28 | 79.01 | 23.98 | 97.40 |

## 8-23　各县(市)区规模以上工业企业主要经济效益指标

(2012 年)

单位:%

| 县(市)区 | 总资产贡献率 | 成本费用利润率 | 资　产负债率 | 产　品销售率 |
|---|---|---|---|---|
| **全　　市** | **21.27** | **10.29** | **55.64** | **98** |
| 中原区 | 6.69 | 5.05 | 65.15 | 96.8 |
| 二七区 | 8.25 | 3.66 | 57.60 | 95.9 |
| 管城区 | 36.20 | 12.87 | 46.55 | 100.8 |
| 金水区 | 9.88 | 4.36 | 57.19 | 99.9 |
| 上街区 | 6.32 | -0.45 | 70.62 | 97.2 |
| 惠济区 | 7.27 | 3.92 | 60.09 | 93.3 |
| 中牟县 | 32.97 | 11.51 | 51.99 | 98.7 |
| 巩义市 | 19.70 | 8.00 | 56.20 | 97 |
| 荥阳市 | 24.86 | 11.95 | 32.74 | 98.8 |
| 新密市 | 33.95 | 21.10 | 39.80 | 99.5 |
| 新郑市 | 36.07 | 18.09 | 39.39 | 99.4 |
| 登封市 | 28.94 | 19.17 | 46.19 | 97.8 |
| 经济开发区 | 14.11 | 8.83 | 52.23 | 96.9 |
| 高新开发区 | 7.29 | 6.27 | 65.08 | 90.2 |
| 航空港区 | 12.82 | 1.85 | 90.53 | 98.2 |

## 8-24　各县(市)、区国有及国有控股工业企业主要经济效益指标

(2012 年)

单位:%

| 县(市)区 | 总资产贡献率 | 成本费用利润率 | 资　产负债率 | 产　品销售率 |
|---|---|---|---|---|
| **全　市** | **14.77** | **4.94** | **66.90** | **98.50** |
| 中原区 | 1.86 | -2.44 | 68.43 | 98.70 |
| 二七区 | 3.86 | 2.94 | 67.27 | 94.80 |
| 管城区 | 98.83 | 38.55 | 39.40 | 101.00 |
| 金水区 | 11.65 | 6.24 | 25.31 | 92.30 |
| 上街区 | -6.22 | -11.74 | 79.30 | 96.50 |
| 惠济区 | 2.49 | 0.06 | 34.75 | 100.40 |
| 中牟县 | 9.53 | 2.67 | 64.40 | 100.50 |
| 巩义市 | 4.68 | -0.44 | 70.11 | 91.70 |
| 荥阳市 | 6.05 | -0.54 | 81.55 | 99.60 |
| 新密市 | 12.86 | 3.30 | 42.88 | 100.60 |
| 新郑市 | 79.20 | 18.29 | 47.68 | 99.60 |
| 登封市 | 9.81 | 4.63 | 65.27 | 98.00 |
| 经济开发区 | 31.36 | 13.93 | 51.19 | 99.70 |
| 高新开发区 | 8.40 | 5.73 | 65.23 | 89.70 |
| 航空港区 | -2.79 | -59.39 | 38.5 | 96.8 |

## 8-25　各县(市)区集体工业企业主要经济效益指标

(2012 年)

单位:%

| 县(市)区 | 总资产贡献率 | 成本费用利润率 | 资　产负债率 | 产　品销售率 |
|---|---|---|---|---|
| **全　市** | **30.97** | **15.42** | **51.48** | **97.3** |
| 二七区 | 11.59 | 3.11 | 62.66 | 116.40 |
| 管城区 | 22.37 | 10.62 | 49.91 | 103.50 |
| 金水区 | 14.29 | 2.30 | 54.54 | 94.10 |
| 上街区 | 1.59 | -0.76 | 80.50 | 87.30 |
| 中牟县 | 81.28 | 79.01 | 23.98 | 93.60 |
| 巩义市 | 13.80 | 5.79 | 65.95 | 96.50 |
| 荥阳市 | 38.49 | 14.86 | 50.77 | 98.50 |
| 新密市 | 35.97 | 23.41 | 19.11 | 98.70 |
| 新郑市 | 44.86 | 20.02 | 43.13 | 97.40 |
| 登封市 | 50.69 | 25.13 | 49.96 | 99.30 |

# 8-26 规模以上工业企业全员劳动生产率

（2012 年）

单位:元/人·年

| 项　　目 | 合计 | #国有及国有控股 | #集体 | #港澳台投　资 | #外商投资 |
|---|---|---|---|---|---|
| **全　　市** | **215245** | **278350** | **239071** | **88274** | **271357** |
| **按企业规模分** | | | | | |
| 大型企业 | 134981 | 203353 | 339938 | 85438 | 330338 |
| 中型企业 | 254585 | 534790 | 184987 | 194433 | 126590 |
| 小型企业 | 307660 | 382430 | 267615 | 97864 | 203037 |
| 微型企业 | 309885 | | | | |
| **按轻重工业分** | | | | | |
| 轻工业 | 259275 | 755739 | 218669 | 129797 | 215263 |
| 重工业 | 206615 | 224910 | 244106 | 86813 | 304323 |

# 8-27 各县(市)、区规模以上工业企业全员劳动生产率

（2012 年）

单位:元/人·年

| 县(市)区 | 合计 | #国有及国有控股 | #集体 | #港澳台投　资 | #外商投资 | 轻工业 | 重工业 | 大型 | 中型 | 小型 |
|---|---|---|---|---|---|---|---|---|---|---|
| **全　市** | **215245** | **278350** | **239071** | **88274** | **271357** | **259275** | **206615** | **134981** | **254585** | **307660** |
| 中原区 | 274206 | 534930 | 95290 | 168691 | 160918 | 63938 | 389246 | 253815 | 342902 | 177820 |
| 二七区 | 215442 | 165751 | 50814 | 875500 | 305170 | 223571 | 210687 | 233370 | 128714 | 261357 |
| 管城区 | 638960 | 2626594 | 151742 | 246991 | | 906630 | 456567 | 374069 | 2050316 | 102645 |
| 金水区 | 108681 | 157623 | 57259 | 42870 | 109179 | 96824 | 189881 | 86893 | 101239 | 227027 |
| 上街区 | 190548 | 125515 | 140433 | 108472 | 282969 | 137745 | 191654 | 186275 | 468756 | 69879 |
| 惠济区 | 204220 | 81897 | | | 210409 | 181504 | 307801 | 219865 | 66961 | 342826 |
| 中牟县 | 275377 | 347709 | 293033 | 34355 | 390875 | 314025 | 255744 | 170583 | 323897 | 313042 |
| 巩义市 | 303919 | 95487 | 286817 | 579422 | 238134 | 360317 | 302061 | 248998 | 267805 | 367855 |
| 荥阳市 | 234938 | 343228 | 209176 | 258958 | 473462 | 205245 | 240152 | 289235 | 181118 | 354454 |
| 新密市 | 285206 | 1398916 | 325084 | 232958 | 100159 | 232415 | 301245 | 464833 | 222258 | 284389 |
| 新郑市 | 337927 | 1473888 | 191988 | 231222 | 246615 | 348637 | 329480 | 170080 | 440539 | 334350 |
| 登封市 | 298652 | 304682 | 292757 | 298346 | 555824 | 323823 | 297850 | 271029 | 229638 | 451704 |
| 经济技术开发区 | 201178 | 656465 | | 65069 | 505202 | 161090 | 209172 | 258387 | 135527 | 178673 |
| 高新技术开发区 | 149252 | 153832 | | 10285 | 45370 | 89493 | 164796 | 38996 | 161150 | 325170 |
| 航空港区 | 81292 | 2956 | | 83109 | 13692 | 72430 | 81557 | 83109 | 12305 | 24848 |

# 8-28 规模以上工业企业分行业全员劳动生产率

（2012 年）

单位：元/人·年

| 行业 | 合计 | #国有及国有控股 | #集体 | #港澳台投资 | #外商投资 |
|---|---|---|---|---|---|
| **全市** | **215245** | **278350** | **239071** | **88274** | **271357** |
| 煤炭开采和洗选业 | 135577 | 112631 | 278333 | | |
| 黑色金属矿采选业 | 168984 | 223608 | | | |
| 有色金属矿采选业 | 409006 | | | | |
| 非金属矿采选业 | 241842 | | 251937 | | |
| 农副食品加工业 | 324365 | | | 520301 | 488310 |
| 食品制造业 | 152035 | 67758 | | 199519 | 164196 |
| 酒、饮料和精制茶制造业 | 258103 | | | 95132 | 463688 |
| 烟草制品业 | 1872454 | 2094052 | 127617 | | |
| 纺织业 | 135947 | 59695 | | 74915 | 80691 |
| 纺织服装、服饰业 | 118856 | 15120 | | 24791 | 275963 |
| 皮革、毛皮、羽毛及其制品和制鞋业 | 146690 | | | | |
| 木材加工和木、竹、藤、棕、草制品业 | 310760 | | | | 59462 |
| 家具制造业 | 299379 | | | | |
| 造纸和纸制品业 | 257743 | | 261936 | 13848 | |
| 印刷和记录媒介复制业 | 184109 | 96905 | 98496 | 114051 | |
| 文教、工美、体育和娱乐用品制造业 | 263814 | | | | |
| 石油加工、炼焦和核燃料加工业 | 387825 | 586224 | | | |
| 化学原料和化学制品制造业 | 275930 | 105958 | 73647 | 141284 | |
| 医药制造业 | 216769 | 94088 | 367037 | | 106790 |
| 化学纤维制造业 | 35329 | | | 68660 | |
| 橡胶和塑料制品业 | 219119 | 90307 | 372407 | 58419 | 418272 |
| 非金属矿物制品业 | 308622 | 229843 | 485898 | 454440 | 299428 |
| 黑色金属冶炼和压延加工业 | 399898 | 2922720 | 104540 | | 111022 |
| 有色金属冶炼和压延加工业 | 230084 | 130250 | 45550 | 212177 | 168435 |
| 金属制品业 | 197199 | 40963 | 406627 | | 32443 |
| 通用设备制造业 | 273365 | 331074 | 153375 | | 394533 |
| 专用设备制造业 | 228326 | 203473 | 162358 | 142130 | 7285 |
| 汽车制造业 | 431147 | 1112453 | 265762 | | 605395 |
| 铁路、船舶、航空航天和其他运输设备制造业 | 129633 | 135631 | 26302 | | |
| 电气机械和器材制造业 | 234908 | 149002 | 361410 | 59061 | |
| 计算机、通信和其他电子设备制造业 | 79991 | 78088 | | 78991 | 21996 |
| 仪器仪表制造业 | 175635 | 157618 | | 11608 | |
| 其他制造业 | 203953 | | | | |
| 电力、热力生产和供应业 | 283396 | 262771 | | 150851 | 4030221 |
| 燃气生产和供应业 | 213902 | 12734 | | 179771 | |
| 水的生产和供应业 | 67612 | 62589 | | | 105931 |

# 8-29 工业企业能源购进、消费与库存情况

（2012 年）

| 行业 | 计量单位 | 年初库存量 | 购进量 | | 消费量 | | | 年末库存量 |
|---|---|---|---|---|---|---|---|---|
| | | | 实物量 | 金额（千元） | 合计 | 工业生产消费 | 非工业生产消费 | |
| **原煤** | **吨** | **1784722** | **34339703** | **20918141** | **34439038** | **34408358** | **30681** | **1720317** |
| 采矿业 | 吨 | 16542 | 2316193 | 1165632 | 2408443 | 2391442 | 17001 | 14103 |
| 煤炭开采和洗选业 | 吨 | 16512 | 2307628 | 1158259 | 2399878 | 2382923 | 16955 | 14073 |
| 黑色金属矿采选业 | 吨 | 10 | 1888 | 1719 | 1888 | 1888 | | 10 |
| 有色金属矿采选业 | 吨 | 20 | 6089 | 5144 | 6089 | 6089 | | 20 |
| 非金属矿采选业 | 吨 | | 588 | 510 | 588 | 542 | 46 | |
| 制造业 | 吨 | 564992 | 10495693 | 7443387 | 10680812 | 10668911 | 11901 | 412825 |
| 农副食品加工业 | 吨 | 935 | 61995 | 45590 | 60893 | 60778 | 114 | 1803 |
| 食品制造业 | 吨 | 8077 | 221346 | 151858 | 217801 | 217731 | 70 | 11524 |
| 饮料制造业 | 吨 | 3324 | 84476 | 66322 | 83880 | 83432 | 448 | 3952 |
| 烟草制品业 | 吨 | 59 | 1412 | 1148 | 1431 | 1431 | | 40 |
| 纺织业 | 吨 | 196 | 17110 | 9753 | 14279 | 14279 | | 10 |
| 纺织服装、鞋、帽制造业 | 吨 | 20 | 74369 | 53194 | 74151 | 74112 | 39 | 90 |
| 皮革、毛皮、羽毛(绒)等 | 吨 | | 372 | 293 | 372 | 372 | | |
| 木材加工及木、竹、藤等 | 吨 | 60 | 1907 | 1163 | 1910 | 1904 | 6 | 16 |
| 家具制造业 | 吨 | | 101 | 64 | 101 | 90 | 11 | |
| 造纸及纸制品业 | 吨 | 5340 | 385280 | 301045 | 385363 | 385288 | 75 | 5257 |
| 印刷业和记录媒介的复制 | 吨 | 41 | 13270 | 9374 | 13046 | 12983 | 62 | 266 |
| 文教体育用品制造业 | 吨 | 82 | 1428 | 1094 | 1418 | 1418 | | 91 |
| 石油加工炼焦及核燃料加工业 | 吨 | | 3054 | 1759 | 3009 | 3009 | | 45 |
| 化学原料及化学制品制造业 | 吨 | 8280 | 363145 | 374346 | 359010 | 358847 | 162 | 12550 |
| 医药制造业 | 吨 | 3411 | 41118 | 28995 | 41027 | 40636 | 391 | 2799 |
| 化学纤维制造业 | 吨 | 36 | 380 | 223 | 379 | 361 | 18 | 8 |
| 橡胶制品业 | 吨 | 85 | 44233 | 27192 | 44225 | 44199 | 26 | 70 |
| 塑料制品业 | 吨 | 74689 | 4217561 | 3272358 | 4230282 | 4221768 | 8514 | 60622 |
| 非金属矿物制品业 | 吨 | 4964 | 180521 | 140371 | 179491 | 179304 | 187 | 6029 |
| 黑色金属冶炼及压延加工业 | 吨 | 411611 | 4552723 | 2796227 | 4728767 | 4727580 | 1187 | 276336 |
| 有色金属冶炼及压延加工业 | 吨 | 39338 | 144538 | 93669 | 150895 | 150835 | 60 | 29520 |
| 金属制品业 | 吨 | 885 | 19443 | 15365 | 20253 | 20243 | 10 | 75 |
| 通用设备制造业 | 吨 | 1821 | 21403 | 22742 | 21784 | 21703 | 81 | 1494 |
| 专用设备制造业 | 吨 | 49 | 33838 | 21635 | 34890 | 34890 | | 28 |
| 交通运输设备制造业 | 吨 | 1688 | 10448 | 7500 | 11936 | 11495 | 441 | 200 |
| 电气机械及器材制造业 | 吨 | | 70 | 42 | 70 | 70 | | |
| 通信设备、计算机及其他 | 吨 | 2 | 149 | 62 | 148 | 148 | | |
| 仪器仪表及文化、办公用 | 吨 | | 5 | 4 | 5 | 5 | | |
| 电力、燃气及水的生产和供应业 | 吨 | 1202806 | 21523885 | 12306732 | 21345656 | 21343881 | 1775 | 1291203 |

（2012 年）

| 行业 | 计量单位 | 年初库存量 | 购进量 | | 消费量 | | | 年末库存量 |
|---|---|---|---|---|---|---|---|---|
| | | | 实物量 | 金额（千元） | 合计 | 工业生产消费 | 非工业生产消费 | |
| 电力、热力的生产和供应业 | 吨 | 1202806 | 21523805 | 12306684 | 21345576 | 21343801 | 1775 | 1291203 |
| 燃气生产和供应业 | 吨 | | 80 | 48 | 80 | 80 | | |
| **洗精煤** | **吨** | **2747** | **42552** | **46516** | **40096** | **40096** | | **5203** |
| 制造业 | 吨 | 20 | 20362 | 22670 | 18036 | 18036 | | 2346 |
| 造纸及纸制品业 | 吨 | | 2425 | 2232 | 2425 | 2425 | | |
| 塑料制品业 | 吨 | 20 | 17937 | 20438 | 15611 | 15611 | | 2346 |
| 电力、燃气及水的生产和供应业 | 吨 | 2727 | 22190 | 23846 | 22060 | 22060 | | 2857 |
| 电力、热力的生产和供应业 | 吨 | 2727 | 22190 | 23846 | 22060 | 22060 | | 2857 |
| **煤制品** | **吨** | **10** | **2383** | **2511** | **2383** | **2325** | **58** | **8** |
| 制造业 | 吨 | 10 | 2383 | 2511 | 2383 | 2325 | 58 | 8 |
| 饮料制造业 | 吨 | | 2158 | 2173 | 2158 | 2100 | 58 | |
| 专用设备制造业 | 吨 | 10 | 225 | 338 | 225 | 225 | | 8 |
| **焦炭** | **吨** | **6826** | **336718** | **573687** | **332436** | **332419** | **17** | **11179** |
| 制造业 | 吨 | 6809 | 336718 | 573687 | 332419 | 332419 | | 11179 |
| 食品制造业 | 吨 | | 159 | 366 | 159 | 159 | | |
| 纺织服装、鞋、帽制造业 | 吨 | | 120 | 235 | 120 | 120 | | |
| 化学原料及化学制品制造业 | 吨 | 60 | 32156 | 41488 | 32161 | 32161 | | 55 |
| 塑料制品业 | 吨 | 386 | 21038 | 34322 | 21424 | 21424 | | |
| 非金属矿物制品业 | 吨 | 5680 | 249911 | 436977 | 245222 | 245222 | | 10369 |
| 黑色金属冶炼及压延加工业 | 吨 | 602 | 9593 | 11869 | 9579 | 9579 | | 687 |
| 金属制品业 | 吨 | 80 | 22296 | 45372 | 22308 | 22308 | | 68 |
| 通用设备制造业 | 吨 | | 1445 | 3059 | 1445 | 1445 | | |
| 电力、燃气及水的生产和供应业 | 吨 | 17 | | | 17 | | 17 | |
| 水的生产和供应业 | 吨 | 17 | | | 17 | | 17 | |
| **其他焦化产品** | **吨** | **1662** | **37894** | **39360** | **39523** | **39523** | | **33** |
| 制造业 | 吨 | | 450 | 945 | 450 | 450 | | |
| 塑料制品业 | 吨 | | 450 | 945 | 450 | 450 | | |
| 电力、燃气及水的生产和供应业 | 吨 | 1662 | 37444 | 38415 | 39073 | 39073 | | 33 |
| 电力、热力的生产和供应业 | 吨 | 1662 | 37444 | 38415 | 39073 | 39073 | | 33 |
| **焦炉煤气** | **万立方米** | | **93** | **1566** | **93** | **74** | **18** | |
| 制造业 | 万立方米 | | 93 | 1566 | 93 | 74 | 18 | |
| 黑色金属冶炼及压延加工业 | 万立方米 | | 93 | 1566 | 93 | 74 | 18 | |
| **转炉煤气** | **万立方米** | | **1292** | **12011** | **1292** | **1292** | | |
| 制造业 | 万立方米 | | 1292 | 12011 | 1292 | 1292 | | |
| 塑料制品业 | 万立方米 | | 844 | 11723 | 844 | 844 | | |
| 黑色金属冶炼及压延加工业 | 万立方米 | | 448 | 289 | 448 | 448 | | |
| **发生炉煤气** | **万立方米** | | **3514** | **84096** | **3514** | **3514** | | |

8-29 续表2 （2012 年）

| 行业 | 计量单位 | 年初库存量 | 购进量 | | 消费量 | | | 年末库存量 |
|---|---|---|---|---|---|---|---|---|
| | | | 实物量 | 金额（千元） | 合计 | 工业生产消费 | 非工业生产消费 | |
| 制造业 | 万立方米 | | 3514 | 84096 | 3514 | 3514 | | |
| 饮料制造业 | 万立方米 | | 232 | 3470 | 232 | 232 | | |
| 塑料制品业 | 万立方米 | | 195 | 632 | 195 | 195 | | |
| 黑色金属冶炼及压延加工业 | 万立方米 | | 2441 | 70720 | 2441 | 2441 | | |
| 有色金属冶炼及压延加工业 | 万立方米 | | 644 | 9256 | 644 | 644 | | |
| 金属制品业 | 万立方米 | | 2 | 19 | 2 | 2 | | |
| **天然气** | **万立方米** | | **110120** | **2157797** | **110322** | **108974** | **1353** | |
| 制造业 | 万立方米 | | 59544 | 1234959 | 59746 | 59668 | 83 | |
| 农副食品加工业 | 万立方米 | | 218 | 5768 | 218 | 218 | | |
| 食品制造业 | 万立方米 | | 337 | 9993 | 337 | 337 | | |
| 饮料制造业 | 万立方米 | | 51 | 1659 | 51 | 49 | 2 | |
| 烟草制品业 | 万立方米 | | 808 | 22683 | 808 | 808 | | |
| 纺织业 | 万立方米 | | 263 | 7578 | 263 | 263 | | |
| 纺织服装、鞋、帽制造业 | 万立方米 | | 55 | 1131 | 55 | 55 | | |
| 造纸及纸制品业 | 万立方米 | | 4 | 32 | 4 | 4 | | |
| 印刷业和记录媒介的复制 | 万立方米 | | 8 | 220 | 8 | 7 | 1 | |
| 文教体育用品制造业 | 万立方米 | | | | | | | |
| 医药制造业 | 万立方米 | | 68 | 2115 | 311 | 311 | | |
| 橡胶制品业 | 万立方米 | | 12 | 336 | 12 | 12 | | |
| 塑料制品业 | 万立方米 | | 15689 | 400167 | 15684 | 15684 | 5 | |
| 非金属矿物制品业 | 万立方米 | | 20 | 527 | 20 | 20 | | |
| 黑色金属冶炼及压延加工业 | 万立方米 | | 38311 | 684538 | 38270 | 38270 | | |
| 有色金属冶炼及压延加工业 | 万立方米 | | 1049 | 25772 | 1049 | 1047 | 2 | |
| 金属制品业 | 万立方米 | | 118 | 3477 | 118 | 117 | 2 | |
| 通用设备制造业 | 万立方米 | | 343 | 9839 | 343 | 336 | 7 | |
| 专用设备制造业 | 万立方米 | | 1846 | 49809 | 1852 | 1801 | 51 | |
| 交通运输设备制造业 | 万立方米 | | 7 | 225 | 7 | | 7 | |
| 电气机械及器材制造业 | 万立方米 | | 338 | 9092 | 338 | 332 | 6 | |
| 电力、燃气及水的生产和供应业 | 万立方米 | | 50532 | 921549 | 50532 | 49262 | 1270 | |
| 电力、热力的生产和供应业 | 万立方米 | | 49137 | 890013 | 49137 | 49129 | 8 | |
| 燃气生产和供应业 | 万立方米 | | 1395 | 31536 | 1395 | 133 | 1262 | |
| **液化天然气** | **吨** | | **17559** | **65310** | **17559** | **17555** | **4** | |
| 采矿业 | 吨 | | 4 | 19 | 4 | 4 | | |
| 煤炭开采和洗选业 | 吨 | | 4 | 19 | 4 | 4 | | |
| 制造业 | 吨 | | 17552 | 65277 | 17552 | 17548 | 4 | |
| 饮料制造业 | 吨 | | 3 | 20 | 3 | 3 | | |
| 塑料制品业 | 吨 | | 3582 | 25209 | 3582 | 3582 | | |

（2012 年）

| 行业 | 计量单位 | 年初库存量 | 购进量 |  | 消费量 |  |  | 年末库存量 |
|---|---|---|---|---|---|---|---|---|
|  |  |  | 实物量 | 金额（千元） | 合计 | 工业生产消费 | 非工业生产消费 |  |
| 非金属矿物制品业 | 吨 |  | 4 | 30 | 4 |  | 4 |  |
| 黑色金属冶炼及压延加工业 | 吨 |  | 12331 | 34003 | 12331 | 12331 |  |  |
| 有色金属冶炼及压延加工业 | 吨 |  | 1460 | 4988 | 1460 | 1460 |  |  |
| 金属制品业 | 吨 |  | 107 | 689 | 107 | 107 |  |  |
| 通用设备制造业 | 吨 |  | 19 | 167 | 19 | 19 |  |  |
| 专用设备制造业 | 吨 |  | 46 | 170 | 46 | 46 |  |  |
| **煤层气** | **吨** |  | **1512** | **43532** | **1512** | **1512** |  |  |
| 制造业 | 吨 |  | 1512 | 43532 | 1512 | 1512 |  |  |
| 非金属矿物制品业 | 吨 |  | 279 | 8672 | 279 | 279 |  |  |
| 黑色金属冶炼及压延加工业 | 吨 |  | 1233 | 34860 | 1233 | 1233 |  |  |
| **原油** | **吨** |  | **512** | **3072** | **512** | **512** |  |  |
| 制造业 | 吨 |  | 512 | 3072 | 512 | 512 |  |  |
| 电气机械及器材制造业 | 吨 |  | 512 | 3072 | 512 | 512 |  |  |
| **汽油** | **吨** | **163** | **64727** | **505512** | **65322** | **58678** | **6644** | **137** |
| 采矿业 | 吨 |  | 3236 | 27950 | 3236 | 2553 | 684 |  |
| 煤炭开采和洗选业 | 吨 |  | 2062 | 19099 | 2062 | 1417 | 645 |  |
| 黑色金属矿采选业 | 吨 |  | 34 | 267 | 34 | 34 |  |  |
| 有色金属矿采选业 | 吨 |  | 1009 | 7325 | 1009 | 1009 |  |  |
| 非金属矿采选业 | 吨 |  | 132 | 1259 | 132 | 93 | 38 |  |
| 制造业 | 吨 | 160 | 56623 | 434299 | 56998 | 51684 | 5313 | 131 |
| 农副食品加工业 | 吨 | 1 | 2832 | 22039 | 2833 | 2814 | 19 | 1 |
| 食品制造业 | 吨 |  | 3694 | 25945 | 3694 | 3557 | 137 |  |
| 饮料制造业 | 吨 |  | 166 | 1276 | 166 | 131 | 35 |  |
| 烟草制品业 | 吨 |  | 261 | 2724 | 261 | 162 | 98 |  |
| 纺织业 | 吨 |  | 1045 | 7831 | 1045 | 1043 | 3 |  |
| 纺织服装、鞋、帽制造业 | 吨 | 2 | 835 | 6074 | 840 | 743 | 97 | 2 |
| 皮革、毛皮、羽毛(绒)等 | 吨 |  | 73 | 720 | 73 | 73 |  |  |
| 木材加工及木、竹、藤等 | 吨 |  | 77 | 517 | 77 | 64 | 13 |  |
| 家具制造业 | 吨 |  | 463 | 3191 | 463 | 397 | 66 |  |
| 造纸及纸制品业 | 吨 |  | 1432 | 10946 | 1556 | 1235 | 321 | 20 |
| 印刷业和记录媒介的复制 | 吨 | 1 | 1302 | 9439 | 1301 | 1162 | 139 | 2 |
| 文教体育用品制造业 | 吨 |  | 298 | 2366 | 298 | 184 | 115 |  |
| 石油加工炼焦及核燃料加工业 | 吨 |  | 358 | 2683 | 355 | 352 | 3 |  |
| 化学原料及化学制品制造业 | 吨 | 34 | 6180 | 45259 | 6155 | 5982 | 173 | 85 |
| 医药制造业 | 吨 |  | 6368 | 47493 | 6419 | 6251 | 169 |  |
| 化学纤维制造业 | 吨 |  | 59 | 430 | 59 | 46 | 13 |  |
| 橡胶制品业 | 吨 |  | 3379 | 27976 | 3379 | 3301 | 78 |  |

| 行业 | 计量单位 | 年初库存量 | 购进量 | | 消费量 | | | 年末库存量 |
|---|---|---|---|---|---|---|---|---|
| | | | 实物量 | 金额（千元） | 合计 | 工业生产消费 | 非工业生产消费 | |
| 塑料制品业 | 吨 | 4 | 10131 | 76024 | 10217 | 7914 | 2304 | 3 |
| 非金属矿物制品业 | 吨 | | 6494 | 50416 | 6587 | 6548 | 39 | |
| 黑色金属冶炼及压延加工业 | 吨 | 92 | 1737 | 14336 | 1744 | 1681 | 63 | 11 |
| 有色金属冶炼及压延加工业 | 吨 | | 1204 | 8937 | 1204 | 893 | 312 | |
| 金属制品业 | 吨 | 11 | 1630 | 13228 | 1637 | 1455 | 182 | 4 |
| 通用设备制造业 | 吨 | 3 | 3002 | 25397 | 3006 | 2450 | 556 | |
| 专用设备制造业 | 吨 | 10 | 2381 | 17685 | 2374 | 2287 | 87 | 4 |
| 交通运输设备制造业 | 吨 | 3 | 214 | 2242 | 229 | 220 | 9 | 1 |
| 电气机械及器材制造业 | 吨 | | 575 | 4866 | 593 | 357 | 235 | |
| 通信设备、计算机及其他 | 吨 | | 379 | 3862 | 379 | 328 | 51 | |
| 仪器仪表及文化、办公用 | 吨 | | 52 | 400 | 52 | 52 | | |
| 电力、燃气及水的生产和供应业 | 吨 | 3 | 3396 | 31872 | 3597 | 3105 | 493 | 6 |
| 电力、热力的生产和供应业 | 吨 | | 2748 | 25682 | 2952 | 2508 | 444 | |
| 燃气生产和供应业 | 吨 | | 326 | 3219 | 326 | 277 | 49 | |
| 水的生产和供应业 | 吨 | 3 | 322 | 2971 | 319 | 319 | | 5 |
| **煤油** | **吨** | **127** | **428** | **3695** | **448** | **439** | **9** | **106** |
| 制造业 | 吨 | 127 | 423 | 3646 | 444 | 435 | 9 | 106 |
| 造纸及纸制品业 | 吨 | | 2 | 12 | 2 | | 2 | |
| 印刷业和记录媒介的复制 | 吨 | | 8 | 75 | 8 | | 8 | |
| 塑料制品业 | 吨 | 50 | 239 | 1629 | 239 | 239 | | 50 |
| 黑色金属冶炼及压延加工业 | 吨 | 72 | 164 | 1818 | 186 | 186 | | 50 |
| 金属制品业 | 吨 | | | 3 | | | | |
| 通用设备制造业 | 吨 | 4 | 5 | 39 | 5 | 5 | | 5 |
| 专用设备制造业 | 吨 | | 2 | 27 | 2 | 2 | | |
| 交通运输设备制造业 | 吨 | | 3 | 43 | 3 | 3 | | 1 |
| 电力、燃气及水的生产和供应业 | 吨 | | 5 | 49 | 5 | 5 | | |
| 电力、热力的生产和供应业 | 吨 | | 5 | 49 | 5 | 5 | | |
| **柴油** | **吨** | **1782** | **55817** | **442678** | **54960** | **51402** | **3558** | **1509** |
| 采矿业 | 吨 | 9 | 5282 | 39911 | 5284 | 4765 | 518 | 6 |
| 煤炭开采和洗选业 | 吨 | 9 | 4314 | 31857 | 4317 | 4162 | 154 | 6 |
| 有色金属矿采选业 | 吨 | | 191 | 1518 | 191 | 178 | 13 | |
| 非金属矿采选业 | 吨 | | 776 | 6537 | 776 | 425 | 351 | |
| 制造业 | 吨 | 395 | 40088 | 310744 | 39064 | 36158 | 2907 | 256 |
| 农副食品加工业 | 吨 | | 758 | 5781 | 841 | 795 | 46 | |
| 食品制造业 | 吨 | 23 | 2761 | 18452 | 2764 | 2542 | 222 | 20 |
| 饮料制造业 | 吨 | | 614 | 5351 | 614 | 614 | | |
| 烟草制品业 | 吨 | | 268 | 2361 | 268 | 255 | 13 | |
| 纺织业 | 吨 | | 1069 | 9558 | 1069 | 1069 | | |

| 行 业 | 计量单位 | 年初库存量 | 购进量 实物量 | 购进量 金额（千元） | 消费量 合计 | 消费量 工业生产消费 | 消费量 非工业生产消费 | 年末库存量 |
|---|---|---|---|---|---|---|---|---|
| 纺织服装、鞋、帽制造业 | 吨 | | 73 | 552 | 73 | 61 | 12 | |
| 木材加工及木、竹、藤等 | 吨 | | 28 | 194 | 28 | 1 | 27 | |
| 家具制造业 | 吨 | | 105 | 664 | 105 | 95 | 10 | |
| 造纸及纸制品业 | 吨 | | 477 | 3480 | 477 | 477 | | |
| 印刷业和记录媒介的复制 | 吨 | | 233 | 1939 | 234 | 204 | 30 | |
| 石油加工炼焦及核燃料加工业 | 吨 | 54 | 476 | 4543 | 447 | 433 | 14 | 83 |
| 化学原料及化学制品制造业 | 吨 | 3 | 728 | 5577 | 730 | 656 | 74 | 1 |
| 医药制造业 | 吨 | | 676 | 5135 | 676 | 639 | 37 | |
| 橡胶制品业 | 吨 | | 128 | 956 | 128 | 120 | 8 | |
| 塑料制品业 | 吨 | 38 | 11286 | 90603 | 11316 | 10126 | 1191 | 8 |
| 非金属矿物制品业 | 吨 | 20 | 6731 | 54389 | 6731 | 6731 | | 20 |
| 黑色金属冶炼及压延加工业 | 吨 | 210 | 3522 | 25987 | 2470 | 1789 | 681 | 66 |
| 有色金属冶炼及压延加工业 | 吨 | 8 | 133 | 986 | 124 | 113 | 11 | 16 |
| 金属制品业 | 吨 | 4 | 300 | 2374 | 303 | 277 | 26 | 1 |
| 通用设备制造业 | 吨 | 8 | 2787 | 20054 | 2789 | 2320 | 469 | 6 |
| 专用设备制造业 | 吨 | 25 | 6823 | 50943 | 6764 | 6764 | | 35 |
| 交通运输设备制造业 | 吨 | 2 | 27 | 245 | 27 | 27 | | 2 |
| 电气机械及器材制造业 | 吨 | | 37 | 232 | 37 | 5 | 32 | |
| 通信设备、计算机及其他 | 吨 | | 49 | 387 | 49 | 43 | 6 | |
| 电力、燃气及水的生产和供应业 | 吨 | 1375 | 9969 | 88858 | 10136 | 10043 | 93 | 1247 |
| 电力、热力的生产和供应业 | 吨 | 1374 | 9447 | 84519 | 9613 | 9520 | 93 | 1246 |
| 燃气生产和供应业 | 吨 | | 325 | 2658 | 325 | 325 | | |
| 水的生产和供应业 | 吨 | 1 | 197 | 1681 | 198 | 198 | | |
| **燃料油** | **吨** | **20371** | **11257** | **51821** | **11855** | **11855** | | **19773** |
| 制造业 | 吨 | 17320 | 8535 | 36234 | 8285 | 8285 | | 17570 |
| 农副食品加工业 | 吨 | 68 | 2001 | 9076 | 2004 | 2004 | | 65 |
| 塑料制品业 | 吨 | 340 | 3555 | 13024 | 3652 | 3652 | | 244 |
| 黑色金属冶炼及压延加工业 | 吨 | 16911 | 2979 | 14134 | 2630 | 2630 | | 17261 |
| 电力、燃气及水的生产和供应业 | 吨 | 3051 | 2722 | 15587 | 3570 | 3570 | | 2204 |
| 电力、热力的生产和供应业 | 吨 | 3051 | 2722 | 15587 | 3570 | 3570 | | 2204 |
| **液化石油气** | **吨** | **11** | **5224** | **29300** | **5226** | **5225** | **1** | **9** |
| 制造业 | 吨 | 11 | 5178 | 28973 | 5180 | 5179 | 1 | 9 |
| 造纸及纸制品业 | 吨 | | 11 | 66 | 11 | 11 | | |
| 塑料制品业 | 吨 | | 1663 | 7729 | 1657 | 1657 | | 6 |
| 黑色金属冶炼及压延加工业 | 吨 | | 13 | 57 | 10 | 10 | | 3 |
| 有色金属冶炼及压延加工业 | 吨 | | 942 | 5718 | 942 | 942 | | |
| 金属制品业 | 吨 | | 70 | 473 | 70 | 70 | | |

| 行业 | 计量单位 | 年初库存量 | 购进量 |  | 消费量 |  |  | 年末库存量 |
|---|---|---|---|---|---|---|---|---|
|  |  |  | 实物量 | 金额（千元） | 合计 | 工业生产消费 | 非工业生产消费 |  |
| 通用设备制造业 | 吨 | 11 | 2479 | 14931 | 2490 | 2488 | 1 |  |
| 电力、燃气及水的生产和供应业 | 吨 |  | 46 | 326 | 46 | 46 |  |  |
| 电力、热力的生产和供应业 | 吨 |  | 46 | 326 | 46 | 46 |  |  |
| **润滑油** | **吨** |  | **32** | **199** | **32** | **32** |  |  |
| 制造业 | 吨 |  | 32 | 199 | 32 | 32 |  |  |
| 非金属矿物制品业 | 吨 |  | 2 | 15 | 2 | 2 |  |  |
| 金属制品业 | 吨 |  | 3 | 31 | 3 | 3 |  |  |
| 专用设备制造业 | 吨 |  | 27 | 153 | 27 | 27 |  |  |
| **石油焦** | **吨** | **28843** | **367465** | **457811** | **368956** | **368956** |  | **27352** |
| 制造业 | 吨 | 26304 | 230303 | 280049 | 233973 | 233973 |  | 22634 |
| 塑料制品业 | 吨 | 300 | 103810 | 119523 | 103010 | 103010 |  | 1100 |
| 黑色金属冶炼及压延加工业 | 吨 | 26004 | 126493 | 160526 | 130963 | 130963 |  | 21534 |
| 电力、燃气及水的生产和供应业 | 吨 | 2539 | 137162 | 177762 | 134983 | 134983 |  | 4718 |
| 电力、热力的生产和供应业 | 吨 | 2539 | 137162 | 177762 | 134983 | 134983 |  | 4718 |
| **石油沥青** | **吨** | **1439** | **35338** | **94965** | **34910** | **34910** |  | **1867** |
| 制造业 | 吨 | 600 | 7784 | 23113 | 7784 | 7784 |  | 600 |
| 塑料制品业 | 吨 | 600 | 7784 | 23113 | 7784 | 7784 |  | 600 |
| 电力、燃气及水的生产和供应业 | 吨 | 839 | 27554 | 71852 | 27126 | 27126 |  | 1267 |
| 电力、热力的生产和供应业 | 吨 | 839 | 27554 | 71852 | 27126 | 27126 |  | 1267 |
| **其他石油制品** | **吨** | **108** | **90700** | **169436** | **90632** | **90632** |  | **163** |
| 制造业 | 吨 | 57 | 90290 | 165129 | 90271 | 90271 |  | 63 |
| 塑料制品业 | 吨 | 50 | 8388 | 13514 | 8388 | 8388 |  | 50 |
| 黑色金属冶炼及压延加工业 | 吨 | 7 | 80934 | 143151 | 80915 | 80915 |  | 12 |
| 有色金属冶炼及压延加工业 | 吨 |  | 224 | 632 | 224 | 224 |  |  |
| 金属制品业 | 吨 |  | 41 | 428 | 41 | 41 |  |  |
| 通用设备制造业 | 吨 |  | 703 | 7403 | 703 | 703 |  |  |
| 电力、燃气及水的生产和供应业 | 吨 | 51 | 410 | 4307 | 361 | 361 |  | 100 |
| 电力、热力的生产和供应业 | 吨 | 51 | 410 | 4307 | 361 | 361 |  | 100 |
| **热力** | **百万千焦** |  | **6002332** | **262358** | **13703879** | **13653900** | **49980** |  |
| 制造业 | 百万千焦 |  | 973332 | 61198 | 8674879 | 8624900 | 49980 |  |
| 农副食品加工业 | 百万千焦 |  | 335370 | 21095 | 335370 | 335370 |  |  |
| 食品制造业 | 百万千焦 |  | 51921 | 3137 | 51891 | 46447 | 5445 |  |
| 饮料制造业 | 百万千焦 |  | 39705 | 3040 | 39705 | 39705 |  |  |
| 纺织业 | 百万千焦 |  | 155248 | 9775 | 155248 | 155248 |  |  |
| 纺织服装、鞋、帽制造业 | 百万千焦 |  | 88675 | 6188 | 88675 | 88675 |  |  |
| 印刷业和记录媒介的复制 | 百万千焦 |  | 7235 | 451 | 7235 | 7235 |  |  |
| 石油加工炼焦及核燃料加工业 | 百万千焦 |  | 2348 | 140 | 2348 | 2348 |  |  |

(2012 年)

| 行业 | 计量单位 | 年初库存量 | 购进量 | | 消费量 | | | 年末库存量 |
|---|---|---|---|---|---|---|---|---|
| | | | 实物量 | 金额(千元) | 合计 | 工业生产消费 | 非工业生产消费 | |
| 化学原料及化学制品制造业 | 百万千焦 | | 2117 | 149 | 2117 | 2117 | | |
| 医药制造业 | 百万千焦 | | 6724 | 509 | 6724 | 6599 | 126 | |
| 塑料制品业 | 百万千焦 | | 1943 | 147 | 1943 | | 1943 | |
| 黑色金属冶炼及压延加工业 | 百万千焦 | | | | 7701577 | 7701577 | | |
| 金属制品业 | 百万千焦 | | 541 | 35 | 541 | 541 | | |
| 通用设备制造业 | 百万千焦 | | 148470 | 8585 | 148470 | 144496 | 3974 | |
| 专用设备制造业 | 百万千焦 | | 114142 | 6863 | 114142 | 75649 | 38493 | |
| 交通运输设备制造业 | 百万千焦 | | 18893 | 1084 | 18893 | 18893 | | |
| 电力、燃气及水的生产和供应业 | 百万千焦 | | 5029000 | 201160 | 5029000 | 5029000 | | |
| 电力、热力的生产和供应业 | 百万千焦 | | 5029000 | 201160 | 5029000 | 5029000 | | |
| **电力** | **万千瓦时** | | **3073389** | **19187103** | **3964084** | **3941480** | **22604** | |
| 采矿业 | 万千瓦时 | | 224131 | 1556721 | 228160 | 218266 | 9894 | |
| 煤炭开采和洗选业 | 万千瓦时 | | 204867 | 1418163 | 208896 | 199003 | 9894 | |
| 黑色金属矿采选业 | 万千瓦时 | | 326 | 2457 | 326 | 326 | | |
| 有色金属矿采选业 | 万千瓦时 | | 3544 | 26080 | 3544 | 3544 | | |
| 非金属矿采选业 | 万千瓦时 | | 15393 | 110020 | 15393 | 15393 | | |
| 制造业 | 万千瓦时 | | 2265399 | 14897493 | 3008597 | 3000355 | 8242 | |
| 农副食品加工业 | 万千瓦时 | | 40063 | 271547 | 40063 | 40003 | 60 | |
| 食品制造业 | 万千瓦时 | | 42251 | 286698 | 42251 | 41850 | 401 | |
| 饮料制造业 | 万千瓦时 | | 20364 | 152506 | 20364 | 20203 | 161 | |
| 烟草制品业 | 万千瓦时 | | 4656 | 37203 | 4656 | 4656 | | |
| 纺织业 | 万千瓦时 | | 20540 | 147190 | 20540 | 20540 | | |
| 纺织服装、鞋、帽制造业 | 万千瓦时 | | 11271 | 86641 | 11271 | 11250 | 22 | |
| 皮革、毛皮、羽毛(绒)等 | 万千瓦时 | | 411 | 3158 | 411 | 411 | | |
| 木材加工及木、竹、藤等 | 万千瓦时 | | 3662 | 25920 | 3662 | 3643 | 19 | |
| 家具制造业 | 万千瓦时 | | 5583 | 40047 | 5583 | 5568 | 15 | |
| 造纸及纸制品业 | 万千瓦时 | | 64367 | 475964 | 64367 | 64340 | 27 | |
| 印刷业和记录媒介的复制 | 万千瓦时 | | 11316 | 80772 | 11316 | 10515 | 801 | |
| 文教体育用品制造业 | 万千瓦时 | | 12216 | 81448 | 12216 | 12215 | 1 | |
| 石油加工炼焦及核燃料加工业 | 万千瓦时 | | 2755 | 17752 | 2755 | 2738 | 17 | |
| 化学原料及化学制品制造业 | 万千瓦时 | | 196277 | 1124496 | 196277 | 196013 | 264 | |
| 医药制造业 | 万千瓦时 | | 23112 | 165106 | 23112 | 22889 | 223 | |
| 化学纤维制造业 | 万千瓦时 | | 692 | 5228 | 692 | 692 | | |

| 行业 | 计量单位 | 年初库存量 | 购进量 |  | 消费量 |  |  | 年末库存量 |
|---|---|---|---|---|---|---|---|---|
|  |  |  | 实物量 | 金额（千元） | 合计 | 工业生产消费 | 非工业生产消费 |  |
| 橡胶制品业 | 万千瓦时 |  | 25616 | 183057 | 25616 | 25586 | 30 |  |
| 塑料制品业 | 万千瓦时 |  | 904066 | 6132307 | 908357 | 906684 | 1672 |  |
| 非金属矿物制品业 | 万千瓦时 |  | 153295 | 972333 | 153295 | 152846 | 449 |  |
| 黑色金属冶炼及压延加工业 | 万千瓦时 |  | 396316 | 2347712 | 1135043 | 1134255 | 788 |  |
| 有色金属冶炼及压延加工业 | 万千瓦时 |  | 62896 | 412975 | 62896 | 62781 | 115 |  |
| 金属制品业 | 万千瓦时 |  | 46753 | 317633 | 46753 | 46656 | 97 |  |
| 通用设备制造业 | 万千瓦时 |  | 102599 | 713413 | 102599 | 100711 | 1888 |  |
| 专用设备制造业 | 万千瓦时 |  | 38180 | 280735 | 38180 | 37527 | 653 |  |
| 交通运输设备制造业 | 万千瓦时 |  | 7507 | 52549 | 7507 | 7269 | 238 |  |
| 电气机械及器材制造业 | 万千瓦时 |  | 67406 | 473131 | 67586 | 67297 | 289 |  |
| 通信设备、计算机及其他 | 万千瓦时 |  | 1022 | 8566 | 1022 | 1009 | 13 |  |
| 仪器仪表及文化、办公用 | 万千瓦时 |  | 206 | 1406 | 206 | 206 |  |  |
| 电力、燃气及水的生产和供应业 | 万千瓦时 |  | 562397 | 2579986 | 705737 | 701414 | 4323 |  |
| 电力、热力的生产和供应业 | 万千瓦时 |  | 547294 | 2464546 | 690634 | 687248 | 3386 |  |
| 燃气生产和供应业 | 万千瓦时 |  | 3355 | 25330 | 3355 | 3347 | 8 |  |
| 水的生产和供应业 | 万千瓦时 |  | 11748 | 90110 | 11748 | 10819 | 930 |  |
| **生物质废料用于燃烧** | **吨标准煤** | **44** | **6800** | **3613** | **6844** | **6844** |  |  |
| 制造业 | 吨标准煤 | 44 | 6800 | 3613 | 6844 | 6844 |  |  |
| 医药制造业 | 吨标准煤 |  | 4012 | 2024 | 4012 | 4012 |  |  |
| 塑料制品业 | 吨标准煤 | 44 | 2788 | 1589 | 2832 | 2832 |  |  |
| **余热余压** | **百万千焦** |  |  |  | **2270173** | **2270173** |  |  |
| 采矿业 | 百万千焦 |  |  |  | 484031 | 484031 |  |  |
| 煤炭开采和洗选业 | 百万千焦 |  |  |  | 484031 | 484031 |  |  |
| 制造业 | 百万千焦 |  |  |  | 1786142 | 1786142 |  |  |
| 塑料制品业 | 百万千焦 |  |  |  | 1545505 | 1545505 |  |  |
| 有色金属冶炼及压延加工业 | 百万千焦 |  |  |  | 240637 | 240637 |  |  |
| **城市生活垃圾用于燃烧** | **吨标准煤** |  | **443405** | **50** | **443405** | **443405** |  |  |
| 电力、燃气及水的生产和供应业 | 吨标准煤 |  | 443405 | 50 | 443405 | 443405 |  |  |
| 电力、热力的生产和供应业 | 吨标准煤 |  | 443405 | 50 | 443405 | 443405 |  |  |
| **其它燃料** | **吨** |  | **1025** | **724** | **1097** | **1097** |  |  |
| 制造业 | 吨 |  | 1025 | 724 | 1097 | 1097 |  |  |
| 造纸及纸制品业 | 吨 |  | 1025 | 724 | 1025 | 1025 |  |  |
| 有色金属冶炼及压延加工业 | 吨 |  |  |  | 72 | 72 |  |  |

# 主要统计指标解释

按照国家统计方法制度规定,1998 年独立核算工业统计范围由原乡及乡以上调整为全部国有及年销售收入 500 万元及以上非国有工业企业(即新口径)。2007 年起为规模以上工业企业,即年主营业务收入为 500 万元及以上的法人工业企业。2011 年起为年主营业务收入为 2000 万元及以上的法人工业企业。同时,统计分类中的原经济组织类型分组相应地调整为按企业登记注册类型分组。

**工业** 指从事自然资源的开采,对采掘品和农产品进行加工和再加工的物质生产部门。具体包括:1. 对自然资源的开采,如采矿、晒盐、森林采伐等(但不包括禽兽捕猎和水产捕捞);2. 对农副产品的加工、再加工,如粮油加工、食品加工、轧花、缫丝、纺织、制革等;3. 对采掘品的加工、再加工,如炼铁、炼钢、化工生产、石油加工、机器制造、木材加工等,以及电力、自来水、煤气的生产和供应等;4. 对工业品的修理、翻新,如机器设备的修理,交通运输工具(包括小卧车)的修理等。1984 年以前农村的村及村以下办工业归属农业,1984 年以后划归工业。

工业统计调查单位工业统计调查单位分为两类:独立核算法人工业企业和工业活动单位。

1. 独立核算法人工业企业是指从事工业生产经营活动的单位。独立核算法人工业企业应同时具备以下条件:(1)依法成立,有自己的名称、组织机构和场所,能够承担民事责任;(2)独立拥有和使用资产,承担负债,有权与其他单位签订合同;(3)独立核算盈亏,并能够编制资产负债表。

2. 工业活动单位是指在一个场所从事一种或主要从事一种工业生产活动的经济单位。它包括独立核算工业企业按主营业务活动(即工业生产活动)划分的主营业务活动单位和非工业企业所属的工业生产活动单位(即原非独立核算工业生产单位)。工业活动单位,一般应同时具备以下三个条件:(1)具有一个场所,从事一种或主要从事一种工业活动;(2)单独组织工业生产、经营或业务活动;(3)单独核算收入和支出。

**轻工业** 主要是指生产消费资料的工业部门。如:食品、纺织、皮革、造纸、日用化工、文教艺术体育用品工业等。

轻工业主要指提供生活消费品的工业部门,包括:①以农产品为原料的。如棉、毛、麻、丝的纺织及缝纫,皮革及其制品,纸浆及造纸,食品制造等工业;②以非农产品为原料的。如日用金属、日用化工、日用玻璃、日用陶瓷、化学纤维及其织品、火柴、生活用木制品等工业。轻工业产品大部门是生产消费品,一部分作为原料和半成品用于生产,如化学纤维、工业用布、纸张、盐等。

**重工业** 指为国民经济各部门提供物质技术基础的主要生产资料的工业。按其生产性质和产品用途,可以分为下列三类:1. 采掘(伐)工业,是指对自然资源的开采,包括石油开采、煤炭开采、金属矿开采、非金属矿开采和木材采伐等工业;2. 原材料工业,指向国民经济各部门提供基本材料、动力和燃料的工业。包括金属冶炼及加工、炼焦及焦炭化学、化工原料、水泥、人造板以及电力、石油和煤炭加工业等工业;3. 加工工业,是指对工业原材料进行再加工制造的工业。包括装备国民经济各部门的机械设备制造工业、金属结构、水泥制品等工业,以及为农业提供的生产资料如化肥、农药等工业。

根据上述划分原则,修理业中以重工业产品为修理作业对象的划为重工业,反之划为轻工业。

**工业增加值** 指工业行业在报告期内以货币表现的工业生产活动的最终成果。

**成本费用利润率** 指在一定时期内实现的利润与成本费用之比,是反映工业生产成本及费用投入的经济效益指标,同时也是反映降低成本的经济效益的指标。计算公式:工业成本费用

$$\text{利润率}(\%)=\frac{\text{利润总额}}{\text{成本费用总额}}\times100\%$$

**全员劳动生产率** 指根据产品的价值量指标计算的平均每个职工在单位时间内的产品生产量。是考核企业经济活动的重要指标,是企业生产技术水平、经营管理水平、职工技术熟练程度和劳动积极性的综合表现。目前我国的全员劳动生产率是将工业企业的工业增加值除以同一时期全部职工的平均人数来计算的。计算公式:

$$\text{全员劳动生产率}=\frac{\text{工业增加值}}{\text{全部职工平均人数}}\times100\%$$

**总资产贡献率** 该指标反映企业全部资产的获利能力,是企业经营业绩和管理水平的集中体现,是

评价和考核企业盈利能力的核心指标。计算公式为：

$$总资产贡献率=(利润总额+税金总额+利息支出)/平均资产总额\times\frac{12}{累计月数}$$

#税金总额为产品销售税金及附加与应交增值税之和；平均资产总额为期初期末资产总计的算术平均值。

**资产负债率** 该指标既反映企业经营风险的大小，也反映企业利用债权人提供的资金从事经营活动的能力。计算公式为：

资产负债率=负债总额/资产总额

**产品销售率** 该指标反映工业产品已实现销售的程度，是分析工业产销衔接情况、研究工业产品满足社会需求的指标。计算公式为：

产品销售率=工业销售产值/工业总产值(现价)

**主营业务收入** 指企业销售产品的销售收入和提供劳务等主要经营业务取得的业务收入总额。

**主营业务成本** 指企业销售产品和提供劳务等主要经营业务的实际成本。

**营业费用** 指企业在报告期内在产品销售和提供工业性劳务等主要经营业务过程中所发生的各项费用，包括运输费、装卸费、包装费、保险费、展览费、广告费，以及为销售本企业产品而专设的销售机构的职工工资、福利费、业务费等经常费用。

主营业务税金及附加指企业在报告期销售产品和提供工业性劳务等应负担的销售税金及附加，包括产品税、增值税、营业税、城市维护建设税、资源税和教育费附加。

**利润总额** 指企业在报告期内实现的利润，反映企业最终的财务成果。亏损以"—"表示，计算公式为：

利润总额=营业利润+投资收益+补贴收入+营业外收入-营业外支出+以前年度损益调整

**利税总额** 指企业产品销售税金及附加和利润总额之和。

**总资产** 指企业拥有或控制的全部资产。包括流动资产、长期投资、固定资产、无形及递延资产、其他资产等，即为企业资产负债表的资产总计项。

1. 流动资产指企业可以在一年内或者超过一年的一个生产周期内变现或耗用的资产合计。包括现金及各种存款、短期投资、应收及预付款项、存货等。

2. 固定资产指企业固定资产净值、固定资产清理、在建工程、待处理固定资产损失所占用的资金合计。

3. 无形资产指企业长期使用而没有实物形态的资产。包括专利权、非专利技术、商标权、著作权、土地使用权、商誉等。

**总负债** 指企业承担并需要偿还的全部债务。包括流动负债和长期负债等。即为企业资产负债表的负债合计项。

1. 流动负债指企业在一年内或者超过一年的一个营业周期内需要偿还的债务合计，其中包括短期借款、应付及预收款项、应付工资、应交税金和应交利润等。

2. 长期负债指企业在一年以上或者超过一年的一个生产周期以上需要偿还的债务合计，其中包括长期借款、应付债务、长期应付款项等。

**所有者权益** 指企业投资人对企业净资产的所有权。企业净资产等于企业全部资产减去全部负债后的余额，其中包括投资者对企业的最初投入，以及公积金、盈余公积金和未分配利润，对股份制企业即为股东权益。

**从业人员平均人数** 是指报告期内平均拥有的从业人员人数。

**成本费用利润率** 反映企业投入的生产成本及费用的经济效益，同时也反映企业降低成本所取得的经济效益。

**流动资产周转次数** 指一定时期内流动资产完成的周转次数，反映投入工业企业流动资金的周转速度。

**应交增值税** 指企业按税法规定，从事货物销售或提供加工、修理修配劳务等增加货物价值的活动本期应交纳的税金。计算公式为：

应交增值税=销项税额-(进项税额-进项税额转出)-出口抵减内销产品应纳税额-减免税款+出口退税

进项税额指工业企业在报告期内购入货物或接受应税劳务而支付的、准予从销项税额中抵扣的增值税额。

销项税额指工业企业在报告期内销售货物或提供应税劳务应收取的增值税额。

**能源生产总量** 指一定时期内,全国一次能源生产量的总和。该指标是观察全国能源生产水平、规模、构成和发展速度的总量指标。一次能源生产量包括原煤、原油、天然气、水电、核能及其他动力能(如风能、地热能等)发电量,不包括低热值燃料生产量、生物质能、太阳能等的利用和由一次能源加工转换而成的二次能源产量。

**能源消费总量** 指一定时期内,全国各行业和居民生活消费的各种能源的总和。该指标是观察能源消费水平、构成和增长速度的总量指标。能源消费总量包括原煤和原油及其制品、天然气、电力,不包括低热值燃料、生物质能和太阳能等的利用。能源消费总量分为终端能源消费量、能源加工转换损失量和能源损失量三部分。

# 九、建　筑　业

# 9-1 建筑业生产情况

(2012 年)

| 指　　标 | 合　计 | 内资企业 | 国有 | 集体 | 港澳台投资企业 | 外商投资企业 |
|---|---|---|---|---|---|---|
| 建筑业企业个数(个) | 1411 | 1401 | 37 | 24 | 5 | 5 |
| 签订的合同额(千元) | 367447962 | 366858691 | 55237920 | 1543252 | 506365 | 82906 |
| 上年结转合同额 | 140980553 | 140961579 | 24213300 | 587353 | 4114 | 14860 |
| 本年新签合同额 | 226467409 | 225897112 | 31024620 | 955899 | 502251 | 68046 |
| 承包工程完成情况(千元) | | | | | | |
| 直接从建设单位承揽工程完成的产值 | 180717912 | 179204752 | 25114316 | 1161930 | 1438059 | 75101 |
| 自行完成施工产值 | 179462513 | 178533858 | 24792550 | 1156450 | 853554 | 75101 |
| 分包出去工程的产值 | 1255399 | 670894 | 321766 | 5480 | 584505 | |
| 从建设单位以外承揽工程完成的产值 | 2202018 | 1944581 | 346905 | | 257437 | |
| 建筑业总产值(千元) | 181664531 | 180478439 | 25139455 | 1156450 | 1110991 | 75101 |
| #装饰装修产值 | 8245023 | 8186241 | | 26206 | 4531 | 54251 |
| 建筑工程产值 | 154773340 | 153876814 | 18507755 | 779708 | 882655 | 13871 |
| 安装工程产值 | 21349892 | 21065518 | 6459255 | 301111 | 223805 | 60569 |
| 其他产值 | 5541299 | 5536107 | 172445 | 75631 | 4531 | 661 |
| 建筑业竣工产值(千元) | 86771382 | 86712316 | 5213771 | 883199 | 3929 | 55137 |
| 直接从事生产经营活动的平均人数(人) | 477474 | 477028 | 38087 | 5668 | 88 | 358 |
| 年末从业人数 | 474383 | 473637 | 31652 | 7246 | 286 | 460 |
| #工程技术人员 | 91982 | 91788 | 7013 | 1061 | 105 | 89 |
| 全员劳动生产率按总产值计算(元/人) | 380470 | 378339 | 660053 | 204031 | 12624898 | 209779 |
| 房屋建筑施工面积(平方米) | 120015908 | 119758471 | 12119154 | 437880 | 257437 | |
| #本年新开工面积 | 54103207 | 53845770 | 3614944 | 119849 | 257437 | |
| #实行投标承包面积 | 105920553 | 105663116 | 11662105 | 315728 | 257437 | |
| #本年新开工 | 47837658 | 47580221 | 3608944 | 55598 | 257437 | |
| 房屋建筑竣工面积(平方米) | 36677958 | 36677958 | 1533076 | 270997 | | |
| 房屋竣工率(%) | 30.56 | 30.63 | 12.65 | 61.89 | | |
| 招投标率按房屋施工面积计算(%) | 88.26 | 88.23 | 96.23 | 72.10 | 100.00 | |
| 年末自有施工机械设备(净值)(千元) | 5963803 | 5945353 | 799026 | 58235 | | 18450 |
| 年末自有施工机械设备(总台数)(台) | 198944 | 198905 | 19103 | 981 | | 39 |
| 年末自有施工机械设备(总功率)(千瓦) | 5889417 | 5887712 | 533328 | 28998 | | 1705 |
| 技术装备率(元/人) | 12572 | 12553 | 25244 | 8037 | | 40109 |
| 动力装备率(千瓦/人) | 12.4 | 12.4 | 16.8 | 4.0 | | 3.7 |

9-1 续表

| 指　　标 | 合　计 | 房屋建筑业 | 土木工程建筑业 | 建筑安装业 | 建筑装饰和其他建筑业 | 建筑装饰业 | 其他未列明建筑业 |
|---|---|---|---|---|---|---|---|
| 建筑业企业个数(个) | 1411 | 275 | 229 | 270 | 637 | 464 | 151 |
| 签订的合同额(千元) | 367447962 | 209780721 | 116601008 | 23972354 | 17093879 | 8827563 | 5760652 |
| 上年结转合同额 | 140980553 | 79083050 | 50697659 | 7805967 | 3393877 | 1480009 | 1428277 |
| 本年新签合同额 | 226467409 | 130697671 | 65903349 | 16166387 | 13700002 | 7347554 | 4332375 |
| 承包工程完成情况(千元) | | | | | | | |
| 直接从建设单位承揽工程完成的产值 | 180717912 | 102535871 | 49250632 | 16242790 | 12688619 | 7255505 | 3677508 |
| 自行完成施工产值 | 179462513 | 101787743 | 49158999 | 15867166 | 12648605 | 7248816 | 3644233 |
| 分包出去工程的产值 | 1255399 | 748128 | 91633 | 375624 | 40014 | 6689 | 33275 |
| 从建设单位以外承揽工程完成的产值 | 2202018 | 748688 | 889174 | 185393 | 378763 | 140246 | 222869 |
| 建筑业总产值(千元) | 181664531 | 102536431 | 50048173 | 16052559 | 13027368 | 7389062 | 3867102 |
| #装饰装修产值 | 8245023 | 1248903 | 1089340 | 301038 | 5605742 | 5507879 | 97863 |
| 建筑工程产值 | 154773340 | 95408075 | 44855114 | 6602589 | 7907562 | 4319114 | 1864840 |
| 安装工程产值 | 21349892 | 5566800 | 4090127 | 9160653 | 2532312 | 1149516 | 1382206 |
| 其他产值 | 5541299 | 1561556 | 1102932 | 289317 | 2587494 | 1920432 | 620056 |
| 建筑业竣工产值(千元) | 86771382 | 51377678 | 20771845 | 7841243 | 6780616 | 4457022 | 1684312 |
| 直接从事生产经营活动的平均人数(人) | 477474 | 273756 | 123288 | 41972 | 38458 | 25189 | 10240 |
| 年末从业人数 | 474383 | 281624 | 98852 | 46203 | 47704 | 30603 | 13801 |
| #工程技术人员 | 91982 | 42023 | 26506 | 11485 | 11968 | 7076 | 4013 |
| 全员劳动生产率按总产值计算(元/人) | 380470 | 374554 | 405945 | 382459 | 338743 | 293345 | 377647 |
| 房屋建筑施工面积(平方米) | 120015908 | 114651513 | 1732912 | 2521663 | 1109820 | | 759679 |
| #本年新开工面积 | 54103207 | 51265664 | 869002 | 1221685 | 746856 | | 638791 |
| #实行投标承包面积 | 105920553 | 102008506 | 1600513 | 1859754 | 451780 | | 133239 |
| #本年新开工 | 47837658 | 45966396 | 777603 | 927850 | 165809 | | 57744 |
| 房屋建筑竣工面积(平方米) | 36677958 | 34678274 | 664258 | 1121713 | 213713 | | 113899 |
| 房屋竣工率(%) | 30.56 | 30.25 | 38.33 | 44.48 | 19.26 | | 14.99 |
| 招投标率按房屋施工面积计算(%) | 88.26 | 88.97 | 92.36 | 73.75 | 40.71 | | 17.54 |
| 年末自有施工机械设备(净值)(千元) | 5963803 | 1933412 | 2878576 | 676922 | 474893 | 206449 | 175915 |
| 年末自有施工机械设备(总台数)(台) | 198944 | 103842 | 51961 | 24015 | 19126 | 12034 | 5927 |
| 年末自有施工机械设备(总功率)(千瓦) | 5889417 | 1867447 | 3116945 | 593134 | 311891 | 145131 | 129382 |
| 技术装备率(元/人) | 12572 | 6865 | 29120 | 14651 | 9955 | 6746 | 12747 |
| 动力装备率(千瓦/人) | 12.4 | 6.6 | 31.5 | 12.8 | 6.5 | 4.7 | 9.4 |

# 9-2 建筑业主要经济指标

（2012 年）

单位：千元

| 指　　标 | 合　计 | 内资企业 | 国有 | 集体 | 港澳台投资企业 | 外商投资企业 |
|---|---|---|---|---|---|---|
| **年初存货** | **24841192** | **24808470** | **2949170** | **115566** | **18500** | **14222** |
| **年末资产负债** | | | | | | |
| 流动资产合计 | 120838631 | 119661362 | 19078605 | 533261 | 1070782 | 106487 |
| 应收工程款 | 24208967 | 24169984 | 4968709 | 169076 | 7055 | 31928 |
| #竣工工程 | 6710918 | 6682461 | 1138227 | 92649 | 1240 | 27217 |
| 存货 | 28519238 | 28515942 | 5067941 | 122033 | 2157 | 1139 |
| 固定资产合计 | 14889875 | 14738289 | 1890668 | 139748 | 6261 | 145325 |
| 固定资产减值准备 | 120042 | 120042 | 6490 | | | |
| 固定资产原价 | 20448330 | 20170299 | 3527879 | 188943 | 9489 | 268542 |
| 累计折旧 | 8284552 | 8154440 | 1910037 | 64278 | 3229 | 126883 |
| #本年折旧 | 1643644 | 1611833 | 337557 | 5581 | 351 | 31460 |
| 在建工程 | 1656896 | 1656896 | 187082 | 12063 | | |
| 资产合计 | 151342631 | 149951344 | 21970969 | 705557 | 1127891 | 263396 |
| 流动负债合计 | 95965445 | 94806745 | 17935313 | 330782 | 1085483 | 73217 |
| 应付账款 | 33193147 | 33162961 | 6418018 | 134545 | 383 | 29803 |
| 非流动负债合计 | 3040047 | 3040047 | 569869 | 899 | | |
| 负债合计 | 102885031 | 101726161 | 18516943 | 334348 | 1085483 | 73387 |
| 所有者权益合计 | 48457600 | 48225183 | 3454026 | 371209 | 42408 | 190009 |
| 实收资本 | 33597095 | 33520597 | 2462321 | 230565 | 22388 | 54110 |
| #国家资本 | 3095876 | 3095876 | 1028810 | | | |
| #集体资本 | 1211839 | 1211839 | 120000 | 201665 | | |
| #法人资本 | 10738239 | 10690721 | 1313511 | 9000 | | 47518 |
| #个人资本 | 18531776 | 18519861 | | 19900 | 10915 | 1000 |
| #港澳台资本 | 12673 | 1200 | | | 11473 | |
| #外商资本 | 6692 | 1100 | | | | 5592 |
| **损益及分配** | | | | | | |
| 营业收入 | 188155505 | 187847428 | 27133896 | 1076653 | 145609 | 162468 |
| 主营业务收入 | 186345396 | 186047763 | 26829964 | 1071494 | 135165 | 162468 |
| 营业成本 | 168558356 | 168291011 | 24849337 | 903250 | 131509 | 135836 |
| 主营业务成本 | 166313301 | 166045956 | 24476087 | 902169 | 131509 | 135836 |
| 营业税金及附加 | 5512008 | 5503873 | 751388 | 35776 | 2216 | 5919 |
| 主营业务税金及附加 | 5378970 | 5370835 | 735161 | 35762 | 2216 | 5919 |
| 其他业务利润 | 174671 | 173574 | 20582 | 1577 | 1097 | |
| 销售费用 | 563089 | 557526 | 3621 | 3084 | 1 | 5562 |
| 管理费用 | 5759627 | 5744155 | 1007045 | 53226 | 4645 | 10827 |
| #税金 | 257726 | 257229 | 21773 | 1241 | 314 | 183 |
| #差旅费 | 395210 | 391733 | 38703 | 3055 | 11 | 3466 |
| #工会经费 | 79169 | 79147 | 12180 | 740 | 22 | |
| 财务费用 | 1016250 | 1015417 | 195612 | 4404 | 828 | 5 |
| #利息收入 | 501473 | 501258 | 45849 | -27 | 218 | -3 |
| #利息支出 | 1260593 | 1260425 | 162968 | 792 | 168 | |
| 营业利润 | 7050746 | 7040015 | 493153 | 68488 | 6412 | 4319 |
| 补贴收入 | 12891 | 12891 | 12 | | | |
| 营业外收入 | 1039057 | 1035297 | 946548 | 1484 | | 3760 |
| 营业外支出 | 91283 | 90386 | 12256 | 133 | 7 | 890 |
| 利润总额 | 7087515 | 7073921 | 517526 | 69839 | 6405 | 7189 |
| 应交所得税 | 1710646 | 1707064 | 155122 | 16235 | 1335 | 2247 |
| 应付职工薪酬(本年贷方累计发生额) | 15067483 | 15049338 | 1599723 | 144942 | 2052 | 16093 |
| 土地和固定资产支出 | 1258345 | 1258345 | 180704 | 1742 | | |
| 土地购置 | 56282 | 56282 | | | | |
| 房屋和建筑物 | 243879 | 243879 | 20966 | | | |
| 机器设备 | 688873 | 688873 | 137575 | 799 | | |
| 运输工具 | 175475 | 175475 | 14271 | 666 | | |
| 其它费用 | 93836 | 93836 | 7892 | 277 | | |
| 建筑业企业在境外完成的营业收入 | 2646660 | 2646660 | 847983 | | | |
| 从业人员工资总额 | 14833865 | 14816622 | 1244668 | 167149 | 3240 | 14003 |
| 亏损企业个数 | 144 | 143 | 4 | | 1 | |
| 利税总额 | 12724211 | 12701985 | 1274460 | 106842 | 8935 | 13291 |

单位:千元

| 指　　标 | 合　计 | 房屋建筑业 | 土木工程建筑业 | 建筑安装业 | 建筑装饰和其他建筑业 | 建筑装饰业 | 其他未列明建筑业 |
|---|---|---|---|---|---|---|---|
| **年初资产合计** | **24841192** | **9723964** | **10218728** | **2852041** | **2046459** | **855969** | **560168** |
| **年末资产负债** | | | | | | | |
| 流动资产合计 | 120838631 | 46636809 | 49683986 | 13833048 | 10684788 | 6027759 | 2881359 |
| 应收工程 | 24208967 | 9193359 | 8573064 | 3695116 | 2747428 | 1558574 | 741102 |
| #竣工工程 | 6710918 | 2367961 | 1286124 | 1765625 | 1291208 | 795936 | 347311 |
| #存货 | 28519238 | 11448440 | 11290683 | 3150746 | 2629369 | 1101605 | 612870 |
| 固定资产合计 | 14889875 | 5941275 | 5410222 | 1908163 | 1630215 | 776306 | 626747 |
| 固定资产减值准备 | 120042 | 48386 | 55841 | 8061 | 7754 | 7597 | 157 |
| 固定资产原价 | 20448330 | 6774714 | 8982149 | 2604437 | 2087030 | 982494 | 799198 |
| 累计折旧 | 8284552 | 1996296 | 4420624 | 1122277 | 745355 | 328907 | 255648 |
| #本年折旧 | 1643644 | 432038 | 832273 | 255298 | 124035 | 59345 | 33082 |
| 在建工程 | 1656896 | 763147 | 577693 | 226357 | 89699 | 49681 | 40018 |
| 资产合计 | 151342631 | 59926209 | 61044037 | 16817856 | 13554529 | 7521887 | 3930633 |
| 流动负债合计 | 95965445 | 35622587 | 45165791 | 9907656 | 5269411 | 2550606 | 1231328 |
| 应付账款 | 33193147 | 13399452 | 14249138 | 4015016 | 1529541 | 744729 | 505940 |
| 非流动负债合计 | 3040047 | 1146960 | 1528197 | 302953 | 61937 | 42683 | -2266 |
| 负债合计 | 102885031 | 39455879 | 46972885 | 10617985 | 5838282 | 3030054 | 1289198 |
| 所有者权益合计 | 48457600 | 20470330 | 14071152 | 6199871 | 7716247 | 4491833 | 2641435 |
| 实收资本 | 33597095 | 12058791 | 8706033 | 7400986 | 5431285 | 3121846 | 1955051 |
| #国家资本 | 3095876 | 484730 | 2032191 | 511306 | 67649 | 10480 | 40770 |
| #集体资本 | 1211839 | 642400 | 409975 | 117524 | 41940 | 27940 | 14000 |
| #法人资本 | 10738239 | 4532337 | 3047075 | 1545480 | 1613347 | 749687 | 699217 |
| #个人资本 | 18531776 | 6399324 | 3211200 | 5223176 | 3698076 | 2323466 | 1201064 |
| #港澳台资本 | 12673 | | 1000 | 3500 | 8173 | 8173 | |
| #外商资本 | 6692 | | 4592 | | 2100 | 2100 | |
| **损益及分配** | | | | | | | |
| 营业收入 | 188155505 | 94684568 | 62525693 | 17024402 | 13920842 | 8293355 | 3932422 |
| 主营业务收入 | 186345396 | 93675389 | 62086448 | 16826856 | 13756703 | 8240764 | 3823048 |
| 营业成本 | 168558356 | 85652813 | 57163921 | 14365723 | 11375899 | 6696353 | 3133719 |
| 主营业务成本 | 166313301 | 84679723 | 56463074 | 14050325 | 11120179 | 6658536 | 3063305 |
| 营业税金及附加 | 5512008 | 3102763 | 1466650 | 466071 | 476524 | 290719 | 117872 |
| 主营业务税金及附加 | 5378970 | 3050994 | 1409721 | 459319 | 458936 | 279594 | 113528 |
| 其他业务利润 | 174671 | 53775 | 33289 | 59179 | 28428 | 17546 | 9290 |
| 销售费用 | 563089 | 161276 | 71442 | 107865 | 222506 | 138420 | 74123 |
| 管理费用 | 5759627 | 1758589 | 2095126 | 1002990 | 902922 | 540596 | 287764 |
| #税金 | 257726 | 130551 | 46481 | 33606 | 47088 | 31201 | 14948 |
| #差旅费 | 395210 | 132585 | 96769 | 71389 | 94467 | 61058 | 29902 |
| #工会经费 | 79169 | 25080 | 19123 | 9312 | 25654 | 19678 | 3696 |
| 财务费用 | 1016250 | 385938 | 490825 | 78053 | 61434 | 35090 | 21077 |
| #利息收入 | 501473 | 221399 | 244146 | 26389 | 9539 | 8848 | 663 |
| #利息支出 | 1260593 | 548831 | 597113 | 73997 | 40652 | 22304 | 14223 |
| 营业利润 | 7050746 | 3742985 | 1666160 | 801555 | 840046 | 577919 | 270901 |
| 补贴收入 | 12891 | 120 | 8784 | 1884 | 2103 | 503 | 1600 |
| 营业外收入 | 1039057 | 29013 | 959066 | 41964 | 9014 | 3712 | 4657 |
| 营业外支出 | 91283 | 32771 | 21603 | 22347 | 14562 | 9645 | 4371 |
| 利润总额 | 7087515 | 3760962 | 1688484 | 790941 | 847128 | 585866 | 271187 |
| 应交所得税 | 1710646 | 896710 | 422386 | 163487 | 228063 | 153708 | 61580 |
| 应付职工薪酬(本年贷方累计发生额) | 15067483 | 7563761 | 4616932 | 1745568 | 1141222 | 712581 | 301684 |
| 土地和固定资产支出 | 1258345 | 553844 | 481553 | 125987 | 96961 | 41376 | 23885 |
| 土地购置 | 56282 | 3300 | 44650 | 7332 | 1000 | 1000 | |
| 房屋和建筑物 | 243879 | 187837 | 4139 | 36193 | 15710 | 8364 | 7346 |
| 机器设备 | 688873 | 238477 | 339074 | 46219 | 65103 | 25139 | 8576 |
| 运输工具 | 175475 | 68742 | 72620 | 22084 | 12029 | 5301 | 6728 |
| 其它费用 | 93836 | 55488 | 21070 | 14159 | 3119 | 1572 | 1235 |
| 建筑业企业在境外完成的营业收入 | 2646660 | 103144 | 1457810 | 1056509 | 29197 | 29197 | |
| 从业人员工资总额 | 14833865 | 8495837 | 3534205 | 1525465 | 1278358 | 834162 | 344065 |
| 亏损企业个数 | 144 | 19 | 27 | 29 | 69 | 52 | 13 |
| 利税总额 | 12724211 | 6942507 | 3144686 | 1283866 | 1353152 | 896661 | 399663 |

# 9-3 劳务分包建筑企业生产经营情况

（2012 年）

单位：千元、人

| 指标名称 | 总计 | 内资企业 | 私营企业 |
|---|---|---|---|
| 企业个数 | 279 | 279 | 189 |
| 建筑业总产值 | 1325998 | 1325998 | 1063746 |
| #装饰装修产值 | 48828 | 48828 | 39696 |
| 从业人员期末人数 | 28901 | 28901 | 24021 |
| #工程技术人员 | 3424 | 3424 | 2396 |
| #现场施工工人 | 20051 | 20051 | 16592 |
| 直接从事生产经营活动的平均人数 | 23775 | 23775 | 19690 |
| 资产负债 | | | |
| 固定资产原价 | 103512 | 103512 | 74175 |
| 本年折旧 | 16473 | 16473 | 8414 |
| 资产总计 | 986296 | 986296 | 720875 |
| 负债合计 | 433652 | 433652 | 323793 |
| 实收资本 | 338940 | 338940 | 225021 |
| 损益及分配 | | | |
| 营业收入合计 | 1948833 | 1948833 | 1128246 |
| 主营业务收入（工程结算收入） | 1935912 | 1935912 | 1122068 |
| 营业成本 | 1746199 | 1746199 | 985916 |
| 主营业务成本（工程结算成本） | 1726732 | 1726732 | 972286 |
| 营业税金及附加 | 43670 | 43670 | 33946 |
| 主营业务税金及附加（工程结算税金及附加） | 42640 | 42640 | 32921 |
| 销售费用 | 7555 | 7555 | 4299 |
| 管理费用 | 80096 | 80096 | 54753 |
| #税金 | 2114 | 2114 | 933 |
| 财务费用 | 1468 | 1468 | 1355 |
| 营业利润 | 77103 | 77103 | 50591 |
| 利润总额 | 74722 | 74722 | 50036 |
| 土地和固定资产支出 | 6770 | 6770 | 4695 |
| 房屋、建筑物 | 14 | 14 | 14 |
| 机器设备 | 2812 | 2812 | 1415 |
| 运输工具 | 3653 | 3653 | 3131 |
| 其他费用 | 291 | 291 | 135 |
| 应付职工薪酬 | 486547 | 486547 | 387046 |
| 从业人员平均人数 | 28355 | 28355 | 23124 |

# 9-4 建筑业企业房屋建筑工程完成情况

（2012 年）

单位:万平方米

| 指　　标 | 房屋建筑竣工面积 | |
|---|---|---|
| | 2011 年 | 2012 年 |
| **合　　计** | **3403.65** | **3667.80** |
| 住宅房屋 | 2195.48 | 2331.10 |
| 商业及服务用房屋 | 179.59 | 227.82 |
| 　商厦房屋（批发和零售用房） | 52.70 | 56.55 |
| 　宾馆用房屋（住宿用房） | 11.54 | 8.14 |
| 　餐饮用房屋（餐饮用房） | 73.54 | 1.75 |
| 　商务会展用房屋 | 7.00 | 18.67 |
| 　其他商业及服务用房屋（居民服务业用房） | 34.80 | 142.71 |
| 办公用房屋 | 275.22 | 319.67 |
| 科研、教育、医疗用房屋 | 259.33 | 258.02 |
| 　科学研究用房屋 | 20.48 | 8.21 |
| 　教育用房屋 | 192.01 | 189.47 |
| 　医疗用房屋（卫生医疗用房） | 46.85 | 60.34 |
| 文化、体育、娱乐用房屋 | 42.20 | 14.95 |
| 厂房及建筑物 | 317.19 | 392.60 |
| 　厂房 | 197.96 | 191.44 |
| 仓库 | 25.10 | 27.24 |
| 其他未列明的房屋建筑物 | 109.54 | 96.40 |

# 9-5 各县（市）区建筑业企业个数

（2012 年）

| 县（市）区 | 企业个数（个） | 国有控股 | 集体控股 | 年末从业人数（人） | 直接从事生产经营活动的平均人数 | 国有控股 | 集体控股 |
|---|---|---|---|---|---|---|---|
| **郑州市** | **1411** | **70** | **43** | **474383** | **477474** | **48795** | **6104** |
| 中原区 | 134 | 11 | 8 | 83780 | 54517 | 10129 | 1684 |
| 二七区 | 122 | 10 | 5 | 37305 | 33678 | 5652 | 313 |
| 管城区 | 101 | 7 | 1 | 20234 | 15656 | 2372 | |
| 金水区 | 613 | 22 | 6 | 128680 | 158367 | 8696 | 494 |
| 上街区 | 25 | 3 | 2 | 6747 | 5961 | 570 | 373 |
| 惠济区 | 52 | 4 | 1 | 41808 | 37143 | 1 | 179 |
| 中牟县 | 25 | 3 | 2 | 13022 | 11638 | 1262 | 181 |
| 巩义市 | 16 | | 1 | 7194 | 6472 | | 273 |
| 荥阳市 | 22 | 1 | 1 | 21892 | 16298 | 294 | 163 |
| 新密市 | 35 | | 3 | 17764 | 12263 | | 150 |
| 新郑市 | 34 | | 8 | 10218 | 7034 | | 977 |
| 登封市 | 22 | | 3 | 7059 | 5434 | | 1317 |
| 经济开发区 | 81 | 4 | | 28340 | 49790 | 13879 | |
| 高新开发区 | 59 | 5 | | 24383 | 38594 | 5940 | |
| 郑东新区 | 68 | | 2 | 25797 | 24581 | | |
| 航空港区 | 2 | | | 160 | 48 | | |

## 9-6 各县(市)区建筑业合同及承包工程完成情况

(2012 年)

单位:千元

| 县(市)区 | 签订的合同额 | 上年结转合同额 | 本年新签合同额 | 直接从建设单位承揽工程完成的产值 | 自行完成施工产值 | 分包出去工程产值 | 从建设单位以外承揽工程完成的产值 |
|---|---|---|---|---|---|---|---|
| **郑州市** | **367447962** | **140980553** | **226467409** | **180717912** | **179462513** | **1255399** | **2202018** |
| 中原区 | 35763625 | 8303646 | 27459979 | 22107959 | 22035554 | 72405 | 545631 |
| 二七区 | 32148778 | 14747330 | 17401448 | 17436211 | 17387339 | 48872 | 253339 |
| 管城区 | 22496586 | 12961608 | 9534978 | 10787518 | 10767063 | 20455 | 110125 |
| 金水区 | 150329918 | 60833772 | 89496146 | 68901982 | 68225352 | 676630 | 515478 |
| 上街区 | 3195025 | 657119 | 2537906 | 2858919 | 2730868 | 128051 | 11919 |
| 惠济区 | 15747833 | 6574113 | 9173720 | 9296069 | 9294569 | 1500 | 12687 |
| 中牟县 | 9206410 | 1490438 | 7715972 | 4231031 | 4214914 | 16117 | 40288 |
| 巩义市 | 1911160 | 618573 | 1292587 | 1105987 | 1099837 | 6150 | 47180 |
| 荥阳市 | 6201097 | 2155342 | 4045755 | 4092889 | 4092889 | | |
| 新密市 | 4194876 | 1467971 | 2726905 | 3256274 | 3247986 | 8288 | 107428 |
| 新郑市 | 3409311 | 1143663 | 2265648 | 2504266 | 2504266 | | 770 |
| 登封市 | 1383723 | 456966 | 926757 | 981108 | 981108 | | |
| 经济开发区 | 34278618 | 3441044 | 30837574 | 12867528 | 12867514 | 14 | 39482 |
| 高新开发区 | 37119522 | 23172482 | 13947040 | 14444048 | 14186187 | 257861 | 220360 |
| 郑东新区 | 9972480 | 2956486 | 7015994 | 5759776 | 5740720 | 19056 | 297331 |
| 航空港区 | 89000 | | 89000 | 86347 | 86347 | | |

## 9-7 各县(市)区建筑企业总产值

(2012 年)

单位:万元

| 县(市)区 | 企业个数 | 国有 | 集体 | 建筑工程产值 | 国有 | 集体 |
|---|---|---|---|---|---|---|
| **郑州市** | **18166453.1** | **3278591.3** | **128663.4** | **15477334** | **2473789.2** | **90980.4** |
| 中原区 | 2258118.5 | 781690.2 | 15943 | 1686958.8 | 348905.3 | 15943 |
| 二七区 | 1764067.8 | 692968.5 | 7906.1 | 1563218.3 | 633473.5 | 4079.7 |
| 管城区 | 1087718.8 | 254077.8 | | 994161.9 | 248207.4 | |
| 金水区 | 6874083 | 735053.6 | 10205.9 | 6005991 | 709652.5 | 7739.5 |
| 上街区 | 274278.7 | 3224 | 4093.5 | 169560.6 | 1934.4 | 3000 |
| 惠济区 | 930725.6 | 21 | 1682 | 774854.6 | 21 | 1682 |
| 中牟县 | 425520.2 | 83565 | 9647.6 | 298727.7 | | |
| 巩义市 | 114701.7 | | 11000 | 98741.5 | | 11000 |
| 荥阳市 | 409288.9 | 1231 | 2018.4 | 395504.1 | | 2009.6 |
| 新密市 | 335541.4 | | 1520 | 283109.4 | | 400 |
| 新郑市 | 250503.6 | | 34909.8 | 228693.6 | | 20850.8 |
| 登封市 | 98110.8 | | 29737.1 | 84462.1 | | 24275.8 |
| 经济开发区 | 1290699.6 | 379423.1 | | 1176987.3 | 377768.6 | |
| 高新开发区 | 1440654.7 | 347337.1 | | 1143433.2 | 153826.5 | |
| 郑东新区 | 603805.1 | | | 565159.9 | | |
| 航空港区 | 8634.7 | | | 7770 | | |

## 9-8 各县(市)区建筑业竣工产值

(2012 年)

单位:万元

| 县(市)区 | 竣工产值 | 国有控股 | 集体控股 |
|---|---|---|---|
| **郑州市** | **8677138.2** | **812131.2** | **91139.7** |
| 中原区 | 839201.5 | 233775.5 | 14820 |
| 二七区 | 590852.5 | 81503.4 | 4502.4 |
| 管城区 | 491432.7 | 6129.7 | |
| 金水区 | 3384818.5 | 259115.5 | 8194.8 |
| 上街区 | 156969.7 | | 4093.5 |
| 惠济区 | 565720.2 | 21 | 1682 |
| 中牟县 | 145845.4 | | 9647.6 |
| 巩义市 | 72430.7 | | 2811 |
| 荥阳市 | 277614.4 | | 8.8 |
| 新密市 | 224770.8 | | 1520 |
| 新郑市 | 209541.2 | | 18379.5 |
| 登封市 | 68014.3 | | 25480.1 |
| 经济开发区 | 151916 | 39744.4 | |
| 高新开发区 | 1108705 | 191841.7 | |
| 郑东新区 | 380670.6 | | |
| 航空港区 | 8634.7 | | |

## 9-9 各县(市)区建筑业全员劳动生产率

(2012 年)

单位:元/人

| 县(市)区 | 按总产值计算全员劳动生产率 | 国有控股 | 集体控股 |
|---|---|---|---|
| **郑州市** | **380470** | **671911** | **210785** |
| 中原区 | 414204 | 771735 | 94673 |
| 二七区 | 523804 | 1226059 | 252591 |
| 管城区 | 694762 | 1071154 | |
| 金水区 | 434060 | 845278 | 206597 |
| 上街区 | 460122 | 56561 | 109745 |
| 惠济区 | 250579 | 210000 | 93966 |
| 中牟县 | 365630 | 662163 | 533017 |
| 巩义市 | 177228 | | 402930 |
| 荥阳市 | 251128 | 41871 | 123828 |
| 新密市 | 273621 | | 101333 |
| 新郑市 | 356132 | | 357316 |
| 登封市 | 180550 | | 225794 |
| 经济开发区 | 259229 | 273379 | |
| 高新开发区 | 373285 | 584743 | |
| 郑东新区 | 245639 | | |
| 航空港区 | 1798896 | | |

## 9-10　各县(市)区建筑业施工、竣工面积

(2012 年)　　单位:平方米

| 县(市)区 | 施工面积 | 国有控股 | 集体控股 | 竣工面积 | 国有控股 | 集体控股 |
|---|---|---|---|---|---|---|
| **郑州市** | **120015908** | **13868992** | **613071** | **36677958** | **2054549** | **302835** |
| 中原区 | 10152524 | 1930577 | 220655 | 3978378 | 205073 | 108035 |
| 二七区 | 5374684 | 291627 | | 2275611 | 167930 | |
| 管城区 | 10180788 | | | 2455425 | | |
| 金水区 | 59879275 | 10270505 | 91582 | 15775590 | 1250907 | 91082 |
| 上街区 | 1349695 | 6000 | | 317493 | | |
| 惠济区 | 13560621 | | | 4346805 | | |
| 中牟县 | 1195711 | | | 925778 | | |
| 巩义市 | 1486660 | | 150847 | 654430 | | 31838 |
| 荥阳市 | 6210638 | | 24344 | 1729862 | | |
| 新密市 | 2987861 | | | 1506647 | | |
| 新郑市 | 1270704 | | 58430 | 578068 | | 24441 |
| 登封市 | 761521 | | 67213 | 199564 | | 47439 |
| 经济开发区 | 1738435 | 1252922 | | 537606 | 430639 | |
| 高新开发区 | 686508 | 117361 | | 361693 | | |
| 郑东新区 | 3111808 | | | 966533 | | |
| 航空港区 | 68475 | | | 68475 | | |

## 9-11　各县(市)区建筑业自有机械设备情况

(2012 年底)　　单位:万元、千瓦

| 县(市)区 | 设备净值 | 国有控股 | 集体控股 | 设备总功率 | 国有控股 | 集体控股 |
|---|---|---|---|---|---|---|
| **郑州市** | **596380.3** | **90589.6** | **6117.3** | **5889417** | **617489** | **33027** |
| 中原区 | 56667.3 | 26760.5 | 692 | 397895 | 128734 | 2270 |
| 二七区 | 68548.8 | 16396.3 | 60.2 | 320513 | 97055 | 756 |
| 管城区 | 41289.8 | 12658.2 | | 332453 | 133328 | |
| 金水区 | 162995.4 | 5688 | | 1826994 | 82115 | |
| 上街区 | 6669.2 | 602.1 | 134.5 | 46592 | 1056 | 8057 |
| 惠济区 | 27172.4 | | | 212759 | | |
| 中牟县 | 23106.1 | 7740 | 5.1 | 183261 | 83619 | 100 |
| 巩义市 | 8023.8 | | 190.5 | 54144 | | 2566 |
| 荥阳市 | 8113.3 | | 103.3 | 42855 | | 1463 |
| 新密市 | 6635.8 | | | 56164 | | |
| 新郑市 | 31004.6 | | 2697.6 | 90750 | | 17115 |
| 登封市 | 2868.6 | | 2234.1 | 10754 | | 700 |
| 经济开发区 | 62918 | 4642 | | 659255 | 28758 | |
| 高新开发区 | 67709.6 | 16102.5 | | 1601459 | 62824 | |
| 郑东新区 | 22657.6 | | | 53569 | | |

# 9-12 各县(市)区建筑业实收资本及资产合计

(2012 年)

单位:万元

| 县(市)区 | 实收资本 | 国有控股 | 集体控股 | 资产合计 | 国有控股 | 集体控股 |
|---|---|---|---|---|---|---|
| **郑州市** | **3359709.5** | **424828.4** | **80327.8** | **15134263.1** | **4111510.9** | **451137.5** |
| 中原区 | 315244.2 | 105404.4 | 14148.2 | 1509712.0 | 714712.9 | 44173.7 |
| 二七区 | 301443.7 | 81901.1 | 1807.2 | 2062197.1 | 1143637.1 | 15089.5 |
| 管城区 | 474048.1 | 32100.0 | 2005.0 | 900414.7 | 295670.7 | 5863.6 |
| 金水区 | 1071937.0 | 107519.4 | 37568.0 | 4863870.6 | 689417.5 | 309145.9 |
| 上街区 | 51196.4 | 20753.5 | 1002.4 | 254411.2 | 113590.0 | 5272.1 |
| 惠济区 | 147674.7 | 6432.9 | 500.0 | 424000.0 | 26527.8 | 1623.7 |
| 中牟县 | 40505.8 | 3818.6 | 1423.5 | 366243.9 | 231618.8 | 12309.8 |
| 巩义市 | 40902.7 |  | 2366.0 | 138100.5 |  | 8413.7 |
| 荥阳市 | 77465.5 | 240.6 | 606.0 | 146547.7 | 1675.7 | 815.5 |
| 新密市 | 56138.0 |  | 2050.0 | 250982.8 |  | 7636.2 |
| 新郑市 | 67163.1 |  | 9241.1 | 244303.6 |  | 23224.7 |
| 登封市 | 18753.2 |  | 4610.4 | 52828.4 |  | 12222.3 |
| 经济开发区 | 329003.4 | 35141.9 |  | 1896503.6 | 368196.4 |  |
| 高新开发区 | 157648.0 | 31516.0 |  | 1517089.4 | 526464.0 |  |
| 郑东新区 | 207585.7 |  | 3000.0 | 500422.6 |  | 5346.8 |
| 航空港区 | 3000.0 |  |  | 6635.0 |  |  |

# 9-13 各县(市)区建筑业流动资产及固定资产

(2012 年)

单位:万元

| 县(市)区 | 流动资产合计 | 国有控股 | 集体控股 | 固定资产合计 | 国有控股 | 集体控股 |
|---|---|---|---|---|---|---|
| **郑州市** | **12083863.1** | **2668769.5** | **58314.4** | **1488987.5** | **215007.2** | **18215.7** |
| 中原区 | 1162171.8 | 481493.7 | 8255.8 | 181247.3 | 71984.1 | 3091.7 |
| 二七区 | 1695911.3 | 739236.5 | 7004.7 | 147447.9 | 37206.2 | 992.2 |
| 管城区 | 630573.0 | 236279.3 |  | 98667.9 | 23985.5 |  |
| 金水区 | 3854833.8 | 342071.5 | 2826.5 | 432312.1 | 15626.7 | 1059.9 |
| 上街区 | 210662.0 | 2639.5 | 4742.5 | 25092.0 | 2797.2 | 529.6 |
| 惠济区 | 318962.0 | 66.4 | 1246.6 | 70972.2 | 455.5 | 377.1 |
| 中牟县 | 294405.1 | 203899.6 | 6006.4 | 53453.4 | 12412.1 | 248.7 |
| 巩义市 | 108110.9 |  | 4599.1 | 28354.9 |  | 3814.6 |
| 荥阳市 | 101582.5 | 1118.2 | 389.2 | 32257.7 | 467.8 | 426.3 |
| 新密市 | 175558.6 |  | 1085.0 | 46447.5 |  | 630.0 |
| 新郑市 | 197265.7 |  | 15072.0 | 41688.6 |  | 4017.1 |
| 登封市 | 32768.0 |  | 7086.6 | 13839.5 |  | 3028.5 |
| 经济开发区 | 1572123.9 | 332107.9 |  | 109495.3 | 14412.2 |  |
| 高新开发区 | 1322174.6 | 329856.9 |  | 139644.6 | 35659.9 |  |
| 郑东新区 | 406759.9 |  |  | 66066.6 |  |  |
| 航空港区 |  |  |  | 2000.0 |  |  |

## 9-14 各县(市)区建筑业工程结算收入及负债合计

(2012 年)

单位:万元

| 县(市)区 | 工程结算收入 | | | 负债合计 | | |
|---|---|---|---|---|---|---|
| | | 国有控股 | 集体控股 | | 国有控股 | 集体控股 |
| **郑州市** | **18634539.6** | **4313158.1** | **577777.3** | **10288503.1** | **3510970.9** | **293477.2** |
| 中原区 | 2144015.5 | 831626.6 | 49311.5 | 1019241.6 | 587012.5 | 26492.7 |
| 二七区 | 1786354.5 | 761312.6 | 13034.6 | 1651329.8 | 1025066.6 | 5498.2 |
| 管城区 | 1026394.1 | 275943.5 | 2986.0 | 659713.5 | 260025.3 | 3148.6 |
| 金水区 | 6560316.8 | 1180005.6 | 375922.1 | 3015759.3 | 522710.0 | 218500.9 |
| 上街区 | 225074.3 | 89812.7 | 4093.5 | 176781.5 | 89791.1 | 3309.0 |
| 惠济区 | 868658.6 | 18609.4 | 1682.0 | 199356.0 | 16794.5 | 9.5 |
| 中牟县 | 495018.8 | 204625.6 | 12540.6 | 276350.6 | 211086.7 | 10199.8 |
| 巩义市 | 131014.6 | | 26763.9 | 68185.5 | | 5134.3 |
| 荥阳市 | 392631.5 | 1972.6 | 2018.4 | 46732.8 | 1288.9 | 189.5 |
| 新密市 | 247159.4 | | 10168.9 | 155627.4 | | 4069.8 |
| 新郑市 | 232855.3 | | 52846.9 | 118341.2 | | 10754.9 |
| 登封市 | 77309.4 | | 21555.9 | 17537.4 | | 4486.4 |
| 经济开发区 | 2112970.1 | 383149.9 | | 1401079.6 | 327345.8 | |
| 高新开发区 | 1740703.8 | 566099.6 | | 1264282.2 | 469849.5 | |
| 郑东新区 | 585162.9 | | 4853.0 | 214650.3 | | 1683.6 |
| 航空港区 | 8900.0 | | | 3534.4 | | |

## 9-15 各县(市)区建筑业利润、利税总额

(2012 年)

单位:万元

| 县(市)区 | 利润总额 | | | 利税总额 | | |
|---|---|---|---|---|---|---|
| | | 国有控股 | 集体控股 | | 国有控股 | 集体控股 |
| **郑州市** | **708751.5** | **83273.1** | **25918.6** | **1272421.1** | **207917.4** | **44982.2** |
| 中原区 | 67192.4 | 26792.7 | 2993.7 | 134714.1 | 49504.2 | 4419.6 |
| 二七区 | 36680.8 | 3426.9 | 647.0 | 94058.9 | 24493.1 | 1021.7 |
| 管城区 | 30856.4 | 3882.2 | 22.2 | 65956.4 | 13115.0 | 121.0 |
| 金水区 | 290137.5 | 25880.1 | 14746.6 | 509272.3 | 63388.6 | 27674.6 |
| 上街区 | 11512.3 | 4528.3 | 65.2 | 16347.7 | 5495.5 | 203.9 |
| 惠济区 | 46029.4 | 3048.9 | 117.8 | 78396.2 | 3681.3 | 174.8 |
| 中牟县 | 22048.0 | 6860.7 | 175.6 | 36993.5 | 10229.2 | 920.7 |
| 巩义市 | 12447.2 | | 339.4 | 17601.7 | | 1273.1 |
| 荥阳市 | 24613.0 | 63.4 | 332.1 | 37564.3 | 131.9 | 410.1 |
| 新密市 | 13775.4 | | 569.4 | 22011.7 | | 691.4 |
| 新郑市 | 17350.7 | | 1622.1 | 24098.1 | | 2647.4 |
| 登封市 | 8582.8 | | 3849.5 | 11486.1 | | 4819.1 |
| 经济开发区 | 51709.5 | 2224.3 | | 74683.3 | 15086.1 | |
| 高新开发区 | 30013.2 | 6565.6 | | 83973.9 | 22792.5 | |
| 郑东新区 | 45720.9 | | 438.0 | 64223.9 | | 604.8 |
| 航空港区 | 82.0 | | | 1039.0 | | |

# 主要统计指标解释

**建筑业统计单位** 指从事房屋、构筑物建造和设备安装活动的法人企业。建筑业法人企业应同时具备的条件是:①依法成立,有自己的名称、组织机构和场所,能够承担民事责任;②独立拥有和使用资产,承担负债,有权与其他单位签订合同;③独立核算盈亏,能够编制资产负债表。

**建筑业总产值(即自行完成施工产值)** 是以货币表现的建筑安装企业在一定时期内生产的建筑业产品的总和。建筑业总产值包括:

(1)建筑工程产值:指列入建筑工程预算内的各种工程价值。

(2)设备安装工程产值:指设备安装工程价值,不包括被安装设备本身价值。

(3)房屋、构筑物修理产值:指房屋、构筑物修理所完成的价值,但不包括被修理房屋、构筑物本身的价值和生产设备的修理价值。

(4)非标准设备制造产值:指加工制造没有定型的、非标准的生产设备的加工费和原材料价值,以及附属加工厂为本企业承建工程制作的非标准设备的价值。

**建筑业增加值** 指建筑业企业在报告期内以货币表现的建筑业生产经营活动的最终成果。目前建筑业增加值采用分配法(收入法)计算,即从收入的角度出发,根据生产要素在生产过程中应得的收入份额计算。具体计算公式为:

建筑业增加值=本年提取的固定资产折旧+应付工资+应付福利费+管理费用中的劳动待业保险金、税金+工程结算税金及附加+工程结算利润

**房屋建筑施工面积** 指在报告期内施工的全部房屋建筑面积,包括本期新开工的房屋面积、上期施工跨入本期继续施工的房屋面积、上期停缓建在本期恢复施工的房屋面积、本期竣工的房屋面积及本期施工后又停缓建的房屋面积。

**房屋建筑竣工面积** 指在报告期内房屋建筑按照设计要求全部完工,达到了住人和使用条件,经验收鉴定合格,正式移交使用单位的房屋建筑面积。

**自有机械设备年末总台数** 指归本企业所有,属于本企业固定资产的生产性机械设备年末总台数。包括施工机械、生产设备、运输设备以及其他设备。

**自有机械设备年末总功率** 指本企业自有施工机械、生产设备、运输设备以及其他设备等列为在册固定资产的生产性机械设备年末总功率,按设定能力或查定能力计算。包括机械本身的动力和为该机械服务的单独动力设备,如电动机等。计算单位用千瓦,动力换算可按 1 马力=0.735 千瓦折合成千瓦数。电焊机、变压器、锅炉不计算动力。

**工程结算收入** 指企业承包工程实现的工程价款结算收入,以及向发包单位收取的除工程价款以外的按规定列作营业收入的各种款项,如临时设施费、劳动保险费、施工机械调迁费等以及向发包单位收取的各种索赔款。

**工程结算利润** 指已结算工程实现的利润,如亏损以"-"号表示。计算公式为:

工程结算利润=工程结算收入-工程结算成本-工程结算税金及附加

**企业总收入** 指与企业生产经营直接有关的各项收入,包括工程结算收入和其他业务收入。计算公式为:

企业总收入=工程结算收入+其他业务收入

# 十、交通运输、邮电通讯

## 10-1 公路里程、桥梁、涵洞

（2012年）

| 指　　标 | 单位 | 合计 | 国道 | 省道 | 县道 | 乡道 | 专用道 | 村道 |
|---|---|---|---|---|---|---|---|---|
| **公路里程合计** | **公里** | **12210** | **260** | **537** | **993** | **3948** | **216** | **6256** |
| 高速公路 | | | | | | | | |
| 一级公路 | 公里 | 152 | 127 | 25 | | | | |
| 二级公路 | 公里 | 1758 | 133 | 432 | 706 | 384 | 13 | 90 |
| 三级公路 | 公里 | 1642 | | 69 | 196 | 1022 | 163 | 192 |
| 四级公路 | 公里 | 7371 | | 12 | 86 | 2432 | 37 | 4805 |
| 等外公路 | 公里 | 1288 | | | 6 | 111 | 3 | 1169 |
| **按路面等级分** | **公里** | **12210** | **260** | **537** | **993** | **3948** | **216** | **6256** |
| 有铺装路面 | 公里 | 8477 | 250 | 445 | 861 | 2854 | 129 | 3938 |
| 简易铺装路面 | 公里 | 2422 | 10 | 89 | 126 | 970 | 83 | 1144 |
| 无铺装路面 | 公里 | 1311 | | 4 | 6 | 124 | 3 | 1175 |
| **养护里程** | **公里** | **12210** | **260** | **537** | **993** | **3948** | **216** | **6256** |
| 专用道班养护 | 公里 | 1791 | 260 | 537 | 993 | | | |
| #油路养护 | 公里 | 1791 | 260 | 537 | 993 | | | |
| 群众养护 | 公里 | 10420 | | | | 3948 | 216 | 6256 |
| **公路绿化里程** | **公里** | **5843** | **255** | **414** | **958** | **2517** | **190** | **1509** |
| **涵洞** | **米** | **40084** | **275** | **508** | **12074** | **18921** | **1442** | **6864** |
| | 道 | 5707 | 275 | 508 | 950 | 2599 | 173 | 1202 |
| **隧道** | **米** | **3211** | | | **863** | **1493** | **465** | **390** |
| | 座 | 14 | | | 2 | 6 | 2 | 4 |
| **桥梁总计** | **米** | **42975** | **7287** | **7705** | **7180** | **12783** | **519** | **7503** |
| | 座 | 1058 | 63 | 143 | 170 | 385 | 20 | 277 |
| 永久性桥梁 | 米 | 42805 | 7287 | 7705 | 7180 | 12733 | 519 | 7382 |
| | 座 | 1050 | 63 | 143 | 170 | 384 | 20 | 270 |
| 半永久性桥梁 | 米 | 171 | | | | 50 | | 121 |
| | 座 | 8 | | | | 1 | | 7 |
| 大中桥合计 | 米 | 29482 | 5685 | 6454 | 5541 | 7891 | 229 | 3682 |
| | 座 | 368 | 40 | 64 | 77 | 120 | 4 | 63 |
| #大桥 | 米 | 13959 | 4121 | 3847 | 2504 | 2811 | | 676 |
| | 座 | 68 | 14 | 16 | 12 | 19 | | 7 |
| 危险桥 | 米 | 4647 | 73 | 1195 | 818 | 1381 | | 1180 |
| | 座 | 138 | 2 | 16 | 18 | 57 | | 45 |

附　分县（市）公路通车里程（公里）

| 全市 | 市区 | 荥阳市 | 新郑市 | 巩义市 | 登封市 | 新密市 | 上街区 | 中牟县 |
|---|---|---|---|---|---|---|---|---|
| 12210 | 854 | 1622 | 1605 | 2092 | 1847 | 2208 | 289 | 1693 |

注：郑州市域高速公路450公路，其中郑少高速公路53.6公里。

# 10-2 民用车辆拥有量

（2012 年）

单位：辆

| 指　　标 | 总　计 | 营运 | 非营运 | 进口 | 个人 | 新注册 | 报废 |
|---|---|---|---|---|---|---|---|
| **合计** | **2234661** | **356712** | **1877949** | **62971** | **1843638** | **276727** | **89518** |
| **汽车** | **1503679** | **207652** | **1296027** | **60338** | **1276766** | **267699** | **52346** |
| 载客汽车 | 1221057 | 30268 | 1190789 | 59528 | 1069515 | 246052 | 16478 |
| #大型 | 18352 | 13686 | 4666 | 234 | 1175 | 2864 | 4570 |
| 中型 | 10581 | 2665 | 7916 | 443 | 4186 | 503 | 2721 |
| 小型 | 1126956 | 13778 | 1113178 | 58742 | 1007653 | 240782 | 7281 |
| 微型 | 65168 | 139 | 65029 | 109 | 56501 | 1903 | 1906 |
| #轿车 | 756296 | 13637 | 742659 | 25741 | 683671 | 154165 | 3861 |
| 载货汽车 | 173658 | 119748 | 53910 | 799 | 100419 | 20390 | 33338 |
| #重型 | 44345 | 39263 | 5082 | 289 | 20777 | 5380 | 12477 |
| 中型 | 24572 | 21263 | 3309 | 20 | 15362 | 767 | 1773 |
| 轻型 | 90737 | 57379 | 33358 | 490 | 52933 | 14232 | 9664 |
| 微型 | 14004 | 1843 | 12161 |  | 11347 | 11 | 9424 |
| #普通载货 | 64758 | 40096 | 24662 | 278 | 43709 | 9423 | 16248 |
| 其它汽车 | 108964 | 57636 | 51328 | 11 | 106832 | 1257 | 2530 |
| #三轮汽车 | 76781 | 36908 | 39873 | 6 | 75741 | 1107 | 2521 |
| 低速货车 | 32183 | 20728 | 11455 | 5 | 31091 | 150 | 9 |
| **摩托车** | **563032** | **960** | **562072** | **1814** | **556152** | **5346** | **33980** |
| 普通 | 545217 | 951 | 544266 | 1801 | 538452 | 5345 | 25788 |
| 轻便 | 17815 | 9 | 17806 | 13 | 17700 | 1 | 8192 |
| **拖拉机** | **129794** | **126420** | **3374** |  | **22** |  |  |
| 大中型 | 12253 | 12253 |  |  |  |  |  |
| 小型方向盘式 | 61339 | 57965 | 3374 |  | 22 |  |  |
| **挂车** | **11871** | **10850** | **1021** | **34** | **3309** | **1138** | **2239** |
| **其他类型车** | **26285** | **10830** | **15455** | **785** | **7389** | **2544** | **953** |

补充资料：机动车驾驶员：2326342 人，其中：汽车驾驶员：2254281 人。

## 10-3 社会客货运输量

（2012 年）

| 指　标 | 单位 | 总　计 | 铁路 | 航空 | 公路 | 天然气管道 |
|---|---|---|---|---|---|---|
| 货运量 | 万吨 | 26653 | 3030 | 4 | 23566 | 53 |
| 货运周转量 | 万吨公里 | 6308576 | 2161511 | 5477 | 4141535 | 53 |
| 客运量 | 万人 | 35660 | 3353 | 431 | 31876 | |
| 客运周转量 | 万人公里 | 3481586 | 1193707 | 547376 | 1740503 | |
| 换算周转量 | 万吨公里 | 7715660 | 3355218 | 44857 | 4315585 | |

注:1. 天然气管道外购量:63270 万立方;2. 换算货运量周转量 44.3 万吨;3. 换算比例 0.7 千克。

## 10-4 电话用户情况

（2012 年）

| 县(市)区 | 计量单位 | 移动电话用户期末数 | 本地电话用户期末数 |
|---|---|---|---|
| 市区 | 户 | 7368195 | 1707028 |
| 上街区 | 户 | 114334 | 52998 |
| 中牟县 | 户 | 473645 | 88925 |
| 巩义市 | 户 | 458193 | 144846 |
| 荥阳市 | 户 | 363210 | 116676 |
| 新密市 | 户 | 507613 | 129531 |
| 新郑市 | 户 | 537199 | 128884 |
| 登封市 | 户 | 395328 | 100383 |

## 10-5 邮电通信行业基本情况

(2012 年)

| 指 标 名 称 | 计量单位 | 本年实际 | 指 标 名 称 | 计量单位 | 本年实际 |
|---|---|---|---|---|---|
| **局所及通信网络** | | | 本地网内区间电话通话量 | 万次 | 380 |
| 营业网点 | 处 | 267 | 本地网内区内电话通话量 | 万次 | 252609 |
| #邮政局所 | 处 | 267 | 本地网内拨号上网通话量 | 万次 | 3788 |
| 邮政信筒信箱 | 个 | 626 | 固定传统长途电话通话时长 | 万分钟 | 47378 |
| 邮路条数 | 条 | 111 | 移动电话通话时长合计(含本地) | 万分钟 | 5443548 |
| 邮路总长度 | 公里 | 89093 | IP 电话通话时长 | 万分钟 | 12012 |
| #汽车邮路 | 公里 | 41845 | 移动短信业务量 | 亿条 | 72 |
| 铁路邮路 | 公里 | 8998 | 移动电话年末用户 | 万户 | 10217717 |
| 航空邮路 | 公里 | 38250 | #3G 移动电话用户 | 万户 | 3002541 |
| 农村投递线路总长度 | 公里 | 17033 | 本年移动电话新增用户 | 万户 | 3200394 |
| **通信业务量** | | | 固定本地电话年末用户 | 万户 | 2469271 |
| 邮电业务总量(2010 年不变价) | 万元 | 1313215 | #公用电话用户 | 万户 | 253576 |
| 邮政业务总量 | 万元 | 62621 | 城市电话用户 | 万户 | 1971054 |
| 电信业务总量 | 万元 | 1250594 | #住宅电话用户 | 万户 | 801343 |
| 函件 | 万件 | 8207 | 农村电话用户 | 万户 | 498217 |
| 包裹 | 万件 | 75 | #住宅电话用户 | 万户 | 388197 |
| 汇票 | 万笔 | 161 | 互联网接入用户数 | 万户 | 2031802 |
| 快递 | 万件 | 105 | #互联网宽带接入用户 | 万户 | 1931475 |
| 订销报刊期发数 | 万份 | 118 | **电信主要通信能力** | | |
| #期刊数 | 万份 | 47 | 光缆线路长度 | 公里 | 71538 |
| 订销报刊累计数 | 万份 | 17732 | 固定长途电话交换机容量 | 万门 | 15 |
| #期刊数 | 万份 | 902 | 局用电话交换机容量 | 万门 | 134 |
| 纪特邮票 | 亿枚 | 0.21 | 移动电话交换机容量 | 万门 | 1817 |

注:邮政业务总量不包括邮政储蓄银行数据。

# 10-6 新郑国际机场运输生产情况

（2012 年）

| 指　　标 | 单位 | 工作量 | 增长% | 份额% |
|---|---|---|---|---|
| **旅客吞吐量** | **人次** | **11673612** | **15.0** | **100.0** |
| 航线 | | | | |
| 国内航线 | 人次 | 11249730 | 14.4 | 96.4 |
| 国际地区航线 | 人次 | 423882 | 34.2 | 3.6 |
| 流向 | | | | |
| 出港人数 | 人次 | 6600868 | 15.9 | 56.6 |
| 进港人数 | 人次 | 5072744 | 13.9 | 43.5 |
| **货邮吞吐量** | **吨** | **151193.5** | **47.1** | **100.0** |
| 航线 | | | | |
| 国内航线 | 吨 | 105063.1 | 14.8 | 69.5 |
| 国际地区航线 | 吨 | 46130.4 | 309.8 | 30.5 |
| 流向 | | | | |
| 出港货邮 | 吨 | 80926.2 | 67.2 | 53.5 |
| 进港货邮 | 吨 | 70267.3 | 29.2 | 46.5 |
| **总起降架次** | **架次** | **109249** | **17.5** | **—** |
| **其中运输飞行架次** | **架次** | **108771** | **18.0** | **100.0** |
| 航线 | | | | |
| 国内航线 | 架次 | 101999 | 16.6 | 94.9 |
| 国际地区航线 | 架次 | 6772 | 43.7 | 5.1 |
| 流向 | | | | |
| 出港架次 | 架次 | 54384 | 18.0 | 50.0 |
| 进港架次 | 架次 | 54387 | 18.0 | 50.0 |

# 主要统计指标解释

**公路里程** 指在一定时期内实际达到《公路工程技术标准 JTJ01—88》规定的等级公路，并经公路主管部门正式验收交付使用的公路里程数。其计算单位为：km。它包括大中城市的郊区公路以及通过小城镇街道部分的公路里程，也包括桥梁、渡口的长度，但不包括大中城市的街道、厂矿、林区生产用道和农业生产用道的里程。两条或多条公路共同经由同一路段，只计算一次，不得重复计算里程长度。公路里程是反映公路建设发展规模的重要指标，也是计算运输网密度等指标的基础资料。

**货（客）运量** 指在一定时期内，各运输部门实际运送的货物（旅客）数量。是反映运输业为国民经济和人民生活服务的数量指标，也是制定和检查运输生产计划，研究运输发展规模和速度的重要指标。货运按吨计算，客运按人计算。货物不论运输距离长短，货物类别，均按实际重量统计；旅客不论里程远近或票价多少，均按一人一次作为客运量统计。半价票、小孩票也按一人统计。

**货物（旅客）周转量** 指在一定时期内，由各种运输工具运送的货物（旅客）数量与其相应运输距离的乘积之总和，是反映运输业生产总成果的重要指标，也是编制和检查运输生产计划，计算运输效率、劳动生产率以及核算运输单位成本的主要基础资料。通常以吨公里和人公里为计算单位。计算货物周转量通常按发出站到达站之间的最短距离，也就是计费距离计算。

**邮电业务总量** 指以货币表现的邮电部门用于传递信息和提供其他邮电服务的总数量。它综合反映了一定时期邮电工作的总成果，是研究邮电业务量构成和发展趋势的重要指标。根据邮电管理体制不同，分为中央国营业务总量和地方国营业务总量。它用各种邮电分类业务量，如函件件数、电报份数、长话张数、市内电话和农村电话的年均户数、订销报刊累计份数等，分别乘以相应的平均单价（不变价），加总后再加上出租电路和设备的收入、代用户维护电话交换机和线路等设备的收入、其他业务收入求得。

# 十一、国内贸易

## 11-1 社会消费品零售总额

（2012 年）

单位：万元

| 指 标 | 合 计 | 批发零售住宿餐饮企业 | 批发零售住宿餐饮个体 | 其 他 |
|---|---|---|---|---|
| **社会消费品零售总额** | **23227139** | **14614938** | **8283779** | **328422** |
| **按销售单位所在地分** | | | | |
| 城镇 | 21309227 | 14403837 | 6576968 | 328422 |
| 乡村 | 1917912 | 211101 | 1706811 | |
| **按行业分** | | | | |
| 批发业 | 2407533 | 1998076 | 409457 | |
| 零售业 | 16819191 | 11582867 | 5236324 | |
| 住宿业 | 243728 | 196150 | 47578 | |
| 餐饮业 | 3428265 | 837845 | 2590420 | |
| 其他 | 328422 | | | 328422 |

注：2012 年社会消费品零售总额定报数据为 22898717 万元。

## 11-2 分县（市）区社会消费品零售总额

（2012 年）

单位：万元

| 县（市）区 | 合 计 | 批发零售业 | 住宿餐饮业 |
|---|---|---|---|
| 中原区 | 1501733 | 1246844 | 254889 |
| 二七区 | 2654449 | 2337148 | 317301 |
| 管城区 | 3139495 | 2994220 | 145275 |
| 金水区 | 6736291 | 5878585 | 857706 |
| 上街区 | 333738 | 217972 | 115766 |
| 惠济区 | 746821 | 625003 | 121818 |
| 中牟县 | 1018350 | 862718 | 155632 |
| 巩义市 | 1684318 | 1341906 | 342412 |
| 荥阳市 | 1373092 | 996323 | 376769 |
| 新密市 | 1542785 | 1227658 | 315127 |
| 新郑市 | 1480243 | 1234890 | 245353 |
| 登封市 | 1197707 | 929128 | 268579 |

注：区级零售额包括辖区内开发区数据。

# 11-3 限额以上批发和零售业商品

（2012 年）

| 指　　标 | 法人企业（个） | 同行业附营产业活动单位（个） | 非同行业附营产业活动单位（个） | 大个体（个） | 年末从业人员（人） |
|---|---|---|---|---|---|
| **总计** | **1310** | **2397** | **5** | **529** | **101234** |
| 法人总计 | 1310 | 2397 | | | 90379 |
| 外产业总计 | | | 5 | | 363 |
| 大个体总计 | | | | 529 | 10492 |
| **批发业** | **640** | **961** | **3** | **36** | **37511** |
| #国有及国有控股 | 76 | 388 | | | 11250 |
| #个体 | | | | 36 | 468 |
| **按登记注册类型分组** | | | | | |
| **内资企业** | **635** | **956** | **1** | | **36250** |
| 国有企业 | 41 | 116 | | | 5641 |
| 集体企业 | 4 | 5 | | | 51 |
| 股份合作企业 | 1 | 25 | | | 135 |
| 联营企业 | 1 | 1 | | | 34 |
| 国有联营企业 | 1 | 1 | | | 34 |
| 有限责任公司 | 337 | 339 | | | 19461 |
| 国有独资公司 | 2 | 2 | | | 51 |
| 其他有限责任公司 | 335 | 337 | | | 19410 |
| 股份有限公司 | 15 | 229 | | | 3614 |
| 私营企业 | 227 | 232 | | | 7080 |
| 私营独资企业 | 16 | 16 | | | 816 |
| 私营合伙企业 | 1 | 1 | | | 6 |
| 私营有限责任公司 | 206 | 211 | | | 6180 |
| 私营股份有限公司 | 4 | 4 | | | 78 |
| 其他企业 | 9 | 9 | 1 | | 234 |
| **港、澳、台商投资企业** | **3** | **3** | **1** | | **693** |
| 合资经营企业（港或澳、台资） | 1 | 1 | | | 54 |
| 港、澳、台商独资经营企业 | 2 | 2 | 1 | | 639 |
| **外商投资企业** | **2** | **2** | **1** | | **100** |
| 中外合资经营企业 | 2 | 2 | 1 | | 100 |
| **个体经营** | | | | **36** | **468** |
| 个体户 | | | | 36 | 468 |
| **按国民经济行业分组** | | | | | |
| **农、林、牧产品批发** | **32** | **33** | **1** | | **1504** |
| 谷物、豆及薯类批发 | 10 | 10 | | | 310 |
| 种子批发 | 9 | 9 | | | 777 |
| 饲料批发 | 3 | 3 | | | 91 |
| 棉、麻批发 | 6 | 7 | | | 143 |
| 牲畜批发 | | | 1 | | 50 |
| 其他农牧产品批发 | 4 | 4 | | | 133 |

# 购进、销售、库存总额

单位:万元

| 商品购进总额 | #进口 | 销售总额 | 批发额 | #出口 | 零售额 | 年末商品库存总额 | 年末零售营业面积（万平方米） |
|---|---|---|---|---|---|---|---|
| **36101898** | **1111795** | **32474777** | **21314358** | **677318** | **11160418** | **2463559** | **238.6** |
| 34974885 | 1110689 | 31305066 | 20954891 | 677318 | 10350175 | 2395498 | 201.6 |
| 105596 |  | 123857 | 121464 |  | 2393 | 1648 | 0.1 |
| 1021417 | 1107 | 1045854 | 238003 |  | 807851 | 66414 | 36.9 |
| **26712144** | **625301** | **21833619** | **20514324** | **673966** | **1319295** | **1470879** | **43.6** |
| 16272943 | 116766 | 10584712 | 9528071 | 206011 | 1056641 | 569830 | 32.0 |
| 157920 | 1106 | 155988 | 147141 |  | 8847 | 9247 | 1.7 |
|  |  |  |  |  |  |  |  |
| **26366357** | **624195** | **21437135** | **20142931** | **673966** | **1294204** | **1450212** | **41.8** |
| 4895215 | 18129 | 5230394 | 4908072 | 79985 | 322322 | 186474 | 31.6 |
| 30655 |  | 25863 | 25863 |  |  | 4818 |  |
| 3088 |  | 3108 | 3108 |  |  | 33 |  |
| 16966 |  | 16941 | 16941 |  |  | 1990 |  |
| 16966 |  | 16941 | 16941 |  |  | 1990 |  |
| 9675174 | 154470 | 10256886 | 9999083 | 419897 | 257803 | 561974 | 5.3 |
| 8746 | 1996 | 11841 | 11841 | 7517 |  | 4431 |  |
| 9666428 | 152475 | 10245045 | 9987242 | 412381 | 257803 | 557543 | 5.3 |
| 8369988 | 917 | 2362514 | 1729385 | 5289 | 633129 | 306463 | 0.1 |
| 3241867 | 450678 | 3385244 | 3306215 | 168795 | 79029 | 377676 | 4.2 |
| 167594 |  | 200672 | 184403 |  | 16269 | 26526 | 1.9 |
| 5163 |  | 5223 | 5223 |  |  |  |  |
| 2953574 | 450678 | 3060568 | 2997808 | 168795 | 62760 | 335670 | 2.3 |
| 115536 |  | 118782 | 118782 |  |  | 15481 |  |
| 133404 |  | 156186 | 154265 |  | 1921 | 10784 | 0.6 |
| **49547** |  | **65699** | **65699** |  |  | **7142** |  |
| 36495 |  | 38043 | 38043 |  |  | 4967 |  |
| 13052 |  | 27656 | 27656 |  |  | 2176 |  |
| **138320** |  | **174797** | **158554** |  | **16243** | **4277** | **0.1** |
| 138320 |  | 174797 | 158554 |  | 16243 | 4277 | 0.1 |
| **157920** | **1106** | **155988** | **147141** |  | **8847** | **9247** | **1.7** |
| 157920 | 1106 | 155988 | 147141 |  | 8847 | 9247 | 1.7 |
|  |  |  |  |  |  |  |  |
| **741012** | **347500** | **849309** | **840481** | **25423** | **8829** | **140965** | **0.1** |
| 116133 |  | 121397 | 121397 |  |  | 42678 |  |
| 41072 |  | 131527 | 131527 |  |  | 31751 |  |
| 21319 | 14342 | 22229 | 21221 |  | 1008 | 2270 |  |
| 54515 | 442 | 54010 | 46189 | 7094 | 7821 | 13521 |  |
| 94360 |  | 111042 | 111042 |  |  |  |  |
| 413614 | 332716 | 409104 | 409104 | 18329 |  | 50744 |  |

| 指　　标 | 法人企业（个） | 同行业附营产业活动单位（个） | 非同行业附营产业活动单位（个） | 大个体（个） | 年末从业人员（人） |
|---|---|---|---|---|---|
| **食品、饮料及烟草制品批发** | **41** | **43** | **2** | **16** | **4266** |
| 米、面制品及食用油批发 | 15 | 15 | | | 1012 |
| 糕点、糖果及糖批发 | 4 | 4 | 1 | | 358 |
| 果品、蔬菜批发 | | | | 9 | 46 |
| 肉、禽、蛋、奶及水产品批发 | 3 | 3 | | | 123 |
| 盐及调味品批发 | 4 | 6 | | 7 | 261 |
| 酒、饮料及茶叶批发 | 9 | 9 | 1 | | 790 |
| 烟草制品批发 | 2 | 2 | | | 922 |
| 其他食品批发 | 4 | 4 | | | 754 |
| **纺织、服装及家庭用品批发** | **55** | **55** | | **2** | **3919** |
| 纺织品、针织品及原料批发 | 16 | 16 | | | 660 |
| 服装批发 | 21 | 21 | | | 928 |
| 鞋帽批发 | 1 | 1 | | | 31 |
| 厨房、卫生间用具及日用杂货批发 | | | | 1 | 35 |
| 化妆品及卫生用品批发 | 3 | 3 | | 1 | 78 |
| 家用电器批发 | 11 | 11 | | | 2132 |
| 其他家庭用品批发 | 3 | 3 | | | 55 |
| **文化、体育用品及器材批发** | **14** | **14** | | | **827** |
| 文具用品批发 | 5 | 5 | | | 131 |
| 图书批发 | 2 | 2 | | | 468 |
| 音像制品及电子出版物批发 | 1 | 1 | | | 3 |
| 首饰、工艺品及收藏品批发 | 1 | 1 | | | 41 |
| 其他文化用品批发 | 5 | 5 | | | 184 |
| **医药及医疗器材批发** | **47** | **72** | | | **4962** |
| 西药批发 | 20 | 44 | | | 2113 |
| 中药批发 | 21 | 22 | | | 2413 |
| 医疗用品及器材批发 | 6 | 6 | | | 436 |
| **矿产品、建材及化工产品批发** | **273** | **559** | | **15** | **12416** |
| 煤炭及制品批发 | 65 | 66 | | | 2707 |
| 石油及制品批发 | 18 | 302 | | | 4470 |
| 非金属矿及制品批发 | 23 | 24 | | 1 | 744 |
| 金属及金属矿批发 | 74 | 74 | | 2 | 1576 |
| 建材批发 | 47 | 47 | | 6 | 1777 |
| 化肥批发 | 5 | 5 | | 6 | 245 |
| 农药批发 | 2 | 2 | | | 35 |
| 其他化工产品批发 | 39 | 39 | | | 862 |
| **机械设备、五金产品及电子产品批发** | **148** | **155** | | **2** | **7596** |
| 农业机械批发 | 7 | 7 | | | 184 |

单位:万元

| 商品购进总额 | | 销售总额 | | | | 年末商品库存总额 | 年末零售营业面积(万平方米) |
|---|---|---|---|---|---|---|---|
| | #进口 | | 批发额 | | 零售额 | | |
| | | | | #出口 | | | |
| **1141062** | **3102** | **1432406** | **1409569** | **10825** | **22837** | **122779** | **0.7** |
| 150700 | | 153356 | 152209 | 3309 | 1147 | 53908 | 0.2 |
| 61632 | | 73689 | 60665 | | 13023 | 16279 | 0.2 |
| 19929 | 1106 | 22355 | 21297 | | 1058 | 294 | 0.3 |
| 9620 | | 9748 | 9748 | | | 647 | |
| 64017 | | 60396 | 59993 | | 403 | 6774 | |
| 55761 | | 83243 | 76038 | | 7206 | 9369 | 0.1 |
| 713676 | 1996 | 962901 | 962901 | 7517 | | 33967 | |
| 65727 | | 66718 | 66718 | | | 1542 | |
| **2275534** | **90772** | **2488417** | **2437297** | **238506** | **51120** | **178341** | **1.1** |
| 460234 | 72685 | 502512 | 502512 | 161446 | | 16168 | |
| 177483 | | 214290 | 206734 | 58363 | 7556 | 28115 | 0.5 |
| 1622 | | 3504 | | | 3504 | 361 | |
| 2050 | | 2350 | 2350 | | | 23 | |
| 125054 | | 158623 | 141399 | | 17223 | 3002 | 0.1 |
| 1463963 | | 1562121 | 1540950 | | 21171 | 129176 | 0.4 |
| 45127 | 18087 | 45017 | 43351 | 18698 | 1666 | 1496 | |
| **615925** | **33** | **613039** | **599044** | **49139** | **13995** | **67778** | **0.8** |
| 126963 | | 132473 | 130274 | | 2200 | 21015 | |
| 342582 | | 331174 | 325172 | | 6002 | 35628 | 0.8 |
| 371 | | 158 | 158 | | | 214 | |
| 24304 | | 25781 | 25781 | 25781 | | 865 | |
| 121705 | 33 | 123454 | 117660 | 23357 | 5794 | 10057 | |
| **2625060** | **122824** | **2795240** | **2794215** | **91** | **1025** | **204139** | **0.1** |
| 969169 | | 1053488 | 1052547 | | 941 | 80650 | 0.1 |
| 1261362 | 36 | 1338778 | 1338694 | | 84 | 85658 | 0.1 |
| 394529 | 122788 | 402974 | 402974 | 91 | | 37831 | |
| **16504912** | **28108** | **10752737** | **9745168** | **182184** | **1007569** | **489619** | **36.7** |
| 1703965 | | 1754745 | 1684067 | | 70679 | 46713 | 1.9 |
| 9893752 | 981 | 3766863 | 2864974 | | 901889 | 282268 | 30.7 |
| 299443 | 8212 | 310477 | 302801 | 97789 | 7676 | 9023 | 1.4 |
| 1724479 | 13786 | 1820442 | 1810281 | 25054 | 10162 | 56909 | 1.6 |
| 1846265 | 3472 | 1894607 | 1884665 | 5488 | 9942 | 47589 | 1.1 |
| 445815 | | 550599 | 546518 | | 4081 | 20936 | |
| 35413 | | 35051 | 35051 | | | 4830 | |
| 555780 | 1658 | 619952 | 616812 | 53853 | 3140 | 21350 | |
| **2586523** | **27797** | **2636940** | **2432578** | **111474** | **204363** | **210407** | **3.6** |
| 23677 | 4551 | 26086 | 23556 | 4981 | 2530 | 2932 | |

| 指 标 | 法人企业(个) | 同行业附营产业活动单位(个) | 非同行业附营产业活动单位(个) | 大个体(个) | 年末从业人员(人) |
|---|---|---|---|---|---|
| 汽车批发 | 21 | 21 | | | 1623 |
| 汽车零配件批发 | 14 | 14 | | 2 | 470 |
| 摩托车及零配件批发 | 10 | 11 | | | 531 |
| 五金产品批发 | 10 | 10 | | | 221 |
| 电气设备批发 | 10 | 10 | | | 480 |
| 计算机、软件及辅助设备批发 | 19 | 24 | | | 683 |
| 通讯及广播电视设备批发 | 4 | 4 | | | 120 |
| 其他机械设备及电子产品批发 | 53 | 54 | | | 3284 |
| **贸易经纪与代理** | **1** | **1** | | | **10** |
| 其他贸易经纪与代理 | 1 | 1 | | | 10 |
| **其他批发业** | **29** | **29** | | **1** | **2011** |
| 再生物资回收与批发 | 10 | 10 | | 1 | 279 |
| 其他未列明批发业 | 19 | 19 | | | 1732 |
| **零售业** | **670** | **1436** | **2** | **493** | **63723** |
| #国有及国有控股 | 26 | 145 | | | 2595 |
| #个体 | | | | 493 | 10024 |
| **按登记注册类型分组** | | | | | |
| **内资企业** | **648** | **1378** | **2** | | **47258** |
| 国有企业 | 16 | 120 | 1 | | 1380 |
| 集体企业 | 11 | 24 | | | 488 |
| 股份合作企业 | 3 | 6 | | | 52 |
| 联营企业 | 1 | 1 | | | 30 |
| 其他联营企业 | 1 | 1 | | | 30 |
| 有限责任公司 | 325 | 874 | 1 | | 30199 |
| 国有独资公司 | 1 | 1 | | | 51 |
| 其他有限责任公司 | 324 | 873 | 1 | | 30148 |
| 股份有限公司 | 18 | 18 | | | 2390 |
| 私营企业 | 261 | 322 | | | 12328 |
| 私营独资企业 | 23 | 25 | | | 1003 |
| 私营合伙企业 | 1 | 1 | | | 15 |
| 私营有限责任公司 | 229 | 288 | | | 11047 |
| 私营股份有限公司 | 8 | 8 | | | 263 |
| 其他企业 | 13 | 13 | | | 391 |
| **港、澳、台商投资企业** | **6** | **36** | | | **3588** |
| 合资经营企业(港或澳、台资) | 3 | 21 | | | 730 |
| 港、澳、台商独资经营企业 | 3 | 15 | | | 2858 |
| **外商投资企业** | **16** | **22** | | | **2853** |
| 中外合资经营企业 | 5 | 5 | | | 845 |
| 外资企业 | 7 | 13 | | | 1485 |
| 外商投资股份有限公司 | 4 | 4 | | | 523 |

| 商品购进总额 | #进口 | 销售总额 | 批发额 | #出口 | 零售额 | 年末商品库存总额 | 年末零售营业面积（万平方米） |
|---|---|---|---|---|---|---|---|
| 1307538 | 5821 | 1283672 | 1152465 | 5289 | 131207 | 42389 | 1.6 |
| 73274 | 6329 | 74380 | 68745 | 9676 | 5635 | 17295 | 0.1 |
| 201084 | | 193256 | 165988 | | 27269 | 25868 | 0.7 |
| 49679 | | 53261 | 50748 | 9782 | 2513 | 3418 | |
| 109101 | 1577 | 116996 | 114127 | 40268 | 2869 | 9752 | 0.1 |
| 197464 | | 201336 | 195387 | | 5949 | 15466 | 0.2 |
| 81176 | | 92196 | 92196 | | | 5217 | |
| 543530 | 9520 | 595757 | 569366 | 41479 | 26392 | 88070 | 0.9 |
| **5993** | | **6001** | **6001** | **6001** | | **1** | |
| 5993 | | 6001 | 6001 | 6001 | | 1 | |
| **216125** | **5166** | **259529** | **249971** | **50324** | **9558** | **56851** | **0.4** |
| 48336 | | 53056 | 47957 | | 5099 | 7650 | 0.3 |
| 167789 | 5166 | 206473 | 202014 | 50324 | 4459 | 49201 | 0.1 |
| **9389754** | **486495** | **10641158** | **800034** | **3352** | **9841124** | **992680** | **195.0** |
| 333748 | 56024 | 388160 | 13494 | | 374667 | 51019 | 5.3 |
| 863496 | 1 | 889866 | 90862 | | 799004 | 57167 | 35.2 |
| | | | | | | | |
| **7395731** | **454988** | **8214358** | **696950** | **3352** | **7517408** | **832454** | **144.9** |
| 64211 | | 63916 | 2834 | | 61082 | 13365 | 1.9 |
| 26146 | | 27734 | 645 | | 27089 | 3906 | 1.3 |
| 12481 | | 12429 | 234 | | 12194 | 141 | 0.4 |
| 1343 | | 1584 | | | 1584 | 92 | 0.2 |
| 1343 | | 1584 | | | 1584 | 92 | 0.2 |
| 4562501 | 263486 | 5119507 | 413156 | 3352 | 4706351 | 504015 | 102.1 |
| 2466 | | 2368 | 2083 | | 285 | 486 | 0.2 |
| 4560035 | 263486 | 5117139 | 411073 | 3352 | 4706067 | 503529 | 101.9 |
| 305234 | | 349806 | 887 | | 348920 | 22936 | 8.9 |
| 2401392 | 191248 | 2616043 | 272477 | | 2343566 | 285527 | 29.0 |
| 86348 | | 82830 | 12195 | | 70635 | 14168 | 1.7 |
| 663 | | 676 | | | 676 | 129 | |
| 2276280 | 191248 | 2494905 | 245883 | | 2249021 | 266857 | 26.4 |
| 38101 | | 37632 | 14398 | | 23234 | 4373 | 0.9 |
| 22422 | 255 | 23339 | 6717 | | 16622 | 2473 | 1.2 |
| **689565** | | **1007742** | | | **1007742** | **48941** | **3.5** |
| 213508 | | 219905 | | | 219905 | 24620 | 0.9 |
| 476058 | | 787837 | | | 787837 | 24322 | 2.6 |
| **440962** | **31506** | **529192** | **12223** | | **516969** | **54118** | **11.4** |
| 127148 | 30103 | 136927 | | | 136927 | 12073 | 2.9 |
| 151201 | | 196458 | 1831 | | 194627 | 20357 | 5.8 |
| 162613 | 1403 | 195807 | 10392 | | 185415 | 21689 | 2.7 |

| 指　　标 | 法人企业（个） | 同行业附营产业活动单位（个） | 非同行业附营产业活动单位（个） | 大个体（个） | 年末从业人员（人） |
|---|---|---|---|---|---|
| **个体经营** | | | | **493** | **10024** |
| 个体户 | | | | 491 | 9974 |
| 个体合伙 | | | | 2 | 50 |
| **按国民经济行业分组** | | | | | |
| **综合零售** | **85** | **300** | **1** | **171** | **24486** |
| 百货零售 | 50 | 75 | | 68 | 12538 |
| 超级市场零售 | 26 | 167 | | 17 | 9211 |
| 其他综合零售 | 9 | 58 | 1 | 86 | 2737 |
| **食品、饮料及烟草制品专门零售** | **34** | **71** | | **35** | **2213** |
| 粮油零售 | 2 | 5 | | | 53 |
| 糕点、面包零售 | 1 | 6 | | 2 | 75 |
| 果品、蔬菜零售 | 1 | 1 | | | 120 |
| 肉、禽、蛋、奶及水产品零售 | 10 | 39 | | 6 | 713 |
| 酒、饮料及茶叶零售 | 6 | 6 | | 10 | 255 |
| 其他食品零售 | 14 | 14 | | 17 | 997 |
| **纺织、服装及日用品专门零售** | **54** | **94** | **1** | **104** | **5284** |
| 纺织品及针织品零售 | 9 | 12 | | 8 | 490 |
| 服装零售 | 26 | 63 | | 68 | 3453 |
| 鞋帽零售 | 5 | 5 | 1 | 8 | 321 |
| 化妆品及卫生用品零售 | 2 | 2 | | 5 | 226 |
| 钟表、眼镜零售 | 1 | 1 | | 3 | 366 |
| 箱、包零售 | | | | 1 | 4 |
| 厨房用具及日用杂品零售 | 1 | 1 | | | 6 |
| 自行车零售 | | | | 1 | 13 |
| 其他日用品零售 | 10 | 10 | | 10 | 405 |
| **文化、体育用品及器材专门零售** | **32** | **64** | | **34** | **1605** |
| 文具用品零售 | 3 | 3 | | 1 | 26 |
| 体育用品及器材零售 | 2 | 2 | | 1 | 52 |
| 图书、报刊零售 | 14 | 43 | | 1 | 949 |
| 珠宝首饰零售 | 5 | 8 | | 25 | 365 |
| 工艺美术品及收藏品零售 | 1 | 1 | | 4 | 60 |
| 乐器零售 | 1 | 1 | | | 30 |
| 照相器材零售 | 5 | 5 | | 1 | 107 |
| 其他文化用品零售 | 1 | 1 | | 1 | 16 |
| **医药及医疗器材专门零售** | **27** | **355** | | **5** | **3020** |
| 药品零售 | 23 | 351 | | 5 | 2947 |
| 医疗用品及器材零售 | 4 | 4 | | | 73 |

单位:万元

| 商品购进总额 | #进口 | 销售总额 | 批发额 | #出口 | 零售额 | 年末商品库存总额 | 年末零售营业面积(万平方米) |
|---|---|---|---|---|---|---|---|
| **863496** | **1** | **889866** | **90862** | | **799004** | **57167** | **35.2** |
| 860751 | 1 | 887327 | 90862 | | 796465 | 56747 | 35.1 |
| 2746 | | 2539 | | | 2539 | 420 | 0.1 |
| | | | | | | | |
| **1863568** | **30** | **2514808** | **86637** | | **2428171** | **118190** | **91.5** |
| 1113168 | 30 | 1775186 | 55850 | | 1719336 | 52164 | 54.9 |
| 470152 | | 453819 | 192 | | 453627 | 56111 | 31.0 |
| 280248 | | 285804 | 30596 | | 255208 | 9916 | 5.6 |
| **144860** | **21** | **174886** | **28138** | **90** | **146747** | **31535** | **2.7** |
| 8929 | | 8537 | 3905 | | 4632 | 514 | 0.1 |
| 2281 | | 2101 | | | 2101 | 508 | 0.2 |
| | | 490 | | | 490 | 10 | |
| 31389 | | 38699 | 7859 | | 30840 | 1347 | 1.0 |
| 31433 | 1 | 39346 | 9733 | | 29613 | 10976 | 0.5 |
| 70828 | 20 | 85714 | 6642 | 90 | 79072 | 18180 | 1.0 |
| **434766** | **1640** | **535836** | **106428** | **2336** | **429408** | **59088** | **12.3** |
| 33113 | | 33704 | 8475 | 2336 | 25229 | 5351 | 0.7 |
| 299041 | | 387956 | 40732 | | 347224 | 31971 | 9.8 |
| 17312 | | 20975 | 9459 | | 11516 | 1888 | 0.6 |
| 20273 | | 21470 | 3295 | | 18176 | 6578 | 0.2 |
| 35725 | | 40436 | 39002 | | 1434 | 10166 | 0.1 |
| 637 | | 591 | | | 591 | 46 | |
| 316 | | 327 | 327 | | | 92 | |
| 773 | | 803 | | | 803 | 40 | |
| 27577 | 1640 | 29573 | 5139 | | 24434 | 2955 | 0.7 |
| **124204** | | **124249** | **25449** | | **98800** | **25142** | **2.9** |
| 4503 | | 4609 | 1755 | | 2854 | 188 | |
| 1404 | | 1885 | | | 1885 | 14 | 0.1 |
| 53646 | | 53357 | 10056 | | 43301 | 13496 | 1.2 |
| 43632 | | 43444 | 4906 | | 38538 | 8208 | 1.0 |
| 3143 | | 3466 | 598 | | 2868 | 830 | 0.2 |
| 898 | | 1157 | | | 1157 | 428 | |
| 15129 | | 14354 | 7038 | | 7316 | 1365 | 0.2 |
| 1849 | | 1977 | 1096 | | 881 | 612 | 0.1 |
| **291301** | **1116** | **332552** | **133246** | | **199306** | **26262** | **2.4** |
| 283073 | 560 | 323217 | 133246 | | 189970 | 24208 | 2.3 |
| 8228 | 556 | 9335 | | | 9335 | 2054 | 0.1 |

| 指 标 | 法人企业(个) | 同行业附营产业活动单位(个) | 非同行业附营产业活动单位(个) | 大个体(个) | 年末从业人员(人) |
|---|---|---|---|---|---|
| **汽车、摩托车、燃料及零配件专门零售** | **243** | **258** | | **33** | **17415** |
| 汽车零售 | 202 | 205 | | 13 | 15751 |
| 汽车零配件零售 | 7 | 7 | | 2 | 520 |
| 摩托车及零配件零售 | 6 | 6 | | 13 | 275 |
| 机动车燃料零售 | 28 | 40 | | 5 | 869 |
| **家用电器及电子产品专门零售** | **145** | **241** | | **25** | **6819** |
| 家用视听设备零售 | 6 | 15 | | 6 | 354 |
| 日用家电设备零售 | 39 | 80 | | 17 | 3057 |
| 计算机、软件及辅助设备零售 | 68 | 77 | | 1 | 1494 |
| 通信设备零售 | 17 | 54 | | 1 | 1590 |
| 其他电子产品零售 | 15 | 15 | | | 324 |
| **五金、家具及室内装饰材料专门零售** | **32** | **34** | | **83** | **2417** |
| 五金零售 | 22 | 22 | | 8 | 1197 |
| 灯具零售 | | | | 5 | 47 |
| 家具零售 | 8 | 10 | | 51 | 1005 |
| 卫生洁具零售 | | | | 1 | 6 |
| 陶瓷、石材装饰材料零售 | 1 | 1 | | 9 | 70 |
| 其他室内装饰材料零售 | 1 | 1 | | 9 | 92 |
| **货摊、无店铺及其他零售业** | **18** | **19** | | **3** | **464** |
| 旧货零售 | 1 | 1 | | | 7 |
| 生活用燃料零售 | 7 | 7 | | | 205 |
| 其他未列明零售业 | 10 | 11 | | 3 | 252 |
| **按零售业态分组** | | | | | |
| **有店铺零售** | **667** | **1433** | **2** | **493** | **63647** |
| 食杂店 | 4 | 27 | | 4 | 298 |
| 便利店 | 7 | 71 | | 64 | 1676 |
| 折扣店 | | | | | |
| 超市 | 32 | 42 | | 59 | 3150 |
| 大型超市 | 16 | 154 | | 7 | 12843 |
| 仓储会员店 | 1 | 1 | | | 13 |
| 百货店 | 50 | 53 | 1 | 63 | 8088 |
| 专业店 | 435 | 918 | | 197 | 27264 |
| 专卖店 | 102 | 137 | 1 | 65 | 9009 |
| 家居建材商店 | 2 | 2 | | 30 | 356 |
| 购物中心 | 3 | 10 | | | 82 |
| 厂家直销中心 | 15 | 18 | | 4 | 868 |
| **无店铺零售** | **3** | **3** | | | **76** |
| 电视购物 | 1 | 1 | | | 27 |
| 邮购 | 2 | 2 | | | 49 |

单位:万元

| 商品购进总额 | #进口 | 销售总额 | 批发额 | #出口 | 零售额 | 年末商品库存总额 | 年末零售营业面积（万平方米） |
|---|---|---|---|---|---|---|---|
| **5144930** | **480348** | **5577270** | **138639** | | **5438630** | **596610** | **55.9** |
| 4826874 | 480348 | 5250454 | 77790 | | 5172664 | 578540 | 51.2 |
| 80625 | | 89418 | 2386 | | 87032 | 7068 | 1.0 |
| 116722 | | 116785 | 46232 | | 70552 | 2994 | 0.8 |
| 120708 | | 120614 | 12231 | | 108382 | 8009 | 2.8 |
| **1171494** | **2539** | **1145478** | **243308** | **926** | **902170** | **112359** | **15.2** |
| 28000 | | 29957 | 2780 | | 27177 | 2948 | 1.2 |
| 649134 | 564 | 609074 | 5686 | | 603388 | 68606 | 10.6 |
| 262126 | | 268425 | 138529 | | 129897 | 19123 | 1.7 |
| 196217 | | 200039 | 82487 | | 117552 | 17584 | 1.4 |
| 36016 | 1975 | 37983 | 13826 | 926 | 24157 | 4098 | 0.4 |
| **141758** | **59** | **146759** | **23797** | | **122962** | **17135** | **11.1** |
| 65956 | | 68234 | 23113 | | 45121 | 8368 | 1.7 |
| 9857 | | 9856 | | | 9856 | 539 | 0.4 |
| 51189 | | 54733 | 684 | | 54049 | 6724 | 7.4 |
| 614 | | 593 | | | 593 | 21 | 0.1 |
| 6164 | | 6058 | | | 6058 | 620 | 0.4 |
| 7978 | 59 | 7286 | | | 7286 | 862 | 1.1 |
| **72874** | **742** | **89321** | **14392** | | **74929** | **6359** | **1.1** |
| 3412 | | 3533 | 1341 | | 2192 | 7 | |
| 14661 | | 16656 | 4130 | | 12526 | 1388 | 0.3 |
| 54802 | 742 | 69132 | 8921 | | 60211 | 4964 | 0.7 |
| | | | | | | | |
| **9381778** | **484519** | **10632852** | **796754** | **3352** | **9836098** | **991896** | **195.0** |
| 15459 | | 15790 | 3020 | | 12770 | 721 | 0.2 |
| 150874 | | 154188 | 17455 | | 136733 | 8562 | 4.3 |
| | | | | | | | |
| 146850 | 30 | 154135 | 12385 | | 141750 | 16636 | 6.0 |
| 930396 | | 1239112 | 42 | | 1239070 | 74032 | 48.2 |
| 1287 | | 1370 | 1096 | | 274 | 567 | 0.1 |
| 696100 | | 1037833 | 66464 | | 971369 | 25102 | 34.8 |
| 5323287 | 286044 | 5806579 | 540202 | 1016 | 5266376 | 601537 | 75.0 |
| 2013740 | 197989 | 2115457 | 120785 | | 1994672 | 252504 | 21.4 |
| 25923 | | 24417 | 4793 | | 19625 | 2238 | 3.1 |
| 17917 | | 18248 | 14398 | | 3850 | 1436 | 0.1 |
| 59944 | 456 | 65725 | 16115 | 2336 | 49611 | 8563 | 1.7 |
| **7976** | **1975** | **8306** | **3280** | | **5026** | **784** | |
| 3665 | | 3980 | 3280 | | 700 | 381 | |
| 4312 | 1975 | 4326 | | | 4326 | 404 | |

# 11-4 分县(市)区限额以上批发和零售业商品购销存总额

(2012 年)

单位:万元

| 县(市)区 | 商品购进总额 | #进口 | 销售总额 | 批发额 | #出口 | 零售额 | 年末库存额 |
|---|---|---|---|---|---|---|---|
| 中原区 | 2180945 | 26172 | 2213027 | 1598899 | 68163 | 614128 | 100883 |
| 二七区 | 1828657 | 1895 | 2225580 | 1041981 | 11381 | 1183599 | 135777 |
| 管城区 | 4142536 | 3963 | 4368083 | 2988452 | 2336 | 1379631 | 343461 |
| 金水区 | 7226324 | 738522 | 8346826 | 4524337 | 455879 | 3822489 | 762499 |
| 上街区 | 308524 | | 323839 | 269125 | 33462 | 54713 | 9765 |
| 惠济区 | 752447 | 88009 | 787534 | 159903 | | 627631 | 80399 |
| 中牟县 | 1173403 | 6217 | 1192833 | 988796 | 4981 | 204036 | 19266 |
| 巩义市 | 216690 | | 216501 | 77903 | | 138598 | 18006 |
| 荥阳市 | 453993 | | 488212 | 335687 | | 152525 | 42314 |
| 新密市 | 1234137 | 1 | 1280955 | 1048743 | | 232211 | 53831 |
| 新郑市 | 1422204 | 564 | 1509934 | 1250818 | | 259116 | 52671 |
| 登封市 | 531556 | 30 | 533777 | 233929 | | 299848 | 38997 |
| 经济开发区 | 4585894 | 127683 | 5017276 | 4290719 | 23357 | 726557 | 280932 |
| 高新开发区 | 446871 | 70813 | 484052 | 317415 | 7131 | 166637 | 66262 |
| 郑东新区 | 9474983 | 41550 | 3353863 | 2082246 | 65779 | 1271616 | 441287 |
| 航空港区 | 122735 | 6377 | 132488 | 105404 | 4849 | 27084 | 17211 |

## 11-5 分县(市)区限额以上批发和零售企业主要经济指标

(2012年)

单位:万元

| 县(市)区 | 流动资产合计 | #存货 | 固定资产原价 | 资产总计 | 所有者权益 | #实收资本 | 主营业务收入 |
|---|---|---|---|---|---|---|---|
| 中原区 | 414409 | 94557 | 50044 | 513964 | 86265 | 54681 | 1817143 |
| 二七区 | 562887 | 90444 | 61130 | 690200 | 80402 | 94993 | 1700030 |
| 管城区 | 1000607 | 252472 | 153450 | 1272507 | 200391 | 113385 | 3688138 |
| 金水区 | 3338472 | 767278 | 413995 | 4214561 | 772355 | 697108 | 7022052 |
| 上街区 | 33439 | 5143 | 3738 | 37687 | 9854 | 8846 | 258724 |
| 惠济区 | 265100 | 80601 | 37363 | 307580 | 39533 | 34503 | 618373 |
| 中牟县 | 118227 | 28605 | 12575 | 144613 | 22846 | 24832 | 834907 |
| 巩义市 | 37184 | 5598 | 12651 | 52720 | 26664 | 25302 | 107414 |
| 荥阳市 | 177326 | 34784 | 16635 | 197010 | 37360 | 32657 | 337513 |
| 新密市 | 217272 | 28990 | 70777 | 352372 | 155717 | 71259 | 993075 |
| 新郑市 | 196324 | 27462 | 31925 | 235894 | 41011 | 47590 | 1042821 |
| 登封市 | 212500 | 12388 | 32575 | 540996 | 208653 | 34440 | 347308 |
| 经济开发区 | 1664896 | 266072 | 132228 | 1882091 | 481345 | 146188 | 4213524 |
| 高新开发区 | 215731 | 63069 | 17190 | 254224 | 76565 | 48842 | 425496 |
| 郑东新区 | 920780 | 360129 | 160873 | 1367141 | 498995 | 755027 | 2880947 |
| 航空港区 | 153232 | 14253 | 27040 | 188625 | 17996 | 6232 | 103229 |

11-5 续表

(2012年)

单位:万元

| 县(市)区 | 主营业务成本 | 主营业务税金及附加 | 管理费用 | #税金 | 利润总额 | 应付职工薪酬 | 应缴增值税 |
|---|---|---|---|---|---|---|---|
| 中原区 | 1748891 | 1470 | 33222 | 961 | 5157 | 22792 | 10309 |
| 二七区 | 1523045 | 3761 | 51610 | 1267 | 2482 | 32807 | 19502 |
| 管城区 | 3486027 | 5302 | 36225 | 1366 | 54749 | 29455 | 41206 |
| 金水区 | 6801122 | 13887 | 176948 | 4467 | 159495 | 93187 | 79085 |
| 上街区 | 245064 | 1671 | 2393 | 126 | 1335 | 1349 | 1545 |
| 惠济区 | 576922 | 654 | 12122 | 419 | -840 | 11706 | 5178 |
| 中牟县 | 780356 | 649 | 5286 | 289 | 64 | 8202 | 4342 |
| 巩义市 | 81598 | 3498 | 7670 | 3094 | 6719 | 2885 | 1103 |
| 荥阳市 | 293900 | 540 | 6547 | 196 | 4927 | 3905 | 4041 |
| 新密市 | 911017 | 4130 | 14136 | 1818 | 37293 | 8888 | 17771 |
| 新郑市 | 1019627 | 725 | 8888 | 661 | -1673 | 10348 | 4446 |
| 登封市 | 265298 | 10464 | 6137 | 430 | 34345 | 6849 | 5491 |
| 经济开发区 | 3835599 | 52844 | 90702 | 2970 | 132993 | 74386 | 57286 |
| 高新开发区 | 395921 | 176 | 10639 | 339 | 4262 | 4570 | 1185 |
| 郑东新区 | 2711933 | 6101 | 86739 | 2083 | 51568 | 33672 | 38017 |
| 航空港区 | 87380 | 119 | 5160 | 131 | -1031 | 1662 | 834 |

# 11-6 限额以上批发和零售业法人企业财务状况

（2012 年）

单位：万元

| 指标 | 法人企业数（个） | 年初存货 | 流动资产合计 | 应收帐款 | 存货 | 固定资产合计 | 固定资产原价 | 累计折旧 |
|---|---|---|---|---|---|---|---|---|
| **总计** | **1310** | **2014501** | **9528384** | **1672144** | **2131842** | **859811** | **1234187** | **389840** |
| **批发业** | **640** | **1290875** | **6150393** | **1310881** | **1337770** | **506178** | **709993** | **218912** |
| #国有及国有控股 | 76 | 520837 | 1829553 | 457626 | 476949 | 282784 | 378735 | 111254 |
| **按登记注册类型分组** | | | | | | | | |
| **内资企业** | **635** | **1281585** | **6097511** | **1305067** | **1327415** | **504457** | **707847** | **218487** |
| 国有企业 | 41 | 147168 | 815948 | 155973 | 143454 | 153751 | 212604 | 59976 |
| 集体企业 | 4 | 405 | 7155 | 543 | 1792 | 361 | 421 | 61 |
| 股份合作企业 | 1 | 66 | 736 | 157 | 50 | 108 | 392 | 284 |
| 联营企业 | 1 | 963 | 5623 | 2456 | 1701 | 27 | 152 | 125 |
| 国有联营企业 | 1 | 963 | 5623 | 2456 | 1701 | 27 | 152 | 125 |
| 有限责任公司 | 337 | 501971 | 3009203 | 803549 | 566965 | 162896 | 243951 | 80327 |
| 国有独资公司 | 2 | 6205 | 11257 | 910 | 4317 | 2347 | 6638 | 4291 |
| 其他有限责任公司 | 335 | 495766 | 2997946 | 802640 | 562648 | 160549 | 237313 | 76035 |
| 股份有限公司 | 15 | 334403 | 592896 | 86051 | 272891 | 113884 | 137434 | 37731 |
| 私营企业 | 227 | 288915 | 1641862 | 253596 | 336146 | 68637 | 107706 | 39591 |
| 私营独资企业 | 16 | 20454 | 139267 | 7045 | 8702 | 8042 | 10133 | 2091 |
| 私营合伙企业 | 1 | 130 | 1303 | 511 | | 6 | | |
| 私营有限责任公司 | 206 | 255279 | 1419224 | 242644 | 313325 | 58568 | 94176 | 36123 |
| 私营股份有限公司 | 4 | 13052 | 82068 | 3396 | 14120 | 2021 | 3397 | 1377 |
| 其他企业 | 9 | 7694 | 24089 | 2740 | 4416 | 4795 | 5188 | 393 |
| **港、澳、台商投资企业** | **3** | **5451** | **12479** | **2711** | **5798** | **1625** | **1863** | **238** |
| 合资经营企业（港或澳、台资） | 1 | 4939 | 9820 | 1175 | 4973 | 47 | 217 | 170 |
| 港、澳、台商独资经营企业 | 2 | 512 | 2659 | 1536 | 825 | 1578 | 1646 | 68 |
| **外商投资企业** | **2** | **3839** | **40403** | **3104** | **4557** | **96** | **283** | **187** |
| 中外合资经营企业 | 2 | 3839 | 40403 | 3104 | 4557 | 96 | 283 | 187 |
| **按国民经济行业分组** | | | | | | | | |
| **农、林、牧产品批发** | **32** | **127355** | **528633** | **58566** | **142938** | **31794** | **64812** | **33211** |
| 谷物、豆及薯类批发 | 10 | 29353 | 70465 | 9667 | 23411 | 9168 | 13275 | 4300 |
| 种子批发 | 9 | 52403 | 111112 | 10608 | 52663 | 16870 | 21571 | 4702 |
| 饲料批发 | 3 | 2648 | 11016 | 1124 | 2745 | 80 | 300 | 220 |
| 棉、麻批发 | 6 | 11892 | 112796 | 4176 | 13901 | 3829 | 27473 | 23644 |
| 其他农牧产品批发 | 4 | 31059 | 223244 | 32992 | 50218 | 1847 | 2192 | 345 |
| **食品、饮料及烟草制品批发** | **41** | **89864** | **544710** | **30810** | **113042** | **86630** | **124027** | **37437** |
| 米、面制品及食用油批发 | 15 | 44259 | 157213 | 11236 | 72439 | 29045 | 36304 | 7259 |
| 糕点、糖果及糖批发 | 4 | 10688 | 33153 | 1870 | 13002 | 1524 | 2582 | 1058 |
| 肉、禽、蛋、奶及水产品批发 | 3 | 722 | 1893 | 758 | 727 | 353 | 602 | 249 |
| 盐及调味品批发 | 4 | 409 | 3690 | 1675 | 500 | 1416 | 1732 | 356 |
| 酒、饮料及茶叶批发 | 9 | 7455 | 43664 | 4383 | 6174 | 17066 | 18989 | 1923 |
| 烟草制品批发 | 2 | 25011 | 251599 | 7956 | 18676 | 36998 | 63464 | 26466 |
| 其他食品批发 | 4 | 1322 | 53498 | 2932 | 1523 | 229 | 355 | 126 |
| **纺织、服装及家庭用品批发** | **55** | **195608** | **892570** | **87571** | **209665** | **25302** | **43634** | **18420** |
| 纺织品、针织品及原料批发 | 16 | 22622 | 155974 | 11515 | 11173 | 11727 | 17619 | 5892 |
| 服装批发 | 21 | 13558 | 110170 | 41555 | 33793 | 2803 | 4564 | 1849 |

| 指标 | 法人企业数（个） | 年初存货 | 流动资产合计 | 应收帐款 | 存货 | 固定资产合计 | 固定资产原价 | 累计折旧 |
|---|---|---|---|---|---|---|---|---|
| 鞋帽批发 | 1 | 1361 | 406 | | 309 | 32 | 86 | 54 |
| 化妆品及卫生用品批发 | 3 | 2591 | 18016 | 1992 | 3155 | 107 | 352 | 244 |
| 家用电器批发 | 11 | 153507 | 592684 | 29981 | 159907 | 5005 | 13773 | 8768 |
| 其他家庭用品批发 | 3 | 1969 | 15319 | 2528 | 1328 | 5629 | 7242 | 1613 |
| **文化、体育用品及器材批发** | **14** | **24773** | **182675** | **65470** | **34798** | **47514** | **63486** | **15973** |
| 文具用品批发 | 5 | 5656 | 58735 | 9127 | 6199 | 574 | 909 | 335 |
| 图书批发 | 2 | 10558 | 82770 | 41437 | 19038 | 44210 | 57813 | 13603 |
| 音像制品及电子出版物批发 | 1 | 327 | 838 | 584 | 100 | 7 | 53 | 46 |
| 首饰、工艺品及收藏品批发 | 1 | 904 | 4270 | 377 | 752 | 187 | 524 | 337 |
| 其他文化用品批发 | 5 | 7328 | 36062 | 13945 | 8709 | 2536 | 4188 | 1651 |
| **医药及医疗器材批发** | **47** | **150546** | **1079144** | **560649** | **187302** | **19155** | **27708** | **8523** |
| 西药批发 | 20 | 70980 | 359023 | 183849 | 70864 | 12365 | 15814 | 3449 |
| 中药批发 | 21 | 57236 | 528698 | 261610 | 82954 | 3576 | 7589 | 3983 |
| 医疗用品及器材批发 | 6 | 22330 | 191423 | 115190 | 33485 | 3214 | 4305 | 1091 |
| **矿产品、建材及化工产品批发** | **273** | **493739** | **1978106** | **295694** | **411850** | **263003** | **331172** | **83762** |
| 煤炭及制品批发 | 65 | 46204 | 462040 | 86123 | 32606 | 46419 | 57586 | 11684 |
| 石油及制品批发 | 18 | 299013 | 480559 | 32611 | 222034 | 123321 | 153580 | 45331 |
| 非金属矿及制品批发 | 23 | 4281 | 56517 | 19073 | 3547 | 27187 | 31768 | 4588 |
| 金属及金属矿批发 | 74 | 60688 | 486026 | 78275 | 60169 | 35537 | 48151 | 12615 |
| 建材批发 | 47 | 45417 | 272394 | 48062 | 43545 | 16936 | 22186 | 5250 |
| 化肥批发 | 5 | 17764 | 110892 | 17200 | 27095 | 6928 | 7711 | 782 |
| 农药批发 | 2 | 3566 | 9199 | 20 | 4736 | 34 | 79 | 45 |
| 其他化工产品批发 | 39 | 16805 | 100481 | 14331 | 18120 | 6642 | 10110 | 3468 |
| **机械设备、五金产品及电子产品批发** | **148** | **167792** | **846180** | **190884** | **203091** | **26011** | **44033** | **18022** |
| 农业机械批发 | 7 | 3441 | 15103 | 2238 | 2529 | 1543 | 1893 | 350 |
| 汽车批发 | 21 | 19402 | 204211 | 22478 | 40067 | 2521 | 4782 | 2261 |
| 汽车零配件批发 | 14 | 15653 | 27918 | 2800 | 15712 | 878 | 1847 | 968 |
| 摩托车及零配件批发 | 10 | 20502 | 53881 | 4194 | 23640 | 1386 | 2906 | 1520 |
| 五金产品批发 | 10 | 3238 | 80557 | 9328 | 3679 | 540 | 784 | 244 |
| 电气设备批发 | 10 | 10399 | 39169 | 15404 | 9596 | 2250 | 4025 | 1776 |
| 计算机、软件及辅助设备批发 | 19 | 13629 | 69878 | 17571 | 14730 | 841 | 1991 | 1150 |
| 通讯及广播电视设备批发 | 4 | 5070 | 34088 | 6458 | 5157 | 113 | 399 | 286 |
| 其他机械设备及电子产品批发 | 53 | 76459 | 321376 | 110412 | 87982 | 15939 | 25405 | 9467 |
| **贸易经纪与代理** | **1** | **8** | **391** | **265** | **1** | **18** | **39** | **21** |
| 其他贸易经纪与代理 | 1 | 8 | 391 | 265 | 1 | 18 | 39 | 21 |
| **其他批发业** | **29** | **41191** | **97983** | **20972** | **35083** | **6751** | **11083** | **3544** |
| 再生物资回收与批发 | 10 | 6654 | 12491 | 4410 | 3293 | 4680 | 6154 | 1475 |
| 其他未列明批发业 | 19 | 34537 | 85492 | 16562 | 31790 | 2072 | 4929 | 2069 |
| **零售业** | **670** | **723626** | **3377991** | **361263** | **794073** | **353633** | **524194** | **170927** |
| #国有及国有控股 | 26 | 45813 | 129453 | 10547 | 42931 | 33695 | 47796 | 14102 |
| **按登记注册类型分组** | | | | | | | | |
| **内资企业** | **648** | **641945** | **2843642** | **337914** | **704278** | **225762** | **337484** | **111861** |
| 国有企业 | 16 | 9991 | 21574 | 6387 | 8574 | 7258 | 11629 | 4371 |
| 集体企业 | 11 | 4043 | 6400 | 505 | 3634 | 1082 | 1813 | 730 |

11-6 续表2 （2012年） 单位:万元

| 指标 | 法人企业数（个） | 年初存货 | 流动资产合计 | 应收帐款 | 存货 | 固定资产合计 | 固定资产原价 | 累计折旧 |
|---|---|---|---|---|---|---|---|---|
| 股份合作企业 | 3 | 215 | 119 | 1 | 45 | 373 | 479 | 106 |
| 联营企业 | 1 | | 141 | | | | | |
| 其他联营企业 | 1 | | 141 | | | | | |
| 有限责任公司 | 325 | 372325 | 1579860 | 243283 | 382016 | 130833 | 195769 | 64936 |
| 国有独资公司 | 1 | 213 | 963 | 88 | 275 | 365 | 584 | 218 |
| 其他有限责任公司 | 324 | 372113 | 1578897 | 243195 | 381741 | 130468 | 195185 | 64717 |
| 股份有限公司 | 18 | 25384 | 143025 | 4697 | 16976 | 32492 | 50083 | 17730 |
| 私营企业 | 261 | 227945 | 1087312 | 82835 | 290312 | 51837 | 75397 | 23560 |
| 私营独资企业 | 23 | 6676 | 134617 | 2213 | 12002 | 3302 | 4506 | 1204 |
| 私营合伙企业 | 1 | 84 | 139 | | 129 | 7 | 8 | 1 |
| 私营有限责任公司 | 229 | 217179 | 944471 | 80147 | 273751 | 47620 | 69606 | 21987 |
| 私营股份有限公司 | 8 | 4006 | 8086 | 474 | 4431 | 909 | 1277 | 368 |
| 其他企业 | 13 | 2041 | 5210 | 207 | 2721 | 1886 | 2315 | 429 |
| **港、澳、台商投资企业** | **6** | **31383** | **395929** | **20512** | **39833** | **109118** | **148218** | **39100** |
| 合资经营企业（港或澳、台资） | 3 | 13187 | 36002 | 2762 | 21058 | 7980 | 10076 | 2096 |
| 港、澳、台商独资经营企业 | 3 | 18195 | 359927 | 17750 | 18775 | 101138 | 138142 | 37004 |
| **外商投资企业** | **16** | **50299** | **138421** | **2837** | **49962** | **18753** | **38493** | **19967** |
| 中外合资经营企业 | 5 | 15648 | 24700 | 309 | 16236 | 11336 | 25787 | 14678 |
| 外资企业 | 7 | 16359 | 65742 | 806 | 16590 | 4115 | 6874 | 2760 |
| 外商投资股份有限公司 | 4 | 18291 | 47979 | 1722 | 17136 | 3303 | 5832 | 2529 |
| **按国民经济行业分组** | | | | | | | | |
| **综合零售** | **85** | **85821** | **682053** | **29241** | **75628** | **164904** | **246491** | **81953** |
| 百货零售 | 50 | 43883 | 521739 | 21773 | 38505 | 133162 | 191014 | 57992 |
| 超级市场零售 | 26 | 32569 | 152727 | 6601 | 35401 | 30848 | 54113 | 23492 |
| 其他综合零售 | 9 | 9369 | 7588 | 866 | 1722 | 894 | 1364 | 470 |
| **食品、饮料及烟草制品专门零售** | **34** | **10432** | **39270** | **4234** | **12453** | **2918** | **4088** | **1171** |
| 粮油零售 | 2 | 72 | 1242 | 282 | 363 | | 9 | 8 |
| 糕点、面包零售 | 1 | 227 | 689 | 20 | 458 | 49 | 161 | 112 |
| 果品、蔬菜零售 | 1 | 50 | 644 | 106 | 64 | 167 | 167 | |
| 肉、禽、蛋、奶及水产品零售 | 10 | 671 | 10530 | 800 | 953 | 1607 | 2136 | 529 |
| 酒、饮料及茶叶零售 | 6 | 6761 | 15400 | 1574 | 9102 | 439 | 843 | 403 |
| 其他食品零售 | 14 | 2651 | 10766 | 1454 | 1513 | 655 | 774 | 118 |
| **纺织、服装及日用品专门零售** | **54** | **48898** | **117033** | **15301** | **47590** | **4865** | **8459** | **3594** |
| 纺织品及针织品零售 | 9 | 3466 | 11665 | 727 | 3479 | 399 | 682 | 283 |
| 服装零售 | 26 | 21367 | 68087 | 9357 | 25132 | 3329 | 6004 | 2675 |
| 鞋帽零售 | 5 | 1444 | 4670 | 1374 | 673 | 224 | 323 | 99 |
| 化妆品及卫生用品零售 | 2 | 6391 | 7129 | 349 | 6191 | 29 | 72 | 42 |
| 钟表、眼镜零售 | 1 | 14693 | 13586 | 1410 | 9956 | 250 | 511 | 260 |
| 厨房用具及日用杂品零售 | 1 | 82 | 177 | 27 | 93 | | | |
| 其他日用品零售 | 10 | 1455 | 11720 | 2058 | 2067 | 634 | 867 | 233 |
| **文化、体育用品及器材专门零售** | **32** | **18912** | **57807** | **10412** | **18737** | **13618** | **25205** | **11587** |
| 文具用品零售 | 3 | 66 | 315 | 96 | 66 | 51 | 55 | 4 |
| 体育用品及器材零售 | 2 | | 159 | | 5 | 91 | 161 | 70 |
| 图书、报刊零售 | 14 | 11726 | 27669 | 8534 | 10132 | 7252 | 11654 | 4402 |

| 指标 | 法人企业数（个） | 年初存货 | 流动资产合计 | 应收帐款 | 存货 | 固定资产合计 | 固定资产原价 | 累计折旧 |
|---|---|---|---|---|---|---|---|---|
| 珠宝首饰零售 | 5 | 3953 | 23515 | 273 | 5523 | 6157 | 6884 | 726 |
| 工艺美术品及收藏品零售 | 1 | 776 | 1695 | 697 | 776 | 20 | 134 | 115 |
| 乐器零售 | 1 | 366 | 515 | 25 | 366 | 7 | 7 | |
| 照相器材零售 | 5 | 1431 | 2890 | 519 | 1304 | 17 | 6271 | 6255 |
| 其他文化用品零售 | 1 | 596 | 1048 | 268 | 567 | 23 | 39 | 16 |
| **医药及医疗器材专门零售** | **27** | **23367** | **97042** | **49346** | **22910** | **13843** | **17765** | **3922** |
| 药品零售 | 23 | 21274 | 87870 | 45768 | 20378 | 13791 | 17683 | 3892 |
| 医疗用品及器材零售 | 4 | 2093 | 9172 | 3578 | 2532 | 52 | 82 | 30 |
| **汽车、摩托车、燃料及零配件专门零售** | **243** | **457150** | **1867592** | **80036** | **525957** | **128314** | **184780** | **56466** |
| 汽车零售 | 202 | 443520 | 1703136 | 70182 | 511679 | 117182 | 169670 | 52488 |
| 汽车零配件零售 | 7 | 5659 | 26951 | 2096 | 7449 | 2917 | 3214 | 297 |
| 摩托车及零配件零售 | 6 | 4553 | 11435 | 1512 | 1197 | 628 | 880 | 252 |
| 机动车燃料零售 | 28 | 3418 | 126070 | 6246 | 5633 | 7587 | 11016 | 3429 |
| **家用电器及电子产品专门零售** | **145** | **66004** | **423449** | **153600** | **74914** | **18798** | **27102** | **8304** |
| 家用视听设备零售 | 6 | 2912 | 8079 | 574 | 3003 | 212 | 315 | 103 |
| 日用家电设备零售 | 39 | 35031 | 258378 | 95717 | 37257 | 9424 | 14800 | 5376 |
| 计算机、软件及辅助设备零售 | 68 | 15250 | 88359 | 38948 | 17607 | 1142 | 2061 | 920 |
| 通信设备零售 | 17 | 10944 | 44641 | 13745 | 14822 | 1411 | 2504 | 1093 |
| 其他电子产品零售 | 15 | 1868 | 23992 | 4616 | 2225 | 6610 | 7422 | 813 |
| **五金、家具及室内装饰材料专门零售** | **32** | **6475** | **65486** | **12296** | **7088** | **3343** | **5812** | **2470** |
| 五金零售 | 22 | 5559 | 27726 | 11482 | 6224 | 2167 | 3543 | 1376 |
| 家具零售 | 8 | 846 | 36536 | 444 | 757 | 1125 | 2167 | 1042 |
| 陶瓷、石材装饰材料零售 | 1 | | 42 | | 8 | 38 | 42 | 4 |
| 其他室内装饰材料零售 | 1 | 71 | 1182 | 369 | 100 | 13 | 61 | 48 |
| **货摊、无店铺及其他零售业** | **18** | **6567** | **28260** | **6798** | **8797** | **3030** | **4492** | **1462** |
| 旧货零售 | 1 | 13 | 349 | 2 | 5 | | 3 | 3 |
| 生活用燃料零售 | 7 | 820 | 10273 | 1572 | 912 | 2568 | 3650 | 1083 |
| 其他未列明零售业 | 10 | 5734 | 17638 | 5224 | 7880 | 462 | 839 | 377 |
| **按零售业态分组** | | | | | | | | |
| 有店铺零售 | 667 | 723053 | 3374769 | 360279 | 793289 | 353528 | 524027 | 170865 |
| 食杂店 | 4 | 806 | 1389 | 5 | 415 | 426 | 734 | 308 |
| 便利店 | 7 | 1335 | 3054 | 320 | 1886 | 905 | 1239 | 333 |
| 折扣店 | | | | | | | | |
| 超市 | 32 | 17758 | 21000 | 4801 | 7053 | 2560 | 4029 | 1469 |
| 大型超市 | 16 | 52663 | 522845 | 21740 | 56486 | 128565 | 189706 | 61367 |
| 仓储会员店 | 1 | 596 | 1048 | 268 | 567 | 23 | 39 | 16 |
| 百货店 | 50 | 17903 | 144620 | 5187 | 13345 | 39214 | 58406 | 19331 |
| 专业店 | 435 | 467332 | 1935404 | 289442 | 478873 | 131892 | 198378 | 66486 |
| 专卖店 | 102 | 154159 | 707526 | 27666 | 225655 | 46692 | 66586 | 19894 |
| 家居建材商店 | 2 | 164 | 6885 | 763 | 181 | 402 | 627 | 225 |
| 购物中心 | 3 | 2100 | 2742 | 415 | 1446 | 397 | 712 | 316 |
| 厂家直销中心 | 15 | 8238 | 28256 | 9673 | 7383 | 2452 | 3572 | 1120 |
| 无店铺零售 | 3 | 573 | 3223 | 983 | 784 | 104 | 167 | 63 |
| 电视购物 | 1 | 406 | 774 | 194 | 381 | 17 | 25 | 7 |
| 邮购 | 2 | 166 | 2449 | 790 | 403 | 87 | 142 | 55 |

11-6　续表4　　　　（2012年）　　　　单位：万元

| 指标 | 本年折旧 | 在建工程 | 资产总计 | 流动负债合计 | 应付账款 | 非流动负债合计 | 负债合计 | 所有者权益合计 |
|---|---|---|---|---|---|---|---|---|
| **总计** | **65245** | **132696** | **12252185** | **8301738** | **2180081** | **400346** | **9496235** | **2755950** |
| **批发业** | **36097** | **53317** | **7895721** | **4914541** | **1445101** | **245419** | **5884341** | **2011380** |
| #国有及国有控股 | 17170 | 29881 | 2666212 | 1291178 | 613743 | 31055 | 1656955 | 1009258 |
| **按登记注册类型分组** | | | | | | | | |
| **内资企业** | **36021** | **53315** | **7838856** | **4876075** | **1436205** | **245419** | **5845874** | **1992981** |
| 国有企业 | 8356 | 2345 | 1299475 | 625389 | 195412 | 20584 | 645338 | 654137 |
| 集体企业 | 25 | | 10293 | 271 | | 48 | 5684 | 4609 |
| 股份合作企业 | 186 | | 1125 | 1452 | 490 | 1 | 1453 | -328 |
| 联营企业 | 17 | | 5650 | 4102 | 3914 | | 4102 | 1548 |
| 国有联营企业 | 17 | | 5650 | 4102 | 3914 | | 4102 | 1548 |
| 有限责任公司 | 12725 | 11575 | 3508780 | 2444822 | 687236 | 44975 | 2874774 | 634006 |
| 国有独资公司 | 172 | | 27427 | 2965 | 2560 | | 2965 | 24462 |
| 其他有限责任公司 | 12552 | 11575 | 3481353 | 2441857 | 684676 | 44975 | 2871810 | 609544 |
| 股份有限公司 | 7859 | 30119 | 897897 | 295897 | 292605 | 4861 | 636118 | 261779 |
| 私营企业 | 6799 | 8777 | 2084710 | 1482407 | 253867 | 174160 | 1655879 | 428831 |
| 私营独资企业 | 361 | 250 | 415393 | 96552 | 7329 | 156645 | 252355 | 163037 |
| 私营合伙企业 | | | 2064 | 1929 | 222 | | 1929 | 135 |
| 私营有限责任公司 | 6291 | 8527 | 1541502 | 1306128 | 240563 | 6515 | 1312797 | 228706 |
| 私营股份有限公司 | 147 | | 125751 | 77798 | 5754 | 11000 | 88798 | 36953 |
| 其他企业 | 56 | 500 | 30925 | 21736 | 2681 | 790 | 22527 | 8399 |
| **港、澳、台商投资企业** | **31** | **2** | **16304** | **10077** | **2096** | | **10077** | **6227** |
| 合资经营企业（港或澳、台资） | 21 | | 10956 | 6948 | 117 | | 6948 | 4008 |
| 港、澳、台商独资经营企业 | 11 | 2 | 5348 | 3129 | 1979 | | 3129 | 2220 |
| **外商投资企业** | **45** | | **40562** | **28390** | **6800** | | **28390** | **12172** |
| 中外合资经营企业 | 45 | | 40562 | 28390 | 6800 | | 28390 | 12172 |
| **按国民经济行业分组** | | | | | | | | |
| **农、林、牧产品批发** | **1620** | **6953** | **732674** | **534426** | **47226** | **29030** | **561791** | **170883** |
| 谷物、豆及薯类批发 | 316 | 762 | 95127 | 70914 | 7081 | 6474 | 77388 | 17739 |
| 种子批发 | 993 | 4767 | 162548 | 71430 | 30659 | 3044 | 74474 | 88074 |
| 饲料批发 | 45 | | 11246 | 8087 | -3093 | 7131 | 8087 | 3160 |
| 棉、麻批发 | 166 | 1423 | 230783 | 157657 | 2993 | 12381 | 175403 | 55381 |
| 其他农牧产品批发 | 100 | | 232969 | 226339 | 9586 | | 226440 | 6529 |
| **食品、饮料及烟草制品批发** | **6567** | **2224** | **705622** | **321174** | **28806** | **12708** | **335133** | **370489** |
| 米、面制品及食用油批发 | 1145 | 1813 | 231454 | 151615 | 7199 | 10625 | 162241 | 69214 |
| 糕点、糖果及糖批发 | 185 | | 37002 | 19305 | 5265 | | 19305 | 17697 |
| 肉、禽、蛋、奶及水产品批发 | 17 | | 2246 | 1258 | 671 | | 1259 | 987 |
| 盐及调味品批发 | 46 | 40 | 5146 | 2928 | 1657 | 85 | 3013 | 2133 |
| 酒、饮料及茶叶批发 | 1198 | | 61200 | 39876 | 1290 | 1998 | 43125 | 18076 |
| 烟草制品批发 | 3946 | 371 | 313955 | 51620 | 10246 | | 51620 | 262336 |
| 其他食品批发 | 32 | | 54619 | 54571 | 2478 | | 54571 | 48 |
| **纺织、服装及家庭用品批发** | **1493** | **5** | **969133** | **504853** | **120389** | **1531** | **888436** | **80698** |
| 纺织品、针织品及原料批发 | 667 | 5 | 178661 | 153154 | 32422 | 309 | 153462 | 25199 |
| 服装批发 | 316 | | 115560 | 93398 | 26334 | | 101481 | 14079 |

| 指标 | 本年折旧 | 在建工程 | 资产总计 | 流动负债合计 | 应付账款 | 非流动负债合计 | 负债合计 | 所有者权益合计 |
|---|---|---|---|---|---|---|---|---|
| 鞋帽批发 | 9 | | 439 | 1924 | 1710 | | 1924 | -1484 |
| 化妆品及卫生用品批发 | 46 | | 18427 | 6926 | 4045 | 227 | 7153 | 11275 |
| 家用电器批发 | 231 | | 634186 | 231583 | 50227 | 996 | 606548 | 27638 |
| 其他家庭用品批发 | 223 | | 21860 | 17868 | 5651 | | 17868 | 3993 |
| **文化、体育用品及器材批发** | **2219** | | **400425** | **165834** | **91751** | **438** | **166272** | **234153** |
| 文具用品批发 | 101 | | 60925 | 54094 | 21790 | | 54094 | 6831 |
| 图书批发 | 1843 | | 289463 | 79551 | 58304 | 438 | 79989 | 209474 |
| 音像制品及电子出版物批发 | 3 | | 850 | 1143 | 1143 | | 1143 | -293 |
| 首饰、工艺品及收藏品批发 | 23 | | 4456 | 4217 | 1150 | | 4217 | 239 |
| 其他文化用品批发 | 250 | | 44731 | 26829 | 9365 | | 26829 | 17902 |
| **医药及医疗器材批发** | **1766** | **10436** | **1147993** | **964076** | **398044** | **2118** | **973189** | **174804** |
| 西药批发 | 992 | 295 | 374974 | 314506 | 122913 | 498 | 321978 | 52997 |
| 中药批发 | 533 | 10140 | 575386 | 486730 | 189861 | 1620 | 488371 | 87015 |
| 医疗用品及器材批发 | 241 | 1 | 197633 | 162840 | 85270 | | 162840 | 34792 |
| **矿产品、建材及化工产品批发** | **17176** | **28375** | **2895410** | **1592792** | **457465** | **190782** | **2119473** | **775938** |
| 煤炭及制品批发 | 3241 | 1485 | 849456 | 377573 | 56357 | 166852 | 543695 | 305761 |
| 石油及制品批发 | 8897 | 18237 | 780955 | 252092 | 189404 | 187 | 587635 | 193320 |
| 非金属矿及制品批发 | 685 | | 89757 | 55543 | 14978 | 7802 | 64023 | 25735 |
| 金属及金属矿批发 | 1986 | 6036 | 580951 | 474959 | 64132 | 1952 | 476672 | 104279 |
| 建材批发 | 1337 | | 342723 | 243160 | 77579 | 11453 | 255444 | 87279 |
| 化肥批发 | 259 | | 126528 | 109024 | 35492 | 2208 | 111232 | 15296 |
| 农药批发 | 9 | | 9276 | 7395 | 6 | | 7395 | 1882 |
| 其他化工产品批发 | 764 | 2618 | 115764 | 73046 | 19516 | 328 | 73377 | 42386 |
| **机械设备、五金产品及电子产品批发** | **4422** | **1261** | **931540** | **746445** | **280738** | **6081** | **752147** | **179392** |
| 农业机械批发 | 96 | | 20179 | 13869 | 2203 | | 13869 | 6310 |
| 汽车批发 | 355 | 819 | 216297 | 170144 | 39598 | 1389 | 171533 | 44764 |
| 汽车零配件批发 | 89 | | 30518 | 23516 | 8063 | 344 | 23860 | 6658 |
| 摩托车及零配件批发 | 423 | 121 | 55931 | 45051 | 15246 | 19 | 45317 | 10614 |
| 五金产品批发 | 72 | | 81127 | 77636 | 10219 | | 77636 | 3491 |
| 电气设备批发 | 254 | | 47904 | 33411 | 20571 | 1552 | 34329 | 13575 |
| 计算机、软件及辅助设备批发 | 119 | 25 | 95739 | 74925 | 13891 | 1055 | 75980 | 19759 |
| 通讯及广播电视设备批发 | 18 | | 37079 | 32141 | 3224 | | 32141 | 4938 |
| 其他机械设备及电子产品批发 | 2996 | 297 | 346766 | 275751 | 167723 | 1722 | 277483 | 69283 |
| **贸易经纪与代理** | **4** | | **425** | **138** | **136** | | **138** | **286** |
| 其他贸易经纪与代理 | 4 | | 425 | 138 | 136 | | 138 | 286 |
| **其他批发业** | **830** | **4063** | **112500** | **84803** | **20546** | **2731** | **87761** | **24739** |
| 再生物资回收与批发 | 402 | 4054 | 22077 | 14758 | 6897 | 48 | 15053 | 7023 |
| 其他未列明批发业 | 428 | 9 | 90423 | 70045 | 13649 | 2683 | 72708 | 17715 |
| **零售业** | **29147** | **79379** | **4356464** | **3387197** | **734980** | **154927** | **3611894** | **744570** |
| #国有及国有控股 | 4462 | 5649 | 244509 | 164991 | 26037 | 25636 | 191491 | 53017 |
| **按登记注册类型分组** | | | | | | | | |
| **内资企业** | **23462** | **27409** | **3510522** | **2707560** | **471732** | **153384** | **2931011** | **579511** |
| 国有企业 | 2659 | 3613 | 39055 | 28478 | 17105 | 1197 | 30539 | 8516 |
| 集体企业 | 95 | 569 | 9179 | 6552 | 1552 | 126 | 7287 | 1891 |

| 指标 | 本年折旧 | 在建工程 | 资产总计 | 流动负债合计 | 应付账款 | 非流动负债合计 | 负债合计 | 所有者权益合计 |
|---|---|---|---|---|---|---|---|---|
| 股份合作企业 | 20 | | 492 | 188 | | 16 | 232 | 260 |
| 联营企业 | | | 141 | 18 | | 7 | 25 | 117 |
| 其他联营企业 | | | 141 | 18 | | 7 | 25 | 117 |
| 有限责任公司 | 12019 | 12684 | 1937415 | 1543786 | 326007 | 74937 | 1626122 | 311293 |
| 国有独资公司 | 16 | | 1530 | 327 | 134 | 21 | 348 | 1181 |
| 其他有限责任公司 | 12002 | 12684 | 1935885 | 1543459 | 325874 | 74916 | 1625774 | 310111 |
| 股份有限公司 | 1749 | 2166 | 263394 | 190082 | 16888 | 29497 | 224461 | 38933 |
| 私营企业 | 6802 | 7925 | 1251927 | 934332 | 108756 | 47548 | 1038163 | 213764 |
| 私营独资企业 | 593 | 4214 | 144416 | 124476 | 2114 | 8608 | 134134 | 10281 |
| 私营合伙企业 | 1 | | 146 | 113 | 113 | | 113 | 33 |
| 私营有限责任公司 | 6111 | 3710 | 1098085 | 805510 | 105741 | 35690 | 896192 | 201892 |
| 私营股份有限公司 | 98 | | 9281 | 4234 | 788 | 3250 | 7724 | 1558 |
| 其他企业 | 119 | 452 | 8919 | 4125 | 1423 | 56 | 4181 | 4738 |
| **港、澳、台商投资企业** | **1839** | **51698** | **678282** | **545735** | **234226** | **390** | **546125** | **132157** |
| 合资经营企业（港或澳、台资） | 585 | 6572 | 52760 | 41889 | 10806 | 390 | 42279 | 10482 |
| 港、澳、台商独资经营企业 | 1254 | 45126 | 625522 | 503846 | 223420 | | 503846 | 121676 |
| **外商投资企业** | **3846** | **272** | **167660** | **133902** | **29023** | **1153** | **134758** | **32902** |
| 中外合资经营企业 | 2348 | 238 | 37950 | 32623 | 11634 | | 32709 | 5241 |
| 外资企业 | 1154 | 5 | 74261 | 68384 | 16144 | 1153 | 69155 | 5106 |
| 外商投资股份有限公司 | 344 | 29 | 55449 | 32894 | 1245 | | 32894 | 22554 |
| **按国民经济行业分组** | | | | | | | | |
| **综合零售** | **7711** | **50725** | **1128966** | **959013** | **338454** | **35515** | **1005844** | **123123** |
| 百货零售 | 4570 | 49613 | 896650 | 733433 | 275883 | 31754 | 774205 | 122445 |
| 超级市场零售 | 3111 | 343 | 221809 | 218697 | 61823 | 3761 | 223906 | -2097 |
| 其他综合零售 | 30 | 769 | 10508 | 6883 | 748 | | 7733 | 2775 |
| **食品、饮料及烟草制品专门零售** | **310** | **870** | **49278** | **30094** | **5531** | **231** | **31530** | **17748** |
| 粮油零售 | 1 | | 1615 | 1391 | 979 | 120 | 1525 | 90 |
| 糕点、面包零售 | 19 | | 749 | 869 | 353 | | 869 | -120 |
| 果品、蔬菜零售 | | 870 | 1951 | 489 | 182 | 10 | 499 | 1452 |
| 肉、禽、蛋、奶及水产品零售 | 159 | | 12398 | 7971 | 1990 | 8 | 8282 | 4115 |
| 酒、饮料及茶叶零售 | 92 | | 16141 | 9981 | -663 | | 10869 | 5272 |
| 其他食品零售 | 39 | | 16425 | 9393 | 2689 | 93 | 9486 | 6939 |
| **纺织、服装及日用品专门零售** | **988** | **6741** | **187031** | **127396** | **29677** | **11535** | **140207** | **46824** |
| 纺织品及针织品零售 | 33 | | 12674 | 8906 | 2447 | 1716 | 11852 | 821 |
| 服装零售 | 784 | 6572 | 132544 | 91038 | 20837 | 6419 | 97458 | 35086 |
| 鞋帽零售 | 27 | | 5117 | 4232 | 507 | | 4232 | 886 |
| 化妆品及卫生用品零售 | 13 | | 7953 | 7487 | 103 | | 7487 | 465 |
| 钟表、眼镜零售 | 43 | 18 | 14518 | 8501 | 2719 | | 8501 | 6016 |
| 厨房用具及日用杂品零售 | | | 177 | 119 | 119 | | 119 | 58 |
| 其他日用品零售 | 88 | 151 | 14050 | 7113 | 2944 | 3400 | 10558 | 3491 |
| **文化、体育用品及器材专门零售** | **3108** | **3625** | **88150** | **57477** | **22177** | **1236** | **58713** | **29437** |
| 文具用品零售 | 1 | | 376 | 234 | | 25 | 259 | 118 |
| 体育用品及器材零售 | 22 | | 275 | 181 | 121 | | 181 | 94 |
| 图书、报刊零售 | 2693 | 3625 | 44254 | 28911 | 19625 | 1201 | 30112 | 14142 |

| 指标 | 本年折旧 | 在建工程 | 资产总计 | 流动负债合计 | 应付账款 | 非流动负债合计 | 负债合计 | 所有者权益合计 |
|---|---|---|---|---|---|---|---|---|
| 珠宝首饰零售 | 377 | | 36990 | 25304 | 460 | | 25304 | 11686 |
| 工艺美术品及收藏品零售 | 9 | | 1715 | 1522 | 1092 | | 1522 | 193 |
| 乐器零售 | | | 522 | 422 | 420 | | 422 | 100 |
| 照相器材零售 | | | 2942 | 833 | 430 | 10 | 843 | 2099 |
| 其他文化用品零售 | 6 | | 1076 | 70 | 29 | | 70 | 1006 |
| **医药及医疗器材专门零售** | **395** | **318** | **118077** | **83052** | **36433** | **108** | **83642** | **34435** |
| 药品零售 | 387 | 318 | 108853 | 77725 | 34547 | 108 | 78315 | 30538 |
| 医疗用品及器材零售 | 8 | | 9224 | 5327 | 1886 | | 5327 | 3897 |
| **汽车、摩托车、燃料及零配件专门零售** | **12932** | **16263** | **2188002** | **1710613** | **144246** | **67980** | **1835685** | **352317** |
| 汽车零售 | 12122 | 9805 | 2000649 | 1553411 | 125235 | 58968 | 1669215 | 331434 |
| 汽车零配件零售 | 118 | 1363 | 33048 | 24840 | 2965 | 400 | 25240 | 7807 |
| 摩托车及零配件零售 | 68 | | 12357 | 6983 | 833 | | 7078 | 5279 |
| 机动车燃料零售 | 625 | 5095 | 141948 | 125380 | 15213 | 8612 | 134152 | 7796 |
| **家用电器及电子产品专门零售** | **2570** | **785** | **465342** | **333372** | **129844** | **28661** | **360432** | **104910** |
| 家用视听设备零售 | 27 | | 8362 | 5551 | 30 | 58 | 5609 | 2753 |
| 日用家电设备零售 | 1895 | 493 | 275838 | 224801 | 92598 | 20561 | 245522 | 30315 |
| 计算机、软件及辅助设备零售 | 150 | | 95806 | 41849 | 14576 | 2065 | 43941 | 51865 |
| 通信设备零售 | 160 | | 48372 | 31610 | 17529 | 5934 | 35757 | 12614 |
| 其他电子产品零售 | 337 | 291 | 36965 | 29560 | 5111 | 43 | 29603 | 7362 |
| **五金、家具及室内装饰材料专门零售** | **695** | | **84075** | **59211** | **13262** | **9051** | **68262** | **15814** |
| 五金零售 | 311 | | 38490 | 28499 | 12064 | 544 | 29043 | 9446 |
| 家具零售 | 372 | | 44305 | 29990 | 599 | 8507 | 38497 | 5808 |
| 陶瓷、石材装饰材料零售 | | | 85 | | | | | 85 |
| 其他室内装饰材料零售 | 12 | | 1195 | 721 | 599 | | 721 | 474 |
| **货摊、无店铺及其他零售业** | **441** | **52** | **47542** | **26970** | **15357** | **610** | **27580** | **19962** |
| 旧货零售 | | | 349 | 237 | | | 237 | 112 |
| 生活用燃料零售 | 393 | 45 | 26364 | 11086 | 7909 | 49 | 11135 | 15230 |
| 其他未列明零售业 | 48 | 7 | 20829 | 15647 | 7448 | 561 | 16208 | 4620 |
| **按零售业态分组** | | | | | | | | |
| 有店铺零售 | 29107 | 79379 | 4353136 | 3385923 | 734218 | 154927 | 3610620 | 742515 |
| 食杂店 | 45 | | 2106 | 875 | 257 | 56 | 931 | 1175 |
| 便利店 | 37 | 569 | 4566 | 3651 | 1136 | | 3651 | 915 |
| 折扣店 | | | | | | | | |
| 超市 | 389 | 209 | 28182 | 14668 | 6040 | 1759 | 18159 | 10023 |
| 大型超市 | 5187 | 45468 | 856231 | 741855 | 282149 | 2619 | 744474 | 111757 |
| 仓储会员店 | 6 | | 1076 | 70 | 29 | | 70 | 1006 |
| 百货店 | 2433 | 4480 | 257363 | 209352 | 50654 | 31186 | 250362 | 7001 |
| 专业店 | 15912 | 14986 | 2282165 | 1716278 | 315295 | 93553 | 1814706 | 467459 |
| 专卖店 | 4689 | 12798 | 870312 | 664682 | 68788 | 22743 | 740764 | 129548 |
| 家居建材商店 | 126 | | 14573 | 11777 | 1104 | | 11777 | 2797 |
| 购物中心 | 5 | | 3517 | 1633 | 741 | | 1633 | 1884 |
| 厂家直销中心 | 278 | 870 | 33044 | 21083 | 8026 | 3010 | 24093 | 8951 |
| 无店铺零售 | 41 | | 3328 | 1274 | 762 | | 1274 | 2055 |
| 电视购物 | 7 | | 791 | -199 | -199 | | -199 | 991 |
| 邮购 | 34 | | 2537 | 1473 | 961 | | 1473 | 1064 |

| 指标 | 实收资本 | 国家资本 | 集体资本 | 法人资本 | 个人资本 | 港澳台资本 | 外商资本 | 营业收入 |
|---|---|---|---|---|---|---|---|---|
| **总计** | **2195884** | **799263** | **28837** | **675362** | **617659** | **53699** | **21063** | **26991654** |
| **批发业** | **1574600** | **787419** | **20214** | **364159** | **401663** | **614** | **531** | **18875002** |
| #国有及国有控股 | 912936 | 786318 | | 123426 | 2591 | 600 | | 9155822 |
| **按登记注册类型分组** | | | | | | | | |
| **内资企业** | **1558336** | **786019** | **20214** | **350414** | **401663** | **14** | **13** | **18670371** |
| 国有企业 | 158580 | 83378 | | 74901 | 300 | | | 4534307 |
| 集体企业 | 3033 | | 813 | 2220 | | | | 25731 |
| 股份合作企业 | 92 | 72 | | | 20 | | | 2700 |
| 联营企业 | 1113 | 612 | | | 501 | | | 14479 |
| 国有联营企业 | 1113 | 612 | | | 501 | | | 14479 |
| 有限责任公司 | 465638 | 45522 | 19401 | 217934 | 182755 | 14 | 13 | 8948117 |
| 国有独资公司 | 1658 | 1658 | | | | | | 11818 |
| 其他有限责任公司 | 463980 | 43864 | 19401 | 217934 | 182755 | 14 | 13 | 8936299 |
| 股份有限公司 | 681412 | 656435 | | 12416 | 12561 | | | 2045978 |
| 私营企业 | 246299 | | | 41228 | 205071 | | | 3059173 |
| 私营独资企业 | 7284 | | | 2561 | 4723 | | | 178749 |
| 私营合伙企业 | 50 | | | | 50 | | | 4464 |
| 私营有限责任公司 | 186405 | | | 38667 | 147738 | | | 2773328 |
| 私营股份有限公司 | 52560 | | | | 52560 | | | 102632 |
| 其他企业 | 2170 | | | 1715 | 455 | | | 39886 |
| **港、澳、台商投资企业** | **3845** | **1400** | | **1845** | | **600** | | **52393** |
| 合资经营企业(港或澳、台资) | 2000 | 1400 | | | | 600 | | 32853 |
| 港、澳、台商独资经营企业 | 1845 | | | 1845 | | | | 19539 |
| **外商投资企业** | **12419** | | | **11901** | | | **518** | **152239** |
| 中外合资经营企业 | 12419 | | | 11901 | | | 518 | 152239 |
| **按国民经济行业分组** | | | | | | | | |
| **农、林、牧产品批发** | **140057** | **15185** | **210** | **47914** | **76747** | | | **726934** |
| 谷物、豆及薯类批发 | 12204 | 299 | 200 | 11204 | 500 | | | 116936 |
| 种子批发 | 35039 | 14686 | | 5545 | 14807 | | | 131527 |
| 饲料批发 | 2200 | | | 1000 | 1200 | | | 21594 |
| 棉、麻批发 | 86245 | | 10 | 26055 | 60180 | | | 53969 |
| 其他农牧产品批发 | 4370 | 200 | | 4110 | 60 | | | 402908 |
| **食品、饮料及烟草制品批发** | **80461** | **18062** | | **56276** | **6124** | | | **1167798** |
| 米、面制品及食用油批发 | 66543 | 16709 | | 46835 | 3000 | | | 126040 |
| 糕点、糖果及糖批发 | 2605 | | | 1705 | 900 | | | 57138 |
| 肉、禽、蛋、奶及水产品批发 | 561 | | | 188 | 373 | | | 9003 |
| 盐及调味品批发 | 245 | 195 | | | 50 | | | 9350 |
| 酒、饮料及茶叶批发 | 2921 | | | 2320 | 601 | | | 72801 |
| 烟草制品批发 | 5886 | 1158 | | 4728 | | | | 834451 |
| 其他食品批发 | 1700 | | | 500 | 1200 | | | 59016 |
| **纺织、服装及家庭用品批发** | **58995** | **13142** | **130** | **16663** | **29060** | | | **2175496** |
| 纺织品、针织品及原料批发 | 29535 | 7446 | 30 | 611 | 21449 | | | 460931 |
| 服装批发 | 6554 | 138 | | 1945 | 4470 | | | 194799 |

| 指标 | 实收资本 | 国家资本 | 集体资本 | 法人资本 | 个人资本 | 港澳台资本 | 外商资本 | 营业收入 |
|---|---|---|---|---|---|---|---|---|
| 鞋帽批发 | | | | | | | | 2311 |
| 化妆品及卫生用品批发 | 10997 | | | 10347 | 650 | | | 137468 |
| 家用电器批发 | 6050 | | | 3660 | 2390 | | | 1336479 |
| 其他家庭用品批发 | 5859 | 5558 | 100 | 100 | 101 | | | 43508 |
| **文化、体育用品及器材批发** | **32023** | **23999** | | **2254** | **5252** | | **518** | **465245** |
| 文具用品批发 | 7173 | | | 2054 | 4601 | | 518 | 121266 |
| 图书批发 | 14020 | 14000 | | | 20 | | | 211343 |
| 音像制品及电子出版物批发 | 500 | 500 | | | | | | 135 |
| 首饰、工艺品及收藏品批发 | 310 | 180 | | | 130 | | | 25781 |
| 其他文化用品批发 | 10020 | 9319 | | 200 | 501 | | | 106720 |
| **医药及医疗器材批发** | **142648** | **22172** | | **80328** | **40149** | | | **2417013** |
| 西药批发 | 44167 | 2072 | | 35800 | 6295 | | | 919178 |
| 中药批发 | 75280 | | | 43428 | 31852 | | | 1148561 |
| 医疗用品及器材批发 | 23202 | 20100 | | 1100 | 2002 | | | 349274 |
| **矿产品、建材及化工产品批发** | **977208** | **691194** | **18274** | **105641** | **162073** | **14** | **13** | **9410583** |
| 煤炭及制品批发 | 83991 | 7063 | | 17836 | 59091 | | | 1519603 |
| 石油及制品批发 | 685566 | 655128 | | 18368 | 12069 | | | 3338709 |
| 非金属矿及制品批发 | 10232 | 6342 | 14 | 701 | 3149 | 14 | 13 | 276016 |
| 金属及金属矿批发 | 85749 | 16300 | 15000 | 19523 | 34926 | | | 1579635 |
| 建材批发 | 55642 | 5000 | | 25877 | 24765 | | | 1611794 |
| 化肥批发 | 18800 | | 3020 | 5000 | 10780 | | | 504663 |
| 农药批发 | 1600 | | | 600 | 1000 | | | 35051 |
| 其他化工产品批发 | 35628 | 1360 | 240 | 17735 | 16293 | | | 545112 |
| **机械设备、五金产品及电子产品批发** | **129947** | **3666** | **960** | **48955** | **75767** | **600** | | **2273019** |
| 农业机械批发 | 6160 | | | 2480 | 3680 | | | 23231 |
| 汽车批发 | 43338 | | | 15338 | 28000 | | | 1076126 |
| 汽车零配件批发 | 3126 | | | 487 | 2638 | | | 60842 |
| 摩托车及零配件批发 | 4567 | | | 3186 | 1381 | | | 168160 |
| 五金产品批发 | 2981 | | | 1079 | 1902 | | | 47012 |
| 电气设备批发 | 10843 | 1800 | | 530 | 8513 | | | 103285 |
| 计算机、软件及辅助设备批发 | 22290 | 1400 | 960 | 9915 | 9415 | 600 | | 179870 |
| 通讯及广播电视设备批发 | 1300 | | | | 1300 | | | 91496 |
| 其他机械设备及电子产品批发 | 35343 | 466 | | 15939 | 18938 | | | 522997 |
| **贸易经纪与代理** | **301** | | | | **301** | | | **5130** |
| 其他贸易经纪与代理 | 301 | | | | 301 | | | 5130 |
| **其他批发业** | **12960** | | **640** | **6130** | **6190** | | | **233785** |
| 再生物资回收与批发 | 6004 | | 640 | 5206 | 158 | | | 45196 |
| 其他未列明批发业 | 6956 | | | 924 | 6032 | | | 188589 |
| **零售业** | **621284** | **11844** | **8624** | **311203** | **215996** | **53086** | **20532** | **8116652** |
| #国有及国有控股 | 40721 | 11089 | 2000 | 26967 | 665 | | | 336981 |
| **按登记注册类型分组** | | | | | | | | |
| **内资企业** | **533175** | **11784** | **8614** | **296598** | **215168** | **5** | **1005** | **6813027** |
| 国有企业 | 3650 | 3564 | | 86 | | | | 53785 |
| 集体企业 | 1972 | 660 | 484 | 518 | 310 | | | 25913 |

| 指标 | 实收资本 | 国家资本 | 集体资本 | 法人资本 | 个人资本 | 港澳台资本 | 外商资本 | 营业收入 |
|---|---|---|---|---|---|---|---|---|
| 股份合作企业 | 328 |  | 10 | 230 | 88 |  |  | 11125 |
| 联营企业 | 117 |  | 117 |  |  |  |  | 1584 |
| 其他联营企业 | 117 |  | 117 |  |  |  |  | 1584 |
| 有限责任公司 | 282285 | 6710 | 7859 | 183693 | 83022 |  | 1000 | 4101686 |
| 国有独资公司 | 300 | 300 |  |  |  |  |  | 2234 |
| 其他有限责任公司 | 281985 | 6410 | 7859 | 183693 | 83022 |  | 1000 | 4099451 |
| 股份有限公司 | 34578 | 846 | 139 | 28155 | 5437 |  |  | 287494 |
| 私营企业 | 206613 | 5 | 5 | 82484 | 124108 | 5 | 5 | 2311430 |
| 私营独资企业 | 6046 |  |  | 2214 | 3833 |  |  | 72326 |
| 私营合伙企业 | 20 |  |  |  | 20 |  |  | 577 |
| 私营有限责任公司 | 197146 | 5 | 5 | 79642 | 117485 | 5 | 5 | 2202584 |
| 私营股份有限公司 | 3400 |  |  | 629 | 2771 |  |  | 35942 |
| 其他企业 | 3634 |  |  | 1431 | 2203 |  |  | 20011 |
| **港、澳、台商投资企业** | **55561** |  |  | **2480** |  | **53081** |  | **868716** |
| 合资经营企业(港或澳、台资) | 4345 |  |  | 2480 |  | 1865 |  | 196287 |
| 港、澳、台商独资经营企业 | 51216 |  |  |  |  | 51216 |  | 672429 |
| **外商投资企业** | **32549** | **60** | **10** | **12124** | **828** |  | **19527** | **434909** |
| 中外合资经营企业 | 10355 | 60 | 10 | 5270 | 30 |  | 4984 | 115462 |
| 外资企业 | 17628 |  |  | 4100 |  |  | 13528 | 152086 |
| 外商投资股份有限公司 | 4566 |  |  | 2754 | 798 |  | 1014 | 167361 |
| **按国民经济行业分组** |  |  |  |  |  |  |  |  |
| **综合零售** | **119649** | **1448** | **2362** | **31312** | **16856** | **51221** | **16450** | **1391011** |
| 百货零售 | 94203 | 1082 | 2099 | 15841 | 13572 | 49875 | 11733 | 1050346 |
| 超级市场零售 | 23821 |  |  | 15343 | 2417 | 1345 | 4717 | 316380 |
| 其他综合零售 | 1625 | 366 | 263 | 128 | 867 |  |  | 24285 |
| **食品、饮料及烟草制品专门零售** | **11915** | **263** | **9** | **5245** | **6398** |  |  | **112674** |
| 粮油零售 | 460 | 60 |  |  | 400 |  |  | 8183 |
| 糕点、面包零售 | 98 |  |  | 58 | 40 |  |  | 618 |
| 果品、蔬菜零售 | 1400 |  |  |  | 1400 |  |  | 490 |
| 肉、禽、蛋、奶及水产品零售 | 4369 | 203 | 9 | 3571 | 586 |  |  | 32937 |
| 酒、饮料及茶叶零售 | 574 |  |  | 115 | 459 |  |  | 27751 |
| 其他食品零售 | 5014 |  |  | 1501 | 3513 |  |  | 42695 |
| **纺织、服装及日用品专门零售** | **69608** | **2780** | **2286** | **54956** | **9466** | **120** |  | **346648** |
| 纺织品及针织品零售 | 770 |  |  | 401 | 369 |  |  | 23748 |
| 服装零售 | 60672 |  |  | 52717 | 7835 | 120 |  | 240703 |
| 鞋帽零售 | 892 |  |  | 602 | 290 |  |  | 12518 |
| 化妆品及卫生用品零售 | 450 |  |  | 100 | 350 |  |  | 18501 |
| 钟表、眼镜零售 | 3000 |  | 2100 | 900 |  |  |  | 33139 |
| 厨房用具及日用杂品零售 | 51 |  |  |  | 51 |  |  | 279 |
| 其他日用品零售 | 3773 | 2780 | 186 | 236 | 571 |  |  | 17760 |
| **文化、体育用品及器材专门零售** | **24513** | **2755** | **102** | **9739** | **11917** |  |  | **81382** |
| 文具用品零售 | 91 |  |  | 10 | 81 |  |  | 3873 |
| 体育用品及器材零售 | 90 |  |  | 90 |  |  |  | 1185 |
| 图书、报刊零售 | 6370 | 2755 | 102 | 2313 | 1200 |  |  | 44752 |

| 指标 | 实收资本 | 国家资本 | 集体资本 | 法人资本 | 个人资本 | 港澳台资本 | 外商资本 | 营业收入 |
|---|---|---|---|---|---|---|---|---|
| 珠宝首饰零售 | 14451 | | | 5450 | 9001 | | | 16732 |
| 工艺美术品及收藏品零售 | 253 | | | | 253 | | | 1379 |
| 乐器零售 | 100 | | | 100 | | | | 989 |
| 照相器材零售 | 2152 | | | 770 | 1382 | | | 11038 |
| 其他文化用品零售 | 1006 | | | 1006 | | | | 1435 |
| **医药及医疗器材专门零售** | **21606** | **849** | | **8877** | **11880** | | | **279041** |
| 药品零售 | 17602 | 849 | | 8073 | 8680 | | | 270360 |
| 医疗用品及器材零售 | 4004 | | | 804 | 3200 | | | 8681 |
| **汽车、摩托车、燃料及零配件专门零售** | **263603** | **3060** | **3621** | **153494** | **97601** | **1745** | **4082** | **4830422** |
| 汽车零售 | 245944 | 3060 | 3611 | 141999 | 91447 | 1745 | 4082 | 4560197 |
| 汽车零配件零售 | 4651 | | | 4050 | 601 | | | 79039 |
| 摩托车及零配件零售 | 2800 | | | 2395 | 405 | | | 88511 |
| 机动车燃料零售 | 10208 | | 10 | 5050 | 5148 | | | 102676 |
| **家用电器及电子产品专门零售** | **80340** | | | **43085** | **37255** | | | **946541** |
| 家用视听设备零售 | 2565 | | | 2015 | 550 | | | 20927 |
| 日用家电设备零售 | 17696 | | | 15090 | 2606 | | | 456218 |
| 计算机、软件及辅助设备零售 | 44445 | | | 19595 | 24849 | | | 249629 |
| 通信设备零售 | 9348 | | | 3384 | 5964 | | | 184656 |
| 其他电子产品零售 | 6286 | | | 3001 | 3285 | | | 35110 |
| **五金、家具及室内装饰材料专门零售** | **24646** | **690** | **243** | **3203** | **20510** | | | **63107** |
| 五金零售 | 17021 | 660 | 126 | 1702 | 14533 | | | 45177 |
| 家具零售 | 7039 | 30 | 117 | 1000 | 5892 | | | 15819 |
| 陶瓷、石材装饰材料零售 | 85 | | | | 85 | | | 611 |
| 其他室内装饰材料零售 | 501 | | | 501 | | | | 1500 |
| **货摊、无店铺及其他零售业** | **5406** | | | **1291** | **4115** | | | **65827** |
| 旧货零售 | 102 | | | 100 | 2 | | | 3019 |
| 生活用燃料零售 | 818 | | | 268 | 550 | | | 15988 |
| 其他未列明零售业 | 4486 | | | 923 | 3563 | | | 46819 |
| **按零售业态分组** | | | | | | | | |
| 有店铺零售 | 619272 | 11844 | 8624 | 311193 | 213994 | 53086 | 20532 | 8108461 |
| 食杂店 | 950 | | | 950 | | | | 11562 |
| 便利店 | 1026 | 285 | 40 | 391 | 310 | | | 10402 |
| 折扣店 | | | | | | | | |
| 超市 | 7682 | | 223 | 5017 | 2443 | | | 73277 |
| 大型超市 | 82787 | | | 13316 | 1811 | 51216 | 16445 | 987858 |
| 仓储会员店 | 1006 | | | 1006 | | | | 1435 |
| 百货店 | 35622 | 1163 | 2099 | 18291 | 14058 | 5 | 5 | 347790 |
| 专业店 | 375875 | 10396 | 4960 | 206505 | 150401 | 545 | 3068 | 4833323 |
| 专卖店 | 101556 | | 1301 | 60306 | 37614 | 1320 | 1014 | 1761683 |
| 家居建材商店 | 1500 | | | 1000 | 500 | | | 6927 |
| 购物中心 | 1301 | | | 300 | 1001 | | | 18181 |
| 厂家直销中心 | 9967 | | | 4111 | 5856 | | | 56023 |
| 无店铺零售 | 2012 | | | 10 | 2002 | | | 8190 |
| 电视购物 | 1001 | | | | 1001 | | | 3980 |
| 邮购 | 1011 | | | 10 | 1001 | | | 4210 |

11-6 续表12 （2012年） 单位:万元

| 指标 | 主营业务收入 | 营业成本 | 主营业务成本 | 营业税金及附加 | 主营业务税金及附加 | 其他业务利润 | 销售费用 | 管理费用 |
|---|---|---|---|---|---|---|---|---|
| **总计** | **26390694** | **25040435** | **24763701** | **110226** | **105990** | **151692** | **829684** | **554423** |
| **批发业** | **18443616** | **17711582** | **17567132** | **85601** | **83567** | **49841** | **458716** | **313196** |
| #国有及国有控股 | 9089229 | 8610149 | 8506895 | 59659 | 58995 | 20209 | 189641 | 185567 |
| **按登记注册类型分组** | | | | | | | | |
| **内资企业** | **18239171** | **17539601** | **17395188** | **85009** | **82974** | **49827** | **441200** | **311417** |
| 国有企业 | 4518094 | 4200661 | 4192556 | 52527 | 51970 | 8693 | 57149 | 94538 |
| 集体企业 | 24792 | 11436 | 9074 | 2414 | 2370 | | 35 | 4952 |
| 股份合作企业 | 2656 | 2583 | 2583 | 4 | 4 | 44 | 11 | 108 |
| 联营企业 | 14479 | 13763 | 13763 | 4 | 4 | | 445 | 169 |
| 国有联营企业 | 14479 | 13763 | 13763 | 4 | 4 | | 445 | 169 |
| 有限责任公司 | 8546313 | 8567081 | 8447062 | 10957 | 10690 | 24348 | 220438 | 94008 |
| 国有独资公司 | 11818 | 8482 | 8482 | 57 | 57 | 54 | 1505 | 2205 |
| 其他有限责任公司 | 8534494 | 8558599 | 8438580 | 10900 | 10634 | 24294 | 218933 | 91803 |
| 股份有限公司 | 2045109 | 1879626 | 1876582 | 5489 | 5460 | -1323 | 65746 | 78323 |
| 私营企业 | 3048177 | 2830743 | 2819859 | 12720 | 11602 | 17878 | 96769 | 38243 |
| 私营独资企业 | 178749 | 122077 | 122077 | 8321 | 7753 | | 3582 | 2651 |
| 私营合伙企业 | 4464 | 4413 | 4413 | 3 | 3 | | 14 | 15 |
| 私营有限责任公司 | 2762433 | 2604217 | 2593339 | 4344 | 3794 | 17780 | 91404 | 34444 |
| 私营股份有限公司 | 102530 | 100036 | 100030 | 52 | 52 | 98 | 1769 | 1133 |
| 其他企业 | 39551 | 33709 | 33709 | 893 | 874 | 189 | 608 | 1077 |
| **港、澳、台商投资企业** | **52220** | **48206** | **48168** | **53** | **53** | **14** | **1234** | **936** |
| 合资经营企业(港或澳、台资) | 32680 | 31196 | 31158 | 39 | 39 | 14 | 489 | 523 |
| 港、澳、台商独资经营企业 | 19539 | 17010 | 17010 | 15 | 15 | 1 | 745 | 412 |
| **外商投资企业** | **152225** | **123775** | **123775** | **539** | **539** | | **16282** | **843** |
| 中外合资经营企业 | 152225 | 123775 | 123775 | 539 | 539 | | 16282 | 843 |
| **按国民经济行业分组** | | | | | | | | |
| **农、林、牧产品批发** | **724824** | **673044** | **670652** | **320** | **232** | **1889** | **16422** | **17586** |
| 谷物、豆及薯类批发 | 116890 | 112614 | 112614 | 112 | 112 | 143 | 1522 | 2348 |
| 种子批发 | 131527 | 100761 | 100761 | 59 | 17 | 604 | 7454 | 11549 |
| 饲料批发 | 21594 | 20563 | 20563 | 16 | 16 | 712 | 232 | 271 |
| 棉、麻批发 | 51910 | 51289 | 48898 | 102 | 57 | 350 | 865 | 2353 |
| 其他农牧产品批发 | 402903 | 387816 | 387816 | 31 | 31 | 80 | 6349 | 1065 |
| **食品、饮料及烟草制品批发** | **1164384** | **906958** | **906540** | **51270** | **51152** | **1173** | **37238** | **59370** |
| 米、面制品及食用油批发 | 124677 | 119000 | 118995 | 738 | 650 | 1103 | 3350 | 5649 |
| 糕点、糖果及糖批发 | 56406 | 46164 | 46164 | 159 | 159 | | 1286 | 1666 |
| 肉、禽、蛋、奶及水产品批发 | 9003 | 8281 | 8281 | 18 | 18 | | 513 | 111 |
| 盐及调味品批发 | 9335 | 7314 | 7314 | 141 | 141 | 15 | 592 | 577 |
| 酒、饮料及茶叶批发 | 72753 | 51951 | 51951 | 167 | 167 | | 12259 | 4033 |
| 烟草制品批发 | 834166 | 620811 | 620810 | 49917 | 49917 | 54 | 14057 | 47043 |
| 其他食品批发 | 58045 | 53437 | 53025 | 131 | 101 | 1 | 5182 | 291 |
| **纺织、服装及家庭用品批发** | **2167547** | **2072750** | **2064815** | **2546** | **2545** | **12445** | **63664** | **15617** |
| 纺织品、针织品及原料批发 | 455917 | 436466 | 430697 | 740 | 740 | | 8786 | 4014 |
| 服装批发 | 194766 | 179116 | 179110 | 433 | 433 | 49 | 7209 | 4222 |

11-6 续表 13 （2012 年） 单位：万元

| 指标 | 主营业务收入 | 营业成本 | 主营业务成本 | 营业税金及附加 | 主营业务税金及附加 | 其他业务利润 | 销售费用 | 管理费用 |
|---|---|---|---|---|---|---|---|---|
| 鞋帽批发 | 2311 | 2366 | 2366 | 3 | 3 | | 244 | 32 |
| 化妆品及卫生用品批发 | 137454 | 110357 | 110357 | 535 | 535 | | 14768 | 940 |
| 家用电器批发 | 1333604 | 1303970 | 1301810 | 827 | 826 | 12082 | 30743 | 4853 |
| 其他家庭用品批发 | 43495 | 40475 | 40475 | 7 | 7 | 314 | 1915 | 1556 |
| **文化、体育用品及器材批发** | **461860** | **429668** | **429211** | **621** | **621** | **2820** | **12527** | **10924** |
| 文具用品批发 | 121266 | 116596 | 116596 | 68 | 68 | | 2710 | 1211 |
| 图书批发 | 209139 | 187716 | 187377 | 311 | 311 | 1740 | 6885 | 7555 |
| 音像制品及电子出版物批发 | 135 | 97 | 97 | | | | 47 | 30 |
| 首饰、工艺品及收藏品批发 | 25781 | 24437 | 24437 | 25 | 25 | 20 | 1164 | 117 |
| 其他文化用品批发 | 105538 | 100822 | 100705 | 218 | 218 | 1061 | 1721 | 2010 |
| **医药及医疗器材批发** | **2414839** | **2306711** | **2306464** | **2098** | **2077** | **2454** | **32797** | **28031** |
| 西药批发 | 918119 | 879597 | 879352 | 689 | 689 | 1207 | 11763 | 11237 |
| 中药批发 | 1147798 | 1100013 | 1100011 | 1057 | 1056 | 874 | 16979 | 12705 |
| 医疗用品及器材批发 | 348922 | 327101 | 327101 | 352 | 332 | 372 | 4055 | 4089 |
| **矿产品、建材及化工产品批发** | **9069015** | **8980922** | **8962749** | **22748** | **21105** | **19654** | **164640** | **137487** |
| 煤炭及制品批发 | 1518885 | 1389494 | 1388322 | 11358 | 10618 | 1852 | 38143 | 21195 |
| 石油及制品批发 | 3329953 | 3178256 | 3171382 | 5782 | 5602 | 8329 | 84346 | 71588 |
| 非金属矿及制品批发 | 269710 | 256494 | 247825 | 1424 | 1414 | 1906 | 4971 | 6617 |
| 金属及金属矿批发 | 1576623 | 1533200 | 1532197 | 2287 | 1678 | 4583 | 14877 | 11311 |
| 建材批发 | 1610030 | 1567880 | 1567669 | 1096 | 1011 | 1557 | 8373 | 17680 |
| 化肥批发 | 184008 | 501275 | 501030 | 37 | 34 | 409 | 2041 | 1642 |
| 农药批发 | 35051 | 34104 | 34104 | | | | 594 | 203 |
| 其他化工产品批发 | 544756 | 520218 | 520218 | 765 | 747 | 1018 | 11296 | 7250 |
| **机械设备、五金产品及电子产品批发** | **2205155** | **2134118** | **2021897** | **3211** | **3047** | **9361** | **123860** | **33383** |
| 农业机械批发 | 23231 | 19705 | 19705 | 482 | 482 | 83 | 1374 | 933 |
| 汽车批发 | 1025694 | 1066802 | 972182 | 497 | 491 | 4628 | 58136 | 5824 |
| 汽车零配件批发 | 58548 | 55914 | 53849 | 73 | 65 | | 2833 | 932 |
| 摩托车及零配件批发 | 168083 | 157415 | 157258 | 149 | 148 | | 6868 | 2033 |
| 五金产品批发 | 47012 | 44576 | 44576 | 26 | 26 | 1577 | 1896 | 1084 |
| 电气设备批发 | 102237 | 89223 | 89223 | 177 | 177 | 1370 | 4374 | 2687 |
| 计算机、软件及辅助设备批发 | 178546 | 172191 | 171616 | 134 | 115 | 767 | 3092 | 2600 |
| 通讯及广播电视设备批发 | 79128 | 88488 | 76873 | 42 | 42 | | 1112 | 705 |
| 其他机械设备及电子产品批发 | 522677 | 439804 | 436615 | 1633 | 1500 | 935 | 44175 | 16585 |
| **贸易经纪与代理** | **5130** | **4995** | **4995** | | | | **52** | **75** |
| 其他贸易经纪与代理 | 5130 | 4995 | 4995 | | | | 52 | 75 |
| **其他批发业** | **230861** | **202417** | **199809** | **2787** | **2787** | **46** | **7517** | **10724** |
| 再生物资回收与批发 | 45196 | 28714 | 28714 | 2477 | 2477 | | 1757 | 6266 |
| 其他未列明批发业 | 185666 | 173703 | 171096 | 310 | 310 | 46 | 5760 | 4458 |
| **零售业** | **7947078** | **7328853** | **7196569** | **24625** | **22424** | **101851** | **370968** | **241228** |
| #国有及国有控股 | 333484 | 298982 | 296771 | 976 | 828 | 3977 | 12941 | 13677 |
| **按登记注册类型分组** | | | | | | | | |
| **内资企业** | **6700031** | **6213199** | **6125333** | **19069** | **17281** | **92520** | **304878** | **190758** |
| 国有企业 | 51333 | 45748 | 43592 | 342 | 195 | 988 | 2994 | 4362 |
| 集体企业 | 24202 | 22633 | 21839 | 338 | 304 | 653 | 703 | 771 |

| 指标 | 主营业务收入 | 营业成本 | 主营业务成本 | 营业税金及附加 | 主营业务税金及附加 | 其他业务利润 | 销售费用 | 管理费用 |
|---|---|---|---|---|---|---|---|---|
| 股份合作企业 | 11125 | 10496 | 10496 | 84 | 84 |  | 81 | 33 |
| 联营企业 | 1584 | 1343 | 1343 | 79 | 79 |  | 21 | 40 |
| 其他联营企业 | 1584 | 1343 | 1343 | 79 | 79 |  | 21 | 40 |
| 有限责任公司 | 4020330 | 3713228 | 3640610 | 12005 | 10645 | 77437 | 224848 | 123957 |
| 国有独资公司 | 2128 | 1635 | 1617 |  |  | 88 | 214 | 294 |
| 其他有限责任公司 | 4018201 | 3711593 | 3638994 | 12005 | 10645 | 77349 | 224634 | 123663 |
| 股份有限公司 | 276381 | 260686 | 260494 | 1104 | 956 | 4632 | 9326 | 14707 |
| 私营企业 | 2295081 | 2144493 | 2132397 | 4707 | 4609 | 8805 | 65527 | 45855 |
| 私营独资企业 | 71763 | 59562 | 57844 | 423 | 412 | 2197 | 2202 | 2474 |
| 私营合伙企业 | 577 | 525 | 525 |  |  |  | 1 | 49 |
| 私营有限责任公司 | 2187030 | 2052807 | 2042640 | 4203 | 4132 | 6593 | 62843 | 42123 |
| 私营股份有限公司 | 35711 | 31599 | 31389 | 81 | 64 | 15 | 481 | 1209 |
| 其他企业 | 19995 | 14572 | 14561 | 411 | 411 | 5 | 1380 | 1032 |
| **港、澳、台商投资企业** | **867572** | **716711** | **716711** | **4546** | **4468** | **911** | **32538** | **43590** |
| 合资经营企业(港或澳、台资) | 196057 | 176783 | 176783 | 473 | 446 | 911 | 8313 | 2159 |
| 港、澳、台商独资经营企业 | 671515 | 539928 | 539928 | 4073 | 4022 |  | 24226 | 41431 |
| **外商投资企业** | **379476** | **398943** | **354525** | **1010** | **674** | **8421** | **33551** | **6880** |
| 中外合资经营企业 | 115411 | 107153 | 107132 | 182 | 181 | 4724 | 8974 | 2175 |
| 外资企业 | 96709 | 131598 | 87201 | 620 | 297 | 3566 | 22027 | 2941 |
| 外商投资股份有限公司 | 167356 | 160192 | 160192 | 208 | 197 | 130 | 2551 | 1764 |
| **按国民经济行业分组** |  |  |  |  |  |  |  |  |
| **综合零售** | **1335816** | **1133031** | **1126389** | **10115** | **8203** | **63117** | **122497** | **103021** |
| 百货零售 | 1017939 | 844111 | 839385 | 8223 | 6449 | 25551 | 66488 | 81401 |
| 超级市场零售 | 293746 | 267435 | 265655 | 1780 | 1650 | 37532 | 54221 | 20821 |
| 其他综合零售 | 24131 | 21485 | 21348 | 113 | 104 | 35 | 1789 | 799 |
| **食品、饮料及烟草制品专门零售** | **109642** | **82666** | **80068** | **878** | **866** | **955** | **9017** | **3010** |
| 粮油零售 | 7868 | 7940 | 7578 | 7 | 4 | 35 | 66 | 125 |
| 糕点、面包零售 | 618 | 416 | 416 | 2 | 2 | 200 | 99 | 101 |
| 果品、蔬菜零售 | 490 | 281 | 281 |  |  |  | 52 | 144 |
| 肉、禽、蛋、奶及水产品零售 | 31925 | 27528 | 27165 | 271 | 262 | 720 | 1689 | 302 |
| 酒、饮料及茶叶零售 | 27751 | 18143 | 18143 | 127 | 127 |  | 1377 | 853 |
| 其他食品零售 | 40991 | 28357 | 26484 | 472 | 472 |  | 5734 | 1485 |
| **纺织、服装及日用品专门零售** | **338505** | **294766** | **276107** | **2119** | **2117** | **2072** | **29691** | **16450** |
| 纺织品及针织品零售 | 23409 | 20534 | 20225 | 35 | 35 |  | 2041 | 708 |
| 服装零售 | 233721 | 203043 | 187614 | 1733 | 1733 | 1735 | 22941 | 13581 |
| 鞋帽零售 | 12441 | 11551 | 9268 | 13 | 11 |  | 619 | 192 |
| 化妆品及卫生用品零售 | 17757 | 17539 | 16901 | 52 | 52 | 336 | 101 | 864 |
| 钟表、眼镜零售 | 33139 | 26310 | 26310 | 219 | 219 |  | 3100 | 402 |
| 厨房用具及日用杂品零售 | 279 | 267 | 267 |  |  |  | 14 |  |
| 其他日用品零售 | 17760 | 15522 | 15522 | 67 | 67 | 1 | 874 | 704 |
| **文化、体育用品及器材专门零售** | **78837** | **68827** | **67374** | **482** | **482** | **1494** | **4721** | **6486** |
| 文具用品零售 | 3873 | 3568 | 3568 | 6 | 6 |  | 31 | 93 |
| 体育用品及器材零售 | 1185 | 1018 | 1018 | 15 | 15 |  | 15 | 14 |
| 图书、报刊零售 | 42919 | 36544 | 35219 | 111 | 110 | 1064 | 3456 | 4436 |

| 指标 | 主营业务收入 | 营业成本 | 主营业务成本 | 营业税金及附加 | 主营业务税金及附加 | 其他业务利润 | 销售费用 | 管理费用 |
|---|---|---|---|---|---|---|---|---|
| 珠宝首饰零售 | 16284 | 14537 | 14499 | 336 | 336 | 410 | 788 | 1247 |
| 工艺美术品及收藏品零售 | 1379 | 1201 | 1201 | 2 | 2 | | 113 | 61 |
| 乐器零售 | 989 | 891 | 891 | 1 | 1 | | 50 | 39 |
| 照相器材零售 | 10838 | 9744 | 9664 | 9 | 9 | 20 | 196 | 566 |
| 其他文化用品零售 | 1370 | 1327 | 1316 | 2 | 2 | | 73 | 31 |
| **医药及医疗器材专门零售** | **276476** | **241880** | **241836** | **847** | **847** | **3360** | **22770** | **8234** |
| 药品零售 | 267945 | 234422 | 234378 | 830 | 830 | 1885 | 22239 | 7884 |
| 医疗用品及器材零售 | 8531 | 7458 | 7458 | 17 | 17 | 1475 | 531 | 350 |
| **汽车、摩托车、燃料及零配件专门零售** | **4819130** | **4551741** | **4548471** | **6343** | **6220** | **14521** | **118623** | **73619** |
| 汽车零售 | 4551501 | 4303018 | 4302383 | 5818 | 5699 | 11374 | 113124 | 67941 |
| 汽车零配件零售 | 79039 | 72672 | 72672 | 244 | 244 | | 2480 | 2343 |
| 摩托车及零配件零售 | 88263 | 86559 | 86559 | 40 | 40 | 248 | 470 | 792 |
| 机动车燃料零售 | 100328 | 89492 | 86856 | 240 | 237 | 2900 | 2550 | 2543 |
| **家用电器及电子产品专门零售** | **868643** | **845238** | **745705** | **2753** | **2602** | **15693** | **57737** | **24338** |
| 家用视听设备零售 | 20927 | 19804 | 19804 | 16 | 16 | | 594 | 311 |
| 日用家电设备零售 | 390814 | 391963 | 299095 | 1426 | 1283 | 11709 | 41395 | 12150 |
| 计算机、软件及辅助设备零售 | 241903 | 231517 | 226037 | 351 | 343 | 505 | 3317 | 6550 |
| 通信设备零售 | 181712 | 170226 | 170146 | 666 | 666 | 3479 | 11806 | 3634 |
| 其他电子产品零售 | 33286 | 31727 | 30622 | 294 | 294 | | 626 | 1693 |
| **五金、家具及室内装饰材料专门零售** | **62379** | **50227** | **50152** | **977** | **977** | **425** | **4607** | **3429** |
| 五金零售 | 44449 | 38025 | 37949 | 355 | 355 | 429 | 3154 | 2003 |
| 家具零售 | 15819 | 10547 | 10547 | 517 | 517 | -4 | 1369 | 1300 |
| 陶瓷、石材装饰材料零售 | 611 | 238 | 238 | 104 | 104 | | 43 | 98 |
| 其他室内装饰材料零售 | 1500 | 1417 | 1417 | 1 | 1 | | 42 | 29 |
| **货摊、无店铺及其他零售业** | **57650** | **60477** | **60469** | **111** | **111** | **214** | **1304** | **2641** |
| 旧货零售 | 3019 | 2895 | 2895 | 3 | 3 | | 60 | 55 |
| 生活用燃料零售 | 15326 | 14153 | 14153 | 62 | 62 | 182 | 406 | 805 |
| 其他未列明零售业 | 39305 | 43429 | 43420 | 46 | 46 | 33 | 839 | 1781 |
| **按零售业态分组** | | | | | | | | |
| 有店铺零售 | 7938960 | 7321427 | 7189144 | 24618 | 22418 | 101779 | 370650 | 240837 |
| 食杂店 | 11485 | 9484 | 9473 | 110 | 110 | 67 | 1287 | 149 |
| 便利店 | 10390 | 9375 | 9375 | 85 | 85 | | 209 | 657 |
| 折扣店 | | | | | | | | |
| 超市 | 68809 | 63645 | 61094 | 455 | 367 | 1240 | 3701 | 2793 |
| 大型超市 | 968168 | 805979 | 805547 | 5566 | 5515 | 37303 | 84450 | 63427 |
| 仓储会员店 | 1370 | 1327 | 1316 | 2 | 2 | | 73 | 31 |
| 百货店 | 316629 | 279266 | 272875 | 4076 | 2290 | 24615 | 36045 | 37506 |
| 专业店 | 4726531 | 4447983 | 4330193 | 10594 | 10380 | 32948 | 181607 | 102212 |
| 专卖店 | 1756886 | 1634580 | 1630965 | 3315 | 3257 | 4798 | 59302 | 30680 |
| 家居建材商店 | 6927 | 5372 | 5372 | 161 | 161 | | 1039 | 244 |
| 购物中心 | 17915 | 17502 | 17233 | 7 | 4 | | 246 | 313 |
| 厂家直销中心 | 53850 | 46915 | 45701 | 248 | 246 | 809 | 2694 | 2825 |
| 无店铺零售 | 8119 | 7425 | 7425 | 7 | 6 | 72 | 318 | 391 |
| 电视购物 | 3980 | 3665 | 3665 | 5 | 5 | | 230 | 76 |
| 邮购 | 4138 | 3761 | 3761 | 2 | 1 | 72 | 88 | 315 |

11-6 续表16　　　　　　　　　　　　（2012年）　　　　　　　　　　　　单位:万元

| 指标 | 税金 | 差旅费 | 工会经费 | 财务费用 | 利息收入 | 利息支出 | 资产减值损失 | 公允价值变动收益（损失以“-”号记） |
|---|---|---|---|---|---|---|---|---|
| **总计** | **20616** | **20029** | **2726** | **147333** | **33289** | **115922** | **15117** | **1113** |
| **批发业** | **13956** | **12477** | **1784** | **94711** | **18996** | **76203** | **13441** | **556** |
| #国有及国有控股 | 6205 | 3372 | 1062 | 25463 | 5419 | 23729 | 5358 | 161 |
| **按登记注册类型分组** | | | | | | | | |
| **内资企业** | **13867** | **12434** | **1772** | **94074** | **18761** | **75391** | **13440** | **556** |
| 国有企业 | 3661 | 1786 | 803 | 8939 | 2831 | 9868 | 4340 | 161 |
| 集体企业 | 3006 | | | 1066 | | | 5000 | |
| 股份合作企业 | 8 | 1 | 1 | 12 | | 12 | | |
| 联营企业 | 3 | 7 | 1 | -8 | 9 | | | |
| 国有联营企业 | 3 | 7 | 1 | -8 | 9 | | | |
| 有限责任公司 | 3886 | 6848 | 627 | 37742 | 12590 | 36075 | 3593 | 279 |
| 国有独资公司 | 60 | 3 | 24 | 20 | 1 | 20 | 379 | |
| 其他有限责任公司 | 3826 | 6846 | 604 | 37723 | 12590 | 36055 | 3215 | 279 |
| 股份有限公司 | 1716 | 1037 | 186 | 10082 | 2093 | 9655 | 200 | |
| 私营企业 | 1427 | 2649 | 126 | 35494 | 1231 | 19187 | 172 | 4 |
| 私营独资企业 | 47 | 25 | 3 | 435 | 93 | 41 | | |
| 私营合伙企业 | 1 | 4 | | -1 | 1 | | | |
| 私营有限责任公司 | 1333 | 2576 | 118 | 30461 | 875 | 14300 | 172 | 4 |
| 私营股份有限公司 | 46 | 45 | 4 | 4598 | 262 | 4845 | | |
| 其他企业 | 160 | 105 | 28 | 747 | 7 | 595 | 136 | 112 |
| **港、澳、台商投资企业** | **30** | **27** | **4** | **237** | **57** | **289** | **1** | |
| 合资经营企业（港或澳、台资） | 14 | 3 | 4 | 209 | 53 | 258 | 1 | |
| 港、澳、台商独资经营企业 | 16 | 24 | | 27 | 4 | 31 | | |
| **外商投资企业** | **59** | **16** | **9** | **400** | **178** | **523** | | |
| 中外合资经营企业 | 59 | 16 | 9 | 400 | 178 | 523 | | |
| **按国民经济行业分组** | | | | | | | | |
| **农、林、牧产品批发** | **376** | **358** | **43** | **9695** | **487** | **7871** | **175** | |
| 谷物、豆及薯类批发 | 34 | 41 | 9 | 2197 | 59 | 1323 | | |
| 种子批发 | 274 | 203 | 20 | 1061 | 126 | 948 | 175 | |
| 饲料批发 | 4 | | 1 | 359 | 12 | | | |
| 棉、麻批发 | 59 | 91 | 9 | 5369 | 286 | 5583 | | |
| 其他农牧产品批发 | 5 | 24 | 4 | 709 | 5 | 17 | | |
| **食品、饮料及烟草制品批发** | **1537** | **984** | **584** | **3803** | **1581** | **4158** | **43** | **161** |
| 米、面制品及食用油批发 | 73 | 50 | 20 | 3298 | 38 | 3402 | | |
| 糕点、糖果及糖批发 | 83 | 57 | 10 | 305 | 93 | 269 | 8 | 161 |
| 肉、禽、蛋、奶及水产品批发 | 2 | 1 | | 17 | | 17 | | |
| 盐及调味品批发 | 24 | 10 | 9 | 28 | -1 | 10 | | |
| 酒、饮料及茶叶批发 | 12 | 354 | 15 | 672 | 117 | 212 | 36 | |
| 烟草制品批发 | 1340 | 424 | 529 | -734 | 1318 | 20 | | |
| 其他食品批发 | 4 | 89 | 1 | 218 | 16 | 228 | | |
| **纺织、服装及家庭用品批发** | **842** | **1598** | **56** | **1321** | **5655** | **3587** | **398** | |
| 纺织品、针织品及原料批发 | 139 | 512 | 33 | 3743 | 247 | 1311 | 101 | |
| 服装批发 | 59 | 340 | 15 | 1528 | 16 | 1518 | | |

| 指标 | 税金 | 差旅费 | 工会经费 | 财务费用 | 利息收入 | 利息支出 | 资产减值损失 | 公允价值变动收益（损失以“-”号记） |
|---|---|---|---|---|---|---|---|---|
| 鞋帽批发 | 1 | | 1 | -3 | -3 | 1 | | |
| 化妆品及卫生用品批发 | 277 | 1 | 1 | 29 | 3 | 29 | | |
| 家用电器批发 | 356 | 742 | 5 | -4164 | 5383 | 537 | 261 | |
| 其他家庭用品批发 | 10 | 2 | 1 | 187 | 10 | 191 | 36 | |
| **文化、体育用品及器材批发** | **755** | **295** | **66** | **1501** | **346** | **1725** | **3169** | |
| 文具用品批发 | 59 | 82 | 13 | 484 | 237 | 641 | | |
| 图书批发 | 533 | 90 | 35 | 514 | 53 | 569 | 2716 | |
| 音像制品及电子出版物批发 | | | | -1 | 1 | | 379 | |
| 首饰、工艺品及收藏品批发 | 4 | 94 | | 32 | 1 | 26 | | |
| 其他文化用品批发 | 159 | 29 | 18 | 472 | 55 | 490 | 74 | |
| **医药及医疗器材批发** | **811** | **2385** | **143** | **16409** | **3794** | **16101** | **888** | |
| 西药批发 | 293 | 1323 | 49 | 4156 | -175 | 4471 | 502 | |
| 中药批发 | 446 | 850 | 82 | 10348 | 3727 | 9690 | 386 | |
| 医疗用品及器材批发 | 73 | 213 | 13 | 1906 | 241 | 1940 | | |
| **矿产品、建材及化工产品批发** | **5429** | **3479** | **583** | **49979** | **4638** | **36194** | **1935** | **230** |
| 煤炭及制品批发 | 945 | 370 | 176 | 10098 | 197 | 8286 | -6 | |
| 石油及制品批发 | 2206 | 750 | 165 | 12803 | -1449 | 3562 | 157 | |
| 非金属矿及制品批发 | 199 | 261 | 51 | 1202 | 4 | 718 | | |
| 金属及金属矿批发 | 890 | 534 | 61 | 11212 | 3934 | 8768 | 1367 | 10 |
| 建材批发 | 775 | 1029 | 99 | 10973 | 1243 | 11569 | 231 | 46 |
| 化肥批发 | 148 | 41 | 1 | 1134 | 563 | 1682 | 73 | |
| 农药批发 | 3 | 88 | | 185 | 1 | 186 | 112 | |
| 其他化工产品批发 | 263 | 405 | 31 | 2373 | 146 | 1422 | | 175 |
| **机械设备、五金产品及电子产品批发** | **1061** | **3049** | **236** | **9474** | **2366** | **5125** | **1781** | **165** |
| 农业机械批发 | 14 | 181 | 11 | 146 | 22 | 73 | | |
| 汽车批发 | 156 | 790 | 43 | 251 | 318 | 421 | 1560 | |
| 汽车零配件批发 | 32 | 41 | 5 | 34 | 94 | 115 | | |
| 摩托车及零配件批发 | 122 | 102 | 8 | -221 | 489 | 246 | | |
| 五金产品批发 | 40 | 92 | 3 | 119 | 3 | 67 | | |
| 电气设备批发 | 225 | 323 | 18 | 5119 | 22 | 128 | | |
| 计算机、软件及辅助设备批发 | 56 | 115 | 10 | 433 | 646 | 939 | 1 | |
| 通讯及广播电视设备批发 | 26 | 5 | 1 | 949 | 46 | 852 | | |
| 其他机械设备及电子产品批发 | 389 | 1399 | 135 | 2644 | 727 | 2285 | 220 | 165 |
| **贸易经纪与代理** | **2** | **5** | | **2** | **1** | | | |
| 其他贸易经纪与代理 | 2 | 5 | | 2 | 1 | | | |
| **其他批发业** | **3144** | **325** | **74** | **2527** | **129** | **1442** | **5053** | |
| 再生物资回收与批发 | 3032 | 37 | 16 | 1316 | 3 | 251 | 5000 | |
| 其他未列明批发业 | 113 | 288 | 58 | 1211 | 126 | 1191 | 53 | |
| **零售业** | **6660** | **7552** | **942** | **52622** | **14293** | **39719** | **1676** | **557** |
| #国有及国有控股 | 294 | 362 | 103 | 3916 | 140 | 2500 | 963 | |
| **按登记注册类型分组** | | | | | | | | |
| **内资企业** | **5229** | **6937** | **759** | **56345** | **7233** | **38174** | **900** | **557** |
| 国有企业 | 101 | 40 | 59 | 393 | 2 | 137 | 764 | |
| 集体企业 | 71 | 19 | 2 | 184 | 20 | 33 | 1 | |

| 指标 | 税金 | 差旅费 | 工会经费 | 财务费用 | 利息收入 | 利息支出 | 资产减值损失 | 公允价值变动收益（损失以“-”号记） |
|---|---|---|---|---|---|---|---|---|
| 股份合作企业 | 5 | | | 12 | | | | |
| 联营企业 | | | | | | | | |
| 其他联营企业 | | | | | | | | |
| 有限责任公司 | 3061 | 4638 | 481 | 22347 | 4048 | 17021 | -85 | 557 |
| 国有独资公司 | | | | -12 | -12 | | 31 | |
| 其他有限责任公司 | 3061 | 4638 | 481 | 22359 | 4060 | 17021 | -115 | 557 |
| 股份有限公司 | 270 | 169 | 37 | 3648 | 830 | 2761 | 1 | |
| 私营企业 | 1484 | 2062 | 173 | 29482 | 2329 | 18147 | 219 | |
| 私营独资企业 | 204 | 105 | 10 | 2076 | 20 | 1893 | 59 | |
| 私营合伙企业 | | 1 | | | | | | |
| 私营有限责任公司 | 1260 | 1938 | 159 | 26791 | 2309 | 16149 | 160 | |
| 私营股份有限公司 | 20 | 18 | 5 | 615 | 1 | 105 | | |
| 其他企业 | 237 | 10 | 7 | 279 | 3 | 76 | | |
| **港、澳、台商投资企业** | **1333** | **526** | **94** | **-4490** | **7064** | **1227** | | |
| 合资经营企业（港或澳、台资） | 125 | 116 | 2 | 1263 | 78 | 1219 | | |
| 港、澳、台商独资经营企业 | 1207 | 410 | 93 | -5753 | 6986 | 8 | | |
| **外商投资企业** | **98** | **89** | **88** | **767** | **-3** | **318** | **777** | |
| 中外合资经营企业 | 41 | 38 | 35 | 185 | 30 | 180 | | |
| 外资企业 | 30 | 36 | 46 | 724 | -77 | 109 | 776 | |
| 外商投资股份有限公司 | 26 | 15 | 8 | -141 | 44 | 29 | 1 | |
| **按国民经济行业分组** | | | | | | | | |
| **综合零售** | **1796** | **886** | **289** | **-646** | **8051** | **2688** | **157** | |
| 百货零售 | 1538 | 730 | 211 | -553 | 7446 | 2549 | 669 | |
| 超级市场零售 | 202 | 154 | 76 | -157 | 583 | 111 | -512 | |
| 其他综合零售 | 56 | 3 | 2 | 65 | 21 | 28 | | |
| **食品、饮料及烟草制品专门零售** | **194** | **106** | **19** | **623** | **36** | **326** | **65** | **-21** |
| 粮油零售 | 3 | | | 97 | 1 | 5 | | |
| 糕点、面包零售 | | 3 | | | | | | |
| 果品、蔬菜零售 | 1 | 2 | | 1 | | | | |
| 肉、禽、蛋、奶及水产品零售 | 32 | 7 | 13 | 224 | 22 | 158 | | |
| 酒、饮料及茶叶零售 | 9 | 32 | | 195 | 9 | 162 | 59 | |
| 其他食品零售 | 150 | 62 | 6 | 106 | 5 | 1 | 6 | -21 |
| **纺织、服装及日用品专门零售** | **301** | **438** | **85** | **1501** | **739** | **1900** | **-184** | **578** |
| 纺织品及针织品零售 | 7 | 21 | 6 | 32 | 7 | 17 | | |
| 服装零售 | 216 | 263 | 51 | 993 | 680 | 1453 | -185 | 578 |
| 鞋帽零售 | 4 | 2 | | 12 | 1 | 1 | | |
| 化妆品及卫生用品零售 | 1 | 1 | 1 | -36 | 37 | 1 | | |
| 钟表、眼镜零售 | 10 | 67 | 24 | 335 | 7 | 341 | | |
| 厨房用具及日用杂品零售 | | | | | | | | |
| 其他日用品零售 | 64 | 84 | 3 | 165 | 7 | 89 | 1 | |
| **文化、体育用品及器材专门零售** | **276** | **189** | **69** | **853** | **866** | **1425** | **1024** | |
| 文具用品零售 | 12 | 24 | | 17 | | | | |
| 体育用品及器材零售 | 3 | | | 5 | | | 61 | |
| 图书、报刊零售 | 215 | 99 | 66 | 159 | -11 | 151 | 963 | |

(2012 年)

单位:万元

| 指标 | 税金 | 差旅费 | 工会经费 | 财务费用 | 利息收入 | 利息支出 | 资产减值损失 | 公允价值变动收益(损失以"-"号记) |
|---|---|---|---|---|---|---|---|---|
| 珠宝首饰零售 | 44 | 55 | 3 | 648 | 877 | 1265 | | |
| 工艺美术品及收藏品零售 | 1 | 6 | | 2 | | | | |
| 乐器零售 | | | | 6 | | | | |
| 照相器材零售 | 1 | 5 | | 15 | | 9 | | |
| 其他文化用品零售 | | | | | | | | |
| **医药及医疗器材专门零售** | **267** | **444** | **27** | **1037** | **9** | **987** | **9** | |
| 药品零售 | 239 | 294 | 26 | 1036 | 9 | 986 | 9 | |
| 医疗用品及器材零售 | 28 | 149 | 1 | 2 | | 1 | | |
| **汽车、摩托车、燃料及零配件专门零售** | **2572** | **2346** | **291** | **44432** | **3875** | **28581** | **555** | |
| 汽车零售 | 2339 | 2268 | 269 | 42253 | 3870 | 26864 | 555 | |
| 汽车零配件零售 | 20 | 41 | 11 | 49 | 2 | 1 | | |
| 摩托车及零配件零售 | 12 | | | 260 | | 16 | | |
| 机动车燃料零售 | 202 | 36 | 11 | 1869 | 2 | 1700 | | |
| **家用电器及电子产品专门零售** | **990** | **2967** | **139** | **2831** | **694** | **2018** | **6** | |
| 家用视听设备零售 | 6 | 7 | 2 | 577 | | 62 | | |
| 日用家电设备零售 | 447 | 2420 | 78 | 774 | 645 | 1003 | 1 | |
| 计算机、软件及辅助设备零售 | 270 | 308 | 19 | 547 | 32 | 402 | 6 | |
| 通信设备零售 | 120 | 110 | 18 | 418 | 12 | 70 | | |
| 其他电子产品零售 | 147 | 122 | 22 | 515 | 5 | 482 | | |
| **五金、家具及室内装饰材料专门零售** | **196** | **97** | **10** | **1671** | **20** | **1549** | **4** | |
| 五金零售 | 78 | 74 | 5 | 421 | 5 | 366 | | |
| 家具零售 | 81 | 23 | 5 | 1219 | 16 | 1184 | 4 | |
| 陶瓷、石材装饰材料零售 | 37 | | | 31 | | | | |
| 其他室内装饰材料零售 | | | | | | | | |
| **货摊、无店铺及其他零售业** | **68** | **80** | **13** | **321** | **3** | **244** | **41** | |
| 旧货零售 | 1 | 1 | 1 | 2 | | | | |
| 生活用燃料零售 | 47 | 6 | 4 | −38 | 2 | −38 | 41 | |
| 其他未列明零售业 | 21 | 73 | 8 | 357 | 1 | 282 | | |
| **按零售业态分组** | | | | | | | | |
| 有店铺零售 | 6657 | 7481 | 941 | 52622 | 14294 | 39719 | 1676 | 557 |
| 食杂店 | 14 | | 12 | −6 | 15 | 2 | | |
| 便利店 | 11 | 5 | 3 | 40 | 21 | 20 | | |
| 折扣店 | | | | | | | | |
| 超市 | 191 | 35 | 10 | 274 | 7 | 47 | 1 | |
| 大型超市 | 1326 | 557 | 175 | −5412 | 7558 | 115 | 264 | |
| 仓储会员店 | | | | | | | | |
| 百货店 | 416 | 341 | 108 | 4747 | 467 | 2751 | −108 | |
| 专业店 | 3345 | 5336 | 492 | 33628 | 4668 | 24611 | 1322 | −21 |
| 专卖店 | 1265 | 1128 | 132 | 18344 | 1551 | 11888 | 30 | 578 |
| 家居建材商店 | 11 | 4 | | 171 | 1 | 172 | | |
| 购物中心 | 5 | 16 | 3 | 65 | 1 | 26 | 168 | |
| 厂家直销中心 | 72 | 60 | 7 | 771 | 7 | 87 | | |
| 无店铺零售 | 3 | 71 | | | −1 | | | |
| 电视购物 | 2 | 53 | | | | | | |
| 邮购 | 2 | 18 | | | | | | |

| 指标 | 投资收益（损失以“-”号记） | 营业利润 | 营业外收入 | 补贴收入 | 利润总额 | 应交所得税 | 应付职工薪酬 | 应交增值税 |
|---|---|---|---|---|---|---|---|---|
| **总计** | **11327** | **474048** | **50246** | **15147** | **491846** | **137725** | **346662** | **291339** |
| **批发业** | **10302** | **347214** | **34964** | **14252** | **358550** | **97841** | **193510** | **176507** |
| #国有及国有控股 | 2273 | 215985 | 13699 | 9220 | 218292 | 71926 | 101373 | 93490 |
| **按登记注册类型分组** | | | | | | | | |
| **内资企业** | **9476** | **334264** | **34950** | **14252** | **345603** | **95461** | **190160** | **171648** |
| 国有企业 | 672 | 119492 | 10231 | 8580 | 126797 | 29964 | 67692 | 53897 |
| 集体企业 | | 2296 | | | 2296 | 55 | 97 | 86 |
| 股份合作企业 | | -18 | | | -19 | 4 | 55 | 30 |
| 联营企业 | | 106 | | | 106 | 27 | 109 | 33 |
| 国有联营企业 | | 106 | | | 106 | 27 | 109 | 33 |
| 有限责任公司 | 1813 | 67064 | 8221 | 3542 | 70427 | 19438 | 79970 | 70108 |
| 国有独资公司 | 380 | -774 | 24 | | -371 | 12 | 20 | 1895 |
| 其他有限责任公司 | 1433 | 67839 | 8197 | 3542 | 70798 | 19426 | 79950 | 68213 |
| 股份有限公司 | 369 | 90210 | 2325 | 587 | 84091 | 37813 | 19455 | 27517 |
| 私营企业 | 6602 | 52264 | 14172 | 1543 | 60417 | 7980 | 22318 | 18403 |
| 私营独资企业 | | 42250 | 529 | | 33958 | 1133 | 2696 | 2870 |
| 私营合伙企业 | | 20 | | | 20 | 1 | 1 | 18 |
| 私营有限责任公司 | 6602 | 14947 | 2781 | 1543 | 20531 | 6783 | 19336 | 15102 |
| 私营股份有限公司 | | -4954 | 10861 | | 5908 | 63 | 285 | 412 |
| 其他企业 | 21 | 2850 | 1 | | 1488 | 181 | 464 | 1575 |
| **港、澳、台商投资企业** | **826** | **2552** | **6** | | **2551** | **312** | **2745** | **378** |
| 合资经营企业（港或澳、台资） | 826 | 1222 | 6 | | 1228 | 125 | 79 | 256 |
| 港、澳、台商独资经营企业 | | 1331 | | | 1323 | 187 | 2666 | 122 |
| **外商投资企业** | | **10398** | **8** | | **10396** | **2068** | **606** | **4481** |
| 中外合资经营企业 | | 10398 | 8 | | 10396 | 2068 | 606 | 4481 |
| **按国民经济行业分组** | | | | | | | | |
| **农、林、牧产品批发** | **611** | **11093** | **16529** | **3944** | **28635** | **1530** | **5166** | **530** |
| 谷物、豆及薯类批发 | 49 | -1741 | 1300 | 1101 | -86 | 198 | 895 | 213 |
| 种子批发 | 12 | 10481 | 2960 | 1653 | 14023 | 1236 | 2814 | 41 |
| 饲料批发 | | 153 | 25 | | 178 | 48 | 264 | 108 |
| 棉、麻批发 | 184 | -5099 | 12034 | 1074 | 6932 | 15 | 577 | 141 |
| 其他农牧产品批发 | 366 | 7299 | 210 | 116 | 7589 | 33 | 617 | 28 |
| **食品、饮料及烟草制品批发** | **345** | **108874** | **8705** | **7941** | **118169** | **29004** | **51113** | **42165** |
| 米、面制品及食用油批发 | -37 | -6516 | 7625 | 6999 | 1460 | 394 | 4858 | 703 |
| 糕点、糖果及糖批发 | | 7775 | 23 | | 7776 | 2065 | 701 | 977 |
| 肉、禽、蛋、奶及水产品批发 | | 63 | | | 63 | 15 | 261 | 97 |
| 盐及调味品批发 | | 698 | 18 | | 700 | 175 | 494 | 300 |
| 酒、饮料及茶叶批发 | | 3683 | 9 | | 3679 | 176 | 2367 | 1366 |
| 烟草制品批发 | 380 | 103412 | 1029 | 942 | 104668 | 26167 | 39759 | 37877 |
| 其他食品批发 | 3 | -240 | 2 | | -176 | 13 | 2673 | 846 |
| **纺织、服装及家庭用品批发** | **5338** | **24854** | **1239** | **471** | **26257** | **4660** | **16497** | **17372** |
| 纺织品、针织品及原料批发 | 5319 | 12400 | 737 | 261 | 13096 | 81 | 2288 | 252 |
| 服装批发 | 18 | 2340 | 122 | 118 | 2435 | 441 | 2729 | 3342 |

（2012年） 单位:万元

| 指标 | 投资收益（损失以“-”号记） | 营业利润 | 营业外收入 | 补贴收入 | 利润总额 | 应交所得税 | 应付职工薪酬 | 应交增值税 |
|---|---|---|---|---|---|---|---|---|
| 鞋帽批发 | | -331 | 12 | | -372 | | 114 | 26 |
| 化妆品及卫生用品批发 | | 10839 | 7 | | 10839 | 2071 | 219 | 4241 |
| 家用电器批发 | 1 | -26 | 246 | | 441 | 1977 | 10956 | 8848 |
| 其他家庭用品批发 | | -368 | 116 | 92 | -182 | 89 | 191 | 664 |
| **文化、体育用品及器材批发** | **144** | **9551** | **33** | | **6944** | **536** | **5536** | **5164** |
| 文具用品批发 | | 198 | 8 | | 202 | 44 | 668 | 570 |
| 图书批发 | 144 | 8362 | 7 | | 5736 | 63 | 3009 | 3798 |
| 音像制品及电子出版物批发 | | -418 | 1 | | -418 | | 20 | -13 |
| 首饰、工艺品及收藏品批发 | | 6 | | | 6 | 1 | 124 | 235 |
| 其他文化用品批发 | | 1403 | 16 | | 1419 | 428 | 1715 | 573 |
| **医药及医疗器材批发** | **10** | **30735** | **1633** | **20** | **31276** | **7536** | **18940** | **18285** |
| 西药批发 | 10 | 11129 | 287 | | 11436 | 2451 | 7730 | 5208 |
| 中药批发 | | 7835 | 774 | 20 | 7620 | 2060 | 9041 | 10376 |
| 医疗用品及器材批发 | | 11772 | 572 | | 12221 | 3025 | 2170 | 2701 |
| **矿产品、建材及化工产品批发** | **2056** | **140855** | **4777** | **1167** | **125330** | **47838** | **56115** | **63877** |
| 煤炭及制品批发 | 313 | 52277 | 866 | 5 | 43497 | 5368 | 9186 | 14527 |
| 石油及制品批发 | 356 | 68564 | 896 | | 60999 | 36159 | 23339 | 33700 |
| 非金属矿及制品批发 | 27 | 5738 | 325 | 10 | 5590 | 508 | 1859 | 2121 |
| 金属及金属矿批发 | 104 | 5616 | 345 | 149 | 5938 | 2722 | 5472 | 5606 |
| 建材批发 | 860 | 6290 | 618 | 28 | 6213 | 1818 | 12593 | 5123 |
| 化肥批发 | | -1539 | 1497 | 927 | -53 | 196 | 265 | |
| 农药批发 | | -147 | 5 | | -142 | -13 | 187 | |
| 其他化工产品批发 | 396 | 4055 | 225 | 47 | 3287 | 1080 | 3214 | 2800 |
| **机械设备、五金产品及电子产品批发** | **1708** | **18395** | **1507** | **189** | **18339** | **6429** | **30822** | **26181** |
| 农业机械批发 | | 591 | | | 674 | 108 | 508 | 439 |
| 汽车批发 | 7 | -8019 | 225 | | -7642 | 773 | 10297 | 4020 |
| 汽车零配件批发 | | 1057 | 70 | 29 | 1046 | 51 | 1421 | 896 |
| 摩托车及零配件批发 | | 1916 | 45 | | 1955 | 463 | 960 | 1165 |
| 五金产品批发 | | -688 | | | -521 | 49 | 755 | 221 |
| 电气设备批发 | 18 | 2045 | 54 | | 2264 | 250 | 1639 | 641 |
| 计算机、软件及辅助设备批发 | 826 | 2257 | 353 | 10 | 1979 | 292 | 2246 | 6998 |
| 通讯及广播电视设备批发 | | 201 | | | 102 | 62 | 359 | 327 |
| 其他机械设备及电子产品批发 | 856 | 19035 | 760 | 150 | 18483 | 4382 | 12639 | 11476 |
| **贸易经纪与代理** | | **6** | **9** | **9** | **17** | **4** | **23** | |
| 其他贸易经纪与代理 | | 6 | 9 | 9 | 17 | 4 | 23 | |
| **其他批发业** | **90** | **2851** | **533** | **512** | **3584** | **304** | **9297** | **2933** |
| 再生物资回收与批发 | 90 | -244 | 273 | 260 | 154 | 74 | 514 | 797 |
| 其他未列明批发业 | | 3094 | 260 | 252 | 3430 | 230 | 8783 | 2137 |
| **零售业** | **1025** | **126834** | **15282** | **895** | **133296** | **39884** | **153152** | **114832** |
| #国有及国有控股 | | 8855 | 228 | | 8966 | 2424 | 9391 | 6671 |
| **按登记注册类型分组** | | | | | | | | |
| **内资企业** | **141** | **51739** | **12194** | **839** | **55856** | **19232** | **132389** | **78165** |
| 国有企业 | | 208 | 111 | | 296 | 43 | 3507 | 1285 |
| 集体企业 | | 1426 | | | 1112 | 72 | 877 | 226 |

(2012 年)

单位:万元

| 指标 | 投资收益（损失以“-”号记） | 营业利润 | 营业外收入 | 补贴收入 | 利润总额 | 应交所得税 | 应付职工薪酬 | 应交增值税 |
|---|---|---|---|---|---|---|---|---|
| 股份合作企业 | | 420 | | | 430 | 52 | 92 | 189 |
| 联营企业 | | 101 | | | 101 | 10 | 75 | 16 |
| 其他联营企业 | | 101 | | | 101 | 10 | 75 | 16 |
| 有限责任公司 | -69 | 23991 | 3419 | 772 | 29627 | 15932 | 82588 | 53160 |
| 国有独资公司 | | 72 | 1 | | 57 | | 45 | |
| 其他有限责任公司 | -69 | 23919 | 3417 | 772 | 29570 | 15932 | 82543 | 53160 |
| 股份有限公司 | 8 | 1684 | 1056 | | 3414 | 553 | 6849 | 4628 |
| 私营企业 | 202 | 21572 | 5720 | 66 | 18555 | 2539 | 37634 | 17522 |
| 私营独资企业 | | 7765 | 84 | 3 | 1160 | 63 | 2141 | 582 |
| 私营合伙企业 | | 2 | | | 2 | | 27 | 3 |
| 私营有限责任公司 | 202 | 11843 | 5610 | 63 | 15494 | 2438 | 34636 | 16796 |
| 私营股份有限公司 | | 1962 | 26 | | 1899 | 38 | 830 | 142 |
| 其他企业 | | 2338 | 1888 | | 2322 | 31 | 766 | 1139 |
| **港、澳、台商投资企业** | **185** | **76687** | **699** | | **76715** | **19674** | **9352** | **31462** |
| 合资经营企业(港或澳、台资) | 185 | 8164 | 68 | | 7794 | 2154 | 3386 | 3717 |
| 港、澳、台商独资经营企业 | | 68523 | 631 | | 68920 | 17520 | 5965 | 27745 |
| **外商投资企业** | **699** | **-1592** | **2390** | **57** | **726** | **979** | **11412** | **5205** |
| 中外合资经营企业 | | 1492 | 43 | 20 | 1502 | 27 | 2542 | 1230 |
| 外资企业 | | -6600 | 2296 | 37 | -4318 | 233 | 6281 | 2505 |
| 外商投资股份有限公司 | 699 | 3516 | 50 | | 3542 | 718 | 2589 | 1470 |
| **按国民经济行业分组** | | | | | | | | |
| **综合零售** | **8** | **49768** | **4846** | **327** | **58071** | **19420** | **38630** | **43770** |
| 百货零售 | 8 | 51636 | 4009 | | 56878 | 17744 | 19769 | 34786 |
| 超级市场零售 | | -1939 | 837 | 327 | 1121 | 1664 | 18050 | 7830 |
| 其他综合零售 | | 71 | | | 72 | 13 | 811 | 1154 |
| **食品、饮料及烟草制品专门零售** | **-6** | **16560** | **107** | **41** | **16677** | **1891** | **3624** | **1886** |
| 粮油零售 | | 33 | | | 33 | 21 | 132 | 16 |
| 糕点、面包零售 | | | | | -14 | 1 | 91 | 17 |
| 果品、蔬菜零售 | | 11 | 41 | 41 | 52 | | 222 | |
| 肉、禽、蛋、奶及水产品零售 | | 3002 | 50 | | 3057 | 88 | 598 | 242 |
| 酒、饮料及茶叶零售 | | 6998 | 16 | | 7030 | 1707 | 667 | 1103 |
| 其他食品零售 | -6 | 6516 | | | 6519 | 75 | 1914 | 509 |
| **纺织、服装及日用品专门零售** | | **2885** | **2273** | | **2684** | **1947** | **9553** | **6540** |
| 纺织品及针织品零售 | | 399 | 1875 | | 377 | 18 | 875 | 285 |
| 服装零售 | | -825 | 375 | | -900 | 1154 | 5815 | 3936 |
| 鞋帽零售 | | 130 | | | 9 | 7 | 383 | 146 |
| 化妆品及卫生用品零售 | | -19 | 15 | | -5 | 25 | 497 | 85 |
| 钟表、眼镜零售 | | 2773 | 8 | | 2776 | 692 | 1210 | 1777 |
| 厨房用具及日用杂品零售 | | | | | | | 10 | 2 |
| 其他日用品零售 | | 427 | | | 427 | 51 | 763 | 310 |
| **文化、体育用品及器材专门零售** | | **-358** | **119** | **2** | **-346** | **90** | **4212** | **1604** |
| 文具用品零售 | | 158 | | | 158 | 12 | 31 | 25 |
| 体育用品及器材零售 | | 56 | | | 56 | 14 | 89 | 5 |
| 图书、报刊零售 | | -163 | 114 | | 258 | 27 | 3091 | 1196 |

| 指标 | 投资收益（损失以"-"号记） | 营业利润 | 营业外收入 | 补贴收入 | 利润总额 | 应交所得税 | 应付职工薪酬 | 应交增值税 |
|---|---|---|---|---|---|---|---|---|
| 珠宝首饰零售 | | -824 | 5 | 2 | -879 | 30 | 580 | 188 |
| 工艺美术品及收藏品零售 | | | | | | | 86 | 20 |
| 乐器零售 | | 3 | | | 2 | 1 | 48 | 10 |
| 照相器材零售 | | 409 | | | 57 | 5 | 263 | 149 |
| 其他文化用品零售 | | 3 | | | 3 | 2 | 25 | 12 |
| **医药及医疗器材专门零售** | **-151** | **4125** | **196** | | **4267** | **1085** | **4776** | **6265** |
| 药品零售 | -151 | 3802 | 196 | | 3949 | 1049 | 4584 | 6184 |
| 医疗用品及器材零售 | | 323 | | | 319 | 36 | 192 | 81 |
| **汽车、摩托车、燃料及零配件专门零售** | **1068** | **41757** | **1573** | **-32** | **32653** | **12614** | **68721** | **42338** |
| 汽车零售 | 1068 | 31987 | 1500 | -32 | 28781 | 11673 | 64324 | 39646 |
| 汽车零配件零售 | | 1251 | 6 | | 1255 | 542 | 2056 | 1108 |
| 摩托车及零配件零售 | | 389 | | | 389 | 181 | 434 | 288 |
| 机动车燃料零售 | | 8131 | 67 | | 2228 | 218 | 1906 | 1296 |
| **家用电器及电子产品专门零售** | **105** | **8939** | **1575** | **555** | **11751** | **2486** | **20076** | **10609** |
| 家用视听设备零售 | | -375 | | | -375 | 11 | 394 | 557 |
| 日用家电设备零售 | | 3550 | 1399 | 500 | 4887 | 961 | 12282 | 5528 |
| 计算机、软件及辅助设备零售 | 105 | 4672 | 80 | 55 | 5013 | 1128 | 3405 | 2279 |
| 通信设备零售 | | 808 | 95 | | 1938 | 207 | 3065 | 1889 |
| 其他电子产品零售 | | 284 | 0 | | 287 | 180 | 929 | 356 |
| **五金、家具及室内装饰材料专门零售** | | **2192** | **18** | **3** | **6578** | **113** | **2482** | **1237** |
| 五金零售 | | 1220 | 18 | 3 | 905 | 84 | 1445 | 875 |
| 家具零售 | | 863 | | | 5565 | 23 | 1004 | 249 |
| 陶瓷、石材装饰材料零售 | | 98 | | | 98 | | 16 | 104 |
| 其他室内装饰材料零售 | | 10 | | | 10 | 6 | 17 | 9 |
| **货摊、无店铺及其他零售业** | | **967** | **4574** | | **961** | **239** | **1079** | **583** |
| 旧货零售 | | 6 | | | 6 | 1 | 4 | 28 |
| 生活用燃料零售 | | 595 | | | 594 | 159 | 360 | 253 |
| 其他未列明零售业 | | 367 | 4574 | | 362 | 78 | 715 | 303 |
| **按零售业态分组** | | | | | | | | |
| 有店铺零售 | 1025 | 126785 | 15278 | 895 | 133243 | 39867 | 152858 | 114788 |
| 食杂店 | | 538 | 50 | | 591 | 123 | 167 | 203 |
| 便利店 | | 35 | | | 36 | 15 | 816 | 256 |
| 折扣店 | | | | | | | | |
| 超市 | | 2497 | 89 | | 3380 | 471 | 3518 | 873 |
| 大型超市 | | 58801 | 3635 | 327 | 63863 | 18799 | 24438 | 35771 |
| 仓储会员店 | | 3 | | | 3 | 2 | 25 | 12 |
| 百货店 | 8 | -12033 | 1123 | | -9456 | 192 | 11288 | 7142 |
| 专业店 | 227 | 55147 | 9773 | 526 | 54567 | 14466 | 79107 | 47694 |
| 专卖店 | 790 | 19373 | 519 | 2 | 17113 | 5565 | 31095 | 21959 |
| 家居建材商店 | | -59 | | | -59 | 10 | 227 | |
| 购物中心 | | -89 | 10 | | -84 | 11 | 166 | 35 |
| 厂家直销中心 | | 2573 | 80 | 41 | 3290 | 214 | 2013 | 844 |
| 无店铺零售 | | 49 | 4 | | 53 | 17 | 294 | 44 |
| 电视购物 | | 4 | 3 | | 7 | 2 | 105 | 40 |
| 邮购 | | 45 | | | 46 | 16 | 189 | 4 |

11-6　续表 24　　　　　　　　　　　　(2012 年)　　　　　　　　　　　　单位:万元

| 指标 | 进项税额 | 销项税额 | 土地和固定资产支出 | 土地购置 | 房屋和建筑物 | 机器设备 | 运输工具 | 其他费用 |
|---|---|---|---|---|---|---|---|---|
| **总计** | **3777751** | **3928129** | **121470** | **6848** | **59536** | **15221** | **21747** | **18118** |
| **批发业** | **2622608** | **2708103** | **55283** | **4356** | **33085** | **5930** | **7483** | **4429** |
| #国有及国有控股 | 1273624 | 1342444 | 27322 | | 21866 | 2680 | 1267 | 1509 |
| **按登记注册类型分组** | | | | | | | | |
| **内资企业** | **2597159** | **2677809** | **53106** | **3761** | **31788** | **5685** | **7480** | **4392** |
| 国有企业 | 569691 | 612576 | 23057 | | 21111 | 1163 | 761 | 21 |
| 集体企业 | 633 | 631 | 1 | | | 1 | | |
| 股份合作企业 | 418 | 448 | 5 | | | | | 5 |
| 联营企业 | 2429 | 2461 | 2 | | | 2 | | |
| 国有联营企业 | 2429 | 2461 | 2 | | | 2 | | |
| 有限责任公司 | 1295488 | 1304381 | 18035 | 3425 | 5906 | 2431 | 3843 | 2430 |
| 国有独资公司 | 1155 | 725 | | | | | | |
| 其他有限责任公司 | 1294333 | 1303656 | 18035 | 3425 | 5906 | 2431 | 3843 | 2430 |
| 股份有限公司 | 303826 | 331027 | 7152 | | 3841 | 1733 | 430 | 1148 |
| 私营企业 | 420346 | 421790 | 4854 | 335 | 931 | 354 | 2446 | 788 |
| 私营独资企业 | 18636 | 21965 | | | | | | |
| 私营合伙企业 | 738 | 759 | | | | | | |
| 私营有限责任公司 | 384808 | 382503 | 4634 | 335 | 931 | 354 | 2239 | 776 |
| 私营股份有限公司 | 16164 | 16563 | 220 | | | | 208 | 12 |
| 其他企业 | 4329 | 4494 | | | | | | |
| **港、澳、台商投资企业** | **6383** | **6759** | **2168** | **596** | **1297** | **246** | **2** | **28** |
| 合资经营企业(港或澳、台资) | 5303 | 5556 | | | | | | |
| 港、澳、台商独资经营企业 | 1080 | 1202 | 2168 | 596 | 1297 | 246 | 2 | 28 |
| **外商投资企业** | **19065** | **23535** | **10** | | | | | **10** |
| 中外合资经营企业 | 19065 | 23535 | 10 | | | | | 10 |
| **按国民经济行业分组** | | | | | | | | |
| **农、林、牧产品批发** | **64665** | **62618** | **6695** | **596** | **4875** | **786** | **274** | **163** |
| 谷物、豆及薯类批发 | 3945 | 3377 | 56 | | 14 | 42 | | |
| 种子批发 | 41 | | 6372 | 596 | 4857 | 715 | 67 | 138 |
| 饲料批发 | 2937 | 3045 | | | | | | |
| 棉、麻批发 | 5976 | 6078 | 267 | | 4 | 29 | 208 | 26 |
| 其他农牧产品批发 | 51765 | 50118 | | | | | | |
| **食品、饮料及烟草制品批发** | **140963** | **180234** | **5693** | | **4954** | **503** | **163** | **72** |
| 米、面制品及食用油批发 | 6142 | 6305 | 56 | | 49 | 1 | 5 | 2 |
| 糕点、糖果及糖批发 | 8729 | 9597 | 34 | | 12 | 5 | 15 | 2 |
| 肉、禽、蛋、奶及水产品批发 | 1020 | 1136 | 28 | | | | 28 | |
| 盐及调味品批发 | 1094 | 1394 | 19 | | | | 13 | 6 |
| 酒、饮料及茶叶批发 | 10146 | 11576 | 103 | | | 2 | 38 | 63 |
| 烟草制品批发 | 104757 | 140288 | 5452 | | 4893 | 496 | 63 | |
| 其他食品批发 | 9075 | 9939 | | | | | | |
| **纺织、服装及家庭用品批发** | **301350** | **300482** | **1778** | | **680** | **130** | **701** | **266** |
| 纺织品、针织品及原料批发 | 48219 | 42368 | 1564 | | 680 | 117 | 529 | 238 |
| 服装批发 | 23854 | 23290 | 70 | | | 9 | 41 | 20 |

| 指标 | 进项税额 | 销项税额 | 土地和固定资产支出 | 土地购置 | 房屋和建筑物 | 机器设备 | 运输工具 | 其他费用 |
|---|---|---|---|---|---|---|---|---|
| 鞋帽批发 | 369 | 395 | 1 | | | | | 1 |
| 化妆品及卫生用品批发 | 13200 | 21007 | | | | | | |
| 家用电器批发 | 213529 | 211248 | 143 | | | 4 | 131 | 8 |
| 其他家庭用品批发 | 2180 | 2174 | | | | | | |
| **文化、体育用品及器材批发** | **68339** | **63083** | **1002** | **327** | **157** | **366** | **89** | **62** |
| 文具用品批发 | 20081 | 20627 | 355 | 327 | | | 17 | 11 |
| 图书批发 | 27532 | 27650 | 381 | | | 334 | 47 | |
| 音像制品及电子出版物批发 | 22 | 10 | | | | | | |
| 首饰、工艺品及收藏品批发 | 3574 | 101 | 187 | | 157 | | | 30 |
| 其他文化用品批发 | 17129 | 14695 | 79 | | | 32 | 25 | 22 |
| **医药及医疗器材批发** | **391307** | **399410** | **4241** | | **1359** | **602** | **743** | **1537** |
| 西药批发 | 148174 | 150265 | 2981 | | 1354 | 541 | 251 | 836 |
| 中药批发 | 186629 | 190207 | 688 | | 5 | 61 | 301 | 322 |
| 医疗用品及器材批发 | 56505 | 58938 | 571 | | | | 192 | 380 |
| **矿产品、建材及化工产品批发** | **1294882** | **1334707** | **29888** | **2659** | **20405** | **2761** | **2691** | **1373** |
| 煤炭及制品批发 | 200877 | 211183 | 1059 | 15 | 192 | 261 | 442 | 149 |
| 石油及制品批发 | 448111 | 476034 | 4007 | | 339 | 1455 | 1309 | 904 |
| 非金属矿及制品批发 | 42528 | 41048 | 16167 | 40 | 16105 | 19 | 2 | 0 |
| 金属及金属矿批发 | 235729 | 237776 | 1130 | 5 | 439 | 483 | 119 | 84 |
| 建材批发 | 265424 | 269145 | 1128 | | 30 | 384 | 650 | 63 |
| 化肥批发 | 22400 | 19200 | 6192 | 2598 | 3283 | 134 | 30 | 147 |
| 农药批发 | | | 22 | | | | 22 | |
| 其他化工产品批发 | 79812 | 80321 | 184 | | 18 | 24 | 116 | 26 |
| **机械设备、五金产品及电子产品批发** | **334302** | **339039** | **4852** | **3** | **655** | **641** | **2626** | **927** |
| 农业机械批发 | 2815 | 3239 | 8 | | | | | 8 |
| 汽车批发 | 175966 | 177354 | 198 | | 8 | 20 | 98 | 72 |
| 汽车零配件批发 | 8091 | 8194 | 125 | 3 | 3 | 24 | 85 | 10 |
| 摩托车及零配件批发 | 19553 | 21455 | 159 | | | 5 | 149 | 4 |
| 五金产品批发 | 8266 | 7585 | | | | | | |
| 电气设备批发 | 11882 | 7066 | 887 | | 625 | 13 | 208 | 41 |
| 计算机、软件及辅助设备批发 | 28427 | 29088 | 5 | | 1 | 3 | | 1 |
| 通讯及广播电视设备批发 | 7001 | 7212 | 4 | | | 4 | | |
| 其他机械设备及电子产品批发 | 72303 | 77845 | 3466 | | 19 | 571 | 2086 | 790 |
| **贸易经纪与代理** | **816** | **816** | | | | | | |
| 其他贸易经纪与代理 | 816 | 816 | | | | | | |
| **其他批发业** | **25985** | **27715** | **1135** | **772** | | **141** | **195** | **28** |
| 再生物资回收与批发 | 3734 | 5021 | 899 | 772 | | 114 | | 13 |
| 其他未列明批发业 | 22251 | 22694 | 237 | | | 27 | 195 | 14 |
| **零售业** | **1155143** | **1220026** | **66186** | **2492** | **26451** | **9291** | **14265** | **13688** |
| #国有及国有控股 | 34653 | 40652 | 6076 | 62 | 3702 | 467 | 1321 | 525 |
| **按登记注册类型分组** | | | | | | | | |
| **内资企业** | **962986** | **1010934** | **54807** | **2492** | **18469** | **9192** | **12106** | **12549** |
| 国有企业 | 4050 | 4777 | 1593 | 62 | 1477 | 4 | 41 | 9 |
| 集体企业 | 1937 | 2013 | 35 | 20 | 15 | | | |

| 指标 | 进项税额 | 销项税额 | 土地和固定资产支出 | 土地购置 | 房屋和建筑物 | 机器设备 | 运输工具 | 其他费用 |
|---|---|---|---|---|---|---|---|---|
| 股份合作企业 | 1115 | 1318 | | | | | | |
| 联营企业 | 142 | 153 | | | | | | |
| 其他联营企业 | 142 | 153 | | | | | | |
| 有限责任公司 | 622642 | 649857 | 43423 | 1010 | 15082 | 7422 | 8590 | 11318 |
| 国有独资公司 | | | | | | | | |
| 其他有限责任公司 | 622642 | 649857 | 43423 | 1010 | 15082 | 7422 | 8590 | 11318 |
| 股份有限公司 | 31194 | 35548 | 575 | | 26 | 60 | 270 | 219 |
| 私营企业 | 299345 | 314493 | 9180 | 1400 | 1868 | 1706 | 3204 | 1002 |
| 私营独资企业 | 9502 | 9197 | 1205 | 589 | 59 | 34 | 106 | 418 |
| 私营合伙企业 | 95 | 98 | 6 | | | 1 | 6 | |
| 私营有限责任公司 | 284512 | 299857 | 7919 | 782 | 1788 | 1672 | 3093 | 584 |
| 私营股份有限公司 | 5237 | 5341 | 50 | 29 | 21 | | | |
| 其他企业 | 2560 | 2774 | | | | | | |
| **港、澳、台商投资企业** | **121189** | **137100** | **9747** | | **6972** | **76** | **1644** | **1056** |
| 合资经营企业(港或澳、台资) | 29797 | 33457 | 9747 | | 6972 | 76 | 1644 | 1056 |
| 港、澳、台商独资经营企业 | 91392 | 103643 | | | | | | |
| **外商投资企业** | **70967** | **71992** | **1633** | | **1010** | **23** | **516** | **84** |
| 中外合资经营企业 | 21461 | 19117 | 38 | | | | 37 | 2 |
| 外资企业 | 24150 | 26216 | 1022 | | 860 | 3 | 148 | 12 |
| 外商投资股份有限公司 | 25357 | 26660 | 572 | | 150 | 20 | 332 | 71 |
| **按国民经济行业分组** | | | | | | | | |
| **综合零售** | **179243** | **205783** | **6641** | **176** | **1102** | **5049** | **92** | **222** |
| 百货零售 | 140804 | 159281 | 1517 | 62 | 930 | 233 | 77 | 215 |
| 超级市场零售 | 37271 | 44304 | 5083 | 104 | 142 | 4816 | 15 | 6 |
| 其他综合零售 | 1168 | 2199 | 40 | 10 | 30 | | | |
| **食品、饮料及烟草制品专门零售** | **9221** | **11697** | **778** | **25** | **110** | **509** | **31** | **103** |
| 粮油零售 | 683 | 689 | 30 | 10 | 20 | | | |
| 糕点、面包零售 | 96 | 113 | 60 | | | 60 | | |
| 果品、蔬菜零售 | | | 122 | | 55 | 44 | 21 | 2 |
| 肉、禽、蛋、奶及水产品零售 | 1470 | 1687 | 550 | 15 | 35 | 405 | 9 | 86 |
| 酒、饮料及茶叶零售 | 3244 | 4254 | | | | | | |
| 其他食品零售 | 3727 | 4953 | 16 | | | | | 15 |
| **纺织、服装及日用品专门零售** | **53568** | **59658** | **8097** | **12** | **6640** | **40** | **176** | **1230** |
| 纺织品及针织品零售 | 3279 | 3836 | 7 | | | | | 7 |
| 服装零售 | 39276 | 42729 | 7739 | | 6572 | 3 | 100 | 1064 |
| 鞋帽零售 | 1552 | 1625 | 71 | | 40 | | 10 | 21 |
| 化妆品及卫生用品零售 | 2951 | 3019 | | | | | | |
| 钟表、眼镜零售 | 3846 | 5622 | 176 | | | | 41 | 136 |
| 厨房用具及日用杂品零售 | 46 | 48 | | | | | | |
| 其他日用品零售 | 2618 | 2781 | 104 | 12 | 28 | 37 | 25 | 2 |
| **文化、体育用品及器材专门零售** | **8757** | **9978** | **1581** | | **1464** | **73** | **37** | **7** |
| 文具用品零售 | 546 | 586 | | | | | | |
| 体育用品及器材零售 | 46 | 67 | | | | | | |
| 图书、报刊零售 | 4145 | 5011 | 1517 | | 1455 | 34 | 23 | 5 |

| 指标 | 进项税额 | 销项税额 | 土地和固定资产支出 | 土地购置 | 房屋和建筑物 | 机器设备 | 运输工具 | 其他费用 |
|---|---|---|---|---|---|---|---|---|
| 珠宝首饰零售 | 1684 | 1827 | 43 |  | 4 | 31 | 9 |  |
| 工艺美术品及收藏品零售 | 214 | 234 |  |  |  |  |  |  |
| 乐器零售 | 158 | 168 |  |  |  |  |  |  |
| 照相器材零售 | 1748 | 1857 | 20 |  | 5 | 8 | 5 | 2 |
| 其他文化用品零售 | 216 | 228 |  |  |  |  |  |  |
| **医药及医疗器材专门零售** | **36792** | **42057** | **8649** |  | **9** | **16** | **27** | **8597** |
| 药品零售 | 35706 | 40851 | 8649 |  | 9 | 16 | 27 | 8597 |
| 医疗用品及器材零售 | 1086 | 1206 |  |  |  |  |  |  |
| **汽车、摩托车、燃料及零配件专门零售** | **705878** | **722729** | **39313** | **1987** | **16985** | **3598** | **13420** | **3322** |
| 汽车零售 | 669730 | 685348 | 38070 | 1460 | 16906 | 3515 | 13314 | 2875 |
| 汽车零配件零售 | 12869 | 13850 | 73 |  |  | 33 | 4 | 37 |
| 摩托车及零配件零售 | 8585 | 8751 | 3 |  |  |  | 1 | 2 |
| 机动车燃料零售 | 14695 | 14781 | 1167 | 528 | 79 | 50 | 102 | 408 |
| **家用电器及电子产品专门零售** | **146076** | **151751** | **255** | **46** | **36** | **4** | **100** | **69** |
| 家用视听设备零售 | 3323 | 3387 |  |  |  |  |  |  |
| 日用家电设备零售 | 73696 | 76123 | 99 | 46 | 36 | 2 | 15 | 1 |
| 计算机、软件及辅助设备零售 | 37621 | 38913 | 151 |  |  |  | 85 | 65 |
| 通信设备零售 | 26240 | 27758 | 5 |  |  | 3 |  | 3 |
| 其他电子产品零售 | 5197 | 5570 |  |  |  |  |  |  |
| **五金、家具及室内装饰材料专门零售** | **7576** | **8150** | **403** |  |  | **3** | **282** | **118** |
| 五金零售 | 6469 | 6864 | 184 |  |  | 3 | 95 | 87 |
| 家具零售 | 816 | 988 | 219 |  |  |  | 187 | 31 |
| 陶瓷、石材装饰材料零售 | 46 | 43 |  |  |  |  |  |  |
| 其他室内装饰材料零售 | 246 | 255 |  |  |  |  |  |  |
| **货摊、无店铺及其他零售业** | **8032** | **8223** | **471** | **245** | **105** |  | **101** | **20** |
| 旧货零售 | 486 | 513 |  |  |  |  |  |  |
| 生活用燃料零售 | 1452 | 1338 | 350 | 245 | 105 |  |  |  |
| 其他未列明零售业 | 6095 | 6371 | 121 |  |  |  | 101 | 20 |
| **按零售业态分组** |  |  |  |  |  |  |  |  |
| 有店铺零售 | 1153864 | 1218704 | 66158 | 2492 | 26447 | 9275 | 14256 | 13688 |
| 食杂店 | 1228 | 1419 | 494 |  |  | 400 | 9 | 85 |
| 便利店 | 720 | 838 |  |  |  |  |  |  |
| 折扣店 |  |  |  |  |  |  |  |  |
| 超市 | 6948 | 7462 | 329 | 119 | 142 | 22 | 10 | 36 |
| 大型超市 | 130183 | 149710 | 5776 |  | 935 | 4820 | 15 | 6 |
| 仓储会员店 | 216 | 228 |  |  |  |  |  |  |
| 百货店 | 44891 | 51446 | 677 | 72 | 100 | 213 | 77 | 216 |
| 专业店 | 701204 | 730889 | 31216 | 2281 | 8969 | 1497 | 8102 | 10369 |
| 专卖店 | 258381 | 265865 | 27256 |  | 16247 | 2277 | 5879 | 2853 |
| 家居建材商店 | 201 | 164 | 129 |  |  |  | 44 | 86 |
| 购物中心 | 2529 | 2565 | 21 | 20 |  | 1 |  |  |
| 厂家直销中心 | 7365 | 8120 | 258 |  | 55 | 45 | 121 | 37 |
| 无店铺零售 | 1278 | 1322 | 28 |  | 4 | 16 | 9 |  |
| 电视购物 | 637 | 677 | 28 |  | 4 | 16 | 9 |  |
| 邮购 | 642 | 646 |  |  |  |  |  |  |

## 11-7　限额以上住宿和餐饮业法人企业财务状况

（2012 年）

单位：万元

| 指标 | 法人企业数(个) | 年初存货 | 流动资产合计 | 应收帐款 | 存货 | 固定资产合计 | 固定资产原价 | 累计折旧 |
|---|---|---|---|---|---|---|---|---|
| **总计** | **378** | **36487** | **647806** | **70484** | **36723** | **468058** | **784734** | **344340** |
| **住宿业** | **183** | **25443** | **496955** | **52787** | **24564** | **370921** | **658922** | **307867** |
| #国有及国有控股 | 55 | 7608 | 86620 | 9026 | 6565 | 172091 | 324253 | 161479 |
| **按登记注册类型分组** | | | | | | | | |
| **内资企业** | **176** | **17979** | **306673** | **48666** | **16902** | **323534** | **559345** | **256711** |
| 国有企业 | 41 | 5853 | 71328 | 7951 | 5118 | 144338 | 274028 | 137843 |
| 集体企业 | 5 | 685 | 7563 | 1071 | 718 | 10050 | 20200 | 10162 |
| 股份合作企业 | 2 | 1 | 361 | 105 | | 1535 | 2244 | 756 |
| 联营企业 | 1 | 31 | 67 | | 21 | | | |
| 国有联营企业 | 1 | 31 | 67 | | 21 | | | |
| 有限责任公司 | 72 | 7014 | 97976 | 15537 | 6769 | 108874 | 169854 | 62840 |
| 国有独资公司 | 2 | 171 | 1008 | 177 | 127 | 5023 | 5023 | 1227 |
| 其他有限责任公司 | 70 | 6843 | 96968 | 15360 | 6642 | 103851 | 164831 | 61614 |
| 股份有限公司 | 6 | 793 | 40813 | 811 | 263 | 9843 | 25393 | 15677 |
| 私营企业 | 45 | 3385 | 82010 | 22981 | 3794 | 44865 | 60796 | 26502 |
| 私营独资企业 | 4 | 206 | 3648 | 146 | 184 | 6068 | 6307 | 1166 |
| 私营有限责任公司 | 40 | 3163 | 78322 | 22835 | 3593 | 38685 | 54041 | 24999 |
| 私营股份有限公司 | 1 | 16 | 40 | | 17 | 112 | 449 | 337 |
| 其他企业 | 4 | 217 | 6554 | 212 | 220 | 4030 | 6831 | 2932 |
| **港、澳、台商投资企业** | **6** | **7462** | **190176** | **4121** | **7652** | **47380** | **99453** | **51039** |
| 合资经营企业(港或澳、台资) | 5 | 7170 | 171804 | 3602 | 7366 | 44077 | 79765 | 34654 |
| 合作经营企业(港或澳、台资) | 1 | 292 | 18373 | 519 | 286 | 3303 | 19688 | 16385 |
| **外商投资企业** | **1** | **3** | **106** | **-1** | **10** | **7** | **124** | **117** |
| **按国民经济行业分组** | | | | | | | | |
| 旅游饭店 | 110 | 17212 | 450830 | 46540 | 15786 | 299877 | 562240 | 271310 |
| 一般旅馆 | 66 | 8160 | 44690 | 6181 | 8716 | 70649 | 95959 | 36180 |
| 其他住宿业 | 7 | 71 | 1435 | 66 | 61 | 396 | 723 | 378 |

11-7 续表1 (2012年) 单位:万元

| 指标 | 法人企业数(个) | 年初存货 | 流动资产合计 | 应收帐款 | 存货 | 固定资产合计 | 固定资产原价 | 累计折旧 |
|---|---|---|---|---|---|---|---|---|
| **餐饮业** | **195** | **11043** | **150851** | **17698** | **12160** | **97137** | **125811** | **36473** |
| #国有及国有控股 | 1 | 5 | 73 | 19 | 4 | 383 | 853 | 470 |
| **按登记注册类型分组** | | | | | | | | |
| **内资企业** | **189** | **8344** | **129260** | **17346** | **8378** | **66978** | **89840** | **26696** |
| 国有企业 | 1 | 5 | 73 | 19 | 4 | 383 | 853 | 470 |
| 股份合作企业 | 1 | 5 | 9 | | 5 | 577 | 808 | 231 |
| 联营企业 | 1 | 1 | 11 | | 5 | 15 | 52 | 37 |
| 有限责任公司 | 70 | 3926 | 79522 | 6721 | 4267 | 32043 | 46810 | 15270 |
| 股份有限公司 | 4 | 228 | 672 | 30 | 249 | 693 | 786 | 94 |
| 私营企业 | 103 | 3808 | 46452 | 10397 | 3488 | 31868 | 38677 | 10137 |
| 私营独资企业 | 18 | 429 | 5393 | 2613 | 464 | 7364 | 8362 | 1156 |
| 私营合伙企业 | 1 | 26 | | | | 85 | 85 | 36 |
| 私营有限责任公司 | 80 | 3256 | 39912 | 7488 | 2932 | 22470 | 28132 | 8795 |
| 私营股份有限公司 | 4 | 97 | 1147 | 295 | 93 | 1948 | 2099 | 151 |
| 其他企业 | 9 | 372 | 2522 | 180 | 359 | 1399 | 1854 | 457 |
| **港、澳、台商投资企业** | **2** | **419** | **3104** | **41** | **650** | **12701** | **10914** | **2177** |
| 合作经营企业(港或澳、台资) | 1 | | 2816 | 35 | 475 | 12481 | 10499 | 1982 |
| 港、澳、台商独资经营企业 | 1 | 419 | 288 | 6 | 175 | 220 | 414 | 195 |
| **外商投资企业** | **4** | **2280** | **18487** | **310** | **3132** | **17458** | **25058** | **7601** |
| **按国民经济行业分组** | | | | | | | | |
| 正餐服务 | 171 | 8635 | 126928 | 16251 | 8388 | 64221 | 86864 | 26166 |
| 快餐服务 | 15 | 2090 | 19783 | 42 | 3488 | 30008 | 34889 | 8882 |
| 饮料及冷饮服务 | 1 | | 143 | | | 13 | 13 | |
| 咖啡馆服务 | 1 | | 143 | | | 13 | 13 | |
| 其他餐饮业 | 8 | 318 | 3998 | 1404 | 283 | 2895 | 4045 | 1425 |
| 餐饮配送服务 | 1 | 176 | 2059 | 1206 | 143 | 2660 | 3294 | 901 |
| 其他未列明餐饮业 | 7 | 143 | 1939 | 199 | 140 | 236 | 751 | 525 |

| 指标 | 本年折旧 | 在建工程 | 资产总计 | 流动负债合计 | 应付账款 | 非流动负债合计 | 负债合计 | 所有者权益合计 |
|---|---|---|---|---|---|---|---|---|
| **总计** | **41368** | **70439** | **1356246** | **799562** | **83540** | **186738** | **991574** | **364671** |
| **住宿业** | **32223** | **47075** | **1025892** | **588906** | **57590** | **159961** | **754694** | **271198** |
| #国有及国有控股 | 12481 | 14577 | 300408 | 123523 | 24486 | 68102 | 194327 | 106082 |
| **按登记注册类型分组** | | | | | | | | |
| **内资企业** | **27825** | **32701** | **759249** | **408380** | **49240** | **91618** | **505825** | **253424** |
| 国有企业 | 9921 | 14572 | 239324 | 97878 | 16960 | 59835 | 160339 | 78985 |
| 集体企业 | 1422 | 13 | 18664 | 9891 | 125 | 2632 | 12523 | 6142 |
| 股份合作企业 | 26 | 46 | 2811 | 2951 | 573 | | 2951 | -141 |
| 联营企业 | | | 772 | | | | 76 | 696 |
| 国有联营企业 | | | 772 | | | | 76 | 696 |
| 有限责任公司 | 8236 | 17172 | 270644 | 146393 | 16702 | 23983 | 170612 | 100032 |
| 国有独资公司 | 303 | | 8112 | 478 | 276 | 1101 | 1580 | 6532 |
| 其他有限责任公司 | 7933 | 17172 | 262533 | 145915 | 16426 | 22882 | 169033 | 93500 |
| 股份有限公司 | 1607 | 114 | 59355 | 23566 | 128 | | 23566 | 35789 |
| 私营企业 | 5510 | 575 | 155311 | 126603 | 14475 | 4757 | 131368 | 23943 |
| 私营独资企业 | 709 | 197 | 10729 | 7732 | 4280 | 1164 | 8896 | 1832 |
| 私营有限责任公司 | 4729 | 378 | 144251 | 118790 | 10134 | 3384 | 122182 | 22070 |
| 私营股份有限公司 | 72 | | 331 | 81 | 61 | 208 | 290 | 42 |
| 其他企业 | 1103 | 209 | 12367 | 1097 | 278 | 411 | 4389 | 7978 |
| **港、澳、台商投资企业** | **4380** | **14374** | **266484** | **180443** | **8275** | **68344** | **248786** | **17698** |
| 合资经营企业(港或澳、台资) | 3864 | 13599 | 244808 | 174250 | 7715 | 48039 | 222288 | 22520 |
| 合作经营企业(港或澳、台资) | 517 | 776 | 21676 | 6193 | 561 | 20305 | 26498 | -4822 |
| **外商投资企业** | **18** | | **160** | **83** | **75** | | **83** | **76** |
| **按国民经济行业分组** | | | | | | | | |
| 旅游饭店 | 27067 | 32349 | 874915 | 514706 | 42312 | 123758 | 643714 | 231201 |
| 一般旅馆 | 5076 | 14726 | 147614 | 73081 | 15160 | 36124 | 109706 | 37908 |
| 其他住宿业 | 80 | | 3363 | 1118 | 118 | 80 | 1274 | 2089 |

11-7　续表3　（2012年）　单位:万元

| 指标 | 本年折旧 | 在建工程 | 资产总计 | 流动负债合计 | 应付账款 | 非流动负债合计 | 负债合计 | 所有者权益合计 |
|---|---|---|---|---|---|---|---|---|
| **餐饮业** | **9145** | **23364** | **330353** | **210656** | **25949** | **26777** | **236880** | **93473** |
| #国有及国有控股 | 3 | | 456 | 238 | 125 | 24 | 262 | 194 |
| **按国民经济行业分组** | | | | | | | | |
| **内资企业** | **5054** | **21411** | **260563** | **163253** | **16325** | **20935** | **183635** | **76928** |
| 国有企业 | 3 | | 456 | 238 | 125 | 24 | 262 | 194 |
| 股份合作企业 | 11 | | 862 | 810 | | | 810 | 52 |
| 联营企业 | 11 | | 76 | 13 | | | 13 | 63 |
| 有限责任公司 | 2707 | 17374 | 160814 | 101728 | 6646 | 17605 | 118759 | 42055 |
| 股份有限公司 | 18 | | 1767 | 518 | 61 | | 608 | 1159 |
| 私营企业 | 2233 | 4028 | 90297 | 56477 | 9042 | 3307 | 59700 | 30598 |
| 私营独资企业 | 170 | 33 | 14071 | 6223 | 685 | 780 | 7426 | 6644 |
| 私营合伙企业 | 21 | | 120 | | | | | 120 |
| 私营有限责任公司 | 2031 | 2401 | 72715 | 47409 | 5974 | 2500 | 49402 | 23312 |
| 私营股份有限公司 | 11 | 1594 | 3392 | 2844 | 2382 | 27 | 2871 | 521 |
| 其他企业 | 72 | 9 | 6291 | 3469 | 451 | | 3483 | 2808 |
| **港、澳、台商投资企业** | **2177** | **114** | **17687** | **17067** | **1206** | **167** | **17234** | **453** |
| 合作经营企业(港或澳、台资) | 1982 | 114 | 15298 | 16924 | 1119 | | 16924 | -1627 |
| 港、澳、台商独资经营企业 | 195 | | 2389 | 143 | 88 | 167 | 309 | 2080 |
| **外商投资企业** | **1915** | **1839** | **52103** | **30337** | **8418** | **5675** | **36012** | **16091** |
| **按国民经济行业分组** | | | | | | | | |
| 正餐服务 | 5264 | 21099 | 257522 | 162832 | 15650 | 21786 | 184010 | 73512 |
| 快餐服务 | 3792 | 1989 | 64310 | 43876 | 9032 | 4964 | 48840 | 15470 |
| 饮料及冷饮服务 | | | 156 | 76 | | | 76 | 80 |
| 咖啡馆服务 | | | 156 | 76 | | | 76 | 80 |
| 其他餐饮业 | 90 | 275 | 8366 | 3871 | 1267 | 27 | 3954 | 4412 |
| 餐饮配送服务 | | 266 | 4800 | 2051 | 864 | | 2051 | 2749 |
| 其他未列明餐饮业 | 90 | 9 | 3566 | 1821 | 403 | 27 | 1904 | 1662 |

（2012 年）

单位:万元

| 指标 | 实收资本 | 国家资本 | 集体资本 | 法人资本 | 个人资本 | 港澳台资本 | 外商资本 |
|---|---|---|---|---|---|---|---|
| **总计** | **381109** | **129514** | **7122** | **117664** | **74326** | **48584** | **3899** |
| **住宿业** | **317195** | **127670** | **5600** | **96074** | **42923** | **44432** | **496** |
| #国有及国有控股 | 144415 | 104797 |  | 39418 | 200 |  |  |
| **按国民经济行业分组** |  |  |  |  |  |  |  |
| **内资企业** | **251398** | **108718** | **5214** | **94938** | **42518** | **5** | **6** |
| 国有企业 | 121307 | 97282 |  | 24025 |  |  |  |
| 集体企业 | 6493 | 1124 | 3126 | 2244 |  |  |  |
| 股份合作企业 | 738 |  | 152 | 167 | 419 |  |  |
| 联营企业 | 53 | 53 |  |  |  |  |  |
| 国有联营企业 | 53 | 53 |  |  |  |  |  |
| 有限责任公司 | 74875 | 10249 | 1878 | 40528 | 22220 |  |  |
| 国有独资公司 | 6000 | 6000 |  |  |  |  |  |
| 其他有限责任公司 | 68875 | 4249 | 1878 | 40528 | 22220 |  |  |
| 股份有限公司 | 9093 |  | 48 | 5912 | 3133 |  |  |
| 私营企业 | 33348 |  |  | 16732 | 16616 |  |  |
| 私营独资企业 | 1091 |  |  | 500 | 591 |  |  |
| 私营有限责任公司 | 32157 |  |  | 16232 | 15925 |  |  |
| 私营股份有限公司 | 100 |  |  |  | 100 |  |  |
| 其他企业 | 5492 | 10 | 10 | 5331 | 130 | 5 | 6 |
| **港、澳、台商投资企业** | **65307** | **18952** | **386** | **1136** | **405** | **44427** |  |
| 合资经营企业(港或澳、台资) | 51940 | 10238 | 386 | 1136 | 405 | 39774 |  |
| 合作经营企业(港或澳、台资) | 13367 | 8714 |  |  |  | 4653 |  |
| **外商投资企业** | **490** |  |  |  |  |  | **490** |
| **按国民经济行业分组** |  |  |  |  |  |  |  |
| 旅游饭店 | 268157 | 114021 | 4179 | 80460 | 33292 | 35710 | 496 |
| 一般旅馆 | 47624 | 13475 | 1422 | 15339 | 8666 | 8722 |  |
| 其他住宿业 | 1414 | 174 |  | 275 | 965 |  |  |

| 指标 | 实收资本 | 国家资本 | 集体资本 | 法人资本 | 个人资本 | 港澳台资本 | 外商资本 |
|---|---|---|---|---|---|---|---|
| **餐饮业** | **63914** | **1844** | **1522** | **21590** | **31403** | **4152** | **3403** |
| #国有及国有控股 | 610 | 610 | | | | | |
| **按国民经济行业分组** | | | | | | | |
| **内资企业** | **56363** | **1844** | **1522** | **21590** | **31403** | **2** | **2** |
| 国有企业 | 610 | 610 | | | | | |
| 股份合作企业 | 78 | | | | 78 | | |
| 联营企业 | 50 | | | 50 | | | |
| 有限责任公司 | 28373 | 1234 | 1521 | 12564 | 13052 | 2 | 2 |
| 股份有限公司 | 1110 | | | | 1110 | | |
| 私营企业 | 24791 | 1 | 1 | 8894 | 15895 | 1 | |
| 私营独资企业 | 5266 | | | 3524 | 1741 | | |
| 私营合伙企业 | 120 | | | | 120 | | |
| 私营有限责任公司 | 19224 | | | 5330 | 13893 | | |
| 私营股份有限公司 | 181 | | | 40 | 141 | | |
| 其他企业 | 1351 | | | 82 | 1269 | | |
| **港、澳、台商投资企业** | **4150** | | | | | **4150** | |
| 合作经营企业(港或澳、台资) | 2070 | | | | | 2070 | |
| 港、澳、台商独资经营企业 | 2080 | | | | | 2080 | |
| **外商投资企业** | **3401** | | | | | | **3401** |
| **按国民经济行业分组** | | | | | | | |
| 正餐服务 | 53907 | 1844 | 1522 | 20182 | 27275 | 2082 | 1002 |
| 快餐服务 | 5644 | | | 47 | 1126 | 2070 | 2401 |
| 饮料及冷饮服务 | 30 | | | 30 | | | |
| 咖啡馆服务 | 30 | | | 30 | | | |
| 其他餐饮业 | 4333 | | | 1331 | 3002 | | |
| 餐饮配送服务 | 2642 | | | | 2642 | | |
| 其他未列明餐饮业 | 1691 | | | 1331 | 360 | | |

| 指标 | 营业收入 | 主营业务收入 | 营业成本 | 主营业务成本 | 营业税金及附加 | 主营业务税金及附加 | 其他业务利润 | 销售费用 |
|---|---|---|---|---|---|---|---|---|
| **总计** | **808151** | **800273** | **328543** | **324776** | **44077** | **42964** | **15529** | **239404** |
| **住宿业** | **440571** | **435558** | **144921** | **142283** | **24220** | **23933** | **7805** | **136218** |
| #国有及国有控股 | 181304 | 178482 | 70025 | 67788 | 9755 | 9755 | 713 | 48934 |
| **按国民经济行业分组** | | | | | | | | |
| **内资企业** | **389091** | **384401** | **135640** | **133016** | **21435** | **21149** | **7504** | **117491** |
| 国有企业 | 130341 | 127507 | 53632 | 51387 | 6785 | 6784 | 765 | 35317 |
| 集体企业 | 6937 | 6937 | 1403 | 1403 | 369 | 369 | | 2100 |
| 股份合作企业 | 650 | 650 | 536 | 536 | 7 | 7 | 93 | 112 |
| 联营企业 | 3355 | 3355 | 1374 | 1374 | 176 | 176 | | 120 |
| 国有联营企业 | 3355 | 3355 | 1374 | 1374 | 176 | 176 | | 120 |
| 有限责任公司 | 150636 | 148936 | 48705 | 48390 | 8682 | 8410 | 1653 | 46381 |
| 国有独资公司 | 3724 | 3724 | 877 | 877 | 205 | 205 | | 1259 |
| 其他有限责任公司 | 146912 | 145212 | 47828 | 47513 | 8477 | 8205 | 1653 | 45122 |
| 股份有限公司 | 24199 | 24199 | 6707 | 6707 | 1326 | 1326 | | 8184 |
| 私营企业 | 66914 | 66757 | 21158 | 21093 | 3793 | 3779 | 4992 | 23457 |
| 私营独资企业 | 5255 | 5255 | 1563 | 1550 | 317 | 317 | | 1436 |
| 私营有限责任公司 | 61210 | 61054 | 19445 | 19393 | 3451 | 3437 | 4992 | 21861 |
| 私营股份有限公司 | 448 | 448 | 151 | 151 | 25 | 25 | | 160 |
| 其他企业 | 6060 | 6060 | 2127 | 2127 | 299 | 299 | 1 | 1820 |
| **港、澳、台商投资企业** | **51245** | **50923** | **8965** | **8950** | **2772** | **2772** | **301** | **18715** |
| 合资经营企业(港或澳、台资) | 39415 | 39093 | 7737 | 7722 | 2130 | 2130 | 301 | 14479 |
| 合作经营企业(港或澳、台资) | 11830 | 11830 | 1228 | 1228 | 642 | 642 | | 4236 |
| **外商投资企业** | **235** | **235** | **316** | **316** | **13** | **13** | | **11** |
| **按国民经济行业分组** | | | | | | | | |
| 旅游饭店 | 348008 | 343165 | 113950 | 111318 | 19443 | 19158 | 4706 | 108756 |
| 一般旅馆 | 86069 | 85899 | 28739 | 28733 | 4426 | 4424 | 2906 | 25849 |
| 其他住宿业 | 6494 | 6494 | 2232 | 2232 | 351 | 351 | 193 | 1613 |

| 指标 | 营业收入 | 主营业务收入 | 营业成本 | 主营业务成本 | 营业税金及附加 | 主营业务税金及附加 | 其他业务利润 | 销售费用 |
|---|---|---|---|---|---|---|---|---|
| **餐饮业** | **367580** | **364715** | **183621** | **182493** | **19858** | **19031** | **7724** | **103186** |
| #国有及国有控股 | 243 | 243 | 156 | 156 | 14 | 14 | | 62 |
| **按国民经济行业分组** | | | | | | | | |
| **内资企业** | **249131** | **246265** | **130932** | **129804** | **13145** | **12318** | **454** | 58600 |
| 国有企业 | 243 | 243 | 156 | 156 | 14 | 14 | | 62 |
| 股份合作企业 | 1182 | 1182 | 1038 | 1038 | 9 | 9 | 1 | 4 |
| 联营企业 | 414 | 414 | 221 | 221 | 19 | 19 | | 91 |
| 有限责任公司 | 105775 | 105093 | 51151 | 51116 | 5931 | 5261 | -7 | 27365 |
| 股份有限公司 | 1523 | 1523 | 750 | 750 | 87 | 87 | | 678 |
| 私营企业 | 128579 | 126396 | 70223 | 69130 | 6552 | 6396 | 460 | 28011 |
| 私营独资企业 | 22426 | 22426 | 11972 | 11972 | 943 | 913 | 21 | 2130 |
| 私营合伙企业 | 527 | 527 | 180 | 180 | 16 | 16 | | |
| 私营有限责任公司 | 103275 | 101092 | 56605 | 55512 | 5469 | 5342 | 439 | 25559 |
| 私营股份有限公司 | 2352 | 2352 | 1466 | 1466 | 125 | 125 | | 322 |
| 其他企业 | 11415 | 11415 | 7393 | 7393 | 533 | 533 | | 2390 |
| **港、澳、台商投资企业** | **24745** | **24745** | **8951** | **8951** | **1396** | **1396** | | **12761** |
| 合作经营企业(港或澳、台资) | 22632 | 22632 | 8044 | 8044 | 1245 | 1245 | | 11980 |
| 港、澳、台商独资经营企业 | 2113 | 2113 | 907 | 907 | 151 | 151 | | 781 |
| **外商投资企业** | **93705** | **93705** | **43738** | **43738** | **5317** | **5317** | **7270** | **31825** |
| **按国民经济行业分组** | | | | | | | | |
| 正餐服务 | 240537 | 237955 | 123730 | 122711 | 12973 | 12161 | 296 | 59445 |
| 快餐服务 | 116545 | 116529 | 53343 | 53342 | 6471 | 6471 | 7286 | 41715 |
| 饮料及冷饮服务 | 228 | | 109 | | 14 | | 105 | |
| 咖啡馆服务 | 228 | | 109 | | 14 | | 105 | |
| 其他餐饮业 | 10270 | 10232 | 6440 | 6440 | 399 | 399 | 37 | 2026 |
| 餐饮配送服务 | 3414 | 3376 | 3005 | 3005 | 29 | 29 | 37 | 66 |
| 其他未列明餐饮业 | 6856 | 6856 | 3435 | 3435 | 370 | 370 | | 1959 |

| 指标 | 管理费用 | 税金 | 差旅费 | 工会经费 | 财务费用 | 利息收入 | 利息支出 | 资产减值损失 |
|---|---|---|---|---|---|---|---|---|
| **总计** | **163508** | **6486** | **1845** | **675** | **19453** | **1374** | **9790** | **161** |
| **住宿业** | **124011** | **5492** | **791** | **423** | **13276** | **879** | **6262** | **97** |
| #国有及国有控股 | 46278 | 1829 | 234 | 255 | 3169 | 421 | 2544 | 54 |
| **按国民经济行业分组** | | | | | | | | |
| **内资企业** | **103236** | **4727** | **770** | **405** | **8115** | **878** | **4505** | **97** |
| 国有企业 | 34493 | 1501 | 198 | 251 | 2285 | 289 | 2106 | 5 |
| 集体企业 | 2411 | 160 | 8 | 3 | 99 | | 28 | |
| 股份合作企业 | 259 | 5 | 3 | 2 | | | | |
| 联营企业 | 208 | 3 | | | 121 | | | |
| 国有联营企业 | 208 | 3 | | | 121 | | | |
| 有限责任公司 | 42779 | 1751 | 279 | 116 | 2550 | 179 | 1429 | 77 |
| 国有独资公司 | 1160 | 44 | 2 | | 40 | 15 | | 2 |
| 其他有限责任公司 | 41619 | 1707 | 277 | 116 | 2510 | 165 | 1429 | 75 |
| 股份有限公司 | 5317 | 874 | 20 | 13 | 144 | 1 | 6 | |
| 私营企业 | 16535 | 424 | 259 | 17 | 2709 | 405 | 755 | 14 |
| 私营独资企业 | 1043 | 105 | 70 | 1 | 364 | | | 2 |
| 私营有限责任公司 | 15400 | 293 | 187 | 16 | 2341 | 405 | 755 | 13 |
| 私营股份有限公司 | 93 | 25 | 2 | | 4 | | | |
| 其他企业 | 1234 | 9 | 2 | 2 | 208 | 3 | 182 | |
| **港、澳、台商投资企业** | **20775** | **765** | **21** | **19** | **5159** | | **1757** | |
| 合资经营企业(港或澳、台资) | 16915 | 659 | 21 | 19 | 4034 | | 632 | |
| 合作经营企业(港或澳、台资) | 3860 | 106 | | | 1125 | | 1125 | |
| **外商投资企业** | | | | | **1** | **1** | | |
| **按国民经济行业分组** | | | | | | | | |
| 旅游饭店 | 104057 | 5043 | 659 | 354 | 10612 | 845 | 5343 | 60 |
| 一般旅馆 | 19310 | 440 | 132 | 69 | 2509 | 34 | 919 | 37 |
| 其他住宿业 | 644 | 10 | | | 155 | | | |

| 指标 | 管理费用 | 税金 | 差旅费 | 工会经费 | 财务费用 | 利息收入 | 利息支出 | 资产减值损失 |
|---|---|---|---|---|---|---|---|---|
| **餐饮业** | **39498** | **994** | **1054** | **252** | **6177** | **495** | **3528** | **65** |
| #国有及国有控股 | 63 | 5 | | | | | | |
| **按国民经济行业分组** | | | | | | | | |
| **内资企业** | **27941** | **930** | **446** | **148** | **5319** | **184** | **3036** | **36** |
| 国有企业 | 63 | 5 | | | | | | |
| 股份合作企业 | 133 | 7 | | 1 | | | | |
| 联营企业 | 48 | | | | 2 | | | |
| 有限责任公司 | 15956 | 436 | 192 | 69 | 3217 | 46 | 2293 | 1 |
| 股份有限公司 | 37 | | | | 32 | | | |
| 私营企业 | 11096 | 439 | 242 | 67 | 1792 | 138 | 743 | 35 |
| 私营独资企业 | 1201 | 56 | 1 | 3 | 462 | 17 | 52 | 10 |
| 私营合伙企业 | 3 | | | | 1 | | | |
| 私营有限责任公司 | 9517 | 381 | 236 | 64 | 1303 | 121 | 673 | 25 |
| 私营股份有限公司 | 375 | 3 | 5 | | 26 | | 18 | |
| 其他企业 | 608 | 42 | 11 | 11 | 276 | | | |
| **港、澳、台商投资企业** | **1018** | | | | **628** | | | |
| 合作经营企业(港或澳、台资) | 721 | | | | 623 | | | |
| 港、澳、台商独资经营企业 | 298 | | | | 5 | | | |
| **外商投资企业** | **10538** | **64** | **609** | **104** | **230** | **311** | **492** | **29** |
| **按国民经济行业分组** | | | | | | | | |
| 正餐服务 | 27097 | 896 | 427 | 140 | 5260 | 192 | 2976 | 23 |
| 快餐服务 | 11416 | 88 | 602 | 105 | 821 | 301 | 497 | 29 |
| 饮料及冷饮服务 | 77 | | | | 1 | | | |
| 咖啡馆服务 | 77 | | | | 1 | | | |
| 其他餐饮业 | 908 | 10 | 26 | 6 | 95 | 3 | 56 | 13 |
| 餐饮配送服务 | 174 | 10 | 5 | 3 | 56 | 2 | 54 | |
| 其他未列明餐饮业 | 734 | | 21 | 3 | 40 | | 2 | 13 |

| 指标 | 公允价值变动收益(损失以"-"号记) | 投资收益(损失以"-"号记) | 营业利润 | 营业外收入 | 补贴收入 | 利润总额 | 应交所得税 |
|---|---|---|---|---|---|---|---|
| **总计** | **6** | **27** | **19639** | **3377** | **39** | **21491** | **9957** |
| **住宿业** | **3** | **359** | **-2833** | **2589** | **39** | **-1454** | **3973** |
| #国有及国有控股 | 1 | 68 | 2788 | 723 | 12 | 3582 | 1134 |
| **按国民经济行业分组** | | | | | | | |
| **内资企业** | **3** | **356** | **2415** | **2235** | **12** | **3888** | **3492** |
| 国有企业 | | 160 | -2439 | 670 | | -2010 | 743 |
| 集体企业 | | | 556 | | | 555 | 13 |
| 股份合作企业 | | 65 | -199 | | | -198 | 2 |
| 联营企业 | | | 1357 | | | 1357 | 135 |
| 国有联营企业 | | | 1357 | | | 1357 | 135 |
| 有限责任公司 | 3 | 19 | 982 | 249 | 12 | 1754 | 938 |
| 国有独资公司 | | | 184 | | | 191 | 67 |
| 其他有限责任公司 | 3 | 19 | 798 | 249 | 12 | 1563 | 871 |
| 股份有限公司 | | | 2520 | 281 | | 2560 | 711 |
| 私营企业 | | | -736 | 1007 | | -463 | 894 |
| 私营独资企业 | | | 530 | 557 | | 530 | 22 |
| 私营有限责任公司 | | | -1283 | 450 | | -1010 | 872 |
| 私营股份有限公司 | | | 17 | | | 17 | |
| 其他企业 | | 113 | 374 | 28 | | 333 | 56 |
| **港、澳、台商投资企业** | | **3** | **-5141** | **355** | **27** | **-5234** | **481** |
| 合资经营企业(港或澳、台资) | | 3 | -5881 | 355 | 27 | -5972 | 297 |
| 合作经营企业(港或澳、台资) | | | 740 | | | 738 | 185 |
| **外商投资企业** | | | **-107** | | | **-107** | |
| **按国民经济行业分组** | | | | | | | |
| 旅游饭店 | 3 | 350 | -9633 | 2236 | 12 | -8543 | 2936 |
| 一般旅馆 | | 9 | 5263 | 352 | 27 | 5616 | 843 |
| 其他住宿业 | | | 1538 | 1 | | 1473 | 194 |

| 指标 | 公允价值变动收益（损失以“-”号记） | 投资收益（损失以“-”号记） | 营业利润 | 营业外收入 | 补贴收入 | 利润总额 | 应交所得税 |
|---|---|---|---|---|---|---|---|
| **餐饮业** | **3** | **-332** | **22472** | **788** | | **22945** | **5984** |
| #国有及国有控股 | | | -52 | | | -52 | |
| **按国民经济行业分组** | | | | | | | |
| **内资企业** | **3** | **34** | **13154** | **594** | | **13564** | **3437** |
| 国有企业 | | | -52 | | | -52 | |
| 股份合作企业 | | | -2 | | | -3 | |
| 联营企业 | | | 33 | | | | 13 |
| 有限责任公司 | 1 | 34 | 2057 | 212 | | 2023 | 1486 |
| 股份有限公司 | | | -62 | | | -5 | 2 |
| 私营企业 | 2 | | 10955 | 381 | | 11230 | 1772 |
| 私营独资企业 | 2 | | 5739 | 3 | | 6097 | 198 |
| 私营合伙企业 | | | 327 | | | | |
| 私营有限责任公司 | | | 4851 | 365 | | 5108 | 1538 |
| 私营股份有限公司 | | | 38 | 13 | | 25 | 36 |
| 其他企业 | | | 224 | 1 | | 371 | 164 |
| **港、澳、台商投资企业** | | | **-9** | **5** | | **98** | **59** |
| 合作经营企业(港或澳、台资) | | | 20 | | | 122 | |
| 港、澳、台商独资经营企业 | | | -29 | 5 | | -24 | 59 |
| **外商投资企业** | | **-367** | **9327** | **189** | | **9283** | **2488** |
| **按国民经济行业分组** | | | | | | | |
| 正餐服务 | 3 | 34 | 12014 | 597 | | 12687 | 3325 |
| 快餐服务 | | -367 | 10049 | 180 | | 9774 | 2570 |
| 饮料及冷饮服务 | | | 27 | | | 27 | 4 |
| 咖啡馆服务 | | | 27 | | | 27 | 4 |
| 其他餐饮业 | | | 382 | 11 | | 456 | 85 |
| 餐饮配送服务 | | | 84 | 1 | | 84 | 21 |
| 其他未列明餐饮业 | | | 298 | 10 | | 372 | 64 |

(2012 年)

单位:万元

| 指标 | 应付职工薪酬 | 土地和固定资产支出 | 土地购置 | 房屋和建筑物 | 机器设备 | 运输工具 | 其他费用 |
|---|---|---|---|---|---|---|---|
| **总计** | **128871** | **31385** | **2948** | **12698** | **10103** | **910** | **4726** |
| **住宿业** | **75773** | **18599** | **2948** | **6693** | **4531** | **457** | **3970** |
| #国有及国有控股 | 31687 | 8000 | | 6174 | 924 | 98 | 805 |
| **按国民经济行业分组** | | | | | | | |
| **内资企业** | **65783** | **14832** | **2948** | **6534** | **1916** | **452** | **2982** |
| 国有企业 | 22427 | 7148 | | 5633 | 760 | 98 | 658 |
| 集体企业 | 1680 | 37 | | | 33 | | 4 |
| 股份合作企业 | 172 | | | | | | |
| 联营企业 | 127 | 7 | | | | | 7 |
| 国有联营企业 | 127 | 7 | | | | | 7 |
| 有限责任公司 | 26947 | 3338 | | 540 | 548 | 89 | 2161 |
| 国有独资公司 | 526 | 154 | | 120 | 34 | | |
| 其他有限责任公司 | 26421 | 3184 | | 421 | 513 | 89 | 2161 |
| 股份有限公司 | 2533 | 235 | | | 153 | 82 | |
| 私营企业 | 11027 | 4055 | 2948 | 360 | 413 | 181 | 153 |
| 私营独资企业 | 484 | 3325 | 2948 | 360 | 6 | 11 | |
| 私营有限责任公司 | 10467 | 729 | | | 407 | 170 | 153 |
| 私营股份有限公司 | 76 | | | | | | |
| 其他企业 | 870 | 13 | | | 10 | 3 | |
| **港、澳、台商投资企业** | **9937** | **3766** | | **159** | **2615** | **5** | **988** |
| 合资经营企业(港或澳、台资) | 8400 | 3664 | | 159 | 2615 | | 891 |
| 合作经营企业(港或澳、台资) | 1538 | 101 | | | | 5 | 97 |
| **外商投资企业** | **53** | **1** | | | **1** | | |
| **按国民经济行业分组** | | | | | | | |
| 旅游饭店 | 62154 | 13044 | | 6205 | 4291 | 446 | 2101 |
| 一般旅馆 | 12662 | 5471 | 2948 | 487 | 240 | 11 | 1785 |
| 其他住宿业 | 957 | 84 | | | | | 84 |

| 指标 | 应付职工薪酬 | 土地和固定资产支出 | 土地购置 | 房屋和建筑物 | 机器设备 | 运输工具 | 其他费用 |
|---|---|---|---|---|---|---|---|
| **餐饮业** | **53098** | **12787** | | **6006** | **5572** | **453** | **756** |
| #国有及国有控股 | 46 | | | | | | |
| **按国民经济行业分组** | | | | | | | |
| **内资企业** | **36919** | **8500** | | **6006** | **1284** | **453** | **756** |
| 国有企业 | 46 | | | | | | |
| 股份合作企业 | 130 | 31 | | | 31 | | |
| 联营企业 | 56 | | | | | | |
| 有限责任公司 | 18215 | 1360 | | 255 | 428 | 104 | 573 |
| 股份有限公司 | 130 | | | | | | |
| 私营企业 | 16353 | 7106 | | 5751 | 825 | 350 | 180 |
| 私营独资企业 | 2007 | 28 | | | | | 28 |
| 私营合伙企业 | 49 | | | | | | |
| 私营有限责任公司 | 13907 | 7076 | | 5751 | 823 | 350 | 153 |
| 私营股份有限公司 | 390 | 2 | | | 2 | | |
| 其他企业 | 1989 | 3 | | | | | 3 |
| **港、澳、台商投资企业** | **938** | | | | | | |
| 合作经营企业(港或澳、台资) | 910 | | | | | | |
| 港、澳、台商独资经营企业 | 28 | | | | | | |
| **外商投资企业** | **15242** | **4287** | | | **4287** | | |
| **按国民经济行业分组** | | | | | | | |
| 正餐服务 | 36424 | 8280 | | 6006 | 1118 | 413 | 743 |
| 快餐服务 | 15717 | 4283 | | | 4283 | | |
| 饮料及冷饮服务 | 30 | | | | | | |
| 咖啡馆服务 | 30 | | | | | | |
| 其他餐饮业 | 928 | 224 | | | 171 | 40 | 13 |
| 餐饮配送服务 | 169 | 224 | | | 171 | 40 | 13 |
| 其他未列明餐饮业 | 758 | | | | | | |

# 11-8 限额以上住宿和餐饮业

（2012 年）

| 指　标 | 法人企业（个） | 同行业附营产业活动单位（个） | 外行业附营产业活动单位（个） | 大个体（个） | 年末从业人员（人） |
|---|---|---|---|---|---|
| **总计** | **378** | **471** | **10** | **656** | **69649** |
| 法人总计 | 378 | 471 | | | 46908 |
| 外产业总计 | | | 10 | | 703 |
| 大个体总计 | | | | 656 | 22038 |
| **住宿业** | **183** | **202** | **9** | **69** | **29845** |
| #国有及国有控股 | 55 | 66 | | | 11347 |
| 个体 | | | | 69 | 1551 |
| **按登记注册类型分组** | | | | | |
| **内资企业** | **176** | **195** | **9** | | **25399** |
| 国有企业 | 41 | 44 | 5 | | 8141 |
| 集体企业 | 5 | 5 | | | 575 |
| 股份合作企业 | 2 | 5 | | | 158 |
| 联营企业 | 1 | 1 | | | 49 |
| 国有联营企业 | 1 | 1 | | | 49 |
| 有限责任公司 | 72 | 80 | 2 | | 10385 |
| 国有独资公司 | 2 | 2 | | | 243 |
| 其他有限责任公司 | 70 | 78 | 2 | | 10142 |
| 股份有限公司 | 6 | 11 | 1 | | 1013 |
| 私营企业 | 45 | 45 | | | 4538 |
| 私营独资企业 | 4 | 4 | | | 482 |
| 私营有限责任公司 | 40 | 40 | | | 4016 |
| 私营股份有限公司 | 1 | 1 | | | 40 |
| 其他企业 | 4 | 4 | 1 | | 540 |
| **港、澳、台商投资企业** | **6** | **6** | | | **2870** |
| 合资经营企业（港或澳、台资） | 5 | 5 | | | 2491 |
| 合作经营企业（港或澳、台资） | 1 | 1 | | | 379 |
| **外商投资企业** | **1** | **1** | | | **25** |
| **个体经营** | | | | **69** | **1551** |
| 个体户 | | | | 68 | 1541 |
| 个体合伙 | | | | 1 | 10 |
| **按国民经济行业分组** | | | | | |
| 旅游饭店 | 110 | 120 | 2 | 27 | 23163 |
| 一般旅馆 | 66 | 75 | 7 | 41 | 6312 |
| 其他住宿业 | 7 | 7 | | 1 | 370 |
| **餐饮业** | **195** | **269** | **1** | **587** | **39804** |

## 经营情况

单位:万元

| 营业额 | 客房收入 | 餐费收入 | 商品销售收入 | 其他收入 | 年末餐饮营业面积(万平方米) | 年末床位数(万个) | 年末餐位数(万个) |
|---|---|---|---|---|---|---|---|
| **1258099** | **251181** | **869779** | **63552** | **73587** | **118.0** | **7.3** | **29.6** |
| 823459 | 217209 | 495211 | 41903 | 69137 | 72.1 | 5.8 | 14.9 |
| 10219 | 4268 | 4953 | 369 | 630 | 1.1 | 0.2 | 0.2 |
| 424422 | 29705 | 369616 | 21281 | 3821 | 44.8 | 1.3 | 14.4 |
| **484274** | **232684** | **169777** | **30998** | **50816** | **40.0** | **6.5** | **7.2** |
| 179970 | 76692 | 59547 | 16960 | 26771 | 13.6 | 2.1 | 2.7 |
| 32434 | 25093 | 5707 | 827 | 806 | 0.9 | 1.0 | 0.2 |
| | | | | | | | |
| **400673** | **187382** | **141657** | **27736** | **43898** | **38.0** | **5.3** | **6.7** |
| 132211 | 51872 | 43192 | 15990 | 21157 | 9.2 | 1.5 | 1.9 |
| 6996 | 2189 | 1587 | 107 | 3114 | 1.3 | 0.1 | 0.1 |
| 955 | 452 | 478 | 23 | 1 | 0.7 | | 0.1 |
| 4283 | 4283 | | | | | | |
| 4283 | 4283 | | | | | | |
| 155951 | 78487 | 57083 | 6446 | 13935 | 17.4 | 2.1 | 2.9 |
| 3724 | 1836 | 1571 | 101 | 217 | 0.9 | | 0.3 |
| 152226 | 76651 | 55513 | 6344 | 13718 | 16.5 | 2.1 | 2.6 |
| 26464 | 10727 | 9722 | 2372 | 3643 | 1.9 | 0.2 | 0.2 |
| 67028 | 36370 | 26068 | 2594 | 1996 | 7.1 | 1.1 | 1.3 |
| 5255 | 2440 | 2103 | 235 | 477 | 0.3 | 0.1 | 0.1 |
| 61324 | 33525 | 23964 | 2331 | 1505 | 6.8 | 0.9 | 1.2 |
| 448 | 405 | | 28 | 15 | | | |
| 6787 | 3003 | 3527 | 205 | 52 | 0.5 | 0.1 | 0.2 |
| **50933** | **19974** | **22412** | **2435** | **6112** | **1.1** | **0.2** | **0.3** |
| 39103 | 14193 | 17851 | 2032 | 5027 | 0.9 | 0.2 | 0.2 |
| 11830 | 5781 | 4561 | 403 | 1085 | 0.3 | | |
| **235** | **235** | | | | | | |
| **32434** | **25093** | **5707** | **827** | **806** | **0.9** | **1.0** | **0.2** |
| 32114 | 24783 | 5697 | 827 | 806 | 0.9 | 1.0 | 0.2 |
| 320 | 310 | 10 | | | | | |
| | | | | | | | |
| 366527 | 150941 | 141800 | 29059 | 44727 | 29.3 | 4.1 | 5.2 |
| 110096 | 74569 | 27514 | 1924 | 6089 | 10.3 | 2.3 | 1.9 |
| 7652 | 7173 | 464 | 15 | | 0.4 | 0.1 | 0.1 |
| **773825** | **18497** | **700002** | **32554** | **22771** | **77.9** | **0.8** | **22.4** |

| 指　　标 | 法人企业（个） | 同行业附营产业活动单位（个） | 外行业附营产业活动单位（个） | 大个体（个） | 年末从业人员（人） |
|---|---|---|---|---|---|
| #国有及国有控股 | 1 | 1 | | | 31 |
| 个体 | | | | 587 | 20487 |
| **按登记注册类型分组** | | | | | |
| **内资企业** | **189** | **192** | **1** | | **15930** |
| 国有企业 | 1 | 1 | 1 | | 187 |
| 股份合作企业 | 1 | 1 | | | 118 |
| 联营企业 | 1 | 1 | | | 60 |
| 有限责任公司 | 70 | 71 | | | 6877 |
| 股份有限公司 | 4 | 4 | | | 147 |
| 私营企业 | 103 | 105 | | | 7698 |
| 私营独资企业 | 18 | 18 | | | 1021 |
| 私营合伙企业 | 1 | 1 | | | 16 |
| 私营有限责任公司 | 80 | 81 | | | 6453 |
| 私营股份有限公司 | 4 | 5 | | | 208 |
| 其他企业 | 9 | 9 | | | 843 |
| **港、澳、台商投资企业** | **2** | **28** | | | **658** |
| 合作经营企业（港或澳、台资） | 1 | 26 | | | 610 |
| 港、澳、台商独资经营企业 | 1 | 2 | | | 48 |
| **外商投资企业** | **4** | **49** | | | **2729** |
| **个体经营** | | | | **587** | **20487** |
| 个体户 | | | | 586 | 20477 |
| 个体合伙 | | | | 1 | 10 |
| **按国民经济行业分组** | | | | | |
| 正餐服务 | 171 | 175 | | 565 | 35191 |
| 快餐服务 | 15 | 85 | | 12 | 3600 |
| 饮料及冷饮服务 | 1 | 1 | | 6 | 144 |
| 茶馆服务 | | | | 2 | 54 |
| 咖啡馆服务 | 1 | 1 | | 4 | 90 |
| 其他餐饮业 | 8 | 8 | 1 | 4 | 869 |
| 小吃服务 | | | | 1 | 14 |
| 餐饮配送服务 | 1 | 1 | 1 | | 431 |
| 其他未列明餐饮业 | 7 | 7 | | 3 | 424 |

单位:万元

| 营业额 | | | | | 年末餐饮营业面积（万平方米） | 年末床位数（万个） | 年末餐位数（万个） |
|---|---|---|---|---|---|---|---|
| | 客房收入 | 餐费收入 | 商品销售收入 | 其他收入 | | | |
| 243 | 147 | 96 | | | 0.2 | | |
| 391988 | 4611 | 363908 | 20453 | 3015 | 43.9 | 0.3 | 14.2 |
| | | | | | | | |
| **253384** | **13886** | **217102** | **11938** | **10457** | **30.3** | **0.5** | **6.4** |
| 2573 | 147 | 2274 | 152 | | 0.3 | | 0.1 |
| 1182 | | 39 | 982 | 161 | | | |
| 414 | | 364 | 50 | | 0.1 | | |
| 106912 | 7343 | 86729 | 4637 | 8203 | 14.7 | 0.2 | 2.7 |
| 1541 | | 1541 | | | 0.4 | | 0.1 |
| 129347 | 5834 | 116189 | 5241 | 2083 | 13.7 | 0.2 | 3.2 |
| 22938 | 749 | 21597 | 591 | 2 | 2.7 | | 0.9 |
| 563 | | 563 | | | 0.1 | | |
| 103494 | 4951 | 91849 | 4613 | 2082 | 10.3 | 0.2 | 2.2 |
| 2352 | 134 | 2180 | 38 | | 0.7 | | 0.1 |
| 11415 | 562 | 9967 | 876 | 11 | 1.1 | | 0.4 |
| **24745** | | **24745** | | | **0.2** | | **0.8** |
| 22632 | | 22632 | | | 0.1 | | 0.7 |
| 2113 | | 2113 | | | 0.1 | | |
| **103708** | | **94247** | **163** | **9299** | **3.5** | | **1.0** |
| **391988** | **4611** | **363908** | **20453** | **3015** | **43.9** | **0.3** | **14.2** |
| 391694 | 4611 | 363652 | 20416 | 3015 | 43.9 | 0.3 | 14.2 |
| 294 | | 256 | 38 | | | | |
| | | | | | | | |
| 619857 | 18218 | 557957 | 30352 | 13330 | 71.7 | 0.8 | 20.0 |
| 131595 | | 121788 | 483 | 9324 | 3.8 | | 2.0 |
| 3427 | | 2784 | 643 | | 0.5 | | 0.1 |
| 1227 | | 1137 | 90 | | 0.2 | | |
| 2200 | | 1647 | 553 | | 0.3 | | 0.1 |
| 18947 | 280 | 17474 | 1076 | 117 | 1.9 | | 0.3 |
| 210 | | 177 | 33 | | 0.1 | | |
| 5706 | | 5266 | 440 | | 0.2 | | 0.1 |
| 13030 | 280 | 12031 | 602 | 117 | 1.7 | | 0.2 |

# 11-9 分县(市)区限额以上住宿和餐饮业法人财务状况

(2012 年)

单位:万元

| 县(市)区 | 流动资产合计 | 存货 | 固定资产原价 | 资产合计 | 所有者权益 | 实收资本 | 主营业务收入 |
|---|---|---|---|---|---|---|---|
| 中原区 | 151122 | 2757 | 69037 | 205603 | 35210 | 43979 | 54463 |
| 二七区 | 62144 | 7760 | 111281 | 159905 | 17780 | 61633 | 101738 |
| 管城区 | 6152 | 662 | 17190 | 19961 | 15395 | 13705 | 33755 |
| 金水区 | 245030 | 14156 | 294178 | 509944 | 124544 | 136818 | 386979 |
| 上街区 | 555 | 89 | 2179 | 2224 | 1214 | 1608 | 3178 |
| 惠济区 | 39971 | 1900 | 79470 | 93971 | 41053 | 31122 | 28874 |
| 中牟县 | 3187 | 137 | 7267 | 14014 | -632 | 1575 | 4900 |
| 巩义市 | 8072 | 1231 | 21816 | 27357 | 9412 | 9835 | 13353 |
| 荥阳市 | 7046 | 218 | 24805 | 36838 | 25691 | 2183 | 9278 |
| 新密市 | 21632 | 556 | 26629 | 43120 | 1138 | 3571 | 9522 |
| 新郑市 | 5280 | 400 | 3389 | 10221 | 6917 | 5390 | 5281 |
| 登封市 | 15632 | 1990 | 52394 | 58814 | 27097 | 22224 | 34149 |
| 经济开发区 | 3530 | 189 | 6036 | 11324 | 8227 | 8220 | 6841 |
| 高新开发区 | 4397 | 250 | 10866 | 10014 | 4530 | 5000 | 6403 |
| 郑东新区 | 68451 | 3789 | 31903 | 124967 | 41140 | 29349 | 84344 |
| 航空港区 | 5606 | 641 | 26294 | 27969 | 5957 | 4897 | 17217 |

11-9 续表

(2012 年)

单位:万元

| 县(市)区 | 主营业务成本 | 主营业务税金及附加 | 营业费用 | 管理费用 | 税金 | 营业利润 | 利润总额 | 应付职工薪酬 |
|---|---|---|---|---|---|---|---|---|
| 中原区 | 18971 | 3049 | 17491 | 16774 | 415 | -4959 | -5071 | 11372 |
| 二七区 | 50206 | 4420 | 25602 | 18001 | 745 | 1632 | 1898 | 14728 |
| 管城区 | 17838 | 1435 | 3699 | 3345 | 128 | 7065 | 7380 | 2576 |
| 金水区 | 151082 | 21791 | 128847 | 76103 | 3063 | 11417 | 12819 | 62617 |
| 上街区 | 1753 | 184 | 458 | 695 | 8 | 43 | 46 | 684 |
| 惠济区 | 7922 | 1525 | 10269 | 8304 | 144 | 283 | 328 | 5967 |
| 中牟县 | 1679 | 289 | 1923 | 811 | 96 | -66 | -141 | 982 |
| 巩义市 | 7151 | 595 | 2211 | 1823 | 96 | 1476 | 1156 | 2322 |
| 荥阳市 | 2097 | 465 | 5330 | 1562 | 53 | -394 | -374 | 892 |
| 新密市 | 4655 | 527 | 4969 | 1786 | 98 | -2867 | -2302 | 2358 |
| 新郑市 | 2738 | 328 | 1284 | 677 | 59 | -119 | 23 | 1061 |
| 登封市 | 12962 | 1480 | 7773 | 5072 | 337 | 6078 | 6106 | 4559 |
| 经济开发区 | 1557 | 423 | 2884 | 2092 | 51 | -156 | -58 | 1362 |
| 高新开发区 | 2117 | 403 | 1369 | 1376 | 117 | 720 | 737 | 1270 |
| 郑东新区 | 33027 | 5153 | 23115 | 21807 | 939 | -2050 | -2590 | 15089 |
| 航空港区 | 9023 | 897 | 2179 | 3281 | 140 | 1535 | 1535 | 1032 |

# 11-10 分县(市)区限额以上住宿和餐饮业经营情况

(2012 年)

单位:万元

| 县(市)区 | 营业额 | 客房收入 | 餐费收入 | 商品销售额 | 其他收入 |
|---|---|---|---|---|---|
| 中原区 | 85069 | 17264 | 55690 | 8176 | 3939 |
| 二七区 | 172149 | 34432 | 111721 | 12192 | 13805 |
| 管城区 | 61797 | 18516 | 42591 | 89 | 601 |
| 金水区 | 466461 | 94638 | 314168 | 18706 | 38949 |
| 上街区 | 16039 | 2209 | 13429 | 104 | 297 |
| 惠济区 | 54954 | 8543 | 36902 | 4262 | 5247 |
| 中牟县 | 14143 | 2223 | 10615 | 858 | 447 |
| 巩义市 | 39462 | 7421 | 28824 | 1649 | 1567 |
| 荥阳市 | 40192 | 8500 | 27623 | 2138 | 1932 |
| 新密市 | 39483 | 6941 | 27733 | 4207 | 602 |
| 新郑市 | 69341 | 2842 | 60526 | 5809 | 165 |
| 登封市 | 63078 | 12540 | 46329 | 1688 | 2520 |
| 经济开发区 | 10647 | 4255 | 5101 | 620 | 671 |
| 高新开发区 | 6403 | 1898 | 2596 | 309 | 1601 |
| 郑东新区 | 96714 | 22764 | 71474 | 1599 | 877 |
| 航空港区 | 22167 | 6196 | 14457 | 1148 | 367 |

# 11-11　限额以上批法、零售贸易业商品销售类值

（2012 年）

单位：万元

| 指　　标 | 批发业 | | | | 零售业 | | | |
|---|---|---|---|---|---|---|---|---|
| | 销售额 | | 零售额 | | 销售额 | | 零售额 | |
| | 2011 年 | 2012 年 | 2011 年 | 2012 年 | 2011 年 | 2012 年 | 2011 年 | 2012 年 |
| **总计** | **18650230** | **20316041** | **1185661** | **1518512** | **8633265** | **9948139** | **8247200** | **9573578** |
| 粮油食品、饮料、烟酒类 | 1504418 | 1720697 | 74168 | 84143 | 682396 | 808952 | 651612 | 786676 |
| 食品类 | 443126 | 544549 | 22896 | 26061 | 466076 | 545335 | 448055 | 535010 |
| #粮油类 | 240275 | 288686 | 294 | 260 | 81536 | 89422 | 65069 | 80643 |
| 肉禽蛋类 | 113741 | 150629 | 1065 | 1257 | 75279 | 94558 | 74797 | 93976 |
| 水产品类 | 8802 | 11015 | 48 | 59 | 6325 | 8034 | 6325 | 8034 |
| 蔬菜类 | 50 | | | | 20659 | 25117 | 20654 | 25086 |
| 干鲜果品类 | 4413 | 10606 | 49 | 83 | 32612 | 38585 | 31787 | 37895 |
| 饮料类 | 43515 | 45672 | 16566 | 20145 | 93205 | 115291 | 91858 | 113824 |
| 烟酒类 | 1017777 | 1130476 | 34706 | 37937 | 123114 | 148327 | 111699 | 137842 |
| 服装、鞋帽、针纺织品类 | 431899 | 396314 | 8393 | 15132 | 1007793 | 1204680 | 994290 | 1196880 |
| 服装类 | 262435 | 221164 | 6065 | 11699 | 738242 | 892601 | 730911 | 888337 |
| 鞋帽类 | 37302 | 36769 | 2063 | 2945 | 192713 | 219215 | 188299 | 218677 |
| 针、纺织品类 | 132161 | 138382 | 266 | 488 | 76838 | 92864 | 75080 | 89866 |
| 化妆品类 | 6644 | 9977 | 328 | 302 | 158535 | 179360 | 158063 | 178798 |
| 金银珠宝类 | | | | | 163570 | 189578 | 161692 | 188035 |
| 日用品类 | 196915 | 232847 | 17343 | 17037 | 347070 | 430521 | 345476 | 428328 |
| #洗涤用品类 | 39885 | 49140 | 187 | 373 | 50372 | 55949 | 50355 | 55921 |
| 儿童玩具类 | 857 | 252 | | | 10010 | 11932 | 10010 | 11931 |
| 五金、电料类 | 56237 | 57890 | 7220 | 7501 | 90171 | 114449 | 80563 | 105985 |
| 体育、娱乐用品类 | 2450 | 3295 | 152 | | 32743 | 42174 | 32713 | 42137 |
| 书报杂志类 | 220603 | 238353 | 4025 | 4571 | 44003 | 46666 | 41839 | 44673 |
| 电子出版物及音像制品类 | 1142 | 368 | 343 | 210 | 5622 | 19908 | 5537 | 6570 |
| 家用电器和音像器材类 | 1449959 | 1565015 | 104021 | 125672 | 684048 | 718890 | 682653 | 717684 |
| 中西药品类 | 1968474 | 2553866 | 7305 | 27976 | 194981 | 248053 | 194490 | 243286 |
| #西药类 | 1120522 | 1499973 | 396 | 20356 | 71285 | 83782 | 71126 | 83293 |
| 中草药及中成药类 | 162798 | 191047 | 54 | 57 | 15174 | 17957 | 15049 | 17825 |
| 文化办公用品类 | 357466 | 357680 | 11360 | 11407 | 176243 | 198653 | 151248 | 171620 |
| 家具类 | 10916 | 4266 | | | 47769 | 58050 | 46331 | 55998 |
| 通讯器材类 | 74908 | 86551 | | | 223921 | 296545 | 174999 | 224485 |
| 煤炭及制品类 | 1253735 | 1474418 | 9269 | 10042 | 8749 | 12569 | 4982 | 6837 |
| 木材及制品类 | 30462 | 31074 | | | | | | |
| 石油及制品类 | 2777468 | 3723238 | 707213 | 908154 | 83761 | 118600 | 78591 | 110183 |
| 化工材料及制品类 | 990105 | 1015123 | | | 51431 | 60914 | | |
| #化肥类 | 324562 | 293419 | | | 42721 | 51120 | | |
| 金属材料类 | 2058878 | 2461017 | | | 680 | 1882 | | |
| 建筑及装潢材料类 | 114637 | 127747 | 860 | 904 | 35191 | 47825 | 34008 | 45796 |
| 机电产品及设备类 | 966118 | 787730 | 40670 | 47067 | 123474 | 117889 | 57711 | 62333 |
| #农机类 | 11735 | 20320 | | | 747 | 772 | | |
| 汽车类 | 1680585 | 1508426 | 187024 | 253241 | 4394090 | 4930830 | 4288281 | 4866529 |
| 种子饲料类 | 514238 | 591136 | | | 7533 | 8789 | | |
| 棉麻类 | 317677 | 321175 | | | 2573 | 1515 | 2502 | 1438 |
| 其他类 | 1664299 | 1047839 | 5964 | 5153 | 66919 | 90847 | 59620 | 89309 |

# 11-12 限额以上批发、零售贸易业商品销售量

（2012 年）

| 指标 | 计量单位 | 2011 年 | 2012 年 |
| --- | --- | --- | --- |
| 食用植物油 | 千克 | 37485028 | 33811251 |
| 猪肉 | 千克 | 14144363 | 18153509 |
| 牛肉 | 千克 | 335708 | 474154 |
| 羊肉 | 千克 | 211648 | 218314 |
| 禽肉 | 千克 | 1653638 | 2933515 |
| 鲜蛋 | 千克 | 4836616 | 6556827 |
| 彩色电视机 | 台 | 1031078 | 1111059 |
| 家用电冰箱 | 台 | 1327848 | 1103484 |
| 房间空调器 | 台 | 4508058 | 4025013 |
| 电脑（微型计算机） | 台 | 667144 | 638991 |
| 汽车 | 辆 | 406432 | 452294 |
| #轿车 | 辆 | 218117 | 237545 |
| 煤炭 | 吨 | 34570539 | 22148594 |
| 汽油 | 吨 | 1165697 | 1502675 |
| 柴油 | 吨 | 2251295 | 2868736 |
| 钢材 | 吨 | 3554509 | 3376290 |
| 铜 | 吨 | 27579 | 19454 |
| 铝 | 吨 | 281736 | 113485 |
| 水泥 | 吨 | 102244 | 27878 |
| 化学肥料 | 吨 | 981183 | 931521 |
| 化学农药 | 吨 | 1214 | 18499 |

## 11-13 全市批发、零售贸易企业年销售额前50名排序

(2012年)

单位:万元

| 序号 | 批发企业 | | 零售企业 | |
|---|---|---|---|---|
| | 单位名称 | 销售额 | 单位名称 | 销售额 |
| 1 | 郑州煤电物资供销有限公司 | 1294749 | 郑州丹尼斯百货有限公司 | 756623 |
| 2 | 中国石油化工股份有限公司河南郑州石油分公司 | 1171919 | 大商集团郑州新玛特购物广场有限公司 | 281983 |
| 3 | 河南省烟草公司郑州市公司 | 951217 | 河南永乐生活电器有限公司 | 194246 |
| 4 | 郑州日产汽车销售有限公司 | 933972 | 河南省国美电器有限公司 | 184250 |
| 5 | 河南诚信格力电器市场营销有限公司 | 860406 | 河南中德宝汽车销售服务有限公司 | 180332 |
| 6 | 河南延长石油销售有限公司 | 713524 | 郑州之星汽车销售服务有限公司 | 177865 |
| 7 | 郑州煤炭工业(集团)正运煤炭销售有限公司 | 637194 | 大商集团(郑州)商贸有限公司 | 133294 |
| 8 | 中国石油天然气股份有限公司河南销售分公司 | 586260 | 河南豫海汽车销售有限公司 | 132504 |
| 9 | 中国石油天然气股份有限公司河南郑州销售分公司 | 501896 | 河南世纪联华超市有限公司 | 125899 |
| 10 | 郑州海永蓝工贸有限公司 | 447435 | 郑州利星汽车有限公司 | 116340 |
| 11 | 河南九州通医药有限公司 | 393212 | 河南得佳汽车销售服务有限公司 | 114642 |
| 12 | 河南阳光国际贸易有限公司 | 389089 | 河南威佳汽车贸易集团有限公司 | 113474 |
| 13 | 国药控股河南股份有限公司 | 358960 | 河南丰之元汽车销售服务有限公司 | 112496 |
| 14 | 河南中油高速公路油品股份有限公司 | 341971 | 河南长江汽车销售服务有限公司 | 109835 |
| 15 | 河南省新华书店发行集团有限公司 | 328376 | 郑州宝莲祥汽车销售服务有限公司 | 102003 |
| 16 | 华润河南医药有限公司 | 321850 | 郑州郑德宝汽车销售服务有限公司 | 101617 |
| 17 | 天脊集团河南农资有限公司 | 320000 | 河南国际汽车贸易有限公司 | 98060 |
| 18 | 河南裕隆金属材料有限公司 | 307257 | 河南现代普汇实业有限公司 | 87774 |
| 19 | 河南同舟棉业有限公司 | 264028 | 郑州保福利汽车销售有限公司 | 84191 |
| 20 | 郑州煤矿机械集团物资供销有限公司 | 214967 | 河南新纪元汽车销售服务有限公司 | 82213 |
| 21 | 河南华丰集团有限公司 | 207123 | 河南通孚祥汽车销售服务有限公司 | 80903 |
| 22 | 河南省医药有限公司 | 196212 | 河南泰蓤实业有限公司 | 79390 |
| 23 | 中原裕阔商贸有限公司 | 188118 | 河南裕华江南汽车销售有限公司 | 79232 |
| 24 | 河南康信医药有限公司 | 179379 | 上海大众汽车河南豫港销售服务有限公司 | 75266 |
| 25 | 郑州铁路华东实业总公司 | 162081 | 郑州新纪元汽车销售有限公司 | 71644 |
| 26 | 河南中原铁道能源有限公司 | 161830 | 河南昌河汽车实业有限责任公司 | 68440 |
| 27 | 大唐河南电力燃料有限公司 | 155705 | 河南张仲景大药房股份有限公司 | 67444 |
| 28 | 河南亚立石油化工有限公司 | 147701 | 河南五星电器有限公司 | 67283 |
| 29 | 河南省普众康医药有限公司 | 136624 | 河南万通一汽贸易有限公司 | 65845 |
| 30 | 海马汽车销售有限公司 | 131384 | 河南苏宁电器有限公司 | 64582 |
| 31 | 郑州铁路煤炭运销有限公司 | 130729 | 河南天泓汽车销售服务有限公司 | 63892 |
| 32 | 河南现代农业生产资料有限公司 | 129613 | 河南骏驰实业有限公司 | 62527 |
| 33 | 河南省国药医药开发有限公司 | 127132 | 郑州远达雷克萨斯汽车销售服务有限公司 | 61442 |
| 34 | 河南省永联民爆器材股份有限公司 | 117561 | 河南安吉汽车销售有限公司 | 59156 |
| 35 | 郑州市钢联商贸有限公司 | 115681 | 河南中豫汽车贸易有限公司 | 58895 |
| 36 | 郑州 TCL 电器销售有限公司 | 113713 | 郑州市易初莲花连锁超市有限公司 | 56521 |
| 37 | 完美(中国)用品有限公司河南分公司 | 106116 | 河南合众汇金实业有限公司 | 56196 |
| 38 | 河南华益药业有限责任公司 | 103565 | 河南裕华金阳光汽车销售服务有限公司 | 55112 |
| 39 | 中铝河南国际贸易有限公司 | 101723 | 郑州正道花园百货股份有限公司 | 55031 |
| 40 | 郑州通茂实业有限公司 | 100445 | 郑州世纪鸿图丰田汽车销售服务有限公司 | 54655 |
| 41 | 河南省万隆医药有限公司 | 97377 | 河南新希望汽车销售服务有限公司 | 53650 |
| 42 | 郑州美的制冷产品销售有限公司 | 86718 | 郑州富达诚诚汽车销售服务有限公司 | 52752 |
| 43 | 河南汇通甲醇有限公司 | 84386 | 河南新凯迪汽车销售有限公司 | 52751 |
| 44 | 中国石油物资郑州公司 | 82879 | 河南华通实业有限公司 | 52614 |
| 45 | 河南海峡伟业电子有限公司 | 81139 | 郑州裕华丰田汽车销售服务有限公司 | 50070 |
| 46 | 河南中拓晋钢钢铁有限公司 | 80010 | 郑州豫中丰田汽车销售有限公司 | 49862 |
| 47 | 郑州兴亚贸易有限公司 | 79043 | 河南正道思达连锁商业有限公司 | 49683 |
| 48 | 河南省迪康医药有限责任公司 | 77087 | 郑州富达丰田汽车销售服务有限公司 | 49558 |
| 49 | 河南凯隆工程机械有限公司 | 75404 | 河南天行健汽车服务有限公司 | 49027 |
| 50 | 河南迪信通电子通信技术有限公司 | 73998 | 河南万佳捷泰汽车贸易有限公司 | 48555 |

# 主要统计指标解释

**社会消费品零售总额**　指企业（单位、个体户）通过交易直接售给个人、社会集团非生产、非经营用的实物商品金额，以及提供餐饮服务所取得的收入金额。个人包括城乡居民和入境人员，社会集团包括机关、社会团体、部队、学校、企事业单位、居委会或村委会等。

**商品购进额**　指从本企业以外的单位和个人购进（包括从国外直接进口）作为转卖或加工后转卖的商品金额（含增值税）。本指标反映批发和零售业从国内外市场上购进商品的总价。

商品购进包括：(1)从工农业生产者、批发和零售业企业、住宿和餐饮业企业、出版社或报社的出版发行部门和其他服务业企业购进的商品；(2)从机关团体、事业单位购进的商品；(3)从海关、市场管理部门购进的缉私和没收的商品；(4)从居民收购的废旧商品等。

不包括：(1)企业为本单位自身经营用，不是作为转卖而购进的商品，如材料物资、包装物、低值易耗品、办公用品等；(2)未通过买卖行为而收入的商品，如接受其他部门移交的商品、借入的商品、收入代其他单位保管的商品、其他单位赠送的样品、加工回收的成品等；(3)经本单位介绍，由买卖双方直接结算，本单位只收取手续费的业务；(4)销售退回和买方拒付货款的商品；(5)商品溢余。

**商品销售额**　指对本单位以外的单位和个人出售的商品金额（包括售给本单位消费用的商品，含增值税），本指标反映批发和零售业在国内市场上销售商品以及出口商品的总量。

商品销售包括：(1)售给城乡居民和社会集团消费用的商品；(2)售给农业、工业、建筑业、运输邮电业、服务业、公用事业等国民经济各行业用于生产、经营用的商品，包括售予批发和零售业作为转卖或加工后转卖的商品；(3)对国（境）外直接出口的商品。

商品销售不包括：(1)未通过买卖行为付出的商品，如随机构变动移交给其他企业单位的商品、借出的商品、归还受其他单位委托代保管的商品、付出的加工原料和赠送给其他单位的样品等；(2)经本单位介绍，由买卖双方直接结算，本单位只收取手续费的业务；(3)购货退回的商品；(4)商品损耗和损失；(5)出售本单位自用的废旧物资。

**期末商品库存额**　对于批发和零售业法人单位和个体经营户，是指取得所有权的全部商品金额（含增值税）；对于批发和零售业产业活动单位，是指期末实际在库且归属法人具有所有权的全部商品金额（含增值税）。这个指标反映批发和零售业的商品库存情况，以及对市场商品供应的保证程度。

库存商品包括：(1)存放在本单位（如门市部、批发站、采购站、经营处）的仓库、货场、货柜和货架中的商品；(2)挑选、整理、包装中的商品；(3)已记入购进而尚未运到本单位的商品，即发货单或银行承兑凭证已到而货未到的商品；(4)寄放他处的商品，如因购货方拒绝付款而暂时存在购货方的商品；(5)委托其他单位代销（未作销售或调出）尚未售出的商品；(6)代其他单位购进尚未交付的商品。

库存商品不包括：(1)所有权不属于本单位的商品，如商品已作销售但买方尚未取走的商品，代替他人保管、运输、加工的商品，代其他单位销售（未做购进或调入）而未售出的商品；(2)委托外单位加工的商品（包括本单位所属加工厂和其他生产单位加工生产尚未收回成品的商品）；(3)外贸企业代理其他单位从国外进口，尚未付给订货单位的商品；(4)代国家储备部门保管的商品。

**连锁总店（总部）**　负责连锁企业资源（商号、商誉、经营模式、服务标准、管理模式等等）的开发、配置、控制或使用等功能的企业核心管理机构。连锁经营是指经营同类商品或服务，使用统一商号的若干店铺，在同一总店（总部）的管理下，采取统一采购或特许经营等方式，实现规模效益的组织形式，包括直营连锁、特许连锁和自愿连锁三种形式。

直营连锁是指连锁店铺由连锁公司全资或控股开设，在总部的直接控制下，开展统一经营的连锁经营形式；特许连锁是指拥有注册商标、企业标志、专利、专有技术等经营资源的企业（特许人），以合同形式将其拥有的经营资源许可其他经营者（被特许人）使用，被特许人按合同约定在统一的经营模式下开展经营，并向特许人支付特许经营费用的连锁经营形式；自愿连锁是指若干个店铺或企业自愿组合起来，在不改变各自资产所有权关系的情况下，以同一个品牌形象面对消费者，以共同进货为纽带开展的连锁经营形式。

特许连锁指各连锁门店通过合同形式，取得使用总部商标、商号、经营技术和销售总部开发的商品的特许权，各加盟连锁门店为独立法人，在总部指导下统一经营。

自由连锁也称自愿连锁。指连锁公司的门店均为独立法人,各自的资产所有权关系不变,在公司总部的指导下共同经营。各成员店使用共同的店名,与总部订阅有关购、销、宣传等方面的合同,并按合同展开经营活动。在合同规定的范围之外,各成员店可以自由活动。根据自愿原则,各成员店可自由加入连锁体系,也可自由退出。

# 十二、对外经济贸易和旅游

## 12-1　对外经济贸易

单位:万美元

| 项　　目 | 2011年 | 2012年 | 2012年比2011年±% |
| --- | --- | --- | --- |
| **全市直接进出口总值(含省直公司)** | **1599559** | **3583193** | **124.0** |
| #全市直接进口总值(含省直公司) | 635773 | 1556733 | 144.9 |
| 全市直接出口总值(含省直公司) | 963786 | 2026460 | 110.3 |
| **市属及以下直接进出口总值** | **1535929** | **3528949** | **129.8** |
| #直接进口总值 | 594529 | 1506386 | 152.9 |
| 直接出口总值 | 941400 | 2022563 | 110.5 |
| #国内企业 | 372916 | 385869 | 3.5 |
| 外资企业 | 568484 | 1636694 | 187.9 |
| 新批外资企业 | 102 | 72 | -29.4 |
| 合同外资额 | 238133 | 202058 | -15.1 |
| 实际利用外商直接投资 | 310000 | 342898 | 10.6 |
| 国外经济合作合同金额 | 112871 | 137633 | 21.9 |
| 国外经济合作营业额 | 102609 | 145589 | 41.9 |
| 派出人员(人次) | 12143 | 15139 | 24.7 |

## 12-2　分县(市)、区直接出口总值

单位:万美元

| 县(市)区 | 2011年 | 2012年 | 2012年比2011年±% |
| --- | --- | --- | --- |
| **合　计** | **941400** | **2022563** | **110.5** |
| 中原区 | 30748 | 34029 | 10.7 |
| 二七区 | 12923 | 14382 | 11.3 |
| 管城区 | 29994 | 41709 | 39.1 |
| 金水区 | 133814 | 133875 | 0.0 |
| 上街区 | 23612 | 23853 | 1.0 |
| 惠济区 | 6989 | 7568 | 8.3 |
| 中牟县 | 14202 | 18537 | 30.5 |
| 巩义市 | 20802 | 15157 | -27.1 |
| 荥阳市 | 7544 | 8510 | 12.8 |
| 新密市 | 12707 | 13767 | 8.3 |
| 新郑市 | 2760 | 3586 | 29.9 |
| 登封市 | 4509 | 4875 | 8.1 |
| 经济开发区 | 60314 | 70865 | 17.5 |
| 高新开发区 | 55952 | 60511 | 8.1 |
| 郑东新区 | 61375 | 63807 | 4.0 |
| 航空港区 | 497183 | 1513677 | 204.5 |

## 12-3 分县(市)、区实际使用外资表

单位:万美元

| 名 称 | 2011 年 | 2012 年 | 2012 年比 2011 年±% |
|---|---|---|---|
| **合 计** | **310000** | **342898** | **10.6** |
| 中原区 | 14090 | 18448 | 30.9 |
| 二七区 | 16269 | 18347 | 12.8 |
| 管城区 | 15408 | 16803 | 9.1 |
| 金水区 | 27220 | 31317 | 15.1 |
| 上街区 | 6130 | 7010 | 14.4 |
| 惠济区 | 16842 | 19139 | 13.6 |
| 中牟县 | 10785 | 12286 | 13.9 |
| 巩义市 | 16013 | 19238 | 20.1 |
| 荥阳市 | 11219 | 12250 | 9.2 |
| 新密市 | 13402 | 15393 | 14.9 |
| 新郑市 | 17710 | 19378 | 9.4 |
| 登封市 | 14399 | 12370 | -14.1 |
| 经济开发区 | 34557 | 58112 | 68.2 |
| 高新开发区 | 20056 | 26318 | 31.2 |
| 郑东新区 | 29900 | 29943 | 0.1 |
| 航空港区 | 46000 | 26546 | 32.7 |

## 12-4 向各大洲出口总额

单位:万美元

| 地 区 | 2011 年 | 2012 年 | 2012 年比 2011 年±% |
|---|---|---|---|
| **直接出口总值** | **941400** | **2022563** | **110.5** |
| 亚洲 | 218548 | 609801 | 179.0 |
| 非洲 | 39714 | 45706 | 15.1 |
| 欧洲 | 419614 | 549596 | 31.0 |
| 拉丁美洲 | 48681 | 88861 | 82.5 |
| 北美洲 | 203877 | 654474 | 221.0 |
| 大洋州 | 10965 | 74124 | 576.0 |

注:本表不含省直公司。

## 12-5 出口总额分类

单位:万美元

| 类别 | 2011 年 | 2012 年 | 2012 年比 2011 年±% |
|---|---|---|---|
| **总计** | **941400** | **2022563** | **110.5** |
| 动物类 | 10143 | 16784 | 65.5 |
| 植物类 | 313 | 354 | 13.2 |
| 食品、饮料、烟草及制品 | 7265 | 8850 | 21.8 |
| 矿产品 | 6487 | 5424 | -16.4 |
| 化学工业及相关工业的产品 | 48064 | 35608 | -25.9 |
| 塑料、橡胶及其制品 | 952 | 1112 | 16.8 |
| 皮革制品 | 1278 | 1060 | -17.0 |
| 木及木制品 | 5918 | 6024 | 1.8 |
| 木浆及其制品 | 1242 | 1017 | -18.2 |
| 纺织原料及纺织制品 | 45237 | 43931 | -2.9 |
| 鞋、帽、羽毛及其制品 | 54588 | 65831 | 20.6 |
| 贱金属及其制品 | 122384 | 90060 | -26.4 |
| 机械、电气、图象、声音录放设备 | 572051 | 75536 | -86.8 |
| 交通运输设备 | 43620 | 69270 | 58.8 |
| 光学、计量、医疗设备、精密仪器 | 2630 | 2443 | -7.1 |
| 杂制品 | 19201 | 25066 | 30.5 |

注:本表不含省直公司。

## 12-6 与郑州市建立友好关系的城市

| 国家 | 城市 | 建立时间 |
|---|---|---|
| 日本 | 浦和市 | 1981.10 |
| 美国 | 里士满市 | 1994.9 |
| 罗马尼亚 | 克鲁日-纳波卡市 | 1995.5 |
| 韩国 | 晋州市 | 2000.7 |
| 俄罗斯 | 萨马拉市 | 2000.8 |
| 纳米比亚 | 马林塔尔市 | 2001.8 |
| 约旦 | 伊尔比德市 | 2002.2 |
| 巴西 | 若茵维莱市 | 2003.11 |
| 德国 | 什未林市 | 2006.4 |
| 保加利亚 | 舒门市 | 2007.4 |
| 意大利 | 那不勒斯市 | 2007.11 |

# 12-7 旅　游

| 指　标 | 单位 | 2011 年 | 2012 年 | 2012 年比 2011 年±% |
|---|---|---|---|---|
| **海内外游客** | **万人次** | **5464.1** | **6200.4** | **13.5** |
| #国际旅游人数 | 万人次 | 38.4 | 42.2 | 9.9 |
| 国内旅游人数 | 万人次 | 5425.7 | 6158.2 | 13.5 |
| 旅游外汇收入 | 亿美元 | 1.5 | 1.6 | 7.1 |
| 国内旅游收入 | 亿元 | 580.3 | 690.1 | 18.9 |
| 旅游总收入 | 亿元 | 589.9 | 700.1 | 18.7 |
| 国际国内旅行社 | 家 | 206 | 210 | 1.9 |
| 星级宾馆 | 个 | 48 | 51 | 6.3 |

# 12-8 郑州市出口企业30强

（2012年）

单位：万美元

| 序号 | 企业名称 | 出口额 | 比上年±% |
|---|---|---|---|
| 1 | 鸿富锦精密电子（郑州）有限公司 | 1573544 | |
| 2 | 郑州宇通客车股份有限公司 | 46058 | 114.3 |
| 3 | 中平能化国际贸易有限公司 | 21376 | -8.2 |
| 4 | 郑州明泰实业有限公司 | 12395 | -42.3 |
| 5 | 河南明泰铝业有限公司 | 9177 | -35.9 |
| 6 | 河南五丰粮油食品有限公司 | 8512 | -3.6 |
| 7 | 郑州日产汽车有限公司 | 7927 | 9.8 |
| 8 | 郑州煤矿机械集团有限责任公司 | 5916 | 87.8 |
| 9 | 河南工艺品进出口有限公司 | 5553 | -1.3 |
| 10 | 河南省通用机械进出口有限公司 | 5380 | -1.1 |
| 11 | 中铝河南国际贸易有限公司 | 5359 | -61.1 |
| 12 | 河南浩丰化工有限公司 | 5092 | -48.7 |
| 13 | 中国河南国际合作集团有限公司 | 4902 | 14.4 |
| 14 | 河南中艺进出口有限公司 | 4839 | -23.2 |
| 15 | 河南东方丝绸进出口有限公司 | 4728 | -2.2 |
| 16 | 河南哈迪进出口有限公司 | 4450 | |
| 17 | 富鼎精密工业（郑州）有限公司 | 4260 | |
| 18 | 河南省新异进出口贸易有限公司 | 4192 | 22.1 |
| 19 | 河南省光大纺织进出口有限责任公司 | 4160 | -14.0 |
| 20 | 河南新华物资集团有限公司 | 3939 | |
| 21 | 河南益隆进出口有限公司 | 3870 | -15.6 |
| 22 | 中国磨料磨具进出口公司 | 3764 | -50.3 |
| 23 | 中电电建建设有限公司 | 3745 | 315.3 |
| 24 | 白鸽集团进出口有限公司 | 3553 | -27.4 |
| 25 | 河南省现代经贸技术进出口有限公司 | 3508 | 66.4 |
| 26 | 新密市万力实业发展有限公司 | 3426 | -63.1 |
| 27 | 郑州宇通集团有限公司 | 3405 | -29.1 |
| 28 | 郑州市联钢实业有限公司 | 3356 | 73.0 |
| 29 | 河南澳天实业发展有限公司 | 3050 | 55.1 |
| 30 | 河南方正博研实业有限公司 | 3024 | -70.3 |

# 主要统计指标解释

**进出口总额** 海关进出口总额指实际进出我国国境的货物总金额。包括对外贸易实际进出口货物，来料加工装配进出口货物，国家间、联合国及国际组织无偿援助的物资和赠送品，华侨、港澳台同胞、外籍华人的捐赠品的金额。租赁期满归承租人所有的租赁货物，进料加工进出口货物，边境地方贸易及边境地区小额贸易进出口货物（边民互市贸易除外），中外合资企业、中外合作经营企业、外商独资经营企业进出口货物和公用物品，到、离岸价格在规定限额以上的进出口货样和广告品（无商业价值、无使用价值和免费提供出口的除外），从保税仓库提取在中国境内销售的进口货物，以及其他进出口货物。进出口总额用以观察一个国家在对外贸易方面的总规模。我国规定出口货物按离岸价格统计，进口货物按到岸价格统计。

**出口总值** 指在对外贸易中实际离开我国口岸或边境直接出口或转口的商品，包括来料加工装配（工缴费）和补偿贸易出口。

**进口总值** 指在对外贸易中实际到达我国口岸或边境的进口商品。

**利用外资** 是指我国各级政府、部门、企业、中国银行和其他单位通过对外借款、吸收外商直接投资和外商其他投资方式，从国外和港澳台地区筹措的资金。

**利用外资协议金额** 是指在一定时期内，经主管部门批准的与境外政府、部门、银行、企业和国际组织新签订的借款或投资协议（合同）资金总额。包括大陆与港、澳、台同胞及华侨签订的协议金额。它是反映全国及各地区、各部门同境外发生借贷关系和利用外资规模、方式、来源、用途及其效益的重要统计指标。利用外资金额包括我国各级政府、部门、企业和其他经济组织的对外借款（政府贷款、国际金融组织贷款、出口信贷、外国银行商业贷款、对外发行债券股票），吸收外商直接投资（合资、合作、外商独资经营和合作开发），以及外商补偿贸易、加工装配、国际租赁等其他境外现汇、设备、技术投资。其计量单位都折算成美元统计。

**外商直接投资** 是指外国企业和经济组织或个人（包括华侨、港澳台胞以及我国在境外注册的企业）按我国有关政策、法规，用现汇、实物、技术等在我国境内开办外商独资企业、与我国境内的企业或经济组织共同举办中外合资经营企业、合作经营企业或合作开发资源的投资（包括外商投资收益的再投资）以及经政府有关部门批准的项目投资总额内，企业从境外借入的资金。

**对外承包工程** 指各对外承包公司以招标议标承包方式承揽的下列业务：1. 承包国外工程建设项目；2. 承包我国对外经援项目；3. 承包我国驻外机构的工程建设项目；4. 承包我国境内利用外资进行建设的工程项目；5. 与外国承包公司合营或联合承包工程项目时我国公司分包部分；6. 对外承包兼营的房屋开发业务。对外承包工程的营业额是以货币表现的本期内完成的对外承包工程的工作量，包括以前年度签订的合同和本年度新签订的合同在报告期内完成的工作量。

**旅游人数** 包括入境国际旅游者人数、出境居民人数和国内旅游者人数。1. 入境国际旅游者人数：指来我国参观、访问、旅行、探亲、访友、休养、考察、参加会议和从事经济、科技、文化、教育、体育、宗教等活动的外国人、华侨、港澳和台湾同胞的人数。不包括外国在我国的常驻机构，如使领馆、通讯社、企业办事处的工作人员；来我国常住的外国专家、留学生以及在岸逗留不过夜人员。2. 出境居民人数：指大陆居民因公务活动或私人事务短期出境的人数。公务活动出境居民人数包括在国际交通工具上的中国服务员工，因私出境居民人数不包括在国际交通工具上的中国服务员工，因私出境居民人数不包括在国际交通工具上的中国服务员工。3. 国内旅游者人数：指我国大陆居民和在我国常住 1 年以上的外国人、华侨、港澳台同胞离开常住地在境内其他地方的旅游设施内至少停留一夜，最长不超过 6 个月的人数。

**旅游外汇收入** 指国内各部门为来我国旅游的外国人、华侨、港澳和台湾同胞提供商品和劳务而获得的外汇收入。包括供应商品、饮食和提供住宿、交通、邮电文化娱乐、导游等各项服务所得到的全部外汇收入。

**对外借款** 指通过对外正式签订借款协议，从境外筹措的资金，包括外国政府贷款、国际金融组织贷款、外国银行商业贷款、出口信贷以及对外发行债券等。1996 年及以前还包括对外发行股票。该指标是我国利用外资的重要部分。

# 十三、财政金融

# 13-1　金融机构信贷收支

（2012 年底）

单位:万元

| 项　　目 | 合计 | 2012 年比年初 | 2012年比年初±% | 市　区 | 中牟县 | 巩义市 | 荥阳市 | 新密市 | 新郑市 | 登封市 | 上街区 |
|---|---|---|---|---|---|---|---|---|---|---|---|
| **各项存款** | **104482906** | **14834268** | **16.5** | **91420017** | **1846180** | **2689462** | **1688986** | **2541144** | **2137544** | **2159572** | **832629** |
| 单位存款 | 60578598 | 9663424 | 19.0 | 56729448 | 657943 | 947147 | 440042 | 437746 | 796255 | 570018 | 229101 |
| #活期存款 | 26028601 | 2960087 | 12.8 | 23537846 | 526079 | 414928 | 335723 | 297055 | 592922 | 324048 | 167674 |
| 定期存款 | 14228364 | 3334567 | 30.6 | 13559176 | 70717 | 138041 | 53613 | 76837 | 142921 | 187059 | 43017 |
| 通知存款 | 1486352 | 158946 | 12.0 | 1447649 | 20000 | 5201 | | 393 | 3000 | 10110 | |
| 保证金存款 | 11937931 | 1402631 | 13.3 | 11439775 | 28583 | 310955 | 44855 | 45056 | 29800 | 38908 | 15617 |
| 个人存款 | 39554781 | 6394626 | 19.3 | 30649971 | 1135564 | 1696704 | 1222071 | 2025578 | 1281225 | 1543668 | 591355 |
| 储蓄存款 | 38454565 | 5933115 | 18.2 | 29589719 | 1135408 | 1693508 | 1217439 | 2003311 | 1280660 | 1534520 | 588018 |
| 保证金存款 | 24059 | 18004 | 297.4 | 23289 | | 760 | 2 | 7 | | 1 | 74 |
| 结构性存款 | 1076158 | 443507 | 70.1 | 1036964 | 156 | 2436 | 4630 | 22259 | 565 | 9147 | 3263 |
| 财政性存款 | 1408945 | -1373869 | -49.4 | 1190484 | 49798 | 42515 | 17913 | 43528 | 52363 | 12343 | 9933 |
| 临时性存款 | 385017 | 71284 | 22.7 | 357940 | 2814 | 2825 | 8944 | 1275 | 7687 | 3533 | 176 |
| 委托存款 | 292807 | -259473 | -47.0 | 292512 | 47 | 247 | 1 | | | | |
| 其他存款 | 2262758 | 338277 | 17.6 | 2199662 | 15 | 25 | 16 | 33017 | 13 | 30010 | 2064 |
| **各项贷款** | **67941286** | **6813473** | **11.1** | **61327307** | **958729** | **1477284** | **1001471** | **1062859** | **1213473** | **900163** | **199341** |
| 境内贷款 | 67936670 | 6814090 | 11.1 | 61322717 | 958716 | 1477271 | 1001471 | 1062859 | 1213473 | 900163 | 199341 |
| 短期贷款 | 27658596 | 5355820 | 24.0 | 23543841 | 634407 | 845608 | 583015 | 585768 | 876469 | 589488 | 106309 |
| 个人贷款及透支 | 4896778 | 1078927 | 28.3 | 3836562 | 295580 | 85313 | 169417 | 165926 | 217049 | 126931 | 13657 |
| #个人消费贷款 | 1115373 | -63028 | -5.3 | 1067676 | 4227 | 3211 | 1066 | 9258 | 11517 | 18419 | 740 |
| 单位贷款及透支 | 21477522 | 3933803 | 22.4 | 18496027 | 338428 | 725381 | 410398 | 416022 | 658220 | 433047 | 91252 |
| #经营贷款 | 20878742 | 3745560 | 21.9 | 17943882 | 338428 | 694746 | 410398 | 416022 | 658220 | 417047 | 84509 |
| 固定资产贷款 | 565286 | 195108 | 52.7 | 518651 | | 30635 | | | | 16000 | 6743 |
| 银团贷款 | 14000 | -30000 | -68.2 | 14000 | | | | | | | |
| 贸易融资 | 1270296 | 373090 | 41.6 | 1197252 | 400 | 34915 | 3200 | 3820 | 1200 | 29510 | 1400 |
| 中长期贷款 | 38058525 | 1383982 | 3.8 | 35621896 | 303758 | 590947 | 417998 | 476991 | 336820 | 310115 | 93031 |
| 个人贷款 | 12283923 | 1877865 | 18.0 | 11422215 | 175045 | 178355 | 169726 | 84216 | 174318 | 80047 | 78944 |
| #个人消费贷款 | 10607650 | 1566423 | 17.3 | 9933320 | 145530 | 88407 | 151593 | 74570 | 168836 | 45394 | 76024 |
| 单位贷款 | 22457489 | -1734727 | -7.2 | 21098856 | 128713 | 349304 | 248271 | 269775 | 162502 | 200068 | 14087 |
| #经营贷款 | 7844624 | -2533979 | -24.4 | 7600183 | 32679 | 51174 | 12507 | 38572 | 40547 | 68962 | 3457 |
| 固定资产贷款 | 14612865 | 799252 | 5.8 | 13498673 | 96034 | 298130 | 235764 | 231203 | 121955 | 131106 | 10630 |
| 普通并购贷款 | 93162 | 6142 | 7.1 | 63162 | | | | | | 30000 | |
| 银团贷款 | 3208595 | 1221956 | 61.5 | 3022307 | | 63288 | | 123000 | | | |
| 贸易融资 | 15356 | 12746 | 488.4 | 15356 | | | | | | | |
| 融资租赁 | 9300 | -7000 | -42.9 | 9300 | | | | | | | |
| 票据融资 | 2160738 | 51449 | 2.4 | 2098170 | 20551 | 40716 | 459 | 100 | 184 | 560 | |
| #贴现 | 2160738 | 51449 | 2.4 | 2098170 | 20551 | 40716 | 459 | 100 | 184 | 560 | |
| 各项垫款 | 49510 | 29837 | 151.7 | 49510 | | | | | | | |
| 境外贷款 | 4616 | -617 | -11.8 | 4591 | 13 | 13 | | | | | |

# 13-2 中资全国性四家行信贷收支

（2012 年底）

单位：万元

| 项　目 | 合　计 | 市　区 | 中牟县 | 巩义市 | 荥阳市 | 新密市 | 新郑市 | 登封市 | 上街区 |
|---|---|---|---|---|---|---|---|---|---|
| **各项存款** | **35606680** | **29534126** | **624367** | **1428586** | **759575** | **1329280** | **819717** | **1111029** | **507757** |
| 单位存款 | 16620625 | 14748604 | 274857 | 523356 | 193170 | 240855 | 335072 | 304710 | 123034 |
| #活期存款 | 8001079 | 6920260 | 195031 | 205306 | 158048 | 149379 | 220074 | 152980 | 90682 |
| 定期存款 | 4620672 | 4254884 | 33188 | 84622 | 19674 | 47824 | 75388 | 105093 | 22189 |
| 通知存款 | 193461 | 157260 | 20000 | 3101 |  |  | 3000 | 10100 |  |
| 保证金存款 | 787830 | 550962 | 14076 | 152305 | 9598 | 25250 | 8997 | 26644 | 7370 |
| 个人存款 | 17820049 | 13704347 | 346708 | 904894 | 557608 | 1054533 | 477154 | 774805 | 382543 |
| 储蓄存款 | 17706494 | 13612370 | 346552 | 902458 | 556021 | 1046848 | 476588 | 765657 | 381998 |
| 保证金存款 | 858 | 856 |  |  | 1 |  |  | 1 | 74 |
| 结构性存款 | 112697 | 91122 | 156 | 2436 | 1586 | 7685 | 565 | 9147 | 471 |
| 临时性存款 | 193272 | 171536 | 2787 | 311 | 8782 | 874 | 7479 | 1504 | 176 |
| 其他存款 | 972734 | 909639 | 15 | 25 | 15 | 33017 | 13 | 30010 | 2005 |
| **各项贷款** | **23603231** | **21085764** | **201952** | **730067** | **408628** | **514616** | **349398** | **312807** | **99101** |
| 境内贷款 | 23601246 | 21083804 | 201939 | 730054 | 408628 | 514616 | 349398 | 312807 | 99101 |
| 短期贷款 | 3880875 | 3125014 | 33828 | 324250 | 100325 | 90465 | 103101 | 103891 | 50995 |
| 个人贷款及透支 | 832730 | 730438 | 20128 | 13821 | 9895 | 21555 | 18907 | 17986 | 4310 |
| #个人消费贷款 | 298679 | 278586 | 2122 | 2015 | 524 | 5850 | 6840 | 2742 | 583 |
| 单位普通贷款及透支 | 2394636 | 1814112 | 13300 | 275515 | 87230 | 65090 | 82994 | 56395 | 45285 |
| #经营贷款 | 2394635 | 1814111 | 13300 | 275515 | 87230 | 65090 | 82994 | 56395 | 45285 |
| 银团贷款 | 14000 | 14000 |  |  |  |  |  |  |  |
| 贸易融资 | 639508 | 566464 | 400 | 34915 | 3200 | 3820 | 1200 | 29510 | 1400 |
| 中长期贷款 | 18889538 | 17140824 | 168111 | 394239 | 307844 | 424051 | 246113 | 208356 | 48107 |
| 个人贷款 | 5897234 | 5389246 | 117957 | 84229 | 100219 | 52013 | 119813 | 33756 | 42577 |
| #个人消费贷款 | 5627108 | 5129871 | 116517 | 78739 | 98879 | 51344 | 118256 | 33501 | 41493 |
| 单位普通贷款 | 11361087 | 10330861 | 50154 | 252510 | 207624 | 249038 | 126300 | 144600 | 5530 |
| #经营贷款 | 2278228 | 2144568 | 5700 | 25400 | 3060 | 18000 | 31500 | 50000 | 2600 |
| 固定资产贷款 | 9082859 | 8186293 | 44454 | 227110 | 204564 | 231038 | 94800 | 94600 | 2930 |
| 普通并购贷款 | 62020 | 32020 |  |  |  |  |  | 30000 |  |
| 银团贷款 | 1569046 | 1388546 |  | 57500 |  | 123000 |  |  |  |
| 贸易融资 | 151 | 151 |  |  |  |  |  |  |  |
| 票据融资 | 821472 | 808605 |  | 11565 | 459 | 100 | 184 | 560 |  |
| #贴现 | 821472 | 808605 |  | 11565 | 459 | 100 | 184 | 560 |  |
| 各项垫款 | 9361 | 9361 |  |  |  |  |  |  |  |
| 境外贷款 | 1985 | 1960 | 13 | 13 |  |  |  |  |  |

# 13-3　农村信用社信贷收支

（2012 年底）

单位:万元

| 项　　目 | 合　计 | 市　区 | 中牟县 | 巩义市 | 荥阳市 | 新密市 | 新郑市 | 登封市 | 上街区 |
|---|---|---|---|---|---|---|---|---|---|
| **各项存款** | **7017225** | **3044378** | **678960** | **625874** | **508926** | **601243** | **914805** | **643039** | **48387** |
| 单位存款 | 1381319 | 635097 | 152978 | 98542 | 76974 | 89163 | 268826 | 59739 | 15236 |
| #活期存款 | 1239923 | 568352 | 151435 | 83178 | 70556 | 83172 | 240626 | 42604 | 8317 |
| 定期存款 | 121435 | 65135 | 10 | 15334 | 3110 | 5520 | 23766 | 8560 | 6798 |
| 保证金存款 | 19961 | 1610 | 1533 | 30 | 3308 | 471 | 4434 | 8575 | 121 |
| 储蓄存款 | 5632832 | 2409203 | 525955 | 526552 | 431945 | 511835 | 645891 | 581451 | 33151 |
| 保证金存款 | 760 |  |  | 760 |  |  |  |  |  |
| 临时性存款 | 2314 | 78 | 27 | 20 | 7 | 245 | 88 | 1849 |  |
| **各项贷款** | **3856336** | **1430142** | **410440** | **413129** | **327232** | **360604** | **507441** | **407348** | **34014** |
| 境内贷款 | 3856336 | 1430142 | 410440 | 413129 | 327232 | 360604 | 507441 | 407348 | 34014 |
| 短期贷款 | 3477851 | 1371155 | 351289 | 306377 | 307720 | 335393 | 451198 | 354719 | 33218 |
| 个人贷款及透支 | 1202637 | 480465 | 156060 | 43982 | 142650 | 126386 | 149613 | 103481 | 3029 |
| #个人消费贷款 | 29918 | 14637 |  |  |  |  |  | 15281 | 20 |
| 单位普通贷款及透支 | 2275214 | 890690 | 195229 | 262395 | 165070 | 209007 | 301585 | 251238 | 30189 |
| 中长期贷款 | 377685 | 58187 | 59151 | 106752 | 19512 | 25211 | 56243 | 52629 | 796 |
| 个人贷款 | 232290 | 25036 | 32172 | 79400 | 10065 | 4639 | 47311 | 33667 | 536 |
| #个人消费贷款 | 83776 | 17456 | 12847 | 349 | 1552 |  | 44099 | 7473 | 352 |
| 单位普通贷款 | 136607 | 30151 | 26979 | 21564 | 9447 | 20572 | 8932 | 18962 | 260 |
| 银团贷款 | 8788 | 3000 |  | 5788 |  |  |  |  |  |
| 各项垫款 | 800 | 800 |  |  |  |  |  |  |  |

注:新郑市为农村商业银行。

# 13-4 财 政

（2012 年）

| 指　　标 | 郑州市 | 市本级 | 中原区 | 二七区 | 管城区 | 金水区 | 上街区 | 惠济区 |
|---|---|---|---|---|---|---|---|---|
| **公共财政收入** | **6066488** | **2524352** | **216811** | **217699** | **188110** | **410383** | **85358** | **100718** |
| **税收收入** | **4524285** | **1703722** | **203340** | **201281** | **156437** | **397971** | **66258** | **77740** |
| 增值税 | 415052 | 138898 | 21535 | 9776 | 20867 | 20945 | 8643 | 4149 |
| 国内增值税 | 415052 | 138898 | 21535 | 9776 | 20867 | 20945 | 8643 | 4149 |
| 国有企业增值税 | 44655 | 15252 | 8483 | 247 | 195 | 966 | 156 | 89 |
| 集体企业增值税 | 4332 | 1078 | 21 | 177 | 543 | 189 | 117 | 81 |
| 股份制企业增值税 | 235200 | 65099 | 8751 | 5066 | 11895 | 13618 | 4605 | 1846 |
| 联营企业增值税 | 20 | 4 |  |  | 2 | 3 |  |  |
| 港澳台和外商投资企业增值税 | 48234 | 25114 | 1466 | 2492 | 601 | 2451 | 710 | 1333 |
| 私营企业增值税 | 6386 | 557 | 16 | 60 | 36 | 42 | 871 | 47 |
| 其他增值税 | 38897 | 15051 | 796 | 1629 | 1877 | 4346 | 1426 | 730 |
| 增值税税款滞纳金、罚款收入 | 738 | 194 | 49 | 19 | 20 | 40 | 45 | 6 |
| 福利企业增值税退税 | -7053 | -1400 | -233 | -265 | -96 | -761 | -113 | -46 |
| 软件集成电路增值税退税 | -1606 | -803 | -3 | -1 | -1 | -45 |  |  |
| 宣传文化单位增值税退税 | -1232 | -1004 | -2 |  |  | -213 |  |  |
| 其他增值税退税 | -729 | -102 | -4 | -4 | -9 | -54 |  |  |
| 免抵调增增值税 | 47224 | 19865 | 2195 | 356 | 5804 | 363 | 826 | 63 |
| 成品油价格和税费改革增值税划出 | -14 | -7 |  |  |  |  |  |  |
| 营业税 | 1710140 | 795532 | 69369 | 77491 | 40088 | 144554 | 16798 | 22335 |
| 金融保险业营业税（地方） | 428791 | 223378 | 41 | 9 | 2 | 153 | 604 |  |
| 交强险营业税 | 8160 | 4075 |  |  |  |  |  |  |
| 其他金融保险业营业税（地方） | 420631 | 219303 | 41 | 9 | 2 | 153 | 604 |  |
| 一般营业税 | 1279047 | 571098 | 69008 | 77388 | 40057 | 144232 | 16162 | 22326 |
| 营业税税款滞纳金、罚款收入 | 2302 | 1056 | 320 | 94 | 29 | 169 | 32 | 9 |
| 企业所得税 | 677937 | 375518 | 22567 | 17170 | 18240 | 48822 | 7042 | 8238 |
| 个人所得税（款） | 164344 | 79566 | 7451 | 6800 | 3261 | 10671 | 1284 | 1441 |
| 个人所得税（项） | 164108 | 79469 | 7450 | 6788 | 3259 | 10668 | 1281 | 1429 |
| 储蓄存款利息所得税 | 128 | 91 |  |  |  |  | 1 |  |
| 其他个人所得税 | 163980 | 79378 | 7450 | 6788 | 3259 | 10668 | 1280 | 1429 |
| 个人所得税税款滞纳金、罚款收入 | 236 | 97 | 1 | 12 | 2 | 3 | 3 | 12 |
| 资源税 | 38324 |  |  | 193 | 1 | 1 | 1427 |  |
| 城市维护建设税 | 266784 | 59594 | 20934 | 15876 | 15612 | 32221 | 3360 | 5374 |
| 房产税 | 112859 | 8219 | 8494 | 16238 | 10646 | 29138 | 3146 | 2374 |

## 收　入

单位:万元

| 经济开发区 | 高新开发区 | 郑东新区 | 航空港区 | 郑州新区 | 中牟县 | 巩义市 | 荥阳市 | 新密市 | 新郑市 | 登封市 |
|---|---|---|---|---|---|---|---|---|---|---|
| **120899** | **151640** | **323243** | **72666** | **203925** | **271777** | **260515** | **165023** | **244227** | **269588** | **239554** |
| **103218** | **125211** | **304567** | **68989** | **203649** | **183326** | **179646** | **118581** | **136808** | **177086** | **116455** |
| 14043 | 18473 | 3709 | 9115 |  | 6516 | 34937 | 15995 | 38404 | 21236 | 27811 |
| 14043 | 18473 | 3709 | 9115 |  | 6516 | 34937 | 15995 | 38404 | 21236 | 27811 |
| 2812 | 562 | 76 |  |  | 765 | 3309 | 2386 | 5481 | 1276 | 2600 |
| 21 | 38 | 9 |  |  | 25 | 579 | 539 | 336 | 367 | 212 |
| 6006 | 13329 | 1126 | 349 |  | 4313 | 21874 | 9378 | 29666 | 17273 | 21006 |
|  |  |  |  |  |  |  | 7 |  |  | 4 |
| 1285 | 2742 | 575 | 1373 |  | 456 | 2472 | 887 | 1140 | 719 | 2418 |
| 1 | 11 | 343 | 1 |  | 133 | 3830 | 104 | 190 | 20 | 124 |
| 3584 | 298 | 1580 | 138 |  | 507 | 1749 | 1448 | 870 | 1442 | 1426 |
| 7 | 15 | 14 | 2 |  | 8 | 133 | 25 | 95 | 22 | 44 |
|  |  |  |  |  | -53 | -1893 | -148 | -1374 | -378 | -293 |
| -35 | -717 | -1 |  |  |  |  |  |  |  |  |
|  |  | -13 |  |  |  |  |  |  |  |  |
|  | -31 |  |  |  |  | -363 | -21 | -91 | -50 |  |
| 362 | 2233 |  | 7252 |  | 362 | 3247 | 1390 | 2091 | 545 | 270 |
|  | -7 |  |  |  |  |  |  |  |  |  |
| 15936 | 23201 | 78384 | 16839 | 187883 | 57184 | 40155 | 32468 | 28966 | 44407 | 18550 |
| 6 |  | 39 |  | 186602 | 2133 | 4653 | 2720 | 3195 | 3062 | 2194 |
|  |  |  |  | 4075 |  | 10 |  |  |  |  |
| 6 |  | 39 |  | 182527 | 2133 | 4643 | 2720 | 3195 | 3062 | 2194 |
| 15884 | 23181 | 78248 | 16839 | 1277 | 54979 | 35272 | 29724 | 25742 | 41281 | 16349 |
| 46 | 20 | 97 |  | 4 | 72 | 230 | 24 | 29 | 64 | 7 |
| 11794 | 18898 | 31002 | 13362 |  | 12564 | 15668 | 16164 | 15295 | 22319 | 23274 |
| 2300 | 3519 | 3811 | 1748 | 15766 | 3268 | 4756 | 2527 | 4031 | 5154 | 6990 |
| 2293 | 3518 | 3810 | 1748 | 15731 | 3259 | 4735 | 2526 | 4027 | 5140 | 6977 |
|  |  |  |  |  | 3 | 4 | 5 | 13 | 4 | 7 |
| 2293 | 3518 | 3810 | 1748 | 15731 | 3256 | 4731 | 2521 | 4014 | 5136 | 6970 |
| 7 | 1 | 1 |  | 35 | 9 | 21 | 1 | 4 | 14 | 13 |
|  |  |  |  |  |  | 12478 | 2685 | 6304 | 2042 | 13193 |
| 15436 | 13389 | 13644 | 3408 |  | 6527 | 10789 | 5437 | 7816 | 30341 | 7026 |
| 4379 | 5446 | 8370 | 3670 |  | 1668 | 4177 | 1774 | 1732 | 2567 | 821 |

（2012 年）

| 指　　标 | 郑州市 | 市本级 | 中原区 | 二七区 | 管城区 | 金水区 | 上街区 | 惠济区 |
|---|---|---|---|---|---|---|---|---|
| 印花税 | 76847 | 10703 | 5306 | 3435 | 3680 | 13845 | 1481 | 2173 |
| 城镇土地使用税 | 168281 | 5322 | 9086 | 9528 | 12500 | 16296 | 6542 | 7602 |
| 土地增值税 | 296588 | 1811 | 37745 | 35711 | 21623 | 80496 | 2451 | 9558 |
| 车船税(款) | 45396 | 31809 | | | | | 1412 | |
| 耕地占用税(款) | 162586 | | 853 | 9063 | 9919 | 982 | 5839 | 14496 |
| 契税(款) | 388404 | 196750 | | | | | 6833 | |
| 烟叶税(款) | 743 | | | | | | | |
| **非税收入** | **1542203** | **820630** | **13471** | **16418** | **31673** | **12412** | **19100** | **22978** |
| 专项收入 | 169612 | 100852 | | 19 | | | 2346 | |
| 排污费收入(项) | 11195 | 3232 | | | | | 470 | |
| 水资源费收入 | 5773 | 2036 | | | | | 314 | |
| 教育费附加收入(项) | 121586 | 70625 | | | | | 1503 | |
| 矿产资源专项收入 | 6055 | 15 | | 19 | | | | |
| 其他专项收入(项) | 25003 | 24944 | | | | | 59 | |
| 行政事业性收费收入 | 364072 | 136728 | 10325 | 1876 | 1567 | 3117 | 7750 | 3694 |
| 公安行政事业性收费收入 | 35883 | 29986 | | | | | 31 | |
| 法院行政事业性收费收入 | 17602 | 7605 | 1179 | 910 | 428 | 2063 | 80 | 407 |
| 司法行政事业性收费收入 | 2435 | 751 | 616 | | 41 | | | 720 |
| 外交行政事业性收费收入 | 9 | 9 | | | | | | |
| 工商行政事业性收费收入 | 431 | 272 | | | | | | |
| 财政行政事业性收费收入 | 1839 | 1123 | 447 | 3 | 7 | | 18 | 1 |
| 审计行政事业性收费收入 | 330 | | | | | | | |
| 人口和计划生育行政事业性收费收入 | 12980 | | 279 | 148 | 86 | 400 | 12 | 1344 |
| 安全生产行政事业性收费收入 | 3233 | | | | | | 1 | |
| 档案行政事业性收费收入 | 73 | | 1 | 3 | 2 | | | 10 |
| 人防办行政事业性收费收入 | 20340 | 8090 | 1 | | | | 2781 | |
| 文化行政事业性收费收入 | 84 | | 3 | | | | 30 | |
| 教育行政事业性收费收入 | 77807 | 48828 | 4984 | 212 | 253 | | | 62 |
| 发展与改革(物价)行政事业性收费收入 | 9958 | 5572 | 11 | | | | 7 | |
| 统计行政事业性收费收入 | 77 | 56 | | | | | | |
| 国土资源行政事业性收费收入 | 73026 | 3601 | 43 | 32 | 15 | | 3524 | 954 |
| 建设行政事业性收费收入 | 35296 | 20520 | 941 | 9 | | | 963 | 60 |
| 环保行政事业性收费收入 | 1536 | 420 | | | | | 46 | |
| 交通运输行政事业性收费收入 | 600 | 79 | 25 | | | | 13 | |
| 工业和信息产业行政事业性收费收入 | 537 | 117 | | | | | | |
| 农业行政事业性收费收入 | 954 | 164 | 9 | | | | 7 | 1 |
| 林业行政事业性收费收入 | 1417 | 810 | 3 | | 67 | | | 33 |

单位:万元

| 经济开发区 | 高新开发区 | 郑东新区 | 航空港区 | 郑州新区 | 中牟县 | 巩义市 | 荥阳市 | 新密市 | 新郑市 | 登封市 |
|---|---|---|---|---|---|---|---|---|---|---|
| 3584 | 2715 | 6496 | 7465 |  | 1656 | 7878 | 1803 | 1462 | 2031 | 1134 |
| 9948 | 8794 | 7515 | 3176 |  | 10018 | 25036 | 14167 | 10590 | 9250 | 2911 |
| 3713 | 8766 | 63689 | 1873 |  | 10479 | 3191 | 4866 | 3320 | 6214 | 1082 |
|  |  |  |  |  | 2172 | 4105 | 959 | 3356 | 671 | 912 |
| 11010 | 5498 | 4343 | 5105 |  | 46598 | 6667 | 9683 | 10621 | 14238 | 7671 |
| 11075 | 16512 | 83604 | 3228 |  | 24676 | 9809 | 10053 | 4911 | 16616 | 4337 |
|  |  |  |  |  |  |  |  |  |  | 743 |
| **17681** | **26429** | **18676** | **3677** | **276** | **88451** | **80869** | **46442** | **107419** | **92502** | **123099** |
| 6447 | 5607 |  | 1455 |  | 5034 | 8713 | 4548 | 8872 | 16646 | 9073 |
|  |  |  |  |  | 687 | 1094 | 1290 | 1919 | 549 | 1954 |
|  |  |  |  |  | 404 | 785 | 397 | 553 | 601 | 683 |
| 6447 | 5607 |  | 1455 |  | 3943 | 5510 | 2733 | 5026 | 14406 | 4331 |
|  |  |  |  |  |  | 1324 | 128 | 1374 | 1090 | 2105 |
|  |  |  |  |  |  |  |  |  |  |  |
| 2878 | 7500 | 10092 | 563 |  | 55030 | 33090 | 32482 | 15027 | 26945 | 15408 |
|  |  |  |  |  | 3244 | 182 | 35 | 1990 | 119 | 296 |
| 223 | 1395 |  |  |  | 394 | 468 | 281 | 1005 | 545 | 619 |
|  |  |  |  |  | 83 | 54 | 25 | 14 | 104 | 27 |
|  |  |  |  |  |  |  |  |  |  |  |
|  |  |  |  |  | 159 |  |  |  |  |  |
|  | 1 |  |  |  | 77 | 32 |  | 41 | 61 | 28 |
|  |  |  |  |  |  |  | 314 | 16 |  |  |
| 689 | 204 | 714 | 499 |  | 5123 | 443 | 805 | 771 | 822 | 641 |
|  |  |  |  |  | 30 | 111 | 1350 | 1699 | 42 |  |
|  | 42 |  |  |  |  | 11 | 2 |  | 2 |  |
| 1738 | 936 |  |  |  | 2366 | 329 | 1286 | 406 | 1680 | 727 |
|  |  |  |  |  |  |  | 5 | 46 |  |  |
|  | 4800 | 279 |  |  | 2239 | 4347 | 5351 | 3391 | 1678 | 1383 |
|  |  |  |  |  | 2417 | 622 | 1157 | 19 | 153 |  |
|  |  |  |  |  |  |  |  |  | 3 | 18 |
|  |  | 8060 |  |  | 21436 | 4281 | 15051 | 1579 | 5574 | 8876 |
| 225 | 93 | 1023 | 2 |  | 1125 | 1161 | 1864 | 917 | 5525 | 868 |
|  | 17 |  |  |  | 48 | 189 | 61 | 411 | 24 | 320 |
|  |  |  |  |  | 84 | 105 | 7 | 136 | 39 | 112 |
|  |  |  |  |  |  | 419 |  | 1 |  |  |
|  |  |  | 10 |  | 241 | 79 | 86 | 76 | 199 | 82 |
|  | 1 |  |  |  | 91 | 35 | 128 | 169 | 38 | 42 |

| 指　　标 | 郑州市 | 市本级 | 中原区 | 二七区 | 管城区 | 金水区 | 上街区 | 惠济区 |
|---|---|---|---|---|---|---|---|---|
| 　　水利行政事业性收费收入 | 569 | | | | | | | |
| 　　卫生行政事业性收费收入 | 48742 | 762 | 392 | 138 | 243 | | 215 | 51 |
| 　　民政行政事业性收费收入 | 964 | 276 | 21 | 8 | 5 | | 2 | 4 |
| 　　人力资源和社会保障行政事业性收费收入 | 6660 | 6039 | 11 | 37 | 13 | | 20 | 47 |
| 　　仲裁委行政事业性收费收入 | 1527 | 1527 | | | | | | |
| 　　党校行政事业性收费收入 | 207 | 15 | | 17 | 18 | | | |
| 　　其他行政事业性收费收入 | 8841 | 5 | 1359 | 359 | 389 | 654 | | |
| 　罚没收入 | 111782 | 72121 | 2591 | 1537 | 717 | | 926 | 1688 |
| 　　一般罚没收入 | 111782 | 72121 | 2591 | 1537 | 717 | | 926 | 1688 |
| 　　　公安罚没收入 | 56583 | 45979 | | | | | 651 | |
| 　　　检察院罚没收入 | 4769 | 2010 | 285 | 9 | | | 24 | 192 |
| 　　　法院罚没收入 | 2999 | 157 | 312 | 358 | 354 | | 40 | 65 |
| 　　　新闻出版罚没收入 | 3 | | | | | | 3 | |
| 　　　海关罚没收入 | 52 | 52 | | | | | | |
| 　　　食品药品监督罚没收入 | 231 | 4 | | 40 | 10 | | 1 | 6 |
| 　　　卫生罚没收入 | 185 | 31 | 32 | 5 | | | 2 | 8 |
| 　　　检验检疫罚没收入 | 21 | | | | | | | |
| 　　　交通罚没收入 | 5631 | 796 | | | 4 | | 97 | 42 |
| 　　　审计罚没收入 | 1505 | | 113 | | | | | 18 |
| 　　　物价罚没收入 | 672 | 257 | 181 | 30 | 7 | | | 5 |
| 　　　其他一般罚没收入 | 39131 | 22835 | 1668 | 1095 | 342 | | 108 | 1352 |
| 　国有资本经营收入 | 530096 | 447286 | | 289 | | | | 7848 |
| 　　利润收入 | 20054 | | | | | | | |
| 　　　其他企业利润收入 | 20054 | | | | | | | |
| 　　股利、股息收入 | 2803 | 2753 | | | | | | |
| 　　　其他股利、股息收入 | 2803 | 2753 | | | | | | |
| 　　产权转让收入 | 476896 | 438717 | | | | | | |
| 　　　其他产权转让收入 | 476896 | 438717 | | | | | | |
| 　　其他国有资本经营收入 | 30343 | 5816 | | 289 | | | | 7848 |
| 　国有资源（资产）有偿使用收入 | 241635 | 46533 | 498 | 12398 | 29015 | 9295 | 7632 | 9502 |
| 　　利息收入 | 16828 | 1361 | 132 | 255 | 37 | 83 | 59 | 88 |
| 　　　国库存款利息收入 | 1902 | 579 | 28 | 55 | 34 | 61 | 22 | 55 |
| 　　　财政专户存款利息收入 | 6164 | 30 | 25 | 200 | 3 | 22 | 37 | 20 |
| 　　　其他利息收入 | 8762 | 752 | 79 | | | | | 13 |
| 　　非经营性国有资产收入 | 52391 | 12096 | 366 | 12143 | 1768 | 9212 | 693 | 906 |
| 　　　行政单位国有资产出租、出借收入 | 10755 | | | 38 | | 9168 | 674 | 256 |
| 　　　行政单位国有资产处置收入 | 1407 | 69 | | 5 | 455 | | 2 | 650 |

单位:万元

| 经济开发区 | 高新开发区 | 郑东新区 | 航空港区 | 郑州新区 | 中牟县 | 巩义市 | 荥阳市 | 新密市 | 新郑市 | 登封市 |
|---|---|---|---|---|---|---|---|---|---|---|
| | | | | | 62 | 2 | 147 | 304 | | 54 |
| | | | | | 12182 | 19805 | 4176 | 20 | 10075 | 683 |
| 3 | 2 | 2 | 2 | | 13 | 269 | 151 | 44 | 150 | 12 |
| | 9 | 14 | | | 68 | 146 | 149 | 17 | 68 | 22 |
| | | | | | | | | | | |
| | | | | | | | 37 | | 44 | 76 |
| | | | 50 | | 3548 | | | 1955 | | 522 |
| 235 | 828 | 947 | 10 | | 3057 | 4818 | 3568 | 6832 | 4470 | 7437 |
| 235 | 828 | 947 | 10 | | 3057 | 4818 | 3568 | 6832 | 4470 | 7437 |
| | | | | | 191 | 1188 | 1172 | 1909 | 2059 | 3434 |
| | | | | | 98 | 1 | 36 | 1697 | 202 | 215 |
| | 83 | | | | 312 | 393 | 109 | 225 | 323 | 268 |
| | | | | | | | | | | |
| | | | | | | | | | | |
| 3 | 167 | | | | | | | | | |
| | | | | | 8 | 36 | 28 | | 26 | 9 |
| | | | | | | | 19 | | | 2 |
| | | | | | 466 | 1331 | 512 | 562 | 751 | 1070 |
| | | | | | 210 | 22 | 606 | 230 | | 306 |
| | | | | | 143 | | | 40 | 8 | 1 |
| 232 | 578 | 947 | 10 | | 1629 | 1847 | 1086 | 2169 | 1101 | 2132 |
| 8021 | | | | | | 11345 | 5267 | 23613 | 6093 | 20334 |
| | | | | | | | | | | 20054 |
| | | | | | | | | | | 20054 |
| | | | | | | | | 50 | | |
| | | | | | | | | 50 | | |
| 8021 | | | | | | 5732 | 863 | 23563 | | |
| 8021 | | | | | | 5732 | 863 | 23563 | | |
| | | | | | | 5613 | 4404 | | 6093 | 280 |
| 100 | 12494 | 6355 | 1509 | 276 | 22131 | 22570 | 571 | 571 | 29468 | 30717 |
| 29 | 220 | 6150 | 534 | 276 | 1150 | 5320 | 80 | 159 | 613 | 282 |
| 29 | 25 | 347 | 41 | 137 | 105 | 226 | 38 | 28 | 39 | 53 |
| | 101 | | 493 | 139 | 542 | 4012 | | 80 | 313 | 147 |
| | 94 | 5803 | | | 503 | 1082 | 42 | 51 | 261 | 82 |
| 71 | 12232 | 205 | 936 | | | | | 197 | 1036 | 530 |
| 66 | | | | | | | | 49 | | 504 |
| 5 | | 205 | | | | | | | 2 | 14 |

| 指 标 | 郑州市 | 市本级 | 中原区 | 二七区 | 管城区 | 金水区 | 上街区 | 惠济区 |
|---|---|---|---|---|---|---|---|---|
| 事业单位国有资产处置收入 | 9335 | 5406 | 366 | 915 | 1313 | 44 | 17 | |
| 其他非经营性国有资产收入 | 30894 | 6621 | | 11185 | | | | |
| 出租车经营权有偿出让和转让收入 | 910 | 910 | | | | | | |
| 其他国有资源(资产)有偿使用收入 | 171506 | 32166 | | | 27210 | | 6880 | 8508 |
| 其他收入(款) | 125006 | 17110 | 57 | 299 | 374 | | 446 | 246 |
| 捐赠收入 | 21246 | 987 | | 175 | 374 | | 23 | 138 |
| 国内捐赠收入 | 21246 | 987 | | 175 | 374 | | 23 | 138 |
| 其他收入(项) | 77714 | 16123 | 57 | 124 | | | 423 | 78 |
| **政府性基金收入** | **3390810** | **1161916** | **438** | **292** | **169** | **1953** | **81010** | **52** |
| 地方教育附加收入 | 44095 | 30631 | | | | | 867 | |
| 文化事业建设费收入 | 4420 | 904 | 438 | 224 | 169 | 1953 | 24 | 45 |
| 残疾人就业保障金收入 | 13519 | 10188 | | | | | 429 | |
| 政府住房基金收入 | 6881 | 3521 | | | | | | |
| 上缴管理费用 | 3510 | 3510 | | | | | | |
| 计提廉租住房资金 | 445 | 11 | | | | | | |
| 廉租住房租金收入 | 1 | | | | | | | |
| 公共租赁住房租金收入 | 2 | | | | | | | |
| 其他政府住房基金收入 | 2923 | | | | | | | |
| 国有土地使用权出让收入 | 2933332 | 916631 | | | | | 79580 | |
| 土地出让价款收入 | 2622951 | 962489 | | | | | 81565 | |
| 补缴的土地价款 | 212984 | 41020 | | | | | | |
| 划拨土地收入 | 162423 | 9854 | | | | | | |
| 教育资金收入 | 32505 | | | | | | 54 | |
| 农田水利建设资金收入 | 19304 | | | | | | 54 | |
| 缴纳新增建设用地土地有偿使用费 | -147658 | -98961 | | | | | -2093 | |
| 其他土地出让收入 | 30823 | 2229 | | | | | | |
| 城市公用事业附加收入 | 24045 | 18514 | | | | | 110 | |
| 国有土地收益基金收入 | 43530 | 20000 | | | | | | |
| 农业土地开发资金收入 | 20430 | 5415 | | | | | | |
| 城市基础设施配套费收入 | 283643 | 150840 | | | | | | |
| 育林基金收入 | 895 | 17 | | 2 | | | | 7 |
| 地方育林基金收入 | 895 | 17 | | 2 | | | | 7 |
| 森林植被恢复费 | 303 | | | | | | | |
| 地方森林植被恢复费 | 303 | | | | | | | |
| 散装水泥专项资金收入 | 1193 | 472 | | | | | | |
| 新型墙体材料专项基金收入 | 4726 | 870 | | | | | | |
| 其他政府性基金收入 | 9798 | 3913 | | 66 | | | | |

单位:万元

| 经济开发区 | 高新开发区 | 郑东新区 | 航空港区 | 郑州新区 | 中牟县 | 巩义市 | 荥阳市 | 新密市 | 新郑市 | 登封市 |
|---|---|---|---|---|---|---|---|---|---|---|
|  | 2 |  | 883 |  |  |  |  | 148 | 235 | 6 |
|  | 12230 |  | 53 |  |  |  |  |  | 799 | 6 |
|  |  |  |  |  |  |  |  |  |  |  |
|  | 42 |  | 39 |  | 20981 | 17250 | 491 | 215 | 27819 | 29905 |
|  |  | 1282 | 140 |  | 3199 | 333 | 6 | 52504 | 8880 | 40130 |
|  |  | 8 | 140 |  |  | 333 |  | 3171 | 217 | 15680 |
|  |  | 8 | 140 |  |  | 333 |  | 3171 | 217 | 15680 |
|  |  | 1274 |  |  | 3199 |  | 6 | 35018 | 8663 | 12749 |
| **160563** | **239721** | **833565** | **186689** |  | **272462** | **124004** | **117872** | **50536** | **103980** | **55588** |
|  |  |  |  |  | 1606 | 1911 | 985 | 1760 | 4823 | 1512 |
| 149 | 77 | 162 |  |  | 44 | 70 | 25 | 29 | 34 | 73 |
|  |  |  |  |  | 371 | 513 | 288 | 657 | 592 | 481 |
|  |  | 2 | 434 |  |  | 1 |  | 2923 |  |  |
|  |  |  |  |  |  |  |  |  |  |  |
|  |  |  | 434 |  |  |  |  |  |  |  |
|  |  |  |  |  |  | 1 |  |  |  |  |
|  |  | 2 |  |  |  |  |  |  |  |  |
|  |  |  |  |  |  |  |  | 2923 |  |  |
| 153984 | 229944 | 725441 | 176834 |  | 258527 | 112478 | 106424 | 36966 | 91613 | 44910 |
| 153984 | 214955 | 610996 | 171827 |  | 125074 | 19087 | 113829 | 31649 | 99736 | 37760 |
|  | 3629 | 7927 | 4067 |  | 60230 | 92928 | 175 | 587 |  | 2421 |
|  | 11360 | 73789 | 8872 |  | 52337 | 149 |  |  |  | 6062 |
|  |  | 23261 |  |  | 2550 | 746 | 730 | 3681 |  | 1483 |
|  |  | 9468 |  |  | 2937 | 597 | 1446 | 3681 |  | 1121 |
|  |  |  | -7932 |  | -12050 | -1029 | -9794 | -3326 | -8527 | -3946 |
|  |  |  |  |  | 27449 |  | 38 | 694 | 404 | 9 |
|  |  |  |  |  |  | 1278 | 630 | 300 | 2423 | 790 |
|  |  | 12000 | 2531 |  | 2259 | 843 | 2384 | 1718 | 1001 | 794 |
|  |  | 1657 | 21 |  | 6392 | 2443 | 1928 | 1218 | 643 | 713 |
| 6430 | 9700 | 94023 | 6862 |  | 1433 | 3366 | 4476 | 3141 |  | 3372 |
|  |  |  |  |  | 474 | 81 | 2 | 124 | 89 | 99 |
|  |  |  |  |  | 474 | 81 | 2 | 124 | 89 | 99 |
|  |  |  |  |  | 144 |  | 87 | 58 |  | 14 |
|  |  |  |  |  | 144 |  | 87 | 58 |  | 14 |
|  |  | 50 | 1 |  | 202 | 87 | 32 | 49 | 234 | 66 |
|  |  | 230 | 6 |  | 994 | 465 | 367 | 261 | 1167 | 366 |
|  |  |  |  |  | 16 | 468 | 244 | 1332 | 1361 | 2398 |

# 13-5 财 政

（2012 年）

| 指 标 | 郑州市 | 市本级 | 中原区 | 二七区 | 管城区 | 金水区 | 上街区 | 惠济区 |
|---|---|---|---|---|---|---|---|---|
| **公共财政支出** | **7006980** | **2833119** | **211036** | **212075** | **184198** | **357244** | **98247** | **116389** |
| 一般公共服务 | 827634 | 131295 | 42812 | 41222 | 38877 | 82087 | 18483 | 22660 |
| 人大事务 | 14136 | 3810 | 873 | 741 | 753 | 1462 | 593 | 636 |
| 政协事务 | 10424 | 3172 | 639 | 854 | 647 | 842 | 435 | 454 |
| 政府办公厅（室）及相关机构事务 | 319528 | 29706 | 17817 | 25427 | 23857 | 39628 | 8835 | 9284 |
| 发展与改革事务 | 18479 | 7031 | 327 | 252 | 410 | 349 | 338 | 197 |
| 统计信息事务 | 8646 | 1958 | 632 | 544 | 404 | 712 | 76 | 507 |
| 财政事务 | 39021 | 5647 | 1895 | 1325 | 1497 | 2187 | 772 | 1031 |
| 税收事务 | 7276 | 780 |  |  |  |  | 1569 | 30 |
| 审计事务 | 9539 | 2530 | 242 | 700 | 148 | 484 | 142 | 256 |
| 人力资源事务 | 26981 | 5703 | 807 | 720 | 165 | 1380 | 50 | 200 |
| 纪检监察事务 | 12223 | 3402 | 623 | 730 | 399 | 933 | 254 | 643 |
| 人口与计划生育事务 | 54371 | 2730 | 3660 | 2828 | 2855 | 5150 | 868 | 2747 |
| 商贸事务 | 35084 | 17647 | 2178 | 796 | 727 | 734 | 1110 | 1394 |
| 知识产权事务 | 281 | 259 |  |  |  |  | 2 |  |
| 工商行政管理事务 | 2811 | 1930 |  |  |  |  | 31 |  |
| 质量技术监督与检验检疫事务 | 1207 | 730 |  |  |  |  | 13 | 15 |
| 民族事务 | 1282 | 874 | 54 | 16 | 63 | 5 | 22 | 49 |
| 宗教事务 | 1039 | 18 | 16 | 85 | 132 | 195 | 13 | 57 |
| 港澳台侨事务 | 307 | 156 |  |  |  |  | 56 |  |
| 档案事务 | 5583 | 3688 | 109 | 128 | 175 | 187 | 77 | 111 |
| 民主党派及工商联事务 | 1854 | 1032 |  | 96 | 95 | 108 | 53 | 49 |
| 群众团体事务 | 13877 | 6975 | 400 | 459 | 365 | 1114 | 254 | 341 |
| 党委办公厅（室）及相关机构事务 | 44098 | 8397 | 4348 | 845 | 4155 | 4773 | 615 | 3481 |
| 组织事务 | 10635 | 1911 | 617 | 890 | 922 | 1108 | 306 | 655 |
| 宣传事务 | 12982 | 6202 | 415 | 967 | 339 | 271 | 539 | 269 |
| 统战事务 | 2530 | 279 | 222 | 238 | 249 | 302 | 100 | 203 |
| 其他共产党事务支出（款） | 13461 | 2825 | 1788 | 1921 | 511 | 4077 | 902 | 36 |
| 其他一般公共服务支出（款） | 159979 | 11903 | 5150 | 660 | 9 | 16086 | 458 | 15 |
| 国防 | 8081 | 4065 | 341 | 203 | 565 | 10 | 8 | 339 |
| 预备役部队（款） | 2184 | 1285 | 45 |  |  |  |  | 222 |
| 民兵（款） | 1201 | 260 | 230 |  |  |  |  | 61 |
| 国防动员 | 2347 | 1435 | 66 | 203 |  | 10 | 8 | 56 |
| 其他国防支出（款） | 2349 | 1085 |  |  | 565 |  |  |  |
| 公共安全 | 358771 | 207616 | 5370 | 5706 | 6160 | 8846 | 5179 | 4131 |
| 武装警察 | 14388 | 8096 | 320 |  |  | 935 | 285 | 167 |
| 公安 | 227969 | 152972 |  |  |  | 1372 | 3293 |  |
| 国家安全 | 4144 | 4131 |  |  |  |  |  |  |

# 支 出

单位:万元

| | 经济开发区 | 高新开发区 | 郑东新区 | 航空港区 | 郑州新区 | 中牟县 | 巩义市 | 荥阳市 | 新密市 | 新郑市 | 登封市 |
|---|---|---|---|---|---|---|---|---|---|---|---|
| | **130313** | **168310** | **292670** | **118118** | **83031** | **440419** | **390589** | **274842** | **367013** | **375621** | **353746** |
| | 21140 | 24280 | 32015 | 17967 | 16570 | 72457 | 63555 | 32839 | 55173 | 49300 | 64902 |
| | 40 | 71 | 53 | | | 787 | 715 | 625 | 1285 | 830 | 862 |
| | | | | | | 522 | 651 | 491 | 649 | 466 | 602 |
| | 15594 | 11400 | 12029 | 3425 | 2542 | 32485 | 16579 | 14972 | 19266 | 18938 | 17744 |
| | 106 | 481 | | 564 | 786 | 651 | 580 | 820 | 1059 | 3589 | 939 |
| | 400 | 76 | 230 | | | 274 | 659 | 662 | 486 | 640 | 386 |
| | 1046 | 3302 | 75 | 776 | 432 | 2903 | 2369 | 3652 | 5375 | 2690 | 2047 |
| | 1075 | | 1382 | 569 | | | 15 | | 1856 | | |
| | | 224 | 492 | 3 | | 821 | 322 | 1013 | 660 | 800 | 702 |
| | 237 | 689 | 73 | 797 | 12542 | 458 | 1290 | 170 | 189 | 1376 | 135 |
| | 234 | 312 | 328 | 211 | | 791 | 386 | 514 | 856 | 1048 | 559 |
| | 620 | 944 | 1698 | 844 | | 7550 | 3913 | 4478 | 4767 | 4680 | 4039 |
| | 964 | 3548 | 1422 | 512 | 268 | 306 | 866 | 742 | 747 | 632 | 491 |
| | | | | | | | 20 | | | | |
| | 156 | | 20 | | | 64 | | 202 | | | 408 |
| | 204 | | 17 | | | | | 68 | 20 | | 140 |
| | | 6 | 7 | | | 15 | | 116 | 22 | 25 | 8 |
| | | | 89 | | | 103 | 8 | | 73 | 69 | 181 |
| | | | | | | 4 | | 53 | 38 | | |
| | | | | | | 114 | 129 | 175 | 220 | 269 | 201 |
| | | | | | | 7 | 75 | 50 | 68 | 171 | 50 |
| | 95 | 55 | 359 | 49 | | 1045 | 308 | 288 | 583 | 589 | 598 |
| | | 408 | 793 | 105 | | 2272 | 3052 | 2133 | 1722 | 3241 | 3758 |
| | | | | | | 1498 | 114 | 786 | 742 | 481 | 605 |
| | | | | | | 675 | 115 | 622 | 637 | 921 | 1010 |
| | | | | | | 125 | 94 | 106 | 159 | 250 | 203 |
| | 296 | | | | | 64 | | | 1030 | 11 | |
| | 73 | 2764 | 12948 | 10112 | | 18923 | 31295 | 101 | 12664 | 7584 | 29234 |
| | 120 | | 38 | | | 291 | 481 | 498 | 140 | 659 | 323 |
| | 120 | | | | | 80 | 75 | | 20 | 252 | 85 |
| | | | | | | 158 | | 252 | 70 | | 170 |
| | | | 38 | | | 53 | 143 | 138 | 50 | 107 | 40 |
| | | | | | | | 263 | 108 | | 300 | 28 |
| | 3905 | 4319 | 3825 | 2637 | | 16699 | 15949 | 14665 | 18021 | 18557 | 17186 |
| | 465 | | 836 | 1288 | | | 283 | 283 | 488 | 512 | 430 |
| | 975 | | 2123 | 1297 | | 12623 | 10126 | 9564 | 11086 | 11433 | 11105 |
| | | | 13 | | | | | | | | |

| 指　　标 | 郑州市 | 市本级 | 中原区 | 二七区 | 管城区 | 金水区 | 上街区 | 惠济区 |
|---|---|---|---|---|---|---|---|---|
| 检察 | 39738 | 15838 | 1566 | 1869 | 1963 | 1747 | 536 | 1151 |
| 法院 | 40378 | 9432 | 2128 | 3208 | 2682 | 3514 | 656 | 1491 |
| 监狱 | 4122 | 4122 | | | | | | |
| 劳教 | 7004 | 7004 | | | | | | |
| 其他公共安全支出(款) | 1432 | | | | 596 | | | 206 |
| 教育 | 1240176 | 405819 | 49742 | 50800 | 36199 | 67985 | 19927 | 27784 |
| 教育管理事务 | 18073 | 7283 | 269 | 99 | 550 | 593 | 790 | 611 |
| 普通教育 | 872787 | 221258 | 45105 | 29698 | 31821 | 53219 | 9742 | 23337 |
| 职业教育 | 119738 | 95496 | | 116 | 448 | | 7264 | 514 |
| 成人教育 | 2677 | 1743 | 10 | | | 2 | 15 | 176 |
| 广播电视教育 | 1288 | 930 | | | | | | |
| 特殊教育 | 4882 | 2657 | 98 | 158 | 293 | 549 | | |
| 教师进修及干部继续教育 | 17287 | 8497 | 242 | 96 | 183 | 2412 | 132 | 347 |
| 教育费附加安排的支出 | 125896 | 47148 | 3982 | 4912 | 2897 | 6957 | 1503 | 2375 |
| 其他教育支出(款) | 77548 | 20807 | 36 | 15721 | 7 | 4253 | 481 | 424 |
| 科学技术 | 152706 | 61098 | 4651 | 8326 | 4133 | 8371 | 1781 | 3708 |
| 科学技术管理事务 | 4826 | 1149 | 137 | 155 | 318 | 204 | 113 | 104 |
| 基础研究 | 1997 | 1337 | | | | | 20 | |
| 应用研究 | 461 | 237 | | | | 100 | | |
| 技术研究与开发 | 107987 | 42446 | 4414 | 7633 | 3715 | 7186 | 1567 | 3494 |
| 科技条件与服务 | 235 | 20 | | | | 36 | | |
| 社会科学 | 343 | 335 | | | | | | |
| 科学技术普及 | 3826 | 2076 | 100 | 138 | 100 | 208 | 77 | 110 |
| 科技交流与合作 | 3 | | | | | | 3 | |
| 科技重大专项(款) | 1829 | 1300 | | 400 | | | | |
| 其他科学技术支出(款) | 31199 | 12198 | | | | 637 | 1 | |
| 文化体育与传媒 | 108517 | 68133 | 602 | 1156 | 754 | 1311 | 698 | 499 |
| 文化 | 63914 | 49417 | 193 | 857 | 531 | 947 | 266 | 306 |
| 行政运行 | 2457 | | | 22 | 442 | 684 | 22 | 194 |
| 一般行政管理事务 | 387 | 80 | | | | 25 | 22 | 6 |
| 机关服务 | 1171 | 113 | | 529 | | | | |
| 图书馆 | 2017 | 1191 | 8 | | 5 | 37 | 42 | |
| 文化展示及纪念机构 | 1659 | 1659 | | | | | | |
| 艺术表演场所 | 606 | 341 | | | | | | |
| 艺术表演团体 | 4211 | 3331 | | | | | | |
| 文化活动 | 4571 | 4362 | | | | | | 17 |
| 群众文化 | 4272 | 1101 | 173 | 176 | 59 | 30 | 62 | 65 |
| 文化交流与合作 | 301 | 300 | | | | | 1 | |
| 文化创作与保护 | 610 | 604 | | | | | | |
| 文化市场管理 | 1861 | 1033 | 1 | 101 | | 30 | 117 | |

单位:万元

| 经济开发区 | 高新开发区 | 郑东新区 | 航空港区 | 郑州新区 | 中牟县 | 巩义市 | 荥阳市 | 新密市 | 新郑市 | 登封市 |
|---|---|---|---|---|---|---|---|---|---|---|
| 1362 | 1643 | 500 | | | 1195 | 1719 | 1885 | 2892 | 2445 | 1427 |
| 1030 | 2676 | 100 | | | 1774 | 2639 | 1838 | 2571 | 2400 | 2239 |
| | | | | | | | | | | |
| | | | | | | | | | | |
| | | | | | 78 | 206 | 143 | | | 203 |
| 16127 | 33676 | 65264 | 24787 | | 90504 | 81952 | 59592 | 70565 | 73288 | 66165 |
| 451 | 546 | 17 | 25 | | 971 | 441 | 878 | 1369 | 1560 | 1620 |
| 9219 | 13380 | 64157 | 22862 | | 81597 | 71498 | 49137 | 55856 | 43547 | 47354 |
| | | | 20 | | 2075 | 3355 | 3634 | 3285 | 2286 | 1245 |
| | | | | | 10 | 206 | 10 | 15 | 448 | 42 |
| | | | | | | | 358 | | | |
| | | | | | 200 | 117 | 192 | 217 | 249 | 152 |
| | 68 | | | | 1100 | 665 | 962 | 1352 | 645 | 586 |
| 6447 | 5606 | 389 | 1873 | | 4163 | 5510 | 3415 | 7193 | 16878 | 4648 |
| 10 | 14076 | 701 | 7 | | 388 | 160 | 1006 | 1278 | 7675 | 10518 |
| 6336 | 21035 | 4108 | 2317 | | 4248 | 7843 | 3620 | 3389 | 5188 | 2554 |
| 37 | 141 | | 95 | | 114 | 212 | 118 | 389 | 1540 | |
| | 640 | | | | | | | | | |
| | | | | | | | 124 | | | |
| 5174 | 5359 | 4108 | 2188 | | 3936 | 5348 | 3062 | 2902 | 3189 | 2266 |
| | 175 | | | | | | 2 | | 2 | |
| | | | | | 2 | | | 6 | | |
| 10 | | | 5 | | 177 | 138 | 254 | 88 | 57 | 288 |
| | | | | | | | | | | |
| 100 | | | 29 | | | | | | | |
| 1015 | 14720 | | | | 19 | 2145 | 60 | 4 | 400 | |
| 826 | 465 | 152 | 90 | | 1975 | 13279 | 3274 | 2530 | 6625 | 6148 |
| 791 | 366 | 84 | 11 | | 567 | 4663 | 1053 | 680 | 1828 | 1354 |
| 9 | 4 | | | | 105 | 68 | 175 | 110 | 366 | 256 |
| 178 | | | | | | | | | 58 | 18 |
| | | | | | 5 | | 524 | | | |
| 441 | | | | | 40 | 56 | 10 | 3 | 131 | 53 |
| | | | | | | | | | | |
| | | | | | | | | | 265 | |
| | | | | | 32 | 108 | 40 | 125 | 490 | 85 |
| | | 11 | | | | 18 | 25 | | | 138 |
| 149 | 15 | | 11 | | 314 | 1540 | 94 | 81 | 246 | 156 |
| | | | | | | | | | | |
| | | | | | | | 6 | | | |
| | | | | | 12 | 160 | 2 | 24 | 207 | 174 |

| 指　标 | 郑州市 | 市本级 | 中原区 | 二七区 | 管城区 | 金水区 | 上街区 | 惠济区 |
|---|---|---|---|---|---|---|---|---|
| 其他文化支出 | 39791 | 35302 | 11 | 29 | 25 | 141 | | 24 |
| 文物 | 20740 | 7442 | 5 | 202 | 199 | | 98 | |
| 行政运行 | 1126 | 363 | | | 144 | | | |
| 一般行政管理事务 | 186 | | | | | | 33 | |
| 文物保护 | 13688 | 3528 | 5 | 202 | 35 | | 65 | |
| 博物馆 | 3353 | 2779 | | | | | | |
| 历史名城与古迹 | 1878 | 547 | | | | | | |
| 其他文物支出 | 509 | 225 | | | 20 | | | |
| 体育 | 4252 | 2249 | | 15 | | 20 | 32 | 45 |
| 行政运行 | 503 | 310 | | | | | | |
| 一般行政管理事务 | 56 | | | | | 20 | | |
| 机关服务 | 14 | 14 | | | | | | |
| 运动项目管理 | 318 | 53 | | | | | | |
| 体育竞赛 | 293 | 228 | | | | | 2 | 45 |
| 体育训练 | 10 | 10 | | | | | | |
| 体育场馆 | 1828 | 1161 | | | | | | |
| 群众体育 | 584 | 469 | | 15 | | | 10 | |
| 体育交流与合作 | 4 | 4 | | | | | | |
| 其他体育支出 | 642 | | | | | | 20 | |
| 广播影视 | 8994 | 2821 | 72 | | | 189 | 220 | 1 |
| 行政运行 | 635 | | | | | 184 | 99 | |
| 一般行政管理事务 | 87 | | | | | | 7 | |
| 机关服务 | 368 | 216 | | | | | | |
| 广播 | 2436 | 855 | 72 | | | | | |
| 电视 | 3564 | 1655 | | | | | | |
| 电影 | 149 | 35 | | | | | | 1 |
| 广播电视监控 | 60 | 60 | | | | | | |
| 其他广播影视支出 | 1695 | | | | | 5 | 114 | |
| 新闻出版 | 942 | 261 | 313 | 10 | | 50 | | 7 |
| 其他文化体育与传媒支出(款) | 9675 | 5943 | 19 | 72 | 24 | 105 | 82 | 140 |
| 社会保障和就业 | 557360 | 247651 | 17870 | 26283 | 12054 | 24440 | 9092 | 7739 |
| 人力资源和社会保障管理事务 | 39446 | 23219 | 521 | 762 | 1330 | 1284 | 1664 | 1228 |
| 行政运行 | 6579 | 2707 | | 3 | 579 | 495 | 158 | 965 |
| 一般行政管理事务 | 2959 | 2381 | | | | | 18 | 149 |
| 机关服务 | 1437 | | | | | | | |
| 综合业务管理 | 169 | 15 | | 13 | | | | |
| 劳动保障监察 | 2416 | 1410 | | 192 | 277 | | 60 | 16 |
| 就业管理事务 | 1989 | 1849 | | 15 | | | 75 | |
| 社会保险业务管理事务 | 873 | 770 | | 3 | 2 | 6 | 5 | 2 |
| 金保工程 | 232 | 203 | | | | | 9 | |
| 社会保险经办机构 | 14243 | 9063 | 496 | 529 | 472 | 639 | 287 | 96 |

单位:万元

| 经济开发区 | 高新开发区 | 郑东新区 | 航空港区 | 郑州新区 | 中牟县 | 巩义市 | 荥阳市 | 新密市 | 新郑市 | 登封市 |
|---|---|---|---|---|---|---|---|---|---|---|
| 14 | 347 | 73 | | | 59 | 2713 | 177 | 337 | 65 | 474 |
| | | | 50 | | 117 | 7004 | 241 | 424 | 2643 | 2315 |
| | | | | | | 124 | | | | 495 |
| | | | | | | 3 | | | | 150 |
| | | | | | 115 | 6621 | 241 | 128 | 2156 | 592 |
| | | | | | | 247 | | | 327 | |
| | | | | | | | | 253 | | 1078 |
| | | | 50 | | 2 | 9 | | 43 | 160 | |
| 32 | 55 | 8 | | | | 101 | 862 | 96 | 170 | 567 |
| | | | | | | | | | 104 | 89 |
| | | | | | | | | 36 | | |
| | | | | | | | | | | |
| | | | | | | | 265 | | | |
| | | | | | | | | | | 18 |
| | | | | | | | | | | |
| | | | | | | 70 | 597 | | | |
| 32 | 55 | 3 | | | | | | | | |
| | | | | | | | | | | |
| | | 5 | | | | 31 | | 60 | 66 | 460 |
| 3 | | 1 | | | 570 | 973 | 575 | 1180 | 1532 | 857 |
| | | | | | 163 | 105 | 84 | | | |
| | | | | | | | | | 80 | |
| | | | | | | | 126 | 26 | | |
| | | | | | 33 | 208 | 132 | 57 | 1030 | 49 |
| | | | | | 272 | 626 | 223 | | | 788 |
| 3 | | 1 | | | 102 | | | 7 | | |
| | | | | | | | | | | |
| | | | | | | 34 | 10 | 1090 | 422 | 20 |
| | 8 | | 12 | | 45 | 27 | 90 | 21 | 44 | 54 |
| | 36 | 59 | 17 | | 676 | 511 | 453 | 129 | 408 | 1001 |
| 1128 | 4041 | 10425 | 3202 | | 25167 | 33808 | 30462 | 40507 | 34303 | 29188 |
| 331 | 108 | 536 | 384 | | 750 | 774 | 2066 | 2066 | 949 | 1474 |
| | 97 | | 31 | | | | 270 | 164 | 319 | 791 |
| 22 | 11 | | 212 | | | | | 109 | 26 | 31 |
| | | | | | | | 1399 | 38 | | |
| | | | 141 | | | | | | | |
| 259 | | | | | 111 | | 38 | 53 | | |
| 50 | | | | | | | | | | |
| | | | | | 15 | | 50 | 3 | 2 | 15 |
| | | | | | | | | | | 20 |
| | | | | | 622 | 774 | 15 | 769 | 15 | 466 |

13-5 续表 3 （2012 年）

| 指 标 | 郑州市 | 市本级 | 中原区 | 二七区 | 管城区 | 金水区 | 上街区 | 惠济区 |
|---|---|---|---|---|---|---|---|---|
| 劳动关系和维权 | 540 | 503 | | | | | 31 | |
| 公共就业服务和职业技能鉴定机构 | 512 | 460 | | | | | 18 | |
| 其他人力资源和社会保障管理事务支出 | 7497 | 3858 | 25 | 7 | | 144 | 1003 | |
| 民政管理事务 | 24344 | 5422 | 3296 | 2681 | 1105 | 2784 | 496 | 833 |
| 行政运行 | 5151 | 1755 | 387 | 113 | 335 | 883 | 129 | 383 |
| 一般行政管理事务 | 691 | 73 | | | | 21 | 9 | 308 |
| 机关服务 | 952 | | | 358 | | | | |
| 拥军优属 | 1739 | 751 | 98 | 65 | 69 | 112 | 88 | 101 |
| 老龄事务 | 244 | 30 | | 16 | 72 | 33 | 9 | 4 |
| 民间组织管理 | 399 | 373 | | | 8 | 14 | 1 | |
| 行政区划和地名管理 | 231 | | 12 | 5 | 6 | 19 | | 5 |
| 基层政权和社区建设 | 9383 | 290 | 2517 | 2048 | 525 | 1379 | 87 | 15 |
| 部队供应 | 1310 | 1310 | | | | | | |
| 其他民政管理事务支出 | 4244 | 840 | 282 | 76 | 90 | 323 | 173 | 17 |
| 财政对社会保险基金的补助 | 131966 | 51569 | 2110 | 2499 | 3810 | 10411 | 954 | 1927 |
| 财政对基本养老保险基金的补助 | 58650 | 49250 | | | 3810 | 865 | | 45 |
| 财政对失业保险基金的补助 | 261 | | | | | 4 | | 13 |
| 财政对基本医疗保险基金的补助 | 5121 | 2221 | | | | | | |
| 财政对工伤保险基金的补助 | 1017 | 98 | | | | | | 20 |
| 财政对生育保险基金的补助 | 696 | | | 66 | | | | 45 |
| 财政对新型农村社会养老保险基金的补助 | 45123 | | 701 | 627 | | 250 | 330 | 645 |
| 财政对城镇居民养老保险基金的补助 | 7531 | | 499 | 137 | | 973 | 555 | 667 |
| 财政对其他社会保险基金的补助 | 13567 | | 910 | 1669 | | 8319 | 69 | 492 |
| 行政事业单位离退休 | 134391 | 60823 | 5854 | 14149 | 2395 | 1723 | 4551 | 1897 |
| 企业改革补助 | 15579 | 12225 | 1132 | | | | | |
| 就业补助 | 53721 | 38862 | 121 | 218 | 78 | 100 | 310 | 101 |
| 扶持公共就业服务 | 1195 | | | | | | | 36 |
| 职业培训补贴 | 980 | | 60 | 218 | | | | |
| 职业介绍补贴 | 69 | | | | | | | |
| 社会保险补贴 | 165 | | | | | | | |
| 公益性岗位补贴 | 1353 | | | | | | | |
| 小额担保贷款贴息 | 10594 | 8330 | | | | | 77 | |
| 补充小额贷款担保基金 | 9463 | 7247 | | | | | | |
| 其他就业补助支出 | 29902 | 23285 | 61 | | 78 | 100 | 233 | 65 |
| 抚恤 | 29935 | 1218 | 2178 | 2357 | 1279 | 3907 | 382 | 891 |
| 退役安置 | 34950 | 27831 | 271 | 725 | 209 | 1432 | 20 | 28 |
| 社会福利 | 22867 | 14431 | 446 | 156 | 16 | 28 | 59 | 7 |
| 残疾人事业 | 3200 | 1014 | 196 | 199 | 130 | 288 | 33 | 111 |

单位:万元

| 经济开发区 | 高新开发区 | 郑东新区 | 航空港区 | 郑州新区 | 中牟县 | 巩义市 | 荥阳市 | 新密市 | 新郑市 | 登封市 |
|---|---|---|---|---|---|---|---|---|---|---|
| | | | | | | | | | | 6 |
| | | | | | | | 23 | | | 11 |
| | | 536 | | | 2 | | 271 | 930 | 587 | 134 |
| 147 | | 2501 | 13 | | 925 | 416 | 980 | 760 | 1319 | 666 |
| | | | | | 333 | 98 | 187 | 100 | 177 | 271 |
| 133 | | | | | | | | | 137 | 10 |
| | | | | | | | 591 | 3 | | |
| | | 10 | 13 | | 65 | 82 | 96 | | 91 | 98 |
| | | | | | 8 | 11 | 18 | | 32 | 11 |
| | | | | | | 3 | | | | |
| | | | | | 127 | 10 | | | 34 | 13 |
| | | 2431 | | | | 12 | 5 | | 59 | 15 |
| | | | | | | | | | | |
| 14 | | 60 | | | 392 | 200 | 83 | 657 | 789 | 248 |
| 248 | 280 | 3429 | 1705 | | 5778 | 13873 | 9486 | 8453 | 8160 | 7274 |
| | | 2231 | 1059 | | 1390 | | | | | |
| | | 164 | | | 40 | | | 10 | 30 | |
| | | 793 | 646 | | | 50 | | 1411 | | |
| | | 38 | | | 148 | 210 | 174 | 138 | 44 | 147 |
| | | | | | | | 118 | 228 | 50 | 189 |
| | | 28 | | | 4108 | 12397 | 8620 | 4707 | 5809 | 6901 |
| 248 | | 63 | | | 92 | 1216 | 504 | 1952 | 588 | 37 |
| | 280 | 112 | | | | | 70 | 7 | 1639 | |
| 22 | 419 | 1288 | 47 | | 2519 | 4526 | 6729 | 13094 | 8144 | 6211 |
| | 101 | | | | | | | 2121 | | |
| 111 | | 1247 | | | 1740 | 2578 | 1735 | 1981 | 2881 | 1658 |
| | | | | | 178 | | | 529 | 452 | |
| 76 | | | | | 100 | 500 | | 15 | 11 | |
| 35 | | 24 | | | | | | 10 | | |
| | | | | | 150 | | | 15 | | |
| | | | | | 558 | 785 | | 10 | | |
| | | | | | 722 | 836 | | 62 | 268 | 299 |
| | | | | | 32 | 84 | 300 | | 1300 | 500 |
| | | 1223 | | | | 373 | 1435 | 1340 | 850 | 859 |
| 126 | 338 | 591 | 187 | | 3225 | 2944 | 2369 | 3311 | 2527 | 2105 |
| | 13 | | | | 235 | 1073 | 637 | 610 | 1491 | 375 |
| 4 | 10 | 3 | 22 | | 2772 | 1293 | 606 | 827 | 1436 | 751 |
| 23 | 25 | 17 | 5 | | 136 | 284 | 125 | 146 | 403 | 65 |

13-5　续表4　（2012年）

| 指　　标 | 郑州市 | 市本级 | 中原区 | 二七区 | 管城区 | 金水区 | 上街区 | 惠济区 |
|---|---|---|---|---|---|---|---|---|
| 城市居民最低生活保障(款) | 13387 | 119 | 1525 | 1714 | 388 | 1467 | 498 | 486 |
| 其他城市生活救助 | 2882 | 1644 | 19 | 292 | 23 | 122 | 58 | 17 |
| 自然灾害生活救助 | 1501 | 49 |  | 19 | 15 | 16 | 10 | 5 |
| 红十字事业 | 1297 | 636 |  | 70 | 81 | 33 |  | 37 |
| 农村最低生活保障 | 21051 | 271 |  |  |  |  | 18 | 40 |
| 其他农村生活救助 | 9847 | 11 | 49 | 197 | 153 | 53 | 24 | 121 |
| 其他社会保障和就业支出(款) | 16996 | 8307 | 152 | 245 | 1042 | 792 | 15 | 10 |
| 医疗卫生 | 460530 | 145995 | 11324 | 11958 | 9678 | 24698 | 10495 | 8322 |
| 医疗卫生管理事务 | 12653 | 1856 | 333 | 598 | 1161 | 815 | 3666 | 434 |
| 公立医院 | 80819 | 56669 | 20 |  |  | 10591 | 2370 | 203 |
| 基层医疗卫生机构 | 69307 | 2738 | 1379 | 768 | 394 | 1275 | 453 | 770 |
| 公共卫生 | 53922 | 13351 | 1854 | 2317 | 2016 | 3728 | 1044 | 988 |
| 疾病预防控制机构 | 9652 | 2279 | 249 | 646 | 268 | 852 | 320 | 204 |
| 卫生监督机构 | 4137 | 608 | 484 | 536 | 300 | 905 | 5 | 81 |
| 妇幼保健机构 | 6721 | 1686 | 314 | 141 | 443 | 384 | 222 | 83 |
| 精神卫生机构 | 934 | 934 |  |  |  |  |  |  |
| 应急救治机构 | 1190 | 201 |  |  |  |  |  |  |
| 采供血机构 | 220 |  |  |  |  |  |  |  |
| 其他专业公共卫生机构 | 162 |  |  |  |  |  | 13 |  |
| 基本公共卫生服务 | 19862 | 5772 | 468 | 600 | 243 | 862 | 159 | 329 |
| 重大公共卫生专项 | 8709 | 1664 | 295 | 303 | 132 | 458 | 123 | 281 |
| 突发公共卫生事件应急处理 | 139 | 30 | 17 |  | 10 | 50 |  |  |
| 其他公共卫生支出 | 2196 | 177 | 27 | 91 | 620 | 217 | 202 | 10 |
| 医疗保障 | 231937 | 66500 | 7354 | 7943 | 4968 | 7640 | 2907 | 5798 |
| 行政单位医疗 | 20827 | 5876 | 755 | 1487 | 877 | 1663 | 1018 | 1409 |
| 事业单位医疗 | 21139 | 6744 | 1276 | 2266 | 645 | 2728 | 587 | 379 |
| 公务员医疗补助 | 5728 | 5728 |  |  |  |  |  |  |
| 优抚对象医疗补助 | 1060 |  | 38 | 47 | 17 | 94 | 9 | 22 |
| 城市医疗救助 | 503 |  | 52 | 60 | 30 | 36 | 12 | 21 |
| 新型农村合作医疗 | 109433 |  | 2199 | 2625 | 1937 | 1274 | 1210 | 3712 |
| 农村医疗救助 | 2423 |  | 2 | 1 | 1 | 1 | 1 | 1 |
| 城镇居民基本医疗保险 | 36267 | 23669 | 2 | 1 |  | 8 |  | 2 |
| 其他医疗保障支出 | 34557 | 24483 | 3030 | 1456 | 1461 | 1836 | 70 | 252 |
| 中医药 | 2402 | 343 | 177 | 183 | 59 | 191 | 17 | 80 |
| 食品和药品监督管理事务 | 5834 | 3190 | 113 | 119 | 270 | 383 | 32 | 29 |
| 其他医疗卫生支出(款) | 3656 | 1348 | 94 | 30 | 810 | 75 | 6 | 20 |
| 节能环保 | 140731 | 64401 | 504 | 2891 | 624 | 1543 | 2319 | 361 |
| 环境保护管理事务 | 14452 | 4835 | 358 | 300 | 318 | 839 | 234 | 208 |
| 环境监测与监察 | 2080 | 1368 | 20 |  |  |  |  | 8 |
| 污染防治 | 39641 | 14916 | 12 | 1263 | 35 | 65 | 2028 | 5 |
| 自然生态保护 | 8800 | 635 | 90 | 179 |  | 54 | 33 | 107 |

单位:万元

| 经济开发区 | 高新开发区 | 郑东新区 | 航空港区 | 郑州新区 | 中牟县 | 巩义市 | 荥阳市 | 新密市 | 新郑市 | 登封市 |
|---|---|---|---|---|---|---|---|---|---|---|
|  | 346 | 182 | 27 |  | 1163 | 1130 | 669 | 665 | 1773 | 1235 |
|  | 66 | 21 |  |  | 134 | 49 | 113 | 60 | 61 | 203 |
| 8 | 8 | 8 |  |  | 211 | 202 | 251 | 380 | 172 | 147 |
| 11 |  |  |  |  | 23 | 11 | 30 | 47 | 198 | 120 |
| 62 |  |  | 298 |  | 3321 | 3313 | 2910 | 3072 | 3441 | 4305 |
| 35 | 48 |  | 76 |  | 2119 | 753 | 1523 | 1912 | 821 | 1952 |
|  | 2279 | 602 | 438 |  | 116 | 589 | 233 | 1002 | 527 | 647 |
| 1560 | 4197 | 3969 | 1981 | 82 | 43063 | 45042 | 30265 | 36731 | 38025 | 33145 |
| 9 | 171 | 30 | 79 |  | 538 | 328 | 873 | 283 | 915 | 564 |
|  |  |  |  |  | 490 | 5913 | 300 | 302 | 857 | 3104 |
| 74 | 130 | 283 |  |  | 17110 | 12202 | 6918 | 7096 | 12970 | 4747 |
| 98 | 538 | 407 | 167 |  | 4445 | 6945 | 3205 | 5131 | 3113 | 4575 |
|  |  | 34 |  |  | 312 | 2274 | 370 | 797 | 189 | 858 |
|  |  |  |  |  | 291 | 195 | 249 | 375 | 49 | 59 |
|  |  |  |  |  | 612 | 2074 | 32 | 360 | 157 | 213 |
|  |  |  |  |  |  |  |  |  |  |  |
|  |  |  |  |  | 265 |  | 286 | 55 | 206 | 177 |
|  |  |  |  |  |  |  |  | 220 |  |  |
|  |  |  |  |  |  |  |  | 149 |  |  |
| 76 | 233 | 210 | 3 |  | 2064 | 1577 | 1830 | 2166 | 1632 | 1638 |
| 22 | 5 | 94 | 1 |  | 874 | 732 | 412 | 970 | 817 | 1526 |
|  |  |  |  |  | 12 |  |  |  |  | 20 |
|  | 300 | 69 | 163 |  | 15 | 93 | 26 | 39 | 63 | 84 |
| 1368 | 2945 | 3079 | 1729 | 82 | 19948 | 19289 | 18442 | 23502 | 18869 | 19574 |
|  |  |  |  | 72 | 1234 | 1201 | 914 | 684 | 1977 | 1660 |
|  |  | 7 |  | 10 |  | 450 | 2319 | 2357 | 1102 | 269 |
|  |  |  |  |  |  |  |  |  |  |  |
|  |  | 5 | 6 |  | 85 | 109 | 147 | 325 | 97 | 59 |
|  |  | 22 |  |  | 37 | 50 | 35 | 50 | 57 | 41 |
| 1368 | 2735 | 3045 | 1629 |  | 16428 | 15788 | 12841 | 16864 | 11919 | 13859 |
|  | 4 |  | 85 |  | 168 | 388 | 560 | 527 | 274 | 410 |
|  | 121 |  |  |  | 1560 | 944 | 1258 | 2593 | 2833 | 3276 |
|  | 85 |  | 9 |  | 436 | 359 | 368 | 102 | 610 |  |
|  | 29 | 60 |  |  | 265 | 195 | 230 | 97 | 172 | 304 |
| 11 | 379 |  |  |  | 134 | 110 | 252 | 165 | 370 | 277 |
|  | 5 | 110 | 6 |  | 133 | 60 | 45 | 155 | 759 |  |
| 153 | 279 | 66 | 2478 |  | 10069 | 11837 | 10995 | 12852 | 8474 | 10885 |
| 86 | 199 |  | 152 |  | 113 | 870 | 1738 | 1906 | 1015 | 1281 |
| 17 |  |  |  |  | 212 | 402 | 53 |  |  |  |
|  | 45 | 66 | 1491 |  | 1834 | 4191 | 2803 | 3499 | 3129 | 4259 |
|  |  |  |  |  | 1634 | 1515 | 2060 | 1506 | 314 | 673 |

| 指 标 | 郑州市 | 市本级 | 中原区 | 二七区 | 管城区 | 金水区 | 上街区 | 惠济区 |
|---|---|---|---|---|---|---|---|---|
| 退耕还林 | 4399 | | | | | | 19 | 33 |
| 能源节约利用(款) | 49299 | 40223 | 4 | 947 | 271 | 354 | | |
| 污染减排 | 11810 | 1398 | 20 | 202 | | | | |
| 可再生能源(款) | 5219 | 1000 | | | | | | |
| 资源综合利用(款) | 3480 | | | | | | | |
| 其他节能环保支出(款) | 1551 | 26 | | | | 231 | 5 | |
| 城乡社区事务 | 951021 | 280655 | 40734 | 27759 | 19557 | 108927 | 15593 | 7884 |
| 城乡社区管理事务 | 132538 | 47564 | 4197 | 7383 | 7541 | 17537 | 6572 | 3841 |
| 城乡社区规划与管理(款) | 9051 | 104 | 392 | 50 | 115 | 297 | 202 | 676 |
| 城乡社区公共设施 | 474706 | 52431 | 10926 | 3930 | 2931 | 71354 | 1152 | 1351 |
| 城乡社区环境卫生(款) | 125900 | 22814 | 9358 | 10262 | 6270 | 19111 | 2810 | 2006 |
| 建设市场管理与监督(款) | 283 | | | 4 | | 60 | | 10 |
| 其他城乡社区事务支出(款) | 208543 | 157742 | 15861 | 6130 | 2700 | 568 | 4857 | |
| 农林水事务 | 520476 | 138457 | 5383 | 6978 | 5424 | 5109 | 4005 | 10734 |
| 农业 | 215792 | 22142 | 1340 | 3937 | 2905 | 3397 | 1950 | 7026 |
| 行政运行 | 8388 | 2137 | 459 | 103 | 811 | 1425 | 336 | 501 |
| 机关服务 | 1127 | | | | | | | |
| 事业运行 | 10393 | 1779 | | 258 | | 69 | | 415 |
| 农垦运行 | 131 | 40 | | | | | | 60 |
| 技术推广与培训 | 8592 | 2808 | 3 | 64 | | 366 | 10 | 249 |
| 病虫害控制 | 1717 | 313 | 51 | 18 | 4 | 35 | 18 | 103 |
| 农产品质量安全 | 3335 | 2404 | 5 | 11 | 10 | 143 | 35 | 119 |
| 执法监管 | 853 | 244 | | | 189 | 10 | 12 | 10 |
| 统计监测与信息服务 | 71 | 55 | | | | | | |
| 农业行业业务管理 | 102 | 97 | | | | | | 5 |
| 对外交流与合作 | 115 | 115 | | | | | | |
| 灾害救助 | 1367 | | 13 | 5 | 9 | 14 | 10 | 19 |
| 农业结构调整补贴 | 7960 | 915 | | 45 | 58 | | 182 | 439 |
| 农业生产资料与技术补贴 | 19735 | 1348 | 16 | 22 | | 144 | 50 | 245 |
| 农业生产保险补贴 | 2306 | | | | | | | |
| 农业组织化与产业化经营 | 3160 | 17 | | 20 | | 5 | 60 | 583 |
| 农产品加工与促销 | 1567 | 175 | | | | | 15 | 35 |
| 农村公益事业 | 1210 | 150 | | | | | 46 | 10 |
| 农业资源保护与利用 | 20949 | 1115 | | 194 | | | | 1062 |
| 农村道路建设 | 14179 | | 60 | 1910 | 556 | | | |
| 农资综合补贴 | 36637 | | 430 | 712 | 365 | 462 | 291 | 892 |
| 石油价格改革对渔业的补贴 | 119 | | | | | 6 | | 18 |
| 对高校毕业生到基层任职补助 | 3400 | 79 | 66 | | 24 | 45 | 20 | 222 |
| 其他农业支出 | 66311 | 8335 | 237 | 575 | 879 | 654 | 258 | 1041 |
| 林业 | 103233 | 73698 | 57 | 156 | 102 | 708 | 32 | 1720 |
| 行政运行 | 2857 | 806 | | | | 237 | | 605 |

单位:万元

| 经济开发区 | 高新开发区 | 郑东新区 | 航空港区 | 郑州新区 | 中牟县 | 巩义市 | 荥阳市 | 新密市 | 新郑市 | 登封市 |
|---|---|---|---|---|---|---|---|---|---|---|
|  |  |  | 2 |  | 419 | 1039 | 232 | 816 | 647 | 1192 |
| 21 |  |  | 10 |  | 540 | 1310 | 876 | 3524 | 525 | 694 |
|  |  |  |  |  | 652 | 1446 | 2033 | 1601 | 1743 | 2715 |
|  |  |  | 823 |  | 3325 |  |  |  |  | 71 |
|  |  |  |  |  | 340 | 970 | 1200 |  | 970 |  |
| 29 | 35 |  |  |  | 1000 | 94 |  |  | 131 |  |
| 39218 | 31661 | 145595 | 7117 | 44185 | 59226 | 32314 | 11319 | 35025 | 25299 | 18953 |
| 1240 | 6444 | 3219 | 1537 | 430 | 1998 | 2248 | 4415 | 2025 | 8441 | 5906 |
| 160 | 1095 |  | 764 | 57 | 1118 | 904 | 1672 | 828 | 160 | 457 |
| 33641 | 11963 | 140316 | 2948 | 43698 | 25998 | 23214 | 3230 | 24069 | 14154 | 7400 |
| 3177 | 3537 | 2060 | 1868 |  | 23605 | 5064 | 1680 | 8094 | 2524 | 1660 |
|  |  |  |  |  |  | 159 |  |  |  | 50 |
| 1000 | 8622 |  |  |  | 6507 | 725 | 322 | 9 | 20 | 3480 |
| 1426 | 3193 | 3855 | 2322 |  | 76052 | 43317 | 47045 | 59702 | 61192 | 46282 |
| 970 | 1599 | 1420 | 1390 |  | 44891 | 15741 | 24590 | 31904 | 30448 | 20142 |
| 1 |  | 4 |  |  | 256 | 447 | 332 | 162 | 592 | 822 |
|  |  |  |  |  |  |  | 36 | 1091 |  |  |
|  |  |  |  |  | 1642 | 1609 | 1531 | 1614 | 1476 |  |
|  |  |  |  |  | 8 |  | 12 | 11 |  |  |
|  | 165 | 4 | 100 |  | 1143 | 299 | 1250 | 243 | 848 | 1040 |
| 28 | 11 | 49 | 22 |  | 311 | 194 | 107 | 118 | 85 | 250 |
|  | 3 | 26 |  |  | 173 | 27 | 141 | 67 | 99 | 72 |
|  |  |  |  |  | 225 |  |  | 136 | 10 | 17 |
| 5 |  |  |  |  |  | 2 | 2 | 4 |  | 3 |
|  |  |  |  |  |  |  |  |  |  |  |
|  |  |  |  |  |  |  |  |  |  |  |
| 9 | 25 | 20 | 20 |  | 190 | 176 | 238 | 212 | 235 | 172 |
|  | 160 |  |  |  | 2535 | 150 | 479 |  | 2665 | 332 |
| 25 | 199 | 93 | 170 |  | 4806 | 1430 | 2491 | 2809 | 3745 | 2142 |
|  |  |  |  |  | 546 | 200 | 677 | 390 | 223 | 270 |
|  | 210 |  | 220 |  | 793 | 19 | 117 | 28 | 623 | 465 |
| 40 |  | 10 |  |  | 189 |  | 130 | 130 | 150 | 693 |
|  |  |  |  |  | 459 | 70 | 126 | 235 | 84 | 30 |
|  |  |  |  |  | 4294 | 20 | 5742 | 5 | 6117 | 2400 |
|  | 135 |  |  |  | 1907 | 3439 | 1146 | 2833 |  | 2193 |
| 376 |  | 568 | 610 |  | 8236 | 3778 | 5278 | 4980 | 5534 | 4125 |
|  |  |  |  |  | 38 |  | 12 |  |  | 45 |
|  |  | 33 | 205 |  |  | 543 | 507 | 637 | 471 | 548 |
| 321 | 691 | 613 | 43 |  | 17140 | 3327 | 4236 | 16199 | 7491 | 4271 |
| 184 | 70 | 2006 | 11 |  | 4944 | 2875 | 1459 | 3999 | 7498 | 3714 |
|  |  | 120 |  |  | 139 | 90 | 205 | 132 | 84 | 439 |

| 指　　标 | 郑州市 | 市本级 | 中原区 | 二七区 | 管城区 | 金水区 | 上街区 | 惠济区 |
|---|---|---|---|---|---|---|---|---|
| 一般行政管理事务 | 500 | | | | | | | 109 |
| 林业事业机构 | 4225 | 1005 | | 30 | | 3 | | |
| 森林培育 | 22835 | 16336 | | 20 | | 12 | 25 | 521 |
| 林业技术推广 | 151 | 140 | | | | | | |
| 森林资源管理 | 890 | 825 | | | | | | |
| 森林资源监测 | 30 | 30 | | | | | | |
| 森林生态效益补偿 | 12302 | 11333 | | | | | | 17 |
| 林业自然保护区 | 48 | 43 | | | | | | |
| 动植物保护 | 53 | 40 | | | | | | |
| 湿地保护 | 989 | 729 | | | | | | 260 |
| 林业执法与监督 | 329 | 133 | | | | | | |
| 森林防火 | 724 | 90 | | 1 | | 11 | 7 | 20 |
| 林业有害生物防治 | 337 | 85 | | | | 15 | | 31 |
| 林业工程与项目管理 | 14652 | 14652 | | | | | | |
| 林业产业化 | 159 | 69 | | | | | | |
| 林业贷款贴息 | 2941 | 2824 | | | | 117 | | |
| 石油价格改革对林业的补贴 | 386 | 129 | | | | | | |
| 其他林业支出 | 38343 | 24429 | 57 | 105 | 102 | 313 | | 157 |
| 水利 | 119216 | 37015 | 992 | 689 | 756 | 185 | 930 | 806 |
| 行政运行 | 4134 | 2096 | | | | 149 | | 334 |
| 一般行政管理事务 | 619 | 308 | | | | | 6 | 31 |
| 水利行业业务管理 | 943 | 457 | | 21 | | | | |
| 水利工程建设 | 25079 | 1294 | | | | | 129 | 20 |
| 水利工程运行与维护 | 3399 | 2502 | | | | | | |
| 水利前期工作 | 911 | 239 | | | | | | |
| 水土保持 | 2145 | 101 | | 205 | | | 5 | 35 |
| 水资源管理与保护 | 2555 | 2176 | | | | | | |
| 防汛 | 2007 | 525 | 6 | 29 | 31 | 21 | 10 | 51 |
| 抗旱 | 457 | 30 | | | | | | 31 |
| 农田水利 | 19005 | 453 | 100 | 299 | 668 | 10 | 64 | 248 |
| 水利技术推广和培训 | 1063 | 474 | | | | | | |
| 水资源费安排的支出 | 7260 | 2217 | 21 | 124 | 17 | 5 | 674 | 36 |
| 农村人畜饮水 | 20323 | 1732 | 120 | | | | 42 | |
| 其他水利支出 | 27562 | 22411 | 745 | 11 | 40 | | | 20 |
| 南水北调 | 6235 | 816 | 891 | 548 | 77 | | | |
| 扶贫 | 22029 | 4230 | | 105 | | | 765 | |
| 农业综合开发 | 9915 | 215 | | 202 | 254 | 302 | 217 | 490 |
| 农村综合改革 | 39408 | 7 | 1110 | 859 | 1330 | 517 | 111 | 692 |
| 其他农林水事务支出(款) | 4648 | 334 | 993 | 482 | | | | |
| 交通运输 | 267114 | 199826 | 642 | 4600 | 342 | 1233 | 1588 | 884 |
| 公路水路运输 | 81849 | 38550 | 622 | 4475 | 342 | 953 | 1019 | 731 |

单位:万元

| 经济开发区 | 高新开发区 | 郑东新区 | 航空港区 | 郑州新区 | 中牟县 | 巩义市 | 荥阳市 | 新密市 | 新郑市 | 登封市 |
|---|---|---|---|---|---|---|---|---|---|---|
| 53 | | | 11 | | | | | 62 | 25 | |
| | | 1775 | | | 214 | 509 | 443 | 158 | 88 | |
| 27 | | | | | 1091 | 1549 | 548 | 1048 | 197 | |
| | | | | | | 3 | | 8 | | |
| | | | | | | | | 5 | | |
| | | | | | | | | | | |
| | | | | | 14 | 321 | 97 | 60 | 49 | |
| | | | | | | 5 | | | | |
| | | | | | | | | 13 | | |
| | | | | | | | | | | |
| | | | | | 50 | 33 | 10 | 73 | 14 | |
| | | | | | 11 | 168 | 7 | 88 | 2 | |
| | | 20 | | | 60 | 12 | 3 | 17 | 6 | |
| | | | | | | | | | | |
| | | | | | | | 70 | | | |
| | | | | | | | | | | |
| | | | | | 87 | 32 | 5 | 6 | | |
| 104 | 70 | 91 | | | 3248 | 153 | 71 | 1882 | 7033 | |
| 85 | 208 | 371 | 36 | | 12917 | 17290 | 7888 | 14549 | 14183 | |
| | | | | | 308 | 127 | 281 | 83 | 121 | |
| 26 | | | 5 | | | 6 | | | 127 | |
| | | | | | | 35 | | 423 | | |
| | | | | | 6726 | 9411 | 2173 | 1906 | 3351 | |
| | | | | | 40 | 66 | 75 | 481 | 129 | |
| | | | | | 280 | 64 | 200 | 8 | | |
| | | | | | 10 | 1130 | 64 | 354 | 120 | |
| 22 | | | | | | | | 357 | | |
| 20 | | 252 | 24 | | 23 | 268 | 259 | 226 | 88 | |
| | | 10 | | | 25 | 65 | 20 | 181 | 25 | |
| | | | | | 761 | 1033 | 1146 | 5787 | 4646 | |
| | | | | | 15 | 464 | 15 | 15 | | |
| | 10 | 11 | | | 412 | 2318 | 360 | | 601 | |
| 17 | 198 | | 7 | | 3518 | 1886 | 2319 | 4111 | 2266 | |
| | | 98 | | | 752 | 372 | 99 | 114 | 2682 | |
| | | | 85 | | 1575 | | 1600 | | 643 | |
| | | 20 | | | 1351 | 1276 | 3218 | 3544 | 812 | |
| | | | | | 2270 | 854 | 1434 | 671 | 1796 | |
| 187 | 516 | 38 | 243 | | 7471 | 5281 | 6687 | 5035 | 5166 | |
| | 800 | | 557 | | 633 | | 169 | | 646 | |
| 14 | | | | | 13407 | 12513 | 5742 | 7413 | 11928 | |
| 14 | | | | | 7635 | 7475 | 3626 | 4027 | 8231 | 4149 |

13-5 续表7 （2012年）

| 指　　标 | 郑州市 | 市本级 | 中原区 | 二七区 | 管城区 | 金水区 | 上街区 | 惠济区 |
|---|---|---|---|---|---|---|---|---|
| 行政运行 | 3304 | 1229 | 234 | 118 | 292 | 147 | 119 | 362 |
| 一般行政管理事务 | 1133 | 128 | 90 |  |  | 3 | 532 | 73 |
| 机关服务 | 301 | 39 |  | 98 |  |  |  |  |
| 公路新建 | 4409 |  |  | 3470 | 28 |  |  |  |
| 公路改建 | 12428 | 5839 |  | 144 |  | 332 | 2 | 57 |
| 公路养护 | 19064 | 9663 | 176 | 399 |  | 238 | 56 | 166 |
| 公路路政管理 | 1789 | 25 |  |  |  |  |  |  |
| 公路运输管理 | 2176 | 77 | 107 | 246 |  | 203 |  | 63 |
| 其他公路水路运输支出 | 29116 | 15585 | 15 |  | 22 | 30 | 300 |  |
| 石油价格改革对交通运输的补贴 | 94520 | 78455 |  |  |  |  | 569 |  |
| 对城市公交的补贴 | 53466 | 50484 |  |  |  |  | 206 |  |
| 对农村道路客运的补贴 | 8694 | 117 |  |  |  |  | 68 |  |
| 对出租车的补贴 | 32304 | 27842 |  |  |  |  | 293 |  |
| 石油价格改革补贴其他支出 | 56 | 12 |  |  |  |  | 2 |  |
| 邮政业支出 | 100 | 100 |  |  |  |  |  |  |
| 车辆购置税支出 | 25637 | 19320 |  | 125 |  |  |  | 153 |
| 车辆购置税用于公路等基础设施建设支出 | 18960 | 18355 |  |  |  |  |  |  |
| 车辆购置税用于农村公路建设支出 | 5862 | 150 |  | 125 |  |  |  | 153 |
| 车辆购置税用于老旧汽车报废更新补贴支出 | 815 | 815 |  |  |  |  |  |  |
| 其他交通运输支出(款) | 64963 | 63401 | 20 |  |  | 280 |  |  |
| 资源勘探电力信息等事务 | 523136 | 364211 | 16050 | 5639 | 2759 | 4466 | 3165 | 5114 |
| 资源勘探开发和服务支出 | 15472 | 1000 |  |  |  |  |  |  |
| 制造业 | 27277 | 13824 | 1216 | 87 |  |  |  |  |
| 建筑业 | 199 | 199 |  |  |  |  |  |  |
| 电力监管支出 | 122 | 10 |  |  |  |  |  |  |
| 工业和信息产业监管支出 | 34502 | 22814 | 624 | 453 | 446 | 1880 | 464 | 120 |
| 安全生产监管 | 15092 | 3891 | 904 | 705 | 762 | 984 | 181 | 480 |
| 国有资产监管 | 11531 | 10080 |  |  |  |  | 94 |  |
| 支持中小企业发展和管理支出 | 53693 | 7189 | 165 | 1167 | 125 | 791 | 2296 | 2433 |
| 其他资源勘探电力信息等事务支出(款) | 365248 | 305204 | 13141 | 3227 | 1426 | 811 | 130 | 2081 |
| 商业服务业等事务 | 150332 | 88918 | 3587 | 3816 | 2826 | 3825 | 792 | 445 |
| 商业流通事务 | 46085 | 13614 | 3519 | 3704 | 2685 | 3495 | 782 | 61 |
| 其他商业流通事务支出 | 44100 | 12586 | 3519 | 3704 | 2685 | 3495 | 782 | 61 |
| 旅游业管理与服务支出 | 12765 | 5883 | 6 | 102 | 106 | 70 |  | 384 |
| 涉外发展服务支出 | 18978 | 18148 | 62 | 10 | 35 | 30 | 10 |  |
| 其他商业服务业等事务支出(款) | 72504 | 51273 |  |  |  | 230 |  |  |
| 金融监管等事务支出 | 79713 | 70819 | 69 | 739 |  | 454 | 69 | 59 |
| 国土资源气象等事务 | 59479 | 17411 | 769 | 1020 | 2599 | 4839 | 740 | 1078 |
| 国土资源事务 | 57667 | 16465 | 769 | 1020 | 2599 | 4839 | 600 | 1073 |
| 住房保障支出 | 174544 | 100991 | 5483 | 6371 | 2308 | 6917 | 3209 | 1384 |
| 保障性安居工程支出 | 106080 | 76429 | 787 | 2215 |  | 3182 | 1436 |  |

单位:万元

| 经济开发区 | 高新开发区 | 郑东新区 | 航空港区 | 郑州新区 | 中牟县 | 巩义市 | 荥阳市 | 新密市 | 新郑市 | 登封市 |
|---|---|---|---|---|---|---|---|---|---|---|
| | | | | | 126 | 142 | 136 | 88 | 183 | 128 |
| | | | | | | | | 50 | 210 | 47 |
| | | | | | | | 164 | | | |
| | | | | | 200 | 266 | 32 | 50 | 89 | 274 |
| | | | | | 3471 | 973 | 549 | 76 | 698 | 287 |
| 14 | | | | | 2722 | 2263 | 969 | 499 | 1562 | 337 |
| | | | | | 439 | 505 | | 468 | | 352 |
| | | | | | 483 | 525 | | 157 | | 315 |
| | | | | | 94 | 2768 | 1603 | 2375 | 5357 | 967 |
| | | | | | 2105 | 2681 | 2076 | 3386 | 2973 | 2275 |
| | | | | | 484 | 681 | 550 | 610 | 75 | 376 |
| | | | | | 839 | 1006 | 964 | 2097 | 2315 | 1288 |
| | | | | | 776 | 988 | 556 | 679 | 575 | 595 |
| | | | | | 6 | 6 | 6 | | 8 | 16 |
| | | | | | | | | | | |
| | | | | | 3271 | 1871 | | | 724 | 173 |
| | | | | | | 605 | | | | |
| | | | | | 3271 | 1266 | | | 724 | 173 |
| | | | | | | | | | | |
| | | | | | 396 | 486 | 40 | | | 340 |
| 36791 | 9161 | 629 | 1901 | 9000 | 9026 | 11258 | 7630 | 11699 | 3522 | 21115 |
| | | | | | | 1328 | 3503 | 7616 | 3 | 2022 |
| 5550 | 59 | | | | | 6049 | | 340 | 152 | |
| | | | | | | | | | | |
| | | | | | | | 112 | | | |
| 935 | 1443 | | 1364 | | 833 | 911 | 1206 | 89 | 290 | 630 |
| 62 | 452 | 489 | 23 | | 270 | 1787 | 636 | 671 | 839 | 1956 |
| 48 | | | | | | | 222 | 957 | | 130 |
| 17002 | 2673 | 140 | 260 | 9000 | 6073 | 1140 | 865 | 760 | 1409 | 205 |
| 13194 | 4534 | | 254 | | 1850 | 43 | 1086 | 1266 | 829 | 16172 |
| 649 | 4284 | 20362 | 2125 | 800 | 3072 | 3471 | 2192 | 2522 | 3778 | 2868 |
| 305 | 3614 | 280 | 2075 | 800 | 2632 | 2077 | 1595 | 2432 | 1067 | 1348 |
| 305 | 3614 | 280 | 2075 | 800 | 2612 | 1843 | 1332 | 2342 | 920 | 1145 |
| 44 | | 82 | | | 154 | 1037 | 597 | 90 | 2701 | 1509 |
| | 20 | | | | 286 | 357 | | | 10 | 10 |
| 300 | 650 | 20000 | 50 | | | | | | | 1 |
| 290 | 128 | 552 | | | 1869 | 1233 | 610 | 177 | 1815 | 830 |
| 502 | 1497 | 130 | 517 | 148 | 3441 | 2386 | 2487 | 2392 | 12552 | 4971 |
| 502 | 1497 | 130 | 265 | 148 | 3328 | 2306 | 2402 | 2339 | 12448 | 4937 |
| | 1229 | 1275 | 1038 | 71 | 3115 | 8649 | 2720 | 4535 | 5482 | 19767 |
| | 311 | 40 | 360 | | 800 | 2734 | 263 | 105 | 520 | 16898 |

| 指　　标 | 郑州市 | 市本级 | 中原区 | 二七区 | 管城区 | 金水区 | 上街区 | 惠济区 |
|---|---|---|---|---|---|---|---|---|
| 住房改革支出 | 66155 | 24532 | 3091 | 4156 | 2308 | 3735 | 1726 | 1384 |
| 城乡社区住宅 | 2309 | 30 | 1605 | | | | 47 | |
| 粮油物资储备事务 | 19047 | 9729 | 789 | 824 | 858 | 992 | 400 | 48 |
| 粮油事务 | 10228 | 4974 | 173 | 162 | 564 | 952 | 86 | 48 |
| 物资事务 | 383 | 216 | | | 64 | | | |
| 粮油储备 | 8014 | 4121 | 616 | 662 | 230 | 40 | 310 | |
| 国债还本付息支出 | 273795 | 220128 | | 33 | 33 | 585 | 33 | 12580 |
| 国内债务付息 | 102691 | 66441 | | | | 552 | | 12500 |
| 国外债务付息 | 338 | 289 | | | | | | 46 |
| 补充还贷准备金 | 159010 | 142977 | | | | | | |
| 地方政府债券付息 | 11756 | 10421 | | 33 | 33 | 33 | 33 | 34 |
| 其他支出(类) | 133817 | 5901 | 4314 | 5751 | 38448 | 606 | 671 | 636 |
| 汶川地震捐赠支出 | 255 | | | | | | | |
| 其他支出(款) | 133562 | 5901 | 4314 | 5751 | 38448 | 606 | 671 | 636 |
| **政府性基金支出** | **3249016** | **508177** | **42543** | **181489** | **93564** | **181081** | **80091** | **58270** |
| 教育 | 10462 | 1529 | 265 | 183 | 470 | 82 | 148 | 79 |
| 地方教育附加安排的支出 | 10462 | 1529 | 265 | 183 | 470 | 82 | 148 | 79 |
| 文化体育与传媒 | 3469 | 1077 | 342 | 199 | 3 | 1196 | 26 | 46 |
| 文化事业建设费安排的支出 | 3469 | 1077 | 342 | 199 | 3 | 1196 | 26 | 46 |
| 社会保障和就业 | 12379 | 2493 | 109 | 229 | 59 | 282 | 41 | 83 |
| 大中型水库移民后期扶持基金支出 | 7657 | 761 | 39 | 138 | | | 16 | |
| 残疾人就业保障金支出 | 4357 | 1732 | 70 | 91 | 19 | 282 | 25 | 83 |
| 城乡社区事务 | 3189731 | 495080 | 41510 | 180061 | 92913 | 179255 | 79657 | 54658 |
| 政府住房基金支出 | 9466 | 9465 | | | | | | |
| 国有土地使用权出让收入安排的支出 | 2721082 | 283375 | 41510 | 180059 | 92911 | 179255 | 79547 | 54454 |
| 城市公用事业附加安排的支出 | 24334 | 15900 | | | | | 110 | |
| 国有土地收益基金支出 | 59375 | 20000 | | | | | | |
| 农业土地开发资金支出 | 12251 | 677 | | 2 | 2 | | | 204 |
| 新增建设用地土地有偿使用费安排的支出 | 1952 | 30 | | | | | | |
| 城市基础设施配套费安排的支出 | 361271 | 165633 | | | | | | |
| 农林水事务 | 11094 | 260 | 10 | 375 | | 11 | 46 | 153 |
| 育林基金支出 | 1166 | 28 | | 1 | | | | 7 |
| 森林植被恢复费安排的支出 | 5155 | 162 | 10 | 371 | | 11 | 46 | 146 |
| 中央水利建设基金支出 | 1471 | 70 | | | | | | |
| 地方水利建设基金支出 | 3192 | | | 3 | | | | |
| 资源勘探电力信息等事务 | 4144 | 1756 | | | | | | |
| 散装水泥专项资金支出 | 732 | 309 | | | | | | |
| 新型墙体材料专项基金支出 | 3412 | 1447 | | | | | | |
| 其他支出 | 17716 | 5982 | 307 | 442 | 119 | 255 | 173 | 3251 |
| 彩票公益金安排的支出 | 14778 | 5401 | 307 | 442 | 119 | 255 | 173 | 3251 |
| 其他政府性基金支出 | 2938 | 581 | | | | | | |

单位:万元

| 经济开发区 | 高新开发区 | 郑东新区 | 航空港区 | 郑州新区 | 中牟县 | 巩义市 | 荥阳市 | 新密市 | 新郑市 | 登封市 |
|---|---|---|---|---|---|---|---|---|---|---|
| | 918 | 1235 | 678 | 71 | 2315 | 5573 | 2457 | 4360 | 4962 | 2654 |
| | | | | | | 342 | | 70 | | 215 |
| | 226 | | | | 922 | 684 | 492 | 970 | 887 | 1226 |
| | 170 | | | | 411 | 212 | 224 | 940 | 620 | 692 |
| | | | | | | | | | 103 | |
| | 56 | | | | 511 | 472 | 268 | 30 | 164 | 534 |
| | 24453 | 98 | | | 378 | 488 | 540 | 78 | 14314 | 54 |
| | 8420 | | | | | | 537 | | 14241 | |
| | | | | | | | 3 | | | |
| | 16033 | | | | | | | | | |
| | | 98 | | | 378 | 488 | | 78 | 73 | 54 |
| 128 | 186 | 312 | 47639 | 12175 | 5438 | 530 | 7855 | 2592 | 433 | 202 |
| | | | | | | | 255 | | | |
| 128 | 186 | 312 | 47639 | 12175 | 5438 | 530 | 7600 | 2592 | 433 | 202 |
| **158529** | **239770** | **783379** | **166697** | | **281564** | **126081** | **121201** | **40169** | **126120** | **60291** |
| | | | | | 2142 | 619 | 483 | 2480 | 1255 | 727 |
| | | | | | 2142 | 619 | 483 | 2480 | 1255 | 727 |
| 149 | 10 | 114 | | | 3 | 51 | 37 | 7 | 56 | 153 |
| 149 | 10 | 114 | | | 3 | 51 | 37 | 7 | 56 | 153 |
| 1 | 14 | 2 | 3 | | 2033 | 577 | 2335 | 1135 | 1028 | 1955 |
| | | | | | 1912 | 279 | 1986 | 657 | 379 | 1490 |
| 1 | 14 | 2 | 3 | | 121 | 295 | 222 | 361 | 649 | 387 |
| 158320 | 239733 | 783249 | 166689 | | 270214 | 121740 | 115896 | 34830 | 121365 | 54561 |
| | | | | | | 1 | | | | |
| 153929 | 230065 | 588920 | 157275 | | 269083 | 111227 | 105843 | 30176 | 117333 | 46120 |
| | | | | | | 4253 | 630 | 300 | 1993 | 1148 |
| | | 30200 | 2531 | | | 1753 | 2371 | 100 | 1001 | 1419 |
| | | | 21 | | 200 | 2640 | 2548 | 1271 | 843 | 3843 |
| | | | | | 735 | 462 | 335 | | 195 | 195 |
| 4391 | 9668 | 164129 | 6862 | | 196 | 1404 | 4169 | 2983 | | 1836 |
| 18 | | | | | 5279 | 1374 | 1227 | 1031 | 344 | 966 |
| | | | | | 596 | 160 | 55 | 172 | 89 | 58 |
| 18 | | | | | 3497 | 134 | 150 | 527 | | 83 |
| | | | | | 490 | 64 | 453 | 284 | 50 | 60 |
| | | | | | 656 | 1016 | 569 | 48 | 205 | 695 |
| | | | | | 892 | | | 95 | 1401 | |
| | | | | | 157 | | | 32 | 234 | |
| | | | | | 735 | | | 63 | 1167 | |
| 41 | 13 | 14 | 5 | | 1001 | 1720 | 1223 | 591 | 671 | 1908 |
| 41 | 13 | 14 | 5 | | 996 | 368 | 1223 | 591 | 671 | 908 |
| | | | | | 5 | 1352 | | | | 1000 |

# 主要统计指标解释

**财政收入** 国家财政参与社会产品分配所取得的收入，是实现国家职能的财力保证。财政收入所包括的内容几经变化，目前主要包括：增值税、营业税、企业所得税、企业所得税退税、外商投资企业和外国企业所得税、个人所得税、资源税、固定资产投资方向调节税、城市维护建设税、房产税、印花税、城镇土地使用税、土地增值税、车船使用税、屠宰税、筵席税、农业税、农业特产税、牧业税、耕地占用税、契税、国有资产经营收益、国有企业计划亏损补贴、行政性收费收入、罚没收入、土地和海域有偿使用收入、专项收入、其他收入。

**财政支出** 国家财政将筹集起来的资金进行分配使用，以满足经济建设和各项事业的需要，主要包括：基本建设支出、企业挖潜改造资金、简易建筑费、地质勘探费、科技三项费用、流动资金、支援农村生产支出、农业综合开发支出、农林水利气象等部门的事业费、工业交通等部门的事业费、流通部门事业费、文体广播事业费、教育事业费、科学事业费、卫生经费、税务统计财政审计等部门的事业费、抚恤和社会福利救济费、行政事业单位离退休经费、社会保障补助支出、国防支出、行政管理费、外交外事支出、武装警察部队支出、公检法司支出、城市维护费、政策性补贴支出、支援不发达地区支出、土地和海域开发建设支出、专项支出、其他支出、总预备费。

**中央财政收入和地方财政收入** 按财政体制划分的中央本级收入和地方本级收入。1994 年分税制财政体制以后，属于中央财政的收入包括关税、海关代征消费税和增值税，消费税，中央企业所得税，地方银行和外资银行及非银行金融企业所得税，铁道、银行总行、保险总公司等集中缴纳的营业税、所得税、利润和城市维护建设税，增值税的75%部分，海洋石油资源税和证券(印花)税 50%部分。属于地方财政的收入包括营业税，地方企业所得税，个人所得税，城镇土地使用税，固定资产投资方向调节税，城镇维护建设税，房产税，车船使用税，印花税，屠宰税，农牧业税，农业特产税，耕地占用税，契税，增值税 25%部分，证券交易税(印花税)的 50%部分和除海洋石油资源税以外的其他资源税。

**中央财政支出和地方财政支出** 根据政府在经济和社会活动中的不同职责，划分中央和地方政府的责权，按照政府的责权划分确定的支出。中央财政支出包括国防支出，武装警察部队支出，中央级行政管理费和各项事业费，重点建设支出以及中央政府调整国民经济结构、协调地区发展，实施宏观调控的支出。地方财政支出主要包括地方行政管理和各项事业费，地方统筹的基本建设、技术改造支出，支援农村生产支出，城市维护和建设经费，价格补贴支出等。

**信贷资金** 国家银行用于发放贷款的资金叫信贷资金。中国人民银行信贷资金的来源有各项存款、对国际金融机构负债、流通中货币、银行自有资金及当年结益等。信贷资金的运用有各项贷款、黄金占款、外汇占款、财政借款及在国际金融机构中的资产等。

**各项存款** 企业、机关、团体或居民根据可以收回的原则，把货币资金存入银行或其他信用机构保管并取得一定利息的一种信用活动形式。根据存款对象的不同可划分为企业存款、财政存款、机关团体存款、基本建设存款，城镇储蓄存款、农村存款等科目。它是银行信贷资金的主要来源。

**贷款** 银行或其他信用机构根据必须归还的原则，按一定利率，为企业、个人等提供资金的一种信用活动形式。我国银行贷款分为流动资金贷款、固定资产贷款、城乡个体工商户贷款以及农业贷款等科目。

# 十四、教育、文化、卫生、体育和科技

# 14-1 教育事业主要综合指标

（2012 年） 单位：所、人

| 指标 | 数值 | 指标 | 数值 |
| --- | --- | --- | --- |
| **平均每万人拥有各类学校数（所）** | **1.79** | **小学五年巩固率（%）** | **97.90** |
| 高等学校 | 0.07 | **小学学生缀学率（%）** | **0.07** |
| 中等职业学校 | 0.15 | **初中学生毛入学率（%）** | **115.85** |
| 技工学校 | 0.03 | **初中三年巩固率（%）** | **95.31** |
| 普通中学 | 0.41 | **初中学生缀学率（%）** | **1.52** |
| 普通小学 | 1.13 | **初中毕业生升学率（%）** | **145.37** |
| **平均每万人各类学校在校生数（人）** | **2589.30** | **平均每万人各类学校教职工数（人）** | **200.28** |
| 高等学校 | 935.60 | #专任教师 | 152.61 |
| 中等职业学校 | 309.42 | #高等学校 | 60.01 |
| 技工学校 | 84.11 | 中等职业学校 | 17.65 |
| 普通中学 | 506.43 | 技工学校 | 3.56 |
| 普通小学 | 752.42 | 普通中学 | 42.18 |
| **小学适龄儿童净入学率（%）** | **100.00** | 普通小学 | 40.63 |

# 14-2　学校教育基本情况

（2012 年）

单位:所、人

| 项　目 | 全市 | 市区 | 县(市) | 中牟县 | 巩义市 | 荥阳市 | 新密市 | 新郑市 | 登封市 |
|---|---|---|---|---|---|---|---|---|---|
| **各类学校教育合计数** | | | | | | | | | |
| 学校数 | 1605 | 658 | 947 | 230 | 127 | 89 | 167 | 161 | 173 |
| 毕业生数 | 607889 | 443475 | 164414 | 25770 | 25283 | 25548 | 27256 | 37108 | 23449 |
| 招生数 | 709389 | 525897 | 183492 | 30672 | 24748 | 27130 | 32028 | 37360 | 31554 |
| 在校学生数 | 2315869 | 1654102 | 661767 | 120478 | 95681 | 95145 | 122159 | 115999 | 112305 |
| 教职工数 | 179129 | 116423 | 62706 | 9171 | 11012 | 8980 | 12286 | 9727 | 11530 |
| #专任教师 | 136494 | 85969 | 50525 | 7512 | 9492 | 7084 | 9653 | 7724 | 9060 |
| **高等学校** | | | | | | | | | |
| 学校数 | 59 | 59 | | | | | | | |
| #普通本专科学校 | 53 | 53 | | | | | | | |
| 成人本专科学校 | 6 | 6 | | | | | | | |
| 毕业生数 | 242397 | 242397 | | | | | | | |
| #普通本专科学校 | 194424 | 194424 | | | | | | | |
| 成人本专科学校 | 23386 | 23386 | | | | | | | |
| 招生数 | 282043 | 282043 | | | | | | | |
| #普通本专科学校 | 222716 | 222716 | | | | | | | |
| 成人本专科学校 | 29855 | 29855 | | | | | | | |
| 在校学生数 | 836799 | 836799 | | | | | | | |
| #普通本专科学校 | 698190 | 698190 | | | | | | | |
| 成人本专科学校 | 61124 | 61124 | | | | | | | |
| 教职工数 | 53677 | 53677 | | | | | | | |
| #专任教师 | 38093 | 38093 | | | | | | | |
| **中等职业学校** | | | | | | | | | |
| 学校数 | 130 | 85 | 45 | 8 | 4 | 6 | 9 | 7 | 11 |
| 毕业生数 | 98514 | 72931 | 25583 | 3782 | 1503 | 3485 | 2348 | 11536 | 2929 |
| 招生数 | 104748 | 81028 | 23720 | 2132 | 1533 | 2904 | 2890 | 6875 | 7386 |
| 在校学生数 | 276743 | 216557 | 60186 | 7416 | 4356 | 9454 | 6936 | 17072 | 14952 |
| 教职工数 | 15783 | 11623 | 4160 | 594 | 359 | 983 | 562 | 726 | 936 |
| #专任教师 | 11207 | 7722 | 3485 | 509 | 311 | 798 | 479 | 609 | 779 |
| **技工学校** | | | | | | | | | |
| 学校数 | 26 | 20 | 6 | 1 | 1 | 1 | | 3 | |
| 毕业生数 | 26584 | 15281 | 11303 | 16 | 127 | 5982 | | 5178 | |
| 招生数 | 34453 | 20656 | 13797 | 10 | 171 | 6100 | | 7516 | |
| 在校学生数 | 75230 | 46624 | 28606 | 41 | 863 | 16086 | | 11616 | |
| 教职工数 | 3187 | 1967 | 1220 | 14 | 149 | 724 | | 333 | |

| 项　　目 | 全市 | 市区 | 县(市) | 中牟县 | 巩义市 | 荥阳市 | 新密市 | 新郑市 | 登封市 |
|---|---|---|---|---|---|---|---|---|---|
| #专任教师 | 2426 | 1410 | 1016 | 9 | 147 | 542 |  | 318 |  |
| **普通中学** |  |  |  |  |  |  |  |  |  |
| 学校数 | 368 | 163 | 205 | 31 | 39 | 23 | 39 | 35 | 38 |
| #高中 | 101 | 64 | 37 | 3 | 7 | 4 | 6 | 8 | 9 |
| 初中 | 267 | 99 | 168 | 28 | 32 | 19 | 33 | 27 | 29 |
| 毕业生数 | 142781 | 63326 | 79455 | 13334 | 14903 | 10051 | 15335 | 14248 | 11584 |
| #高中 | 56642 | 24939 | 31703 | 5274 | 5148 | 3615 | 5795 | 7186 | 4685 |
| 初中 | 86139 | 38387 | 47752 | 8060 | 9755 | 6436 | 9540 | 7062 | 6899 |
| 招生数 | 158718 | 81735 | 76983 | 12918 | 14078 | 10012 | 14842 | 12705 | 12428 |
| #高中 | 58780 | 28620 | 30160 | 4280 | 6228 | 3686 | 5626 | 5767 | 4573 |
| 初中 | 99938 | 53115 | 46823 | 8638 | 7850 | 6326 | 9216 | 6938 | 7855 |
| 在校学生数 | 452955 | 225566 | 227389 | 37717 | 39818 | 30168 | 45192 | 39341 | 35153 |
| #高中 | 169429 | 79895 | 89534 | 12214 | 17030 | 11432 | 17736 | 17939 | 13183 |
| #初中 | 283526 | 145671 | 137855 | 25503 | 22788 | 18736 | 27456 | 21402 | 21970 |
| 教职工数 | 37729 | 17326 | 20403 | 3196 | 3538 | 2574 | 3884 | 3790 | 3421 |
| #专任教师 | 32074 | 14304 | 17770 | 2648 | 3342 | 2268 | 3457 | 3080 | 2975 |
| **小学** |  |  |  |  |  |  |  |  |  |
| 学校数 | 1010 | 325 | 685 | 189 | 82 | 58 | 118 | 115 | 123 |
| 毕业生数 | 97415 | 49428 | 47987 | 8638 | 8721 | 6030 | 9544 | 6133 | 8921 |
| 招生数 | 129202 | 60307 | 68895 | 15596 | 8956 | 8093 | 14267 | 10251 | 11732 |
| 在校学生数 | 672962 | 327919 | 345043 | 75218 | 50576 | 39347 | 69871 | 47907 | 62124 |
| 教职工数 | 36341 | 15291 | 21050 | 3475 | 4717 | 2370 | 4202 | 2572 | 3714 |
| #专任教师 | 34933 | 15135 | 19798 | 3297 | 4523 | 2291 | 3816 | 2465 | 3406 |
| **特殊教育学校** |  |  |  |  |  |  |  |  |  |
| 学校数 | 11 | 5 | 6 | 1 | 1 | 1 | 1 | 1 | 1 |
| 毕业生数 | 168 | 82 | 86 |  | 29 |  | 29 | 13 | 15 |
| 招生数 | 190 | 93 | 97 | 16 | 10 | 21 | 29 | 13 | 8 |
| 在校学生数 | 1029 | 486 | 543 | 86 | 68 | 90 | 160 | 63 | 76 |
| 教职工数 | 370 | 168 | 202 | 25 | 22 | 36 | 51 | 36 | 32 |
| #专任教师 | 320 | 147 | 173 | 18 | 15 | 36 | 41 | 32 | 31 |
| **工读学校** |  |  |  |  |  |  |  |  |  |
| 学校数 | 1 | 1 |  |  |  |  |  |  |  |
| 毕业生数 | 30 | 30 |  |  |  |  |  |  |  |
| 招生数 | 35 | 35 |  |  |  |  |  |  |  |
| 在校学生数 | 151 | 151 |  |  |  |  |  |  |  |
| 教职工数 | 32 | 32 |  |  |  |  |  |  |  |
| #专任教师 | 20 | 20 |  |  |  |  |  |  |  |
| **幼儿园** |  |  |  |  |  |  |  |  |  |
| 幼儿园数 | (1197) | (514) | (683) | (98) | (97) | (87) | (158) | (105) | (138) |
| 入园幼儿数 | (136081) | (43925) | (92156) | (23501) | (15556) | (7550) | (11630) | (17701) | (16218) |
| 在园幼儿数 | (310121) | (129081) | (181040) | (34935) | (27299) | (19789) | (34385) | (29091) | (35541) |
| 教职工数 | 32010 | 16339 | 15671 | 1867 | 2227 | 2293 | 3587 | 2270 | 3427 |
| #专任教师 | 17421 | 9138 | 8283 | 1031 | 1154 | 1149 | 1860 | 1220 | 1869 |

注:1. 标注“( )”为不计合计数中

2. 高等教育为省教育厅反馈数据,只有合计数。

# 14-3　全市教育部门教育经费总收入

（2012 年）

单位：千元

| 类　别 | 总计 | 预算内教育经费 | 教育事业费拨款 | 其他拨款 | 各级政府征收用于教育的税费 | 教育费附加 | 事业收入 | #学杂费 | 捐赠收入 | 其他收入 |
|---|---|---|---|---|---|---|---|---|---|---|
| **总　计** | **10800781** | **9100072** | **7231144** | **1229055** | **1280923** | **1177461** | **374901** | **289487** | **11413** | **33472** |
| **普通高等学校** | **386608** | **189206** | **102428** | **28167** | **106254** | **104534** | **91148** | **80083** | | |
| **中等职业学校** | **602542** | **447340** | **317036** | **61474** | **128898** | **124282** | **25849** | **23302** | **149** | **306** |
| 中等专业学校 | 346188 | 264348 | 161976 | 33542 | 65953 | 65558 | 15738 | 14482 | 149 | |
| 职业高中 | 215696 | 145276 | 123369 | 21907 | 62269 | 58331 | 7845 | 7531 | | 306 |
| 成人中等专业学校 | 40658 | 37716 | 31691 | 6025 | 676 | 393 | 2266 | 1289 | | |
| **普通中学** | **5106879** | **4388383** | **3444084** | **542111** | **546617** | **493420** | **152612** | **119527** | **10745** | **8522** |
| 普通高中 | 1790630 | 1395155 | 1074905 | 182603 | 245769 | 215642 | 147688 | 119527 | 8 | 2010 |
| 普通初中 | 3316249 | 2993228 | 2369179 | 359508 | 300848 | 277778 | 4924 | | 10737 | 6512 |
| **普通小学** | **3757746** | **3339209** | **2719814** | **532173** | **395005** | **355109** | **2388** | | **394** | **20750** |
| **特殊教育学校** | **68641** | **65654** | **55544** | **10110** | **2220** | **2220** | **586** | | **106** | **75** |
| **幼儿园** | **466520** | **355169** | **307056** | **25091** | **41448** | **37415** | **67759** | **66575** | **19** | **2125** |
| **教育行政单位** | **109596** | **102982** | **95879** | **7103** | | | **6286** | | | **328** |
| **教育事业单位** | **302249** | **212129** | **189303** | **22826** | **60481** | **60481** | **28273** | | | **1366** |

# 14-4 分县(市)区教育部门教育经费总收入

(2012 年)

单位:千元

| 类别 | 总计 | 预算内教育经费 | 教育事业费拨款 | 其他拨款 | 各级政府征收用于教育的税费 | 教育费附加 | 事业收入 | #学杂费 | 捐赠收入 | 其他收入 |
|---|---|---|---|---|---|---|---|---|---|---|
| **总　计** | **10800781** | **9100072** | **7231144** | **1229055** | **1280923** | **1177461** | **374901** | **289487** | **11413** | **33472** |
| 郑州市本级 | 2245349 | 1581090 | 1094191 | 315087 | 444169 | 432784 | 218746 | 148768 | | 1344 |
| 中原区 | 320237 | 318697 | 217256 | 101441 | 694 | 694 | 846 | 492 | | |
| 二七区 | 597015 | 534707 | 445327 | 89380 | 50397 | 49120 | 1826 | 1756 | | 10085 |
| 管城区 | 363099 | 325172 | 187634 | 51038 | 33670 | 28974 | 4257 | 4149 | | |
| 金水区 | 667245 | 590986 | 423785 | 167201 | 70394 | 69572 | 2935 | 1656 | 3 | 2927 |
| 上街区 | 244979 | 214413 | 110871 | 34712 | 16505 | 15025 | 3581 | 2827 | 10 | 10470 |
| 惠济区 | 278877 | 252105 | 221241 | 30864 | 24540 | 23750 | 2232 | 2030 | | |
| 高新区 | 338011 | 277151 | 142680 | 24173 | 55946 | 55946 | 2880 | 2880 | 995 | 1039 |
| 经开区 | 155778 | 91318 | 71205 | | 64460 | 64460 | | | | |
| 郑东新区 | 697642 | 679928 | 646828 | 32100 | 3889 | 3889 | 3305 | 3305 | 9500 | 1020 |
| 航空港区 | 248262 | 229140 | 68128 | 1582 | 18730 | 18730 | 392 | 392 | | |
| 中牟县 | 986716 | 888413 | 832022 | 56391 | 65817 | 41627 | 29801 | 26245 | 9 | 2676 |
| 巩义市 | 821635 | 749457 | 749457 | | 64022 | 55100 | 8156 | 8072 | | |
| 荥阳市 | 618713 | 542667 | 499489 | 30908 | 38980 | 34150 | 37066 | 30697 | | |
| 新密市 | 820267 | 695264 | 577960 | 117304 | 96728 | 71930 | 26826 | 26826 | | 1449 |
| 新郑市 | 742813 | 549211 | 476406 | 72805 | 181334 | 168780 | 9070 | 9070 | 736 | 2462 |
| 登封市 | 654143 | 580353 | 466664 | 104069 | 50648 | 42930 | 22982 | 20322 | 160 | |

# 14-5 全市教育部门

（2012 年）

| 类 别 | 总计 | 事业性经费支出 | 个人部分 | 工资福利支出 | 对个人和家庭的补助支出 |
|---|---|---|---|---|---|
| **总 计** | **10609410** | **9919853** | **5032772** | **3935111** | **1097661** |
| **普通高等学校** | **386608** | **328117** | **115143** | **78088** | **37055** |
| **中等职业学校** | **634546** | **565716** | **320021** | **201613** | **118408** |
| 中等专业学校 | 378629 | 309799 | 176348 | 100794 | 75554 |
| 职业高中 | 215230 | 215230 | 118459 | 82848 | 35611 |
| 成人中等专业学校 | 40687 | 40687 | 25214 | 17971 | 7243 |
| **普通中学** | **5043131** | **4640943** | **2196348** | **1747484** | **448864** |
| 普通高中 | 1802787 | 1665140 | 782163 | 603347 | 178816 |
| 普通初中 | 3240344 | 2975803 | 1414185 | 1144137 | 270048 |
| **普通小学** | **3613889** | **3476863** | **2100427** | **1674737** | **425690** |
| **特殊教育学校** | **66173** | **66173** | **30794** | **23474** | **7320** |
| **幼儿园** | **462607** | **439585** | **146397** | **115629** | **30768** |
| **教育行政单位** | **101153** | **101153** | **31862** | **24953** | **6909** |
| **教育事业单位** | **301303** | **301303** | **91780** | **69133** | **22647** |

# 教育经费支出

单位:千元

| 公用部分 | 商品和服务支出 | 其他资本性支出 | 专项公用支出 | 专项项目支出 | 基本建设支出 |
|---|---|---|---|---|---|
| **4887081** | **2312465** | **2574616** | **765523** | **1809093** | **689557** |
| **212974** | **170053** | **42921** | **35376** | **7545** | **58491** |
| **245695** | **128012** | **117683** | **61104** | **56579** | **68830** |
| 133451 | 86179 | 47272 | 40881 | 6391 | 68830 |
| 96771 | 27817 | 68954 | 19016 | 49938 | |
| 15473 | 14016 | 1457 | 1207 | 250 | |
| **2444595** | **1045261** | **1399334** | **313073** | **1086261** | **402188** |
| 882977 | 475956 | 407021 | 136450 | 270571 | 137647 |
| 1561618 | 569305 | 992313 | 176623 | 815690 | 264541 |
| **1376436** | **659896** | **716540** | **239192** | **477348** | **137026** |
| **35379** | **12069** | **23310** | **2577** | **20733** | |
| **293188** | **117232** | **175956** | **21941** | **154015** | **23022** |
| **69291** | **67040** | **2251** | **2251** | | |
| **209523** | **112902** | **96621** | **90009** | **6612** | |

## 14-6 分县(市)区教育部门

(2012 年)

| 类　别 | 总计 | 事业性经费支出 | 个人部分 | 工资福利支出 | 对个人和家庭的补助支出 |
|---|---|---|---|---|---|
| **总　计** | **10609410** | **9919853** | **5032772** | **3935111** | **1097661** |
| 市本级 | 2282564 | 2110872 | 1012699 | 726061 | 286638 |
| 中原区 | 321029 | 321029 | 241895 | 208311 | 33584 |
| 二七区 | 596463 | 596463 | 272034 | 212896 | 59138 |
| 管城区 | 345795 | 259295 | 160645 | 131820 | 28825 |
| 金水区 | 553256 | 553256 | 312062 | 276521 | 35541 |
| 上街区 | 243739 | 174909 | 122445 | 89705 | 32740 |
| 惠济区 | 278306 | 278306 | 122696 | 99154 | 23542 |
| 高新区 | 334188 | 174086 | 105585 | 98001 | 7584 |
| 经开区 | 135510 | 115397 | 41891 | 37909 | 3982 |
| 郑东新区 | 629501 | 628501 | 110933 | 101451 | 9482 |
| 航空港区 | 248265 | 88835 | 34438 | 29139 | 5299 |
| 中牟县 | 986321 | 986321 | 478733 | 366981 | 111752 |
| 巩义市 | 821635 | 821635 | 319741 | 297659 | 22082 |
| 荥阳市 | 618713 | 606443 | 403569 | 337038 | 66531 |
| 新密市 | 820266 | 820266 | 496525 | 335951 | 160574 |
| 新郑市 | 742822 | 742822 | 376277 | 282575 | 93702 |
| 登封市 | 651037 | 641417 | 420604 | 303939 | 116665 |

# 教育经费支出

单位:千元

| 公用部分 | 商品和服务支出 | 其他资本性支出 | | | 基本建设支出 |
|---|---|---|---|---|---|
| | | | 专项公用支出 | 专项项目支出 | |
| **4887081** | **2312465** | **2574616** | **765523** | **1809093** | **689557** |
| 1098173 | 653180 | 444993 | 289482 | 155511 | 171692 |
| 79134 | 65115 | 14019 | 2071 | 11948 | |
| 324429 | 56220 | 268209 | 109405 | 158804 | |
| 98650 | 38190 | 60460 | 10536 | 49924 | 86500 |
| 241194 | 154077 | 87117 | 24736 | 62381 | |
| 52464 | 33963 | 18501 | 6602 | 11899 | 68830 |
| 155610 | 95550 | 60060 | 28395 | 31665 | |
| 68501 | 33117 | 35384 | 23204 | 12180 | 160102 |
| 73506 | 16655 | 56851 | 3780 | 53071 | 20113 |
| 517568 | 71656 | 445912 | 39676 | 406236 | 1000 |
| 54397 | 29088 | 25309 | 4403 | 20906 | 159430 |
| 507588 | 96642 | 410946 | 43519 | 367427 | |
| 501894 | 489565 | 12329 | 344 | 11985 | |
| 202874 | 88971 | 113903 | 28853 | 85050 | 12270 |
| 323741 | 93285 | 230456 | 50483 | 179973 | |
| 366545 | 152319 | 214226 | 86502 | 127724 | |
| 220813 | 144872 | 75941 | 13532 | 62409 | 9620 |

## 14-7 艺术表演团体情况

（2012 年）

| 县（市）区 | 机构数（个） | 从业人员（人） | 专业技术人员 | 演出场次（场） | 国内演出场次 | 农村演出场次 | 国内演出观众人次（千人次） | 本年收入（千元） | 本年支出（千元） |
|---|---|---|---|---|---|---|---|---|---|
| **总　计** | **17** | **1533** | **1143** | **3947** | **3835** | **3048** | **4658** | **323476** | **237804** |
| 省本级 | 7 | 942 | 769 | 1577 | 1565 | 1047 | 2649 | 258572 | 172012 |
| 郑州市 | 10 | 591 | 374 | 2370 | 2270 | 2001 | 2009 | 64904 | 65792 |
| 市本级 | 4 | 368 | 269 | 430 | 330 | 207 | 448 | 54739 | 54655 |
| 巩义市 | 1 | 46 | 32 | 210 | 210 | 190 | 420 | 1920 | 1825 |
| 荥阳市 | 1 | 37 | 23 | 350 | 350 | 304 |  | 2090 | 2090 |
| 新密市 | 2 | 36 | 28 | 400 | 400 | 400 | 200 | 870 | 870 |
| 新郑市 | 1 | 64 | 21 | 430 | 430 | 350 | 500 | 3843 | 4910 |
| 登封市 | 1 | 40 | 1 | 550 | 550 | 550 | 440 | 1442 | 1442 |

## 14-8 艺术表演场馆基本情况

（2012 年）

| 县（市）区 | 机构数（个） | 从业人员（个） | 专业技术人员 | 座席数（个） | 演（映）出场次（场） | 艺术演出场次 | 观众人次（千人次） | 艺术演出观众人次 | 实际使用建筑面积（平方米） | 演（映）出业务用房 | 本年收入（千元） | 本年支出（千元） |
|---|---|---|---|---|---|---|---|---|---|---|---|---|
| **总　计** | **11** | **423** | **35** | **8992** | **723** | **260** | **374** | **303** | **49207** | **16921** | **50082** | **51434** |
| 省本级 | 1 | 167 | 16 | 2880 | 229 | 142 | 258 | 258 | 12263 | 7358 | 36908 | 35822 |
| 郑州市 | 10 | 256 | 19 | 6112 | 494 | 118 | 116 | 45 | 36944 | 9563 | 13174 | 15612 |
| 市本级 | 7 | 177 | 16 | 1724 | 160 | 62 | 15 | 5 | 21906 | 5063 | 9003 | 11464 |
| 巩义市 | 1 | 20 |  | 1488 | 62 | 30 |  |  | 5149 | 1300 | 488 | 399 |
| 新密市 | 1 | 17 |  | 1700 | 270 | 26 | 100 | 40 | 1500 | 1500 | 892 | 968 |
| 新郑市 | 1 | 42 | 3 | 1200 | 2 |  |  |  | 8389 | 1700 | 2791 | 2781 |

# 14-9　公共图书馆情况

（2012 年）

| 县(市)区 | 机构数（个） | 从业人员（个） | 专业技术人员 | 年末总藏量（千册） | 图书 | 书刊文献外借（千册次） | 总流通人次（千人次） | 为读者举办各种活动(次) 举办展览 | 组织各类讲座 | 举办培训班 | 实际使用公用房屋建筑面积（平方米） | 阅览室面积 | 阅览室坐席数（个） |
|---|---|---|---|---|---|---|---|---|---|---|---|---|---|
| **总　计** | **15** | **417** | **223** | **6469** | **4713** | **2347** | **3194** | **75** | **176** | **85** | **64510** | **18524** | **3529** |
| 省本级 | 2 | 170 | 135 | 3235 | 2419 | 802 | 1085 | 21 | 64 | 46 | 29500 | 9828 | 700 |
| 郑州市 | 13 | 247 | 88 | 3234 | 2294 | 1546 | 2108 | 54 | 112 | 39 | 35010 | 8696 | 2829 |
| 市本级 | 1 | 93 | 49 | 1093 | 775 | 486 | 991 | 15 | 53 | 3 | 11016 | 1714 | 544 |
| 中原区 | 1 | 15 | 2 | 231 | 77 | 72 | 76 | 2 | 10 | 4 | 4400 | 1400 | 259 |
| 二七区 | 1 | 6 |  | 49 | 48 | 108 | 50 | 12 | 12 | 12 | 260 | 40 | 23 |
| 管城区 | 1 |  |  | 80 | 78 | 18 | 89 | 3 |  |  | 2500 | 460 | 120 |
| 金水区 | 1 | 17 | 6 | 178 | 73 | 263 | 214 | 5 | 10 | 10 | 2000 | 900 | 279 |
| 上街区 | 1 | 11 |  | 147 | 77 | 89 | 103 | 2 |  | 1 | 3000 | 720 | 300 |
| 惠济区 | 1 | 8 | 1 | 63 | 60 | 60 | 81 |  | 9 |  | 1500 | 380 | 180 |
| 中牟县 | 1 | 10 | 1 | 124 | 64 | 80 | 123 |  | 3 |  | 1670 | 520 | 260 |
| 巩义市 | 1 | 15 | 2 | 450 | 405 |  |  | 2 | 3 | 2 |  |  |  |
| 荥阳市 | 1 | 30 | 13 | 111 | 63 | 43 | 92 | 2 |  | 1 | 2100 | 300 | 300 |
| 新密市 | 1 | 12 | 2 | 211 | 150 | 120 | 110 | 6 | 8 | 3 | 2500 | 360 | 180 |
| 新郑市 | 1 | 22 | 9 | 427 | 374 | 178 | 149 | 5 | 4 | 2 | 3258 | 1758 | 300 |
| 登封市 | 1 | 8 | 3 | 70 | 50 | 30 | 30 |  |  | 1 | 806 | 144 | 84 |

# 14-10　群众艺术馆、文化馆基本情况

（2012 年）

| 县(市)区 | 机构数（个） | 从业人员（个） | 专业技术人员 | 举办展览个数（个） | 举办训练班次（次） | 培训人次（千人次） | 组织文艺活动（次） | 参加人次（千人次） |
|---|---|---|---|---|---|---|---|---|
| **合　计** | **14** | **336** | **179** | **136** | **574** | **25** | **804** | **339** |
| **群众艺术馆** | **2** | **117** | **87** | **33** | **384** | **11** | **175** | **120** |
| 省本级 | 1 | 63 | 41 | 13 | 319 | 6 | 134 | 70 |
| 市本级 | 1 | 54 | 46 | 20 | 65 | 5 | 41 | 50 |
| **文化馆** | **12** | **219** | **92** | **103** | **190** | **14** | **629** | **219** |
| 中原区 | 1 | 23 | 2 | 2 | 16 | 1 | 80 | 40 |
| 二七区 | 1 | 20 | 15 | 20 | 25 | 1 | 107 | 11 |
| 管城区 | 1 | 15 | 6 | 13 | 37 | 8 | 176 | 80 |
| 金水区 | 1 | 21 | 4 | 17 | 30 | 1 | 70 | 14 |
| 上街区 | 1 | 9 | 7 | 5 | 6 |  | 43 |  |
| 惠济区 | 1 | 17 | 3 | 4 |  |  | 15 | 5 |
| 中牟县 | 1 | 15 | 2 | 3 |  |  | 4 | 1 |
| 巩义市 | 1 | 26 | 17 | 8 | 12 |  | 12 | 10 |
| 荥阳市 | 1 | 31 | 4 | 10 | 26 | 1 | 6 | 20 |
| 新密市 | 1 | 11 | 7 | 5 | 6 |  | 14 | 6 |
| 新郑市 | 1 | 22 | 17 | 10 | 24 | 2 | 60 | 30 |
| 登封市 | 1 | 9 | 8 | 6 | 8 |  | 42 | 2 |

## 14-11　文物事业基本情况

（2012 年底）

| 县(市)区 | 机构数（个） | 从业人员（个） | 藏品数（件） | #一级品 | 展览（次） | 参观人次（千人次） |
|---|---|---|---|---|---|---|
| **总　　计** | **25** | **1295** | **258999** | **778** | **98** | **5280** |
| 博物馆 | 15 | 901 | 245993 | 771 | 88 | 3655 |
| #市区 | 10 | 788 | 169150 | 714 | 72 | 3212 |
| 文物保护管理单位 | 10 | 394 | 13006 | 7 | 10 | 1625 |
| #各县(市)合计 | 8 | 363 | 12898 | 7 | | 1275 |
| 中牟县 | 1 | 4 | 429 | 2 | | |
| 巩义市 | 4 | 306 | 5867 | 1 | | 1274 |
| 荥阳市 | 1 | 29 | 6500 | 4 | | |
| 新密市 | 2 | 24 | 102 | | | 1 |

注:博物馆统计包含民办博物馆。

## 14-12　等级运动员、裁判员人数

（2012 年）

单位:人

| 人员分类 | 2011 年 | #女 | 2012 年 | #女 |
|---|---|---|---|---|
| **等级运动员** | | | | |
| 二级运动员 | 861 | 257 | 852 | 242 |
| **等级裁判员** | | | | |
| 二级裁判员 | 27 | 10 | 33 | 8 |

## 14-13　体育彩票发行情况

（2012 年）

| 项　　目 | 单位 | 2011 年 | 2012 年 |
|---|---|---|---|
| 体育彩票销售点 | 个 | 1086 | 1200 |
| 体育彩票销售收入 | 万元 | 93257 | 126000 |

# 14-14　卫生事业基本情况

（2012 年）

| 指　标 | 机构数（个） | 实有床位数（个） | 在岗职工（人） | 卫生技术人员 | 执业（助理）医师 | 执业医师 | 注册护士 | 药师（士） | 技师（士） | 其他 | 其他技术人员 | 管理人员 | 工勤人员 |
|---|---|---|---|---|---|---|---|---|---|---|---|---|---|
| **总　计** | **3810** | **59664** | **83553** | **65403** | **23385** | **20179** | **29969** | **2928** | **3472** | **5649** | **2798** | **3771** | **5551** |
| 市区 | 1265 | 44209 | 56993 | 47260 | 16553 | 15338 | 22985 | 2014 | 2409 | 3299 | 2170 | 2814 | 3975 |
| 六县（市） | 2545 | 15455 | 26560 | 18143 | 6832 | 4841 | 6984 | 914 | 1063 | 2350 | 628 | 957 | 1576 |
| 中牟县 | 592 | 2441 | 3750 | 2332 | 997 | 695 | 764 | 147 | 163 | 261 | 119 | 91 | 271 |
| 巩义市 | 464 | 2508 | 5272 | 3958 | 1473 | 1007 | 1642 | 196 | 206 | 441 | 81 | 138 | 335 |
| 荥阳市 | 370 | 1914 | 3942 | 2676 | 867 | 578 | 976 | 120 | 119 | 594 | 107 | 106 | 274 |
| 新密市 | 372 | 3441 | 5063 | 3403 | 1245 | 971 | 1333 | 184 | 224 | 417 | 84 | 260 | 226 |
| 新郑市 | 324 | 2194 | 3785 | 2553 | 1053 | 749 | 1023 | 112 | 138 | 227 | 84 | 162 | 252 |
| 登封市 | 423 | 2957 | 4748 | 3221 | 1197 | 841 | 1246 | 155 | 213 | 410 | 153 | 200 | 218 |
| **医　院** | **178** | **50645** | **57159** | **47921** | **15896** | **14699** | **24134** | **2226** | **2501** | **3164** | **2045** | **3006** | **4187** |
| 综合医院 | 103 | 33558 | 37419 | 31787 | 10156 | 9463 | 16504 | 1341 | 1671 | 2115 | 1241 | 1866 | 2525 |
| 中医医院 | 31 | 8437 | 9583 | 7919 | 2954 | 2698 | 3381 | 565 | 407 | 612 | 352 | 501 | 811 |
| 中西医结合医院 | 2 | 215 | 307 | 251 | 183 | 123 | 42 | 9 | 7 | 10 | 13 | 12 | 31 |
| 专科医院 | 42 | 8435 | 9850 | 7964 | 2603 | 2415 | 4207 | 311 | 416 | 427 | 439 | 627 | 820 |
| 口腔医院 | 1 | 25 | 162 | 121 | 74 | 69 | 31 | 3 | 2 | 11 | 11 | 6 | 24 |
| 眼科医院 | 3 | 210 | 266 | 145 | 49 | 41 | 67 | 11 | 10 | 8 | 46 | 24 | 51 |
| 耳鼻喉科医院 | 1 | 80 | 99 | 78 | 38 | 37 | 31 | 3 | 3 | 3 | 10 | 5 | 6 |
| 肿瘤医院 | 2 | 1931 | 2246 | 2015 | 566 | 566 | 1217 | 54 | 97 | 81 | 63 | 82 | 86 |
| 心血管病医院 | 3 | 885 | 993 | 805 | 263 | 256 | 434 | 33 | 52 | 23 | 41 | 68 | 79 |
| 胸科医院 | 1 | 818 | 986 | 852 | 256 | 231 | 526 | 33 | 29 | 8 | 55 | 31 | 48 |
| 妇产（科）医院 | 3 | 101 | 313 | 207 | 81 | 69 | 101 | 9 | 12 | 4 | 16 | 40 | 50 |
| 儿童医院 | 1 | 1401 | 1226 | 996 | 373 | 366 | 436 | 51 | 86 | 50 | 39 | 134 | 57 |
| 精神病医院 | 2 | 556 | 539 | 399 | 97 | 93 | 200 | 18 | 18 | 66 | 5 | 45 | 90 |
| 传染病医院 | 2 | 667 | 788 | 658 | 204 | 192 | 354 | 27 | 33 | 40 | 24 | 70 | 36 |
| 皮肤病医院 | 1 | 20 | 12 | 2 | 1 | 1 | 1 |  |  |  |  |  | 10 |
| 骨科医院 | 6 | 946 | 1127 | 877 | 323 | 273 | 425 | 30 | 19 | 80 | 60 | 42 | 148 |
| 康复医院 | 2 | 271 | 260 | 197 | 69 | 51 | 79 | 9 | 12 | 28 | 9 | 13 | 41 |
| 整形外科医院 | 1 | 45 | 82 | 37 | 11 | 11 | 21 | 2 | 2 | 1 | 14 | 14 | 17 |
| 美容医院 | 3 | 80 | 164 | 106 | 36 | 31 | 55 | 5 | 9 | 1 | 26 | 12 | 20 |
| 其他专科医院 | 10 | 399 | 587 | 469 | 162 | 128 | 229 | 23 | 32 | 23 | 20 | 41 | 57 |
| **基层医疗卫生机构** | **3564** | **5996** | **18911** | **11652** | **5584** | **3748** | **3828** | **536** | **463** | **1241** | **313** | **217** | **699** |
| 社区卫生服务中心（站） | 188 | 980 | 2881 | 2577 | 1037 | 839 | 991 | 137 | 125 | 287 | 74 | 97 | 133 |
| 卫生院 | 101 | 4607 | 5082 | 4387 | 1680 | 830 | 1343 | 270 | 263 | 831 | 239 | 120 | 336 |
| 村卫生室 | 2448 |  | 7258 | 1273 | 975 | 388 | 298 |  |  |  |  |  |  |
| 门诊部 | 37 | 409 | 1000 | 839 | 392 | 339 | 307 | 39 | 53 | 48 |  |  | 152 |
| 诊所、卫生所、医务室 | 790 |  | 2690 | 2576 | 1500 | 1352 | 889 | 90 | 22 | 75 |  |  | 78 |
| **专业公共卫生机构** | **54** | **3023** | **7022** | **5569** | **1807** | **1654** | **1948** | **153** | **495** | **1166** | **347** | **495** | **611** |
| 疾病预防控制中心 | 16 |  | 1713 | 1180 | 567 | 509 | 94 | 26 | 256 | 237 | 122 | 206 | 205 |
| 专科疾病防治院（所、站） | 2 | 62 | 222 | 159 | 83 | 80 | 30 | 3 | 17 | 26 | 21 | 14 | 28 |
| 健康教育所（站、中心） | 3 |  | 31 | 10 | 3 | 2 | 4 | 1 |  | 2 | 2 | 12 | 7 |
| 妇幼保健院（所、站） | 14 | 2961 | 3876 | 3345 | 1064 | 983 | 1666 | 121 | 172 | 322 | 127 | 154 | 250 |
| 采供血机构 | 1 |  | 402 | 218 | 47 | 47 | 123 | 1 | 47 |  | 38 | 55 | 91 |
| 卫生监督所（中心） | 17 |  | 693 | 577 |  |  |  |  |  | 577 | 37 | 52 | 27 |
| 计划生育技术服务机构 | 1 |  | 85 | 80 | 43 | 33 | 31 | 1 | 3 | 2 |  | 2 | 3 |
| **其他卫生机构** | **14** |  | **461** | **261** | **98** | **78** | **59** | **13** | **13** | **78** | **93** | **53** | **54** |

注：卫生事业基本情况包含村卫生室。

# 14-15 门诊部、诊所、卫生所、

(2012年)

| 类别 | 总计 | 按管理类别分 | | 按经济类型分 | | | | |
|---|---|---|---|---|---|---|---|---|
| | | 非营利性 | 营利性 | 国有 | 集体 | 联营 | 私营 | 其他 |
| **机构总数(个)** | **827** | **157** | **670** | **112** | **34** | **3** | **608** | **70** |
| **总人员数(人)** | **3690** | **1190** | **2500** | **825** | **297** | **8** | **2243** | **317** |
| 卫生技术人员 | 3415 | 1064 | 2351 | 771 | 232 | 8 | 2122 | 282 |
| 执业医师 | 1691 | 524 | 1167 | 368 | 125 | 5 | 1054 | 139 |
| 执业助理医师 | 201 | 38 | 163 | 16 | 15 | | 134 | 36 |
| 注册护士 | 1196 | 369 | 827 | 277 | 71 | 2 | 758 | 88 |
| 药剂师(士) | 129 | 50 | 79 | 41 | 9 | 1 | 72 | 6 |
| 技师(士) | 75 | 34 | 41 | 24 | 9 | | 32 | 10 |
| 其他 | 123 | 49 | 74 | 45 | 3 | | 72 | 3 |
| 工勤技能人员 | 230 | 92 | 138 | 50 | 35 | | 110 | 35 |
| **床位数(门诊部)** | **409** | **352** | **57** | **294** | **58** | | **30** | **27** |
| **房屋建筑面积(平方米)** | **132796** | **46159** | **86637** | **36150** | **7452** | **165** | **75304** | **13725** |
| **总收入(万元)** | **21253** | **11606** | **9647** | **10548** | **718** | **18** | **8553** | **1416** |
| 医疗收入 | 15793 | 8648 | 7145 | 7846 | 510 | 9 | 6358 | 1070 |
| 药品收入 | 9355 | 6001 | 3355 | 5700 | 211 | 9 | 2916 | 520 |
| **总支出(万元)** | **18875** | **10780** | **8095** | **9874** | **592** | **12** | **7239** | **1158** |
| 人员经费 | 6721 | 3551 | 3170 | 3067 | 264 | 4 | 2818 | 569 |
| 药品支出 | 8145 | 5391 | 2754 | 5128 | 172 | 5 | 2411 | 430 |
| **诊疗人次数(人次)** | **4070862** | **741549** | **3329313** | **486941** | **162526** | **6700** | **2963320** | **451375** |
| 出诊人次数 | 100216 | 12680 | 87536 | 6570 | 4236 | | 75741 | 13669 |

# 医务室基本情况

| 按设置/主办单位分 | | | 按诊所类别分 | | | | |
|---|---|---|---|---|---|---|---|
| 政府办 | 社会办 | 私人办 | 普通 | 中医 | 中西医结合 | 口腔 | 其他 |
| **13** | **154** | **660** | **440** | **98** | **25** | **71** | **156** |
| **378** | **847** | **2465** | **1411** | **279** | **89** | **276** | **635** |
| 348 | 750 | 2317 | 1347 | 274 | 88 | 261 | 606 |
| 125 | 417 | 1149 | 705 | 147 | 49 | 117 | 334 |
| 5 | 34 | 162 | 65 | 15 | 5 | 39 | 24 |
| 144 | 239 | 813 | 500 | 68 | 27 | 94 | 200 |
| 23 | 28 | 78 | 29 | 36 | 6 | | 19 |
| 17 | 18 | 40 | 11 | 3 | | | 8 |
| 34 | 14 | 75 | 37 | 5 | 1 | 11 | 21 |
| 30 | 63 | 137 | 33 | 4 | 1 | 15 | 25 |
| **287** | **65** | **57** | | | | | |
| **18786** | **29024** | **84986** | **43757** | **10726** | **3121** | **7361** | **25602** |
| **9624** | **2093** | **9536** | **4782** | **1056** | **258** | **890** | **1501** |
| 7411 | 1305 | 7078 | 3262 | 670 | 165 | 696 | 898 |
| 5384 | 644 | 3327 | 2233 | 475 | 100 | 258 | 609 |
| **9070** | **1775** | **8030** | **3991** | **850** | **210** | **689** | **1288** |
| 2659 | 934 | 3128 | 1593 | 303 | 90 | 363 | 530 |
| 4768 | 639 | 2738 | 1794 | 415 | 88 | 238 | 578 |
| **145578** | **634986** | **3290298** | **2325200** | **424058** | **106608** | **190852** | **565651** |
| 3171 | 9305 | 87740 | 47776 | 11833 | 1549 | 1425 | 9891 |

# 14-16 医疗卫生机构门诊服务情况

（2012 年）

| 类　别 | 机构数（个） | 总诊疗人次数 | 门、急诊人次 | | | | 家庭卫生服务人次数 | 观察室留观病例数 | | 健康检查人数 | 急诊死亡率（%） | 观察室病死率（%） | 预约诊疗人次占总诊疗人次百分比（%） |
|---|---|---|---|---|---|---|---|---|---|---|---|---|---|
| | | | 小计 | 门诊人次 | 急诊人次 | 死亡人数 | | | 死亡人数 | | | | |
| **总　计** | **3810** | **61910112** | **56852497** | **54758240** | **2094257** | **1700** | **325004** | **629436** | **65** | **2880564** | **0.08** | **0.01** | **5.07** |
| **医　院** | **178** | **28037535** | **25823656** | **24231439** | **1592217** | **1635** | **25572** | **460623** | **65** | **1470395** | **0.10** | **0.01** | **11.14** |
| 综合医院 | 103 | 18932795 | 17699634 | 16716471 | 983163 | 1362 | 15234 | 224512 | 8 | 947862 | 0.14 | | 15.00 |
| 中医医院 | 31 | 5489469 | 5257194 | 4972822 | 284372 | 271 | 10068 | 66092 | 57 | 286640 | 0.10 | 0.09 | 4.27 |
| 中西医结合医院 | 2 | 100069 | 98689 | 98689 | | | | | | | | | 3.57 |
| 专科医院 | 42 | 3515202 | 2768139 | 2443457 | 324682 | 2 | 270 | 170019 | | 235893 | | | 1.26 |
| 口腔医院 | 1 | 99026 | 99026 | 99026 | | | | | | | | | |
| 眼科医院 | 3 | 66995 | 66995 | 66771 | 224 | | | | | | | | |
| 耳鼻喉科医院 | 1 | 17122 | 17122 | 17122 | | | | | | | | | |
| 肿瘤医院 | 2 | 228078 | 222612 | 222612 | | | | | | 958 | | | 1.73 |
| 心血管病医院 | 3 | 481963 | 397567 | 314389 | 83178 | 2 | | | | 24800 | | | 0.22 |
| 胸科医院 | 1 | 63710 | 63710 | 63710 | | | | | | | | | |
| 妇产（科）医院 | 3 | 47192 | 47014 | 46894 | 120 | | | 40 | | 9806 | | | |
| 儿童医院 | 1 | 1622917 | 995216 | 796496 | 198720 | | | 156740 | | | | | 1.27 |
| 精神病医院 | 2 | 206319 | 185497 | 175795 | 9702 | | | | | | | | 0.13 |
| 传染病医院 | 2 | 207522 | 206878 | 197899 | 8979 | | 135 | 12025 | | 137126 | | | 0.30 |
| 皮肤病医院 | 1 | 14150 | 14150 | 14150 | | | | | | | | | |
| 骨科医院 | 6 | 298065 | 292584 | 274624 | 17960 | | 135 | 1074 | | 356 | | | 0.86 |
| 康复医院 | 2 | 64842 | 63324 | 63324 | | | | | | 50475 | | | 22.01 |
| 整形外科医院 | 1 | 6538 | 6538 | 6538 | | | | 68 | | | | | |
| 美容医院 | 3 | 24595 | 24595 | 24595 | | | | | | | | | 0.35 |
| 其他专科医院 | 10 | 66168 | 65311 | 59512 | 5799 | | | 72 | | 12372 | | | 1.43 |
| **基层医疗卫生机构** | **3564** | **30862508** | **28348330** | **27989280** | **359050** | **52** | **294312** | **160117** | | **1272579** | **0.01** | | |
| 社区卫生服务中心（站） | 188 | 3396263 | 2940393 | 2811659 | 128734 | 39 | 284806 | 13292 | | 469987 | 0.03 | | |
| 社区卫生服务中心 | 45 | 1776325 | 1517737 | 1418941 | 98796 | 17 | 245027 | 3473 | | 371975 | 0.02 | | |
| 社区卫生服务站 | 143 | 1619938 | 1422656 | 1392718 | 29938 | 22 | 39779 | 9819 | | 98012 | 0.07 | | |
| 卫生院 | 101 | 6568511 | 6396094 | 6165778 | 230316 | 13 | 9506 | 146825 | | 802592 | 0.01 | | |
| 中心卫生院 | 27 | 1869400 | 1828661 | 1767268 | 61393 | 1 | 1381 | 62382 | | 330968 | | | |
| 乡卫生院 | 74 | 4699111 | 4567433 | 4398510 | 168923 | 12 | 8125 | 84443 | | 471624 | 0.01 | | |
| 村卫生室 | 2448 | 16826872 | 15041197 | 15041197 | | | | | | | | | |
| 门诊部 | 37 | 458493 | 430751 | 430751 | | | | | | | | | |
| 诊所.卫生所.医务室 | 790 | 3612369 | 3539895 | 3539895 | | | | | | | | | |
| **专业公共卫生机构** | **54** | **3010069** | **2680511** | **2537521** | **142990** | **13** | **5120** | **8696** | | **137590** | **0.01** | | **0.55** |
| 专科疾病防治院（所、站） | 2 | 72637 | 17742 | 17742 | | | | | | 57647 | | | |
| 妇幼保健院（所、站） | 14 | 2937432 | 2662769 | 2519779 | 142990 | 13 | 5120 | 8696 | | 79943 | 0.01 | | 0.57 |

# 14-17　医疗卫生机构住院服务情况

（2012 年）

单位：人

| 类　别 | 入院人数（人） | 出院人数（人） | | 转往基层医疗卫生机构人数 | 基层转入医院人数 | 住院病人手术人次数 | 每百门急诊的入院人数 | 死亡率（%） | 医院向基层医疗卫生机构转诊率（%） | 基层医疗卫生机构向医院转诊率（%） |
|---|---|---|---|---|---|---|---|---|---|---|
| | | | 死亡 | | | | | | | |
| **总　计** | **1843774** | **1837606** | **4648** | **568** | **722** | **473847** | **4.87** | **0.25** | **0.03** | **0.04** |
| **医　院** | **1540679** | **1535199** | **4437** | **568** | | **431961** | **5.97** | **0.29** | **0.04** | |
| 综合医院 | 1106845 | 1102878 | 3237 | 360 | | 330941 | 6.25 | 0.29 | 0.03 | |
| 中医医院 | 215237 | 215167 | 874 | 176 | | 34946 | 4.09 | 0.41 | 0.08 | |
| 中西医结合医院 | 4160 | 4615 | | | | 1463 | 4.22 | | | |
| 专科医院 | 214437 | 212539 | 326 | 32 | | 64611 | 7.75 | 0.15 | 0.02 | |
| 口腔医院 | 42 | 42 | | | | 42 | 0.04 | | | |
| 眼科医院 | 4410 | 4413 | | | | 3352 | 6.58 | | | |
| 耳鼻喉科医院 | 1019 | 1000 | | | | 990 | 5.95 | | | |
| 肿瘤医院 | 65416 | 65323 | 138 | | | 15058 | 29.39 | 0.21 | | |
| 心血管病医院 | 23314 | 23149 | 94 | | | 7145 | 5.86 | 0.41 | | |
| 胸科医院 | 14573 | 14534 | | | | 5442 | 22.87 | | | |
| 妇产（科）医院 | 946 | 940 | | | | 845 | 2.01 | | | |
| 儿童医院 | 49618 | 49401 | 24 | | | 9606 | 4.99 | 0.05 | | |
| 精神病医院 | 7311 | 7099 | | | | | 3.94 | | | |
| 传染病医院 | 12937 | 12707 | 59 | | | 586 | 6.25 | 0.46 | | |
| 皮肤病医院 | | | | | | | | | | |
| 骨科医院 | 24163 | 23490 | | | | 15433 | 8.26 | | | |
| 康复医院 | 2033 | 1920 | 8 | | | 239 | 3.21 | 0.42 | | |
| 整形外科医院 | 385 | 385 | | | | 385 | 5.89 | | | |
| 美容医院 | 1382 | 1356 | | | | 710 | 5.62 | | | |
| 其他专科医院 | 6888 | 6780 | 3 | 32 | | 4778 | 10.55 | 0.04 | 0.47 | |
| **基层医疗卫生机构** | **162296** | **162213** | **47** | | **722** | | **1.69** | **0.03** | | **0.45** |
| 社区卫生服务中心（站） | 11523 | 12716 | 12 | | 44 | | 0.39 | 0.09 | | 0.35 |
| 卫生院 | 146099 | 144823 | 35 | | 678 | | 2.28 | 0.02 | | 0.47 |
| 乡镇卫生院 | 146099 | 144823 | 35 | | 678 | | 2.28 | 0.02 | | 0.47 |
| 中心卫生院 | 50769 | 50266 | 6 | | 204 | | 2.78 | 0.01 | | 0.41 |
| 乡卫生院 | 95330 | 94557 | 29 | | 474 | | 2.09 | 0.03 | | 0.50 |
| 门诊部 | 4674 | 4674 | | | | | | | | |
| **专业公共卫生机构** | **140799** | **140194** | **164** | | | **41886** | **5.25** | **0.12** | | |
| 专科疾病防治院（所、站） | 447 | 422 | | | | 14 | 2.52 | | | |
| 妇幼保健院（所、站） | 140352 | 139772 | 164 | | | 41872 | 5.27 | 0.12 | | |

# 14-18 医疗卫生机构病床使用情况

（2012 年）

| 类　　别 | 实有床位数（张） | 实际开放总床位（床日） | 平均开放病床数（张） | 实际占用总床日数（床日） | 出院者占用总床日数 | 病床周转次数 | 病床工作日（日） | 病床使用率（%） | 出院者平均住院日（日） |
|---|---|---|---|---|---|---|---|---|---|
| **总　计** | **59661** | **20712548** | **56592** | **20030151** | **19883665** | **32.5** | **353.9** | **96.7** | **10.8** |
| **医　院** | **50645** | **17779808** | **48579** | **17869859** | **17810759** | **31.6** | **367.9** | **100.5** | **11.6** |
| 综合医院 | 33558 | 11608553 | 31717 | 11751093 | 11613974 | 34.8 | 370.5 | 101.2 | 10.5 |
| 中医医院 | 8437 | 3061605 | 8365 | 2868183 | 2783672 | 25.7 | 342.9 | 93.7 | 12.9 |
| 中西医结合医院 | 215 | 78475 | 214 | 84020 | 84845 | 21.5 | 391.9 | 107.1 | 18.4 |
| 专科医院 | 8435 | 3031175 | 8282 | 3166563 | 3328268 | 25.7 | 382.3 | 104.5 | 15.7 |
| 口腔医院 | 25 | 9125 | 25 | 910 | 910 | 1.7 | 36.5 | 10.0 | 21.7 |
| 眼科医院 | 210 | 76430 | 209 | 23204 | 23204 | 21.1 | 111.1 | 30.4 | 5.3 |
| 耳鼻喉科医院 | 80 | 29280 | 80 | 7133 | 7000 | 12.5 | 89.2 | 24.4 | 7.0 |
| 肿瘤医院 | 1931 | 706438 | 1930 | 903078 | 1150378 | 33.8 | 467.9 | 127.8 | 17.6 |
| 心血管病医院 | 885 | 321698 | 879 | 277920 | 265450 | 26.3 | 316.2 | 86.4 | 11.5 |
| 胸科医院 | 818 | 286405 | 783 | 369050 | 370814 | 18.6 | 471.6 | 128.9 | 25.5 |
| 妇产（科）医院 | 101 | 36665 | 100 | 15961 | 6501 | 9.4 | 159.3 | 43.5 | 6.9 |
| 儿童医院 | 1401 | 503270 | 1375 | 504059 | 506157 | 35.9 | 366.6 | 100.2 | 10.2 |
| 精神病医院 | 556 | 203346 | 556 | 237318 | 241221 | 12.8 | 427.1 | 116.7 | 34.0 |
| 传染病医院 | 667 | 229427 | 627 | 250695 | 237991 | 20.3 | 399.9 | 109.3 | 18.7 |
| 皮肤病医院 | 20 | 7300 | 20 | | | | | | |
| **基层医疗卫生机构** | **5993** | **1931088** | **5276** | **1150049** | **1060563** | **30.7** | **218.0** | **59.6** | **6.5** |
| 社区卫生服务中心（站） | 977 | 312466 | 854 | 161539 | 121781 | 14.9 | 189.2 | 51.7 | 9.6 |
| 社区卫生服务中心 | 827 | 267864 | 732 | 155050 | 121472 | 17.3 | 211.9 | 57.9 | 9.6 |
| 社区卫生服务站 | 150 | 44602 | 122 | 6489 | 309 | 0.3 | 53.2 | 14.6 | 8.4 |
| 卫生院 | 4607 | 1618622 | 4422 | 988510 | 938782 | 32.7 | 223.5 | 61.1 | 6.5 |
| 乡镇卫生院 | 4607 | 1618622 | 4422 | 988510 | 938782 | 32.7 | 223.5 | 61.1 | 6.5 |
| 中心卫生院 | 1498 | 532579 | 1455 | 339287 | 312473 | 34.5 | 233.2 | 63.7 | 6.2 |
| 乡卫生院 | 3109 | 1086043 | 2967 | 649223 | 626309 | 31.9 | 218.8 | 59.8 | 6.6 |
| 门诊部 | 409 | | | | | | | | |
| **专业公共卫生机构** | **3023** | **1001652** | **2737** | **1010243** | **1012343** | **51.2** | **369.1** | **100.9** | **7.2** |
| 专科疾病防治院（所、站） | 62 | 22692 | 62 | 21771 | 20989 | 6.8 | 351.1 | 95.9 | 49.7 |
| 妇幼保健院（所、站） | 2961 | 978960 | 2675 | 988472 | 991354 | 52.3 | 369.6 | 101.0 | 7.1 |

# 14-19　医疗卫生机构收入与支出

（2012 年）

单位:万元

| 类　　别 | 总收入 | 财政补助收入 | 科教项目收入 | 上级补助收入 | 医疗收入/事业收入 | 总支出 | 医疗业务成本/医疗支出/事业支出 | 公共卫生支出 | 科教项目支出 | 管理费用 | 财政项目补助支出 | 总支出中:人员经费支出 |
|---|---|---|---|---|---|---|---|---|---|---|---|---|
| **总　计** | **2567367** | **242051** | **3338** | **9170** | **2254492** | **2423309** | **1895903** | **20872** | **17613** | **252825** | **69345** | **610378** |
| **医院** | **2159967** | **109925** | **3081** | | **2011483** | **2062959** | **1700490** | | **17505** | **240179** | **55519** | **487459** |
| 综合医院 | 1509404 | 75888 | 1392 | | 1407706 | 1441159 | 1177198 | | 15796 | 177558 | 37809 | 336216 |
| 中医医院 | 279419 | 12814 | 1352 | | 257732 | 262280 | 219668 | | 1372 | 26877 | 5339 | 67063 |
| 中西医结合医院 | 2578 | | | | 2495 | 2134 | 1922 | | | 137 | | 1238 |
| 专科医院 | 368566 | 21223 | 337 | | 343550 | 357387 | 301702 | | 337 | 35606 | 12372 | 82943 |
| 口腔医院 | 2287 | | | | 1821 | 2667 | 2445 | | | 143 | | 1311 |
| 眼科医院 | 4881 | 26 | | | 4782 | 5090 | 3035 | | | 1300 | | 1221 |
| 耳鼻喉科医院 | 1317 | | | | 1317 | 1526 | 1087 | | | 293 | | 481 |
| 肿瘤医院 | 126269 | 3799 | 155 | | 121608 | 113320 | 100245 | | 71 | 10214 | 1928 | 23679 |
| 心血管病医院 | 39462 | 612 | 2 | | 38806 | 51408 | 46955 | | | 3983 | 282 | 9918 |
| 胸科医院 | 41195 | 2919 | 13 | | 38029 | 38122 | 33293 | | 13 | 3898 | 887 | 8721 |
| 妇产(科)医院 | 2447 | | | | 2443 | 2222 | 918 | | | 651 | | 696 |
| 儿童医院 | 57115 | 3070 | 39 | | 52992 | 52923 | 47658 | | 11 | 2960 | 2183 | 15363 |
| 精神病医院 | 11630 | 1367 | | | 10071 | 10163 | 6963 | | | 1538 | 1662 | 4396 |
| 传染病医院 | 23144 | 5143 | 128 | | 17626 | 22000 | 15783 | | 80 | 3336 | 2491 | 5455 |
| 皮肤病医院 | 102 | | | | 102 | 113 | 100 | | | | | 42 |
| 骨科医院 | 46761 | 3888 | | | 42622 | 46272 | 37196 | | 157 | 5714 | 2730 | 8775 |
| 康复医院 | 4599 | 398 | | | 3990 | 4263 | 2418 | | | 310 | 210 | 1179 |
| 整形外科医院 | 977 | | | | 977 | 974 | 272 | | | | | 404 |
| 美容医院 | 1700 | | | | 1700 | 1092 | 297 | | | 253 | | 197 |
| 其他专科医院 | 4681 | | | | 4665 | 5233 | 3036 | | 5 | 1012 | | 1104 |
| **基层医疗卫生机构** | **149411** | **31962** | | **5052** | **103091** | **136571** | **74492** | **20872** | | | | **42441** |
| 社区卫生服务中心(站) | 26128 | 7564 | | 286 | 16888 | 25049 | 16709 | 7214 | | | | 7798 |
| 社区卫生服务中心 | 20071 | 6786 | | 254 | 11732 | 19441 | 12217 | 6751 | | | | 6553 |
| 社区卫生服务站 | 6057 | 779 | | 32 | 5156 | 5608 | 4493 | 463 | | | | 1246 |
| 卫生院 | 81624 | 24398 | | 1452 | 55219 | 73667 | 57783 | 13658 | | | | 21978 |
| 乡镇卫生院 | 81624 | 24398 | | 1452 | 55219 | 73667 | 57783 | 13658 | | | | 21978 |
| 中心卫生院 | 25911 | 7427 | | 217 | 18106 | 22060 | 17935 | 3806 | | | | 6870 |
| 乡卫生院 | 55713 | 16971 | | 1235 | 37113 | 51607 | 39848 | 9852 | | | | 15108 |
| 村卫生室 | 20406 | | | 3315 | 15191 | 18981 | | | | | | 5943 |
| 门诊部 | 12766 | | | | 10102 | 11846 | | | | | | 3841 |
| 综合门诊部 | 10365 | | | | 7769 | 9670 | | | | | | 2980 |
| 中医门诊部 | 135 | | | | 99 | 127 | | | | | | 67 |
| 专科门诊部 | 2265 | | | | 2233 | 2049 | | | | | | 795 |

14-19 续表 （2012 年）

| 类　别 | 总收入 | 财政补助收入 | 科教项目收入 | 上级补助收入 | 医疗收入/事业收入 | 总支出 | 医疗业务成本/医疗支出/事业支出 | 公共卫生支出 | 科教项目支出 | 管理费用 | 财政项目补助支出 | 总支出中:人员经费支出 |
|---|---|---|---|---|---|---|---|---|---|---|---|---|
| 诊所.卫生所.医务室 | 8488 |  |  |  | 5691 | 7029 |  |  |  |  |  | 2880 |
| 诊所 | 7497 |  |  |  | 5117 | 6185 |  |  |  |  |  | 2536 |
| 卫生所、医务室 | 990 |  |  |  | 574 | 844 |  |  |  |  |  | 344 |
| **专业公共卫生机构** | **245967** | **94021** | **257** | **1928** | **136654** | **213656** | **115760** |  | **108** | **12646** | **11818** | **76047** |
| 疾病预防控制中心 | 36850 | 21421 |  | 553 | 6096 | 36145 | 24106 |  |  |  | 4808 | 7609 |
| 省属 | 1619 | 1346 |  | 84 | 189 | 1832 | 562 |  |  |  | 1270 | 326 |
| 省辖市（地区）属 | 13309 | 13099 |  | 12 |  | 13335 | 11903 |  |  |  | 530 | 1591 |
| 地辖市属 | 17621 | 6488 |  | 446 | 4168 | 16686 | 9906 |  |  |  | 3005 | 4326 |
| 县属 | 2185 | 435 |  | 12 | 1738 | 2185 | 1735 |  |  |  | 3 | 551 |
| 其他 | 2116 | 55 |  |  |  | 2107 |  |  |  |  |  | 815 |
| 专科疾病防治院（所、站） | 3483 | 893 |  |  |  | 2783 | 2401 |  |  | 154 | 228 | 678 |
| 专科疾病防治所（站、中心） | 3483 | 893 |  |  |  | 2783 | 2401 |  |  | 154 | 228 | 678 |
| 职业病防治所（站、中心） | 3483 | 893 |  |  |  | 2783 | 2401 |  |  | 154 | 228 | 678 |
| 健康教育所（站、中心） | 281 | 195 |  | 10 |  | 281 | 85 |  |  |  |  | 121 |
| 妇幼保健院（所、站） | 124193 | 10180 | 257 |  |  | 97480 | 75212 |  | 108 | 12493 | 6635 | 25749 |
| 省属 | 72540 | 3263 | 179 |  |  | 49085 | 41517 |  | 22 | 5812 | 1400 | 12169 |
| 省辖市（地区）属 | 26009 | 2971 | 78 |  |  | 25150 | 18604 |  | 86 | 3975 | 2454 | 7303 |
| 地辖市属 | 21674 | 3069 |  |  |  | 20223 | 13137 |  |  | 2705 | 1904 | 5567 |
| 县属 | 3970 | 876 |  |  |  | 3021 | 1955 |  |  |  | 876 | 711 |
| 妇幼保健院 | 121703 | 8934 | 257 |  |  | 95087 | 74422 |  | 108 | 12438 | 5706 | 25136 |
| 妇幼保健所 | 2490 | 1246 |  |  |  | 2393 | 790 |  |  | 55 | 929 | 613 |
| 采供血机构 | 12820 | 355 |  |  | 12465 | 11795 | 11795 |  |  |  |  | 4183 |
| 卫生监督所（中心） | 67720 | 60607 |  | 1116 | 5963 | 64760 | 1834 |  |  |  | 105 | 37698 |
| 省属 | 1276 | 1176 |  | 99 |  | 1192 | 1192 |  |  |  |  | 612 |
| 省辖市（地区）属 | 726 | 659 |  | 67 |  | 718 | 578 |  |  |  | 70 | 402 |
| 地辖市属 | 65642 | 58694 |  | 950 | 5963 | 62773 | 11 |  |  |  | 35 | 36660 |
| 县属 | 77 | 77 |  |  |  | 77 | 53 |  |  |  |  | 24 |
| 计划生育技术服务机构 | 620 | 370 |  | 250 |  | 413 | 327 |  |  |  | 43 | 8 |
| **其他卫生机构** | **12022** | **6144** |  | **2190** | **3264** | **10122** | **5162** |  |  |  | **2008** | **4432** |
| 医学科学研究机构 | 7419 | 4115 |  |  | 3156 | 7604 | 3016 |  |  |  | 2001 | 3401 |
| 医学在职培训机构 | 935 | 533 |  | 53 | 83 | 937 | 603 |  |  |  |  | 555 |
| 其他 | 3668 | 1496 |  | 2137 | 26 | 1581 | 1543 |  |  |  | 6 | 477 |

# 14-20 村卫生室基本情况

(2012 年)

| 类别 | 合计 | 按设置/主办单位分 | | | | | 按行医方式分 | | |
|---|---|---|---|---|---|---|---|---|---|
| | | 村办 | 乡医院设点 | 联合办 | 私人办 | 其他 | 中医为主 | 西医为主 | 中西医结合 |
| 机构数(个) | 2448 | 1812 | 125 | 250 | 187 | 74 | 72 | 1672 | 704 |
| 执业(助理)医师(人) | 975 | 740 | | 102 | 95 | 38 | 15 | 595 | 381 |
| 注册护士(人) | 298 | 217 | | 37 | 31 | 13 | 6 | 165 | 132 |
| 乡村医生和卫生员(人) | 5985 | 4659 | 185 | 603 | 360 | 178 | 162 | 3815 | 2008 |
| 乡村医生 | 5714 | 4430 | 170 | 597 | 341 | 176 | 153 | 3669 | 1892 |
| 卫生员 | 271 | 229 | 15 | 6 | 19 | 2 | 9 | 146 | 116 |
| 年内培训人次数 | 19131 | 14347 | 222 | 2591 | 1759 | 212 | 409 | 12075 | 6647 |
| 设备数:简易呼吸器(个) | 1733 | 1347 | 21 | 201 | 105 | 59 | 43 | 1172 | 518 |
| 便携式高压消毒锅(带压力表)(个) | 2114 | 1646 | 35 | 228 | 145 | 60 | 50 | 1446 | 618 |
| 冷藏箱 | 2226 | 1771 | 59 | 209 | 131 | 56 | 66 | 1521 | 639 |
| 诊查(观察)床(张) | 4772 | 3858 | 88 | 449 | 295 | 82 | 117 | 3119 | 1536 |
| 无菌柜(个) | 1630 | 1199 | 63 | 186 | 130 | 52 | 48 | 1126 | 456 |
| 中药柜(个) | 981 | 829 | 12 | 16 | 92 | 32 | 23 | 537 | 421 |
| 西药柜(个) | 2129 | 1693 | 18 | 216 | 125 | 77 | 38 | 1366 | 725 |
| 担架(付) | 294 | 230 | 37 | 3 | 22 | 2 | 10 | 214 | 70 |
| 处置台(个) | 2196 | 1700 | 59 | 233 | 144 | 60 | 54 | 1492 | 650 |
| 总收入(万元) | 20406 | 16745 | 407 | 1639 | 1214 | 401 | 352 | 13012 | 7042 |
| #上级补助收入 | 3315 | 2558 | 23 | 456 | 225 | 53 | 58 | 2173 | 1084 |
| 村或集体补助收入 | 17 | 8 | 6 | | | 3 | 4 | 11 | 2 |
| 医疗收入 | 15191 | 12633 | 280 | 1116 | 899 | 264 | 233 | 9528 | 5431 |
| 药品收入 | 11587 | 9819 | 111 | 834 | 661 | 163 | 172 | 7198 | 4216 |
| 总支出(万元) | 18981 | 15641 | 341 | 1515 | 1132 | 353 | 303 | 11908 | 6770 |
| #人员经费 | 5943 | 4710 | 147 | 568 | 384 | 134 | 110 | 3779 | 2054 |
| 药品支出 | 12337 | 10417 | 183 | 815 | 710 | 213 | 188 | 7773 | 4376 |
| 诊疗人次数 | 16826872 | 13697534 | 362932 | 1345816 | 1102670 | 317920 | 452183 | 10674703 | 5699986 |
| #出诊人次数 | 1785675 | 1464389 | 36725 | 144608 | 121097 | 18856 | 147520 | 1195411 | 442744 |
| 报告疑似传染病例数 | 3105 | 2479 | 135 | 239 | 129 | 123 | 36 | 2195 | 874 |

# 14-21 分县(市)区医疗机构收入与支出

(2012 年)

单位:万元

| 类别 | 总收入 | 财政补助收入 | 科教项目收入 | 上级补助收入 | 医疗收入/事业收入 | 总费用/支出 | 医疗业务成本/医疗支出/事业支出 | 公共卫生支出 | 科教项目支出 | 管理费用 | 财政项目补助支出 | 总费用中:人员经费 |
|---|---|---|---|---|---|---|---|---|---|---|---|---|
| **总计** | **2567367** | **242051** | **3338** | **9170** | **2254492** | **2423309** | **1895903** | **20872** | **17613** | **252825** | **69345** | **610378** |
| 中原区 | 196812 | 15754 | 151 | 536 | 177272 | 201930 | 154357 | 931 | 103 | 25752 | 7751 | 48603 |
| 二七区 | 757151 | 44851 | 1263 | 237 | 699518 | 703549 | 591086 | 1539 | 15791 | 64707 | 23696 | 166370 |
| 管城区 | 126159 | 9378 | 63 | 823 | 113516 | 124609 | 86986 | 2723 | 39 | 23771 | 3821 | 33876 |
| 金水区 | 1042340 | 77263 | 1850 | 2472 | 930409 | 965824 | 791543 | 3781 | 1512 | 111152 | 23514 | 226240 |
| 上街区 | 16149 | 425 |  | 183 | 14577 | 15942 | 9674 | 118 |  | 747 | 278 | 5847 |
| 惠济区 | 25677 | 2412 | 1 | 253 | 21612 | 25391 | 17545 | 484 |  | 2694 | 739 | 8390 |
| 中牟县 | 53235 | 6180 |  | 297 | 45492 | 48401 | 39343 | 1453 | 10 | 3397 | 880 | 13828 |
| 巩义市 | 126667 | 63906 |  | 1200 | 59604 | 124054 | 45989 | 1425 | 150 | 3499 | 3743 | 52134 |
| 荥阳市 | 43043 | 3963 |  | 261 | 38418 | 40951 | 29669 | 895 |  | 2164 | 515 | 11000 |
| 新密市 | 67483 | 6044 |  | 1581 | 58602 | 65897 | 49891 | 2900 |  | 3479 | 699 | 17010 |
| 新郑市 | 62299 | 6943 |  | 596 | 53255 | 58181 | 46849 | 2231 |  | 3786 | 2835 | 13098 |
| 登封市 | 50351 | 4931 | 12 | 733 | 42217 | 48582 | 32972 | 2394 | 9 | 7678 | 876 | 13982 |

# 14-22 规模以上工业企业 R&D 人员情况

（2012 年）

| 类　　别 | 有 R&D 活动企业个数(个) | 有科技机构企业个数（个） | R&D 人员合计（人） | #参加项目人员 | 管理和服务人员 | #女性 | #研究人员 |
|---|---|---|---|---|---|---|---|
| **总计** | **369** | **281** | **27963** | **25421** | **2542** | **4849** | **8788** |
| **按企业规模分组** | | | | | | | |
| 大型 | 42 | 35 | 12260 | 11169 | 1091 | 1563 | 3971 |
| 中型 | 122 | 99 | 9372 | 8440 | 932 | 2102 | 3019 |
| 小型 | 203 | 147 | 6301 | 5785 | 516 | 1179 | 1795 |
| 微型 | 2 | | 30 | 27 | 3 | 5 | 3 |
| **按隶属关系分组** | | | | | | | |
| 中央 | 19 | 10 | 2721 | 2421 | 300 | 664 | 1557 |
| 省（自治区、直辖市） | 14 | 12 | 4091 | 3919 | 172 | 457 | 1864 |
| 地（区、市、州、盟） | 29 | 23 | 3659 | 3362 | 297 | 782 | 821 |
| 县（区、市、旗） | 36 | 27 | 3180 | 2799 | 381 | 566 | 827 |
| 街道 | 3 | 3 | 16 | 14 | 2 | 3 | 11 |
| 镇 | 13 | 11 | 849 | 770 | 79 | 95 | 121 |
| 村委会 | 8 | 7 | 214 | 204 | 10 | 19 | 79 |
| 其他 | 247 | 188 | 13233 | 11932 | 1301 | 2263 | 3508 |
| **按登记注册类型分组** | | | | | | | |
| 内资企业 | 338 | 263 | 23572 | 21537 | 2035 | 4185 | 8040 |
| 国有企业 | 20 | 12 | 4559 | 4299 | 260 | 590 | 2325 |
| 集体企业 | 1 | 3 | 52 | 50 | 2 | 4 | 42 |
| 有限责任公司 | 173 | 140 | 8714 | 7982 | 732 | 1683 | 2470 |
| 国有独资公司 | 3 | 1 | 157 | 131 | 26 | 30 | 103 |
| 其他有限责任公司 | 170 | 139 | 8557 | 7851 | 706 | 1653 | 2367 |
| 股份有限公司 | 46 | 37 | 6726 | 6003 | 723 | 1321 | 2216 |
| 私营企业 | 95 | 68 | 3319 | 3024 | 295 | 523 | 968 |
| 私营独资企业 | 23 | 18 | 751 | 708 | 43 | 133 | 203 |
| 私营合伙企业 | 1 | 1 | 57 | 55 | 2 | 3 | 23 |
| 私营有限责任公司 | 67 | 44 | 2181 | 1981 | 200 | 363 | 702 |
| 私营股份有限公司 | 4 | 5 | 330 | 280 | 50 | 24 | 40 |
| 其他企业 | 3 | 3 | 202 | 179 | 23 | 64 | 19 |
| 港、澳、台商投资企业 | 14 | 6 | 959 | 910 | 49 | 156 | 191 |
| 合资经营企业（港或澳、台资） | 6 | 3 | 484 | 473 | 11 | 105 | 120 |

14-22 续表1 （2012年）

| 类别 | 有R&D活动企业个数(个) | 有科技机构企业个数(个) | R&D人员合计(人) | #参加项目人员 | 管理和服务人员 | #女性 | #研究人员 |
|---|---|---|---|---|---|---|---|
| 港、澳、台商独资经营企业 | 8 | 3 | 475 | 437 | 38 | 51 | 71 |
| 外商投资企业 | 17 | 12 | 3432 | 2974 | 458 | 508 | 557 |
| 中外合资经营企业 | 10 | 7 | 1681 | 1580 | 101 | 268 | 403 |
| 外资企业 | 4 | 3 | 1344 | 1022 | 322 | 131 | 118 |
| 外商投资股份有限公司 | 2 | 2 | 393 | 358 | 35 | 107 | 35 |
| 其他外商投资企业 | 1 |  | 14 | 14 |  | 2 | 1 |
| **按国民经济行业大类分组** |  |  |  |  |  |  |  |
| 采矿业 | 3 | 1 | 2306 | 2205 | 101 | 29 | 1075 |
| 煤炭开采和洗选业 | 3 | 1 | 2306 | 2205 | 101 | 29 | 1075 |
| 制造业 | 360 | 276 | 24790 | 22422 | 2368 | 4693 | 7218 |
| 农副食品加工业 | 15 | 16 | 491 | 466 | 25 | 98 | 99 |
| 食品制造业 | 17 | 15 | 1560 | 1339 | 221 | 510 | 274 |
| 酒、饮料和精制茶制造业 | 4 | 2 | 135 | 123 | 12 | 62 | 77 |
| 烟草制品业 | 1 | 1 | 247 | 243 | 4 | 25 | 53 |
| 纺织业 | 2 | 1 | 53 | 52 | 1 | 16 | 24 |
| 纺织服装、服饰业 | 3 | 8 | 121 | 103 | 18 | 56 | 20 |
| 皮革、毛皮、羽毛及其制品和制鞋业 |  | 1 |  |  |  |  |  |
| 家具制造业 | 1 | 1 | 18 | 16 | 2 | 3 | 1 |
| 造纸和纸制品业 | 5 | 5 | 139 | 127 | 12 | 12 | 30 |
| 印刷和记录媒介复制业 | 7 | 4 | 301 | 282 | 19 | 66 | 105 |
| 文教、工美、体育和娱乐用品制造业 | 2 | 1 | 62 | 58 | 4 | 22 | 10 |
| 化学原料和化学制品制造业 | 20 | 17 | 981 | 843 | 138 | 302 | 398 |
| 医药制造业 | 22 | 18 | 1343 | 1232 | 111 | 572 | 255 |
| 橡胶和塑料制品业 | 6 | 7 | 342 | 292 | 50 | 60 | 119 |
| 非金属矿物制品业 | 82 | 58 | 3349 | 3069 | 280 | 426 | 994 |
| 黑色金属冶炼和压延加工业 | 7 | 4 | 425 | 393 | 32 | 50 | 128 |
| 有色金属冶炼和压延加工业 | 12 | 9 | 1961 | 1725 | 236 | 227 | 601 |
| 金属制品业 | 9 | 9 | 622 | 544 | 78 | 150 | 160 |
| 通用设备制造业 | 24 | 19 | 1572 | 1427 | 145 | 248 | 781 |
| 专用设备制造业 | 43 | 22 | 3466 | 3171 | 295 | 575 | 982 |
| 汽车制造业 | 17 | 14 | 2887 | 2632 | 255 | 245 | 578 |

| 类 别 | 有R&D活动企业个数(个) | 有科技机构企业个数(个) | R&D人员合计(人) | #参加项目人员 | 管理和服务人员 | #女性 | #研究人员 |
|---|---|---|---|---|---|---|---|
| 铁路、船舶、航空航天和其他运输设备制造业 | 6 | 5 | 1157 | 1050 | 107 | 290 | 469 |
| 电气机械和器材制造业 | 22 | 20 | 1286 | 1176 | 110 | 250 | 421 |
| 计算机、通信和其他电子设备制造业 | 12 | 8 | 1002 | 897 | 105 | 196 | 303 |
| 仪器仪表制造业 | 19 | 11 | 1261 | 1153 | 108 | 231 | 331 |
| 其他制造业 | 2 | | 9 | 9 | | 1 | 5 |
| 电力、热力、燃气及水生产和供应业 | 6 | 4 | 867 | 794 | 73 | 127 | 495 |
| 电力、热力生产和供应业 | 5 | 3 | 856 | 784 | 72 | 122 | 484 |
| 水的生产和供应业 | 1 | 1 | 11 | 10 | 1 | 5 | 11 |
| **按企业业控股情况分组** | | | | | | | |
| 国有控股 | 51 | 35 | 7942 | 7363 | 579 | 1300 | 3936 |
| 集体控股 | 5 | 7 | 232 | 212 | 20 | 43 | 105 |
| 私人控股 | 258 | 198 | 13370 | 12127 | 1243 | 2384 | 3611 |
| 港澳台商控股 | 10 | 4 | 706 | 652 | 54 | 70 | 95 |
| 外商控股 | 13 | 9 | 2958 | 2523 | 435 | 345 | 352 |
| 其他 | 32 | 28 | 2755 | 2544 | 211 | 707 | 689 |
| **按地区分组** | | | | | | | |
| 中原区 | 23 | 16 | 3888 | 3727 | 161 | 531 | 1735 |
| 二七区 | 17 | 16 | 1887 | 1780 | 107 | 402 | 873 |
| 管城区 | 6 | 8 | 1543 | 1370 | 173 | 161 | 401 |
| 金水区 | 9 | 10 | 736 | 590 | 146 | 135 | 168 |
| 上街区 | 18 | 17 | 1277 | 1047 | 230 | 219 | 503 |
| 惠济区 | 4 | 1 | 375 | 344 | 31 | 108 | 37 |
| 中牟县 | 14 | 19 | 736 | 704 | 32 | 116 | 267 |
| 巩义市 | 19 | 18 | 2063 | 1845 | 218 | 298 | 426 |
| 荥阳市 | 21 | 19 | 1174 | 1050 | 124 | 177 | 278 |
| 新密市 | 54 | 43 | 1789 | 1685 | 104 | 166 | 518 |
| 新郑市 | 49 | 27 | 2294 | 2122 | 172 | 573 | 807 |
| 登封市 | 21 | 12 | 1302 | 1199 | 103 | 159 | 306 |
| 经济开发区 | 28 | 20 | 1986 | 1854 | 132 | 419 | 448 |
| 高新开发区 | 70 | 41 | 5948 | 5251 | 697 | 1115 | 1805 |
| 郑东新区 | 1 | 1 | 247 | 243 | 4 | 25 | 53 |
| 航空港区 | 15 | 13 | 718 | 610 | 108 | 245 | 163 |

14-22 续表3 (2012年)

| 类 别 | #全时人员 | 非全时人员 | R&D人员折合全时当量合计(人年) | #研究人员 | 应用研究人员 | 试验发展人员 |
|---|---|---|---|---|---|---|
| **总计** | **15410** | **12553** | **20163.7** | **6234.9** | **83** | **20080.7** |
| **按企业规模分组** | | | | | | |
| 大型 | 6700 | 5560 | 9240.3 | 2863.7 | 83 | 9157.3 |
| 中型 | 5487 | 3885 | 6811.5 | 2220.3 | | 6811.5 |
| 小型 | 3218 | 3083 | 4089.7 | 1148.7 | | 4089.7 |
| 微型 | 5 | 25 | 22.2 | 2.2 | | 22.2 |
| **按隶属关系分组** | | | | | | |
| 中央 | 2158 | 563 | 2311.5 | 1273.1 | | 2311.5 |
| 省(自治区、直辖市) | 815 | 3276 | 2260.4 | 1017.1 | | 2260.4 |
| 地(区、市、州、盟) | 2352 | 1307 | 2880.3 | 625.1 | | 2880.3 |
| 县(区、市、旗) | 1805 | 1375 | 2284.3 | 623 | 27.6 | 2256.7 |
| 街道 | 10 | 6 | 12.4 | 9 | | 12.4 |
| 镇 | 402 | 447 | 522 | 49.8 | | 522 |
| 村委会 | 23 | 191 | 106.8 | 44.9 | | 106.8 |
| 其他 | 7845 | 5388 | 9786 | 2592.9 | 55.4 | 9730.6 |
| **按登记注册类型分组** | | | | | | |
| 内资企业 | 12742 | 10830 | 16831.4 | 5639.4 | | 16831.4 |
| 国有企业 | 1697 | 2862 | 2691.7 | 1364.7 | | 2691.7 |
| 集体企业 | 52 | | 7.4 | 6 | | 7.4 |
| 有限责任公司 | 5000 | 3714 | 5941.7 | 1694.2 | | 5941.7 |
| 国有独资公司 | 84 | 73 | 144.6 | 91.9 | | 144.6 |
| 其他有限责任公司 | 4916 | 3641 | 5797.1 | 1602.3 | | 5797.1 |
| 股份有限公司 | 4442 | 2284 | 5817.6 | 1903.1 | | 5817.6 |
| 私营企业 | 1465 | 1854 | 2212.2 | 656.7 | | 2212.2 |
| 私营独资企业 | 259 | 492 | 570.5 | 150.8 | | 570.5 |
| 私营合伙企业 | | 57 | 40 | 16.1 | | 40 |
| 私营有限责任公司 | 1098 | 1083 | 1374.1 | 461.9 | | 1374.1 |
| 私营股份有限公司 | 108 | 222 | 227.6 | 27.8 | | 227.6 |
| 其他企业 | 86 | 116 | 160.9 | 14.7 | | 160.9 |
| 港、澳、台商投资企业 | 340 | 619 | 689 | 156 | 43.4 | 645.6 |
| 合资经营企业(港或澳、台资) | 165 | 319 | 337.2 | 101.5 | | 337.2 |
| 港、澳、台商独资经营企业 | 175 | 300 | 351.7 | 54.5 | 43.4 | 308.3 |
| 外商投资企业 | 2328 | 1104 | 2643.4 | 439.5 | 39.6 | 2603.8 |
| 中外合资经营企业 | 995 | 686 | 1376.7 | 332.8 | 27.6 | 1349.1 |
| 外资企业 | 1069 | 275 | 923.1 | 80.4 | 12 | 911.1 |
| 外商投资股份有限公司 | 254 | 139 | 341.5 | 26.1 | | 341.5 |
| 其他外商投资企业 | 10 | 4 | 2.1 | 0.1 | | 2.1 |
| **按国民经济行业大类分组** | | | | | | |
| 采矿业 | 316 | 1990 | 947.6 | 429.4 | | 947.6 |
| 煤炭开采和洗选业 | 316 | 1990 | 947.6 | 429.4 | | 947.6 |
| 制造业 | 14890 | 9900 | 18582.5 | 5448.5 | 83 | 18499.5 |
| 农副食品加工业 | 226 | 265 | 326.1 | 58.6 | | 326.1 |
| 食品制造业 | 701 | 859 | 1224 | 200.3 | 12 | 1212 |
| 酒、饮料和精制茶制造业 | 73 | 62 | 68.6 | 30.5 | | 68.6 |
| 烟草制品业 | 65 | 182 | 150.6 | 32.3 | | 150.6 |
| 纺织业 | | 53 | 14 | 6 | | 14 |
| 纺织服装、服饰业 | 78 | 43 | 101.7 | 13 | | 101.7 |

（2012 年）

| 类　　别 | #全时人员 | 非全时人员 | R&D 人员折合全时当量合计（人年） | #研究人员 | 应用研究人员 | 试验发展人员 |
|---|---|---|---|---|---|---|
| 皮革、毛皮、羽毛及其制品和制鞋业 | | | | | | |
| 家具制造业 | 7 | 11 | 6.7 | 0.4 | | 6.7 |
| 造纸和纸制品业 | 44 | 95 | 69.2 | 17.8 | | 69.2 |
| 印刷和记录媒介复制业 | 112 | 189 | 197.5 | 80.2 | | 197.5 |
| 文教、工美、体育和娱乐用品制造业 | 37 | 25 | 40.8 | 6.5 | | 40.8 |
| 化学原料和化学制品制造业 | 648 | 333 | 822.9 | 334 | | 822.9 |
| 医药制造业 | 803 | 540 | 926.8 | 184.5 | | 926.8 |
| 橡胶和塑料制品业 | 269 | 73 | 225.2 | 74.9 | | 225.2 |
| 非金属矿物制品业 | 863 | 2486 | 2378 | 725.5 | 43.4 | 2334.6 |
| 黑色金属冶炼和压延加工业 | 95 | 330 | 234.7 | 73.6 | | 234.7 |
| 有色金属冶炼和压延加工业 | 1108 | 853 | 1461.4 | 473.7 | 27.6 | 1433.8 |
| 金属制品业 | 395 | 227 | 505.3 | 118.9 | | 505.3 |
| 通用设备制造业 | 1214 | 358 | 1140 | 549.5 | | 1140 |
| 专用设备制造业 | 2678 | 788 | 2694.7 | 806.4 | | 2694.7 |
| 汽车制造业 | 1981 | 906 | 2384.8 | 495.6 | | 2384.8 |
| 铁路、船舶、航空航天和其他运输设备制造业 | 1071 | 86 | 1079.4 | 434.7 | | 1079.4 |
| 电气机械和器材制造业 | 730 | 556 | 800.4 | 260.6 | | 800.4 |
| 计算机、通信和其他电子设备制造业 | 731 | 271 | 739.1 | 220.6 | | 739.1 |
| 仪器仪表制造业 | 961 | 300 | 984 | 247.1 | | 984 |
| 其他制造业 | | 9 | 6.8 | 3.4 | | 6.8 |
| 电力、热力、燃气及水生产和供应业 | 204 | 663 | 633.7 | 356.9 | | 633.7 |
| 电力、热力生产和供应业 | 199 | 657 | 628.8 | 352 | | 628.8 |
| 水的生产和供应业 | 5 | 6 | 4.9 | 4.9 | | 4.9 |
| **按企业控股情况分组** | | | | | | |
| 国有控股 | 3707 | 4235 | 5473 | 2694.1 | | 5473 |
| 集体控股 | 191 | 41 | 162.3 | 58.5 | | 162.3 |
| 私人控股 | 7212 | 6158 | 9627 | 2585.8 | | 9627 |
| 港澳台商控股 | 190 | 516 | 465.4 | 66.4 | 43.4 | 422 |
| 外商控股 | 2031 | 927 | 2235.7 | 266 | 39.6 | 2196.1 |
| 其他 | 2079 | 676 | 2200.2 | 564.1 | | 2200.2 |
| **按地区分组** | | | | | | |
| 中原区 | 1373 | 2515 | 2260.5 | 953.6 | | 2260.5 |
| 二七区 | 1197 | 690 | 1493.9 | 713.2 | | 1493.9 |
| 管城区 | 911 | 632 | 1338.6 | 325.8 | | 1338.6 |
| 金水区 | 375 | 361 | 537.9 | 116.2 | 12 | 525.9 |
| 上街区 | 744 | 533 | 986 | 386.6 | | 986 |
| 惠济区 | 220 | 155 | 347.9 | 29.3 | | 347.9 |
| 中牟县 | 588 | 148 | 578.3 | 210.7 | | 578.3 |
| 巩义市 | 987 | 1076 | 1652 | 328.8 | 71 | 1581 |
| 荥阳市 | 528 | 646 | 702.9 | 143.9 | | 702.9 |
| 新密市 | 210 | 1579 | 1210.9 | 385.8 | | 1210.9 |
| 新郑市 | 1021 | 1273 | 1736.5 | 610.5 | | 1736.5 |
| 登封市 | 529 | 773 | 787.9 | 204.6 | | 787.9 |
| 经济开发区 | 1178 | 808 | 1463.4 | 328.2 | | 1463.4 |
| 高新开发区 | 4920 | 1028 | 4516.1 | 1374.7 | | 4516.1 |
| 郑东新区 | 65 | 182 | 150.6 | 32.3 | | 150.6 |
| 航空港区 | 564 | 154 | 400.5 | 90.7 | | 400.5 |

# 14-23 规模以上工业企业

(2012 年)

| 类　　别 | R&D 经费内部支出合计 | 按活动类型分组 | | 按支出用途分组 | | | |
|---|---|---|---|---|---|---|---|
| | | 应用研究支出 | 试验发展支出 | 经常费支出 | #人员劳务费 | 资产性支出 | 土建工程 |
| **总计** | **560812.5** | **3194.3** | **557618.2** | **463246.8** | **136694.3** | **97565.7** | **1421.5** |
| **按企业规模分组** | | | | | | | |
| 大型 | 325680.3 | 3194.3 | 322486 | 273253.9 | 80391.4 | 52426.4 | 762.1 |
| 中型 | 138270.1 | | 138270.1 | 115688.9 | 34126 | 22581.2 | 338.9 |
| 小型 | 96697.5 | | 96697.5 | 74162.4 | 22080.1 | 22535.1 | 320.5 |
| 微型 | 164.6 | | 164.6 | 141.6 | 96.8 | 23 | |
| **按隶属关系分组** | | | | | | | |
| 中央 | 54121.1 | | 54121.1 | 46447.7 | 14875.1 | 7673.4 | 14.5 |
| 省(自治区、直辖市) | 120450.2 | | 120450.2 | 90132.2 | 30180.6 | 30318 | 308.5 |
| 地(区、市、州、盟) | 111831.6 | | 111831.6 | 105432.5 | 29484.3 | 6399.1 | 106.6 |
| 县(区、市、旗) | 61221.8 | 1112.9 | 60108.9 | 44504.4 | 11191 | 16717.4 | 291.8 |
| 街道 | 258.3 | | 258.3 | 182.2 | 68.9 | 76.1 | |
| 镇 | 10394.7 | | 10394.7 | 9224.2 | 1002.1 | 1170.5 | 1.3 |
| 村委会 | 2647.2 | | 2647.2 | 1724 | 525.3 | 923.2 | 1.2 |
| 其他 | 199887.6 | 2081.4 | 197806.2 | 165599.6 | 49367 | 34288 | 697.6 |
| **按登记注册类型分组** | | | | | | | |
| 内资企业 | 481502 | | 481502 | 398681 | 119469.3 | 82821 | 1134.2 |
| 国有企业 | 120254.5 | | 120254.5 | 88856.2 | 33822.1 | 31398.3 | 268.6 |
| 集体企业 | 240 | | 240 | 115 | 95 | 125 | |
| 有限责任公司 | 134880.2 | | 134880.2 | 110374.9 | 35756.7 | 24505.3 | 443.9 |
| 国有独资公司 | 1249.3 | | 1249.3 | 1236.4 | 442.7 | 12.9 | |
| 其他有限责任公司 | 133630.9 | | 133630.9 | 109138.5 | 35314 | 24492.4 | 443.9 |
| 股份有限公司 | 173356.5 | | 173356.5 | 158838.7 | 39095.5 | 14517.8 | 275.6 |
| 私营企业 | 50120.9 | | 50120.9 | 38234.5 | 9886.6 | 11886.4 | 146.1 |
| 私营独资企业 | 10511.1 | | 10511.1 | 6815.3 | 2119.2 | 3695.8 | 41.2 |
| 私营合伙企业 | 563 | | 563 | 415 | 164 | 148 | |
| 私营有限责任公司 | 32611.7 | | 32611.7 | 26467 | 5994 | 6144.7 | 101.8 |
| 私营股份有限公司 | 6435.1 | | 6435.1 | 4537.2 | 1609.4 | 1897.9 | 3.1 |
| 其他企业 | 2649.9 | | 2649.9 | 2261.7 | 813.4 | 388.2 | |
| 港、澳、台商投资企业 | 11748 | 1038.8 | 10709.2 | 10284.5 | 3027.5 | 1463.5 | 16.8 |
| 合资经营企业(港或澳、台资) | 4518.7 | | 4518.7 | 3801.7 | 1488 | 717 | 2.7 |

## R&D 经费情况

单位:万元

| 仪器设备 | 按资金来源分组 | | | | R&D 经费外部支出 | | | |
|---|---|---|---|---|---|---|---|---|
| | 政府资金 | 企业资金 | 境外资金 | 其他资金 | | 对境内研究机构支出 | 对境内高等学校支出 | 对境外支出 |
| **96144.2** | **21587.3** | **536180** | **579.9** | **2465.3** | **33004.5** | **26968.1** | **4241** | **101** |
| | | | | | | | | |
| 51664.3 | 9757.8 | 315424.4 | | 498.1 | 26615.7 | 23678.6 | 2889.6 | 47.5 |
| 22242.3 | 7918.1 | 128688.6 | 579.9 | 1083.5 | 2896.6 | 605.2 | 811.9 | 35 |
| 22214.6 | 3906.4 | 91907.4 | | 883.7 | 3492.2 | 2684.3 | 539.5 | 18.5 |
| 23 | 5 | 159.6 | | | | | | |
| | | | | | | | | |
| 7658.9 | 5431.6 | 48178.3 | 22.4 | 488.8 | 1758.7 | 1076.6 | 679.3 | |
| 30009.5 | 214.1 | 120236.1 | | | 3979 | 2241.5 | 1737.5 | |
| 6292.5 | 3679.1 | 108152.5 | | | 649.2 | 453.3 | 193.4 | |
| 16425.6 | 3577.5 | 57633.2 | | 11.1 | 7205.7 | 6772.3 | 339.9 | 35 |
| 76.1 | 32.1 | 226.2 | | | 7.5 | 7.5 | | |
| 1169.2 | 410.2 | 9984.5 | | | 90.7 | 88.7 | 2 | |
| 922 | 30.9 | 2616.3 | | | 12.4 | 12.4 | | |
| 33590.4 | 8211.8 | 189152.9 | 557.5 | 1965.4 | 19301.3 | 16315.8 | 1288.9 | 66 |
| | | | | | | | | |
| 81686.8 | 18263.8 | 460691.1 | 579.9 | 1967.2 | 15396.3 | 9558.7 | 4122.1 | 56 |
| 31129.7 | 4333.1 | 115921.4 | | | 3190.1 | 1549.6 | 1605.5 | 35 |
| 125 | | 240 | | | | | | |
| 24061.4 | 4553.9 | 128227.5 | 557.5 | 1541.3 | 6643.9 | 5465.2 | 1060.9 | |
| 12.9 | 47.2 | 1202.1 | | | 2.8 | | | |
| 24048.5 | 4506.7 | 127025.4 | 557.5 | 1541.3 | 6641.1 | 5465.2 | 1060.9 | |
| 14242.2 | 7623.9 | 165635 | 22.4 | 75.2 | 3143.3 | 2174.1 | 948.2 | 21 |
| 11740.3 | 1652.9 | 48117.3 | | 350.7 | 2369.3 | 332.6 | 495 | |
| 3654.6 | 377.6 | 9883 | | 250.5 | 450.2 | 152.2 | 298 | |
| 148 | | 563 | | | | | | |
| 6042.9 | 1275.3 | 31336.4 | | | 1447.8 | 180.4 | 154.7 | |
| 1894.8 | | 6334.9 | | 100.2 | 471.3 | | 42.3 | |
| 388.2 | 100 | 2549.9 | | | 49.7 | 37.2 | 12.5 | |
| 1446.7 | 419 | 11329 | | | 174.9 | 58.2 | 76.7 | 40 |
| 714.3 | 214 | 4304.7 | | | 18.7 | | 18.7 | |

| 类别 | R&D经费内部支出合计 | 按活动类型分组 | | 按支出用途分组 | | | |
|---|---|---|---|---|---|---|---|
| | | 应用研究支出 | 试验发展支出 | 经常费支出 | #人员劳务费 | 资产性支出 | 土建工程 |
| 港、澳、台商独资经营企业 | 7229.3 | 1038.8 | 6190.5 | 6482.8 | 1539.5 | 746.5 | 14.1 |
| 外商投资企业 | 67562.5 | 2155.5 | 65407 | 54281.3 | 14197.5 | 13281.2 | 270.5 |
| 中外合资经营企业 | 43302.1 | 1112.9 | 42189.2 | 31729.5 | 8768.2 | 11572.6 | 219.4 |
| 外资企业 | 19395.8 | 1042.6 | 18353.2 | 17934.6 | 4673.5 | 1461.2 | |
| 外商投资股份有限公司 | 4731 | | 4731 | 4488.6 | 691.6 | 242.4 | 50.8 |
| 其他外商投资企业 | 133.6 | | 133.6 | 128.6 | 64.2 | 5 | 0.3 |
| **按国民经济行业大类分组** | | | | | | | |
| 采矿业 | 77727.7 | | 77727.7 | 54518.6 | 23915.4 | 23209.1 | 235.8 |
| 煤炭开采和洗选业 | 77727.7 | | 77727.7 | 54518.6 | 23915.4 | 23209.1 | 235.8 |
| 制造业 | 465180.7 | 3194.3 | 461986.4 | 398177.6 | 110364.4 | 67003.1 | 1154.7 |
| 农副食品加工业 | 12617.9 | | 12617.9 | 9594.6 | 2367.6 | 3023.3 | 5.5 |
| 食品制造业 | 28445.6 | 1042.6 | 27403 | 24992 | 6442 | 3453.6 | 154.9 |
| 酒、饮料和精制茶制造业 | 1514.2 | | 1514.2 | 1176.8 | 483.2 | 337.4 | 22.5 |
| 烟草制品业 | 5101.9 | | 5101.9 | 4404.7 | 1139.6 | 697.2 | |
| 纺织业 | 754.2 | | 754.2 | 669.6 | 51.7 | 84.6 | |
| 纺织服装、服饰业 | 857.3 | | 857.3 | 722.9 | 481.5 | 134.4 | |
| 家具制造业 | 235.5 | | 235.5 | 145.5 | 40 | 90 | |
| 造纸和纸制品业 | 2317.9 | | 2317.9 | 1177.7 | 150.5 | 1140.2 | 1.2 |
| 印刷和记录媒介复制业 | 5876.3 | | 5876.3 | 4221.5 | 816.2 | 1654.8 | 1.3 |
| 文教、工美、体育和娱乐用品制造业 | 578.5 | | 578.5 | 518.1 | 164.2 | 60.4 | 0.2 |
| 化学原料和化学制品制造业 | 17459.3 | | 17459.3 | 15278.7 | 3452.8 | 2180.6 | 39.9 |
| 医药制造业 | 13469.1 | | 13469.1 | 11391.6 | 4305.6 | 2077.5 | 3.9 |
| 橡胶和塑料制品业 | 3917.8 | | 3917.8 | 2994.5 | 967.3 | 923.3 | 57.2 |
| 非金属矿物制品业 | 47800.4 | 1038.8 | 46761.6 | 34920.3 | 10390.3 | 12880.1 | 119.1 |
| 黑色金属冶炼和压延加工业 | 9764.9 | | 9764.9 | 9133.1 | 715.4 | 631.8 | 10.5 |
| 有色金属冶炼和压延加工业 | 43484.5 | 1112.9 | 42371.6 | 26484.1 | 6186.8 | 17000.4 | 322.6 |
| 金属制品业 | 7344.5 | | 7344.5 | 6658.8 | 1530 | 685.7 | 91.8 |
| 通用设备制造业 | 24944.2 | | 24944.2 | 21261.9 | 5767.1 | 3682.3 | 44.3 |
| 专用设备制造业 | 62913.2 | | 62913.2 | 59450.7 | 16021.6 | 3462.5 | 122.6 |
| 汽车制造业 | 116353.4 | | 116353.4 | 111435.9 | 29877.7 | 4917.5 | 0.5 |
| 铁路、船舶、航空航天和其他运输设备制造业 | 20859.8 | | 20859.8 | 19685.6 | 7508.2 | 1174.2 | 4.9 |

单位:万元

| | 按资金来源分组 | | | | R&D经费外部支出 | | | |
|---|---|---|---|---|---|---|---|---|
| 仪器设备 | 政府资金 | 企业资金 | 境外资金 | 其他资金 | | 对境内研究机构支出 | 对境内高等学校支出 | 对境外支出 |
| 732.4 | 205 | 7024.3 | | | 156.2 | 58.2 | 58 | 40 |
| 13010.7 | 2904.5 | 64159.9 | | 498.1 | 17433.3 | 17351.2 | 42.2 | 5 |
| 11353.2 | 2784.8 | 40019.2 | | 498.1 | 17330.1 | 17317.5 | 7.6 | 5 |
| 1461.2 | | 19395.8 | | | 53.9 | 33.7 | 20.2 | |
| 191.6 | 119.7 | 4611.3 | | | 14.4 | | 14.4 | |
| 4.7 | | 133.6 | | | 34.9 | | | |
| | | | | | | | | |
| 22973.3 | | 77727.7 | | | 1733.6 | 607.8 | 1125.8 | |
| 22973.3 | | 77727.7 | | | 1733.6 | 607.8 | 1125.8 | |
| 65848.4 | 21431.4 | 440704.1 | 579.9 | 2465.3 | 29871.6 | 25461.7 | 2614.5 | 101 |
| 3017.8 | 411.9 | 12206 | | | 146.8 | 65.8 | 81 | |
| 3298.7 | 854.8 | 27340.3 | | 250.5 | 337.9 | 153.4 | 177 | 7.5 |
| 314.9 | 50 | 1464.2 | | | 38 | 26.6 | 11.4 | |
| 697.2 | 38 | 5063.9 | | | 1439.7 | 1022.6 | 417.1 | |
| 84.6 | 30 | 724.2 | | | 10 | | 10 | |
| 134.4 | | 857.3 | | | 49.7 | 37.2 | 12.5 | |
| 90 | 20 | 215.5 | | | | | | |
| 1139 | | 2317.9 | | | 12 | | 12 | |
| 1653.5 | 403.1 | 5398 | | 75.2 | 43 | 23 | 20 | |
| 60.2 | 56.3 | 522.2 | | | 5.5 | | | |
| 2140.7 | 840.4 | 16618.9 | | | 267.6 | 142.9 | 124.7 | |
| 2073.6 | 1040.4 | 12417.6 | | 11.1 | 662.7 | 448.4 | 201.3 | |
| 866.1 | 85 | 3832.8 | | | 1136.5 | 20 | 83 | |
| 12761 | 2452.4 | 45161.3 | | 186.7 | 1200.6 | 813.5 | 242.1 | 80 |
| 621.3 | 530.7 | 9234.2 | | | 1.2 | 1.2 | | |
| 16677.8 | 2281.4 | 40761.4 | 22.4 | 419.3 | 6690.5 | 6590.5 | | |
| 593.9 | 209.6 | 7134.9 | | | 8.2 | | | |
| 3638 | 1072.9 | 23871.3 | | | 525.6 | 152.7 | 372.9 | |
| 3339.9 | 1831.9 | 61068.5 | | 12.8 | 1124 | 762.7 | 323.6 | |
| 4917 | 3927.4 | 111927.9 | | 498.1 | 15000.3 | 14866.8 | 120 | 13.5 |
| 1169.3 | 2718 | 17153.2 | | 988.6 | 592.5 | 17.5 | 146 | |

| 类 别 | R&D经费内部支出合计 | 按活动类型分组 | | 按支出用途分组 | | | |
|---|---|---|---|---|---|---|---|
| | | 应用研究支出 | 试验发展支出 | 经常费支出 | #人员劳务费 | 资产性支出 | 土建工程 |
| 电气机械和器材制造业 | 18578.9 | | 18578.9 | 13792.4 | 3682.9 | 4786.5 | 110.5 |
| 计算机、通信和其他电子设备制造业 | 8255 | | 8255 | 7542 | 3655.5 | 713 | 27.8 |
| 仪器仪表制造业 | 11586.9 | | 11586.9 | 10424.8 | 4140.2 | 1162.1 | 13.5 |
| 其他制造业 | 149.5 | | 149.5 | 99.8 | 26.5 | 49.7 | |
| 电力、热力、燃气及水生产和供应业 | 17904.1 | | 17904.1 | 10550.6 | 2414.5 | 7353.5 | 31 |
| 电力、热力生产和供应业 | 17884.3 | | 17884.3 | 10530.8 | 2411.5 | 7353.5 | 31 |
| 水的生产和供应业 | 19.8 | | 19.8 | 19.8 | 3 | | |
| **按企业控股情况分组** | | | | | | | |
| 国有控股 | 200633.4 | | 200633.4 | 161705.7 | 52889.6 | 38927.7 | 307.6 |
| 集体控股 | 1730.5 | | 1730.5 | 1392.1 | 495.7 | 338.4 | |
| 私人控股 | 251855.9 | | 251855.9 | 214593 | 58168.4 | 37262.9 | 633.8 |
| 港澳台商控股 | 9606.4 | 1038.8 | 8567.6 | 8379.8 | 2102 | 1226.6 | 14.1 |
| 外商控股 | 48265.9 | 2155.5 | 46110.4 | 35994.1 | 8187.1 | 12271.8 | 270.7 |
| 其他 | 48720.4 | | 48720.4 | 41182.1 | 14851.5 | 7538.3 | 195.3 |
| **按地区分组** | | | | | | | |
| 中原区 | 116385.4 | | 116385.4 | 91194.1 | 34076.4 | 25191.3 | 314.9 |
| 二七区 | 37895.7 | | 37895.7 | 29651.3 | 9227.5 | 8244.4 | 116.8 |
| 管城区 | 79540.7 | | 79540.7 | 76531.8 | 18616.3 | 3008.9 | 5.7 |
| 金水区 | 15131.6 | 1042.6 | 14089 | 13207 | 3470.3 | 1924.6 | 12.2 |
| 上街区 | 21139.3 | | 21139.3 | 16186.5 | 4956.1 | 4952.8 | 28.7 |
| 惠济区 | 6431.1 | | 6431.1 | 5606.8 | 915.5 | 824.3 | 82.2 |
| 中牟县 | 21436.8 | | 21436.8 | 20047.3 | 6479.6 | 1389.5 | 4.4 |
| 巩义市 | 40977.6 | 2151.7 | 38825.9 | 26834.2 | 5212.9 | 14143.4 | 345.2 |
| 荥阳市 | 15973.3 | | 15973.3 | 12593.9 | 2110.4 | 3379.4 | 15.1 |
| 新密市 | 24311.2 | | 24311.2 | 16013.7 | 4558.6 | 8297.5 | 83.9 |
| 新郑市 | 42331.6 | | 42331.6 | 33950.6 | 7536.4 | 8381 | 96.3 |
| 登封市 | 21688.7 | | 21688.7 | 17218.3 | 3640.3 | 4470.4 | 52 |
| 经济开发区 | 26844.1 | | 26844.1 | 24955.4 | 7448.5 | 1888.7 | 14.3 |
| 高新开发区 | 76744.7 | | 76744.7 | 67128.4 | 23844.6 | 9616.3 | 237.6 |
| 郑东新区 | 5101.9 | | 5101.9 | 4404.7 | 1139.6 | 697.2 | |
| 航空港区 | 8878.8 | | 8878.8 | 7722.8 | 3461.3 | 1156 | 12.2 |

单位:万元

| | 按资金来源分组 | | | | R&D经费外部支出 | | | |
|---|---|---|---|---|---|---|---|---|
| 仪器设备 | 政府资金 | 企业资金 | 境外资金 | 其他资金 | | 对境内研究机构支出 | 对境内高等学校支出 | 对境外支出 |
| 4676 | 382 | 18173.9 | | 23 | 488.1 | 260.1 | 225.5 | |
| 685.2 | 849.9 | 6847.6 | 557.5 | | 10.1 | | 10.1 | |
| 1148.6 | 1330.3 | 10256.6 | | | 81.1 | 56.8 | 24.3 | |
| 49.7 | 15 | 134.5 | | | | | | |
| 7322.5 | 155.9 | 17748.2 | | | 1399.3 | 898.6 | 500.7 | |
| 7322.5 | 140.1 | 17744.2 | | | 1399.3 | 898.6 | 500.7 | |
| | 15.8 | 4 | | | | | | |
| | | | | | | | | |
| 38620.1 | 6814.1 | 192410.4 | 22.4 | 1386.5 | 16417.9 | 13877.6 | 2502.5 | 35 |
| 338.4 | 126 | 1604.5 | | | | | | |
| 36629.1 | 11231.5 | 239407.4 | 557.5 | 659.5 | 9469.9 | 6200.7 | 1591.5 | 21 |
| 1212.5 | 335 | 9271.4 | | | 156.2 | 58.2 | 58 | 40 |
| 12001.1 | 2032.7 | 46233.2 | | | 6714.6 | 6667.4 | 42.2 | 5 |
| 7343 | 1048 | 47253.1 | | 419.3 | 245.9 | 164.2 | 46.8 | |
| | | | | | | | | |
| 24876.4 | 1555 | 114830.4 | | | 2466.9 | 1230.1 | 1190.8 | 35 |
| 8127.6 | 2885.2 | 34935.3 | | 75.2 | 2056.6 | 1177.8 | 831.8 | |
| 3003.2 | 3017.1 | 76523.6 | | | 465 | 304.3 | 160.7 | |
| 1912.4 | 368.6 | 14763 | | | 130.2 | 46.3 | 83.9 | |
| 4924.1 | 719.5 | 20361.6 | 22.4 | 35.8 | 56 | | 56 | |
| 742.1 | 143.2 | 6287.9 | | | 34.4 | 20 | 14.4 | |
| 1385.1 | 861.3 | 20077.4 | | 498.1 | 12761.2 | 12741.2 | 20 | |
| 13798.2 | 2431.7 | 38545.9 | | | 7141.2 | 6894.2 | 207 | 40 |
| 3364.3 | 415.7 | 15158 | | 399.6 | 124.3 | 101.1 | 23.2 | |
| 8213.6 | 486.3 | 23824.9 | | | 14.5 | | 9.5 | 5 |
| 8284.7 | 2433.4 | 39636.6 | | 261.6 | 1819.4 | 351.4 | 454 | 7.5 |
| 4418.4 | 691.1 | 20810.9 | | 186.7 | 348 | 103 | 127 | |
| 1874.4 | 518 | 26326.1 | | | 1890.4 | 1815.9 | 26.1 | 13.5 |
| 9378.7 | 4392.2 | 70786.7 | 557.5 | 1008.3 | 1818.9 | 1028.4 | 361.5 | |
| 697.2 | 38 | 5063.9 | | | 1439.7 | 1022.6 | 417.1 | |
| 1143.8 | 631 | 8247.8 | | | 437.8 | 131.8 | 258 | |

# 14-24 规模以上工业企业全部 R&D 项目情况

（2012 年）

| 类　　别 | 项目数（项） | 参加项目人员（人） | 项目人员折合全时当量（人年） | 全部项目经费内部支出（万元） |
|---|---|---|---|---|
| **总计** | **2320** | **25421** | **18298.2** | **504636.6** |
| **按企业规模分组** | | | | |
| 大型 | 778 | 11169 | 8398 | 297406.8 |
| 中型 | 772 | 8440 | 6089.5 | 119779.8 |
| 小型 | 765 | 5785 | 3790.7 | 87300.8 |
| 微型 | 5 | 27 | 20 | 149.2 |
| **按隶属关系分组** | | | | |
| 中央 | 204 | 2421 | 2068.4 | 41234 |
| 省（自治区、直辖市） | 266 | 3919 | 2170.6 | 106980.8 |
| 地（区、市、州、盟） | 327 | 3362 | 2640 | 106364.8 |
| 县（区、市、旗） | 243 | 2799 | 2005.7 | 55592.5 |
| 街道 | 3 | 14 | 10.5 | 244 |
| 镇 | 88 | 770 | 471.4 | 10062 |
| 村委会 | 21 | 204 | 102.8 | 2583.9 |
| 其他 | 1168 | 11932 | 8828.8 | 181574.6 |
| **按登记注册类型分组** | | | | |
| 内资企业 | 1991 | 21537 | 15331.8 | 431297 |
| 国有企业 | 310 | 4299 | 2533.3 | 101319.6 |
| 集体企业 | 2 | 50 | 7.1 | 132 |
| 有限责任公司 | 846 | 7982 | 5438.1 | 123725 |
| 国有独资公司 | 13 | 131 | 121.2 | 1200.2 |
| 其他有限责任公司 | 833 | 7851 | 5316.9 | 122524.8 |
| 股份有限公司 | 503 | 6003 | 5200.3 | 158131.8 |
| 私营企业 | 327 | 3024 | 2012.5 | 45437.2 |
| 私营独资企业 | 56 | 708 | 538.7 | 9044.3 |
| 私营合伙企业 | 2 | 55 | 38.6 | 550 |
| 私营有限责任公司 | 244 | 1981 | 1246.5 | 29507.2 |
| 私营股份有限公司 | 25 | 280 | 188.8 | 6335.7 |
| 其他企业 | 3 | 179 | 140.4 | 2551.4 |
| 港、澳、台商投资企业 | 68 | 910 | 657.8 | 9819.7 |
| 合资经营企业（港或澳、台资） | 29 | 473 | 333.1 | 4128.5 |

14-24 续表1 （2012年）

| 类　　别 | 项目数（项） | 参加项目人员（人） | 项目人员折合全时当量（人年） | 全部项目经费内部支出（万元） |
|---|---|---|---|---|
| 港、澳、台商独资经营企业 | 39 | 437 | 324.7 | 5691.2 |
| 外商投资企业 | 261 | 2974 | 2308.6 | 63519.9 |
| 中外合资经营企业 | 99 | 1580 | 1297.5 | 39432.9 |
| 外资企业 | 134 | 1022 | 698.1 | 19334.8 |
| 外商投资股份有限公司 | 26 | 358 | 310.9 | 4619.7 |
| 其他外商投资企业 | 2 | 14 | 2.1 | 132.5 |
| **按国民经济行业大类分组** | | | | |
| 采矿业 | 68 | 2205 | 903.5 | 65017.4 |
| 煤炭开采和洗选业 | 68 | 2205 | 903.5 | 65017.4 |
| 制造业 | 2126 | 22422 | 16811.6 | 423020.5 |
| 农副食品加工业 | 55 | 466 | 312.6 | 12289.2 |
| 食品制造业 | 149 | 1339 | 1054.1 | 26895.7 |
| 酒、饮料和精制茶制造业 | 20 | 123 | 64 | 1194.4 |
| 烟草制品业 | 51 | 243 | 148.1 | 4790.5 |
| 纺织业 | 3 | 52 | 13.6 | 751 |
| 纺织服装、服饰业 | 24 | 103 | 85.3 | 799.8 |
| 家具制造业 | 2 | 16 | 5.9 | 103.1 |
| 造纸和纸制品业 | 8 | 127 | 62.5 | 2209.6 |
| 印刷和记录媒介复制业 | 22 | 282 | 183.5 | 4316.6 |
| 文教、工美、体育和娱乐用品制造业 | 5 | 58 | 38.1 | 539.5 |
| 化学原料和化学制品制造业 | 97 | 843 | 707.2 | 16454.4 |
| 医药制造业 | 213 | 1232 | 854.6 | 12353.9 |
| 橡胶和塑料制品业 | 54 | 292 | 209.5 | 3788.6 |
| 非金属矿物制品业 | 259 | 3069 | 2159.1 | 44550 |
| 黑色金属冶炼和压延加工业 | 27 | 393 | 218.6 | 9496.9 |
| 有色金属冶炼和压延加工业 | 92 | 1725 | 1280.3 | 32223.5 |
| 金属制品业 | 66 | 544 | 442.5 | 7035.7 |
| 通用设备制造业 | 147 | 1427 | 1027.5 | 21380.8 |
| 专用设备制造业 | 305 | 3171 | 2489.7 | 59809.9 |
| 汽车制造业 | 206 | 2632 | 2164.8 | 111827.9 |

14-24 续表2 (2012年)

| 类　别 | 项目数（项） | 参加项目人员（人） | 项目人员折合全时当量(人年) | 全部项目经费内部支出(万元) |
|---|---|---|---|---|
| 铁路、船舶、航空航天和其他运输设备制造业 | 35 | 1050 | 984.7 | 16367.3 |
| 电气机械和器材制造业 | 107 | 1176 | 736.9 | 17041.1 |
| 计算机、通信和其他电子设备制造业 | 51 | 897 | 664.8 | 7448.4 |
| 仪器仪表制造业 | 120 | 1153 | 896.9 | 9210.6 |
| 其他制造业 | 8 | 9 | 6.8 | 142.1 |
| 电力、热力、燃气及水生产和供应业 | 126 | 794 | 583.1 | 16598.7 |
| 电力、热力生产和供应业 | 123 | 784 | 578.6 | 16580.9 |
| 水的生产和供应业 | 3 | 10 | 4.4 | 17.8 |
| **按企业控股情况分组** | | | | |
| 国有控股 | 604 | 7363 | 5040.2 | 173492.6 |
| 集体控股 | 18 | 212 | 153.3 | 1467.5 |
| 私人控股 | 1209 | 12127 | 8730.5 | 234102 |
| 港澳台商控股 | 41 | 652 | 430.7 | 7952 |
| 外商控股 | 215 | 2523 | 1922.9 | 44505.3 |
| 其他 | 233 | 2544 | 2020.6 | 43117.2 |
| **按地区分组** | | | | |
| 中原区 | 287 | 3727 | 2167.3 | 102648.3 |
| 二七区 | 153 | 1780 | 1410.8 | 31134.1 |
| 管城区 | 104 | 1370 | 1190.1 | 76153.8 |
| 金水区 | 98 | 590 | 432.2 | 14731.4 |
| 上街区 | 93 | 1047 | 809.2 | 14840.6 |
| 惠济区 | 35 | 344 | 317.5 | 6283.7 |
| 中牟县 | 46 | 704 | 555.8 | 20790.3 |
| 巩义市 | 97 | 1845 | 1469.9 | 35690.3 |
| 荥阳市 | 107 | 1050 | 626.9 | 14355.9 |
| 新密市 | 94 | 1685 | 1126.5 | 23704.6 |
| 新郑市 | 244 | 2122 | 1605.7 | 40007.4 |
| 登封市 | 83 | 1199 | 725.9 | 20394.9 |
| 经济开发区 | 167 | 1854 | 1362 | 24610.9 |
| 高新开发区 | 541 | 5251 | 3997.8 | 66532.6 |
| 郑东新区 | 51 | 243 | 148.1 | 4790.5 |
| 航空港区 | 120 | 610 | 352.4 | 7967.3 |

# 14-25　规模以上工业企业办科技机构情况

（2012 年）

| 指标 | 机构数（个） | 机构人员合计（人） | #博士毕业 | 硕士毕业 | 本科毕业 | 机构经费支出（万元） | 仪器和设备原价（万元） | 进口 | 境外机构数（个） |
|---|---|---|---|---|---|---|---|---|---|
| **总计** | **336** | **19666** | **472** | **2121** | **10382** | **353285.2** | **257163.9** | **38476.1** | **2** |
| **按企业规模分组** | | | | | | | | | |
| 大型 | 43 | 7621 | 142 | 696 | 4084 | 203793.0 | 102185.3 | 22285.4 | 2 |
| 中型 | 123 | 7704 | 160 | 927 | 4289 | 99592.0 | 107632.4 | 10897.9 | |
| 小型 | 170 | 4341 | 170 | 498 | 2009 | 49900.2 | 47346.2 | 5292.8 | |
| 微型 | | | | | | | | | |
| **按隶属关系分组** | | | | | | | | | |
| 中央 | 13 | 2077 | 40 | 312 | 1059 | 28654.6 | 55926.7 | 4801.9 | |
| 省（自治区、直辖市） | 17 | 1346 | 58 | 315 | 786 | 35831.8 | 39873.5 | 1946.2 | |
| 地（区、市、州、盟） | 28 | 3288 | 51 | 332 | 2321 | 116865.2 | 29787.3 | 12955.0 | |
| 县（区、市、旗） | 32 | 2472 | 51 | 160 | 872 | 33898.0 | 29924.4 | 2524.8 | |
| 街道 | 3 | 62 | 3 | 3 | 35 | 784.4 | 1070.3 | 170.1 | |
| 镇 | 14 | 579 | 10 | 19 | 239 | 9646.8 | 3285.5 | 312.0 | |
| 村委会 | 7 | 215 | 5 | 29 | 56 | 2627.8 | 1292.6 | | |
| 其他 | 222 | 9627 | 254 | 951 | 5014 | 124976.6 | 96003.6 | 15766.1 | 2 |
| **按登记注册类型分组** | | | | | | | | | |
| 内资企业 | 316 | 16916 | 433 | 1938 | 9047 | 297438.0 | 224374.4 | 32567.8 | |
| 国有企业 | 13 | 1522 | 44 | 269 | 739 | 16991.6 | 21645.3 | 4229.9 | |
| 集体企业 | 3 | 150 | 7 | 13 | 49 | 2655.7 | 1474.5 | 312.0 | |
| 有限责任公司 | 166 | 6765 | 170 | 815 | 3758 | 87743.7 | 65572.6 | 9900.0 | |
| 国有独资公司 | 4 | 90 | | 7 | 45 | 720.0 | 29.7 | | |
| 其他有限责任公司 | 162 | 6675 | 170 | 808 | 3713 | 87023.7 | 65542.9 | 9900.0 | |
| 股份有限公司 | 58 | 6049 | 123 | 638 | 3665 | 163327.4 | 116912.3 | 14291.1 | |
| 私营企业 | 73 | 2220 | 88 | 201 | 784 | 24168.2 | 17470.4 | 3112.7 | |
| 私营独资企业 | 19 | 477 | 29 | 57 | 202 | 5297.6 | 5662.7 | 1454.3 | |
| 私营合伙企业 | 1 | 55 | | 1 | 6 | 550.0 | 1160.0 | | |
| 私营有限责任公司 | 47 | 1278 | 55 | 130 | 451 | 11258.6 | 8580.9 | 1658.4 | |
| 私营股份有限公司 | 6 | 410 | 4 | 13 | 125 | 7062.0 | 2066.8 | | |
| 其他企业 | 3 | 210 | 1 | 2 | 52 | 2551.4 | 1299.3 | 722.1 | |
| 港、澳、台商投资企业 | 6 | 310 | 8 | 33 | 170 | 3800.1 | 5832.9 | 1400.0 | |
| 合资经营企业（港或澳、台资） | 3 | 144 | 2 | 15 | 87 | 1851.9 | 3141.1 | | |
| 港、澳、台商独资经营企业 | 3 | 166 | 6 | 18 | 83 | 1948.2 | 2691.8 | 1400.0 | |

（2012 年）

| 指标 | 机构数（个） | 机构人员合计（人） | #博士毕业 | 硕士毕业 | 本科毕业 | 机构经费支出（万元） | 仪器和设备原价（万元） | 进口 | 境外机构数（个） |
|---|---|---|---|---|---|---|---|---|---|
| 外商投资企业 | 14 | 2440 | 31 | 150 | 1165 | 52047.1 | 26956.6 | 4508.3 | 2 |
| 中外合资经营企业 | 7 | 1797 | 5 | 111 | 764 | 23396.8 | 12023.0 | 1651.8 | |
| 外资企业 | 4 | 451 | 15 | 23 | 335 | 19061.1 | 14602.6 | 2660.5 | 2 |
| 外商投资股份有限公司 | 3 | 192 | 11 | 16 | 66 | 9589.2 | 331.0 | 196.0 | |
| **按国民经济行业大类分组** | | | | | | | | | |
| 采矿业 | 2 | 115 | 11 | 27 | 43 | 2352.0 | 1575.0 | | |
| 煤炭开采和洗选业 | 2 | 115 | 11 | 27 | 43 | 2352.0 | 1575.0 | | |
| 制造业 | 330 | 19146 | 441 | 1988 | 10156 | 347298.1 | 252760.9 | 37186.1 | 2 |
| 农副食品加工业 | 16 | 520 | 42 | 99 | 248 | 8997.3 | 5828.2 | 2475.8 | |
| 食品制造业 | 17 | 976 | 43 | 124 | 594 | 32340.4 | 16752.5 | 596.0 | 1 |
| 酒、饮料和精制茶制造业 | 2 | 41 | 1 | 6 | 15 | 3259.4 | 610.4 | | |
| 烟草制品业 | 1 | 85 | 6 | 9 | 52 | 5958.8 | 4724.2 | 3021.0 | |
| 纺织业 | 1 | 30 | | 3 | 12 | 130.0 | 1200.0 | 800.0 | |
| 纺织服装、服饰业 | 8 | 381 | 3 | 9 | 97 | 1903.3 | 1360.6 | 745.1 | |
| 皮革、毛皮、羽毛及其制品和制鞋业 | 2 | 50 | | | 8 | 538.0 | 60.0 | | |
| 家具制造业 | 2 | 20 | | | 6 | 30.0 | 116.0 | | |
| 造纸和纸制品业 | 5 | 149 | | 2 | 20 | 1101.9 | 810.7 | | |
| 印刷和记录媒介复制业 | 4 | 205 | 6 | 34 | 69 | 2920.1 | 4409.5 | 300.5 | |
| 文教、工美、体育和娱乐用品制造业 | 1 | 6 | 1 | 2 | 3 | 62.0 | 33.3 | | |
| 化学原料和化学制品制造业 | 19 | 885 | 33 | 84 | 429 | 13172.6 | 11906.7 | 1151.5 | |
| 医药制造业 | 24 | 863 | 33 | 151 | 422 | 11085.0 | 10668.1 | 223.0 | |
| 橡胶和塑料制品业 | 7 | 181 | 12 | 24 | 95 | 1876.1 | 3419.1 | 2516.7 | |
| 非金属矿物制品业 | 65 | 2253 | 64 | 184 | 824 | 24458.3 | 20353.2 | 2015.9 | |
| 黑色金属冶炼和压延加工业 | 4 | 152 | 3 | 9 | 67 | 3616.3 | 3895.6 | 2310.5 | 1 |
| 有色金属冶炼和压延加工业 | 9 | 2083 | 36 | 179 | 591 | 23593.9 | 52137.8 | 456.0 | |
| 金属制品业 | 14 | 644 | 13 | 25 | 247 | 6306.5 | 6836.8 | 1121.1 | |
| 通用设备制造业 | 19 | 805 | 22 | 130 | 507 | 12081.7 | 7917.0 | 2696.5 | |
| 专用设备制造业 | 26 | 1852 | 24 | 221 | 1204 | 33774.7 | 34264.1 | 914.5 | |
| 汽车制造业 | 21 | 3060 | 25 | 201 | 2238 | 118860.3 | 24700.4 | 10103.8 | |
| 铁路、船舶、航空航天和其他运输设备制造业 | 6 | 927 | 11 | 83 | 498 | 9272.6 | 11292.1 | 1590.6 | |

14-25 续表2 （2012年）

| 指标 | 机构数（个） | 机构人员合计（人） | #博士毕业 | 硕士毕业 | 本科毕业 | 机构经费支出（万元） | 仪器和设备原价（万元） | 进口 | 境外机构数（个） |
|---|---|---|---|---|---|---|---|---|---|
| 电气机械和器材制造业 | 24 | 852 | 14 | 47 | 464 | 14578.3 | 20706.1 | 2864.0 | |
| 计算机、通信和其他电子设备制造业 | 14 | 1072 | 35 | 243 | 725 | 10248.3 | 2046.4 | 894.2 | |
| 仪器仪表制造业 | 19 | 1054 | 14 | 119 | 721 | 7132.3 | 6712.1 | 389.4 | |
| 电力、热力、燃气及水生产和供应业 | 4 | 405 | 20 | 106 | 183 | 3635.1 | 2828.0 | 1290.0 | |
| 电力、热力生产和供应业 | 3 | 389 | 20 | 99 | 174 | 3551.5 | 1528.0 | 140.0 | |
| 水的生产和供应业 | 1 | 16 | | 7 | 9 | 83.6 | 1300.0 | 1150.0 | |
| **按企业控股情况分组** | | | | | | | | | |
| 国有控股 | 44 | 4496 | 108 | 694 | 2604 | 76808.2 | 108715.0 | 11143.3 | |
| 集体控股 | 7 | 323 | 8 | 21 | 109 | 3855.2 | 6586.4 | 757.5 | |
| 私人控股 | 235 | 10390 | 284 | 1017 | 5217 | 198270.3 | 96056.3 | 17058.2 | |
| 港澳台商控股 | 4 | 264 | 6 | 18 | 103 | 3579.0 | 2801.9 | 1400.0 | |
| 外商控股 | 11 | 1754 | 30 | 74 | 623 | 40374.9 | 20105.1 | 4508.3 | 2 |
| 其他 | 35 | 2439 | 36 | 297 | 1726 | 30397.6 | 22899.2 | 3608.8 | |
| **按地区分组** | | | | | | | | | |
| 中原区 | 19 | 1679 | 28 | 243 | 1029 | 33103.3 | 37240.5 | 3004.0 | |
| 二七区 | 17 | 1292 | 38 | 209 | 600 | 15740.8 | 15840.2 | 3767.1 | |
| 管城区 | 9 | 1694 | 25 | 139 | 1096 | 90778.4 | 21057.3 | 10757.8 | |
| 金水区 | 11 | 610 | 18 | 49 | 365 | 18550.3 | 16895.8 | 439.7 | 1 |
| 上街区 | 19 | 1399 | 46 | 182 | 567 | 15951.1 | 50609.0 | 517.9 | |
| 惠济区 | 2 | 92 | 9 | 16 | 53 | 9239.2 | 211.0 | 196.0 | |
| 中牟县 | 22 | 1030 | 20 | 95 | 784 | 14132.7 | 5664.9 | 858.0 | |
| 巩义市 | 18 | 2128 | 35 | 77 | 575 | 26582.5 | 21442.0 | 3977.5 | 1 |
| 荥阳市 | 25 | 842 | 20 | 54 | 349 | 12396.4 | 7730.3 | 2221.8 | |
| 新密市 | 46 | 1302 | 24 | 69 | 324 | 11042.8 | 10208.9 | 217.0 | |
| 新郑市 | 27 | 1242 | 55 | 151 | 657 | 21155.2 | 13805.0 | 1604.5 | |
| 登封市 | 12 | 387 | 14 | 31 | 133 | 4092.8 | 1263.3 | 281.8 | |
| 经济开发区 | 32 | 1510 | 40 | 195 | 1011 | 24774.1 | 12870.1 | 3380.2 | |
| 高新开发区 | 59 | 3869 | 68 | 516 | 2586 | 43512.4 | 28694.1 | 3533.0 | |
| 郑东新区 | 1 | 85 | 6 | 9 | 52 | 5958.8 | 4724.2 | 3021.0 | |
| 航空港区 | 17 | 505 | 26 | 86 | 201 | 6274.4 | 8907.3 | 698.8 | |

## 14-26　规模以上工业企业自主知识产权保护情况

（2012 年）

| 类　别 | 专利申请数（件） | 发明专利（件） | 有效发明专利数（件） | 境外授权 | 专利所有权转让及许可数（项） | 专利所有权转让与许可收入（万元） | 发表科技论文（篇） | 拥有注册商标数（件） | 境外注册 | 形成国家或行业标准数（项） |
|---|---|---|---|---|---|---|---|---|---|---|
| **总计** | **4807** | **1142** | **1445** | **5** | **10** | **3001** | **3026** | **2270** | **567** | **139** |
| **按企业规模分组** | | | | | | | | | | |
| 大型 | 1955 | 385 | 440 | | 2 | | 2398 | 1552 | 548 | 28 |
| 中型 | 1475 | 349 | 670 | 4 | 2 | | 454 | 358 | 19 | 95 |
| 小型 | 1377 | 408 | 335 | 1 | 6 | 3001 | 174 | 360 | | 16 |
| **按隶属关系分组** | | | | | | | | | | |
| 中央 | 509 | 147 | 543 | 1 | | | 402 | 122 | 4 | 70 |
| 省（自治区、直辖市） | 869 | 257 | 118 | | | | 1912 | 56 | | 14 |
| 地（区、市、州、盟） | 450 | 147 | 49 | | 1 | 1 | 75 | 1068 | 509 | 8 |
| 县（区、市、旗） | 619 | 122 | 174 | | 2 | | 63 | 122 | | 10 |
| 街道 | 8 | 1 | 13 | | | | | 3 | | |
| 镇 | 162 | 19 | 10 | | | | 7 | 57 | 28 | |
| 乡 | | | | | | | | 1 | | |
| 村委会 | 22 | 1 | 12 | | | | 1 | 5 | | |
| 其他 | 2168 | 448 | 526 | 4 | 7 | 3000 | 566 | 836 | 26 | 37 |
| **按登记注册类型分组** | | | | | | | | | | |
| 内资企业 | 4464 | 1059 | 1358 | 5 | 8 | 3001 | 2888 | 1928 | 513 | 134 |
| 国有企业 | 1010 | 285 | 168 | | | | 2147 | 104 | | 36 |
| 集体企业 | 5 | 2 | 5 | | | | 2 | 3 | | |
| 有限责任公司 | 1722 | 393 | 424 | 1 | 8 | 3001 | 453 | 379 | 6 | 34 |
| 国有独资公司 | 15 | 6 | 6 | | | | 13 | | | 2 |
| 其他有限责任公司 | 1707 | 387 | 418 | 1 | 8 | 3001 | 440 | 379 | 6 | 32 |
| 股份有限公司 | 1075 | 226 | 600 | 1 | | | 233 | 1305 | 507 | 47 |
| 私营企业 | 646 | 152 | 160 | 3 | | | 53 | 134 | | 17 |
| 私营独资企业 | 78 | 44 | 18 | 3 | | | 36 | 46 | | 2 |
| 私营合伙企业 | 23 | | 2 | | | | | 1 | | |
| 私营有限责任公司 | 403 | 96 | 81 | | | | 17 | 85 | | 11 |
| 私营股份有限公司 | 142 | 12 | 59 | | | | | 2 | | 4 |
| 其他企业 | 6 | 1 | 1 | | | | | 3 | | |
| 港、澳、台商投资企业 | 83 | 9 | 24 | | 2 | | 20 | 14 | 1 | 4 |
| 合资经营企业（港或澳、台资） | 60 | 9 | 12 | | | | 9 | 8 | 1 | 1 |

14-26 续表 1　　　　　　　　　　　　　　　　（2012 年）

| 类　别 | 专利申请数（件） | 发明专利（件） | 有效发明专利数（件） | 境外授权 | 专利所有权转让及许可数（项） | 专利所有权转让与许可收入（万元） | 发表科技论文（篇） | 拥有注册商标数（件） | 境外注册 | 形成国家或行业标准数（项） |
|---|---|---|---|---|---|---|---|---|---|---|
| 港、澳、台商独资经营企业 | 23 | | 12 | | 2 | | 11 | 5 | | 3 |
| 港、澳、台商投资股份有限公司 | | | | | | | | 1 | | |
| 外商投资企业 | 260 | 74 | 63 | | | | 118 | 328 | 53 | 1 |
| 中外合资经营企业 | 163 | 40 | 17 | | | | 116 | 25 | | 1 |
| 外资企业 | 46 | 20 | 16 | | | | 2 | 11 | | |
| 外商投资股份有限公司 | 36 | 10 | 5 | | | | | 289 | 53 | |
| 其他外商投资企业 | 15 | 4 | 25 | | | | | 3 | | |
| **按国民经济行业大类分组** | | | | | | | | | | |
| 采矿业 | 16 | 3 | 6 | | | | 170 | 1 | | |
| 煤炭开采和洗选业 | 16 | 3 | 6 | | | | 170 | 1 | | |
| 制造业 | 3967 | 916 | 1345 | 5 | 10 | 3001 | 1056 | 2264 | 567 | 137 |
| 农副食品加工业 | 83 | 26 | 36 | | | | 9 | 83 | | |
| 食品制造业 | 247 | 23 | 44 | | | | 17 | 686 | 70 | |
| 酒、饮料和精制茶制造业 | | | | | | | 95 | 50 | | |
| 烟草制品业 | 223 | 29 | 27 | | | | 62 | 16 | 4 | 5 |
| 纺织业 | | | | | | | | 1 | | |
| 纺织服装、服饰业 | 51 | | | | | | | 10 | | |
| 家具制造业 | 52 | | | | | | | 2 | | |
| 印刷和记录媒介复制业 | 24 | 5 | 2 | | | | | 3 | | 1 |
| 文教、工美、体育和娱乐用品制造业 | 136 | 1 | 2 | | | | | 1 | | |
| 化学原料和化学制品制造业 | 68 | 52 | 30 | 3 | | | 42 | 20 | | 5 |
| 医药制造业 | 298 | 161 | 72 | | | | 71 | 242 | | 6 |
| 化学纤维制造业 | | | | | | | | 1 | | |
| 橡胶和塑料制品业 | 63 | 14 | 17 | | | | 11 | 9 | 1 | |
| 非金属矿物制品业 | 427 | 70 | 154 | | 4 | | 87 | 100 | 12 | 35 |
| 黑色金属冶炼和压延加工业 | | | 2 | | | | 1 | 4 | | |
| 有色金属冶炼和压延加工业 | 121 | 59 | 449 | 1 | | | 82 | 5 | | 27 |
| 金属制品业 | 199 | 33 | 21 | | | | 15 | 25 | | 11 |
| 通用设备制造业 | 208 | 44 | 51 | | | | 128 | 43 | | 7 |
| 专用设备制造业 | 445 | 134 | 153 | | 1 | 1 | 82 | 40 | | 9 |
| 汽车制造业 | 543 | 70 | 19 | | 5 | 3000 | 126 | 721 | 474 | 2 |
| 铁路、船舶、航空航天和其他运输设备制造业 | 83 | 37 | 32 | | | | 45 | 87 | | 7 |
| 电气机械和器材制造业 | 243 | 58 | 94 | 1 | | | 10 | 22 | 1 | 3 |

（2012年）

| 类　别 | 专利申请数（件） | 发明专利（件） | 有效发明专利数（件） | 境外授权 | 专利所有权转让及许可数（项） | 专利所有权转让与许可收入（万元） | 发表科技论文（篇） | 拥有注册商标数（件） | 境外注册 | 形成国家或行业标准数（项） |
|---|---|---|---|---|---|---|---|---|---|---|
| 计算机、通信和其他电子设备制造业 | 139 | 48 | 50 | | | | 131 | 61 | 1 | 15 |
| 仪器仪表制造业 | 312 | 51 | 90 | | | | 37 | 32 | 4 | 4 |
| 其他制造业 | 2 | 1 | | | | | 5 | | | |
| 电力、热力、燃气及水生产和供应业 | 824 | 223 | 94 | | | | 1800 | 5 | | 2 |
| 电力、热力生产和供应业 | 823 | 223 | 94 | | | | 1789 | 3 | | 2 |
| 燃气生产和供应业 | | | | | | | | 2 | | |
| 水的生产和供应业 | 1 | | | | | | 11 | | | |
| **按企业控股情况分组** | | | | | | | | | | |
| 国有控股 | 1530 | 409 | 687 | 1 | 7 | 3000 | 2490 | 148 | 4 | 89 |
| 集体控股 | 10 | 2 | 10 | | | | 10 | 5 | | |
| 私人控股 | 2814 | 629 | 607 | 3 | 1 | 1 | 466 | 1729 | 509 | 41 |
| 港澳台商控股 | 29 | 1 | 13 | | 2 | | 11 | 8 | | 3 |
| 外商控股 | 122 | 38 | 27 | | | | 2 | 310 | 53 | |
| 其他 | 302 | 63 | 101 | 1 | | | 47 | 70 | 1 | 6 |
| **按地区分组** | | | | | | | | | | |
| 中原区 | 230 | 54 | 79 | | | | 236 | 35 | | 22 |
| 二七区 | 890 | 251 | 94 | | | | 1768 | 104 | | 9 |
| 管城区 | 278 | 26 | 10 | | | | 173 | 701 | 446 | 3 |
| 金水区 | 25 | 8 | 24 | | 1 | 1 | 5 | 10 | | |
| 上街区 | 155 | 57 | 494 | 1 | | | 99 | 22 | | 29 |
| 惠济区 | 44 | 10 | 8 | | | | | 290 | 53 | 1 |
| 中牟县 | 180 | 36 | 24 | | | | 118 | 27 | | 4 |
| 巩义市 | 162 | 29 | 79 | | 4 | | 12 | 63 | 1 | 7 |
| 荥阳市 | 308 | 71 | 60 | | | | 8 | 73 | 28 | 3 |
| 新密市 | 129 | 24 | 25 | | | | 7 | 11 | | |
| 新郑市 | 333 | 29 | 71 | | | | 12 | 544 | 18 | 2 |
| 登封市 | 106 | 9 | 29 | | | | 28 | 12 | | |
| 经济开发区 | 543 | 126 | 162 | | | | 61 | 113 | 10 | 24 |
| 高新开发区 | 856 | 238 | 219 | 1 | | | 349 | 153 | 7 | 25 |
| 郑东新区 | 221 | 28 | 26 | | | | 62 | 15 | 4 | 5 |
| 航空港区 | 347 | 146 | 41 | 3 | 5 | 3000 | 88 | 97 | | 5 |

## 14-27 规模以上工业企业新产品开发、生产及销售

（2012 年）

| 类别 | 新产品开发项目数（项） | 新产品开发经费支出（万元） | 新产品产值（万元） | 新产品销售收入（万元） | 出口 |
|---|---|---|---|---|---|
| **总计** | **2301** | **495072.2** | **5870926.5** | **5761533.2** | **404012.1** |
| **按企业规模分组** | | | | | |
| 大型 | 591 | 245791.6 | 4360251.8 | 4259916.3 | 285740.4 |
| 中型 | 894 | 150913.2 | 1037890 | 1038015.8 | 68864.1 |
| 小型 | 815 | 98287.8 | 472784.7 | 463601.1 | 49407.6 |
| 微型 | 1 | 79.6 | | | |
| **按隶属关系分组** | | | | | |
| 中央 | 184 | 41888.9 | 951454.7 | 953870.6 | 24427 |
| 省（自治区、直辖市） | 127 | 52138.2 | 741980.3 | 732890.4 | 24936.6 |
| 地（区、市、州、盟） | 386 | 125064.8 | 1329754.3 | 1406933.9 | 125332 |
| 县（区、市、旗） | 216 | 45641.8 | 264055.1 | 253142.2 | 5045.4 |
| 街道 | 12 | 567.2 | 11657.8 | 10576.6 | |
| 镇 | 108 | 13964.1 | 238276 | 234100.2 | 341.5 |
| 村委会 | 22 | 2562.3 | 17402.4 | 41823.1 | 2562.9 |
| 其他 | 1246 | 213244.9 | 2316345.9 | 2128196.2 | 221366.7 |
| **按登记注册类型分组** | | | | | |
| 内资企业 | 1958 | 410644.7 | 4638746.1 | 4749295.9 | 291691.2 |
| 国有企业 | 173 | 41676.4 | 501485.8 | 486953.6 | 2106.5 |
| 集体企业 | 5 | 3284.5 | 8895.8 | 8493.9 | 141.5 |
| 有限责任公司 | 917 | 146120.2 | 1566495.2 | 1585397.8 | 55118.4 |
| 国有独资公司 | 34 | 2509.6 | 3380 | 3500 | |
| 其他有限责任公司 | 883 | 143610.6 | 1563115.2 | 1581897.8 | 55118.4 |
| 股份有限公司 | 496 | 166161.3 | 2213019.8 | 2328667.9 | 225107.9 |
| 私营企业 | 365 | 51169.6 | 338109.5 | 329042.7 | 8526.9 |
| 私营独资企业 | 50 | 9160.8 | 34361.9 | 34038.6 | 4559.8 |
| 私营合伙企业 | 2 | 563 | 3900 | 3400 | |
| 私营有限责任公司 | 285 | 34286.8 | 131842.2 | 125258.2 | 2753.9 |
| 私营股份有限公司 | 28 | 7159 | 168005.4 | 166345.9 | 1213.2 |
| 其他企业 | 2 | 2232.7 | 10740 | 10740 | 690 |
| 港、澳、台商投资企业 | 64 | 8444 | 86050.2 | 86421.4 | 18375.6 |
| 合资经营企业（港或澳、台资） | 34 | 2865.5 | 49591.1 | 48910.3 | 16900.6 |
| 港、澳、台商独资经营企业 | 30 | 5578.5 | 36459.1 | 37511.1 | 1475 |

（2012年）

| 类　　别 | 新产品开发项目数(项) | 新产品开发经费支出（万元） | 新产品产值（万元） | 新产品销售收入（万元） | 出口 |
|---|---|---|---|---|---|
| 外商投资企业 | 279 | 75983.5 | 1146130.2 | 925815.9 | 93945.3 |
| 中外合资经营企业 | 122 | 51071.2 | 614623.4 | 570372.9 | 92646.8 |
| 外资企业 | 107 | 15196.6 | 389078.2 | 341222.9 | 1298.5 |
| 外商投资股份有限公司 | 46 | 9390.8 | 142428.6 | 14220.1 | |
| 其他外商投资企业 | 4 | 324.9 | | | |
| **按国民经济行业大类分组** | | | | | |
| 采矿业 | 13 | 11329.4 | 69073.6 | 69725.2 | |
| 煤炭开采和洗选业 | 13 | 11329.4 | 69073.6 | 69725.2 | |
| 制造业 | 2257 | 481742.3 | 5679769.9 | 5569725 | 404012.1 |
| 农副食品加工业 | 67 | 14849.9 | 113060.8 | 108215.6 | |
| 食品制造业 | 132 | 25742.9 | 390934.8 | 249716 | 28431 |
| 酒、饮料和精制茶制造业 | 34 | 4580.4 | 4276.8 | 11936.4 | |
| 烟草制品业 | 25 | 2091.7 | 616233.2 | 616233.2 | 4248.1 |
| 纺织业 | 3 | 754.2 | 814 | 503.1 | |
| 纺织服装、服饰业 | 49 | 3446 | 24758.1 | 24608.5 | 690 |
| 皮革、毛皮、羽毛及其制品和制鞋业 | | | 23433.1 | 16824.2 | |
| 家具制造业 | | | 8000 | 7425 | |
| 造纸和纸制品业 | 1 | 57.3 | 1442.9 | 1388 | |
| 印刷和记录媒介复制业 | 19 | 3492.6 | 48350 | 46027.4 | |
| 文教、工美、体育和娱乐用品制造业 | 6 | 717.1 | 2696.2 | 3014.4 | 1012.3 |
| 化学原料和化学制品制造业 | 87 | 15559.1 | 136952 | 132545.2 | 2607 |
| 医药制造业 | 222 | 15649.4 | 61485.1 | 78871.7 | 2302.5 |
| 橡胶和塑料制品业 | 26 | 3008.9 | 29587 | 29586.7 | 1897 |
| 非金属矿物制品业 | 252 | 44284.6 | 328881.7 | 309185.3 | 52345.3 |
| 黑色金属冶炼和压延加工业 | 19 | 8106.1 | 13197.5 | 13197.5 | 6 |
| 有色金属冶炼和压延加工业 | 52 | 35523.6 | 286444.6 | 263805.5 | 14076 |
| 金属制品业 | 97 | 9256.3 | 33531.6 | 30759.1 | 596.8 |
| 通用设备制造业 | 170 | 28132.2 | 453886.1 | 401068.6 | 63358.7 |
| 专用设备制造业 | 325 | 67301.8 | 1027161.8 | 1052794.2 | 38903 |
| 汽车制造业 | 238 | 125425.6 | 1628810.1 | 1762145.5 | 173172.8 |
| 铁路、船舶、航空航天和其他运输设备制造业 | 41 | 21827.3 | 107501.7 | 103184.5 | |
| 电气机械和器材制造业 | 155 | 22244.9 | 130680.4 | 111510.2 | 11892.6 |

14-27 续表2 （2012年）

| 类　别 | 新产品开发项目数(项) | 新产品开发经费支出(万元) | 新产品产值(万元) | 新产品销售收入(万元) | |
|---|---|---|---|---|---|
| | | | | | 出口 |
| 计算机、通信和其他电子设备制造业 | 88 | 16104.4 | 131911.4 | 124176.3 | 2840 |
| 仪器仪表制造业 | 148 | 13568.7 | 75739 | 71002.9 | 5633 |
| 其他制造业 | 1 | 17.3 | | | |
| 电力、热力、燃气及水生产和供应业 | 31 | 2000.5 | 122083 | 122083 | |
| 电力、热力生产和供应业 | 25 | 1391.5 | 122083 | 122083 | |
| 燃气生产和供应业 | 1 | 108 | | | |
| 水的生产和供应业 | 5 | 501 | | | |
| **按企业控股情况分组** | | | | | |
| 国有控股 | 455 | 115464.4 | 2329004.4 | 2297721.5 | 103255.5 |
| 集体控股 | 21 | 4775 | 15013.1 | 14731.5 | 141.5 |
| 私人控股 | 1299 | 261470.7 | 2353793.1 | 2464239.9 | 233587.3 |
| 港澳台商控股 | 32 | 7344.1 | 36459.1 | 37511.1 | 1475 |
| 外商控股 | 190 | 42070.6 | 563412.6 | 386621 | 8508.5 |
| 其他 | 304 | 63947.4 | 573244.2 | 560708.2 | 57044.3 |
| **按地区分组** | | | | | |
| 中原区 | 231 | 53464.3 | 745701.1 | 784533.8 | 12725.8 |
| 二七区 | 78 | 27123.9 | 233053.1 | 215314.5 | 63106.6 |
| 管城区 | 126 | 86929.4 | 1038158.9 | 1202010.5 | 111916.9 |
| 金水区 | 72 | 11955.7 | 206309.4 | 194104.4 | 3616.9 |
| 上街区 | 62 | 10123.8 | 24049.5 | 31034.3 | 2822 |
| 惠济区 | 64 | 11677.2 | 153643.2 | 36650 | |
| 中牟县 | 67 | 25062.7 | 508745.3 | 480914.8 | 64242.9 |
| 巩义市 | 98 | 36736.6 | 312172.3 | 314303.2 | 15735 |
| 荥阳市 | 142 | 17055.4 | 275946 | 297129.7 | 2642.4 |
| 新密市 | 78 | 19616.1 | 126724 | 120393.6 | 12662 |
| 新郑市 | 225 | 38507.3 | 172969.2 | 161961.7 | 3753.8 |
| 登封市 | 39 | 10192.9 | 147660.4 | 146636.1 | 1960 |
| 经济开发区 | 258 | 41923.7 | 294425.2 | 267822.7 | 6763 |
| 高新开发区 | 655 | 94168 | 977260.7 | 856705.5 | 94744.5 |
| 郑东新区 | 25 | 2091.7 | 616233.2 | 616233.2 | 4248.1 |
| 航空港区 | 81 | 8443.5 | 37875 | 35785.2 | 3072.2 |

# 14-28 规模以上工业企业政府相关政策落实情况

（2012 年）

单位：万元

| 类 别 | 来自政府部门的科技活动资金 | 研究开发费用加计扣除减免税 | 高新技术企业减免税 |
|---|---|---|---|
| **总计** | **27708.4** | **14127.3** | **46383.6** |
| **按企业规模分组** | | | |
| 大型 | 11565.5 | 9394.2 | 31121.8 |
| 中型 | 11089.1 | 3625.3 | 9558.1 |
| 小型 | 5048.8 | 1107.8 | 5703.7 |
| 微型 | 5 | | |
| **按隶属关系分组** | | | |
| 中央 | 6947.1 | 1290.6 | 414.6 |
| 省（自治区、直辖市） | 275 | 1101.5 | 17432.9 |
| 地（区、市、州、盟） | 5284.1 | 5855.4 | 15225.6 |
| 县（区、市、旗） | 4121.8 | 560.4 | 1086.1 |
| 街道 | 40 | | |
| 镇 | 690.5 | 18.9 | 703.8 |
| 村委会 | 50 | | |
| 其他 | 10299.9 | 5300.5 | 11520.6 |
| **按登记注册类型分组** | | | |
| 内资企业 | 23714.5 | 10392.4 | 42829.9 |
| 国有企业 | 6022.2 | 891.7 | 115 |
| 集体企业 | 260 | 18.9 | 57 |
| 有限责任公司 | 6015.7 | 2381.9 | 6387.2 |
| 国有独资公司 | 87.7 | 75 | 60 |
| 其他有限责任公司 | 5928 | 2306.9 | 6327.2 |
| 股份有限公司 | 9306.6 | 6803.9 | 33578.5 |
| 私营企业 | 2010 | 296 | 2692.2 |
| 私营独资企业 | 455 | 8.6 | 8 |
| 私营有限责任公司 | 1555 | 153.6 | 1235.8 |
| 私营股份有限公司 | | 133.8 | 1448.4 |
| 其他企业 | 100 | | |
| 港、澳、台商投资企业 | 471 | 1025 | 644.2 |
| 合资经营企业（港或澳、台资） | 266 | 545 | 371.6 |
| 港、澳、台商独资经营企业 | 205 | 480 | 272.6 |

| 类别 | 来自政府部门的科技活动资金 | 研究开发费用加计扣除减免税 | 高新技术企业减免税 |
|---|---|---|---|
| 外商投资企业 | 3522.9 | 2709.9 | 2909.5 |
| 中外合资经营企业 | 3249.4 | 2310.3 | 2243.3 |
| 外资企业 | | 105.6 | 666.2 |
| 外商投资股份有限公司 | 273.5 | 294 | |
| **按国民经济行业大类分组** | | | |
| 采矿业 | | 140.7 | |
| 煤炭开采和洗选业 | | 140.7 | |
| 制造业 | 27073.4 | 13662.6 | 46383.6 |
| 农副食品加工业 | 534.9 | 2.1 | |
| 食品制造业 | 1067.3 | 1213 | 21 |
| 酒、饮料和精制茶制造业 | 70 | | |
| 烟草制品业 | 50 | | |
| 纺织业 | 30 | | |
| 纺织服装、服饰业 | 100 | | |
| 皮革、毛皮、羽毛及其制品和制鞋业 | 20 | | |
| 家具制造业 | 20 | | |
| 印刷和记录媒介复制业 | 467.6 | 123.2 | 658.4 |
| 文教、工美、体育和娱乐用品制造业 | 71.3 | | |
| 化学原料和化学制品制造业 | 899.5 | 115.5 | 796.6 |
| 医药制造业 | 1373.5 | 144.8 | 2266.3 |
| 橡胶和塑料制品业 | 85 | 82.5 | 175 |
| 非金属矿物制品业 | 2779.3 | 949.6 | 2033.7 |
| 黑色金属冶炼和压延加工业 | 531.7 | | |
| 有色金属冶炼和压延加工业 | 2633.4 | 649.8 | 183.2 |
| 金属制品业 | 349.8 | 260.9 | 473.8 |
| 通用设备制造业 | 2591.4 | 1189.2 | 2784.7 |
| 专用设备制造业 | 2169.4 | 133.1 | 17907.2 |
| 汽车制造业 | 4688.4 | 7189.2 | 13780.1 |
| 铁路、船舶、航空航天和其他运输设备制造业 | 2908 | 689.5 | 1774.9 |
| 电气机械和器材制造业 | 586.6 | 297.5 | 1585.8 |
| 计算机、通信和其他电子设备制造业 | 1269.8 | 268.5 | 1035.2 |

14-28 续表2 （2012年） 单位:万元

| 类别 | 来自政府部门的科技活动资金 | 研究开发费用加计扣除减免税 | 高新技术企业减免税 |
|---|---|---|---|
| 仪器仪表制造业 | 1636.5 | 354.2 | 907.7 |
| 其他制造业 | 140 | | |
| 电力、热力、燃气及水生产和供应业 | 635 | 324 | |
| 电力、热力生产和供应业 | 185 | 324 | |
| 燃气生产和供应业 | 50 | | |
| 水的生产和供应业 | 400 | | |
| **按企业控股情况分组** | | | |
| 国有控股 | 8983.3 | 4872.1 | 18038.2 |
| 集体控股 | 386 | 61 | 263.7 |
| 私人控股 | 13825.9 | 6687.4 | 23041.4 |
| 港澳台商控股 | 385 | 480 | 272.6 |
| 外商控股 | 2303.5 | 399.6 | 666.2 |
| 其他 | 1824.7 | 1627.2 | 4101.5 |
| **按地区分组** | | | |
| 中原区 | 2074.8 | 347.6 | 17114.8 |
| 二七区 | 3158.2 | 950 | 144.6 |
| 管城区 | 3623.2 | 5036.4 | 13656.9 |
| 金水区 | 514 | 49 | 209.1 |
| 上街区 | 856.9 | 630.9 | 49.4 |
| 惠济区 | 298.5 | 294 | 15 |
| 中牟县 | 1026.2 | 2126.6 | 63 |
| 巩义市 | 2799.5 | 409.5 | 521.8 |
| 荥阳市 | 677.9 | 40 | 1029.2 |
| 新密市 | 495 | 0.5 | 658.4 |
| 新郑市 | 2473.3 | 560.5 | 1099 |
| 登封市 | 746 | 324 | |
| 经济开发区 | 1245.6 | 640.9 | 3328.3 |
| 高新开发区 | 6828 | 2713.5 | 8089.1 |
| 郑东新区 | 50 | | |
| 航空港区 | 841.3 | 3.9 | 405 |

# 14-29　规模以上工业企业技术获取和技术改造情况

（2012 年）　　单位:万元

| 类　别 | 引进技术经费支出 | 消化吸收经费支出 | 购买国内技术经费支出 | 技术改造经费支出 |
| --- | --- | --- | --- | --- |
| **总计** | **4714.8** | **16159.1** | **12901** | **260292.8** |
| **按企业规模分组** | | | | |
| 大型 | 4569.8 | 15365.8 | 6372.3 | 233044.6 |
| 中型 | 35 | 156 | 90 | 11486.4 |
| 小型 | 110 | 637.3 | 6438.7 | 15761.8 |
| **按隶属关系分组** | | | | |
| 中央 | 1503.4 | | 619.2 | 32067.1 |
| 省(自治区、直辖市) | 2460.4 | 10029.8 | 1019.4 | 172047.1 |
| 地(区、市、州、盟) | 456 | 53.5 | 100.7 | 17850.2 |
| 县(区、市、旗) | 100 | 156 | 215.3 | 6695.1 |
| 街道 | | | | 387.3 |
| 镇 | | 176 | 64 | 3064.9 |
| 村委会 | | | | 829.2 |
| 其他 | 195 | 5743.8 | 10882.4 | 27351.9 |
| **按登记注册类型分组** | | | | |
| 内资企业 | 4714.8 | 10609.1 | 12701 | 250279.5 |
| 国有企业 | 1538.4 | 9462 | 619.2 | 185839.1 |
| 集体企业 | | 96 | 64 | 1133.7 |
| 有限责任公司 | 671 | 613.5 | 10927 | 25809 |
| 其他有限责任公司 | 671 | 613.5 | 10927 | 25809 |
| 股份有限公司 | 2460.4 | 293.8 | 1019.4 | 35317.4 |
| 私营企业 | 45 | 143.8 | 71.4 | 2060.4 |
| 私营独资企业 | | | 50 | 802.7 |
| 私营合伙企业 | | | | 79.2 |
| 私营有限责任公司 | | 140 | 20 | 1091.5 |
| 私营股份有限公司 | 45 | 3.8 | 1.4 | 87 |
| 其他企业 | | | | 119.9 |
| 港、澳、台商投资企业 | | | 200 | 1935 |
| 合资经营企业(港或澳、台资) | | | | 818 |

14-29 续表1　　(2012年)　　单位:万元

| 类　别 | 引进技术经费支出 | 消化吸收经费支出 | 购买国内技术经费支出 | 技术改造经费支出 |
|---|---|---|---|---|
| 港、澳、台商独资经营企业 | | | 200 | 1117 |
| 外商投资企业 | | 5550 | | 8078.3 |
| 中外合资经营企业 | | 5500 | | 6399.7 |
| 外资企业 | | | | 1326 |
| 外商投资股份有限公司 | | 50 | | 352.6 |
| **按国民经济行业大类分组** | | | | |
| 采矿业 | | 9426 | | 76631 |
| 煤炭开采和洗选业 | | 9426 | | 76631 |
| 制造业 | 4714.8 | 6733.1 | 12901 | 75799 |
| 农副食品加工业 | | | | 370.4 |
| 食品制造业 | | 50 | 30.5 | 3406.4 |
| 酒、饮料和精制茶制造业 | | | | 158.4 |
| 烟草制品业 | | | | 5155.5 |
| 纺织服装、服饰业 | | | | 785.7 |
| 家具制造业 | | | | 35 |
| 造纸和纸制品业 | | | | 24.2 |
| 印刷和记录媒介复制业 | | 120 | 20 | 236.2 |
| 文教、工美、体育和娱乐用品制造业 | | | | 19.7 |
| 化学原料和化学制品制造业 | | 100 | 50 | 625 |
| 医药制造业 | | 103 | 16.3 | 1226.8 |
| 橡胶和塑料制品业 | | | | 141.5 |
| 非金属矿物制品业 | 100 | 106 | 250 | 13224.8 |
| 黑色金属冶炼和压延加工业 | | | | 1649.4 |
| 有色金属冶炼和压延加工业 | 150 | 96 | 64 | 20868.9 |
| 金属制品业 | | | | 920.5 |
| 通用设备制造业 | | 47 | | 2792.3 |
| 专用设备制造业 | 2961.4 | 297.6 | 1101.5 | 5737.9 |
| 汽车制造业 | | 5500 | 10574 | 13780.9 |
| 铁路、船舶、航空航天和其他运输设备制造业 | 1503.4 | | 621.2 | 835.6 |
| 电气机械和器材制造业 | | 313.5 | 173.5 | 2460.9 |

14-29　续表 2　　（2012 年）　　单位:万元

| 类　别 | 引进技术经费支出 | 消化吸收经费支出 | 购买国内技术经费支出 | 技术改造经费支出 |
|---|---|---|---|---|
| 计算机、通信和其他电子设备制造业 | | | | 19 |
| 仪器仪表制造业 | | | | 1324 |
| 电力、热力、燃气及水生产和供应业 | | | | 107862.8 |
| 电力、热力生产和供应业 | | | | 97057.8 |
| 水的生产和供应业 | | | | 10805 |
| **按企业控股情况分组** | | | | |
| 国有控股 | 3998.8 | 15255.8 | 1640.6 | 223596.1 |
| 集体控股 | | 96 | 64 | 1133.7 |
| 私人控股 | 110 | 607.3 | 10951.7 | 28725.7 |
| 港澳台商控股 | | | 200 | 1117 |
| 外商控股 | | 120 | | 1742.7 |
| 其他 | 606 | 80 | 44.7 | 3977.6 |
| **按地区分组** | | | | |
| 中原区 | 2951.4 | 9835.8 | 1044.1 | 89129.5 |
| 二七区 | 1503.4 | | 619.2 | 93767 |
| 管城区 | | | | 6722 |
| 金水区 | | | 56 | 20.5 |
| 上街区 | | 30 | 35 | 26838 |
| 惠济区 | | 170 | 20 | 532.6 |
| 中牟县 | 45 | 5503.8 | 4446.4 | 6114.6 |
| 巩义市 | 150 | 406 | 264 | 6643.5 |
| 荥阳市 | | 20 | 2 | 2254.2 |
| 新密市 | | 70 | | 2947.1 |
| 新郑市 | | | | 4584.1 |
| 登封市 | | | | 5030.2 |
| 经济开发区 | 65 | 17 | 6290 | 1443.8 |
| 高新开发区 | | | | 8489.1 |
| 郑东新区 | | | | 5151.7 |
| 航空港区 | | 106.5 | 124.3 | 624.9 |

# 14-30 规模以上工业企业限额以上 R&D 项目情况

（2012 年）

| 类　别 | 项目数合计(个) | 参加科技项目人员(人) | 本年度项目经费内部支出(万元) |
|---|---|---|---|
| **总计** | **1832** | **22734** | **489030.1** |
| **按项目来源分组** | | | |
| 国家科技项目 | 68 | 1875 | 44447.8 |
| 地方科技项目 | 114 | 1651 | 26827.2 |
| 其他企业委托科技项目 | 27 | 273 | 2368.5 |
| 本企业自选科技项目 | 1598 | 18641 | 410439 |
| 来自境外的科技项目 | 3 | 43 | 596 |
| 其他科技项目 | 22 | 251 | 4351.6 |
| **按项目合作形式分组** | | | |
| 与境外机构合作 | 15 | 184 | 2859.6 |
| 与境内高校合作 | 233 | 3720 | 98269.7 |
| 与境内独立研究院所合作 | 78 | 1087 | 17933.3 |
| 与境内注册的外商独资企业合作 | 4 | 47 | 501.2 |
| 与境内注册的其他企业合作 | 86 | 1048 | 38917.8 |
| 独立研究 | 1393 | 16369 | 322570.4 |
| 其他 | 23 | 279 | 7978.1 |
| **按项目活动类型分组** | | | |
| 应用研究 | 11 | 104 | 2460.6 |
| 试验发展 | 1821 | 22630 | 486569.5 |
| **按项目成果形式分组** | | | |
| 论文或专著 | 33 | 881 | 16305.6 |
| 自主研制的新产品原型或样机、样件、样品、配方、新装置 | 884 | 9814 | 235207.4 |
| 自主开发的新技术或新工艺、新工法 | 863 | 11256 | 227094.8 |
| 发明专利 | 51 | 766 | 10303.8 |
| 基础软件 | 1 | 17 | 118.5 |
| **按项目技术经济目标分组** | | | |
| 科学原理的探索、发现 | 2 | 13 | 267.4 |
| 技术原理的研究 | 41 | 418 | 9122.2 |
| 开发全新产品 | 932 | 12069 | 266666.4 |
| 增加产品功能或提高性能 | 451 | 4560 | 85187.7 |
| 提高劳动生产率 | 178 | 2815 | 77161.6 |
| 减少能源消耗或提高能源使用效率 | 110 | 1729 | 31286.3 |

14-30 续表1 (2012年)

| 类 别 | 项目数合计(个) | 参加科技项目人员(人) | 本年度项目经费内部支出(万元) |
|---|---|---|---|
| 节约原材料 | 38 | 315 | 2645.4 |
| 减少环境污染 | 50 | 519 | 10024.4 |
| 其他 | 30 | 296 | 6668.7 |
| **企业规模分组** | | | |
| 大型 | 642 | 10384 | 292550.1 |
| 中型 | 623 | 7262 | 115697.9 |
| 小型 | 565 | 5075 | 80657 |
| 微型 | 2 | 13 | 125.1 |
| **隶属关系分组** | | | |
| 中央 | 173 | 2359 | 40464 |
| 省(自治区、直辖市) | 250 | 3599 | 106804.4 |
| 地(区、市、州、盟) | 250 | 2976 | 102743 |
| 县(区、市、旗) | 139 | 2354 | 51509.5 |
| 街道 | 3 | 14 | 244 |
| 镇 | 63 | 563 | 9768.6 |
| 村委会 | 14 | 196 | 2533.9 |
| 其他 | 940 | 10673 | 174962.7 |
| **登记注册类型分组** | | | |
| 内资企业 | 1584 | 19185 | 417664.7 |
| 国有企业 | 246 | 3886 | 99883.7 |
| 集体企业 | 1 | 30 | 132 |
| 有限责任公司 | 628 | 7076 | 114769.3 |
| 国有独资公司 | 13 | 110 | 1182.7 |
| 其他有限责任公司 | 615 | 6966 | 113586.6 |
| 股份有限公司 | 433 | 5363 | 156609.5 |
| 私营企业 | 273 | 2651 | 43718.8 |
| 私营独资企业 | 54 | 703 | 8897.9 |
| 私营合伙企业 | 1 | 26 | 268.5 |
| 私营有限责任公司 | 194 | 1667 | 28216.7 |
| 私营股份有限公司 | 24 | 255 | 6335.7 |
| 其他企业 | 3 | 179 | 2551.4 |
| 港、澳、台商投资企业 | 60 | 867 | 9264.4 |
| 合资经营企业(港或澳、台资) | 29 | 473 | 4041.5 |

14-30 续表2 （2012年）

| 类　别 | 项目数合计（个） | 参加科技项目人员（人） | 本年度项目经费内部支出（万元） |
|---|---|---|---|
| 港、澳、台商独资经营企业 | 31 | 394 | 5222.9 |
| 外商投资企业 | 188 | 2682 | 62101 |
| 中外合资经营企业 | 82 | 1318 | 39004.8 |
| 外资企业 | 89 | 1006 | 18451.5 |
| 外商投资股份有限公司 | 15 | 345 | 4512.2 |
| 其他外商投资企业 | 2 | 13 | 132.5 |
| **按国民经济行业大类分组** | | | |
| 采矿业 | 58 | 1912 | 64479.7 |
| 煤炭开采和洗选业 | 58 | 1912 | 64479.7 |
| 制造业 | 1672 | 20078 | 408109.5 |
| 农副食品加工业 | 53 | 458 | 12196.5 |
| 食品制造业 | 133 | 1299 | 26467.1 |
| 酒、饮料和精制茶制造业 | 7 | 123 | 1185.9 |
| 烟草制品业 | 51 | 243 | 4790.4 |
| 纺织业 | 3 | 52 | 751 |
| 纺织服装、服饰业 | 3 | 77 | 614.5 |
| 家具制造业 | 1 | 12 | 103 |
| 造纸和纸制品业 | 8 | 127 | 2209.6 |
| 印刷和记录媒介复制业 | 22 | 267 | 4288 |
| 文教、工美、体育和娱乐用品制造业 | 5 | 58 | 539.5 |
| 化学原料和化学制品制造业 | 70 | 835 | 16338.1 |
| 医药制造业 | 114 | 810 | 9335.4 |
| 橡胶和塑料制品业 | 23 | 276 | 3744.1 |
| 非金属矿物制品业 | 209 | 2920 | 42395.9 |
| 黑色金属冶炼和压延加工业 | 27 | 393 | 9495.9 |
| 有色金属冶炼和压延加工业 | 87 | 1692 | 32193.5 |
| 金属制品业 | 63 | 515 | 6895.2 |
| 通用设备制造业 | 110 | 1207 | 19846 |
| 专用设备制造业 | 203 | 3004 | 55409.3 |
| 汽车制造业 | 202 | 2284 | 110882.2 |
| 铁路、船舶、航空航天和其他运输设备制造业 | 32 | 948 | 16367.3 |

14-30 续表3　　(2012年)

| 类　　别 | 项目数合计(个) | 参加科技项目人员(人) | 本年度项目经费内部支出(万元) |
|---|---|---|---|
| 电气机械和器材制造业 | 99 | 881 | 16116.6 |
| 计算机、通信和其他电子设备制造业 | 48 | 632 | 6991.9 |
| 仪器仪表制造业 | 97 | 956 | 8810.5 |
| 其他制造业 | 2 | 9 | 142.1 |
| 电力、热力、燃气及水生产和供应业 | 102 | 744 | 16440.9 |
| 电力、热力生产和供应业 | 101 | 739 | 16423.7 |
| 水的生产和供应业 | 1 | 5 | 17.2 |
| **企业控股情况分组** | | | |
| 国有控股 | 528 | 6842 | 171762.4 |
| 集体控股 | 17 | 192 | 1467.5 |
| 私人控股 | 909 | 10442 | 225320.1 |
| 港澳台商控股 | 33 | 609 | 7483.7 |
| 外商控股 | 155 | 2469 | 43442.2 |
| 其他 | 190 | 2180 | 39554.2 |
| **按地区分组** | | | |
| 中原区 | 214 | 3377 | 100026.4 |
| 二七区 | 127 | 1674 | 30911.9 |
| 管城区 | 90 | 1300 | 75567.9 |
| 金水区 | 98 | 589 | 14731.4 |
| 上街区 | 75 | 909 | 13088.8 |
| 惠济区 | 22 | 330 | 5540 |
| 中牟县 | 45 | 636 | 20790.3 |
| 巩义市 | 96 | 1831 | 35372.1 |
| 荥阳市 | 90 | 809 | 14005.4 |
| 新密市 | 91 | 1616 | 23161 |
| 新郑市 | 197 | 2110 | 39586 |
| 登封市 | 41 | 1059 | 19413.4 |
| 经济开发区 | 144 | 1431 | 23628.4 |
| 高新开发区 | 419 | 4461 | 63183.1 |
| 郑东新区 | 51 | 243 | 4790.4 |
| 航空港区 | 32 | 359 | 5233.6 |

# 主要统计指标解释

**普通高等学校** 指按照国家规定的设置标准和审批程序批准举办的，通过全国普通高等学校统一招生考试，招收高中毕业生为主要培养对象，实施高等教育的全日制大学、独立设置的学院和高等专科学校、高等职业学校和其他机构。

**中等职业学校** 指实施中等职业教育的学校，招生对象是初中毕业生和具有初中同等学历的人员，基本学制为三年制。

**成人高等学校** 指按照国家有关规定审批，招收通过全国成人高教统一招生考试的具有高中毕业或同等学历的在职从业人员，利用脱产、半脱产、业余或函授等多种形式对其实施高等学历教育，培养高等教育专科或本科毕业水平的专门人才，修业年限、课程设置和总学时数均按高等学历教育要求付诸实施的学校。

**等级运动员人数** 指经考核正式批准授予等级运动员称号的人数。运动员等级分为国际级运动健将、运动健将、一级运动员、二级运动员、三级运动员、少年级运动员。

**等级裁判员人数** 指经考核正式批准授予等级裁判员称号的人数。裁判员等级分为国际裁判、国家级裁判、一级裁判、二级裁判、三级裁判。

**文化事业机构** 指从事专业文化工作和专业文化工作服务的独立建制的单位。不包括这些单位另外举办独立核算的其他机构和各部门的业余文化组织。

**研究与试验发展（R&D）** 指在科学技术领域，为增加知识总量，以及运用这些知识去创造新的应用进行的系统的创造性的活动，包括基础研究、应用研究、试验发展三类活动。国际上通常采用 R&D 活动的规模和强度指标反映一国的科技实力和核心竞争力。

**R&D 人员** 指参与研究与试验发展项目研究、管理和辅助工作的人员，包括项目（课题）组人员，企业科技行政管理人员和直接为项目（课题）活动提供服务的辅助人员。反映投入从事拥有自主知识产权的研究开发活动的人力规模。

**R&D 经费内部支出合计** 指调查单位用于内部开展 R&D 活动（基础研究、应用研究和试验发展）的实际支出。包括用于 R&D 项目（课题）活动的直接支出，以及间接用于 R&D 活动的管理费、服务费、与 R&D 有关的基本建设支出以及外协加工费等。不包括生产性活动支出、归还贷款支出以及外单位合作或委托外单位进行 R&D 活动而转拨给对方的经费支出。

**艺术表演团体** 指从事戏曲、音乐、舞蹈、杂技等专业艺术表演，有独立帐户，实行单独核算的团体，不包括半工半艺、半农半艺和民间职业剧团。

**艺术表演场馆** 指由各级文化主管部门、文化单位和其他部门（除部队系统处）举力的，具有观众厅设备，经常供专业艺术表演团体演出，并在工商、税务部门登记，公开售票的营业场所。

**卫生机构** 指从卫生、民政、工商行政、机构编制管理部门取得《医疗机构执业许可证》或法人单位登记证书，为社会提供医疗保健、疾病控制、卫生监督服务或从事医学科研和医学在职培训等工作的单位。

**实有床位数** 指年底固定实有床位数，包括正规床、简易床、监护床、超过半年加床、正在消毒和修理床位、因扩建或大修而停用床位。不包括产科新生儿床、接产室待产床、库存床、观察床、临时加床和病人家属陪侍床。

**卫生技术人员** 包括执业医师、执业助理医师、注册护士、药师（士）、检验及影像技师（士）、卫生监督员和见习医（药、护、技）师（士）等卫生专业人员。不包括从事管理工作的卫生技术人员（如院长、副院长、党委书记等）。

**医院** 包括综合医院、中医医院、中西医结合医院、民族医院、各类专科医院和护理院，不包括专科疾病防治院、妇幼保健院和疗养院。

**R&D 经费内部支出中政府资金** 指 R&D 经费内容支出中来自政府部门的各类资金，包括财政科学技术拨款、科学基金、教育等部门事业费及政府部门预算外资金的实际支出。

**R&D 经费内部支出中企业资金** 指 R&D 经费内部支出中来自本企业的自有资金和接受其他企业委托而获得的经费，以及科研院所、高校等事业单位从企业获得的资金的实际支出。

# 十五、统计工作大事记

## 一月

元月1日上午，郑州市统计局100多名干部职工参加了由郑州市委宣传部等10家单位共同主办的2012元旦长跑活动。

7日　郑州市统计局接受了市委市政府绩效考核组的年度绩效考核验收。

9日　郑州市统计局组织召开了2012年全市社会事业统计工作会议，市人大、市教育局、市卫生局、市人力资源和社会保障局、市公安局等37个部门的综合统计业务人员参加了会议。

10日　省统计局社科处处长何卓亚、副处长梁文海一行，到中原区调研文化产业统计工作。

11日　省统计局普查中心吴少清副主任一行莅临郑州中牟县检查指导统计地理信息系统工作。

11日　省统计局社科处副处长刘朝阳、张永安到上街区、巩义市调研科技一套表统计工作。

16日　国家统计局对2010年全国地方综合性统计年鉴进行了评比。《郑州统计年鉴——2011》荣获市(县)级年鉴组二等奖。

17日　郑州市统计局副局长祝遵刚代表局党组走访慰问老党员老干部，为他们送去了慰问礼品和节日问候。

17日上午，郑州市统计局党组书记、局长李德耀到金水区花园路办事处省供销社社区看望慰问困难居民群众和特困老党员，送去了党的关怀和温暖。

20日　登封市唐庄乡向阳村村支书、村长和村民代表来到郑州市统计局，专程送上“与民同吃同住共创美好家园”的锦旗，表达对郑州市统计局驻村工作队深入农村的感激之情。

29日上午，郑州市创建全国文明城市表彰大会在郑东新区会展中心召开，郑州市统计局荣获创建全国文明城市先进集体，局长李德耀获个人三等功。

## 二月

7日　郑州市局召开中层以上会议，传达贯彻近期全市领导干部会议精神。共同学习了全市领导干部会议、人大十三届四次会议及政协十二届四次会议内容。

9日　郑州市统计局长李德耀撰写的《深化统计改革创新 构建科学统计体系 助力郑州都市区建设健康发展》，在郑州市政府工作快报第32期作为落实政府工作报告专题进行了刊发。

10日下午，省局能源处带领部分省辖市能源科长到郑考察并交流全社会能耗核算工作。

13日下午，郑州市统计局组织中层以上领导干部集中收听收看省统计局刘永奇局长作的《坚定信心，奋发进取，为全面推进中原经济区建设做出新贡献》的工作报告和六个与会代表的典型发言。

15日　郑州市统计局分别召开了全市县(市)区和市局专业会议，安排布置统计人员进企业督导企业一套表工作。

15日　郑州市统计局召开全市工业企业程序培训会议。

16日　省统计局农业处处长冯建中以及省畜牧局相关领导一行到新郑市雏鹰集团调研生猪生产情况。

20日　郑州市统计局被市政府妇女儿童工作委员会和市人力资源和社会保障局联合表彰为2011年度“郑州市妇女儿童工作先进集体”。

20日　郑州市统计局荣获郑州市委、郑州市人民政府表彰2011年度郑州市扶贫开发工作先进单位。

22日　河南省统计局党组成员、总统计师王作成，调研员马炬亮莅临郑州市管城区检查指导统计人员进企业督导企业一套表工作。郑州市副市长马健，郑州市统计局局长李德耀，总经济师芦珊等陪同。郑州电视台、郑州日报分别在新闻中进行了报道。

## 三月

1日　郑州市统计局召开全市统计工作会议，郑州市常务副市长胡荃、副秘书长翟晓宾、郑州市统计局局长李德耀出席会议。会议总结了2011年全市统计工作，分析了当前统计工作面临的形势，并对2012年统计工作进行了部署。

2日　郑州市统计局召开县(市)、区第六次全国人口普查经费专项审计调查工作动员会议。会议下发了《郑州市统计局关于开展第六次全国人口普查经费专项审计调查工作的通知》及实施方案。

6 日　省统计局党组成员、总统计师王作成到巩义市对当前经济运行情况进行调研并实地考察。

7 日　省局常务副局长薛承旭、设管处处长司曼珈、数管中心主任杨全明等一行到郑州市金水区进行调研，针对一套表运行过程中存在的问题，研究解决的办法。

7 日　郑州市统计局召开城市、县（市）社会经济基本情况年报部门协调会。

7 日　郑州市统计局召开了全市统计系统信息化资源调查培训会议。

12 日　郑州市统计局对荥阳市、登封市申报进入“三区”企业进行了实地核查。

13 日　郑州市统计局召开了全市工业企业一套表总结及规模以下工业统计制度布置会议。

13—14 日　郑州市统计局召开了 2011 年全市国民经济核算工作会议。

14 日　省局人口处谷永翔对登封市、中原区月度劳动力调查入户登记工作，进行了检查。

15 日　郑州市统计局妇委会精心组织了石人山登山活动。

16 日　国家统计局农村司处长王明华一行 3 人莅临新郑市调研畜牧业发展情况。国家统计局河南省调查总队副队长刘召勇、河南省畜牧局处长任心俊、新郑市副市长康红阳、新郑市统计局局长刘德智、新郑市畜牧局局长高林生等领导陪同调研。

20 日　郑州市统计局召开 2011 年能耗核算工作会议。

22 日　郑州市统计局召开了 2011 年全市国民经济综合工作会议。

23 日　郑州市统计局收听收看国家统计局召开的“全面实施企业一套表联网直报阶段性工作总结”视频会议。

26 日　郑州市人民政府办公厅印发《郑州市人民政府办公厅关于切实做好生猪生产情况趋势调查工作的通知》，要求从 2012 年起开展全市生猪生产情况趋势调查工作。

28 日　《2011 年郑州市国民经济和社会发展统计公报》在《郑州日报》第二版全文刊发。

28 日　郑州市统计局发布《关于进一步提高联网直报能源统计数据质量的通知暨对部分县（市）、区企业代报现象问题的通报》，对全市 498 家能源报表代填代报企业进行通报。

## 四月

1 日　《郑州统计概要——2012》正式出版。

6 日　郑州市副市长朱是西到郑州市农调队调研指导工作。郑州市统计局局长李德耀、副局长韩彦北，农调队队长孙玉平等参加了座谈会。

9 日　洛阳统计局局长张尚君一行四人来郑州市交流工作，郑州市统计局局长李德耀、总统计师张庆华参加了座谈。

10 日　郑州市月度统计联席例会在市政府综合楼第三会议室召开。15 个成员单位的负责人参加会议，郑州市统计局副局长赵广程主持会议。

10 日　国家统计局人口就业司彭永涛副司长和李志龙处长在省统计局巡视员安建军、人口处处长王健等的陪同下，到郑州市检查指导大城市月度劳动力调查工作，郑州市统计局局长李德耀、副局长江滨等陪同检查。

18 日　郑州市公安消防支队宣讲团教员在郑州市统计局举行了“珍惜生命远离火灾”消防知识学习培训。

19 日　郑州市政府召开“《郑州农村发展报告》编辑工作会议”，郑州市副市长朱是西到会并做重要讲话。郑州市政府副秘书长杨东方主持。

24 日　在 2011 年度政府环保目标考核中，郑州市局被评为郑州市完成环保目标先进单位。

26 日　郑州市农调队根据河南省统计局有关农户固定资产投资调查方案的要求，已圆满完成了 2012 年一季度农户固定资产投资季报工作。

## 五月

3 日　郑州市统计局召开一季度全市工业数据联审会议。

4 日　郑州市统计局组织全局机关青年赴登封市中岳养老院、郑州树木园举行了迎“五四”献爱心活动。

9 日　河南省公务员局检查调研组到郑州市局现场检查调研，郑州统计局副局长祝遵刚对绩效考核工作的情况进行总结汇报。

9 日　郑州市统计局组织了局离退休老干部游览参观活动。

9 日　郑州市统计局召开党风廉政建设和政风行风建设工作会议。

9 日　郑州市农调队召开了2012 年精神文明建设和党风廉政建设目标责任签订会议。

7 日—9 日　郑州农调队组织专业人员，分别到新郑市、中牟县、荥阳市和新密市四个县市对生猪生产趋势调查台账、生猪生产趋势调查表的登记情况进行了全面检查。

10 日　郑州市统计局召开了“一套表”工作的专题会议，传达了河南省统计局等五部门《关于转发国家统计局等五部门关于做好企业“一套表”联网直报工作保障统计数据质量的通知》，传达了河南省统计局《关于转发马建堂局长致各市县统计局主要负责同志一封信的通知》。

11 日　郑州市统计局启动了服务业统计专项执法抽查，对郑州高新技术开发区、经济开发区进行了抽查。

11 日—30 日　郑州市统计系统干部高端培训班在中国人民大学举行。参加此次培训的人员有郑州市局部分副县级领导、部门负责同志、县市区统计局长和业务骨干等共53 人。

22 日—26 日　国家统计局和中国人民大学联合举办的全国第一期地市级统计领导干部高级研修班在中国人民大学统计学院举行。学员来自全国三十多个城市的统计主管领导和统计局长。郑州市委常委、常务副市长胡荃和郑州市局局长李德耀参加了本次研修班。

28 日　郑州市局及各县(市)、区局贸易统计主管领导、贸易科长等近50 余人收听收看“全省批发零售业和住宿餐饮业企业一套表月报工作视频会议”。

## 六月

1 日　国家统计局投资司副司长赵培亚一行四人莅临郑州，开展固定资产投资统计制度方法改革专题调研。河南省统计局党组成员、总统计师王作成、郑州市副市长朱是西、郑州市统计局副局长韩彦北、总统计师张庆华陪同调研。发改委、财政局、城乡建设委等十个单位参加座谈。

6 日　郑州市优化经济发展环境暨市直机关处室季评奖惩工作动员会议后，郑州市局召开局领导和部分中层以上干部会议，专题学习优化经济发展环境动员会议精神，传达学习市委副书记、市长马懿的重要讲话。

6 日　郑州市统计局局长李德耀、总统计师张庆华一行四人到二七区调研。详细了解了二七区的统计工作情况，深入基层，实地查看了德润黄金海岸等投资项目。

6 日　河南省统计网站工作会议在豫棉宾馆召开。省局党组成员、总统计师王作成出席会议并讲话。郑州市统计网站工作荣获第一名。

8 日上午，郑州市统计局召开会议，学习贯彻李克强副总理重要批示精神，总结前段企业一套表运行中存在的问题，并对近期工作提出了具体要求。

13 日　中共郑州市委、郑州市人民政府联合发文表彰2011 年度郑州市对外开放工作先进单位。

14 日　河南省公务员绩效考核试点工作现场会在郑州召开。郑州市统计局作为先进单位代表在会上做了题为《实践创新务求实效 稳妥推进公务员绩效考核》的交流发言。

14 日　河南省统计局贸易处处长方国根、副处长王予荷一行三人莅临郑州市，调研上半年消费品市场运行情况和企业“一套表”联网直报情况。郑州市统计局局长李德耀、副局长江滨参加座谈。

20 日　河南省统计局召开2011 年GDP 年报数据审核会议，郑州市统计局局长李德耀到会祝贺并讲话，省统计局副局长薛承旭作了重要指示。

21 日　郑州市第五届直属机关运动会第九套广播体操比赛在市体育馆举行。郑州市统计局荣获优秀奖。

26 日下午，国家统计局召开全面实施企业“一套表”联网直报阶段性工作总结暨并轨工作布置视频会议，马建堂局长做了重要讲话。河南省统计局副局长王世炎在视频会议上通报了六月份数据质量抽查情况。郑州市统计局局长李德耀、副局长江滨、总经济师芦珊等一套表领导小组成员，以及各县(市)区局长集中收看了视频会议。

27 日　郑州市统计局局长李德耀到郑州经济技术开发区调研统计工作。郑州经济技术开发区管委会主任王贵欣陪同。

25 日—28 日　郑州市举行第五届直属机关运动会羽毛球比赛，郑州市统计局荣获羽毛球乙组混合团体第三名的好成绩。

## 七月

2 日　省统计局农业处处长冯建中一行到郑州市调研现代农业发展情况。

4 日　郑州市第五届直属机关运动会圆满闭幕。郑州市统计局获乙组优秀组织奖，乒乓球获乙组女子团体第二名，羽毛球获乙组混合团体第三名，第九套广播体操获乙组优秀奖。

6 日　郑州市统计局举行了庆祝建党九十一周年表彰大会，表彰做出突出贡献的先进基层党组织和优秀共产党员，并集中观看了警示教育片《汝南县"10.29"事件处置的经验教训》。

9 日在郑州市委常委会上，省委常委、郑州市委书记吴天君对郑州市统计工作提出新的要求。

吴天君指出，统计局要在确保完成国家、省统计任务的基础上，研究制定一套反映郑州市新形势下工业七大支柱产业、服务业七大支柱产业情况的新的统计办法和调查制度，特别是服务业统计要借鉴学习苏州、南京的经验，及时、全面反映郑州市服务业发展状况。

18 日　郑州市统计局召开 2012 年人口与城镇化抽样调查样本抽取工作会议。

12 日　郑州市统计局召开统计基础建设暨法制工作会议。

15 日—18 日　全省地方统计调查服务工作会议在三门峡市召开，郑州市统计局总统计师张庆华、市农调队队长孙玉平参加了会议。郑州市农调队长孙玉平做了题为《深化统计服务职能，提升统计服务水平》的先进典型发言。

19 日　河南省统计局召开了全省"企业一套表"工作阶段性总结暨表彰视频会议，郑州市统计局局长李德耀、副局长赵广程、总经济师芦珊，各县(市)区企业一套表部门负责人收看了视频会议。

20 日　郑州市委宣传部表彰了 2011 年度形势政策宣传教育工作先进单位，郑州市统计局荣获先进集体。

24 日—30 日　郑州市统计局总统计师张庆华带领局有关处室负责人，到苏州市统计局针对服务业统计工作进行了考察调研。苏州市统计局副局长张善祥、张兴建、服务业处长孙忆全面介绍了苏州服务业统计工作情况。

30 日　郑州市统计局召开全市工业数据联审会议。

31 日　郑州市统计局隆重召开庆祝"八一"建军节座谈会。

## 八月

1 日　国家统计局核算司处长郑学工一行莅临郑州，开展"根在基层"调研实践活动。河南省统计局投资处处长罗勤礼、郑州市统计局局长李德耀陪同调研。

2 日　郑州市统计局局长李德耀接受了郑州人民广播电台记者王莹的现场采访，就郑州市统计局贯彻落实市委十届三次全会精神情况及下步工作计划进行了深入交流。

3 日　国家统计局核算司处长郑学工带领"根在基层"调研组，到新密(县)市调研。河南省统计局核算处处长赵德友、郑州市统计局局长李德耀、新密市常务副市长连书平、新密市统计局局长田建勋参加了调研。

6 日　大连市统计局副巡视员袁成亮一行四人到郑州市统计局考察学习。郑州市统计局副局长赵广程陪同。

7 日　郑州市统计局局长李德耀接受郑州市电视台新闻部记者陈晓采访，就落实市委十届三次会会精神回答了记者的提问。

10 日　郑州市统计局召开上半年全市贸易外经统计工作会议。

16 日　郑州市统计局组织收看"中原统计讲堂"第四讲——公文处理工作规范化。由河南省政府办公厅秘书处副调研员吕飞科主讲。

22 日　郑州市统计局召开各县(市)区上半年单位 GDP 能耗会议。

30 日　郑州市统计局召开了全市"三区"统计基础工作座谈会。

## 九月

4 日　郑州市统计局研究制定的《郑州市服务业统计监测工作方案(讨论稿)、《郑州市工业主导产业统计监测实施方案(讨论稿)》分别荣获市委书记吴天君批示："好！请马市长审阅后，组织实施，要召开会议部署，并建立从基层单位到市直部门的统计工作体系，可集中时间进行培训，实施统计资格认证，确保统计队伍素质不断提升数字真实可靠。”、“要建立月报制度和七大行业中每个行业的重点企业情况”。

5 日　郑州市统计局与市发展和改革委员会联合发文，通报了各县(市)区 2011 年单位 GDP 能耗降低率和单位工业增加值能耗降低率。

10 日　郑州市统战部长王跃华对《工业经济发展谱写精彩篇章》做出批示：“此件对十年来郑州工业经济取得的成绩分析的很透彻，为领导科学决策提供了依据，值得充分肯定。建议对目前工业经济结构存在的问题也要做认真分析。”

14 日　郑州市统计局和国家统计局郑州调查队联合编辑的《2012 年郑州统计年鉴》正式出版。

16 日　全国统计从业资格考试正式开考。国家统计教育培训中心王连锋处长、省统计局培训中心副主任陈飞耀到郑州市调研并到考区巡视。郑州市统计局局长李德耀、副局长韩彦北、总经济师芦珊等陪同巡考。

17 日　广州市统计局总统计师沈妙芬一行莅临郑州市开展建设领域调研。郑州市统计局总统计师张庆华主持召开了调研工作座谈会。

17 日至 21 日　中部六省会城市统计局长联席会议在江西南昌召开，郑州市统计局副局长赵广程、办公室主任张春培、综合处长黄飞参加了会议，就新形势下统计工作如何服务中部崛起，近年来各城市统计工作改革与创新进行了广泛交流。

20 日是第三届“中国统计开放日”，郑州市统计局及各县(市)、区局围绕“改革创新的中国统计”，利用短信、宣传栏、统计知识读本、宣传画册等多种手段向全社会宣传统计，展示统计的核心价值及统计人的精神风貌。

20 日　《2012 年郑州农业农村统计概要》首次印刷出版。

23 日　全省统计系统政风行风建设表彰大会在郑州召开，郑州市统计局第三次荣获“全省统计系统 2010—2011 年政风行风建设先进单位”。

28 日　郑州市统计局召开“喜迎十八大 纪念新中国政府统计机构成立 60 周年暨从事统计工作 30 年同志座谈会。

## 十月

10 日　郑州市统计局研究制定的《郑州市服务业统计监测工作方案(讨论稿)》，市长马懿批示：“同意。请胡市长牵头部署推进”。

12 日　市委常委、常务副市长胡荃批示：“请薛市长阅示。请翟秘书长牵头抓好方案的落实”。

15 日　副秘书长翟晓宾批示：“请统计局拿出具体工作方案，请二处安排专题会议讨论一下”。

16 日　副市长薛云伟批示：“请服务业领导小组办公室、服务业局充分与统计局对接，配合抓好此项工作，确保实质推进、管用”。

16 日　郑州市统计局陆续对 10 多家规模以上工业企业开展了科技统计执法检查。

17 日　郑州市统计局荣获郑州市实施妇女儿童发展规划先进集体。

18 日　郑州市统计局召开了全市产业集聚统计规范化建设推进大会。

19 日　郑州市统计局召开全市办公室工作会议，邀请河南省统计局办公室副主任王玉珍对统计政务信息撰写、报送的要求及存在的主要问题、公文处理实务等进行了详细的讲解。

23 日至 24 日　省统计局“三上”企业抽查组孙斌育主任一行四人，莅临郑州检查指导“三上”企业基本情况工作。

25 日　郑州市统计局召开全市服务业企业核查工作会议。

郑州市农调队编辑的《郑州农村发展报告 2012》于 10 月由中国统计出版社出版。

## 十一月

2 日　郑州市统计局举办“绿城公仆杯”专业素能竞赛统计业务决赛，全市统计战线的 27 名同志参加。

5 日　郑州市投入产出调查工作正式启动。

5 日　郑州市统计局召开中心组会议，学习贯彻中共十七届七中全会和中央纪委八次全会精神。就贯彻落实中央政治局、中纪委全会精神，深入推进反腐倡廉建设进行了学习交流。

6 日　郑州市统计局与市畜牧局联合召开 2012 年畜禽规模养殖户(场、单位)基本情况名录库维护工作会议。

8日　郑州市统计局认真组织全体党员干部集中收看十八大开幕盛况。

12日　郑州市副市长张学军对《2012年郑州农村统计概要》做出批示："“概要”写的很全面、很详实、很好。有一份艰辛的耕耘，才有一份平实的收获。衷心感谢大家！"

12日—14日　全省建设领域统计工作会议在郑州市召开，省统计局总统计师王作成、郑州市统计局局长李德耀、惠济区常务副区长万永生出席会议并致辞。

16日　郑州市统计局局长李德耀收到十八大代表、省委常委、郑州市委书记吴天君从北京寄来的中国共产党第十八次全国代表大会首日封。

21日　郑州市统计局召开2012年农林牧渔业统计年报和2013年定期报表工作会议。

22日　郑州市统计局成立两个检查组，分别由副局长部东辉、总经济师芦珊同志带队，深入到荥阳市、新郑市实地查看2012年年报“三上”企业基本情况。

郑州市统计局每周五向市政府报送《郑州市“三上企业”清查工作进度周报》。11月27日，郑州市常务副市长胡荃对这期周报做出批示："好，继续做好此项工作。"

28日　省统计局能源处处长常冬梅一行四人到郑州市调研指导，郑州市统计局副局长赵广程陪同。

## 十二月

根据郑州市编委会《关于郑州市统计局所属事业单位清理规范意见的通知》，郑州市农村社会经济调查队更名为郑州市经济社会调查队，机构规格相当于副县级。核定4个内设机构：综合科、农村经济调查科、住户调查科、统计监测科，规格相当于正科级。

4日　全省大型工业企业投入产出调查培训会议在开封市召开，郑州市投入产出调查办公室派出了三位同志和来自47家大型工业企业的70余位统计人员参加了会议。

5日　郑州市统计局召开劳动工资统计年报工作会议。

10日　郑州市统计局召开全市投入产出调查工作会议。

13日　郑州市统计局召开全市贸易外经统计年报工作会议。

在2011—2012年度郑州市社会科学优秀成果评选活动中，由郑州市统计局党组书记、局长李德耀主持研发撰写的《郑州市科技研发资金投入研究》、总统计师张庆华主持研究撰写的《郑州市固定资产与经济增长的关系研究》喜获郑州市社会科学优秀成果奖。此奖项以市委、市政府名义颁发，是郑州市社会科学研究领域的最高荣获。

13日　郑州市统计局召开2012年全市建设领域统计年报工作会议。

15日—19日　郑州市统计局开展“郑州市城市社区卫生服务工作调查”。

20日　郑州市统计局召开重点服务业企业统计年报会议。

27日全国统计工作会议在北京召开，郑州市统计局组织收听收看了会议开幕式，副县级以上领导和各部门(单位)负责人参加了会议。与会人员聆听了国家统计局局长马建堂作的题为《深入贯彻十八大精神，锐意推进改革创新，为全面建成小康社会提供优质统计保障》的主题报告。

12月26日　郑州市统计局召开省、市直部门物流行业座谈会和全市服务业及交通运输邮电业年报会议。

# 中国统计出版社最新图书简目
（仅供参考，以最后出书为准）

**统计资料**

中国统计年鉴-2013

中国统计摘要-2013

国际统计年鉴-2013

2013 中国发展报告

中国第三产业统计年鉴-2013

中国区域经济统计年鉴-2013

中国劳动统计年鉴-2013

中国社会统计年鉴-2013

中国城市统计年鉴-2013

中国建筑业统计年鉴-2013

中国人口和就业统计年鉴-2013

中国工业经济统计年鉴-2013

中国商品交易市场统计年鉴-2013

中国房地产统计年鉴-2013

中国能源统计年鉴-2013

中国民政统计年鉴-2013

中国贸易外经统计年鉴-2013

2013 中国地区经济监测报告

中国科技统计年鉴-2013

中国农村统计年鉴-2013

中国农产品价格调查年鉴-2013

中国高技术产业统计年鉴-2013

中国教育经费统计年鉴-2013

中国农村贫困监测报告-2013

全国农产品成本收益资料汇编-2013

中国科学技术协会统计年鉴-2013

工业企业科技活动资料-2013

大中型批发零售和住宿餐饮企业统计年鉴-2013

中国价格统计年鉴-2013

第二次全国 R&D 资源清查资料汇编-工业企业卷

中国住户调查年鉴-2013

中国县域统计年鉴-2013

中国农村全面建设小康监测报告-2013

第二次全国 R&D 资源清查资料汇编-综合卷

中国人才资源统计报告-2011

中国民族统计年鉴-2013

中国零售和餐饮连锁企业统计年鉴-2013

2010 年中国第六次人口普查公报

**2013 年省级综合统计年鉴系列**

北京　天津　河北　山西　内蒙古

辽宁　吉林　黑龙江　上海　江苏

浙江　安徽　福建　江西　山东

河南　湖北　湖南　广东　广西

海南　重庆　四川　贵州　云南

西藏　陕西　甘肃　青海　宁夏

新疆　新疆生产建设兵团

**2013 年市(县)级综合统计年鉴系列**

天津滨海新区

石家庄　唐山　邯郸　太原　大同

长治　阳泉　晋城　朔州　晋中

运城　忻州　临汾　呼和浩特　包头

通辽　沈阳　大连　长春　吉林市

四平　哈尔滨　　黑龙江垦区

上海浦东新区　南京　苏州　无锡

常州　徐州　南通　盐城　镇江

宿迁　泰州　连云港　江阴　丹阳

杭州　宁波　绍兴　台州　温州

金华　嘉兴　衢州　舟山

福州　　福州经济技术开发区

厦门经济特区　宁德　南昌　上饶

济南　青岛　潍坊　郑州

洛阳　三门峡　南阳　武汉　宜昌

十堰　荆州　咸宁　长沙　广州

东莞　惠州　深圳　桂林　南宁

柳州　来宾　河池　海口　成都　绵阳

贵阳　昆明　庆阳　西安

兰州　银川　乌鲁木齐

**2010 年人口普查资料系列**

中国 2010 年人口普查资料

北京　天津　河北　山西　内蒙古

辽宁　吉林　黑龙江　上海　江苏

浙江　安徽　福建　江西　山东

河南　湖北　湖南　广东　广西

海南　重庆　四川　贵州　云南

西藏　陕西　甘肃　青海　宁夏

新疆　新疆生产建设兵团

河南省各市 2010 年人口普查资料丛书

中国分县 2010 年人口普查资料

中国分乡镇、街道 2010 年人口普查资料

中国分民族 2010 年人口普查资料

**“十一五”规划教材**

统计学(“十二五”规划,黄良文)

抽样调查理论与实践(“十二五”规划,冯士雍)

统计学(“十二五”规划,单微)

试验设计(“十二五”规划,茆诗松)

贝叶斯统计(“十二五”规划,茆诗松)

统计学:从数据到结论(十二五规划,吴喜之)

医学统计学(陆守曾)

非参数统计(吴喜之)

概率论与数理统计(茆诗松)

现代金融投资统计分析(李腊生)

多元统计分析(任雪松)

应用时间序列分析(王振龙)

统计指数理论及应用(徐国祥)

经济计量学教程(贺铿)

质量管理统计方法　(茆诗松)

统计实验系列教材(许涤龙)

社会统计学(蒋萍)

市场调查与预测(蒋志华)

统计学原理(非统计专业用,朱胜)

国民经济核算教程(杨灿)

概率论与数理统计(经济、管理类专业使用,朱胜)

**重点图书**

挑大学选专业 2013—高考志愿填报指南

挑大学选专业 2013—考研择校指南

---